Horst Steinmann/Albert Löhr (Hrsg.)

Unternehmensethik

2., überarbeitete und erweiterte Auflage

C.E. Poeschel Verlag Stuttgart

CIP-Titelaufnahme der Deutschen Bibliothek

Unternehmensethik /
Horst Steinmann ; Albert Löhr (Hrsg.). –
2., überarb. und erw. Aufl. – Stuttgart : Poeschel, 1991
ISBN 3-7910-0577-4
NE: Steinmann, Horst [Hrsg.]

ISBN 3 7910 0577 4

Einbandgestaltung: Willy Löffelhardt
Satz: Typobauer Filmsatz GmbH, 7302 Ostfildern 3
Druck: Gutmann + Co. Offsetdruck GmbH, Heilbronn
Printed in Germany

[STEI 91]

Unternehmensethik

VERANTWORTUNG - INGENIEURE - WIRTSCHAFT - UNTERNEHMENETHIK - KONZEPTIONEN

VERLAG
C. E. POESCHEL

Vorwort

Ethik und Verantwortung in der Wirtschaft – dieses Problemfeld ist speziell unter dem Stichwort »Unternehmensethik« mittlerweile ein häufig und gerne aufgegriffenes Thema bei Unternehmern und ihren Verbänden, in den ökonomischen, philosophischen und theologischen Fakultäten der Hochschulen, auf Tagungen und Diskussionsforen der Erwachsenenbildung, im Rahmen kirchlich getragener Veranstaltungen, in Verbraucher- und Arbeitnehmerorganisationen. Nicht zuletzt findet die Auseinandersetzung um Fragen der Unternehmensethik zunehmend auch in den Medien und in der breiten Öffentlichkeit statt, nachdem in den letzten Jahren zahlreiche Skandale die ethischen Defizite im Wirtschaftsleben in das allgemeine Bewußtsein rückten.

Wenngleich im Zuge dieser Diskussionen nahezu einhellig ethische Orientierungen für unternehmerisches Handeln angemahnt werden, so herrscht doch bei näherer Betrachtung eine gewisse Unsicherheit darüber vor, was eine Unternehmensethik überhaupt ausmacht und was sie leisten könnte. Hier soll der vorliegende Aufsatzband eine theoretische und praktische Orientierungshilfe bieten: Ausgehend vom Konzept einer kommunikativen Ethik, das im Zentrum der gegenwärtigen philosophischen Diskussion steht, werden Fundierungsprobleme ethischen Handelns, begriffliche Klarstellungen und bedeutsame Wirkungsfelder einer Unternehmensethik behandelt. Der interdisziplinäre Charakter dieser Abhandlungen bringt es mit sich, daß dabei der relativ unterschiedliche Stand der Diskussion in den einzelnen Fachdisziplinen zu Fragen ethischen Handelns zum Vorschein kommt. So gesehen spiegelt das Themenspektrum nicht nur weitgehend die momentan aufgegriffenen Problemfelder einer Unternehmensethik, sondern auch deren unterschiedlichen Anschluß an die allgemeine Ethik-Diskussion wider.

In dieser Form wendet sich die vorliegende Aufsatzsammlung insbesondere an Bildungsinstitutionen, die an einem Überblick und an einer Diskussionsgrundlage zum Thema Unternehmensethik für Lehrzwecke interessiert sind. Das wichtigste Anliegen der Herausgeber ist es allerdings, daß die zusammengestellten Beiträge weite Kreise der Wirtschaftspraxis dazu veranlassen, die Unternehmensethik zu ihrer eigenen Sache zu machen.

Die Herausgeber

Vorwort zur 2. Auflage

Die erfreulich schnelle Verbreitung dieses Aufsatzbandes hat dazu geführt, daß schon nach wenigen Monaten Überlegungen zu einer Neuauflage angestellt werden mußten. Dabei erschien eine umfassende Überarbeitung wenig sinnvoll, geht es doch in der Diskussion um eine Unternehmensethik nach wie vor noch um die Entwicklung erster und grundsätzlicher Orientierungen. Gleichwohl hat die theoretische und praktische Auseinandersetzung mit Problemen der Unternehmensethik in vielfacher Hinsicht an Bedeutung gewonnen und wird teilweise schon differenziert vorangetrieben. Um diesem mittlerweile fortgeschrittenen Diskussionsstand Rechnung zu tragen, haben wir im Einleitungskapitel einen neuen Abschnitt über die »Konjunktur« des dialogischen Verständnisses von Unternehmensethik hinzugefügt, in dem auch auf wichtige aktuelle Literatur verwiesen wird. Im übrigen wurden lediglich kleinere Korrekturen und Aktualisierungen vorgenommen sowie drei neue Beiträge eingebracht, die sich nahtlos in das Grundkonzept einpassen.

Es bleibt zu hoffen, daß die Bereitschaft zur Auseinandersetzung mit ethischen Fragen der Unternehmensführung weiterhin kontinuierlich ansteigt. Die Zeichen aus der Unternehmenspraxis selbst sind in dieser Hinsicht jedenfalls ermutigend.

Nürnberg, im August 1990 — Die Herausgeber

Inhalt

Kapitel 4:
Zur ethischen Sensibilisierung des Unternehmens – Theoretische Überlegungen

Teil A: Strategie und Funktionsbereiche des Unternehmens

Teil B: Manager und Mitarbeiter des Unternehmens

Kapitel 5:
Unternehmensethik in der betrieblichen Praxis – Bestandsaufnahmen

Kapitel 6:
Länderberichte

Kapitel 1: Orientierungsrahmen

Horst Steinmann/Albert Löhr

Einleitung: Grundfragen und Problembestände einer Unternehmensethik

I. Ziel des Aufsatzbandes

Noch vor wenigen Jahren konnte man häufig nur ein mitleidiges Lächeln ernten, wenn man im Zusammenhang mit den »harten wirtschaftlichen Realitäten« auf besondere ethische Probleme bei der Unternehmensführung hinwies. Die Zeiten haben sich indessen überraschend schnell geändert. Vielen Beobachtern der wirtschaftlichen Szene aus Theorie und Praxis scheint es so, daß das einstige – eher in akademischen Kreisen abgehandelte – weiche »Schmusethema« Wirtschafts- und Unternehmensethik zu einem der wichtigsten ökonomischen Diskussionsfelder der 90er Jahre avancieren wird.

Die praktischen Anlässe, die zu einer solch großen Bedeutung des Themas dieses Aufsatzbandes geführt haben, sind inzwischen traurige Legion und jedermann aus seinem Alltagsleben in vielfältigen Facetten bekannt. Umweltkatastrophen, Bestechungsaffären, unlautere Geschäftsgebaren, fragwürdige Arbeitsbedingungen und nicht zuletzt die in ständig neuen Varianten auftretenden Gesundheitsgefährdungen von Konsumenten (z.B. Lebensmittelskandale, Sicherheitsmängel bei Produkten) haben auch viele hartgesottene Skeptiker inzwischen davon überzeugt, daß das Thema »Ethisches Handeln in der Wirtschaft« kein bloßer Randschauplatz philosophischen Räsonierens (mehr) bleiben sollte. Das Leben selbst mahnt eine ernsthafte Auseinandersetzung mit ethischen Fragen an, von der sich auch die betriebswirtschaftliche Theorie und Praxis nicht ausschließen darf.

Eine Warnung ist dabei gleich zu Beginn für den eiligen Leser angebracht, der es gewohnt ist, im betriebswirtschaftlichen Schrifttum nach raschen und verbindlichen Problemlösungshilfen zu suchen – etwa in Form der beliebten »Check-Listen«. Solche konkreten Verhaltensvorschriften und Lösungen für alle nur denkbaren ethischen Problemsituationen wird er in diesem Band nicht finden. Das hat seinen guten Grund. Bei ethischen Fragen geht es nämlich nicht um die Konstruktion betriebswirtschaftlicher Instrumente, deren Tauglichkeit als Mittel zum Zweck (der Gewinnerzielung) sich mehr oder weniger rasch und gut anhand ihrer erwarteten ökonomischen Wirkungen abschätzen läßt. Was vielmehr zur Debatte steht, sind die richtigen Zwecke für das unternehmerische Handeln selbst. Und hier gibt es in einer pluralistischen Gesellschaftsordnung, in der wir uns zur Zeit befinden, jenseits dogmatischer Festlegungen keine schnell und leicht zu findenden inhaltlichen Kriterien, an denen Zweckewahlen sich orientieren könnten. Was angesichts dieser historischen Situation erforderlich wird, wenn ein friedliches Miteinanderleben sichergestellt werden soll, ist ein dauerndes menschliches Bemühen um die Bestimmung solcher Zwecke, die allgemeine Zustimmungsfähigkeit beanspruchen können. Wie ein solches Bemühen für den Bereich der Wirtschaft, genauer der Unternehmungen, aussehen sollte und was mögliche Ergebnisse eines solchen Bemühens sein könnten, davon handelt der vorliegende Aufsatzband.

Den Leser in einen Aufsatzband einzuführen erfordert in diesem Falle die

Präzisierung begrifflicher Grundlagen, die als Ausgangspunkt für die Diskussion des Rahmenthemas genommen werden sollen. Eine solche begriffliche Klärung darf allerdings nicht – im Sinne der nominalistischen Begriffsauffassung – als willkürliche Setzung erfolgen. Vielmehr muß sie ihre besondere Sinnstiftung einsichtig machen. Mit der Einführung begrifflicher Grundlagen ist dadurch natürlich zwangsläufig auch die Inanspruchnahme einer bestimmten wissenschaftstheoretischen Position verbunden. Die Klärung dieser Position ist für den Leser um so wichtiger, als ja gerade die Frage, ob und inwieweit sich der Wissenschaftler zu ethischen Fragestellungen äußern darf, ebenso umstritten ist wie die Frage nach der Möglichkeit einer Normenbegründung überhaupt. Hier nimmt die »Konstruktive Philosophie und Wissenschaftstheorie« der Erlanger Schule – wie der einleitende Beitrag von Paul Lorenzen verdeutlicht – klar gegen die herrschende Auffassung der »Analytischen Wissenschaftstheorie« und des »kritischen Rationalismus« Stellung, daß Normen letztlich nur dank einer dezisionistischen Setzung eingeführt werden können. Gegen diese resignative Grundposition machen die Herausgeber in Übereinstimmung mit dem Konstruktivismus geltend, daß auch bei Bemühungen um (oft lebenswichtige) gemeinsame Handlungsnormen die (praktische) Vernunft noch einmal aufgeboten werden kann. Sonst wäre dieser Aufsatzband so nicht möglich gewesen.

II. Unternehmensethik – eine sinnvolle Forderung?

Das Nachdenken über eine Unternehmensethik – gleichgültig, ob es sich im Bereich der Wissenschaft oder der Praxis (Politik, Wirtschaft, Management) vollzieht – soll der normativen Orientierung ökonomischer Handlungsvollzüge dienen. Derart als *Mittel* für die Gestaltung der wirtschaftlichen Lebenspraxis verstanden, ordnet sich Unternehmensethik in alle (denkenden) Bemühungen ein, zu einer *friedlichen* Koordination (statt gewaltsamer Durchsetzung) menschlicher Handlungen beizutragen. Das Ziel des Friedens selbst kann und braucht dabei – wie Lorenzen (in diesem Band) zeigt – nicht durch ethisch-politische Wissenschaften begründet werden, sondern umgekehrt ist es gerade dieses lebenspraktische Ziel, das den ethisch-politischen Wissenschaften erst ihren Sinn gibt. Bemühungen um den Frieden sind jedenfalls immer dann erforderlich, wenn ein überkommener Bestand an Normen in einer gesellschaftlichen Werteordnung an Verbindlichkeit verliert und das gemeinsame (friedliche) Handeln trotzdem aufrechterhalten werden soll.

Dieser Ausgangspunkt impliziert bereits die Notwendigkeit, die begriffliche Unterscheidung des herrschenden Sprachgebrauchs zwischen »Ethik« und

»Moral« kritisch nachzuvollziehen (vgl. dazu den Beitrag von Lorenzen in diesem Band). Mit dem lateinischen Wort »Moral« läßt sich ein jeweils *faktisch* geltender Bestand an Normen beschreiben; das griechische Wort »Ethik« läßt sich dann dazu benützen, von der faktisch vorherrschenden Moral die methodische Reflektion über Moral (oft auch »Moralphilosophie« genannt) zu unterscheiden. »Ethik« meint in diesem Sinne eine methodisch fundierte, prinzipienorientierte Morallehre, die von der herrschenden Moral – bzw. den herrschenden Moralen – mehr oder weniger abweichen kann.

Bemühungen um eine friedliche Koordination menschlicher Handlungen sind notwendigerweise *politisch* (im Gegensatz zu privat) insofern, als sie die grundsätzlichen Regeln des Miteinanderhandelns und Miteinanderlebens betreffen. Sie können deshalb nicht von vornherein in dem Sinne freigestellt sein, daß sie dem individuellen Kalkül jedes einzelnen gemäß seinem Gutdünken überantwortet werden. Diese politischen Bemühungen haben dann für den Bereich der Wirtschaft in hochentwickelten, arbeitsteiligen Gesellschaften derzeit regelmäßig zunächst die grundsätzliche Alternative zum Gegenstand, ob eine Wirtschaftsordnung als eine Zentralverwaltungswirtschaft oder als eine dezentrale Wettbewerbswirtschaft angelegt werden soll. Hier geht es um die *gesamtwirtschaftliche Bezugsebene* der Koordination wirtschaftlicher Handlungen. Auf ihr wird letztlich darüber entschieden, welche Rahmenbedingungen dem einzelnen Unternehmen als Teil des gesamten Wirtschaftssystems für seine Initiativen gesetzt werden sollen. Der herrschende Sprachgebrauch legt es nahe, solche ethischen Reflektionen über die Gestaltung der Wirtschaftsordnung (und ihre institutionelle Ausformung im einzelnen) als *Wirtschaftsethik* zu bezeichnen. Für dezentrale Volkswirtschaften stellt sich vor diesem Hintergrund die Frage, ob man den Begriff der Unternehmensethik so weit ansetzen soll, daß er mit dem der Wirtschaftsethik zur Deckung kommt; dafür mag man als Begründung anführen, daß auf Unternehmensebene auch immer über die ordnungsrelevanten Funktionsprinzipien des eigenen Handelns räsoniert werden muß (vgl. den Beitrag von P. Ulrich in diesem Band). Gegenstände einer so weit gefaßten »Unternehmensethik« wären dann u.a. (auch) Legitimationsprobleme der Unternehmensverfassung, des Wettbewerbsrechts, des Arbeitsrechts usw.

Daß Unternehmer bzw. Manager über die Legitimationsgrundlagen derartiger institutioneller Rahmenbedingungen ihres eigenen Handelns immer wieder mit nachdenken müssen, nicht zuletzt, um gegebenenfalls im politischen Raum Korrekturen anzumahnen, wird man wohl nicht bestreiten wollen. Die Frage ist jedoch, ob es sinnvoll ist, ethische Reflektionen über wirtschaftliche Probleme nicht unter dem Terminus »Wirtschaftsethik«, sondern unter der Bezeichnung »Unternehmensethik« firmieren zu lassen, wenn es doch für beide Ebenen keine diskreten Problembereiche mehr geben soll, innerhalb deren *eigenständige* ethische Begründungsleistungen für die Koordination wirtschaftlichen Handelns zu erbringen sind. Wenn man hier nicht nur Wortgefechte liefern, sondern eine Unternehmensethik als spezifischen Begriff einführen will, wird man demgegenüber wohl von einer systematischen Unterscheidung zwischen Gesamtwirtschaft und Unternehmen ausgehen müssen; erst dann macht die Rede von einer »Unternehmensethik« ihren spezifischen Sinn.

Richtet man in diesem Sinne den Blick nun von der gesamtwirtschaftlichen Ordnungsebene auf die der Unternehmung *(einzelwirtschaftliche Bezugsebene)*, so hängt für eine sinnvolle, also der praktischen Handlungskoordination dienliche Begriffsbildung von Unternehmensethik alles davon ab, ob innerhalb des Rahmens, der durch die dezentrale Wirtschaftsordnung mit ihrem Prinzip der Gewinnsteuerung (Gewinnprinzip) und dessen Konnex-Instituten vorgegeben ist, neben der Gewinnmaximierung überhaupt noch eine andere Rationalität zur Geltung gebracht werden kann. Wenn das nicht der Fall sein sollte, wäre eine Unternehmensethik als eigenständige Bemühung um friedliche Koordination wirtschaftlicher Handlungen nicht mehr möglich (und auch nicht mehr nötig). Dann müßte ethische Reflektion für das System »Wirtschaft« voll in Wirtschaftsethik und den daraus fließenden Handlungsaufforderungen (z.B. in Form rechtlicher Institutionen) aufgehen. Aus dieser Perspektive würde unternehmerisches Handeln vollständig durch »äußere« Rahmenbedingungen konditioniert *(constraint approach)*.

Erst in dem Augenblick, wo man voraussetzt, daß auf Unternehmensebene nicht nur zufällig, sondern systematisch *Handlungsspielräume* in wesentlichem Ausmaß verfügbar sind, die nicht schon durch das Gewinnprinzip und seine Konnex-Institute vollständig konditioniert werden, kann sich sinnvollerweise ein Bedarf nach einer eigenständigen Unternehmensethik ergeben. Hier sind wiederum *drei Fälle* zu unterscheiden.

Der erste denkmögliche Fall ist dadurch gekennzeichnet, daß ethische Bemühungen aller Voraussicht nach funktional für die Gewinnerzielung sind. Das ist z.B. so, wenn Konsumenten selber schon durch ihr aktuelles Nachfrageverhalten ökologische Gesichtspunkte im Markt nachhaltig zur Geltung bringen. Dann zahlt sich ja Umweltschutz aus! Soll dieser Fall noch durch den Begriff »Unternehmensethik« gedeckt werden? Unter dem Gesichtspunkt, daß Unternehmensethik einen eigenständigen Beitrag zur friedlichen Koordination wirtschaftlicher Handlungen leisten soll, wird man diese Frage wohl verneinen müssen. Denn die Ethik hat in diesem Fall ihren »Sitz« ja nicht im Unternehmen selbst, sondern »im Markt«, genauer: in den vernünftigen Reflektionen der Konsumenten, die über das Preissystem (z.B. durch einen Kaufboykott) an die Unternehmung vermittelt werden. Schon das bloße Gewinnstreben veranlaßt dann ein Tun oder Unterlassen, das auch unter ethischen Gesichtspunkten gebilligt werden kann, nämlich die Produktion umweltfreundlicher Produkte bzw. die Nicht-Produktion boykottierter Güter.

Ein zweiter möglicher Fall ist der, wo der Unternehmung funktionale Äquivalente für ihr Tun in dem Sinne zur Verfügung stehen, daß zwei Strategien zwar dieselben Gewinnwirkungen haben, aber nur eine Strategie ethisch befürwortet werden kann. In diesem Falle müssen ethische Überlegungen zur Orientierung des Handelns Platz greifen: Unternehmer müssen dazu angehalten werden, die ethisch verteidigbare Strategie zu ergreifen. Das gilt auch für den dritten Fall, wo die Verfolgung des Gewinnprinzips zu unerwünschten Auswirkungen führt, wo also – wie man heute zu sagen pflegt – durch unternehmerisches Handeln externe Effekte entstehen. Die beiden zuletzt genannten Fälle sind also die eigentlichen Kandidaten, wenn es darum geht, einen eigenständigen Begriff von Unternehmensethik zu entwickeln; denn in beiden Fällen könnte Unternehmensethik einen spezifischen Beitrag zur friedlichen Koordination wirtschaftlichen Handelns leisten, indem sie nämlich die konfliktrelevanten Auswirkungen des Gewinnprinzips begrenzt.

Bringt man die Unternehmensethik derart in eine das Gewinnprinzip restringierende Beziehung, so wird die Legitimation wirtschaftlichen Handelns auf Unternehmensebene zu einem *zweistufigen Rechtfertigungsproblem*. Auf der ersten Stufe (der Ebene der Wirtschaftsordnung) ist das Gewinnprinzip zusammen mit seinen vielen Konnex-Instituten (Gesellschaftsrecht, Wettbewerbsrecht, Arbeitsrecht, Mitbestimmungsrecht, Kapitalmarktverfassung, etc.) immer wieder auf seine Legitimation hin zu befragen; das wäre die Aufgabe einer Wirtschaftsethik im allgemeinen (Ethik der Wirtschaftsordnung). Eine solche Rechtfertigung begründet dann aber für den Fall, daß sie als gelungen bezeichnet werden kann, nicht auch schon eine hinreichende Legitimation jeder einzelnen unternehmerischen Entscheidung, sondern nur eine *Richtigkeitsvermutung*. Diese kann in jedem konkreten Einzelfall widerlegt werden, nämlich dann, wenn die besonderen Mittel, die zur Gewinnerzielung gewählt werden sollen, auf ethische Bedenken stoßen.

Auf einer zweiten Stufe, der Unternehmensebene als Ort der konkreten Umsetzung des Gewinnprinzips, müssen deshalb alle Entscheidungen und Handlungen erst einmal daraufhin geprüft werden, ob mit ihnen nicht Auswirkungen verbunden sind, die unter ethischen Gesichtspunkten nicht akzeptiert werden können. Die Notwendigkeit einer solchen zweiten Rechtfertigungsstufe folgt unmittelbar aus der Einsicht, daß es bei dem Prinzip der Gewinnsteuerung bloß um ein formales Kriterium für die Ordnung der gesamten Wirtschaft geht. Dieses Kriterium ist jeder Unternehmung und jedem, der sich am Wirtschaftsprozeß beteiligen will, als *Formalziel* vorgegeben. Mit diesem Formalziel sind jedoch prinzipiell auch solche *materiellen Mittelwahlen* (Strategie, Produkt-Markt-Konzept, operative Steuerungshandlungen in Funktionsbereichen der Unternehmung) vereinbar, die nicht nur die legitimierte Gewinnwirkung erzielen, sondern auch weitere – ethisch bedenkliche – Auswirkungen hervorrufen. Das Formalziel grenzt insoweit noch nicht zwingend ethisch unerwünschte Handlungsorientierungen der Unternehmung aus. Es muß vielmehr auf Unternehmensebene selbst in jedem Einzelfall darüber befunden werden, ob die getroffene Mittelwahl nicht nur einer ausreichenden Gewinnerzielung dienlich ist, sondern auch von ihren weiteren antizipierbaren (oder eingetretenen) Auswirkungen her eine ethisch vertretbare Vorgehensweise darstellt. Dies jedenfalls dann, wenn nicht – im Sinne des constraint approach – dem freien unternehmerischen Handeln vom Recht her schon Beschränkungen auferlegt worden sind, die unerwünschte Handlungsweisen verbieten und tatsächlich auch verhindern (z.B. Gesetzgebungen zur Produkthaftung, zum Umweltschutz, zum Arbeitsschutz oder zum Insider-Trading).

Folgt man den vorstehenden (analytischen) Überlegungen, so hängt die (empirische) Triftigkeit der Forderung nach einer Unternehmensethik offensichtlich davon ab, daß auf der Ebene der Unternehmung in der ökonomischen Wirklichkeit wesentliche *Handlungsspielräume* existieren und diese nicht schon durch rechtliche Regelungen so wirksam eingeschränkt werden können, daß für eine gute Chance der friedlichen Koordination wirtschaftlicher Handlungen argumentiert werden kann. Die Forderung nach einer Unternehmensethik muß sich also mit der Behauptung auseinandersetzen, daß bereits der Wettbewerb die Aktivitäten der Unternehmungen hinreichend genau steuert und die gleichwohl doch noch verbleibenden »ethischen Lücken« von einer punktgenauen Steuerungskraft rechtlicher Restriktionen erfaßt werden. In beiden Fällen geht es offensichtlich um ein Tatbestandsurteil in dem Sinne, daß ein Konsens über die empirische Wirkungsmächtigkeit von Wettbewerb und Recht erzielt werden muß.

Alle lebenspraktischen Erfahrungen, wie sie schon einleitend kurz angesprochen worden sind, legen den Schluß nahe, daß mit einer derart punktgenauen Steuerung unternehmerischen Handelns durch Markt und Recht sinnvollerweise nicht gerechnet werden kann. Es scheint so zu sein, daß ein derart komplexes System wie die Wirtschaft nicht allein mit Hilfe allgemeiner Ordnungsregeln und -prinzipien in befriedigender Weise ethisch zu steuern ist. Weder kann man davon ausgehen, daß Konsumenten oder Arbeitnehmer über ihre Marktbeziehungen ethische Anforderungen an ökonomisches Handeln immer und ausreichend zur Geltung bringen. Noch lassen sich offenbar die Konnex-Institute und Rahmenbedingungen für die Gewinnsteuerung in einer solchen Weise ausgestalten, daß ethisches Fehlverhalten bei ökonomischen Entscheidungen und Handlungen im großen und ganzen nicht zu befürchten ist. Diese unmittelbare tägliche Lebenserfahrung wird inzwischen durch vielfältige wissenschaftliche Untersuchungen in Ökonomie und Recht weitgehend gestützt. Ohne Anspruch auf Vollständigkeit sei hier nur auf die umfangreichen Diskussionen zur Konzentration und Oligopolisierung der Wirtschaft, kurz zur Machtstellung von Großunternehmen, wie auch auf die Diskussion über die Steuerungsgrenzen des Rechts (Stone 1975, Mayntz et al. 1978) verwiesen.

Wenn sich hinter all diesen empirischen Befunden schließlich nicht bloß rein zufällige Zeiterscheinungen verbergen sollten, sondern systematische Defizite der angesprochenen Steuerungsmechanismen »Markt« und »Recht« offenbar werden, dann ist die Forderung nach einer Unternehmensethik auch nicht mehr als eine schnell vorübergehende Modeerscheinung einzuordnen, sondern immer notwendig in dem Sinne, daß zusätzliche Bemühungen um eine friedliche Koordination wirtschaftlicher Handlungen in Gang gebracht werden müssen. Man muß dann prüfen, ob und inwieweit die Unternehmung selbst ein *grundsätzlicher Ort ethischer Reflektion* werden sollte, also nicht nur ökonomische Institution sein darf (vgl. Reuter in diesem Band). Hierbei ginge es dann nicht nur um ethische Anstrengungen des Top-Managements, etwa bei der Formulierung der Unternehmensstrategie, der Konzipierung arbeitsteiliger Organisationsstrukturen und der Formulierung unternehmenspolitischer Grundsätze. Zur Debatte stünde auch die ethische Sensibilisierung der Gesamtunternehmung als arbeitsteiliger Institution, in der in vielen Funktionsbereichen, oft auch an einer großen Zahl regional weit gestreuter Orte, Organisationsmitglieder mit mehr oder weniger umfassendem Handlungsspielraum daran mitwirken, das Unternehmensziel zu verwirklichen. Unternehmensethik kann so gesehen nicht allein eine Angelegenheit der oberen Führungsetagen sein; von zentraler Bedeutung wird zusätzlich die Frage, wie in arbeitsteiligen Großorganisationen ethische Orientierungen entstehen, befördert und in Geltung gehalten werden können. Richtig verstanden kann es also bei einer Unternehmensethik nicht nur um die Außenbeziehungen der Unternehmung zu Kunden, Lieferanten, Konsumenten und der Öffentlichkeit schlechthin gehen; es geht auch um eine Ethik der innerorganisatorischen Beziehungen (Institutionen-Ethik), die einerseits die Entfaltung einer Unternehmensethik nach außen hin mittragen muß, andererseits aber auch selbst um der Menschen in der Organisation willen einen Eigenwert erhält.

III. Ein Begriff von Unternehmensethik

Die dargestellten Überlegungen über den Sinn einer Unternehmensethik führten dazu, dem vorliegenden Aufsatzband den folgenden Begriff von Unternehmensethik zugrunde zu legen:

> »Unternehmensethik umfaßt alle durch dialogische Verständigung mit den Betroffenen begründeten bzw. begründbaren materialen und prozessualen Normen, die von einer Unternehmung zum Zwecke der Selbstbindung verbindlich in Kraft gesetzt werden, um die konfliktrelevanten Auswirkungen des Gewinnprinzips bei der Steuerung der konkreten Unternehmensaktivitäten zu begrenzen.«

Dieser terminologische Vorschlag für die begriffliche Fassung einer eigenständigen »Unternehmensethik« enthält sechs zentrale Begriffsmerkmale, die im folgenden näher erläutert werden sollen:

1. Kriterien der gelungenen Lebensführung (Normen)

Es geht bei einer Unternehmensethik um Normen, d.h. um Aufforderungen, in bestimmten Situationen bestimmte Handlungen auszuführen (oder zu unterlassen) bzw. – unter Freistellung der Handlungen als solchen – bestimmte Wirkungen herbeizuführen (oder nicht herbeizuführen). Derartige Normen können allgemein betrachtet (unabhängig von einer konkreten Ethik) sowohl materieller als auch prozessualer Art sein. Beispiele für *materielle* Normen sind etwa sogenannte Verhaltens-Kodizes. Mit Hilfe eines Verhaltens-Kodex können etwa die Maßnahmen der Verkaufsförderung inhaltlich so präzisiert werden, daß einem Verkäufer für seine Tätigkeit ein ethischer Orientierungsrahmen gegeben werden kann.

Neben materiellen Normen kann es bei einer Unternehmensethik auch um *prozessuale* Normen gehen. Damit wird auf die Bildung von Institutionen abgezielt, die die Entwicklung materieller Normen selbst erst bezwecken oder fördern sollen. Man denke hier z.B. an die Position des Konsumentenschutzbeauftragten als einer Stelle, die die Interessen von Konsumenten bei Marketing-Entscheidungen wahrnehmen soll. Ein besonders häufig diskutierter Vorschlag für eine prozessuale Norm ist die Konstruktion einer Ethik-Kommission, also eines Forums in der Unternehmung, in dem ethische Belange zur Sprache gebracht werden können (vgl. dazu auch unseren Beitrag in diesem Band auf S. 269ff.).

2. Begründungspflicht (Vernunftethik)

Es soll bei einer Unternehmensethik nur um solche Normen gehen, für die gute Gründe geltend gemacht wurden oder zumindest bei genauerer Nachfrage geltend gemacht werden könnten. Das Zustandekommen materieller Normen darf sich also nicht bloßer Willkür, faktisch fortgeführter Traditionen oder übermenschlichen Autoritäten verdanken. Mit diesem Aspekt des Begriffsvorschlages wird unterstellt, daß sich für konkrete Handlungssituationen »vernünftige« – d.h. mit guten Gründen verteidigbare – Handlungsorientierungen von »unvernünftigen« unterscheiden lassen. Unternehmensethik wird damit in Anknüpfung an die philosophische Diskussion als eine *Vernunftethik* gedacht, die die Menschen dazu auffordert, die Zwecke des eigenen Handelns begründet selbst zu bestimmen. Die damit in Anspruch zu nehmenden Maßstäbe »praktischer Vernunft« können zum einen dazu veranlassen, neue Normen im Zusammenhang mit dem ökonomischen Handeln zu begründen. Zum anderen ist man natürlich aber auch darauf verwiesen, in der Unternehmenspraxis bereits bestehende, aber problematisch gewordene Normen auf ihre Begründbarkeit hin zu prüfen. Solche Begründungspflichten hätten etwa Chemie-Unternehmungen einzulösen, wenn es um die ethische Rechtfertigung der »doch immer schon«

geübten Praxis geht, Abwässer aus Kostengründen in die nächstgelegenen Flußläufe zu entsorgen.

3. Begründung durch argumentative Verständigung im Dialog (kommunikative Ethik)

Begründungen konkreter unternehmensethischer Normen sollen vom Prinzip her nur über eine dialogische Verständigung durch Argumentation gewonnen werden. Eine solche Verständigung muß vom Grundsatz her durch eine Beteiligung aller Betroffenen innerhalb und außerhalb der Unternehmung als gleichberechtigte Argumentationspartner in einem praktischen Diskurs herbeigeführt werden. Als Konstitutionsbedingungen dieses Dialogs (im Sinne einer regulativen Idee) muß auf die unvoreingenommene, zwanglose und nicht-persuasive Verständigung zwischen sachverständigen Gesprächspartnern als Bedingung der Möglichkeit von praktischer Vernunft abgestellt werden (Kambartel 1974). Man muß – wie Juristen sagen – »ohne Ansehen der Person« reden können, damit dialogische Begründungen entstehen. In diesem Sinne verstanden ist unser Vorschlag einer Unternehmensethik also auf das engste mit neueren Entwicklungen im Rahmen der praktischen Philosophie verknüpft (vgl. dazu den Beitrag von Lorenzen in diesem Band, sowie im einzelnen die Arbeiten von Apel 1973, Habermas 1983c und Lorenzen 1987). Die Diskussion hat hier gezeigt, daß eine Vernunft-Ethik nicht von vorneherein als eine inhaltliche Ethik angelegt werden kann. Eine inhaltliche (materielle) Norm kann vielmehr erst dann als begründet gelten, wenn die Betroffenen selbst ihre Anliegen zur Sprache gebracht und sich in einem friedensstiftenden freien Konsens geeinigt haben. Unternehmensethik muß also auf formal-prozessualer Grundlage konstituiert werden. Die materiellen Normen zu begründen bleibt immer Aufgabe der Betroffenen selbst. Was außerhalb solcher aktueller Dialoge jedoch als Aufgabe (für Wissenschaft und Praxis) bleibt, ist das beständige Bemühen um eine Verbesserung der Dialogbedingungen.

Mit diesem Ansatz einer kommunikativen Ethik werden zwei alternative Ethik-Konzeptionen zurückgewiesen, die ebenfalls eine »soziale Verantwortung« auf Unternehmensebene zur Geltung bringen wollen. Zum einen wird bestritten, daß eine Unternehmensethik als ein Katalog von obersten, ewig gültigen und situationsunabhängigen inhaltlichen Normen für die Orientierung unternehmerischen Handelns postuliert werden darf. Unternehmensethische Normen müssen entsprechend den jeweiligen historischen Bedingungen modifizierbar sein. Der Dialog muß deshalb auch in die Zeit hinein offen gehalten werden. Die inhaltliche Normierung darf nicht zum Dogma gerinnen. Zum anderen unterscheidet sich der dialogische Ansatz von rein personalistischen Bekenntnissen, wie sie etwa in vielen Versionen der Idee von der »gesellschaftlichen Verantwortung der Unternehmensführung« vertreten werden, soweit diese elitär konzipiert sind und prinzipiell auf einen gesellschaftlichen Interessenausgleich auf der Grundlage (zufälliger) individueller Wertentscheidungen einzelner Manager abstellen. Kurz: Unternehmensethik soll dialogisch verstanden werden, *nicht monologisch* und auch *nicht dogmatisch*.

4. Situative Beschränkung des Gewinnziels (Konfliktethik)

In unseren Ausführungen über die zweistufige Legitimationsproblematik unternehmerischen Handelns in einer dezentralen Geld- und Wettbewerbswirtschaft hatten wir schon erläutert, inwiefern die Konzeption einer Unternehmensethik der Absicht nach eine situationsbezogene Beschränkung des Gewinnziels beinhalten muß. Unternehmensethik wird damit als eine *Konfliktethik* gedacht, die ein eigenständiges Steuerungspotential in all denjenigen Situationen entfaltet, in denen das in einer marktwirtschaftlichen Wettbewerbsordnung vom Prinzip her schon gerechtfertigte Gewinninteresse zu ethisch bedenklichen (großflächigen) Auswirkungen führt.

Dieser Aspekt hat zwei Implikationen: Einmal – wie bereits oben erläutert – diejenige, daß das Gewinnprinzip als allgemeine Handlungsmaxime für ein Unternehmen schon gerechtfertigt sein muß, sonst könnte Unternehmensethik nicht als situatives Korrektiv hierzu verstanden werden. Es soll also nicht Aufgabe einer Unternehmensethik sein, den »systemintegrierenden Steuerungsmechanismus« als solchen zu thematisieren – dies wäre Aufgabe einer Wirtschaftsethik im allgemeinen. Würde hier die Frage nach dem gesamtwirtschaftlichen Ordnungsprinzip anders als im Sinne der dezentralen Geld- und Wettbewerbswirtschaft beantwortet werden, stellte sich auch die Frage nach einer Unternehmensethik wieder in einem ganz anderen Lichte.

Des weiteren ist als zweite Implikation festzuhalten, daß Unternehmensethik gegen solche Normen abgegrenzt werden muß, die bewußt als ökonomische Mittel zur Beförderung des Gewinnzieles konzipiert werden. Man denke etwa an die vielzitierten »Führungsgrundsätze« oder an die Überlegungen zur Gestaltung einer »Organisationskultur«, die zwar manchmal mit dem Beiwort »Ethik« geschmückt werden, jedoch der Absicht nach ausschließlich zur Effizienzsteigerung dienen sollen. In solchen Fällen von Ethik zu sprechen, wäre Etikettenschwindel; denn ethische Absichten kommen ja hier überhaupt nicht zum Zuge.

5. Verhältnis zum Recht (Ethik als Selbstverpflichtung)

Da eine Einschränkung des (ungezügelten) Gewinnstrebens im Prinzip auch schon durch vielfältige staatliche Rechtsnormen – nämlich die bereits erwähnten Konnex-Institute des Gewinnprinzips – angestrebt wird, soll von Unternehmensethik nur bei der Entwicklung solcher Normen gesprochen werden, die ihre Verbindlichkeit nicht schon obrigkeitlicher Durchsetzung (mit staatlichen Zwangsmitteln) verdanken. Vielmehr soll Unternehmensethik als ein *Akt der Selbstverpflichtung* verstanden werden. Bei näherer Betrachtung impliziert dies drei Aspekte (vgl. dazu auch den Beitrag von Gröschner in diesem Band):

- Unternehmensethik ist zunächst als eine Aufforderung zu verstehen, geltendes Recht konsequent anzuwenden; denn das gesetzte Recht vermag sich vom Prinzip her seine eigenen Geltungsbedingungen nicht selbst zu verschaffen, sondern ist auf die Rechtstreue jedes einzelnen Bürgers bzw. jeder einzelnen Unternehmung angewiesen (die leidlich bekannten Vollzugsdefizite, etwa in der Umweltschutzgesetzgebung, dürfen nicht dazu veranlassen, bestehende Rechtsvorschriften großzügig auszulegen oder gar zu ignorieren).
- Falls noch gar keine Rechtsregelungen in Geltung gesetzt sind, können unternehmensethische Normen im Sinne einer selbstauferlegten Verpflichtung eine Ergänzung der gesetzlichen Minimalregelungen darstellen (etwa in der Frage, inwieweit vorgeschriebene Sicherheitsstandards bei Produkten oder in der Produktion erweitert werden sollten).
- Unternehmensethik kann im Einzelfall auch einmal dazu auffordern, gegen rechtliche Normen zu verstoßen. Eine solche kritische Distanz zum Recht fiele der Unternehmensethik überall dort zu, wo »legale Entscheidungen« als unethisch qualifiziert werden müßten, die Unterscheidung zwischen »legitim« und »legal« also auf der Unternehmensebene in voller Breite zur Sprache kommen muß (etwa um illegitime Gesetze in faschistischen Staaten zu unterwandern).

Unternehmensethik wird also nicht nur als ein situatives Korrektiv zum Gewinnprinzip (Markt), sondern ebenso als ein situatives Korrektiv zu dessen Konnex-Instituten (Recht) gedacht.

6. Sachzielorientierung der Unternehmensethik

Für eine konkrete ethische Normierung unternehmerischen Handelns muß an den Unternehmenszweck in Form des jeweiligen *Produkt-Markt-Konzepts* und die *Mittel zu dessen Durchsetzung* angeknüpft werden, also an alle diejenigen einzelwirtschaftlichen Entscheidungen, die in einer Unternehmung im Rahmen der dezentralen Wettbewerbswirtschaft selbst getroffen werden können. Mit diesem Bezug auf konkrete Probleme und deren Lösungen wird erstens angemahnt, daß es bei einer Unternehmensethik um die Verhaltensweisen der Unternehmung als Ganzes gegenüber externen Bezugsgruppen in der Gesellschaft geht, kurz: die *Außenbeziehungen* der Unternehmung betroffen sind. Über diese Unternehmensethik in einem engeren Sinne hinaus geht es jedoch zweitens auch um die unmoralischen Zumutungen der Unternehmensführung gegenüber Mitarbeitern in Organisationen, kurz: um die *Innenbeziehungen* der Unternehmung. Dieser Problembereich, den man zweckmäßigerweise vielleicht als »Führungsethik« bezeichnen könnte, ist von einer spezifischen Widersprüchlichkeit gekennzeichnet. Auf der einen Seite geht es bei der Koordination arbeitsteiliger Prozesse in einer Unternehmung auf den Unternehmenszweck hin – auch wenn dieser ethisch legitimiert ist – immer darum, Menschen zu bestimmten Handlungen zu veranlassen, die für den einzelnen möglicherweise auch einmal ethische Zumutungen darstellen können. Auf der anderen Seite muß eine recht verstandene Unternehmensethik aber immer die Möglichkeit zulassen, daß die Handlungsaufforderungen als solche unter ethischen Gesichtspunkten in Frage gestellt werden können. Die beständige Auflösung dieses Dilemmas von Anpassung und Widerspruch stellt sich als das zentrale Problem einer ethischen Führung der Unternehmung nach innen hin.

Mit der Unterscheidung einer Unternehmensethik im engeren Sinne, die nur auf die Außenbeziehungen der Unternehmung abstellt, und einer Unternehmensethik im weiteren Sinne, die auch die Innenbeziehungen der Unternehmung ins Blickfeld nimmt, lassen sich die konkreten Problemfelder einer Unternehmensethik noch differenzierter erfassen (vgl. dazu auch den Beitrag von Enderle in diesem Band). Man kann zum Beispiel erkennen, daß eine nach außen hin konfliktfrei verfolgte Unternehmensstrategie noch keineswegs bedeuten muß, daß die Realisation dieser Strategie im Unternehmen ebenfalls völlig konfliktfrei abläuft (z. B. wegen unzumutbarer Arbeitsbedingungen). Umgekehrt bedeutet eine »innere Harmonie« in einem Unternehmen ohne jegliche ethische Probleme natürlich auch noch nicht, daß von diesem Unternehmen eine ethisch verteidigbare Strategie am Markt realisiert wird (z.B. bei Produktion von Kriegsspielzeug).

Mit der Bestimmung eines konkreten Ansatzpunktes für die Unternehmensethik in Form des Produkt-Markt-Konzeptes soll einerseits der Gefahr eines ideologischen Mißbrauchs vorgebeugt werden, wie er immer dann möglich ist, wenn mit allgemeinen Leerformeln operiert wird. Eine weitgehend unspezifizierte »Verantwortung der Unternehmung gegenüber ihren Kunden«, wie sie etwa in der Idee von der »gesellschaftlichen Verantwortung der Unternehmensführung« vielfach propagiert wird, sollte also keineswegs schon als Unternehmensethik qualifiziert werden. Andererseits verweist die begriffliche Bindung der Unternehmensethik an den Unternehmenszweck und die Mittel zu dessen Durchsetzung auf die originäre Bestimmung der Unternehmung, ihre Aktivitäten zum Zwecke der Gütererstellung und -verteilung im Rahmen einer dezentralen Wirtschaftsordnung zu entfalten. Es soll bei einer Unternehmensethik nicht um die Verfolgung unternehmensfremder, nicht-ökonomischer Ziele in der Gesellschaft gehen, wie es etwa eine generelle Mildtätigkeit seitens der Unternehmensführung gegenüber sozialen Problemgruppen darstellen würde. Gleichwohl sind solche Engagements möglicherweise Ausdruck einer ethischen Grundhaltung, auch wenn sie nicht als Unternehmensethik im eigentlichen Sinne bezeichnet werden sollten.

IV. Zur Konjunktur des Dialogs als Prinzip der Unternehmensethik

Obwohl der hier vorgeschlagene Begriff einer dialogisch orientierten Unternehmensethik nicht als ein kurzlebiger »Modegag« mißverstanden werden darf, sondern den Anspruch auf eine prinzipielle Lösung des unternehmensethischen Problems erhebt, kann man ihn selbstverständlich niemandem ohne freie Zustimmung als Pflichtverständnis auferlegen. Dies gilt um so mehr, als in der gegenwärtigen Orientierungsphase die Diskussion um eine Unternehmensethik in Wissenschaft und Praxis von den unterschiedlichsten konzeptionellen Voraussetzungen und Hintergrundannahmen bestimmt wird, so daß ein gemeinsam geteiltes Begriffsverständnis erst Schritt für Schritt erarbeitet werden muß (zum Überblick über die diversen Ansätze und Initiativen vgl. insbesondere Dahm 1989 und Wiemeyer 1988). Welchen spezifischen Beitrag dabei unser Begriffsvorschlag zu liefern vermag, bedarf natürlich noch einer näheren Klärung, wobei insbesondere einige wichtige Mißverständnisse und Einwände erörtert werden müßten. Eine solche intensive Diskussion über die Leistungsfähigkeit des von uns vorgeschlagenen Begriffs von Unternehmensethik können wir an dieser Stelle indes nicht leisten, ohne den Rahmen einer allgemeinen Einleitung zu sprengen (vgl. dazu ausführlicher Löhr 1991).

Dennoch möchten wir durch einen kursorischen Überblick über den Stand der Diskussion aufzeigen, daß gerade der von uns ins Auge gefaßte Begriff – jedenfalls was seinen rationalen und dialogischen Kern anbetrifft – im Vergleich zur Situation noch vor wenigen Jahren mehr und mehr auf Zustimmung zu stoßen scheint. Insbesondere die Äußerungen bedeutender Persönlichkeiten der Wirtschaft, wie etwa Edzard Reuter (1989) oder Alfred Herrhausen (1989), können in diesem Zusammenhang als Hinweis dafür dienen, daß der Dialoggedanke allmählich zum Leitbild für ein modernes Managementverständnis überhaupt avanciert. So bezog Edzard Reuter vor über 1000 Gästen der IHK Mittlerer Neckar in einem Vortrag deutlich Stellung: »Unternehmensführung ohne Moral ist heute nicht mehr denkbar.« Dabei sei das eigentlich Neue, »... daß Verantwortung nur noch im Dialog wahrgenommen werden kann« (Stuttgarter Nachrichten vom 21. 02. 89). Versteht man diese programmatische Bemerkung als eine Fortführung derjenigen Gedanken, die schon im Beitrag von Reuter innerhalb des vorliegenden Buches nachzulesen sind, so wird eindrucksvoll die praktische Bedeutung einer dialogischen Unternehmensethik als Leitvorstellung für die Wirtschaft bestätigt.

Vor dem Hintergrund solcher grundlegenden Orientierungen, die in ähnlicher Form von einer stetig wachsenden Zahl von Unternehmern und Managern vertreten werden, sind mittlerweile in vielen Unternehmungen Initiativen zur Förderung des inner- und außerbetrieblichen Dialogs ergriffen worden. Diese Initiativen betreffen in erster Linie die Entwicklung bestimmter *personeller*

Voraussetzungen, um eine Führungsethik in den Innenbeziehungen der Unternehmungen praktisch in Gang zu setzen. Es geht dabei zunächst um die Einsicht, daß in den neuen Leitbildern für das Führungsverständnis von Managern die Kommunikations- und Dialogorientierung schon alleine aus ökonomischen Erwägungen heraus eine entscheidende Bedeutung erhalten muß, um das Steuerungsproblem von Unternehmungen zeitgemäß in den Griff zu bekommen. Die klassische Definition von Führungsaufgaben, die zu stark von einem hierarchischen Um- und Durchsetzungsgedanken unternehmerischer Planungen und Entscheidungen bestimmt ist, greift nämlich überall dort zu kurz, wo es auf die permanente Bereitschaft zur (strategischen) Umsteuerung von Unternehmensaktivitäten ankommt (Steinmann/Schreyögg 1986). So wird ganz allgemein ein neues Leitbild für das tägliche Managerhandeln notwendig, das im Sinne eines *kritisch-loyalen Führungsverständnisses* die jederzeitige Kritik- und Revisionsbereitschaft vorgegebener Planungen mit berücksichtigt. In dieses kritisch-loyale Leitbild fügt sich dann auch nahtlos die Entwicklung einer dialogisch orientierten Führungsethik mit ein, die auf die *ethische* Umsteuerung des Unternehmenszwecks und des Führungshandelns der Manager abzielt. Die geforderte Kommunikations- und Dialogorientierung im Leitbild zukünftiger Verantwortungsträger muß ja im Grundsatz offen sein für die Behandlung *jeglicher* Einwände, mithin auch solcher ethischer Provenienz. So gesehen würde es bei den Managern der Zukunft von den personellen Voraussetzungen her auf eine umfassende Bereitschaft zur Verantwortungsübernahme ankommen, die sich sowohl auf den wirtschaftlichen Erfolg als auch auf die ethische Vertretbarkeit der dazu auserkorenen Mittelwahlen erstreckt.

Daß jedoch die Entwicklung personeller Voraussetzungen für eine Entfaltung der Unternehmensethik alleine nicht hinreicht, sondern gleichzeitig *organisatorische Maßnahmen* zur Verbesserung der innerbetrieblichen Kommunikationsverhältnisse ergriffen werden müssen, mag insbesondere aus einem Beitrag von Waters in diesem Band hervorgehen (vgl. daneben auch die Beiträge von Osterloh und Lind). Die von Waters identifizierten »organizational blocks« stellen jene strukturellen und kulturellen Mechanismen in Unternehmungen dar, die einer verantwortungsvollen Entscheidungsfindung auch dann noch im Wege stehen können, wenn (einzelne) Führungskräfte den Weg dialogischer Verständigung ernsthaft suchen. Genau diese dialoghemmenden Mechanismen sollen jedoch im Rahmen der heute in vielen Unternehmungen feststellbaren Bemühungen um eine stärker hierarchiefreie Kommunikation, um Gruppenarbeit, Querschnittsprojekte, Entspezialisierung, Dezentralisation oder vernetzte Teamstrukturen abgebaut werden; die Hierarchie ist in eine Krise geraten. So gesehen deuten alle wichtigen Perspektiven auch für die Fragen der Organisationsentwicklung auf das Leitbild einer Dialogbeförderung hin, durch die der Verantwortungsgedanke im Unternehmen eine besondere Unterstützung erhalten soll.

Dieses neugewonnene dialogische Selbstverständnis dokumentiert sich auch im Wandel des Verhältnisses von Unternehmung und Gesellschaft, ein Wandel, der sich mittlerweile insbesondere in der Öffentlichkeitsarbeit großer Unternehmungen in ersten Ansätzen abzuzeichnen beginnt. Es geht hier nicht mehr nur um eine publikumswirksame Selbstdarstellung und geschickte Imagepflege für das Unternehmen, sondern auch um die Bereitschaft, sich mit berechtigten Vorhaltungen aus der kritischen Öffentlichkeit ernsthaft auseinanderzusetzen. So ging man z.B. in der chemischen Industrie als einer der in diesem Zusammenhang wichtigsten Branchen schon hier und dort dazu über, den Dialog mit der Öffentlichkeit organisatorisch deutlich von Public-Relations-Aufgaben zu trennen; bei der Hoechst AG ist hierfür extra eine Stabsstelle des Vorstandes in der obersten Spitze der Hierarchie geschaffen worden. Solche dialogfördernden Instanzen können dabei einerseits im Sinne von spezifischen »Task Forces« verstanden werden, die bei außerordentlichen Konfliktsituationen als unmittelbare Kommunikationspartner den Dialog zwischen gesellschaftlichen Anspruchsgruppen und dem unternehmerischen Entscheidungszentrum unterstützen und verbessern sollen (zur praktischen Bedeutung von Krisenkommunikationen vgl. Apitz 1987). Darüber hinaus wird die dialogische Wende der Öffentlichkeitsarbeit in einem eher allgemeinen Sinne neuerdings aber auch für jeden Bürger über Anzeigen in den Medien ersichtlich, wenn Unternehmen ihre Diskussionsbereitschaft, auch mit Kritikern, durch einen unmißverständlichen Hinweis signalisieren: »Wir suchen den Dialog!« (vgl. dazu insbesondere den Beitrag von Merkle in diesem Band)

Selbstverständlich wird man diese und andere Ansätze zur Beförderung des Dialoggedankens zum gegenwärtigen Zeitpunkt nur als erste Schritte in Richtung auf eine Unternehmensethik nach dem vorgeschlagenen Konzept begreifen können. Dennoch sollte man die Bedeutung derartiger Initiativen nicht so eilfertig in Frage stellen, wie es jene Kritiker tun, die Bemühungen um eine Unternehmensethik als *praktisch belanglos* einstufen. Die Praxis selbst zeigt ja in vielerlei Facetten, die wir hier nur andeuten können, daß es bei dialogischen Auseinandersetzungen um mehr geht als um seichtes Gerede ohne praktische Relevanz – daß also Kommunikation zu wesentlicheren Ergebnissen führen kann als dem »bloßen Weiterreden«, wie es vor allem die Systemtheorie von Luhmann nahelegt (van Rossum 1990). Nicht zuletzt die gewaltigen politischen Veränderungen in den Ost-West-Beziehungen bezeugen eindrucksvoll, daß und wie ernsthafte Dialogbereitschaft sehr wohl zu praktischen Ergebnissen im Dienste des Friedens führen kann.

Neben dem Vorwurf der empirischen Bedeutungslosigkeit läuft auch ein zweiter Einwand gegen eine dialogorientierte Unternehmensethik Gefahr, deren friedensstiftende Wirkung für unser gesamtes Zusammenleben zu übersehen. Es geht dabei um die Grundsatzfrage der *gesellschaftlichen Akzeptanz* der Sozialen Marktwirtschaft, die man ja nicht einfach als gegeben voraussetzen kann, sondern die es allererst herzustellen und immer wieder zu erneuern gilt. In diesem Zusammenhang geht gerade ein Einwand fehl, der behauptet, die Forderung nach einer dialogischen Unternehmensethik bedeute eine grundlegende Systemveränderung der kapitalistischen Wirtschaftsordnung, indem nämlich überbetriebliche Rätesysteme nach sozialistischer Manier in die Freiheit des unternehmerischen Handelns hineinregieren sollen (Koch 1989, S. 740). Entgegen einer solchen dirigistischen Deutung mit dem Ziel einer Systemveränderung geht es bei unserem Vorschlag einer Unternehmensethik vielmehr gerade darum, drohende und aktuelle Legitimationsdefizite der marktwirtschaftlichen Wettbewerbsordnung beheben zu helfen, und zwar in der Einsicht, daß es für uns – zumindest derzeit – zum System der Sozialen Marktwirtschaft gar keine ernstzunehmende Alternative gibt.

Allerdings gilt es im gleichen Atemzuge zu bemerken, daß die Unternehmungen in der bestehenden Wettbewerbsordnung viel zu lange übersehen haben, daß die formelle Garantie *freier* wirtschaftlicher Betätigung nicht automatisch mit der prinzipiellen Akzeptanz jeder *beliebigen* unternehmerischen Wirtschaftsaktivität durch die Gesellschaft einhergehen muß. Diese gesellschaftliche Akzeptanz muß vielmehr immer wieder – d.h. letztlich in jedem Einzelfall – dadurch gewonnen und sichergestellt werden, daß man die Sozialverträglichkeit der Wirkungen des eigenen wirtschaftlichen Handelns einsichtig macht und zu gewährleisten versucht (vgl. dazu auch Herrhausen 1989).

Unternehmerische Verantwortung heißt dann sicherlich nach wie vor, eine Unternehmung so zu führen, daß sie nach den Regeln der marktwirtschaftlichen Ordnung überlebensfähig ist, d.h. ausreichende Gewinne abwirft. Unternehmerische Verantwortung heißt dann aber andererseits auch, über das (bloße) ökonomische Wohlergehen der Unternehmung hinaus einen substantiellen Beitrag zur Friedenssicherung im gesellschaftlichen Umfeld des Unternehmens zu leisten. Beide Aspekte unternehmerischer Verantwortung zusammen sind letztlich Ausfluß des öffentlichen Interesses, dessen Wahrung Voraussetzung für die Legitimität und damit die gesellschaftliche Akzeptanz einer jeden Wirtschaftsordnung ist: So wie es nichts Öffentlicheres als das Privatrecht gibt, gibt es auch nichts Öffentlicheres als das private Unternehmertum!

Im übrigen hat die allgemeine Diskussion um eine Unternehmensethik, so wie sie in den letzten Jahren in Gang gekommen ist, extrem ablehnende Positionen weitgehend hinter sich gelassen. Als eine gewisse Grundtendenz muß man hierbei allerdings erstaunlicherweise registrieren, daß die praktische Auseinandersetzung mit ethischen Problemstellungen der wissenschaftlichen Reflektion ein gutes Stück vorauseilt, insbesondere soweit hier die Betriebswirtschaftslehre betroffen ist. Wenn man beispielsweise die praktischen Ansätze zu einer ökologischen Umorientierung der Unternehmungen betrachtet (vgl. dazu etwa Winter 1987, Bundesverband Junger Unternehmer 1989 oder den Beitrag von Günther in diesem Band), so kann man sicherlich schon von weitreichenderen und tiefgreifenderen Erfolgen in der Sache des Umweltschutzes sprechen als im Fach der Betriebswirtschaftslehre, wo erst wenige theoretische Initiativen für eine ökologische Umorientierung der Disziplin eingeleitet worden sind (vgl. etwa Steger 1988a, Seidel/Menn 1988, Kreikebaum 1988a und 1990, Pfriem 1986). So gesehen ist es für den Schutz unserer Lebensgrundlagen ein glücklicher Umstand, daß die entscheidenden Impulse zum Handeln nicht erst aus der schwerfälligen theoretischen Diskussion über eine Wirtschafts- und Unternehmensethik in ökologischer Absicht abgeleitet werden müssen (die Schwierigkeiten dieser konzeptionellen Umorientierung werden etwa bei den Beiträgen in Seifert/Pfriem 1989 oder Birnbacher 1980 deutlich).

Dieses Auseinanderklaffen zwischen praktischem Handeln und theoretischem Verharren auf althergebrachten Positionen läßt sich in gleicher Weise auch für die Akzeptanz des Dialoggedankens im Rahmen der Unternehmensführung feststellen. Es ist nicht ohne Reiz zu sehen, wie die momentan auf harte Empirie und disziplinäre Abgrenzung bedachten Hauptströmungen der Betriebswirtschaftslehre (exemplarisch sei auf Schneider 1990 hingewiesen) sich vergeblich darum bemühen, den vielfach aufkommenden emanzipatorischen Visionen und interdisziplinären Ansprüchen der Unternehmenspraxis eine »Lektion in Sachen Realismus zu verpassen« (Adam 1989). Für einen Praktiker in der Wirtschaft scheint es so gesehen weniger schwer zu sein, die Bedeutung des Dialoggedankens zu erkennen als für diejenigen Wissenschaftler, die in ihrer Disziplin »methodischen Betrachtungsweisen« huldigen und ihre Theorien mit der Wirklichkeit verwechseln.

So gesehen gehen derzeit die bedeutsameren Initiativen zur konstruktiven Auseinandersetzung mit den Fragen der Unternehmensethik nicht in erster Linie von der Betriebswirtschaftslehre, sondern eher von Nachbardisziplinen oder praxisnahen Institutionen aus. Bemerkenswert in diesem Zusammenhang mag zum Beispiel gerade die Tatsache sein, daß an zahlreichen wirtschaftswissenschaftlichen Fakultäten bundesdeutscher Hochschulen Einführungsveranstaltungen und Ringvorlesungen zur Unternehmensethik bislang vorrangig durch die Initiative und Organisation studentischer Vereinigungen zustande gekommen sind.

Die besondere Bedeutung der praxisverbundenen Initiativen macht sich speziell im Hinblick auf die zahlreichen *einzelnen Seminare und Tagungen* bemerkbar, auf denen in aller Regel erste Orientierungen über eine Unternehmensethik vermittelt werden sollen. Entscheidend für die Akzeptanz bestimmter Orientierungsvorschläge ist es momentan sicherlich, daß es nicht um die missionarische Verkündigung irgendwelcher Lehrmeinungen und Handlungsanweisungen geht, sondern die Ingangsetzung von Gesprächen und Denkprozessen im Vordergrund steht, die zur weiteren dialogischen Auseinandersetzung über ethische Konfliktfälle anregen sollen. In der Praxis selbst ist dadurch auf die vielfältigsten Weisen im Prinzip schon jene dialogische Auseinandersetzung in Gang gebracht worden, über deren Möglichkeiten man noch vor wenigen Jahren relativ mitleidig zu lächeln pflegte. Immer häufiger ist dabei auch zu bemerken, daß das Stadium aufregender, letztlich jedoch belangloser Gespräche in den Tagungsräumen bereits durchschritten ist und erste Konsequenzen zur Implementation einer Unternehmensethik bereits gezogen wurden.

Eine besondere Form der Institutionalisierung hat die undogmatische Auseinandersetzung mit Problemen der Wirtschafts- und Unternehmensethik mittlerweile im *European Business Ethics Network*« (EBEN) gefunden (Kontaktadresse: EBEN, 40 rue Washington, B-1050 Brussels). Es handelt sich hierbei um eine international ausgerichtete Initiative, die den Gedanken- und Erfahrungsaustausch zwischen Wissenschaftlern und Praktikern über Fragen der Business Ethics in Gang setzen und ausbauen will. Ein zentrales Forum für diesen Zweck bilden vor allem die Jahrestagungen des Networks, auf denen Praktiker und Wissenschaftler gleichberechtigt und unvoreingenommen miteinander in Verständigung treten sollen. Diese im Grundsatz genau unserem Dialogprinzip entsprechende Intention resultiert aus der Einsicht, daß in der europäischen Vielfalt der Kulturen und Probleme missionarische Absichten oder ethische Rezeptverkündigungen keine Aussicht auf allgemeine Zustimmung haben. Internationale Lösungen für ethische Probleme können nur im Dialog erarbeitet werden. Dieses Ziel gegenseitiger Verständigung soll neben den Jahrestagungen (vgl. dazu die Publikationen der letzten beiden Tagungen im Heft 1/1990 des Journal of Business Ethics sowie Enderle/Almond/Argandona 1990) auch der regelmäßig erscheinende Newsletter von EBEN befördern. Als ein besonderer Beitrag dieses Networks zum internationalen Dialog darf es darüber hinaus angesehen werden, daß die verschiedensten europäischen Forschungsinstitute, die sich mit Fragen der Wirtschafts- und Unternehmensethik befassen, durch EBEN zum regelmäßigen Erfahrungsaustausch zusammenkommen.

Neben privat getragenen Initiativen haben sich in den letzten Jahren in bemerkenswerter Weise vor allem *kirchliche Institutionen* für die Beförderung des Dialoggedankens eingesetzt. Ein *evangelischer* Beitrag besonderer Art ist in diesem Zusammenhang sicherlich das Buch »Wirtschaftsethik im Dialog« von Lefringhausen (1987), das mit seiner ungewöhnlichen Darstellung zahlreiche Praktiker vom Sinn dialogischer Auseinandersetzungen zu überzeugen vermochte: Ein fiktiver Briefwechsel zwischen drei Generationen dient als Aufhänger, um die ethischen Probleme des Wirtschaftslebens dialogisch zu erörtern. Die darüber hinaus bedeutsamen Impulse für die Diskussion um eine Wirtschaftsethik von evangelischer Seite entstammen allerdings eher der theoretisch-theologischen Debatte. Neben der herausragenden Wirkung, die dabei das Werk von Arthur Rich (1985) erzeugt hat, ist speziell für die Förderung des Dialoggedankens zwischen Wissenschaftlern eine interdisziplinäre Kolloquienreihe über »Theologische Aspekte der Wirtschaftsethik« in Loccum (Herms et al. 1986ff.) wichtig geworden.

Im Rahmen der *katholischen* Kirche wurde neben den schon vielfach durch die Presse publik gewordenen Seminaren einzelner Ordensleute für Praktiker (vgl. vor allem Lay 1989 für die Arbeit der Jesuiten) insbesondere eine Veranstaltungsreihe bedeutsam, die den Dialoggedanken ganz offiziell zum Programm erhoben hat: Das »Dialogprogramm Wirtschaft und Christliche Ethik« der Akademien von Rottenburg-Stuttgart und Wiesbaden (Wörz/Dingwerth/Öhlschläger 1990 und 1991), das besonderen Wert auf die Einbindung der Unternehmenspraxis legte.

In den Reihen der *Unternehmerverbände* sind in den letzten Jahren zahlreiche Arbeitskreise entstanden, die sich ausführlich mit den Zusammenhängen von

Ethik und Marktwirtschaft befaßt haben, und dies, wie z.B. die Arbeitsgemeinschaft Selbständiger Unternehmer ASU (1990), sogar zu Publikationen verdichteten. Unverkennbar ist in der Fülle der von Unternehmerverbänden und unternehmernahen Institutionen erarbeiteten Literatur nicht nur die Öffnung für ethische Argumentationen überhaupt (z.B. bei Zürn 1989, Thomas 1987), sondern in vielen Ansätzen auch speziell die oben bei Reuter und Herrhausen vorgedachte dialogische Grundorientierung.

Auch die *Gewerkschaften* stehen dem Thema »Unternehmensethik« neuerdings weniger voreingenommen gegenüber als noch vor einigen Jahren, wo man hinter diesem Begriff lediglich die letzte und gerissenste Variante der Arbeitnehmerübervorteilung vermutete. Ganz im Kontrast zu dieser Meinung wird neuerdings der Dialoggedanke in den Äußerungen eines Arbeitskreises »Technologie- und Humanisierungspolitik« der IG Metall akzentuiert vorangetrieben (Pfeifer 1991). Ein Themenheft der Zeitschrift »Die Mitbestimmung« vom Mai 1990 zeigt dabei, welch tiefgreifender Wandel mit dieser beabsichtigten dialogischen Wende für die Gewerkschaften womöglich verbunden sein könnte.

Ähnlich wie bei den eben angesprochenen Tarifparteien zeichnet sich auch im Selbstverständnis von *Verbrauchervereinigungen* und allgemeinen *gesellschaftlichen Initiativgruppen* ansatzweise eine Tendenzwende zur Dialogorientierung gegenüber Unternehmungen ab. In vielfältigen, teilweise komplexen und langwierigen Lernprozessen hat man dort schon häufiger erkennen müssen, daß zum Zwecke der Durchsetzung berechtigter Anliegen eine verständigungsorientierte, auf die Überzeugungsleistung von guten Argumenten vertrauende Vorgehensweise erfolgversprechendere Aussichten eröffnet als eine kompromißlose Gegnerschaftsstrategie (Steinmann/Löhr 1988). Entsprechende Erfahrungen mündeten sogar schon in die Formulierung sogenannter *»Streitkulturen«* ein. So entwickelte die Landeskirche von Hessen-Nassau aufgrund einschlägiger Erfahrungen einen Verhaltenskodex, der eine Unterstützung von Initiativgruppen abhängig macht von deren Bereitschaft, Konflikte in ernsthaften dialogischen Auseinandersetzungen zu lösen.

Dieser kursorische Überblick über aktuelle Dialogtendenzen in der Wirtschaftspraxis kann und sollte selbstverständlich nicht als abschließender Triftigkeitsbeweis für die praktische Bedeutung einer dialogischen Unternehmensethik verstanden werden. Hierüber wird in Anbetracht der schier unübersehbaren praktischen Problemfelder und konkurrierenden Orientierungshilfen so schnell nicht befunden werden können. Dennoch erstreben wir im Hinblick auf die skizzierten Entwicklungen einen nicht bloß marginalen Geltungsanspruch für unseren begrifflichen Vorschlag in dem Sinne, daß diejenigen Kritiker nachdenklich werden sollten, die eine dialogische Unternehmensethik lediglich als (kollektivistische) Utopie ohne praktische Relevanz abqualifizieren möchten. Wir meinen, daß die aufgezeigten Ansätze hier deutlich günstigere Entwicklungschancen nahelegen. Sie sind zugleich ein Indiz dafür, daß die Diskussion um eine Unternehmensethik – unabhängig vom Dialoggedanken – ganz allgemein an praktischer Bedeutung gewinnt.

Fragt man nun allerdings danach, wie sich diese positiven Vorzeichen für eine »dialogische Wende« in der Unternehmenspraxis in den *theoretischen* Diskussionen niedergeschlagen haben, so muß die dort vielfach immer noch vorherrschende Skepsis befremden. Gewiß deuten viele Anzeichen auf eine durchaus wachsende Zustimmung zu den Grundsätzen der Dialogethik hin. Es ist jedoch ebenso nicht zu übersehen, daß dadurch keineswegs altbekannte Kontroversen einer Annäherung oder gar Lösung zugeführt werden konnten. So hat inbesondere die große *philosophisch-soziologische* Auseinandersetzung zwischen Handlungs- und Systemtheorie in ihrer jüngsten Runde (Apel 1988, Habermas 1988, Luhmann 1988) lediglich bestehende Positionen noch einmal bekräftigt. Hier werden im Zusammenhang mit dem Problem der Begründbarkeit von Normen (und der Entfaltung ihrer gesellschaftlichen Wirksamkeit) die Chancen einer dialogischen Unternehmensethik eher in einem akademischen Schulenstreit zwischen »Idealisten« und »Realisten« (Lorenzen 1990) zerredet als lebenspraktisch bedeutsam geklärt. Auswege aus diesem »Begründungsstreit« könnten jedoch – neben den Überlegungen von Lorenzen in diesem Band – möglicherweise die Vorschläge von Mittelstraß (1989) zur lebenspraktischen Fundierung normativer Orientierungen bieten. Aus soziologischer Sicht findet – im Gegensatz zur vorherrschenden Systemtheorie – der Dialoggedanke im Prozeß der »Strukturierung von Gesellschaften«, wie ihn Giddens (1988) konzeptionalisiert hat, einen wichtigen Platz.

Auch im Bereich der Wirtschaftswissenschaften hat sich in den letzten Jahren ohne jeden Zweifel ein steigendes Interesse an ethischen Grundlagenproblemen entwickelt, das mehr und mehr gerade auf das Dialogprinzip als entscheidenden Referenzpunkt der Diskussion zurückgreift. Die Akzeptanz des Dialoggedankens ist dabei jedoch (noch) zwei höchst unterschiedlichen Beschränkungen unterworfen, die gewissermaßen auch kennzeichnend für das jeweilige Selbstverständnis der Volks- und der Betriebswirtschaftslehre sind.

Betrachtet man dabei zunächst die *Volkswirtschaftslehre* – der es nach unserem Verständnis ja um Fragen der »Wirtschaftsethik« geht (vgl. S. 6) –, so wurde mit der neuerlichen intensiven Debatte eigentlich nur ein traditionelles Grundsatzproblem der Nationalökonomie in neuem Gewande wieder aufgenommen: Es geht um das prinzipielle Verhältnis von Ökonomie und Ethik zueinander. Dabei soll der seit Adam Smith schrittweise verlorengegangene Zusammenhang beider Disziplinen unter den modernen gesellschaftlichen Voraussetzungen konzeptionell wiederhergestellt werden (vgl. dazu etwa Sen 1987 und die Beiträge in Bouckaert 1989, Rahmsdorf/Schäfer 1988, Ulrich 1990). Diese weitreichende Diskussion um »Wirtschaftswissenschaft und Ethik« wird insbesondere auch in einem ständigen Arbeitskreis des altehrwürdigen Vereins für Socialpolitik gepflegt (Enderle 1985, Hesse 1988). Wenngleich in den theoretisch anspruchsvollen Beiträgen dieses Arbeitskreises auch immer wieder auf die ethischen Grundlagen der Wirtschaft im Sinne einer gesellschaftlichen Legitimation reflektiert wird, bleibt eine zentrale Frage im Hinblick auf das Dialogprinzip bislang noch offen. Das strenge Dialogprinzip für die Konstitution einer Wirtschaftsethik stößt nämlich insofern auf gewisse Vorbehalte, als die nationalökonomische Diskussion derzeit besonders stark von den Arbeiten Buchanans (vgl. dazu Buchanan/Tullock 1962 und Buchanan 1977) und des Neo-Institutionalismus beeinflußt wird (zum Überblick vgl. Schüller 1983, auch Budäus/Gerum/Zimmermann 1988). Hier geht man ja bekanntermaßen davon aus, daß die *faktische* Zustimmung zu gesellschaftlichen Arrangements aufgrund individueller Nutzenkalküle eine hinreichende Legitimationsbasis, insbesondere im Bereich der Wirtschaftsordnung, darstellt. Die weitere Diskussion wird in diesem Zusammenhang erst noch näher zeigen müssen, ob und inwieweit dieser »faktische« Konsensbegriff von Buchanan in Richtung auf den von uns beabsichtigten »vernünftigen« Konsensbegriff, der auf diskursiv gewonnene Überzeugungen abstellt, transzendiert werden kann, oder aber einem angeblich unhintergehbaren Ökonomismus zum Opfer fällt (vgl. dazu insbesondere die Arbeiten von Höffe 1985, Ulrich 1986, sowie Homann 1988).

Gegenüber diesen weitreichenden Kontroversen fällt die aktuelle theoretische Auseinandersetzung in der *Betriebswirtschaftslehre* mit den Fragen der Unternehmensethik und der systematischen Bedeutung des Dialogs substantiell gesehen merklich zurück (vgl. als eine der wenigen Diskussionsbemühungen auch die Beiträge in Lattmann 1987). Überdies geht aus einigen betriebswirtschaftlichen Stellungnahmen, die sich mit dem Vorschlag einer dialogorientierten Unternehmensethik auseinandergesetzt haben, mehr oder weniger deutliche Zurückhaltung oder gar Ablehnung hervor (Lenz/Zundel 1989, Schneider 1990). Sofern zu den Möglichkeiten einer Unternehmensethik generell eine positive Haltung eingenommen wird, wird in aller Regel lediglich an das persönliche Gewissen einzelner Verantwortungsträger appelliert, also eine monologische der dialogischen Lösung vorgezogen (Klose 1988, Schmidt 1986). An dieser insgesamt relativ distanzierten Aufnahme der Diskussion um eine Unternehmensethik im allgemeinen und ihrer dialogischen Orientierung im besonderen änderte sich bislang auch durch die Tatsache relativ wenig, daß in den letzten Jahren immer häufiger eine Rückbesinnung auf das normative Fundament der Betriebswirtschaftslehre und das Verantwortungsbewußtsein ihrer Fachvertreter angemahnt wurde (Küpper 1988, Riklin 1987). Eine weitergehende wissenschaftliche Behandlung von unternehmensethischen Fragen über gelegentliche Bemerkungen hinaus scheitert nämlich, so scheint es, zumindest vorläufig am streng ökonomischen und realitätsorientierten Selbstverständnis der Betriebswirtschaftslehre, das eine ernsthafte Anreicherung um ethische Dimensionen als fachfremde und damit dilettantische oder überflüssige Bemühung zurückweisen möchte (Schneider 1990). Auch die steigende Akzeptanz des Dialogprinzips in der Betriebswirtschaftslehre mag vor diesem Hintergrund dann eher als eine vordergründige Duldung denn als eine überzeugte Einsicht interpretiert werden.

So gesehen wäre es dann auch verständlich, daß trotz einer immer umfangreicher werdenden Diskussion um die Unternehmensethik bislang keine weitreichenden Konsequenzen für eine Revision des betriebswirtschaftlichen *Lehr-*

programms gezogen worden sind. Darüber kann die grundsätzlich richtungsweisende Etablierung der ersten beiden deutschsprachigen Lehrstühle für Wirtschafts- und Unternehmensethik in St. Gallen (P. Ulrich) und an der Katholischen Universität Eichstätt (K. Homann) ebensowenig hinwegtäuschen wie die Tatsache, daß mittlerweile etliche Forschungsarbeiten über den Problemkreis Unternehmensethik angelaufen sind und relevante Stichwörter regelmäßig in neu aufgelegte betriebswirtschaftliche Nachschlagewerke (z.B. Handwörterbücher der Betriebswirtschaftslehre, der Organisation und des Personalwesens) mit aufgenommen werden. Es geht nämlich trotz dieser wichtigen ersten Schritte insgesamt eher um eine zwar akzeptierte, aber letztlich doch bloß marginale Abrundung des klassischen Programms als um eine grundsätzliche konzeptionelle Auseinandersetzung in einem revidierten Fachverständnis. So gesehen wird die Unternehmensethik in der betriebswirtschaftlichen Lehre, insbesondere auch mit ihrem dialogorientierten Ansatz, noch vielfältige Implementationsbarrieren zu überwinden haben.

In diesem Zusammenhang sollte man sich abschließend vielleicht drei beeindruckende Beispiele für die Entwicklung der *Business Ethics* an den Universitäten der USA vor Augen halten. Dort hat etwa die weltweit renommierte Academy of Management in umfangreichen dialogischen Prozessen einen »Code of Ethical Conduct« entwickelt, der soeben allen Mitgliedern zur abschließenden Stellungnahme zuging (The Academy of Management News, May 1990). Sollte dieser Code of Conduct verabschiedet werden, was in Kürze zu erwarten ist, so würden sich für die Management-Professoren dann weitreichende Verpflichtungen für die praktische Wahrnehmung ihres Berufes, insbesondere für die akademische Lehre, ergeben. Zum zweiten ist die Implementation von Business Ethics in den Hochschulunterricht (vgl. auch DeGeorge in diesem Band) mittlerweile so weit fortgeschritten, daß die meisten Business Schools umfangreiche Kurse anbieten können. So hat etwa die Wharton School – immerhin eine der hervorragendsten Business-Schools in den USA – bereits seit 1976 Erfahrungen mit Ethikkursen gesammelt und in den letzten Jahren ein integriertes Lehrkonzept von Business Ethics für die gesamte Managementausbildung in Gang gebracht (Dunfee/Robertson 1988). Noch beeindruckender sollte vielleicht drittens die Nachricht wirken, daß der berühmten Harvard Business School von John Shad, dem Vorsitzenden einer Untersuchungskommission für Insidertrading in den USA, die runde Summe von 23 Mio. $ in Aussicht gestellt wurde, nur damit auch dort ein Konzept für die Lehre von Business Ethics in Gang gebracht werden kann (Cavanagh 1989).

Nimmt man alle diese skizzierten Entwicklungen aus der Wirtschaftspraxis und vielerlei Wissenschaftsdisziplinen gebührend zur Kenntnis, so dürften gegen die Notwendigkeit einer forcierten Integration der Unternehmensethik in die betriebswirtschaftliche Ausbildung eigentlich keine unmittelbaren Vorbehalte mehr bestehen. Wer dabei die steigende Bedeutung der Dialogorientierung anerkennt, für den kann und will der vorliegende Aufsatzband eine erste Orientierungshilfe für die vertiefende Diskussion um eine Unternehmensethik bieten. Nach dem Gesagten wird man wohl auch zurecht davon ausgehen können, daß der von uns vorgeschlagene rationale und dialogorientierte Begriff von Unternehmensethik nicht als eine kurzlebige oder gar weltfremde »wissenschaftliche Erfindung« diskreditiert zu werden braucht, sondern als die Präzisierung einer Leitvorstellung verstanden werden kann, die sich in der unternehmerischen Praxis selbst schon mehr und mehr Geltung verschafft. Wie sollte es auch anders sein – ist doch der Mensch anthropologisch durch sein Sprachvermögen auf gegenseitige Verständigung angelegt.

V. Die Beiträge der Aufsatzsammlung

Der von uns vorgeschlagene Begriff von Unternehmensethik wurde allen Autoren des Aufsatzbandes als Orientierungsrahmen angeboten. Gleichwohl stand es natürlich jedem frei, seine eigene Perspektive zur Geltung zu bringen. Deshalb zeichnen sich die Beiträge insgesamt durch eine gewisse Heterogenität aus. Diese Heterogenität macht aber nicht nur die Vielfalt der Standpunkte deutlich, sondern bringt auch zum Ausdruck, daß Bemühungen um eine Unternehmensethik allererst in Gang gesetzt sind, ohne daß schon ein Konsens erreicht wurde. Der Leser darf an die Lektüre also nicht mit der Vorstellung herangehen, daß ihn hier eine geschlossene Morallehre vom richtigen Handeln in der Unternehmung erwartet. Gleichwohl wurde versucht, die einzelnen Beiträge sinnvoll zu gliedern und zu Kapiteln zusammenzufassen. In diesem Sinne beschäftigt sich Kapitel 2 mit Fundierungsproblemen der Unternehmensethik, im Kapitel 3 werden aus der Sicht einer kommunikativ verstandenen Unternehmensethik wichtige Abgrenzungen, z.B. gegenüber der Unternehmensverfassung und der Unternehmenskultur, vorgenommen und ausargumentiert. Das 4. Kapitel beschäftigt sich mit den theoretischen Grundlagen zur ethischen Sensibilisierung des Unternehmens. Hier findet der Leser – ohne Anspruch auf Vollständigkeit – eine Vielzahl von Problemaspekten, die in der gegenwärtigen Diskussion zur Unternehmensethik eine besondere Rolle spielen. Dabei geht es einmal – mit starker institutioneller Orientierung – um Strategie und Funktionsbereiche des Unternehmens selber (Teil A) und zum anderen – im Sinne einer personellen Orientierung – um die Manager und Mitarbeiter des Unternehmens und ihre Bedeutung für die ethische Sensibilisierung der Unternehmung (Teil B). Das Kapitel 5 enthält dann in gewissem Sinne eine Bestandsaufnahme des Status quo in der Unternehmenspraxis. Unternehmer und Manager berichten hier über ihre Sichtweise der Unternehmensethik und über das, was in ihrem Unternehmen getan wird, um die Unternehmensethik praktisch wirksam werden zu lassen. Das Kapitel 6 schließlich faßt vier verschiedene Länderberichte zusammen, die über den internationalen Stand der Diskussion zur Unternehmensethik unterrichten sollen.

Unter den Aufsätzen über Fundierungsprobleme einer Unternehmensethik nimmt der von *Paul Lorenzen,* dem Begründer der konstruktiven Philosophie- und Wissenschaftstheorie der Erlanger Schule, insofern eine gewisse herausragende Stellung ein, als er die philosophische Begründung für eine Lehre von der Wirtschafts- und Unternehmensethik bereitstellt und damit auch die Orientierung für eine Reihe von anderen Beiträgen des Bandes liefert. Gerade der in philosophischen Fragen wenig bewanderte Leser wird hier in methodischer Absicht schrittweise und von Anfang an mit all den Fragen vertraut gemacht, die für die Grundlegung einer Unternehmensethik von zentraler Bedeutung sind.

Während der Beitrag von Lorenzen auf die (innerweltliche) Vernunft als Basis für alle Bemühungen um eine Unternehmensethik baut, erläutert der evangelische Theologe *Eilert Herms,* wie sich eine ethische Orientierung der Unternehmensführung aus theologischer Sicht begründen ließe. Mit seinem Beitrag konnte hier allerdings nur *ein* möglicher Standpunkt der theologischen Fundierung einer Unternehmensethik ausgearbeitet werden; gerade weil das Verhältnis von Vernunft und Glauben von den verschiedenen theologischen Richtungen recht unterschiedlich gesehen wird, lassen sich in der Literatur auch andere Positionen ausmachen (etwa Böckle 1988, Wolff 1987).

Der Beitrag von *Rolf Gröschner* greift Fundierungsprobleme einer Unternehmensethik aus der Sicht des Rechts in sokratischer Tradition auf. Von daher wird deutlich, daß die Geltungsbedingungen des Rechts letztlich nur in der dialogischen Verständigung der Menschen gefunden werden können. Gröschner arbeitet ferner drei Funktionen der Unternehmensethik für das Unternehmensrecht heraus: Unternehmensethik kann die weitere Verrechtlichung der Wirtschaft vermeiden helfen, zur Verbesserung verfehlter Rechtsentwicklungen beitragen und die bestehende Rechtslage auf der Geltungs- und Anwendungsebene des Rechts ergänzen helfen. Aus juristischer Sicht hat so gesehen Unternehmensethik eine Vermeidungs-, eine Verbesserungs- und eine Ergänzungsfunktion.

Den Abschluß der fundierenden Beiträge stellt der Aufsatz von *Rudolf Kötter* dar. Er stellt die Frage nach der Möglichkeit von Unternehmensethik in einer Wettbewerbswirtschaft und kommt zu einer eher skeptischen Einschätzung; dies allerdings auf der Grundlage der Allgemeinen Gleichgewichtstheorie der Neoklassik als Paradigma einer Wettbewerbswirtschaft. Unabhängig davon, ob man seinen Argumentationen im einzelnen folgen kann, ist darauf hinzuweisen, daß der Wettbewerbsbegriff selber natürlich in der nationalökonomischen Theorie nicht einheitlich verwendet wird. Man denke etwa an die »Industrieökonomik« oder an die »Freiburger Schule«. Insofern ist in der Frage der Vereinbarkeit von Unternehmensethik und Wettbewerb natürlich noch nicht das letzte Wort gesprochen.

Mit diesen Beiträgen des zweiten Kapitels wurden wesentliche Schnittstellen einer Unternehmensethik zu Nachbardisziplinen aufgegriffen, nämlich der Philosophie, der Theologie, dem Recht und der Nationalökonomie.

Mit dem Begriff der Unternehmensethik ergibt sich auch in der Betriebswirtschaftslehre selbst die Notwendigkeit, Abgrenzungen zu verwandten Themenbereichen vorzunehmen. Dies betrifft insbesondere die Problemfelder Unternehmensverfassung und Unternehmenskultur. Die Unternehmensverfassung ist ja ein rechtliches Konnex-Institut der Gewinnsteuerung und damit ein Teil der Wirtschaftsordnung, der auf Unternehmensebene den Interessenausgleich organisiert und damit ebenfalls einen Beitrag zu friedlichen Koordination wirtschaftlicher Handlungen leisten soll. Wie sollte demgemäß Unternehmensverfassung gegenüber Unternehmensethik abgegrenzt werden? Diesem Problem widmet sich der Beitrag von *Elmar Gerum*. Er arbeitet heraus, daß Unternehmensethik sinnvollerweise als eine situationsspezifische *Ergänzung* der Unternehmensverfassung angesehen werden sollte, wobei er durchaus konzediert, daß sich die Gegenstände beider Regelungsbereiche im Zeitablauf mit Änderung der gesellschaftlichen Verhältnisse auch verschieben können. Außerdem betont Gerum zu Recht, daß natürlich die Unternehmensverfassung selber auch für ihre Funktionsfähigkeit einer ethischen Fundierung bedarf, gleichsam auf den gutwilligen Rechtsgenossen angewiesen ist.

Der Beitrag von *Margit Osterloh* knüpft an die gängige Konfundierung der Begriffe »Unternehmensethik« und »Unternehmenskultur« in der Literatur an. Sie arbeitet die Unterschiede zwischen beiden Begriffen heraus und bringt die Unternehmenskultur in eine Mittelbeziehung zur Unternehmensethik. Dieser Mittelcharakter besteht zum *einen* darin, daß die Unternehmenskultur den sozialen Rahmen schaffen muß, innerhalb dessen Unternehmensethik implementiert werden kann. Zum *anderen* beschafft die empirische Unternehmenskulturforschung das gegenseitige Wissen über lebensweltliche Denk- und Handlungsgewohnheiten, welches den Ausgangspunkt für eine dialogische Verständigung bildet. Eine Unternehmenskultur, die den geschilderten Anforderungen der diskursiven Unternehmensethik gerecht wird, schafft allerdings nicht nur die Voraussetzungen für die Implementierung der Unternehmensethik, sondern geht selbst in Unternehmensethik über.

Der Beitrag von *Georges Enderle* dient einer näheren Klärung der Begriffe Wirtschafts-, Unternehmens- und Führungsethik. Damit werden die drei wichtigsten Bezugsebenen angesprochen und in eine systematische Verbindung zueinander gebracht, auf denen ethische Bemühungen in der Wirtschaft zur Geltung gebracht werden können.

Während die Beiträge von Gerum, Osterloh und Enderle weitgehend den von uns vorgeschlagenen Begriff von Unternehmensethik akzeptieren, kritisiert *Peter Ulrich* gerade diesen Begriff als zu eng und möchte ihn sehr viel weiter fassen. Die Unternehmung sollte nach seiner Meinung zum zentralen Ort ethischer Reflektionen für alle ökonomisch relevanten Tatbestände werden. Es geht nach Ulrich nicht bloß darum, das Gewinnstreben in Schach zu halten, sondern die betriebswirtschaftliche Rationalität soll auf Unternehmensebene selbst »zur Vernunft« gebracht werden.

Nachdem mit der Diskussion begrifflicher Grenzziehungen wichtige Klärungen herbeigeführt worden sind, können sich die nachfolgenden Beiträge konkreten Sachproblemen zuwenden, die mit der ethischen Sensibilisierung der Unternehmung zu tun haben. Die theoretischen Grundlagen sind dabei – wie bereits angedeutet – in zwei Problemfelder untergliedert.

Im ersten Problemfeld entwirft *Hartmut Kreikebaum* auf der Grundlage einer christlichen Orientierung die Perspektiven für eine Umweltethik der Unternehmung. Er entwickelt drei Leitlinien, die die Entscheidungsträger angesichts der unabdingbaren Eingriffe der Unternehmungen in das Naturgeschehen berücksichtigen sollten: Die Vielfalt der Entwicklung, die Nachhaltigkeit des Ertrages und die kreatürliche Bescheidenheit. Die Konsequenzen dieser drei Leitlinien für eine ökologische Unternehmensführung werden expliziert.

Der Beitrag von *Brij Kumar* weitet dann die ethische Problematik von der nationalen Unternehmung auf die »Internationale Unternehmung« aus. Dieser Unternehmenstyp ist ja in der Vergangenheit – insbesondere in den 60er und 70er Jahren – einer besonderen Kritik ausgesetzt gewesen, einer Kritik, die von Anfang an einen ethischen Impetus hatte. Der Beitrag von Kumar zeigt auf, wie der von uns vorgeschlagene Begriff von Unternehmensethik greifen könnte und welche Problemstellungen bei der Führung der Internationalen Unternehmung sich damit systematisch erfassen lassen.

Ein weiteres ethisches Wirkungsfeld in der Unternehmung greift *Ursula Hansen* auf: das Marketing. Sie knüpft dabei an die erfahrungswissenschaftlich geprägte Diskussion in den USA an, wenn sie von einem »ethical gap« und deren Ursachen spricht sowie Maßnahmen diskutiert, wie diese Lücke aus der Perspektive des Marketing-Managers geschlossen werden kann.

Die beiden nachfolgenden Beiträge des Teiles A im vierten Kapitel sind dann stärker prozessualen Überlegungen zur Einbindung ethischer Reflektionen in betriebswirtschaftliche Planungs- und Entscheidungsprozesse gewidmet. Im Beitrag von *Georg Schreyögg* wird das klassische betriebswirtschaftliche Verständnis des Planungsprozesses, das am Einzelaktor orientiert ist, kritisiert und der Wirklichkeit in Richtung auf einen multipersonalen organisatorischen Entscheidungsprozeß hin angenähert. Aus dieser Perspektive eröffnet dann die phasenmäßige Gliederung des Planungsprozesses verschiedene systematische Ansatzpunkte für eine dialogische Verständigung über ethische Aspekte betriebswirtschaftlicher Planungsprobleme.

Der Beitrag von *Horst Steinmann* und *Albert Löhr* stellt im gewissen Sinne eine Ergänzung der Überlegungen von Schreyögg dar. Die Autoren beschäftigen sich nämlich mit einem Vorschlag, wie die traditionelle Planungs- und Entscheidungsstruktur durch Ethik-Kommissionen so ergänzt werden kann, daß die ethische Sensibilität der Organisation erhöht wird. Sie versuchen, an einem praktischen Beispiel die Funktionsbedingungen von Ethik-Kommissionen nachzuvollziehen, so daß solche Kommissionen innerhalb der traditionellen Organisationsstruktur Wirkungsmächtigkeit entfalten können.

Den Abschluß des Kapitelteiles A bildet ein richtungsweisender Beitrag des Business-Ethics-Pioniers *James A. Waters*, der schon im Jahre 1978 auf die besondere Bedeutung der Organisation eines Unternehmens für die Behinderung ethischer Auseinandersetzungen hinwies. Waters arbeitete anhand von Zeugenaussagen vor US-Untersuchungsausschüssen für Wirtschaftsdelikte sieben organisatorische Barrieren heraus, die den normalen Drang von Menschen unterdrücken, gegen illegale und unethische Praktiken zu intervenieren.

Während im Teil A ethische Probleme aus der Perspektive der Gesamtunternehmung als Institution behandelt wurden, greift der Teil B des Kapitels 4 schwerpunktmäßig ethische Probleme von Personen in Institutionen auf.

Der Beitrag von *Walter Kerber S.J.* stellt eine empirische Bestandsaufnahme zum Ethos von Führungskräften dar. Zugrunde liegt eine inzwischen sehr bekannt gewordene empirische Untersuchung aus dem Raum Nürnberg/München. Der Befund ist eher ernüchternd, wird doch eine relativ opportunistische Grundhaltung, insbesondere bei jüngeren Führungskräften, aufgedeckt. Man wird hier in gewissem Sinne an Manager-Typen erinnert, wie sie *Richard Nielsen* in dem anschließenden Beitrag zu entfalten versucht. Er unterscheidet drei fragwürdige Manager-Typen, denen er als Leitbild für die Entwicklung einer ethisch-sensiblen Führungskraft die Idee des »Organisationsbürgers« gegenüberstellt.

Die nachfolgenden drei Beiträge greifen – zum Teil am Beispiel des Ingenieurs – Probleme moralischer Sozialisation in Unternehmungen auf. *Georg Lind* kommt anhand von empirischen Untersuchungen über die Sozialisation von Lehrlingen zu dem Schluß, daß es für eine moralische Entwicklung in betrieblichen Organisationen nicht ausreicht, bloß die institutionellen Bedingungen im Sinne der Gewährung von mehr Autonomie und Freiraum zu verändern. Hinzu kommen müssen Bemühungen, beim einzelnen Mitarbeiter die Befähigung und den Mut zu wecken, die gewährten Freiräume auch tatsächlich zu nutzen. Diese Aufgabe kann dann allerdings der Betrieb nicht alleine wahrnehmen; vielmehr schaffen davor liegende Sozialisationsinstanzen entscheidende Voraussetzungen für die moralische Entwicklung zur Reife. Lind betont hier insbesondere den großen Stellenwert der Allgemeinbildung, wie sie vorrangig in den Schulen vermittelt werden könnte.

Eine dritte Komponente – neben Organisationsstrukturen und Personen – die für eine ethische Sensibilisierung von Unternehmungen nicht vernachlässigt werden darf, greifen *Hanns-Peter Ekardt* und *Reiner Löffler* auf, nämlich die sachlogischen Strukturen der Arbeitsaufgabe. Am Beispiel der Ingenieur-Arbeit wollen sie deutlich machen, daß und wie solche Strukturvorgaben als empirische Randbedingungen die Entfaltung ethischer Bemühungen konditionieren und begrenzen können. Es ist die Sachlogik der Arbeitsaufgabe, die dem Verantwortungsproblem verschiedener Berufe eine je spezifische Gestalt verleiht.

Von einer mehr grundsätzlichen Perspektive aus behandeln dann *Hans Lenk* und *Matthias Maring* die Verantwortung des Ingenieurs als Experte eines freien Berufs in der technisierten Gesellschaft. Sie sehen das Verantwortungsproblem des Ingenieurs insbesondere unter kollektiven Aspekten; dabei kommt eine besondere Bedeutung der Diskussion von Standeskodizes zu, deren Wirkungsmächtigkeit gerade in wirtschaftlichen Organisationen mit besonderen Problemen behaftet ist. Gleichwohl zeigt der Beitrag – indem er das Problem der Verantwortung nicht von vornherein bloß an einzelnen Individuen festmacht – daß es für die ethische Sensibilisierung von Unternehmungen erforderlich ist, den Blick auch auf solche Institutionen zu lenken, die für das einzelne Individuum gleichsam ein »ethisches Rückgrat« bereitstellen können. Der einzelne Ingenieur ist bei der Verteidigung ethischer Standards in dem Maße nicht allein auf sich gestellt, wie er sich auf Standeskodizes mächtiger Ingenieurorganisationen, die ja von Hause aus zunächst außerhalb des ökonomischen Systems und seiner Zwänge stehen, berufen kann. Es wäre hier die Frage zu stellen, ob es nicht langsam an der Zeit ist, ähnliche Standeskodizes auch für den Beruf der Manager zu entwickeln.

Die Bestandsaufnahme, die mit dem Kapitel 5 über die Bedeutung der Unternehmensethik in der betrieblichen Praxis beabsichtigt ist, spiegelt den unterschiedlichen Reflektions- und Diskussionsstand in sechs verschiedenen Unternehmen wieder, die in der öffentlichen Diskussion um ethische Aspekte unternehmerischen Handelns in der Vergangenheit eine prominente Stellung eingenommen haben. *Edzard Reuter* von der Daimler-Benz AG ist inzwischen durch seine vielen stark philosophisch orientierten und inspirierten Beiträge zur Unternehmerverantwortung bekannt geworden. *Hermann Strenger* von der Bayer AG hat sich vor einiger Zeit an die Spitze von Initiativen der Chemischen Industrie gestellt, die betriebswirtschaftliche Rationalität stärker mit dem Umweltschutz versöhnen wollen. *Helmut Maucher* von der Nestlé AG thematisiert aus der Insider-Perspektive das Spannungsverhältnis zwischen Gewinn und Wettbewerb; er macht – wie der Beitrag von Strenger – auf die verschiedenen Bezugsgruppen aufmerksam, denen sich die Unternehmensführung in einer Wettbewerbswirtschaft unter ethischen Aspekten gegenübersieht. Interessant ist sein kurzes Resümee zum Stellenwert des inzwischen weltweit bekannt gewordenen Nestlé-Falles über die Vermarktung von Muttermilch-Substitutprodukten in der dritten Welt. Der Beitrag von *Ludwig Reichart* richtet den Blick dann gleichsam von außen nach innen und thematisiert die Hintergründe der Diskussion um eine Führungsethik im Rahmen der Unternehmenskultur der BMW AG. Es ist interessant, die von Reichart aufgezeigte Entwicklungsgeschichte des neuen BMW-Führungskonzepts nachzuvollziehen.

Die beiden letzten Beiträge des Kapitels 5 berichten über die in der Unternehmenspraxis immer bedeutsamer werdenden Initiativen zur Beförderung des Umweltschutzes. *Hans Merkle* vermittelt einen Eindruck von den ökologischen Lernprozessen bei der Procter & Gamble GmbH, die sich als Markenartikelanbieter naturgemäß besonders intensiv mit dem gewandelten ökologischen Bewußtsein von Verbrauchern und kritischer Öffentlichkeit auseinandersetzen muß. *Klaus Günther*, ein maßgeblicher Initiator der ökologischen Umorientierung von Unternehmungen im Rahmen des Arbeitskreises »future«, stellt schließlich das future-Ökologiekonzept vor und zeigt die konkreten Maßnahmen auf, die in einem Pilotunternehmen ergriffen wurden, um Umweltschutz-

praktisch wirksam werden zu lassen. Bemerkenswert ist dabei insbesondere die in Kooperation mit Lieferanten durchgeführte Erstellung von Stofflisten zur Eliminierung umweltschädlicher Produktbestandteile.

Die Länderberichte in Kapitel 6 richten den Blick dann über die bundesrepublikanischen Grenzen hinaus nach Europa und USA. *Henk v. Luijk*, der Inhaber eines Lehrstuhls für Unternehmensethik an der Universität Groningen in den Niederlanden, faßt den Diskussionsstand in seinem Lande und darüber hinaus in Westeuropa zusammen. *Hans Hinterhuber* referiert über die besonderen empirischen Probleme von Managern mit der »Etica degli Affari« in Italien, *Brian Harvey* gibt einen kurzen Überblick über die Situation in Großbritannien. Der inzwischen als Autorität in Sachen »business ethics« geltende *Richard T. DeGeorge* schließlich reflektiert ausführlich über Vergangenheit und Zukunft der Unternehmensethik, so wie sie sich in den USA als eigenständige Disziplin zu formieren und zu etablieren begonnen hat. Sein Beitrag enthält auch eine ausführliche Dokumentation von Literatur und Institutionen, die sich dem Thema »business ethics« in den Vereinigten Staaten widmen.

Kapitel 2: Fundierungsprobleme einer Unternehmensethik

Paul Lorenzen

Philosophische Fundierungsprobleme einer Wirtschafts- und Unternehmensethik

VII. Die Begründung von Änderungen

1. Die konservative Lehre von Aristoteles
2. Gesetzgeberische Praxis für stabileren Frieden
3. Definition von »Gerechtigkeit«

VIII. Die progressive Lehre von Platon

1. Kritische Rekonstruktion von »Idee« und »Ideal«
2. Ist Gerechtigkeit ein Ideal?

IX. Republikanismus

1. Ethisch-politisches Wissen zur Stützung vorwissenschaftlicher Praxis
2. Definition von »politischer Vernunft«
3. Ist der Mensch fähig umzudenken?

X. Republikanische Unternehmensethik

1. Übergang zur Unternehmensethik
2. Das einfache Gewinnprinzip in der Unternehmensethik
3. Der kategorische Imperativ in der Unternehmensethik
4. Die Diskursethik in der Unternehmensethik

XI. Sechs Aspekte moralischer Pflichten der Unternehmensführung

XII. Die Unternehmensethik im Studium der BWL

Dieses Buch wendet sich an Leserinnen und Leser, die in der Wirtschaft, insbesondere in Unternehmen, tätig sind – oder sich durch ein Studium auf eine solche Tätigkeit vorbereiten.

Der Leser (um der Kürze willen sei mit diesem Wort die Leserin an erster Stelle stets mitgemeint) wird also schon über viel wirtschaftliche Sachkenntnis verfügen – und er wird durch den allgemeinen Sprachgebrauch vielerlei Beispiele moralischer Urteile kennen. Wer ein Buch mit dem Titel »Unternehmensethik« überhaupt zu lesen beginnt, der weiß schon, daß die wirtschaftliche Tätigkeit nicht *nur* nach Kriterien technisch-ökonomischer Effizienz beurteilt wird, sondern daß sich auch moralische Fragen über das Handeln der Mitarbeiter (vom Pförtner bis zur Direktorin) stellen – und über die Organisation, Richtlinien, Zielsetzungen usw. der Unternehmen.

I. Sprachkritische Vorbemerkungen

1. Die Wörter »Moral« und »Ethik«

Moral ist ein wesentlicher Teil unserer Kultur. Als Deutsche gehören wir zur europäischen Kultur – und diese ist (wie jeder wissen dürfte) eine tertiäre Kultur. Sie ist durch die germanische Eroberung des weströmischen Reiches entstanden, also Erbin der griechisch-römischen Kultur. Diese war schon eine sekundäre Kultur, nämlich Erbin der altorientalischen Hochkulturen, die sich im Mittelmeerraum vermischten. Daß wir griechisch-römisches Erbe bewahren, sieht man schon daran, daß statt des lateinischen Wortes »Moral« oft gleichbedeutend das griechische Wort »Ethik« verwendet wird. Zwei Wörter für dasselbe sind unökonomisch – die Zweisprachigkeit läßt sich aber dazu nutzen, für die *Morallehre* (die wissenschaftliche Reflexion über Moral – oder Moralen), oft auch »Moralphilosophie« genannt, kurz »Ethik« sagen zu können.

In einem Sammelband wie diesem kann kein Autor den Mitautoren Vorschriften zum Sprachgebrauch machen. Wer »ethisch« und »moralisch« als stilistische Varianten gebrauchen will, ist – wozu haben wir einen Rechtsstaat? – dazu berechtigt. Für diesen Aufsatz aber sei (man mag das als Sprachpurismus tadeln oder nicht) die Unterscheidung von Moral und Ethik = Morallehre festgehalten.

2. Das Wort »Fundierungsprobleme«

In diesem Kapitel 2 des Buches geht es um Fundierungsprobleme einer Ethik – im Blick auf die Anwendungen in Wirtschaft und Unternehmen. Das Wort »Fundierungsprobleme« sollte dem Leser keine Schwierigkeit bereiten. Es ist zwar – typisch für unser griechisch-römisches Erbe – aus beiden Sprachen zusammengesetzt, aber es steht nur für die *Begründungsfragen* einer Ethik.

Genaugenommen gibt es nur eine Begründungsfrage, nämlich die Frage: »Wie läßt sich eine Morallehre begründen?« Da sich bei dem Versuch, diese Begründungsfrage zu beantworten, allerdings leicht weitere Fragen einstellen, hat man dadurch Begründungsfragen im Plural.

Wer sich schon sprachkritische Überlegungen angewöhnt hat, wird mit der bloßen Eindeutschung von »Fundierung« durch »Begründung« nicht zufrieden sein. Hier wird ja ersichtlich eine Metapher gebraucht: Wer ein Bauwerk errichten will, der braucht ein Fundament, ein Grundstück, auf dem das Bauwerk stehen kann. Erst wenn das Bauwerk von Grund auf errichtet ist, dann ist es *begründet*. Eine Morallehre (allgemein oder speziell auf Unternehmen bezogen) ist aber kein Bauwerk, sondern besteht, wie jede wissenschaftliche Lehre, aus Wörtern und Sätzen. Wörter (abstrakt formuliert: Begriffe) und Sätze (als Abstrakta sind das Definitionen, Sachverhalte und Normen) sollen in geordnetem Nacheinander gelehrt werden – so wie bei einem Bauwerk Steine und Träger planmäßig nacheinander zusammengefügt werden.

Die Moralen, die den Gegenstand der Morallehre bilden, sind ganz anders entstanden. Sie sind nicht wie ein Bauwerk errichtet, als Metapher eignet sich für sie vielmehr das Wachsen der Pflanzen. Nicht auf hartem, trockenen Grund gebaut, sondern aus weichem, feuchten Boden (mit weitverzweigten Wurzeln) wachsend, ist eine Moral nichts Konstruiertes, sondern etwas Organisches, ein Teil des Lebensprozesses, den wir Kulturgeschichte nennen. Moralen kann man verstehen – so wie man sich in Lebewesen einfühlen kann.

Dieses Verstehen (für das es seit Schleiermacher und Dilthey den Fachausdruck »Hermeneutik« gibt) ist für eine Ethik, für eine Lehre über das moralische Urteilen, nur eine Vorbedingung. Wer sich auf moralische Hermeneutik beschränkt, der verzichtet damit auf eine Ethik.

II. Wissenschaftstheorie als Prinzipienlehre

1. Der kritische Weg zwischen Dogmatik und Skepsis

Dieses Buch über Unternehmensethik enthält nicht umsonst ein eigenes Kapitel über Begründungsfragen einer Ethik, denn der Verzicht auf Ethik als lehrbares Wissen ist die »herrschende Meinung«. Dieses Buch ist für Leser geschrieben, die sich dieser herrschenden Meinung noch nicht verschrieben haben, die noch offen für ethische Begründungsversuche sind. Ich kann mich daher auf nur ein Zitat zum Beleg der herrschenden Meinung beschränken. Es stammt von dem bedeutenden Atomphysiker Max Born († 1970):

»Alle Versuche, unseren moralischen Kodex unserer Situation im technischen Zeitalter anzugleichen, sind fehlgeschlagen. Die Repräsentanten der überlieferten Ethik, die christlichen Kirchen, haben keinen Ausweg gefunden, soweit mir ersichtlich ist. Die kommunistischen Staaten haben den Gedanken eines moralischen Kodex, der für jedes menschliche Wesen Geltung hat, einfach aufgegeben und ihn durch den Grundsatz ersetzt, daß die Gesetze des Staates den moralischen Kodex darstellen.« (Born 1965).

Das ist eine klare Feststellung – ohne jede Überheblichkeit. Es ist daraus deutlich, daß jeder Begründungsversuch einer Ethik (die einen Moralkodex lehrt) die Suche nach einem »dritten Weg« sein wird: weder christlich noch kommunistisch.

Die Metapher des Weges, nach der eine Lehre schrittweise vorangeht, kann statt der Konstruktionsmetapher benutzt werden. Die bisherigen Ethiken waren Holzwege – jetzt wird ein Weg gesucht, der ohne Zirkel und Sprünge zum Ziel führt. Für die Prosa unseres technisch-ökonomischen Lebens in den modernen Industriestaaten sind aber Metaphern nicht genug: die Begriffe, Definitionen, Sachverhalte und Normen einer wissenschaftlichen, lehrbaren Ethik müssen – wie in jeder anderen Wissenschaft – dem Leser in einem geordneten Nacheinander vorgeführt werden, so daß er alles kritisch mitvollziehen kann.

Seit Kant ist es ein vertretbarer Sprachgebrauch, nur noch kritisch nachvollziehbare Denkwege »philosophisch« zu nennen – im Gegensatz zu dogmatischem Denken (wie in einer Theologie, die sich auf die Autorität heiliger Schriften beruft, oder in einer Jurisprudenz, die nur das positive Gesetz interpretiert) und im Gegensatz zur Skepsis, die meint, auf eine Ethik verzichten zu müssen.

2. Philosophie oder Wissenschaft?

Hier bleibt nur noch eine terminologische Unklarheit. Warum heißt eine kritische Morallehre »philosophisch«, obwohl sie – wie alle Wissenschaft – durch methodisches Denken definiert wird? »Methode« ist das griechische Wort für Weg, zusammengesetzt mit meta = nach. »Methodisch« steht also für schrittweises Nachgehen.

Warum heißt eine kritische Moralphilosophie nicht einfach eine *wissenschaftliche* Morallehre?

Diese Terminologie läßt sich durch den Hinweis auf den Sprachgebrauch des Wortes »Wissenschaft« rechtfertigen. Dieser Gebrauch schwankt allerdings. Im Deutschen ist immer noch die Diltheysche Unterscheidung von Natur- und Geisteswissenschaften am geläufigsten. Und Natur- und Geisteswissenschaften gliedern sich dann (wie jedes Vorlesungsverzeichnis einer Universität zeigt) in Fakultäten, die aus Fachwissenschaften bestehen. Institutionell tritt hier auch »Philosophie« als eine Fachwissenschaft auf – aber jeder weiß, daß nur Philosophiegeschichte eine Fachwissenschaft ist. Jeder weiß ja auch, daß Theologie nur als Religionsgeschichte, Kunstwissenschaft nur als Kunstgeschichte eine Fachwissenschaft, eine geisteswissenschaftliche »Disziplin« ist.

Wer dem englischen (und französischen) Sprachgebrauch folgt, läßt von den »Geisteswissenschaften« nur die Sozialwissenschaften als Wissenschaften gelten – wohlwollend werden die restlichen Kollegen »humanistische Gelehrte« (scholars) genannt. Der Terminus »Sozialwissenschaften« ist allerdings auch nur mit Vorsicht zu gebrauchen: die ostdeutschen »Gesellschaftswissenschaften« sind wieder etwas anderes.

Die Besonderheit der institutionell etablierten Natur- und Geisteswissenschaften liegt darin, daß diese *Fachwissenschaften* ihre eigenen Anfänge (lateinisch: Prinzipien) nicht selber lehren. Man studiert ein »Fach«, nachdem man auf der Schule in unsere Bildungssprache hineingewachsen ist, und damit – wie man sagt – zum Studieren die nötige »Reife« hat. Schon der Student fragt nicht mehr nach den ersten Schritten und der Richtung des Weges: er hat das Ziel seines Faches (wenn auch nur undeutlich und verworren) schon akzeptiert.

Die kritische Philosophie definiert sich nicht als eigenes Fach, sie definiert sich als Prinzipienlehre von Fachwissenschaften. Sie stellt sich die Aufgabe, auch die ersten Schritte und Zielsetzungen von Fachwissenschaften lehrbar zu machen.

Von den etablierten Fächern wird das Angebot der kritischen Philosophie, die Prinzipien der Fächer explizit – und damit lehrbar – zu machen, häufig als überflüssig oder sogar als schädlich angesehen. Nur wer im Fach mitmacht, der wisse, wie man das macht – und wozu das gut ist.

Die Frage nach den Prinzipien wird in der Tat nachträglich gestellt. Sie wird deswegen *Reflexion* genannt: man beugt sich zurück. Für diese kritische Prinzipienlehre (die seit Platon und Aristoteles betrieben wird) sind seit Kant auch die – ungenaueren – Namen »Erkenntnistheorie« und »Wissenschaftstheorie« üblich. Auf diese Weise gehört Ethik als kritische Morallehre im gegenwärtigen Sprachgebrauch zur Wissenschaftstheorie.

III. Die moderne Wissenschaftstheorie

1. Die sprachkritische Wende in der Wissenschaftstheorie

Als kritische Prinzipienlehre stammt die Wissenschaftstheorie aus der Antike. Ihre Geschichte ist zum großen Teil eine Geschichte von Schulstreitigkeiten. Diese begannen – leider – schon mit der Polemik von Aristoteles gegen seinen Lehrer Platon, und machen verständlich, daß diese Geschichte stets von Skepsis begleitet war. Das hat aber Kant nicht gehindert, energisch den Versuch zu machen, für die Prinzipienlehre (die bei ihm auch »Metaphysik« heißt) »den sicheren Weg der Wissenschaft einzuschlagen«.

Dieser Versuch wird von der modernen Wissenschaftstheorie weitergeführt – aber auch in ihr gibt es zur Zeit noch Schulstreitigkeiten, insbesondere zwischen »analytischer« und »konstruktiver« Wissenschaftstheorie. Dieser Schulstreit braucht hier nicht erörtert zu werden, denn die analytische Wissenschaftstheorie (die »Wissenschaft« im Sinne von »science« gebraucht) verzichtet auf eine kritische Morallehre, also auf Ethik. Die Begründungsfragen einer Unternehmensethik sind daher nur für die konstruktive Wissenschaftstheorie eine Herausforderung.

Die moderne Wissenschaftstheorie unterscheidet sich von den Prinzipienlehren bei Platon und Aristoteles – und auch noch bei Kant und Hegel – dadurch, daß ihr die moderne Logik (seit Freges »Begriffsschrift« 1879) zur Verfügung steht. Dadurch kann sie erstmals konsequent sprachkritisch sein. Seit den 50er Jahren unseres Jahrhunderts hat sich die sprachkritische Wende als »linguistic turn« von Oxford ausgehend durchgesetzt. Während aber die »analytische« Wissenschaftstheorie die gegenwärtigen Fachsprachen der Wissenschaft nur logisch analysiert (und anschließend logisch korrigiert), stellt sich die »konstruktive« Wissenschaftstheorie die Aufgabe, wissenschaftliche Fachsprachen zu konstruieren, als ob es sie noch nicht gäbe. Die Fachsprachen werden von Grund auf rekonstruiert – soweit sich das schrittweise nachvollziehbar machen läßt.

Allen Fachsprachen und der allgemeinen Bildungssprache geht die Umgangssprache voraus. Wir wissen aus der Vorgeschichte des Homo sapiens kaum etwas über die Anfänge der Sprachen – vermutlich schon vor der Steinzeit. Trotzdem läßt sich rekonstruieren, daß die Sprachen mit Einwortsätzen (etwa als Schrei oder Ruf) begonnen haben müssen – und daß die schrittweise Hinzufügung sprachlicher Mittel immer im Lebenszusammenhang der frühzeitlichen Menschen gestanden haben muß. Die »Lebenswelt« der frühen Menschen als Sammler und Jäger war der Handlungskontext für die Entstehung elementarer Mehrwortsätze – und dann immer komplexer werdender Sätze.

Auch für die Rekonstruktion ist von der Lebenswelt einfachen Handelns auszugehen. So lernen ja Kinder sprechen: die phylogenetische Entstehung wird – wenn auch verzerrt – ontogenetisch rekapituliert.

Für die Aufgabe der Rekonstruktion wissenschaftlicher Sprache braucht die Umgangssprache nur partiell rekonstruiert zu werden. Für alle Details erlaube ich mir, den Leser auf mein »Lehrbuch der konstruktiven Wissenschaftstheorie« (Lorenzen 1987) zu verweisen. Es führt diese Rekonstruktion (auf gut 100 Seiten) unter den Titeln durch: Elementarsätze, Komplexe Sätze, Assertorische Logik, Modallogik.

Erst danach kann der Aufbau von wissenschaftlichen Fachsprachen beginnen – im »Lehrbuch« durchgeführt für die mathematischen, physikalisch-technischen, ethisch-politischen und historischen Wissenschaften.

2. Die praktizistische Wende in der Wissenschaftstheorie

Die Analyse der Umgangssprachen und der faktisch benutzten Wissenschaftssprachen ist eine nützliche Tätigkeit. Aber sie ist nur der erste Schritt. Sie dient dazu, die nötige Distanz zu unseren Sprachgewohnheiten (mit den vielen Sprachdummheiten) zu gewinnen – um dann für die Fachwissenschaften interlingual verbindliche Sprachen (insbesondere syntaktische Kategorien und semantisch normierte Termini) konstruieren zu können. Das erfordert aber, daß in der Wissenschaftstheorie vorher Konsens darüber erarbeitet wird, *wozu* überhaupt Wissenschaften schrittweise begründet werden sollen.

Die Antwort der »praktizistischen« Wende lautet: Die Ziele von wissenschaftlichem Reden – vor aller Differenzierung in Fachwissenschaften – müssen aus der vorwissenschaftlichen Praxis des Menschen bestimmt werden.

Eine solche Wende, die hinter die traditionell herrschenden Kategorien religiösen oder philosophischen Denkens zurückgreift auf den vorwissenschaftlich lebenden Menschen, wurde *vor* dem »linguistic turn« in der deutschen Prinzipienreflexion von Kant über Hegel, Feuerbach, Engels und Marx vollzogen. Seitdem ist die Forderung, Theorie »aus der Praxis für die Praxis« zu begründen, in der deutschen Wissenschaftstheorie lebendig geblieben.

Die These der konstruktiven Wissenschaftstheorie (im Unterschied zur analytischen Wissenschaftstheorie) ist die folgende: Die Forderung nach einer Begründung fachwissenschaftlicher Theorien als Stützen der – für das Leben, ja für das Überleben nötigen – vorwissenschaftlichen Praxis läßt sich erst erfüllen, wenn die sprachkritischen Mittel (die uns *nach* dem linguistic turn zur Verfügung stehen) dafür konsequent eingesetzt werden.

IV. Der Mensch als technisch-ökonomisches Lebewesen

1. Physikalisch-technisches Wissen zur Stützung vorwissenschaftlicher Praxis

Jedem, der technische Wissenschaften studieren will, ist eine vorwissenschaftliche technische Praxis schon vertraut. In eine solche Praxis wird – methodisch – eine technische Fachsprache hineinkonstruiert. Nur wer um das Gelingen technischer Praxis besorgt ist, kann den Aufbau physikalisch-technischer Theorien (mit allen ihren sprachlichen Mitteln) schrittweise nachvollziehen.

Er lernt insbesondere die Rede über Zwecke und Mittel, weil jede Technik nur Mittel sucht für *vorher* gewählte Zwecke. Das Kind – wie der Steinzeitmensch – lebt in der Welt, zunächst (wie auch die höheren Tiere) von Instinkten und gelerntem Verhalten geleitet. Einfache Lebensvollzüge, wie Essen und Trinken, geschehen unmittelbar. »Vermittelt« werden sie erst, wenn man sich die Lebensvollzüge als Zweck setzt – und dafür Mittel (»Lebensmittel« sagen wir im Deutschen) sucht. Die Beschaffung von Lebensmitteln wird dann seinerseits Zweck – als Mittel braucht der Jäger etwa Waffen. Kinder sorgen nicht selber vor, aber sie lernen z.B., daß die Eltern Geld für Lebensmittel brauchen. Sie lernen auch technische Praxis – und damit, für ihre Zwecke nach *effizienteren* Mitteln zu suchen. Das Ziel jeder Technik, Effizienz von Mitteln für Zwecke, gehört zur technischen Praxis. Technisches Wissen lernten die Menschen in der Kulturentwicklung – und lernen Kinder heute noch – nur weil sie vorwissenschaftlich schon technische Praxis für die Lebensvollzüge brauchen. »Technische Vernunft« ist das Vermögen, technisches Wissen für eine effizientere Praxis zu erwerben. Das Ziel der Effizienz geht der technischen Vernunft voraus – nicht umgekehrt.

2. Wirtschaft als organisierte Technik

Im Laufe der Kulturgeschichte wurden die Lebensvollzüge immer vermittelter. Immer wieder werden Mittel zu Zwecken, man nennt sie dann »Unterzwecke«. Es bilden sich Zweck-Mittel-Reihen, indem sich immer mehr Unterzwecke zwischen die bloßen Mittel und die Zwecke, die nicht mehr Mittel sind, schieben. Die Zwecke, die nicht mehr Mittel sind, das sind die Lebensvollzüge selbst. Terminologisch heißen sie »oberste« Zwecke.

Lebensvollzüge bleiben stets als oberste Zwecke. Aber die Lebensvollzüge ändern sich und werden im normalen Verlauf der Kulturgeschichte immer vermittelter. Die Mittelbeschaffung ist als »Arbeit« vor dem Vollzug als oberstem Zweck zu leisten. Hochkulturen sind durch hochvermittelte Lebensvollzüge definiert. Diese erfordern *Arbeitsteilung* und damit eine soziale *Organisation* der Mittelbeschaffung: ein Wirtschaftssystem.

Man kann mit diesen Grundbegriffen das wirtschaftliche Handeln in seiner Entwicklung verfolgen zum neolithischen Ackerbau, zur Viehzucht, zu den Städten mit Handwerkern und Kaufleuten bis zu den Manufakturen, Fabriken und Banken, schließlich bis zu den gegenwärtigen globalen Industrie- und Finanzkonzernen: Wirtschaften bleibt stets ein organisiertes technisches Handeln, das die Mittel für Lebensvollzüge als obersten Zweck beschafft.

Jeder Mensch nimmt – über den Bereich der Eigenarbeit für den Eigenverbrauch – durch die Produktion von Gütern, Warenhandel oder Dienstleistungen an der Wirtschaft teil, zugleich aber auch als Verbraucher von Gütern und Dienstleistungen.

3. Die Vielfalt von Lebensformen in Hochkulturen

Die fortschreitende Differenzierung der Güter und Dienstleistungen bringt zusammen mit der stärkeren Arbeitsteilung in den Hochkulturen eine Vielfalt von »Lebensformen« hervor. Denn in einer Hochkultur führt der Mensch sein Leben, indem er seine Lebenszeit auf die verschiedensten Weisen in Arbeit und Verbrauch aufteilt: was und wie lange er arbeitet, was und wie lange er verbraucht. Obwohl gegenwärtig die Lebensführung immer individueller wird, lassen sich doch Lebens*formen* unterscheiden, die durch das »Milieu« geprägt sind, in dem der einzelne aufgewachsen und sozialisiert wurde. Chr. v. Krockow definiert in seinem Buch »Politik und menschliche Natur« (1987) »Milieu« folgendermaßen: »Damit sind traditionsreiche über lange Zeiträume gewachsene Lebensformen gemeint, in die der einzelne sich stets schon eingebettet findet und die ihn bestimmen und stützen, indem sie ihm, in relativ enger Umgrenzung, Verhaltensorientierung liefern. Milieus umfassen Arbeitswelt, Familie, Ausbildung, Bräuche, Feste, das Vereinswesen, die Konfession, das ganze Dasein«. (Abgesehen von der »Konfession« ist diese Definition nicht auf christlichen Kulturen beschränkt, sondern ist für alle Hochkulturen brauchbar.)

Der letzte Weltkrieg hat bei uns eine Vermischung der Milieus herbeigeführt – das verstärkte die Individualisierung, in der jeder versucht, für seine Lebensführung Bruchstücke verschiedener Lebensformen zu verwenden. Dadurch gibt es gegenwärtig viel Lebensformeklektizismus – bis zur Karikatur eines lebenslangen Wechsels von Aussteigern, Umsteigern und Einsteigern in »Lebensstile«.

Es sei betont, daß – gegenüber den »Lebensformen« bei E. Spranger (durch den das Wort in die Bildungssprache eingeführt wurde) – hier die Lebensformen nur durch die verschiedenen Vermittlungen der Lebensvollzüge als obersten Zwecken definiert sind. Nur soweit führt nämlich die bisher definierte Begrifflichkeit von Mittel und Zweck, Arbeit und Verbrauch. Bleibt man bei dieser technisch-ökonomischen Begrifflichkeit, dann läßt sich nur feststellen, daß wir eine Vielheit von Lebensformen haben – daß diese Lebensformen sich aber in einem pausenlosen wirtschaftlichen Kampf gegeneinander befinden. Jede Arbeit wird so teuer wie möglich verkauft, jeder Verbrauch so billig wie möglich gekauft. Das ist die Maxime marktwirtschaftlichen Handelns. Gäbe es nichts weiter als Technik und Wirtschaft, dann brauchte über Unternehmensethik nicht geredet zu werden. Denn, wenn man seinen Blick auf das Technisch-Ökonomische beschränkt, auf Arbeit und Verbrauch, dann entsteht überhaupt kein moralisches Problem: der pausenlose Kampf, das marktwirtschaftliche »Spiel der Kräfte«, ist moralfrei wie das Leben der Tiere.

V. Der Mensch als politisches Lebewesen

1. Politik als organisierter Krieg

Der Leser eines Buches zur Unternehmensethik wird gegen diese Einengung protestieren, die den Menschen nur als ein Tier im marktwirtschaftlichen Dschungel zeigt. Der Mensch ist doch kein Tier! Nein, nein: er ist technisch viel effizienter – und die freie Marktwirtschaft als soziale Organisation ist nicht (wie die soziale Organisation etwa der Ameisen und Bienen) eine Instinktleistung, sondern eine eigene Kulturleistung.

Die Biologie seit Darwin und die Frühgeschichte, die die Entwicklung des Homo sapiens aus Primaten historisch untersucht, diese Wissenschaften des 19. Jahrhunderts verleiten gegenwärtig viele Wissenschaftler dazu, auch die Kultur biologisch zu verstehen: als einen »Kampf ums Dasein« (wie das Darwinsche »struggle for life« – das Strampeln nach Leben – von Häckel ins Deutsche übersetzt wurde).

Was fällt den meisten Gebildeten daher ein, wenn sie sagen sollen, was den Menschen vom Tier unterscheidet (außer der höheren technisch-ökonomischen Effizienz)?

Daß der Mensch – im Gegensatz zu seinen pflanzenfressenden Verwandten – ein Raubaffe sei, ein Mörder! Der Mensch unterscheidet sich dadurch vom Tier, daß er Kriege führt: um der Kriege willen ist er in Staaten organisiert. Die Kulturgeschichte – seit dem Neolithikum – ist in der Tat so verlaufen, daß (vermutlich mit der Unterwerfung ackerbauender Stämme durch nomadische Reiterstämme) schon vor der Städtegründung »Staaten« mit einem herrschenden Kriegsadel und einem dienenden »Volk« entstanden sind. Seit etwa 6000 Jahren gibt es dann Städte, in denen die »Könige« residieren. Krieg wird das »Jagdvergnügen der Könige« (wie noch im 18. Jahrhundert gesagt wird).

Wer den Menschen biologisch versteht, ordnet auf diese Weise – in Übereinstimmung mit den historischen Fakten – alles, was zum Staat gehört, nämlich Krieg und in Friedenszeiten staatliche Gesetze, Verwaltung und Justiz, in sein Menschenbild ein. Seit es Staaten gibt, müssen nicht alle Menschen – nach dem Marktprinzip – arbeiten, um leben zu können. Die Machthaber in einem Staat lassen andere arbeiten. Raub ist bequemer als der ehrliche Erwerb.

Das biologistische (d.h. biologisch verkürzte) Verständnis des Menschen führt auf diese Weise zur Definition von »Politik« als *Machtpolitik* – und damit zur herrschenden Meinung der Politologen und Soziologen. Nur bei manchen Juristen, insbesondere Staatsrechtlern, finden sich »Ketzer« und abweichende Meinungen.

2. Die Minimalethik des Eigentums

Die Differenz zwischen Staat und Gesellschaft, d.h. zwischen Politik und Wirtschaft, liefert – für das biologistische Menschenbild – Anlaß dazu, eine Ethik des Eigentums zu begründen. Nur Eigentum, das ehrlich, d.h. auf dem freien Markt, nicht durch Raub, erworben ist, hat das moralische Recht auf seiner Seite. Die Ethik bekommt so die Aufgabe, die Moral des »Du sollst nicht stehlen« zu begründen. Wenn es das erste sittliche Ziel ist, Eigentum zu haben, folgt daraus auch das Verbot »Du sollst nicht töten« – denn wer tot ist, kann kein Eigentum haben. Weil ferner Eigentumsdelikte vor Gericht zu verhandeln sind, folgt auch noch das Verbot des »falschen Zeugnis«. Damit hat man die drei Kernverbote des Dekalogs.

Der Rest (z.B. der Umgang mit den Wörtern »Gott« und »Götter«, die Sonntagsruhe, der Ehebruch) ist demgegenüber eher Privatsache. Wenn dieser minimale Moralkodex der drei Kernverbote ethisch begründet werden könnte, wäre der modernen Demokratie sehr geholfen. In ihr gilt zwar Politik nur als Machtpolitik, aber es gibt keine Tyrannen oder Fürsten, die über das Eigentum der Bürger nach Belieben verfügen können.

Nur auf dem freien Markt kann Eigentum erworben werden – die Gesetze des Staates haben die Aufgabe, diese »Freiheit« des Marktes zu schützen. Jeder Kauf oder Verkauf (von Gütern, Arbeit oder Dienstleistungen), ja sogar größere Geschenke, sind an eine Rechtsform gebunden. Die Organe des Staates, Justiz und Polizei, haben das Gewaltmonopol: sie machen die gerichtlich anerkannten Ansprüche erzwingbar. Die Gesetze dafür werden in den Parlamenten gemacht und die staatliche Verwaltung setzt zusätzliche Verordnungen zur Durchführung der Gesetze in Kraft.

In der Minimalethik des Eigentums fehlt, wie im Dekalog, ein Verbot der Körperverletzung. Im mosaischen Gesetz wird Körperverletzung wie ein Eigentumsdelikt behandelt: zivilrechtlich durch Schadensersatz. Wörtlich heißt es 2. Moses 21,18-10: »Wenn ... einer den anderen schlägt, daß er nicht stirbt, ...

so soll, der ihn schlug, unschuldig sein. Nur daß er ihm bezahle, was er versäumt und das Arztgeld gebe.«

Für die moderne Demokratie müßte diese Minimalethik des Eigentums wissenschaftlich zu begründen sein. Die Berufung auf Moses gilt ja nicht in der Wissenschaft – und das Faktum, daß das mosaische Gesetz eine späte Variante der Gesetzgebung des Hammurabi war, hat auch keine normative Kraft.

3. Die Krise der modernen Demokratie

Die technisch-ökonomische Differenzierung in einer Hochkultur (wie der unseren) hat eine Vielfalt von Lebensformen hervorgebracht. Diese Vielfalt ist genauer ein *Pluralismus*, d.h. eine Vielfalt *unverträglicher* Lebensformen. Die Bürger, die das Leben nach ihrer Form zu führen gewohnt sind, können das nur auf Kosten der Bürger anderer Lebensformen tun. So entstehen – notwendigerweise – *Konflikte*, wie man heute sagt. Im klassischen Fall des Unternehmers als Eigentümer eines Betriebes im Konflikt mit »seinen« Arbeitern, nennt man den Konflikt der Lebensformen Klassenkampf.

Nachdem die Bürger von Europa seit 1789 (bei uns dauerte es bis 1918) begannen, ihre Könige und die Militäraristokratie loszuwerden (in England faktisch schon 100 Jahre früher) hatten sie die Gelegenheit, die Gesetzgebung einzusetzen als Kampfmittel im Konflikt der Lebensformen. In den Parlamenten bildeten sich Fraktionen, um die Gesetze so zu novellieren, daß die eigene Lebensform – auf Kosten der anderen – gefördert wurde. Die englische Notlösung, diese Konflikte ohne Bürgerkrieg zu bewältigen, ist die moderne Demokratie. Auf der als selbstverständlich (»self-evident«) akzeptierten Minimalethik, daß marktwirtschaftlich erworbenes Eigentum etwas Gutes sei, verzichtete man – skeptisch – auf jeden weiteren Versuch, durch eine Ethik die Unverträglichkeit der Lebensformen zu überwinden.

Die dogmatische Auszeichnung *einer* Lebensform hatte sich – in den Religionskriegen auf dem Kontinent – als unerreichbar gezeigt. Also wurde – skeptisch – der Pluralismus unverträglicher Lebensformen akzeptiert. Die politische Lösung, trotzdem in den Parlamenten Gesetzesänderungen beschließen zu können, ist das Mehrheitsprinzip. Die *Fraktionen* in den Parlamenten versuchten, durch Kompromisse zu einer Mehrheit (51%) zu kommen. Seit etwa 1830 – durch die »Jacksonian revolution« in den USA – entstanden politische *Parteien*, deren Vertreter dann die Fraktionen in den Parlamenten bildeten. Seitdem hat sich die Parteiendemokratie durchgesetzt – und die Bürger bestimmen durch allgemeine, freie Wahlen, zu Gunsten welcher Lebensformen die Gesetzgebung verändert werden kann.

Die Vermischung der Milieus, in denen die Lebensformen gewachsen sind, und der dadurch geradezu erzwungenen Lebensformeklektizismus der einzelnen Bürger – sogar innerhalb der Familien – haben die Bindung der Lebensform an politische Parteien (durch Stammwähler) sehr gelockert. Wechselwähler gefährden die Kontinuität (und damit die Glaubwürdigkeit) der Gesetzgebung.

Auch außenpolitisch führt die Minimalethik des Eigentums zu keiner glaubwürdigen Kontinuität. Ein demokratischer Staat hat als einziges moralisch erlaubtes Ziel für die Außenpolitik zwar nur den freien Handel seiner Bürger mit den Bürgern anderer Demokratien – aber was soll man machen, wenn es nun einmal kommunistische Staaten (seit 1917) gibt, und außerdem kapitalistische Diktaturen? Die Skepsis bezüglich jeder Ethik (über die Minimalethik des freien Marktes hinaus) hat hier keine Wahl. Es bleibt nur der Rückfall in das Staatsverständnis der traditionalen Militärstaaten. Staaten haben sich – bisher – außenpolitisch durch Selbstbehauptung im Kriegsfall definiert. Also muß man stärker gerüstet sein als jede Koalition potentieller Angreifer. Zumindest die Großmächte (die USA, die Sowjetunion und China) müssen so sein, sagen die Skeptiker. Die kleineren Mächte müssen sich militärisch mit einer Großmacht verbinden – jedenfalls müssen die kleineren Demokratien (wie Westdeutschland) ins westliche »Lager«. Da hat die demokratische Skepsis keine andere Wahl.

Dieser außenpolitische Exkurs zeigt am deutlichsten, in welche Krise die moderne Demokratie (auf der Basis der Minimalethik des Eigentums) hineingeraten ist. Die Biologie und die Frühgeschichte herrschen in den Köpfen. Solange das biologistische Menschenbild das Verständnis von Staat und Gesellschaft, von Politik und Wirtschaft, bestimmt, kann keine Ethik begründet werden, die Kriege (innenpolitisch heißt das: sozialer Unfrieden) vermeidbarer macht.

VI. Diesseits von Idealismus und Realismus

1. Das idealistische Menschenbild

Auf die Frage, was den Menschen vom Tier unterscheide, muß eine andere Antwort gefunden werden als die, daß er ein technisch-effizienter Raubaffe sei. Daß er in den Demokratien nur noch mit wirtschaftlichen Mitteln kämpft, genügt auch nicht.

Wie der Leser, der mit der normalen historischen Allgemeinbildung ausgestattet ist, wissen wird, gibt es selbstverständlich auch andere Antworten, nämlich in der Philosophiegeschichte. Besonders in der deutschen Tradition (seit der Aufklärung mit Kant und Hegel) wird die Entwicklung des Menschen über die Affen hinaus nicht primär in der technisch-ökonomischen Effizienz (gestützt durch die Machtmittel der Staatsorgane) gesehen, sondern in der freien Kultur der Geister. Wirtschaft und Machtpolitik sind nur »zivilisatorische« Vorbedingungen geistiger Kultur in der dreifachen Gestalt von Kunst, Religion und freier

Wissenschaft. Erst hier erhebt sich der Mensch zu dem dreifaltigen *Ideal* des Schönen (Kunst), des Guten (Religion) und des Wahren (freie Wissenschaft). Durch diese Ideale unterscheidet sich der Mensch vom Tier.

Ersichtlich erfordern die Begründungsfragen einer Ethik – auch wenn nur eine spezielle Unternehmensethik das Thema ist – eine Auseinandersetzung mit diesem in unserer Allgemeinbildung tradierten »Idealismus«. Wer auch nur den Versuch macht, von der Machtpolitik wegzukommen und über die »freie« Marktwirtschaft hinauszukommen, wird als »Idealist« denunziert. Man selbst nennt sich stolz – in aller Bescheidenheit, versteht sich – einen »Realisten«. Gedankenlos werden meistens die Idealisten gleichgesetzt mit Dogmatikern, die Realisten mit Skeptikern (näher dazu auch Lorenzen 1990).

2. Die Herkunft des Idealismus

Seit Kant braucht man weder dogmatisch noch skeptisch zu sein, sondern kann den kritischen Weg der Wissenschaften, auch in den »philosophischen« Prinzipienfragen – also in der Wissenschaftstheorie – gehen. Nach der praktizistischen und sprachkritischen Wende macht die konstruktive Wissenschaftstheorie diesen Weg lehrbar.

An die Stelle von Bekenntnissen zum Idealismus oder Realismus tritt dann eine kritische Auseinandersetzung mit der Wortgeschichte von »ideal« und »real«. Man braucht sich überhaupt nicht darauf einzulassen, daraus zwei unverträgliche Ismen zu machen.

Eine Reflexion über »ideal« und »real« erfordert allerdings, daß wir uns ernsthaft unserer gesamten geistigen Tradition stellen, denn wir leben in einer tertiären Kultur. Zu unserem geistigen Erbe, das in der Bildungssprache – wenn auch ungeordnet und verzerrt – bewahrt wird, gehört nicht nur technisches Denken (einschließlich des strategischen Denkens der Wirtschaft und des Militärs), sondern dreierlei:

(1) Das staatliche Zusammenleben unter Gesetzen für alle Bürger – mit staatlicher Verwaltung und Justiz. Hier sind wir Erben der altorientalischen Hochkulturen.
(2) Die griechische Wissenschaft und das römische Recht.
(3) Die jüdisch-christliche Theologie der Spätantike und des »germanischen« Mittelalters.

Aus diesen drei Erbstücken entstand die Neuzeit. Diese sei hier erst ab 1600 gerechnet – mit der Entstehung der modernen Natur- und Ingenieurwissenschaften.

Die Naturwissenschaften werden das Paradigma der Aufklärung im 18. Jahrhundert. Die Theologie wird von ihr aus der Wissenschaft ausgeschlossen. Das ist die Situation, wie sie Max Born formuliert: mit der Theologie verlor die Ethik ihr Fundament.

Alles, was der Leser über »ideal« und »real« im Kopf hat, geht aber nicht auf diese Auseinandersetzung zwischen Theologie und Physik (einschl. Technik) zurück, sondern auf die griechisch-römische Aufklärung.

Das Wort »ideal« ist eine lateinische Form des platonischen Wortes »Eidos« (unser Fremdwort »Idee«) und »real« gehört zum lateinischen Wort »res«, das wir mit »Sache« übersetzen. Sachen im Sinne von res (im Gegensatz zu Idee gebraucht) sind die »konkreten« Dinge und Geschehnisse. Und hier ist »concretio« das von Boethius gebrauchte Wort, um es der »abstractio«, einer Lehnübersetzung des Aristotelischen Wortes Aphairesis (Wegnahme), entgegenzusetzen. Die Wörter verraten es: wir haben es mit den Prinzipienlehren von Platon und Aristoteles zu tun, wie sie auf uns durch die Römer (Cicero) und die Scholastik gekommen sind.

Die Ideale des Schönen, Guten und Wahren gehen auf die griechische Philosophie zurück, aber die Hegelsche Dreifaltigkeit eines »absoluten Geistes« aus Kunst, Religion und freier Wissenschaft ist eine christliche Umdeutung der griechischen Aufklärung. Kurz und vorwegnehmend gesagt: um die Umdeutung rückgängig zu machen, muß an die Stelle der »Religion« das »Ethisch-Politische« gesetzt werden – und das »Gute« ist durch »Gerechtigkeit« zu ersetzen. Methodisch wird alles darauf ankommen, Gerechtigkeit zu definieren – und als Ideal zu begründen.

Terminologisch besteht die Schwierigkeit, daß wir – durch die christliche Tradition – Ethik und Machtpolitik nur als getrennte Bereiche zu sehen gewohnt sind: Papst und Kaiser. Die Pointe der platonisch-aristotelischen Geisteswissenschaften (sie tragen traditionell den obsolet gewordenen Namen »praktische Philosophie«) ist aber gerade die Einheit einer Moral (als Gesinnung und Haltung) mit einer an Gerechtigkeit statt Macht orientierten Politik. Ich behelfe mich für diese Einheit mit dem unbeholfenen Bindestrich-Wort »ethisch-politisch«. Etwas eleganter ist die Zusammensetzung »Bürgerethik« (gegenwärtig z.B. von J. Mittelstraß gebraucht). Kant benutzt in seiner politischen Philosophie den Terminus »Republikanismus« (res publica = die öffentliche Sache). Da dies zugleich an die (griechisch gebildete) römische Republik erinnert, mache ich den Vorschlag, die Termini: »Republik« und »Republikaner« wieder zu beleben für das Ethisch-Politische.

3. Der Prinzipienstreit zwischen Platon und Aristoteles

Die Begründung ethischer Politik, das war genau das Problem, vor das sich Platon gestellt sah. Schon mit Aristoteles, dem Meisterschüler Platons, beginnt der erste Schulstreit in der Prinzipienlehre, sowohl der technischen als auch der politischen Wissenschaften.

Das ist kein Streit von Aufklärern gegen »Dunkelmänner« (wie sich der neuzeitliche Streit der Physik gegen die Theologie verstand), sondern hier muß innerhalb der Aufklärung etwas geklärt werden.

Lang andauernde Kontroversen sind in den Wissenschaften nicht selten. Der Streit um eine heliozentrische statt der geozentrischen Astronomie begann mit Pythagoras. In der Spätantike setzte sich Ptolemäus durch, aber erst 1500 Jahre später wurde die Kontroverse durch Kopernikus, Galilei, Kepler und Newton beendet. Der Streit um Ideen, um Abstrakta und Konkreta, der mit Aristoteles begann, dauert gut 2000 Jahre.

Es ist verständlich, daß die meisten die Geduld verloren haben, den Irrungen und Wirrungen dieser Kontroverse zu folgen, um schließlich doch noch zu einer Klärung zu kommen. So ist die Skepsis gegenüber ethisch-politischen Prinzipienfragen zur herrschenden Meinung geworden.

Die gegenwärtige Krise von Machtpolitik und Wirtschaft ist aber eine Herausforderung, alle Unterscheidungen (die durch die in der Kontroverse benutzten Wörter gemacht werden) noch einmal – in geordnetem Nacheinander – zu durchdenken. Ohne diese Mühe ist keine Ethik zu begründen.

Der Leser vergegenwärtige sich dazu die politische Situation in den griechischen Städten (von Milet bis Athen und Tarent), in denen zunächst Mathematik und Astronomie, dann – seit Platon und Aristoteles – Ethik, Ökonomie und Politik als Wissenschaften entstanden.

Die griechische Kultur war eine Mischkultur aus den altorientalischen Hochkulturen. Das Zusammenleben unter Gesetzen, die für alle gleichermaßen gelten (mit Verwaltung und Justiz), war für die Bürger jeder Stadt (Polis) selbstverständlich. Aber die Griechen waren die ersten, für die Gesetze keine traditionale Geltung mehr besaßen. Sie glaubten keiner Priesterkaste – und sie befreiten sich von angestammten Herrschern (Tyrannen). So waren sie die ersten, die sich ihre Gesetze selber geben mußten.

Ersichtlich ist es in einer Hochkultur mit einer Vielheit von Lebensformen sehr schwierig, Gesetze zu machen, die für jeden gelten und daher gegen jeden durch die Justiz erzwingbar sind. Die Bürger in der Vielheit ihrer Lebensformen müssen sich selber unter die Zwangseinheit von Gesetzen stellen. Diese Schwierigkeit entstand für uns Europäer zum zweiten Mal nach dem Ende der Fürstenherrschaft, also nach der Aufklärung (1789, in Rußland 1917).

Für die Griechen war der Gegensatz zwischen der Vielheit der Lebensformen und der Einheit des Gesetzes nicht so ausgeprägt wie bei uns. Zumindest erscheint es uns – rückblickend – so. Die griechische Aufklärung hatte keine Religionskriege hinter sich und die Polis war überschaubarer als ein moderner Staat mit seinen vielen Millionen von Bürgern. Ein Staat ohne traditionale Geltung von Gesetzen heiße kurz »posttraditional«. Die Vielfalt der Lebensformen bleibt selbstverständlich traditional – ohne Traditionen kann kein Mensch leben, auch nicht im gegenwärtigen Lebensformeklektizismus: schon seine Sprache lernt jeder Mensch nur traditional.

Eine Gesetzgebung in einem posttraditionalen Staat zustande zu bringen –

und zwar ohne Tyrannen (üblich ist »Diktator«, obwohl das ein auf kurze Notzeiten eingesetzter Beamter der römischen Republik war) –, das ist das ethisch-politische Problem aufgeklärter Kulturen.

VII. Die Begründung von Änderungen

1. Die konservative Lehre von Aristoteles

Eine Polis, die sich selbst ihre Gesetze gibt, braucht ethisch-politisch gebildete Bürger – darin folgte Aristoteles seinem Lehrer Platon. Aristoteles lehrte, grob zusammengefaßt, daß politische Bildung ein Verstehen der Lebensformen der Bürger erfordert – dazu die Einsicht, daß die Gesetze für jeden gelten müssen. Mehr kann – nach Aristoteles – keine politische Wissenschaft lehren. Aristoteles ist damit bis heute der Klassiker *konservativer* Politik: die Lebensformen müssen sich selber arrangieren. Diese konservative (bewahrende) Maxime wird nur deshalb explizit formuliert, um die *Progressiven* abzuwehren, die die Bürger mit theoretisch erdachten Änderungen (Reformen, Revisionen oder gar Revolutionen) zur Tugend der Gerechtigkeit führen wollen. Seit den Jakobinern (die auf der linken Seite der Nationalversammlung saßen) heißen die Progressiven unserer Aufklärung die »Linken«. Sie selbst nannten sich »Republikaner« – und ich werde dieses Wort (im Gegensatz zu »Demokrat«) – für die Progressiven verwenden.

Mit dem Wort »links« werden die Konservativen zu »Rechten« – aber das ist ein Sammelname für alle Nicht-Progressiven, z.B. für Wirtschaftsliberale ebenso wie für Militärpolitiker und alle Varianten von unpolitischen Egoisten oder Altruisten.

Als Beleg dafür, wie von »rechts« gegenwärtig Aristoteles in Anspruch genommen wird, zitiere ich aus einem Aufsatz von R. Bubner in dem Buch »Moralität und Sittlichkeit«: »Zum Anfang lohnt es, sich eine simple Wahrheit zu vergegenwärtigen. Alle Überschriften, unter welche die philosophische Tradition die Lehre vom richtigen Handeln gebracht hat, sind abgeleitet von den jeweiligen nationalsprachlichen Ausdrücken für anerkannt richtiges Handeln. Ethik kommt von Ethos, Moral von mos und Sittlichkeit von Sitte. Also liefert eingelebte Praxis, die gültigen Maßstäben genügt, den Namen für die Theorie, die solche Maßstäbe ausdrücklich entwickelt. Was gemeinhin und vor allem Eingriff philosophischer Reflexion auf verbreitete Befolgung bereits abgestellt ist, geht voran. ...

Aussichtslos und im Ansatz verfehlt muß demgegenüber ein Unterfangen erscheinen, das fern aller Handlungsrealität gewisse Vorschriften ersinnt, die, weil sie nicht von der intersubjektiven Praxis bewährt sind, von der Autorität der Philosophen verordnet werden müssen. Sofern die Legitimation, auf die sich ein solcher Oktroi berufen kann, nicht ihrerseits der Praxis entlehnt ist, sondern etwa aus der Logik theoretischer Erkenntnis stammt, wird die Forderung, das konkrete Handeln solchen Richtlinien zu unterwerfen, nur um so fragwürdiger.

Man wird diesen Überlegungen leicht zustimmen, denn seit der Kritik des Aristoteles an Platos These von der Idee des Guten sind sie gang und gäbe«. (Bubner 1986, S. 64).

Den Überlegungen des ersten Abschnitts wird man in der Tat leicht zustimmen. Die Lebensformen sind »eingelebte Praxis« – und jeder hält das Handeln gemäß der eigenen Lebensform für »richtig«. Einer Wissenschaftstheorie nach der praktizistischen Wende sind diese simplen Wahrheiten gegenwärtig.

Aber wogegen richtet sich die Polemik des zweiten Absatzes? Wenn es nur um Philosophiegeschichte ginge, könnten wir hier die Polemik auf sich beruhen lassen. Doch die Kritik des Aristoteles an Platons Ideenlehre hat viele Spuren in unserer Bildungssprache hinterlassen – und mit ihr werden die gegenwärtigen Prinzipienstreitigkeiten zwischen Progressiven und Konservativen ausgefochten. Daher muß später (vgl. VIII.1.) zumindest auf »Idee« und »Ideal« explizit eingegangen werden. Zunächst sei aber ohne diese Termini eine Begründung für Wissenschaften vorgetragen, die zur Stützung ethisch-politischer Praxis nötig sind.

2. Gesetzgeberische Praxis für stabileren Frieden

Wenn wir uns nicht, wie gegenwärtig üblich, unser Menschenbild von Biologie und Frühgeschichte vorgeben lassen (zu dem als für den Menschen nötiges Wissen dann nur technisch-ökonomisches Wissen gehört), sondern wenn wir ernst nehmen, daß uns die Kulturgeschichte in die zweite Aufklärung geführt hat – unabhängig davon, ob uns das gefällt oder nicht – dann sehen wir, daß uns ein anderes Wissen noch viel nötiger ist als alles technische oder strategische Wissen.

Mit unserem Pluralismus unverträglicher Lebensformen müssen wir uns selber für alle gleichermaßen verbindliche Gesetze geben. Allein mit technisch-strategischem Wissen ausgerüstet, haben wir nur den Kampf der Lebensformen. Mit demokratischen Verfahrensregeln kann dieser Kampf durch Kompromisse im Zustand eines labilen Friedens gehalten werden. Kann diese Labilität, in der jederzeit sozialer Unfrieden, früher sagte man Bürgerkrieg, droht, stabiler gemacht werden?

Das ist keine rhetorische Frage. Denn durch die modernen Waffensysteme und die Kernkraftwerke, die im Lande herumstehen, drohen schon mit jeder Rebellion unermeßliche Gefahren. Die Gesetzgebung muß sich – innenpolitisch – das Ziel eines stabileren Friedens setzen.

Die Praxis der Gesetzgebung hat – seit der griechischen Aufklärung – immer wieder versucht, stabilen Frieden zu erreichen. Diese ethisch-politische Praxis ist aber bisher – immer wieder – gescheitert. Die von Platon und Aristoteles begonnenen Geisteswissenschaften können (zumindest zum Teil) interpretiert werden als ethisch-politische Wissenschaften mit dem sie konstituierenden Ziel, eine Praxis der Gesetzgebung (und untergeordnet: Verwaltung und Justiz), die dem stabileren Frieden dient, theoretisch zu stützen. Die Schulstreitigkeiten schon um die Prinzipien haben bis heute verhindert, daß ethisch-politische Wissenschaften als Fachwissenschaften institutionalisiert sind.

Es gibt viel Anthropologie, Psychologie, Soziologie und es gibt Rechts- und Staatswissenschaften. Derzeit werden diese Wissenschaften aber nicht als ethisch-politische Wissenschaften betrieben. Sie verstehen sich nicht als theoretische Instrumente für die ethisch-politische Gesetzgebungspraxis von Republiken, die um des Friedens willen in staatlicher Ordnung leben.

Das Fundierungsproblem einer Ethik (die in diesem Buch auf Unternehmensethik spezialisiert wird) ist nach dem Bisherigen das Problem einer kritischen Prinzipienlehre ethisch-politischer Wissenschaften.

Welche Begriffe, Definitionen usw. sind die ersten Schritte auf dem Wege zu Wissenschaften, die eine friedensorientierte Gesetzgebungspraxis stützen können? Erst durch die praktische Wende der Fragestellung, die von einer Praxis mit vorgegebenem Ziel ausgeht, wird die Frage nach den Prinzipien ethisch-politischer Wissenschaften methodisch beantwortbar. Diese Wissenschaften sind keine »freien« Wissenschaften im modernen Sinne (zweckfrei, nur durch ein Erkenntnisstreben motiviert – am liebsten »wertfrei«), sondern freie Wissenschaften im antiken Sinn: nämlich für Bürger, auf deren freie Zustimmung zu den Gesetzen es ankommt: Wissenschaften, die für Republiken nötig sind.

In einer modernen Republik ist jeder Bürger politischer Mitbürger, denn eine Gesetzgebung, die von einer Mehrheit durchgesetzt wird und die eine Minderheit unterdrückt, stellt nur einen labilen Friedenszustand her. Der stabile Frieden, genauer im Komparativ: ein stabilerer Frieden, kann nur durch allgemeine, freie Zustimmung zur Gesetzgebung erreicht werden.

3. Definition von »Gerechtigkeit«

Schon hier läßt sich der Terminus »gerecht« definieren. Ein Gesetz heißt gerecht, wenn es die allgemeine, freie Zustimmung der Bürger findet. In der Tat kommt es für eine ethische – am Frieden orientierte – Politik auf das Faktum der allgemeinen, freien Zustimmung an. Alle Bürger leben ja faktisch unter dem Zwang der Gesetze – ob sie zugestimmt haben oder nicht.

So einfach der Wortlaut dieser Definition ist: es steckt eine Fülle zu klärender Prinzipienfragen in der Bedingung, daß die Zustimmung »frei« sein soll. Modern ausgedrückt: welche Kompetenz macht einen Bürger fähig, frei über eine Gesetzesvorlage zu entscheiden? Hier wird der Bürger nicht gefragt, ob es ihm beliebt,

Ja oder Nein zu einem Gesetz zu sagen. Der Bürger wird gefragt, ob er das Gesetz als »gerecht« beurteilt, ob er es für frei konsensfähig hält.

Kompetente Mitbestimmung, das kann niemand von sich aus – das muß der Bürger durch Partizipation an der Gesetzgebung gelernt haben. Um des Friedens willen kann sich eine ethische Politik nicht an den Bürger wenden, so wie er ist (in dem Pluralismus der Lebensformen), sondern eine ethische Politik ist auf die politische Moral ihrer Bürger angewiesen. Ohne Republikaner ist eine Republik nicht zu haben.

Ersichtlich sind das »linke« Formulierungen – sie setzen sich daher dem Vorwurf des Dogmatismus aus. Man nennt linke Dogmatiker – vor denen die Konservativen nicht müde werden zu warnen – »Ideologen« und damit ist man wieder in der Tradition der Aristotelischen Kritik an Platon. Deshalb ist es für die Klärung ethischer Prinzipienfragen erforderlich, die Rede von »Ideen« und »Idealen« kritisch zu rekonstruieren.

VIII. Die progressive Lehre von Platon

1. Kritische Rekonstruktion von »Idee« und »Ideal«

Bei Platon tritt nur »Idee« terminologisch auf. Eidos ist die Gestalt, speziell die geometrische Figur. Zur Zeit Platons war die Geometrie als Wissenschaft (theoretische Geometrie) schon weit entwickelt. Das klassische Lehrbuch von Euklid wurde um ca. 300 ante in Alexandrien als Zusammenfassung des erarbeiteten Lehrgebäudes geschrieben. Die Geometer zeichnen (an verschiedenen Orten, zu verschiedenen Zeiten) Figuren in den Sand – auf einer ebenen Unterlage. Die Geometrie beweist aber Sätze (Theoreme) über ebene Figuren wie Quadrate und Sechsecke, räumlich über Körper wie Würfel und Dodekaeder. Diese Theoreme sind unabhängig von Ort und Zeit, sogar unabhängig von der Größe der Figuren. Die Geometer zeichnen sichtbare Figuren, aber sie beweisen Sätze über nicht-sichtbare Gestalten. Die Gestalten der theoretischen Geometrie sind nicht sichtbar. Sie sind daher auch nicht – auf dem Weg über Erinnerungen an Gesehenes – in der Phantasie vorstellbar. Trotzdem kann über sie theoretisch geredet werden – und man kann sich dieses Reden vorstellen. Das nennt Platon (theoretisches) Denken. Er sagt explizit, daß die Gestalten (Ideen) der Theorie keinen Ort haben, daß sie »utopisch« sind (von Topos = Ort, »u« ist eine Negation, also utopisch = ohne Ort). Wer diesen Sprachgebrauch kritisiert, zeigt, daß er Platon (und Euklid) nicht verstanden hat. Im Lehrbuch Euklids wird nämlich vorgeführt, wie man zu Sätzen über utopische Gestalten kommt: man beschränkt sich in der Rede über die sichtbaren Figuren (von Geometern gezeichnet oder von Handwerkern hergestellt) auf diejenigen Aussagen, die (unabhängig von Ort und Größe) allein aus der *Konstruktionsvorschrift* für die Figur beweisbar sind. Zu jeder sichtbaren Figur gehört eine Konstruktionsvorschrift – nach einer Konstruktionsvorschrift können aber beliebig viele sichtbare Figuren (an verschiedenen Orten und in verschiedener Größe) hergestellt werden. Ideen *sind* die Konstruktionsvorschriften (wenn man davon abstrahiert, welche Sprache für die Vorschrift benutzt ist) – so können wir Ideen definieren.

Wer Geometrie studiert, kann auch heute noch sich davon überzeugen, wie auf diese Weise Sätze über Ideen beweisbar sind (vgl. dazu mein Lehrbuch: Elementargeometrie, 1984a).

Die herrschende Meinung der Mathematiker ist allerdings nicht Platon gefolgt, sondern Aristoteles. Dieser lehrte in seiner Wissenschaftstheorie, die Methode der theoretischen Geometrie sei die axiomatische Methode – und die Gegenstände der Geometrie seien die »Formen« der Figuren. Diese entstünden durch Abstraktion aus den sichtbaren Figuren (modern gesprochen: aus den konkreten Figuren). Daß die sichtbaren Figuren von uns nach Konstruktionsvorschriften hergestellt werden – dieser Einsicht Platons ist Aristoteles leider nicht gefolgt.

Das läßt sich historisch leicht verstehen, weil Platon selbst – außerhalb der Geometrie und Kinematik – beliebige Abstrakta als »Ideen« behandelte. Hier war Aristoteles mit seiner Abstraktionsmethode eindeutig im Recht.

Für die ethische Politik ist aus dieser wissenschaftstheoretischen Kontroverse der Streit um Gerechtigkeit als »Ideal« übriggeblieben. Ist Gerechtigkeit ein Ideal, das als Ziel ethischer Politik begründet werden kann – oder ist es nur eine Vorstellung von »Ideologen«?

Das Wort »Ideal« ist aus dem lateinischen Adjektiv »idealis« entstanden, nachdem die Römer »idea« als Fremdwort aus dem Griechischen übernommen hatten. Bildungssprachlich wird »Ideal« bei uns hauptsächlich in der Ästhetik verwendet. Mit solchen »Schönheitsidealen« ist für die Prosa von Politik und Wirtschaft nichts anzufangen.

Aber es gibt in der Geometrie nicht nur die Rede von »Ideen«, sondern auch die Rede von »idealen« Ebenen, Geraden und rechten Winkeln. Das sind die Elementarfiguren, aus denen die anderen Figuren nach Vorschrift konstruiert werden. Die Elementarfiguren sind nicht konstruiert – aber auch sie sind (gegen Aristoteles) keine Abstrakta. Sie sind die Basis unserer Technik, die Ebenen als »Richtplatten« sind insbesondere die Basis unserer Meßtechnik.

Hier wird das Wort »real« als Gegenwort zu »ideal« sinnvoll. Die Richtplatten sind reale Ebenen. Sie werden für die Technik hergestellt als »Realisierungen« der idealen Ebenen. Die Ebene ist nicht durch eine Konstruktionsvorschrift definiert (sie ist also keine Idee), sondern durch eine Symmetrieforderung: sie soll durch jeden Punkt in jeder Richtung eine Symmetrieachse haben. Diese Symmetrieforderung geht der Herstellung jeder realen Ebene voran. Der Techniker weiß vor der Herstellung von Richtplatten, was er herstellen soll – dieses Herstellen heißt »realisieren«. Die Realisierung ergibt nie eine ideale Ebene. Jede

Richtplatte hat eine gewisse »Toleranz«, eine erlaubte Abweichung von der idealen Symmetrie – auch das ist für jeden Praktiker selbstverständlich.

2. Ist Gerechtigkeit ein Ideal?

Erst nach der Klärung der Wörter läßt sich sinnvoll diskutieren, ob es nützlich ist, das Wort »Ideal« aus der Technik in die Sprache der Politik zu übertragen. Ist das eine nützliche Analogie, daß man auch die Gerechtigkeit ein Ideal nennt? Nun ja, wie das so mit Analogien ist: sie sind nur nützlich, wenn dadurch die Unterschiede des politischen Handelns zum technischen Herstellen nicht verschwinden.

Bei der Ebenenherstellung schleifen wir Materialstücke aneinander ab, bis die Symmetrieforderung hinreichend gut erfüllt ist. Ein Technokrat mißversteht die Bürger eines Staates als Material, das so zu bearbeiten ist, bis allgemeiner freier Konsens über die Gesetze hergestellt ist (wobei Abweichungen toleriert werden müssen – das nennt man in der Politik »Randgruppen«). Genau hier hört aber die Analogie auf: der allgemeine freie Konsens ist zwar eine Forderung, die das Ziel der Gesetzgebung angibt – aber dieses Ziel ist kein Herstellungsziel, das die Staatsbürger als Objekte hat. Allgemeinen, freien Konsens können die Bürger nur erreichen, indem sie selber Subjekte sind. Die durch den allgemeinen, freien Konsens definierte Gerechtigkeit (der Gesetze) ist ein Ideal in dem Sinne, daß es die Richtung der Gesetzgebung vorgibt und in dem Sinne, daß stets die Aufgabe bleibt, sich um mehr Gerechtigkeit zu bemühen. Gerechtigkeit ist aber kein technisch-strategisch herstellbarer Zustand.

Im Gegensatz zu den utopischen Ideen, die nicht sichtbar und daher sogar auch in der Phantasie nicht vorstellbar sind, ist die ideale Ebene in der Phantasie leicht vorstellbar. Die Realisierungen sind ja sichtbar, man kann sich an sehr genaue Richtplatten erinnern – und in der Phantasie gehen die Realisierungen dann in das Ideal über.

Das gilt auch für die Gerechtigkeit, in der Phantasie ist der allgemeine, freie Konsens – ohne Randgruppen – leicht vorstellbar.

Nennt man Ideale »Utopien« (wie seit Thomas Morus üblich) braucht man sich über Sprachverwirrungen nicht mehr wundern. Dann werden Ideale »realistisch« und z. B. Utopien »konkret«.

Ideale sind nicht erreichbar, sie sind nur – mit tolerablen Abweichungen – realisierbar. Mit diesem kritischen Verständnis sind Ideale für das technische Herstellen nötig (Ebenen) und für das ethisch-politische Handeln ebenso (Gerechtigkeit).

IX. Republikanismus

1. Ethisch-politisches Wissen zur Stützung vorwissenschaftlicher Praxis

Nach der praktizistischen Wende der Wissenschaftstheorie sind die Prinzipien von Wissenschaften nur begründbar, wenn eine zielgerichtete Praxis vorgegeben ist.

Für die ethisch-politischen Wissenschaften ist das eine Gesetzgebungspraxis, die auf das Ziel gerichtet ist, Bürgerkrieg zu vermeiden, den sozialen Frieden stabiler zu machen. Diese Gesetzgebungspraxis ist – bei uns und ersichtlich auch anderswo – nur schwach entwickelt. Sie ist von viel zu viel Machtpolitik überlagert. Aber eine ethisch-politische Gesetzgebung tut not – die Gefahren des machtpolitischen Weiterwurstelns sind zu groß.

Keine Wissenschaft kann das Friedensziel »begründen«, genauso wenig, wie eine technische Wissenschaft das Ziel der Effizienz begründet. Umgekehrt: das praktische Ziel der Effizienz begründet technische Wissenschaften.

So ist es auch hier: das praktische Ziel des Friedens begründet ethisch-politische Wissenschaften.

Die faktisch vorhandenen nicht-technischen Wissenschaften, die sich mit dem Menschen befassen, z.B. die Biologie und Frühgeschichte, sind für die Zielsetzung unserer Gesetzgebungspraxis nicht zuständig. Daß wir Raubaffen als Vorfahren haben, ist zwar wahr – aber das ist schon lange her. Daß unsere Vorfahren dann traditionale Militärstaaten begründeten (und dabei Hochkulturen schufen), ist noch nicht so lange her – aber auch Geschichte.

Die Griechen standen erstmals vor der Aufgabe, eine Gesetzgebungspraxis zu entwickeln, die für alle Bürger konsensfähig war (trotz des Pluralismus der Lebensformen). Das ist zwar ebenfalls Geschichte – aber auch für den, der nichts von den Griechen wüßte: wir haben es gegenwärtig bitter nötig, unsere Gesetzgebungspraxis zu einer friedensorientierten Praxis zu machen. Wir müssen Republikaner werden, um ohne Tyrannei zu überleben.

Nur von dieser Praxis aus lassen sich ethisch-politische Wissenschaften als theoretische Instrumente zur Stützung der Gesetzgebung begründen.

Das Friedensziel begründet sich aus der Gegenwart, nicht aus der Geschichte. Aber, wie schon die Geschichte der Wörter unserer Sprache zeigt: für die ethisch-politischen Wissenschaften (als praxisstützende Theorieproduzenten) wird die Geschichtswissenschaft auf eine neue Weise eine Grundlagendisziplin. Nicht mehr aus traditionaler Neugierde (»Klio als Klatschbase«) wird geforscht und erzählt, sondern um die Denk- und Handlungsgewohnheiten der Staatsbürger besser zu verstehen, deren freie Zustimmung zu Gesetzen allein den Frieden stabiler macht.

Wissenschaften lassen sich nur begründen, wenn man schon eine zielgerichtete Praxis benannt hat, für die dann Theorien zur Stützung gesucht werden. Ob es für eine Praxis stützende Theorien gibt oder nicht, das kann man nicht wissen, ehe man die ersten Schritte solcher Theorien getan hat.

Daß es Theorien zur Stützung der technischen Praxis (die schon das Ziel der Effizienz hat) gibt, weiß heute jedes Schulkind. Daß es Theorien zur Stützung der ethisch-politischen Praxis (die schon das Ziel des Friedens hat) gibt – das ist bis heute kontrovers, weil die Fundierungsprobleme ethisch-politischer Wissenschaften bis heute kontrovers sind. Genauer: Die von der konstruktiven Wissenschaftstheorie vorgetragene – sprachkritisch schrittweise – Begründung hat bis heute eine konservative Mehrheit gegen sich.

Trotzdem: Wessen Denken – auf welche Weise auch immer – um des Friedens willen in Bewegung geraten ist, der kann sich am methodischen Aufbau ethisch-politischer Wissenschaften beteiligen. Für diese Leser werden dadurch die Begründungsfragen politischer Ethik beantwortet.

2. Definition von »politischer Vernunft«

Wir haben ein Anfangsstück ethischer Politik begründet. Auf den trockenen, harten Grund einer friedensorientierten Gesetzgebungspraxis stützt sich die Forderung nach allgemeinem, freien Konsens. »Gerechtigkeit« wird durch eine Definition hinzugefügt. Gesetze, die nach Beratung unter den (kompetenten) Bürgern freie Zustimmung finden, heißen »gerecht« – ein anderes Kriterium haben wir nicht. »Republik« wird als ein Staat mit gerechter Gesetzgebung (und dazu gehöriger Verwaltung und Justiz) definiert.

Einer Klärung bedarf hier nur noch die »Kompetenz«, die für den freien Konsens in einer Republik erforderlich ist. Traditionell steht an dieser Stelle das Wort »Tugend«, speziell Gerechtigkeitssinn als Bürgertugend. Das ist aber eine zirkelhafte Definition.

Die Praxis der Gesetzgebung ist kein Handwerk, sondern ein Mundwerk: verbale Praxis. Es wird über die Novellierung von Gesetzen beraten, z.B. in Parlamenten oder Bürgerräten. Nicht jeder Staatsbürger hat die Beratungskompetenz, die Fähigkeit mitzuberaten. Schon die Kinder scheiden aus und unter den Erwachsenen gibt es viele, die sich ganz in unpolitischen Lebensformen eingerichtet haben. Ferner gibt es unter Erwachsenen auch Debilität, insbesondere Altersschwachsinn.

Um mitzuberaten, muß man sich Vorschläge und Gegenvorschläge anhören, muß die voraussichtlichen Wirkungen (die Reaktionen und Handlungen der betroffenen Bürger) beurteilen – und man darf dabei das Ziel eines allgemeinen, freien Konsenses nicht durch den eigenen Vorteil verdrängen. Für diese verbale Tätigkeit gibt es einen Terminus: Argumentieren.

Die ethisch-politischen Wissenschaften haben die Aufgabe, für dieses Argumentieren ein Wissen zu erarbeiten, das dem Erreichen von freiem Konsens dienlich ist. In den (staatlichen) Bildungsinstitutionen, Schulen und Hochschulen, müssen die ethisch-politischen Wissenschaften außerdem ihre Schüler zu zukünftigen Republikanern (insbesondere zu zukünftigen professionellen Politikern) ausbilden. Sie müssen die für politische Beratungen erforderliche Argumentationsfähigkeit lehren. Die ethisch-politischen Wissenschaften dürfen nicht nur forschen – sie sind durch ihre Lehre für die *Argumentationskultur* des Staates (also der Bürgerschaft mit allen ihren Organen) verantwortlich.

Für das Ziel der Ausbildung im Argumentieren gibt es im Deutschen das Wort »Vernunft« (lateinisch: ratio). Eingeengt auf technische Beratungen heißt die Vernunft (also die technische Vernunft) auch »Verstand«.

Der Sprachgebrauch ist allerdings schwankend – und in der gegenwärtigen Bildungssprache ist das Wort »vernünftig« nur noch abgesunkenes Kulturgut. Jeder hält sich selbst für vernünftig – und die meisten meinen, Vernunft gäbe es nur als technische Vernunft.

Für eine Prinzipienlehre der ethischen Politik muß daher das Wort »vernünftig« definiert werden. Ausgangspunkt ist die Frage: *Wie* kann man über Gesetze argumentieren, so daß allgemeine, freie Zustimmung erwartet werden darf?

Allgemeine Antworten auf diese Frage (ohne sich auf die jeweiligen Situationen eines Staates, um dessen Gesetze es geht, zu beziehen) drehen sich immer im Kreis, z.B. wenn man sagt, daß so argumentiert werden muß, daß jeder Vernünftige folgen kann.

In der Tat läßt sich das konsensorientierte Argumentieren nur in der Praxis lernen (ersatzweise aus Büchern, in denen – exemplarisch – Argumentationspraxis beschrieben ist). Nur negativ läßt sich präzisieren, wie man *nicht* argumentieren darf, wenn man auf allgemeinen, freien Konsens zielt: die Argumente dürfen *nicht* an die Person des Argumentierenden, an seine Eigenheiten, sein Milieu, seine Lebensform gebunden sein. Man soll den Argumenten, wie die Juristen sagen, *ohne* Ansehen der Person folgen können. Für eine ethisch-politische Gesetzgebung ist also vom praktischen Politiker gefordert, daß er seine »Subjektivität« (seine Eigenheiten und partikularen Bindungen) aus seiner Argumentation heraushält. Er soll für das Argumentieren seine Subjektivität überwinden (lateinisch: transzendieren). Die Transsubjektivität (d.h. das Transzendieren der Subjektivität) ist die negative Präzisierung der Orientierung des Argumentierens am allgemeinen, freien Konsens. »Vernünftiges« Argumentieren sei daher durch die Transsubjektivität definiert.

Die Vernunft ist ein Ideal des Argumentierens, man braucht daher eine gewisse Toleranz für Abweichungen. Aber die Konservativen, die sich und ihren Mitbürgern einreden wollen, jede Bemühung um politische Vernunft (über alle technisch-strategische Vernunft hinaus) sei nur Wunschdenken – dogmatische Ideologie – diese Konservativen schaden sich selbst, weil sie den Friedensprozeß erschweren: im Kriegsfalle werden die Raketen ja keinen Bogen um die machen, die sich nicht genug um den Frieden gekümmert haben.

3. Ist der Mensch fähig umzudenken?

Durch die vorgeschlagenen Definitionen sind wir zu Sätzen gekommen, wie sie etwa auf Kirchentagen als »Losungen« gebraucht werden:

Frieden ist das Werk der Gerechtigkeit

Gerechtigkeit ist das Werk der Vernunft

Dazu stellt sich immer die Frage, was dem Menschen erreichbar ist. Zu welcher Transsubjektivität (des Redens, Denkens und Handelns) ist der Mensch fähig? Die Frage, wessen der Mensch fähig ist, ist *nicht* durch Fakten allein beantwortet. Wer konservativ denkt, zieht aber nur Fakten heran: im krassen Fall nur die der Biologie und Frühgeschichte, sonst die der Kriegs- und Wirtschaftsgeschichte – bis in die Gegenwart, also bis zur eigenen Erfahrung.

Aber alle diese Erfahrungen sind gemacht unter der Bedingung der bisherigen machtpolitischen Argumentationskultur. Wessen der Mensch fähig ist, lernt er erst durch sein eigenes Reden, Denken und Handeln.

Niemand hätte Auschwitz vor Hitler für möglich gehalten – das ist ein negatives Beispiel für die Wandlungsfähigkeit des Menschen. Positive Beispiele aus der Gegenwart sind der gewaltlose Widerstand von Gandhi und Martin Luther King. Diese Bewegung hat sich nicht durchgesetzt – aber der Faschismus hat sich auch nicht durchgesetzt. Der Kapitalismus hat sich nicht durchgesetzt – aber der Kommunismus auch nicht. Der Mensch ist durch seine bisherige Geschichte nicht festgelegt, nur die Konservativen versuchen, ihn festzuschreiben. Wessen der Mensch fähig ist, wenn Wissenschaft und Bildung von ethisch-politischer Vernunft (statt von machtpolitischer = technischer Vernunft) bestimmt werden – das weiß heute niemand. Wer »links« denkt, braucht deshalb nicht vertrauensselig zu sein, er kann auch mit dem »Prinzip Hoffnung« sehr sparsam umgehen. Aber mehr Mühe als ein Konservativer muß er sich schon geben. Man könnte – in ironischer Distanz, frei nach Morgenstern – über den Linken, der sich am Ideal der Republik orientiert, sagen:

»Also schließt er hoffnungsvoll,
daß er sein kann, wie er sein soll.«

Oder man zitiert unsere großen Dichter

»Es wächst der Mensch mit seinen größern Zwecken« (Schiller).
»Wo Gefahr ist, wächst das Rettende auch« (Hölderlin).

Dann sollte man sich aber auch an das pauschale Urteil Platons erinnern:

»Die Dichter lügen.«

Unbestreitbar ist nur, daß Kästner nicht gelogen hat mit seinem Spruch:

»Es gibt nichts Gutes außer: Man tut es.«

X. Republikanische Unternehmensethik

1. Übergang zur Unternehmensethik

So weit seien hier die Prinzipien ethischer Politik dargestellt. Danach gibt es keine Ethik (im Unterschied zu den Moralen) ohne den politischen Kontext des posttraditionalen Staates. Trotzdem ist der Bürger ja nicht dauernd mit Gesetzgebung beschäftigt – bei uns sind im Gegenteil die meisten meistens nur mit Privatem beschäftigt: in der Familie oder in der Privatwirtschaft (wofür man auch »Gesellschaft« sagt).

Eine Unternehmensethik hat es damit zu tun, welchen Unterschied es macht, ob die Mitarbeiter eines Unternehmens (insbesondere die leitenden Mitarbeiter, die die Richtlinien der Unternehmensführung bestimmen), ob diese im Denken und Handeln Republikaner (d.h. Bürger, für die die Gerechtigkeit des Staates Teil ihres eigenen Lebens geworden ist) sind oder nicht.

Es scheint mir selbstverständlich, daß unsere Unternehmen anders handeln würden, wenn die Mitarbeiter (dazu gehören auch die Eigentümer im Aufsichtsrat) Republikaner wären. In einer Wirtschaftsethik müssen sich die Wirtschaftspolitiker mit der Frage abplagen, welche gesamtwirtschaftliche (sog. volkswirtschaftliche) Organisation dem Umbau (Perestroika) des Staates in eine Republik (des allgemeinen, freien Konsenses) am förderlichsten wäre. Wieviel Staatswirtschaft? Wieviel Privatwirtschaft? Welche Mischformen?

Hierüber braucht für eine Unternehmensethik nichts vorweggenommen zu werden. Wir (im westlichen Lager der Industriestaaten) haben es jedenfalls mit kapitalistischen Unternehmen zu tun, die »bei Strafe des Untergangs« Gewinn machen müssen. Dieses einfache Gewinnprinzip ist ganz etwas anderes als das Prinzip des maximalen Gewinns, der Profitmaximierung als einzigem Ziel. Das Maximalprinzip schließt aus, daß sich das Unternehmen vorrangig als Teil der Republik versteht. Das Maximalprinzip ist unrepublikanisch, das einfache Gewinnprinzip aber nicht.

Ohne den – hier wiederbelebten – Terminus »republikanisch« könnte nach gegenwärtigem Sprachgebrauch z.B. gesagt werden, daß das einfache Gewinnprinzip »ethisches Handeln« nicht ausschließt, daß das Maximalprinzip aber »unmoralisch« sei. Das ist zwar verständlich gesagt, aber trotzdem ungenau. Selbst wenn Ethik nicht als Morallehre von Moral unterschieden wird, bleibt Moral ein Beurteilungskriterium für Handeln. Jedes Handeln, das moralisch beurteilt wird, ist moralisch ge- oder verboten oder moralisch freigestellt (d.h. weder ge- noch verboten). Die abgekürzte Redeweise, ein Handeln sei »unmoralisch«, meint: moralisch verboten. Der Gegensatz (ein Handeln sei moralisch) meint: moralisch nicht verboten, d.h. erlaubt.

Um den Leser nicht mit Modallogik zu langweilen (vgl. mein Lehrbuch) sei nur eine Konsequenz der modallogischen Definitionen genannt: Was erlaubt ist, ist geboten oder freigestellt.

Unternehmen, die das Maximalprinzip praktizieren, werden bei ihren Entscheidungen nur das positive Gesetz berücksichtigen. Wenn sie das Gesetz – durch eine Lobby – nicht zu ihrem Vorteil ändern können, wird das Gesetz strategisch respektiert: man bleibt im legal Erlaubten. Ist die zu erwartende Strafe allerdings geringer als der zu erwartende Gewinn, so verlangt das Maximalprinzip, das legal Verbotene zu tun (abgekürzt heißt das: illegales Handeln).

2. Das einfache Gewinnprinzip in der Unternehmensethik

Das einfache Gewinnprinzip läßt Raum für eine Unternehmensethik. Sie untersucht alle Maßnahmen der Unternehmensführung (also die Ausbildung und Auswahl der Manager, ihre Einzelentscheidungen und die Richtlinien), um diese so zu gestalten, daß nicht nur Gewinn gemacht wird, sondern zugleich »mehr Republik« gefördert wird.

Das Problem sind die konfliktrelevanten Maßnahmen. Nach dem gegenwärtigen Stand der Diskussion lassen sich diese in mindestens fünf Gruppen von Aufgaben einteilen.

(1) Die Förderung aller Mitarbeiter als republikanische Mitbürger.
(2) Die Förderung des sozialen Friedens (z.B. bei Tarifverhandlungen durch eine gerechte Verteilung von Arbeit und Gewinn – ohne Ausgrenzung von Mitbürgern als »Arbeitslose«).
(3) Die Förderung der Gleichstellung der Frau im Kontext einer republikanischen Familienpolitik.
(4) *Nicht* die Verbraucher durch die produzierten Güter oder angebotenen Dienstleistungen zu verführen, sondern ihnen als Mitbürger von Republiken zu nützen.
(5) *Nicht* das private und politische Leben der Bürger durch Zerstörung der Umwelt (Natur- und Kulturlandschaft) zu schädigen, sondern die Umwelt – das gilt über die Grenzen des eigenen Staates hinaus – menschenfreundlicher zu machen.

Für diese wichtigsten konfliktrelevanten »Gesichtspunkte« (Mitarbeiter, sozialer Frieden, Frauen, Verbraucher und Umwelt) gibt es eine Fülle rechtlicher Regelungen. Zur republikanischen Pflicht aller Führungskräfte gehört in besonderem Maße die Teilnahme (zumindest geistig) an der Gestaltung dieser rechtlichen Regelungen in Gesetzgebung, Verwaltung und Justiz.

3. Der kategorische Imperativ in der Unternehmensethik

Obwohl es Ethik auf begründbare Weise nur im politischen Kontext gibt, heißt das nicht, daß die moralischen Pflichten sich in Gesetzestreue und politischer Partizipation erschöpfen. Es gibt in jedem Unternehmen vieles zu tun, was nicht durch Gesetz geregelt ist, was aber zum Erreichen von »mehr Republik« getan werden kann. Für die Argumentation über solche Maßnahmen gelten dieselben Forderungen, *als ob* es um Gesetzgebung ginge. Auf diese Weise gewinnt man rückwärts – von der ethischen Politik her – den kategorischen Imperativ Kants, nach dem man die Maximen des eigenen Handelns als allgemeine Gesetze »muß wollen können«. Diese Formulierung ist zwar tief verstrickt in die vorpolitische (christliche) Willensmetaphysik, aber argumentativ gewendet, fordert der kategorische Imperativ – ohne jede Metaphysik – daß über konfliktrelevante Maßnahmen so beraten werden soll, daß der freie Konsens aller kompetenten Betroffenen erwartet werden darf. Vernünftige, d.h. transsubjektive Argumentation über konfliktrelevante Maßnahmen ist moralische Pflicht. Selbstverständlich ist dies wieder eine Forderung des republikanischen Ideals. In praktischen Situationen fehlt oft die Zeit – und vernünftige Argumentation führt nur mit vernünftigen Dialogpartnern zum Konsens. Hier ist es immer wieder die Toleranz gegen Abweichungen, die den Republikanismus »menschlich« macht. Er darf nur nicht »allzu menschlich« werden.

4. Die Diskursethik in der Unternehmensethik

Die politisch begründete Ethik führt in den Anwendungen (hier auf die Unternehmensethik) zu genau denselben Forderungen an das Argumentieren, wie die »Diskursethik« der Frankfurter Schule von Habermas und Apel. Die Unterschiede zur konstruktiven Wissenschaftstheorie der »Erlanger Schule« liegen nur in den Fundierungsproblemen. Deshalb bilden diese das Thema dieses Beitrags. Statt vom kommunikativen Interesse wird hier von der politischen Not posttraditionaler Staaten ausgegangen. Die für die deutsche BWL am weitesten geführten Untersuchungen von H. Steinmann und seinen Mitarbeitern (1985, 1988) benutzen zu Recht die dialogische politische Ethik und die Diskursethik unterschiedslos als allgemeine Basis der Unternehmensethik.

Ob man die Argumentationen über Normen, Gesetze, Richtlinien usw., Dialoge nennt (das ist der platonische Terminus) oder Diskurse (ein scholastischer Terminus, der das diskursive Denken vom intuitiven Erkennen unterscheidet), das ist nur eine philosophie-historische Nuance.

Die Forderung des konsensorientierten Argumentierens ist für beide Schulen dieselbe. Beide plädieren für den Primat der ethisch-politischen Vernunft – also (in der Formulierung von Habermas) gegen die *halbierte Vernunft* des technischen Denkens.

XI. Sechs Aspekte moralischer Pflichten der Unternehmensführung

Nach H. Steinmann lassen sich die Maßnahmen, die – über das Handeln nach dem einfachen Gewinnprinzip hinaus – moralische Pflichten sind, nach sechs »Aspekten« differenzieren (1985, S. 172 ff.; 1988, S. 307 ff.).

(1) Die Argumentationen über die Einzelentscheidungen der Mitarbeiter sollten zu professionellen Moralkodizes (sog. Verhaltenskodizes, früher »Ehrenkodizes« genannt) führen. Das bedeutet, daß Handlungsregeln explizit formuliert werden. Für konfliktrelevante Richtlinienentscheidungen sind innerhalb des Unternehmens (evtl. erweitert durch wissenschaftstheoretische und fachwissenschaftliche Experten) eigene Kommissionen, sog. Ethikkommissionen, zu bilden. Auch Minderheiten von Betroffenen sollten das Recht auf Einsetzung solcher Kommissionen haben.

(2) Die Aufstellung von professionellen Moralkodizes für die Mitarbeiter sollte – nach der diskursiven/dialogischen Ethik – durch vernünftige (transsubjektive) Argumentation mit den Betroffenen unter Berücksichtigung der jeweiligen Besonderheiten der Situation des Unternehmens geschehen.
Ebenso sollten für die Beratungen in den Ethikkommissionen die Prinzipien der diskursiven/dialogischen Ethik das gemeinsame Fundament sein.

(3) Die Unternehmensethik, die sich für die Orientierung der Unternehmensführung über das einfache Gewinnprinzip hinaus um transsubjektive Dialoge mit den Betroffenen bemüht (Mitarbeiter, Wirtschaftsverbände und Gewerkschaften, Frauenverbände, Verbraucherorganisationen und Politiker, speziell Umweltpolitiker), ist deutlich zu unterscheiden von unkontrollierbaren Bekenntnissen von Verbandspräsidenten zur »gesellschaftlichen Verantwortung« der Unternehmensführung. Für den Erfolg der Unternehmensethik ist entscheidend, daß Mitbestimmungsrechte bei konfliktrelevanten Entscheidungen organisatorisch abgesichert sind. Die »Offenheit« des Dialoges für alle Neuerungen (mit vernünftiger Begründung aus einer neuen Situation) verhindert dadurch jede inhaltliche Dogmatisierung der Normen der Unternehmensführung.

(4) Die Aufgabe der Unternehmensethik ist, in allen den Situationen eine Orientierung zu liefern, in denen die Nebenwirkungen von Unternehmensentscheidungen in den Verdacht geraten, moralisch nicht erlaubt zu sein. Wenn man sich auf die Unternehmensethik beruft, weil dies mehr Gewinn verspricht, dann ist das keine moralische Orientierung, sondern eine – dem Zeitgeist angepaßte – Gewinnstrategie. Solche Gewinnstrategien sind für die Bemühungen um eine Unternehmensethik eher schädlich. Sie erschweren das Umdenken in der BWL und in den Unternehmen.

(5) Die Unternehmensethik muß sich bis zu den Einzelentscheidungen der Unternehmen (für die es keine gesetzliche Regelung gibt) konkretisieren.

Welche Produkte hergestellt werden, welche Werbung gemacht wird, welche Dienstleistungen angeboten werden – überall da, wo die Unternehmen betriebswirtschaftlich frei entscheiden, sind Überlegungen über das moralische Recht erforderlich, ob die Nebenwirkungen »in Kauf zu nehmen« sind.

(6) Als letzten Aspekt nennt H. Steinmann das Verhältnis der durch die Unternehmensethik begründeten Selbstverpflichtung zu der Verpflichtung aller Staatsbürger durch die Gesetze.
Gerade für die republikanische Ethik ist dieses Verhältnis entscheidend, weil – nach dem republikanischen Ideal – die Gesetze nur durch freie Zustimmung aller (vernünftigen) Bürger zustande kommen.
Wegen der Trägheit von Gesetzgebung und Justiz (die den Vorteil der Rechtssicherheit bietet) muß von den Bürgern »im Geiste des Gesetzes« gehandelt werden – und das kann vom Buchstaben des Gesetzes abweichen. Der Normalfall wird die Gesetzestreue sein, und überall da, wo die Unternehmensentscheidungen legal freigestellt sind, liefert die Unternehmensethik eine Ergänzung durch die Selbstverpflichtung auf den – diskursiv/dialogisch interpretierten – kategorischen Imperativ.
Dies gilt nur für Republiken. Wenn die Gesetze durch bloße Machtpolitik zustande kommen, gibt es keine moralische Pflicht zur Gesetzestreue. Aber auch in einem Staat, der seiner Verfassung nach eine Republik ist, kann – da Ideale nie erreicht werden – ein Gesetz im Einzelfall als ungerecht beurteilt werden. Hierfür ist allerdings sehr schwer zu argumentieren, weil man kontrafaktisch einen freien Konsens für ein anderes Gesetz behaupten muß. Das führt zur »civil disobedience« von H. Thoreau, also zur staatsbürgerlichen Gesetzesverweigerung (die Übersetzung »ziviler Ungehorsam« ist irreführend), wobei die Strafe für den Rechtsbruch auf sich genommen wird, um dadurch einen Dialog in Gang zu bringen, der zur Gesetzesänderung führt. Diese Gesetzesverweigerung hat den republikanischen Prozeß der Gesetzgebung durch allgemeinen, freien Konsens als Voraussetzung. Daher: die Gesetzesverweigerung in Republiken – um der Gerechtigkeit willen – ist ganz etwas anderes als Widerstand gegen eine Tyrannei. Das Ziel des Widerstandes ist, allererst eine Republik herzustellen. Das erfordert strategische Klugheit, kein öffentliches moralisches Bekenntnis.

H. Steinmann faßt diese Aspekte wie folgt zusammen: »Unternehmensethik umfaßt alle durch dialogische Verständigung mit den Betroffenen begründeten bzw. begründbaren materialen und prozessualen Normen, die von einem Unternehmen zum Zweck der Selbstbindung verbindlich in Kraft gesetzt werden, um die konfliktrelevanten Auswirkungen des Gewinnprinzips bei der Steuerung der konkreten Unternehmensaktivitäten zu begrenzen« (1988, S. 310).

Das Ziel dieses Beitrages ist es, dem Leser diese Definition von »Unternehmensethik« im ethisch-politischen Kontext unserer Gegenwart schrittweise nachvollziehbar zu machen – sodaß er die so definierte Unternehmensethik zu seiner Sache macht. Tua res agitur, verehrte Leserin, verehrter Leser.

XII. Die Unternehmensethik im Studium der BWL

Von dem an den Universitäten institutionalisierten Unterricht hängt es ab, welches Wissen und welche ethisch-politische Haltung die zukünftigen Führungskräfte der Unternehmen haben werden.

Wenn dem üblichen BWL-Studium Vorlesungen und Seminare über Unternehmensethik nur angehängt werden, so wird das vergebliche Liebesmühe sein. Denn das BWL-Studium (ich folge dem neuesten Vorlesungsverzeichnis einer WiSo-Fakultät) ist ja in eine Überfülle von Lehrangeboten eingebettet, in denen entweder gar nichts über Ethik gesagt wird – oder explizit empirische »wertfreie« Wissenschaft als alleinseligmachende Wissenschaft vorgetragen wird. Dort gilt Ethik als unwissenschaftlich.

Wer intelligent studiert, wird nicht nur BWL-Vorlesungen hören, sondern etwa analytische Wissenschaftstheorie oder in der VWL makro- und mikroökonomische Theorie, Ökonometrie und multivariate Methoden der Statistik. In der BWL selbst gibt es z.B. Finanzmathematik, Bilanzlehre, empirische Forschung im Marketing, Bankstrukturlehre, Systemrationalisierung, computergestützte Planungssysteme – und viel Operations Research.

So wichtig das alles ist – das Wort »Ethik« kommt nicht vor. Dafür aber gelegentlich »Politik« als Machtpolitik. Das gilt auch für die Nachbarfächer: Soziologie, Sozialanthropologie, Sozialpsychologie und für das Gebiet sozialwissenschaftliche Methoden und empirische Sozialforschung. Wagt sich die Studentin/der Student zur Jurisprudenz (Handelsrecht, Arbeitsrecht, Steuerrecht) oder zur Politologie (Hobbes, Vergleichende Politikwissenschaft) – auch das wird die ethisch-politische Haltung nicht fördern.

Ohne Faktenwissen und ohne Sachverstand erzieht man nur Gesinnungsschwätzer – das läßt sich zur Rechtfertigung der fachwissenschaftlichen Spezialisierung sagen. Aber die Alternative lautet nicht: »Empirisches, sozialtechnisches Wissen oder Geschwätz«, sondern es geht um: pluralistische Wissenschaftsfreiheit oder Wissenschaft für die technisch-ökonomischen und ethisch-politischen Nöte unserer Zeit.

Eine Wissenschaftsreform, die die pluralistische Wissenschaftsfreiheit überwindet, kann sich – günstigenfalls – in zwei, drei Generationen durchsetzen. Erst dann könnten genügend Professoren vorhanden sein, um jedem Fachstudium Logik und rationale Grammatik vorauszuschicken, so daß alle Fachwissenschaften selber kritisch mit ihren Fachsprachen umgehen könnten.

Erst dann könnten die Fachwissenschaften ihre Prinzipien (die ersten Begriffe und Definitionen, Sachverhalte und Normen) selber so vortragen, daß sie sich in die gemeinsame Aufgabe einordnen, das Wissen zu lehren, das wir nötig haben, um in Frieden – ohne Tyrannei und ohne Armut – leben zu können.

Eilert Herms

Der religiöse Sinn der Moral. Unzeitgemäße Betrachtungen zu den Grundlagen einer Ethik der Unternehmensführung

Der Ausdruck »Ethik der Unternehmensführung« ist mehrdeutig. Er bezeichnet zumindest zwei Sachen gleichzeitig, die um der Klarheit willen unterschieden werden müssen; nämlich erstens: die sogenannten »ethischen« oder »moralischen« Grundsätze, die *in der Praxis der Unternehmensführung* befolgt werden (von den dafür zuständigen Personen bzw. Gremien); und zweitens: das *Nachdenken über* und das *Formulieren einer Theorie über* diese Praxis und ihre ethischen bzw. moralischen Grundsätze.

Natürlich hängt dies beides unlösbar zusammen. Eins setzt das andere voraus. Nur wer sich Zeit und Gelegenheit nimmt, über die von ihm zu verantwortende Führungspraxis nachzudenken und hierüber das Gespräch mit anderen zu pflegen, ist überhaupt zu einer Führungspraxis mit eigenverantworteten ethischen bzw. moralischen Grundsätzen imstande. Und umgekehrt: Nur wer die in der Praxis der Unternehmensführung selber auftauchende Problematik ihrer ethischen bzw. moralischen Grundsätze kennt bzw. zur Kennntnis nimmt, ist imstande, über diese Praxis und das Problem ihrer ethischen bzw. moralischen Grundsätze sachbezogen nachzudenken, zu urteilen und vielleicht schließlich eine zusammenhängende Theorie aufzustellen.

Aber gerade weil es sich hier um einen Zusammenhang von zwei notwendig zusammengehörigen, jedoch in sich selbst verschiedenen Tätigkeiten handelt, empfiehlt es sich, zwischen beiden sprachlich (= »terminologisch«) zu unterscheiden. Ich schlage deshalb folgende Verabredung für den Sprachgebrauch (= »definitorische Verabredung«) vor (und werde mich selbst auf den folgenden Seiten an sie halten): Den gesamten Bereich der Praxis einer Führungstätigkeit nach ethischen bzw. moralischen Grundsätzen bezeichne ich mit den Ausdrükken »*Ethos* der Unternehmensführung« bzw. »*Moral* der Unternehmensführung«.[1] Hingegen soll das auf diese Praxis und ihr Ethos bzw. ihre Moral gerichtete Nachdenken *darüber*, sowie die Resultate dieser Besinnung – eben die Aussagen einer Theorie über das Ethos der unternehmerischen Praxis – mit dem Ausdruck »Ethik der Unternehmensführung« bezeichnet werden.[2]

Der Nutzen dieser – vielleicht zunächst umständlich erscheinenden – definitorischen Verabredung stellt sich sofort ein. Wir können jetzt genau sagen, was *der Gegenstand* einer Ethik der Unternehmensführung ist und *wovon* sie daher redet: eben von der Praxis der Unternehmensführung (oder: vom unternehmerischen Handeln) und dem Ethos bzw. der Moral, die es prägen (oder: steuern).

Die genaue Erfassung des Gegenstandes einer Theorie ist deshalb wichtig, weil es immer der Gegenstand – die Wirklichkeit – ist, der der theoretischen Besinnung die Tagesordnung diktiert. Ob die theoretische Besinnung gelungen ist oder nicht, entscheidet sich immer daran, ob alle Züge des Gegenstandes, die als wesentlich und nicht bloß zufällig[3] anzusehen sind, in der Theorie erfaßt sind; und zwar »richtig«, d.h. so, wie sie in der Wirklichkeit, am Gegenstand selber vorkommen und funktionieren. Nur diese richtige Erfassung ihres Gegenstandes sichert Theorien ihre »Wahrheit«; d.h. praktisch: ihre Zuverlässigkeit;

und damit zugleich ihre Praxisrelevanz. Das gilt auch für die Ethik der Unternehmensführung als Theorie über das Ethos der unternehmerischen Praxis. Auch sie ist erst vollständig, wahr, zuverlässig und praktisch brauchbar, wenn sie ihren Gegenstand vollständig und richtig erfaßt hat.[4]

Dieses Ziel ist nicht mit einem Schlage zu erreichen. Es gibt aber die Richtung an, in der sich alle einzelnen Schritte zu bewegen haben. Und vor allem: Es erlaubt zwischen ersten und zweiten, grundlegenden und folgenden Schritten zu unterscheiden. Im vorliegenden Fall heißt das: Am Gegenstand einer Ethik der Unternehmensführung selber – also am unternehmerischen Handeln und seinem Ethos (seiner Moral) – zeichnen sich diejenigen Sachverhalte ab, die in dem schlichten Sinne »grundlegend« sind, daß sie *vor allen Details* erfaßt werden müssen.

Auf einige derartige Sachverhalte möchte ich hier Ihre Aufmerksamkeit lenken. Die ersten vier ergeben sich alle aus der offenkundigen Tatsache, daß unternehmerisches Handeln ein Spezialfall von menschlichem Handeln überhaupt ist; und daß deshalb alle Züge, die für menschliches Handeln überhaupt wesentlich sind, auch an ihm anzutreffen sind.

Ich werde besprechen: einige Wesenszüge von »Handeln« überhaupt, die Tatsache, daß alles Handeln in sich selbst einen moralischen Charakter hat (daß es kein Handeln ohne Ethos, bzw. Moral, gibt); die Arten von Vorzüglichkeitskriterien, an denen sich alles rationale (ethische) Handeln orientiert; die Tatsache, daß diese Rationalität des Handelns ein religiös-weltanschauliches Fundament hat; daß Unsicherheiten im öffentlichen Umgang mit diesem religiösweltanschaulichen Fundament allen Handelns das Ethos gerade des öffentlichen (beruflichen) Handelns zerstören; und schließlich, welche Konsequenzen sich aus all dem für eine Ethik der Unternehmensführung ergeben.[5]

I. Handeln

1. Die Form von Handlungen

Unternehmerisches Handeln ist ein Sonderfall menschlichen Handelns überhaupt. Deshalb ist auch die Ethik des unternehmerischen Handelns nur eine besondere Sparte von Ethik überhaupt; also derjenigen theoretischen Bemühung, die das menschliche Handeln und sein Ethos (seine Moral) zum Gegenstand hat. Bevor sich die Ethik den speziellen Ausgestaltungen menschlichen Handelns zuwenden kann, muß sie sich Klarheit über diejenigen Züge verschafft haben, die an ihrem Gegenstand in allen seinen möglichen Spielarten anzutreffen sind. Welche sind das?

Für Handeln wesentlich sind alle und nur diejenigen Züge, welche dieses, »Handeln« genannte Geschehen grundlegend von jenem ganz anderen Geschehen unterscheiden, welches wir umgangssprachlich das »Naturgeschehen« nennen und das als solches der Gegenstand einer theoretischen Bemühung ist, die seit alters »Physik« heißt (samt allen ihren Spezialbranchen). Während sich die Physik in allen ihren Spezialgebieten auf das »Naturgeschehen« und seine wesentlichen Züge richtet, richtet sich die Ethik in allen ihren Spezialgebieten auf »Handeln«.

Sollte es zwischen »Naturgeschehen« und »Handeln« keine wesentlichen Unterschiede geben, dann gibt es natürlich auch keine grundlegenden Unterschiede zwischen »Physik« und »Ethik«. Das eine könnte dann höchstens als Spezialfall des anderen gedacht werden (entweder die Ethik als Spezialfall der Physik oder die Physik als Spezialfall der Ethik). *Ob* es derartige Unterschiede gibt, ist in der Neuzeit zu einem Streit der Gelehrten geworden.[6] Auf diesen Streit können wir uns hier nicht einlassen. Denn wie immer er entschieden wird, ist doch für die Alltagspraxis der Menschen das Rechnen mit wesentlichen Unterschieden von »Handeln« gegenüber dem »Naturgeschehen« grundlegend. Die Unterschiede, auf die es dabei ankommt, lassen sich durch einen Vergleich erheben:

In *beiden* Fällen haben wir es mit *Prozessen* zu tun; mit einem kontinuierlichen Übergang gegebener Zustände bzw. Situationen[7] in veränderte neue. In beiden Fällen gilt: daß die neue Situation aus der Perspektive der alten (wir können auch sagen: »in« ihr) *möglich*, aber eben noch nicht *wirklich* ist. Der Unterschied besteht darin, daß in jeder gegebenen Situation eine *Vielzahl* von Folgezuständen möglich ist, aus denen aber nur *einer* wirklich wird. Insofern muß man offensichtlich sagen, daß der für alle Arten von Prozessen wesentliche Übergang von einem gegebenen in einen veränderten Zustand den Charakter einer Auswahl (= »Selektion«) hat, die aus einer Vielzahl möglicher Folgezustände einen verwirklicht. Das gilt offensichtlich sowohl von Prozessen, die wir als Naturgeschehen auffassen, als auch von solchen, die wir als Handlungen auffassen.[8]

Und von *beiden* Prozessen gilt auch, daß wir diesen Übergang (diese verwirklichende Auswahl *einer* Zukunft aus den vielen möglichen) nicht für schlechthin unvorhersehbar, sondern in *irgendeiner* Weise für im voraus abschätzbar halten. Das ist in *beiden* Fällen offenbar nur richtig (führt nicht permanent zu Enttäuschungen), weil *tatsächlich* in *beiden* Fällen der Übergang (also das »Geschehen«) Regeln folgt, die zuverlässig erkannt werden können.

Freilich, eben hier sitzt nun auch der alltagspraktisch wichtige *Grundunterschied* zwischen den Prozessen des Naturgeschehens und denjenigen des Handelns: Die Übergänge des Naturgeschehens fassen wir auf als geregelt durch Naturgesetze, die als solche von keinem Menschen geändert werden können und deshalb für unverbrüchlich wirksam[9] gehalten werden. Hingegen erfolgen die Übergänge, die Handlungscharakter tragen, nach Regeln des Handelns, die nur dort und dann gelten, wo und solange sie anerkannt und befolgt werden; die also einen *prinzipiell* geringeren Stabilitätsgrad als die Regeln des Naturgeschehens besitzen und deshalb auch nur *prinzipiell* unsicherere Prognosen erlauben; (woraus folgt, daß auch alles, was man in irgendeinem Sinne Sozialtechnik nennen könnte[10], einen prinzipiell anderen Charakter besitzt, als jede Technik, die sich auf Prozesse im Naturgeschehen richtet).

Warum trägt diese Differenz *prinzipiellen* Charakter? Weil sie ihren Grund in demjenigen Zug hat, der alle Prozesse mit Handlungscharakter wesentlich (also stets und immer, nicht nur gelegentlich) auszeichnet und sie von allen Prozessen des Naturgeschehens unterscheidet. Dieses Wesen von Handlungen, wie wir es praktisch stets in Rechnung stellen, läßt sich folgendermaßen beschreiben[11]:

Als *Handlungen* fassen wir nur diejenigen *Übergänge* aus einem gegebenen Zustand in einen folgenden auf, *die wir für verursacht halten durch eine selbstbewußt-freie Verhaltenswahl derjenigen Individuen, deren Situation (Zustand) sich durch diese Selektion verändert.* – Für Handeln sind also drei Merkmale wesentlich:

(1) Handeln ist – wie alles Geschehen, also auch das Naturgeschehen – die *verwirklichende* Auswahl einer aus der Vielzahl möglicher Situationen, die von einer gegebenen aus erreicht werden können.

(2) Handeln ist – im Unterschied zu allem Naturgeschehen – eine verändernde Wahl, die nicht nur den Zustand von Individuen betrifft (verändert), jedoch lediglich *für* sie von irgendeiner (bekannten oder unbekannten) Instanz außerhalb ihrer getroffen wird, sondern eine Wahl, die auch am Orte und *durch* diejenigen Individuen getroffen wird, deren Situation sich durch diese Wahl verändert; also deren *eigene* Wahl.

(3) Diese Wahl wird von den handelnden Einzelnen *nicht blind* getroffen, sondern angesichts und aus demjenigen Inbegriff von möglichen Verhaltensweisen (damit deren regelmäßig zu erwartenden Folgen), der ihnen jeweils bewußt als Inbegriff der Möglichkeiten vorschwebt – zwischen denen sie ihre eigene – auf niemanden abzuschiebende – Wahl treffen müssen.[12]

Soviel zum Charakter desjenigen – Möglichkeiten verwirklichenden – Wählens, welches wir alltäglich als *Handeln* vom Naturgeschehen unterscheiden. Wir stellen ihn überall dort in Rechnung, wo wir damit Ernst machen, daß Handeln den Charakter einer »Entscheidung« hat, von der gilt: erstens, daß wir als einzelne und niemand sonst sie treffen (weswegen wir auch als einzelne für sie verantwortlich sind und für sie verantwortlich gemacht werden); zweitens, daß sie stets den Charakter der Wahl zwischen verschiedenen Möglichkeiten hat, die uns als durch uns wähl*bare*, bewußt sind; und drittens, daß sie eine verwirklichende Auswahl ist, und das heißt: eine unerbittlich folgeträchtige Auswahl, nicht rückgängig zu machen und nicht von den Folgen zu befreien, die sie innerhalb des Gesamtgeschehens (nach den Regeln, die in diesem herrschen) haben wird.[13]

Nachdem wir uns so die *Form* von Handeln als selbstbewußt-freier Wahl klar gemacht haben, noch kurz einige Überlegungen zu den wesentlichen *Gegenständen* dieses Wählens und zu seinen *Möglichkeitsbedingungen.*

2. Die Gegenstände des Handelns

Grundsätzlich gilt – wie gesagt –: *Gegenstand* unserer handelnden Wahl sind die Elemente eines Inbegriffs von möglichen Zuständen unserer selbst, die uns als durch uns selbst wählbare (realisierbare) bewußt sind (vorschweben). Aber dieser Inbegriff umfaßt drei verschiedene Arten von Elementen. Unvermeidlicherweise richtet sich unser handelndes Wählen auf jede von ihnen; es *kann* nicht auf eine Art beschränkt werden.[14] Diese verschiedenen Arten von Gegenständen unserer Wahl bespreche ich jetzt in der Reihenfolge ihrer Auffälligkeit.

(1) Zunächst ist schlechterdings unübersehbar, daß unser Handeln sich als die Entscheidung zwischen verschiedenen möglichen *Wegen* zu feststehenden Zielen vollzieht. Der Weg zu einem Ziel ist die *Technik*[15] seiner Realisierung. – Offenkundig nehmen in unserem Alltagshandeln die Entscheidungen über solche technischen Alternativen den meisten Platz ein. Warum ist das so? Weil sich der empirische Zustand unserer Handlungssituation schneller ändert als unsere Ziele. Folge: Für ein einmal gewähltes Ziel sind eine große Zahl von technischen Entscheidungen erforderlich, die nicht nur die einmalige Wahl eines Weges, sondern die fortlaufende Korrektur des gewählten Weges sicherstellen. Das mengenmäßige Übergewicht der technischen Entscheidungen ist sogar so groß, daß der Eindruck entstehen kann, unser Handeln bestünde nur in ihnen. Aber so ist es nicht.

(2) Vielmehr: Gegenstand unserer eigenen Wahl sind auch die *Ziele* selber. Das fällt nicht so ins Auge, weil die Herausforderungen zur Wahl von Zielen in unserem Alltag seltener sind. Zum Glück. Denn Zielentscheidungen sind schwieriger und anstrengender als die Entscheidung technischer Alternativen. Aus verschiedenen Gründen. Zunächst deshalb, weil in diesen Fällen die Routine und Virtuosität unseres technischen Handelns und Entscheidens nicht angewendet werden kann. Es ist daher verständlich, daß der Mensch sich von der Anstrengung der verantwortlichen Zielwahl auf verschiedenen Wegen zu entlasten versucht.

Erster Entlastungsversuch: Zielwahlen werden als Spielart von technischen Entscheidungen behandelt, Ziele also selbst als Mittel gedacht. Aber das klappt nur, soweit höhere Ziele feststehen, auf die hin untergeordnete Ziele als Wegstationen in Betracht kommen. Generell gilt hier: Nur solche Ziele können wiederum als Mittel gedacht werden, die nicht um ihrer selbst, d.h. um des in ihnen selbst liegenden Befriedigungswertes willen, angestrebt werden. Und: Sie können nur als Mittel behandelt werden, unter der Bedingung, daß solche höheren Ziele mit eigenem Befriedigungswert gegeben sind. Aber auch diese Ziele müssen wiederum gewählt werden. Die damit wiederkehrende Unbequemlichkeit entfällt nur, wenn auch sie schon als gegeben betrachtet werden können.

Hier setzt der *zweite Entlastungsversuch* ein: Ziele – und zwar genau die um ihrer selbst willen, wegen des in ihnen selbst liegenden Befriedigungswertes gesuchten – werden als durch Traditionen, das gesellschaftliche Herkommen bzw. die »Lebensform« gegeben behandelt. Die Erfahrung zeigt aber: Solche Traditionen haben *nie* einen anderen Wert als den von *Vorschlägen*, zu denen jeder selbst Stellung zu nehmen hat. Besonders in einer pluralistischen Situation, die durch die Konkurrenz unterschiedlicher Vorschläge von in sich selbst befriedigenden Zielen gekennzeichnet ist. Hier gilt: Die Zielvorgaben von Traditionen und Lebensformen tragen nur, wenn sie übernommen werden; und zwar durch eine persönliche Entscheidung der betroffenen einzelnen.

So bleibt es dabei: Gegenstand unseres Wählens sind nicht nur Wege zu Zielen und Ziele als Wegstationen zu weiteren Zielen, sondern auch diejenigen Ziele, die nicht wiederum als Mittel in Betracht kommen, sondern Ziele im eigentlichen Sinne des Wortes sind (in sich selbst befriedigend und das Streben beendend).

(3) Aber nicht nur *Wege* und *Ziele* müssen von uns handelnd gewählt werden; wir können auch *Regeln* für dieses unser Wählen von Wegen und Zielen wählen und dadurch unser Handeln routinisieren. Solche Regeln können entweder von universaler – situationsinvarianter – Reichweite sein oder auf eine bestimmte Klasse von Situationen eingeschränkt. Ein Beispiel für den ersten Fall wäre etwa die folgende Regel für das Wählen von Wegen zu gegebenen Zielen: »Wähle stets denjenigen Weg, der vergleichsweise am sichersten, schnellsten und frei von Nebenwirkungen zum Ziel führt«. Ein Beispiel für den zweiten Fall: »Wähle beim Fahren auf öffentlichen Wegen stets die rechte Seite«.

Das letzte Beispiel macht deutlich, daß es uns nicht einfach freigestellt ist, ob wir Regeln für unsere Verhaltenswahl wählen oder nicht. Vielmehr ist diese wählende Stellungnahme zu Regeln unserer Verhaltenswahl eine notwendige Bedingung für das Zustandekommen von Kooperation. Die dafür erforderliche Verhaltenskoordination ist eben nur möglich aufgrund und vermittelst von Regeln des Handelns, die wechselseitig bekannt und befolgt werden.

Man muß diese Aussagen sogar noch verschärfen: Für den Menschen als leibhafte, individuelle Person ist es wesentlich (er kann gar nicht anders als), in Interaktionssituationen zu existieren. Sein Handeln ist nicht nur *möglicherweise* wählend auf Regeln des Handelns bezogen, sondern als *Interaktion* ist es *tatsächlich* immer ein wählender Umgang mit intersubjektiv bekannten und befolgten Regeln der Verhaltenswahl. Sofern jede Handlung ihren Ort in einer Interaktionsordnung hat, schließt auch jede Handlung eine Entscheidung – eine Anerkennung oder Mißachtung – gegenüber sozialen Regeln des Handelns ein. Daher gilt – was erstmals in dieser Deutlichkeit F.D.E. Schleiermacher erkannt und ausgesprochen hat –: Der stets gegenwärtige und allbefassende Gegenstand (oder: das faktische Resultat) des menschlichen Wählens sind soziale Gebilde.[16]

Aber obwohl der Mensch als soziales Wesen nicht aus der handelnden (wählenden, bestätigenden, verändernden) Beziehung zu Regeln des Handelns heraus kann, gilt doch keine einzige derartige Regel für ihn mit Notwendigkeit. Zwar sind alle sozialen Regeln in der Tat Regeln *für* unser Handeln; und zwar Regeln, die auf Dauer angelegt sind und deshalb auch Traditionsbemühungen auf sich ziehen. Aber: Sie sind gleichzeitig auch nur Regeln *durch* Handeln;

durch Handeln in Geltung zu halten und durch Handeln veränder-, ja abschaffbar.

Soviel zur Form und zu den Gegenstandsarten des Handelns. Abschließend ein Hinweis auf seine *Möglichkeitsbedingungen.*

3. Die Möglichkeitsbedingungen von Handeln

Handeln – in der beschriebenen Form als selbstbewußt-freie Wahl von folgeträchtigem Verhalten – ist nur möglich unter der Bedingung, daß überhaupt *handlungsfähige* Individuen, also Personen existieren. In einem Universum, in dem keine Personen existieren, kommen auch keine Handlungen vor.

Worin besteht die Handlungsfähigkeit, durch die Personen im Unterschied zu anderen Individuen ausgezeichnet sind? Nach dem vorher Gesagten muß die Antwort lauten: In ihrer *selbstbewußten Freiheit.*

Frei sind diese Individuen, sofern die realisierende Auswahl zwischen bestimmten möglichen Alternativen zu ihrem gegebenen Zustand *durch sie selber* getroffen wird.

Und um eine nicht blinde, sondern *ihrer selbst bewußte* Freiheit handelt es sich dabei, sofern diese Individuen dieser ihrer Freiheit selbst inne sind. Sie sind mit einem bestimmten Wissen ausgestattet; mit einem Wissen, das sich *inhaltlich* auf ihre eigene Existenz und deren mögliche Alternativzustände erstreckt (1.) und sich *formal* um einen Kern von zweifelsfreien Gewißheiten (2.) aufbaut.

(1) Nicht blind ist die Freiheit von Personen, weil sie um ihre eigene Existenz, inklusive der für diese wesentlichen Freiheit wissen. Das heißt erstens: Sie sind ihrer selbst inne *als* frei: Sie sind dessen inne, *daß* durch sie selber, und niemanden sonst, die verwirklichende Auswahl zwischen bestimmten Alternativzuständen zu ihrer gegebenen Situation getroffen werden kann und muß. Ihnen ist aber zweitens zugleich auch bewußt, *welches* diejenigen möglichen Alternativen zu ihrem gegebenen Zustand sind, zwischen denen sie zu wählen haben (und welche anderen möglichen Alternativen zum gegebenen Zustand ihrer eigenen Wahl entzogen sind, also nicht durch, sondern bloß für sie entschieden werden bzw. schon entschieden sind).[17]

Dabei gilt nun offenkundig: Individuen, die *überhaupt nicht* des Faktums ihrer Freiheit inne sind und keiner Alternativen, zwischen denen sie selber wählen können und müssen, kommen nicht als handlungsfähige Wesen in Betracht. Freilich, die *Menge* der bewußten Alternativen, also der Umfang des Handlungsspielraums, kann schwanken, und schwankt tatsächlich in Abhängigkeit vom Ausmaß der bewußten Erfassung des tatsächlich gegebenen Spielraums. Er ist für das Kind kleiner als für den Erwachsenen, für die Alten kleiner als für die Menschen des 20. Jahrhunderts.

(2) Weil das Wissen der Menschen um ihre Wahlmöglichkeiten im Wachsen

begriffen ist, zählen zu ihm auch stets begründete Vermutungen, die noch nicht den Charakter von Gewißheiten haben.

Die Unterscheidung zwischen beidem – Vermutung und Gewißheit – ist für das Handeln wichtig. Denn *tatsächlich gehandelt* wird nur auf dem Boden von *Gewißheit*. Nur wo eine Person in der Gewißheit lebt, daß sie selber und niemand sonst handeln muß, nimmt sie selber die Mühe der auswählenden Entscheidung auf sich. Und nur aufgrund desjenigen Wissens, das ihr selber zur Gewißheit geworden ist, trifft sie ihre tatsächliche Entscheidung. Für den Sprung vom Brett entscheidet sich nur, wem bestimmte Tatsachen und physische Wirkungszusammenhänge gewiß sind; und für eine riskante Investition entscheidet sich nur, wer gewiß ist, entweder, daß auch ein ungünstiger Ausgang nicht die Existenz des Unternehmens bedroht, oder, daß auch jede andere Maßnahme das Unternehmen nicht sicherer erhalten könnte.[18]

Soweit der kurze Umriß von Form, Inhalt und Möglichkeitsbedingungen desjenigen Geschehens, das der Gegenstand aller Ethik ist: des Handelns.

II. Die Einheit des »ethischen« (»moralischen«) und »rationalen« Charakters von Handlungen

Als selbstbewußt-freie Wahl von wählbaren Zielen, Wegen und Handlungsregeln ist Handeln niemals blind. Aber es kann *unbegründet* sein. Das ist es, wenn die Wahl *einer* Instanz aus der *Vielzahl* der als wählbar vorschwebenden willkürlich erfolgt, d.h. ohne begründet zu sein in der *Vorzüglichkeit* der gewählten Instanz gegenüber den nicht gewählten. Nicht willkürlich, sondern *begründet* ist die Wahl demgegenüber, wenn sie ihren Grund in der erkannten Vorzüglichkeit des Gewählten hat. Erkennbar ist nun aber die Vorzüglichkeit einer – oder einiger – aus der Vielzahl der wählbaren Instanzen nur anhand von einschlägigen Kriterien, also *Vorzüglichkeits- oder Präferenzkriterien*. Erst eine in dieser Weise begründete, an Vorzüglichkeitskriterien orientierte Entscheidung (Auswahl) nennen wir eine *rationale* Handlung.

Nun wechseln die Präferenzmaßstäbe und Vorzüglichkeitskriterien nicht von einer Handlung zu anderen, sondern bleiben in einem mehr oder weniger großen Handlungszusammenhang dieselben (stabil). Insofern sind diese relativ stabilen Präferenzskalen und Vorzüglichkeitskriterien, die einen Handlungszusammenhang beherrschen, nichts anderes als das ihn prägende »Ethos« oder die in ihm herrschende »Moral«. Wenn Handeln so durch ein »Ethos« bzw. eine »Moral« geprägt ist, bezeichnet man es als »ethisches« oder »moralisches Handeln«. Gemeint ist damit also nichts anderes als seine bewußte innere Orientierung an klar umrissenen Präferenz- bzw. Vorzüglichkeitskriterien.

Dabei kommt es zunächst nicht auf den Inhalt der jeweils maßgeblichen Vorzüglichkeitskriterien an, sondern nur darauf, *daß* Handeln sich an derartigen Kriterien orientiert, wie immer diese bestimmt sind. Ob Handeln einen »ethischen« oder »moralischen« Charakter hat, entscheidet sich zunächst nicht daran, *an welchen* Vorzüglichkeitskriterien es sich orientiert. Der Begriff des »ethischen« bzw. »moralischen Handelns« meint also nur eine formale Qualität von Handlungen. In dieser Fassung ermöglicht er es uns, in einer Situation, in der inhaltlich verschieden bestimmte Vorzüglichkeitskriterien miteinander konkurrieren, nicht nur diejenigen Handlungen als »ethische« bzw. »moralische« anzuerkennen, die einem bestimmten (etwa unserem persönlichen) Präferenzmaßstab folgen, sondern alle, die sich überhaupt an solchen Kriterien orientieren.

Freilich hat diese formale Fassung des Begriffs einer »ethischen« bzw. »moralischen Handlung« noch eine weitere Konsequenz: Er *fällt* offenkundig der Sache nach *zusammen mit dem Begriff des »rationalen Handelns«*. Denn dieser Begriff meint die Nichtwillkürlichkeit und Begründetheit der Wahl einer aus mehreren Möglichkeiten in deren Vorzüglichkeit, gemessen an einem jeweils maßgeblichen Vorzüglichkeitskriterium. Eben dieses Maßnehmen an einem Vorzüglichkeitskriterium macht aber den ethischen oder moralischen Charakter einer Handlung aus. Also ist jedes rationale Handeln kraft der für es wesentlichen Orientierung an Kriterien der Vorzüglichkeit von wählbaren Zielen, Wegen oder Handlungsregeln auch ipso facto ethisches bzw. moralisches Handeln. Der moralische oder ethische Charakter kommt zum rationalen Charakter einer Handlung nicht sekundär hinzu, sondern steckt in ihm selber. Nur wenn sie sich an Vorzüglichkeitskriterien orientiert, ist sie rational; dann ist sie aber ipso facto auch schon ethisch und moralisch.[19]

Noch deutlicher: die typische Frage der Ethik nach dem Vorzüglichkeitskriterium, an dem sich ein Handeln orientiert, tritt nicht zusätzlich zur Frage nach seiner Rationalität auf, sondern fällt mir ihr zusammen. Indem die Ethik nach den Vorzüglichkeitskriterien fragt, an denen sich ein Handeln orientiert, fragt sie nach dessen Rationalität. Um *deren* Überprüfung geht es in der Ethik. Ethik ist nicht »Lyrik«, sondern: Rationalitätsprüfung an Handlungen.

III. Vorzüglichkeitskriterien

Was das heißt wird freilich erst klar, wenn wir uns daran erinnern, daß sich unser handelndes Wählen auf verschiedene Arten von Gegenständen beziehen muß: Regeln, Ziele und Wege des Handelns (vgl. oben 1.2.). Man kann leicht einsehen, daß jede dieser Gegenstandsarten auch ein ihr entsprechendes Vorzüglichkeitskriterium verlangt. M.a.W.: Die Rationalität unseres Handelns hängt wesentlich davon ab, daß sie sich an formal geeigneten Vorzüglichkeitskriterien für *alle* Gegenstandsarten, auf die sich seine Wahl richtet, orientiert und nicht nur an Kriterien, die bloß für *eine* Art passen.

1. Kriterien sozialer und individueller Vorzüglichkeit

Beginnen wir mit dem vorhin an letzter Stelle genannten Fall: Unsere handelnde Wahl erstreckt sich auf intersubjektiv gültige Regeln des Handelns. Damit erstreckt sie sich auf einen Sachverhalt, der nicht nur den Zustand unserer persönlichen Situation betrifft, sondern gleichzeitig immer auch die Situation anderer; sie betrifft die *soziale* Wirklichkeit.

Soziale Zustände bieten aber der Beurteilung immer zwei verschiedene Aspekte dar: einerseits ihre Bedeutung für die Gesamtheit, andererseits ihre Bedeutung für einzelne Personen (z.B. uns selber). Beides fällt in den meisten Fällen nicht zusammen. Daher muß auch über die Vorzüglichkeit von Handlungsregeln (d.h. letztlich immer: Interaktionsregeln) und die durch sie bestimmten sozialen Zustände immer unter diesen beiden verschiedenen Gesichtspunkten geurteilt werden.

Dazu sind zwei verschiedene Kriterien der Vorzüglichkeit erforderlich: Kriterien der sozialen Vorzüglichkeit und Kriterien der persönlichen Vorzüglichkeit. Die Orientierung an den ersten führt zur Wahl des für die Gemeinschaft Vorzüglichen und ist insofern Ausdruck eines *sozialen Ethos*. Wird es zum Gegenstand einer Theorie, so müßte man diese die »Ethik des auf soziale Zustände und an sozialen Vorzüglichkeitskriterien orientierten Handelns« nennen; wofür sich die Abkürzung *»Sozialethik«* eingebürgert hat. Umgekehrt führt die Orientierung des Handelns an Kriterien der Vorzüglichkeit für die Einzelperson zur Wahl des für sie persönlich Vorzüglichen und ist insofern Ausdruck eines *individuellen Ethos*. Wenn dieses zum Gegenstand einer Theorie wird, müßte sie »Ethik des auf Zustände der Einzelperson gerichteten und an Kriterien des persönlich Vorzüglichen orientierten Handelns« genannt werden; wofür man kurz *»Individualethik«* sagt.

Es ist schwierig, aber auch wichtig, folgendes im Auge zu behalten: Das soziale Ethos und das individuelle Ethos können zwar im Handeln nie getrennt werden, sie kommen immer zugleich vor. Es gibt einfach kein Handeln, das nicht zugleich von irgendeinem sozialen *und* irgendeinem individuellen Ethos geprägt wäre. Darum kann – und muß, wo gründlich nachgedacht und geurteilt wird – auch jedes Handeln immer zugleich sowohl zum Gegenstand eines sozialethischen als auch eines individualethischen Urteils werden. Aber: obwohl beides in der Wirklichkeit nicht getrennt ist, ist es doch der Sache nach zu unterscheiden. Die Dramatik und Schwierigkeit des menschlichen Lebens besteht darin, daß es keine prästabilisierte Harmonie zwischen dem individuell und sozial Vorzüglichen gibt, sondern daß erst mühsam nach denjenigen Zuständen gesucht werden muß, die das Vorzügliche für die Gemeinschaft und das Vorzügliche für den einzelnen in einem wenigstens erträglichen »Kompromiß« vereinigen.[20]

Die klassischen Beispiele für das eben Skizzierte bieten zwei zentrale Entscheidungen, die von jedem Menschen in seinem Leben getroffen werden müssen: die Berufswahl und die Partnerwahl. Im ersten Fall muß ein sozial vorzüglicher Zustand mit einem persönlich vorzüglichen in Einklang gebracht werden. Wer z.B. ein Unternehmen gründet (oder in ein schon bestehendes eintritt) unterwirft sich damit ipso facto Kriterien des sozial Vorzüglichen (denn Unternehmen, die *überhaupt keine* sozialen Vorzüge bieten, *können* am Markt nicht existieren). Aber gleichzeitig muß diese berufliche Entscheidung auch – zumindest einigermaßen – den Kriterien der sich entscheidenden Person für das persönlich Vorzügliche standhalten. Andernfalls käme es nicht zu einem wenigstens erträglichen Kompromiß.[21] Im zweiten Fall – Partnerwahl – muß ein persönlich vorzüglicher Zustand mit einem sozial vorzüglichen in Einklang gebracht werden. Wer sich für einen bestimmten Partner entscheidet, unterwirft sich damit Kriterien des für ihn persönlich Vorzüglichen (ohne daß die Verbindung persönlich vorzüglich für beide Partner ist, kommt sie gar nicht zustande). Aber gleichzeitig muß die Verbindung (oder die Lösung der Verbindung) auch Kriterien des sozial Vorzüglichen standhalten (sie muß z.B. für die familiäre Gemeinschaft, aber auch für das größere gesellschaftliche Ganze mit Vorzügen verbunden sein). Andernfalls entsteht eine de facto unerträgliche Situation.[22]

Das Vorzüglichkeitsurteil über die Wahl irgendeiner Handlungsregel und der durch sie bestimmten sozialen Situation ist also erst »konkret« (= »vollständig«, alle einschlägigen Faktoren berücksichtigend), wenn es zu einem solchen Kompromiß zwischen sozialem und individuellen Ethos vorgestoßen ist. Aber es *kann* einen solchen überhaupt nur dann erreichen, wenn es zuvor in aller Klarheit das sozial und das persönlich Vorzügliche an einer solchen Regelung je für sich, in seiner Unterschiedenheit und Gegensätzlichkeit, ins Auge gefaßt hat.

Soviel zu dem Unterschied und Zusammenhang zwischen Kriterien der sozialen und der persönlichen Vorzüglichkeit. Jetzt zu dem Unterschied zwischen Kriterien für die Vorzüglichkeit von Wegen und Zielen.

2. Kriterien für die Vorzüglichkeit von Wegen und Zielen

Unstrittig ist das Kriterium für die *Vorzüglichkeit von Wegen.* Es liegt nämlich im Begriff des Weges, zu einem Ziel zu führen. Darum liegt das Kriterium für die Vorzüglichkeit von Wegen in ihrem Verhältnis zum Ziel. Vorzüglich ist jeweils der Weg, welcher ein fixiertes Ziel *zugleich:* sicher, ohne nutzlose Umwege und ohne nutzlose (vielleicht sogar schädliche) Nebenwirkungen erreicht. Kurz: das Kriterium der Vorzüglichkeit eines Weges ist seine *Effektivität.*

Unstrittig ist das Kriterium, weil es rein formal ist; gültig für jedes beliebige fixierte Ziel. Diese Unstrittigkeit des Kriteriums macht die hohe soziale Integrationskraft seiner Anwendung und Handhabung aus. Wenn irgendwo, dann scheint sich hier die allgemeine Vernünftigkeit des Menschen über alle sozialen Schranken hinweg zu zeigen. Man führe eine Situation mit nicht zur Diskussion stehendem Ziel herbei; dann wachsen alle Beteiligten über kurz oder lang zu einem – am Kriterium der Effektivität orientierten – befriedigend (u.U. begeistert) kooperierenden Team (oder einer »Crew«) zusammen. Freilich stößt die Lust einer solchen durch das Effektivitätskriterium gesteuerten Kooperation an drei Stellen auf Grenzen:

Erstens dort, wo die Effektivität selbst unerfreuliche Rollenverteilungen verlangt (Pyramidenbaumeister und Steinträger). Zweitens dort, wo die Schwierigkeiten bei der Anwendung des Effektivitätskriteriums selber spürbar werden; Schwierigkeiten die sich regelmäßig daraus ergeben, daß mehreren Parametern (wenigstens dreien: Zielsicherheit, Direktheit, Nebenwirkungsfreiheit) zugleich Rechnung getragen werden muß.[23] Und drittens dort, wo die Abhängigkeit von der Fixiertheit des Zieles spürbar wird; was spätestens dann der Fall ist, wenn diese Fixierung unsicher, das Ziel in Zweifel gezogen wird.

In Situationen der zuletzt genannten Art zeigt sich von selbst, daß die Rationalität des Handelns sich nicht in der Handhabung des Effektivitätskriteriums erschöpfen kann, weil diese vielmehr selbst von dem Fixiertsein eines Zieles abhängt. Als grundlegend für die Rationalität von Handeln erweist sich damit die Weise, wie die Zielwahl selber zustande gekommen ist. Wenn sie willkürlich zustandegekommen ist, ist das Handeln irrational (die Befolgung des Effektivitätskriteriums bei seiner Realisierung beseitigt diese Irrationalität keineswegs, sondern bringt sie nur auf Hochglanz). Rational ist es nur dann, wenn sich die Wahl des Zieles selbst an geeigneten Vorzüglichkeitskriterien orientierte.

Aber was kommt als derartiges *Kriterium für die Vorzüglichkeit eines Zieles* in Betracht? Es wäre vorteilhaft, wenn es uns auch hier (ebenso wie bei dem Kriterium der Vorzüglichkeit von Wegen) gelänge, zunächst einmal den rein *formalen* Charakter des Kriteriums der Vorzüglichkeit von wählbaren Zielen zu bestimmen, wie er für alle möglichen (denkbaren) verschiedenen inhaltlichen Bestimmungen dieses Kriteriums gilt, also nicht beschränkt ist auf eine oder einige von ihnen. Das ist tatsächlich möglich:

Zunächst gilt von diesem Kriterium *genau so* wie von dem Kriterium der Vorzüglichkeit von Wegen, daß es in einem *Verhältnis* zu einer orientierenden Instanz bestehen muß. Sonst wäre es gar nicht anwendbar. Die Anwendung besteht ja in nichts anderem als in der Feststellung, ob der Sachverhalt (etwa ein Weg), deren Vorzüglichkeit zu beurteilen ist, in genau demjenigen Verhältnis zu der orientierenden Instanz steht, das als vorzüglich anerkannt werden muß (im Beispiel: im Verhältnis der »Effektivität« bezogen auf ein gegebenes Ziel). Auch die Anwendung eines Vorzüglichkeitskriteriums kann nicht anders gedacht werden.

Daher gilt zweitens: Auch das Vorzüglichkeitskriterium für Ziele muß nicht nur überhaupt ein *Verhältnis* der zu beurteilenden Instanz zu einer normativen Instanz sein, sondern genau in ein – *irgendwie* – positives Verhältnis der (vage ausgedrückt:) »Entsprechung«.[24] Genaueres über die Art dieser Hinordnung der zu beurteilenden Instanz (hier: ein wählbares Ziel) auf die orientierende Instanz läßt sich erst sagen, wenn diese Instanz selber bestimmt ist.

Drittens wäre also zu klären, auf was für eine orientierende Instanz das Vorzüglichkeitskriterium für Handlungsziele Bezug nimmt. Dabei kommt es hier nicht auf die inhaltliche Bestimmung, sondern auf den formalen Charakter dieser Instanz an.

Hier besteht nun folgende Grundalternative: Entweder ist auch diese orientierende Instanz (genau so wie die Ziele, die als Orientierungsinstanz für Wege in Betracht kommen) *durch die Handelnden selber gewählt und gesetzt*; oder sie ist nicht durch sie gewählt, sondern *jedem ihrer Wahlakte (also jeder ihrer Handlungen) vorgegeben*. Wenn man das erste annimmt, stellt sich sofort die Frage, ob die Wahl und Setzung jener Orientierungsinstanz willkürlich oder begründet erfolgte?; und falls das zweite der Fall sein sollte: an welcher Instanz sich dann seine Wahl orientierte?; an einer vorgegebenen oder einer selbst gewählten? Im letzten Fall wiederholt sich die Frage nach der Orientierungsinstanz aufs neue, und so unendlich weiter. Eine Lösung gerät prinzipiell außer Sicht (unendlicher Regreß). Das aber heißt dasselbe wie: Die Instanz, an der sich unsere Zielwahl orientiert, ist *willkürlich*; und damit jede Zielentscheidung ebenso.

Dieses – der Selbsterfahrung der Handelnden nicht standhaltende[25] – Resultat läßt sich nur vermeiden, wenn man anerkennt, daß die Norminstanz, auf die sich das Vorzüglichkeitskriterium für Ziele bezieht, jedenfalls nicht durch irgendeinen Wahlakt des Handelnden gesetzt ist, sondern ihm – in einer alle Willkür ausschließenden Weise – *vorgegeben*.

Nun gibt es aber überhaupt nur einen einzigen Sachverhalt, der Personen (handelnden Individuen) in einer ihrer Willkür *völlig* entzogenen Weise vorgegeben ist: ihre eigene Existenz *als* Personen (= kraft selbstbewußter Freiheit handlungsfähige Individuen).[26] Wenn also die orientierende Instanz, auf die sich das Vorzüglichkeitskriterium für Ziele bezieht, allem menschlichen Handeln in einer der Willkür völlig entzogenen Weise vorgegeben sein soll, dann muß sie – das folgt logisch zwingend aus allem zuvor Gesagten – selber eingeschlossen sein in der Existenz des Menschen als Person (handlungsfähiges Individuum). Sie kann in nichts anderem bestehen als in demjenigen Letztziel, derjenigen »Bestimmung« des Menschen, die er nicht sich selbst gesetzt hat, sondern die ihm als Person durch seine Existenz als Person vorgesetzt, vorgegeben ist. Daß ihm diese Bestimmung mit seiner Existenz *vorgegeben* ist, heißt: Er *kann* sich dieses Ziel *nicht* durch sein Handeln (aktives Wählen) setzen; es *ist* ihm gesetzt, ob er will oder nicht. Aber gleichzeitig ist ihm dieses Ziel (diese Bestimmung) in seiner Existenz *als handelnder Person* vorgegeben; und das heißt: Er *muß* dieses –

nicht selbst gewählte – Ziel dennoch *durch sein eigenes Handeln* erreichen (oder – ebenfalls selbst handelnd – verfehlen).

Damit sind wir nun imstande das Kriterium der Vorzüglichkeit von wählbaren Zielen zu benennen, das eine nicht willkürliche sondern rationale (begründete) Wahl von Handlungszielen ermöglicht: Vorzüglich sind diejenigen Ziele, deren Realisierung der Erreichung derjenigen Bestimmung des Menschen dienlich ist, die dem Menschen bloß durch seine Existenz als Person als Letztziel all seines Handelns vorgegeben ist.

Diese Bestimmung des Vorzüglichkeitskriteriums für Ziele ist in einer gewissen Hinsicht völlig unoriginell. Denn sie wiederholt nur eine Einsicht, die schon in der griechischen Philosophie herrschte und seitdem durch alle Wandlungen der europäischen Geistes- und Kulturgeschichte hindurch – auch in der Theologie – festgehalten wurde. Nämlich die Einsicht, daß ein Vorzüglichkeitskriterium für Handlungsziele, das eine nicht willkürliche, sondern begründete, rationale Zielwahl ermöglicht, nur dann und so formuliert werden kann, daß dabei auf eine orientierende Instanz für alle wählbaren Ziele zurückgegriffen wird, die in seinem eigenen personalen Sein beschlossen und damit schlechthin vorgegeben ist.[27]

Aber an einem wichtigen Punkt unterscheidet sich der hier vorgetragene Gedanke von den herkömmlichen Fassungen: Diese greifen in der Regel nicht nur auf die bloße *Existenz* des Menschen als Person zurück, sondern liefern immer auch irgendeinen inhaltlichen bestimmten *Begriff über das Wesen des Menschen* mit.

Das hat sie angreifbar gemacht. Denn offenkundig herrscht nicht nur faktisch ein Streit über den richtigen Begriff vom Wesen des Menschen, sondern es ist auch gar nicht abzusehen, wie dieser Streit jemals zu einem nicht autoritär befohlenen und insofern gewaltsamen Ende gebracht werden kann. Das Gespräch über den Menschen ist innergeschichtlich unabschließbar.

Daraus hat man geschlossen, daß auch der Rückgriff auf Strukturmomente der menschlichen Existenz als orientierende Instanz im Vorzüglichkeitskriterium für Handlungsziele unbrauchbar sei. Aber das ist ein Trugschluß. Man kann nämlich die *Form* dieses Argumentationsmusters (eines Zurückgreifens auf die Existenz des Menschen als handelnden Wesens) unterscheiden von den strittigen *Inhalten* der miteinander konkurrierenden Begriffe vom Wesen des Menschen.

Und eben diese Unterscheidung ist für den hier entwickelten Gedanken grundlegend. Er macht nur minimale Voraussetzungen, die durch die Tatsache menschlicher Praxis selber gegeben sind: a) daß Menschen handeln, indem sie selbstbewußt-frei zwischen verschiedenen wählbaren Alternativen (Regeln, Zielen, Wegen) wählen; b) daß die einzige ihrem Handeln völlig entzogene – weil jeder denkbaren Handlung schon immer vorausliegende – Vorgegebenheit ihre Existenz als handlungsfähige (selbstbewußt-freie) Individuen ist. Bloß aus diesen minimalen Voraussetzungen folgt dann, daß Handeln als rationale Zielwahl nur gedacht werden kann, wenn es sich dabei an einem Vorzüglichkeitskriterium für Ziele orientiert, das seinerseits auf eine orientierende Instanz zurückgreift, von der formal gelten muß: sie ist selbst in und mit der Existenz des Menschen als handlungsfähigem Wesen gesetzt. Und zwar – das ist das Entscheidende –: ohne Rücksicht auf die vielen unterschiedlichen und untereinander strittigen Weisen, in denen diese Existenz des Menschen gedanklich erfaßt und sprachlich dargestellt wird. Wer die beiden genannten Elementarvoraussetzungen nicht bestreiten will und nicht die grundsätzliche Willkürlichkeit (Irrationalität) des Handelns im Blick auf die Wahl von Zielen behaupten, kommt nicht herum um den Rückgriff auf irgendeine orientierende Instanz, von der *formal* gilt, daß sie schon in der bloßen Existenz des Menschen als handelndem Wesen gesetzt ist – ganz gleich, wie er das Wesen der menschlichen Existenz und das Wesen der in ihr beschlossenen Bestimmung des Menschen nun inhaltlich begreift, ob im Sinne des Christentums, des Islams, des Buddhismus, irgendeiner philosophischen Tradition (etwa der Stoa) oder sonst irgendeiner Weise (einschließlich irgendeines ganz persönlichen, höchst individuellen und privaten Menschenbildes).

Man kann sogar noch einen Schritt weitergehen und sagen: Wo und wann immer eine Person eine rationale Zielwahl – und aufgrund dessen dann die rationale Wahl eines Weges – vornimmt, kommt auch irgendeine solche, sie persönlich überzeugende *inhaltliche* Bestimmung über das Wesen und die darin beschlossene ursprüngliche Bestimmung des Menschen ins Spiel. Und: er kann in einer posttraditionalen Gesellschaft keineswegs mit der Allgemeingültigkeit dieser seiner Überzeugung rechnen, sondern muß vielmehr ihrer Strittigkeit ins Auge sehen. Aber dieser Streit kann genau deshalb geführt werden, weil die konkurrierenden Bilder und Begriffe von Wesen und Bestimmung des Menschen *vergleichbar* sind. Und das sind sie, weil sie sämtlich Vorschläge für die inhaltliche Ausfüllung funktional äquivalenter Leerstellen in ein und derselben Argumentationsfigur sind: dem beschriebenen Rekurs auf eine orientierende Instanz, die deshalb eine rationale, nicht willkürliche Zielwahl ermöglicht, weil sie in der Existenz der handelnden Person selber (also ohne jede Beteiligung von persönlicher Willkür) vorgegeben ist.

3. Die Gleichursprünglichkeit der Kriterien für die Vorzüglichkeit von Zielen und Wegen und der Kriterien für das sozial und das individuell Vorzügliche

Wir hatten uns bereits klargemacht, daß jede Handlung – ganz gleich ob sie nun ihren Schwerpunkt in der Wahl eines Zieles oder eines Weges hat – jedenfalls immer auf Handlungsregeln bezogen ist und eine Entscheidung über sie impliziert. Und umgekehrt gilt genau so: Wo immer eine Handlung sich direkt als Entscheidung über Regeln (und dadurch bestimmte soziale Zustände) vollzieht hat sie entweder schwerpunktmäßig den Charakter einer Ziel- oder Wegewahl.

Diese Einsichten führen zusammen zu der Erkenntnis der spezifischen Komplexität und Schwierigkeit allen rationalen – und insofern moralischen und ethischen – Handelns. Es muß sich de facto stets an vier verschiedenartigen Vorzüglichkeitskriterien gleichzeitig orientieren: an Kriterien des sozial und des individuell Vorzüglichen, sowie an Kriterien der Vorzüglichkeit von wählbaren Zielen und Wegen. Das kann man sich graphisch so vor Augen führen:

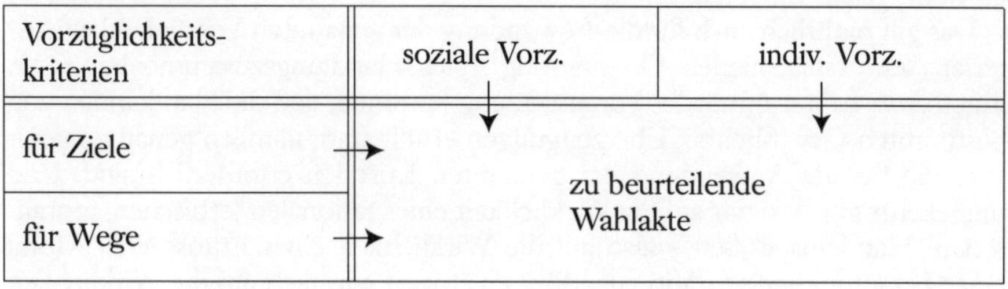

Abb. 1: Vorzüglichkeitskriterien für das Handeln

Man kann sich den Fall denken, daß eines oder mehrere dieser Kriterien von einem Handelnden überhaupt nicht gehandhabt wird. Insoweit ist sein Handeln irrational, moralisch »unreif«. Die naheliegendste – und deshalb auch verbreitetste – Version dieser Unreife ist vielleicht der Ausfall der Orientierung an Kriterien des sozial Vorzüglichen und der Vorzüglichkeit von Zielen; also die ausschließliche Orientierung an dem individuell Vorzüglichen und der Vorzüglichkeit von Wegen zu beliebigen Zielen. Demgegenüber unterstellen wir, daß sich jeder rational handelnde Erwachsene stets zugleich an allen vier Vorzüglichkeitskriterien orientiert. Natürlich ist das gar nicht möglich ohne *Routine*, die sich manifestiert als *Lebensstil*. Aber dennoch entpuppt sich jeder reife Lebensstil bei näherem Zusehen eben immer als die irgendwie zur Routine gewordene Handhabung der beschriebenen Vorzüglichkeitskriterien. Und wir tun der Sache nach ganz recht, wenn wir jeden derartigen Lebensstil ein »Ethos«, eine »Moral« oder eine »ratio agendi« nennen.

IV. Das religiöse Fundament des ethischen Handelns

Was wir soeben über die vier Arten von Vorzüglichkeitskriterien gesagt haben, die in jedem rationalen Handeln orientierend wirksam sind, müssen wir nun einzeichnen in das, was in Abschnitt I.3. über die Möglichkeitsbedingungen von Handeln als selbstbewußt-freier Wahl gesagt wurde. Dort war festgestellt worden: Handeln ist als selbstbewußt-freie Wahl von folgeträchtigem Verhalten nur unter der Bedingung möglich, daß es im Universum Individuen gibt, die a) frei sind zur eigenen verwirklichenden Wahl zwischen verschiedenen möglichen Alternativen zu ihrem je gegebenen Zustand; und die b) dieser ihrer faktischen Freiheit sowie der durch sie selbst wählbaren Alternativzustände inne sind. Und zwar kommt dabei als Basis der tatsächlichen Handlungen (Wahlakte) ausschließlich dasjenige Wissen in Betracht, das den Handelnden als zuverlässig (= wahr) *gewiß* ist.

Das gilt natürlich auch für die Anwendung der genannten Vorzüglichkeitskriterien. Zur tatsächlichen Orientierung eines Handlungszusammenhangs an ihnen *kann* es nur unter der Voraussetzung kommen, daß die Handelnden von bestimmten Gewißheiten, Überzeugungen erfüllt sind; nämlich genau denjenigen, die für die Anwendung der genannten Kriterien erforderlich sind. Und umgekehrt gilt: Wo wir auf die Wirklichkeit eines rationalen (ethischen, moralischen) Handelns stoßen – also auf die Wirklichkeit eines Ethos, einer Moral einer Handlungsweise (ratio agendi) – da stoßen wir auch auf die Wirklichkeit derjenigen Gewißheiten, die für die tatsächliche Orientierung an Vorzüglichkeitskriterien der beschriebenen Arten vorauszusetzen sind. Um welche Gewißheiten handelt es sich dabei?

Ein Kriterium sozialer Vorzüglichkeit kann nur angewendet werden, wenn dem einzelnen, der die Entscheidung trifft, *gewiß* ist: erstens das Wesen von guten (vorzüglichen) sozialen Zuständen überhaupt; zweitens der Inbegriff der durch ihn jeweils jetzt wähl*baren* sozialen Maßnahmen (Regelbestätigungen, -veränderungen, -übertretungen, -etablierungen); und drittens, welchen Beitrag mit welcher Wahrscheinlichkeit jede wählbare Maßnahme zur Erreichung des vorzüglichen Zustandes leisten wird.

Ein Kriterium persönlicher Vorzüglichkeit kann nur angewendet werden, wenn dem einzelnen, der die Entscheidung trifft, *gewiß* ist: erstens das Wesen von für ihn persönlich guten (vorzüglichen) Zuständen; zweitens der Inbegriff der durch ihn jeweils jetzt wähl*baren* Maßnahmen mit Einfluß auf sein persönliches Ergehen; und drittens, welchen Beitrag mit welcher Wahrscheinlichkeit jede wählbare Maßnahme zur Erreichung des persönlich guten Zustandes leisten wird.

Ein Kriterium der Vorzüglichkeit von Wegen kann nur angewendet werden, wenn dem einzelnen, der die Entscheidung trifft, *gewiß* ist: erstens das Ziel, das jeweils jetzt erreicht werden soll; zweitens der Inbegriff der jeweils jetzt wähl*baren* Wege dorthin; und drittens, welchen Beitrag mit welcher Wahrscheinlichkeit (wie direkt und mit welchen Nebenfolgen) jeder wählbare Weg zur Erreichung des Zieles erbringen wird.

Ein Kriterium der Vorzüglichkeit von Zielen kann nur angewendet werden, wenn dem einzelnen, der die Entscheidung trifft, *gewiß* ist: erstens nicht nur, *daß* es irgendein letztes unüberholbares Ziel gibt, zu dessen Erreichung er bereits durch sein Dasein bestimmt ist, sondern auch genau worin *inhaltlich* diese ursprüngliche Bestimmung, dieses unüberholbare Ziel besteht, auf dessen Erreichung im Leben *letztlich alles* ankommt; zweitens, welche Ziele jeweils jetzt wähl*bar* sind; und drittens, welchen Beitrag mit welcher Wahrscheinlichkeit jedes wählbare Ziel für die Erreichung des Letztzieles erbringen wird.

Diese vier Gewißheiten stehen nun in einem genau beschreibbaren Zusammenhang untereinander[28]: Weil die Kriterien für das sozial und das persönlich Vorzügliche sich nur auf zwei verschiedene Aspekte des Gegenstands aller unserer Entscheidungen beziehen, die immer *parallel* zueinander auftreten, stehen auch die Gewißheiten, die ihre Anwendung ermöglichen, gewissermaßen in *Parallele* zueinander; sie verhalten sich zueinander als – in den meisten Fällen konkurrierende[29] – Parallelgewißheiten. Hingegen stehen die Wahl von Zielen und Wegen nicht in einem Parallel- und Konkurrenzverhältnis zueinander, sondern in einem Funktionszusammenhang; und zwar in einem *asymmetrischen* Funktionszusammenhang, in welchem die eine Wahl (und nur sie) die Voraussetzung und Möglichkeitsbedingung für die andere ist: Ziel- und Wegewahl konkurrieren nicht miteinander, sondern die erste *ermöglicht* allererst die zweite, und die zweite *konkretisiert* die erste. Das gilt dann natürlich auch für die Kriterien der Vorzüglichkeit von Zielen und Wegen und für die respektiven Gewißheiten, die ihre Anwendung möglich machen: Eine die handelnde Person jeweils praktisch beherrschende Gewißheit über das Wesen des menschlichen Daseins und seine ursprüngliche Bestimmung (sein unüberholbares Letztziel) ist die unabdingbare Voraussetzung dafür, daß sie zu einer Gewißheit über die Vorzüglichkeit irgendeines einzelnen Zieles gelangen kann. Und das wiederum ist die unabdingbare Voraussetzung dafür, daß sie zur Gewißheit der Vorzüglichkeit eines jetzt wählbaren Weges gelangen und dann diesen aufgrund einer rationalen Wahl betreten kann.

Zugespitzt: Daß der einzelne, der jeweils eine Entscheidung trifft, von einer Gewißheit über das Wesen der menschlichen Existenz, ihr »Woher« und »Wohin« – also auch über die in ihr selbst allem menschlichen Handeln vorgegebene Bestimmung des Menschen, sein unüberholbares Letztziel – beherrscht wird, ist die notwendige Bedingung dafür, daß er wirklich *rational* handeln (d. h. ja: alle vier genannten Vorzüglichkeitskriterien zugleich anwenden) kann.

Vielleicht bereitet diese Aussage dem einen oder anderen Leser Unbehagen. Denn einerseits könnte sie ihm irgendwie »ungewohnt« vorkommen (insbesondere, wenn er sich angewöhnt hat, unter der Rationalität des Handelns nur die »eiskalte«, »knochentrockene« etc. Berechnung der Effektivität von Wegen zu sogenannten »selbstevidenten« Zielen wie Ansehen und Macht zu verstehen[30]); aber andererseits liegen vielleicht zunächst auch keine Gegenargumente gegen das bisher Gesagte auf der Hand. Das Unbehagen dieses Lesers wird sich noch vermehren, wenn wir in unseren Überlegungen nun noch einen weiteren, jetzt fälligen Schritt tun:

Unsere Umgangssprache bezeichnet Gewißheiten von der eben beschriebenen Art, wie sie für den Vollzug jeder rationalen Zielwahl (und infolgedessen für die Rationalität des Handelns überhaupt) grundlegend sind, als »weltanschauliche« Gewißheiten. »Weltanschauung« ist aber – nicht nur umgangssprachlich, sondern z.B. auch in der Sprache unseres Rechts[31] – Wechselbegriff für »Religion«. Läßt man sich auf diesen – keineswegs privaten und willkürlichen – Sprachgebrauch ein, und macht man Ernst mit dem, was im vorletzten Absatz über die *fundamentale* Funktion von Gewißheiten dieser Art für die Rationalität von Entscheidungen (Handlungen) überhaupt gesagt wurde, dann muß man sagen: es ist die *»weltanschauliche Gewißheit«* oder eben: die *Religion* jedes einzelnen, der eine Entscheidung trifft, welche deren Rationalität[32] begründet. *Keine Handlungsrationalität ohne Religion.* Das ist die Zentralthese dieses Aufsatzes.

Das stimmungsmäßige Unbehagen, das sie möglicherweise auslöst, läßt sich vielleicht etwas abschwächen durch den Hinweis darauf, daß auch diese These zunächst wiederum einen *formalen* Sinn hat. Sie behauptet nicht, daß irgendeine bestimmte Religion oder Weltanschauung das ausschließliche Monopol dafür beanspruchen kann, dem Handeln einer Person denjenigen – wiederum: formal – rationalen Charakter zu verleihen, der allein durch die gleichzeitige Anwendung der beschriebenen vier Arten von Vorzüglichkeitskriterien zustande kommt. Nein, die These besagt nur, *daß* dafür stets irgendeine »weltanschauliche« bzw. »religiöse« Gewißheit grundlegend ist, nicht: welche. Auch sie bewegt sich also *insofern* auf dem Boden der heute allgemeinen Praxis, daß wir den Anhängern verschiedener Weltanschauungen und Religionen eine »Moralität« und »Rationalität« ihres Handelns zugestehen. Sie steht nur in kontradiktorischem Widerspruch gegen die heute weit verbreitete Meinung, daß »Weltanschauung« und »Religion« in dem Sinne »privat« seien, daß sie überhaupt keine grundlegende Rolle für die Rationalität und Moralität *jedes* Handelns – also nota bene: nicht nur des privaten, sondern auch des sozialen – spielen. Dieses Gerede ist Ausdruck einer Gedankenlosigkeit, die nicht nur eines gebildeten Menschen unwürdig, sondern auch objektiv gefährlich ist.[33]

Die Schwierigkeiten, die die These vielleicht wegen ihrer Ungewöhnlichkeit macht, kann man natürlich nicht durch einen Machtspruch aus der Welt schaffen. Sie können nur langsam gemildert werden, wenn man sorgfältig über den Weg nachdenkt, der uns zu dieser These geführt hat; und über den Sinn der These selber. Dafür bedeutet es eine Hilfe, wenn wir uns die Eigenart dieser für die Rationalität des Handelns schlechthin grundlegenden »religiösen« bzw. »weltanschaulichen Gewißheiten« kurz vor Augen führen. Sie besteht in dreifacher Hinsicht: Religiöse (bzw. weltanschauliche) Gewißheit hat einen eigenartigen Inhalt (a), sie kommt auf eine eigenartige Weise zustande (b) und sie spielt eine unverwechselbare Rolle in unserem Leben (c).

(a) *Inhaltlich* geht jede religiöse oder weltanschauliche Gewißheit *aufs Ganze.* Sie betrifft nicht irgendwelche Einzelheiten in unserem Leben, sondern dieses in seiner Ganzheit. Darum sagen wir umgangssprachlich: sie betrifft den »Sinn des Lebens«, nicht den Sinn irgendeiner Einzelheit in ihm (vielmehr bemißt sich der Sinn jedes Einzelzuges unseres Lebens – etwa unserer Ehe oder unseres Berufs – nach demjenigen, was uns als der »Sinn des Lebens« im ganzen gewiß ist). –

Weil religiöse Gewißheit aufs Ganze geht, richtet sie sich de facto auch immer auf unser Leben in seinem konkreten Kontext, also auf unser Leben in seiner sozialen und natürlichen Umwelt. Sie versteht unser Leben immer im Zusammenhang der Gesamtentwicklung der Gemeinschaften – und zwar nicht nur der engeren, sondern auch der weiteren sozialen Kontexte –, innerhalb deren es »seine« Rolle spielt; aber letztlich auch im Zusammenhang der Gesamtentwicklung des Kosmos, innerhalb deren die Geschichte der Menschheit und unser eigenes Leben stehen. Eben weil »religiöse Gewißheit« stets in diesem Sinne aufs Ganze geht, wird sie de facto – alle Religionen belegen das – »*welt*anschauliche« Gewißheit. – Aber umgekehrt wird »weltanschauliche Gewißheit« auch mit sachlicher Notwendigkeit zur *»religiösen* Gewißheit«. Denn sie kann nicht anders als sich der Tatsache der Kontingenz der Existenz des Weltalls, der Menschheit und des eigenen Lebens[34] zu stellen; und damit der Frage nach dem *Grund* der Existenz von Welt, Menschheit und eigenem Leben. Genau diese *Frage* und *jede* Antwort auf sie (z.B.: Zufall; oder eine »atheistische«, wie sie etwa in den östlichen Religionen gegeben wird) fallen unter den engeren Begriff der »Religion«. – Aber in der Frage nach dem Grund des Daseins von Welt, Menschheit und eigenem Leben ist auch immer schon die Frage nach deren letztem, unüberholbaren Ziel gestellt, wie es in diesem Grund und Ursprung des Daseins selber schon mitgesetzt und begründet ist. Auch diese Frage bleibt nie ohne irgendeine Antwort; die u.U. vieles offenläßt, aber als Antwort auf *diese* Frage jedenfalls auch stets eine »religiöse« Antwort ist.

Gerade für die Antwort auf diese Frage nach dem unüberholbaren Letztziel des menschlichen Lebens, in dessen Erreichung es seine ursprüngliche Bestimmung erfüllt und sich insofern vollendet, besteht eine systematische Grundalternative, die mit beispielhafter Deutlichkeit im Unterschied zwischen der Weltanschauung bzw. Religion der griechisch-römischen Antike und der jüdisch-christlichen Religion und Weltanschauung zutage tritt: Die griechisch-römische Antike rechnet mit einer *innerweltlichen* Vollendung des Menschen; für sie liegt das höchste, letzte, unüberholbare und darum auch alles Streben zum Stillstand bringende, nur noch zu genießende Glück des Menschen prinzipiell irgendwo in dieser Welt und in diesem Leben. Demgegenüber geht die jüdisch-christliche Religion und Weltanschauung davon aus, daß die ursprüngliche und insofern unüberholbare Bestimmung des Menschen nur in einem Zustand bestehen kann, in dem er das Ganze seines Lebens in der Welt hinter sich hat, und der insofern *»jenseitig«* ist.[35]

Dieser Unterschied dürfte noch heute von größtem Gewicht sein. Der Verfasser dieses Aufsatzes könnte nicht christlicher Theologe sein, wenn er nicht von der Wahrheit der zweiten Ansicht überzeugt wäre. Aber gleichzeitig sieht er, daß viele, vielleicht die meisten, gebildeten Europäer heute auf dem Boden der antiken Überzeugung stehen; und zwar entweder, weil sie die gegenteilige Überzeugung tatsächlich für falsch halten, oder weil sie nicht als unaufgeklärt jenseitsgläubig gelten möchten.

Der Unterschied ist hier deshalb ausdrücklich erwähnt worden, weil gerade er für die handlungsorientierende Funktion der weltanschaulich-religiösen Überzeugung von grundlegender Wichtigkeit ist.

(b) Wie kommen solche religiös-weltanschaulichen Überzeugungen zustande? Anders als jedes empirische Wissen über diesen oder jenen Sachverhalt *in* der Welt und unserem Leben. Denn sie betreffen ja gar nicht einzelnes *in* der Welt oder unserem Leben, sondern eben die Verfassung, das Vorher und Wohin, den Sinn des welthaften Lebens im ganzen. Freilich kommen diese Überzeugungen auch nicht auf eine »übernatürliche« Weise zustande, sondern im Verlauf unseres Lebens auf eine völlig »natürliche« und regelmäßige Weise. Nämlich durch ein Zusammenspiel von Tradition und Lebenserfahrung: Die gesellschaftliche Tradition konfrontiert jeden Menschen in irgendeiner Weise mit dem Zeugnis von derjenigen weltanschaulich-religiösen Lebensüberzeugung, die Menschen vor ihm zuteil geworden ist; sei es in Familientraditionen, sei es in den Traditionen der Religionsgemeinschaften, sei es auch in der Tradition der Kunst, Literatur und Philosophie. Und es ist der zwar »unverfügbare«, aber in dieser Unverfügbarkeit doch natürliche Verlauf der *eigenen Lebenserfahrung*, durch den das eine oder andere dieser weltanschaulich-religiösen Traditionen für jeden Menschen »wahrgesprochen« wird. Denn: es gehört nun einmal zum natürlichen Verlauf des menschlichen Lebens, daß es Situationen heraufführt, in denen sich dem Menschen der Blick auf dasjenige öffnet, was das Leben selber, »at bottom«, ist.[36]

Jedem Menschen wird also seine religiös-weltanschauliche Lebensüberzeugung auf eine im wahrsten Sinne des Wortes »unsäglich« intime Weise zuteil. Nämlich durch einen Vorgang in seiner *eigenen* Lebenserfahrung. Diese ist im ganzen, und besonders in jenen Erschließungsmomenten, so schlechthin individuell, daß er sie in Wahrheit mit niemandem teilen, bestenfalls nur auf eine sehr indirekte Weise mit anderen *über* sie kommunizieren kann. Und dieses Gespräch ist schwierig. Nicht nur, weil man nicht so ohne weiteres Gesprächspartner findet, denen man zutraut, daß sie »so etwas« überhaupt verstehen könnten; sondern auch deshalb, weil einem – selbst wenn man solche Partner gefunden hat – die Worte, ja die ganze Sprache fehlt, die das Gemeinte, das Erlebte, gefühlsmäßig Ergriffene oder irgendwie Eingesehene fassen könnte.

(c) Diese Schwierigkeiten ergeben sich also sämtlich daraus, daß uns Menschen unsere religiös-weltanschaulichen Gewißheiten zuteil werden, indem sie uns im Innersten (in der alten Sprache der evangelischen Theologie: im »Herzen«) treffen und formen. Aber gerade darin gründet nun auch die besondere Rolle die sie in unserem Leben spielen: Sie entscheiden darüber was wir »um keinen Preis« und umgekehrt »auf jeden Fall« tun bzw. lassen würden (und auch tatsächlich tun oder lassen). Weil sie uns im Herzen treffen, darum hängt auch unser Herz an ihnen. Und das gilt insbesondere von dem, was in unserer religiös-weltanschaulichen Gewißheit als die letzte Bestimmung des Menschen erfaßt ist, in deren Erreichung sich sein Leben vollendet. Dies ist es, worauf wir in *all* unserem Tun und Lassen *letztlich* aus sind, »was uns unbedingt angeht«[37], worauf wir all unsere Hoffnung setzen – und was genau darum de facto »unser Gott« ist[38], der das *Ganze* unseres Handelns und Entscheidens in Dienst nimmt, auf sich ausrichtet und ihm dadurch seine eigentümliche Moralität und Rationalität verleiht.

Zum Abschluß dieses Kapitels noch ein letzter Hinweis: Religiös-weltanschauliche Gewißheit eignet jeweils *einzelnen*; und sie verbürgt den *einzelnen*, die eine Entscheidung treffen, die Rationalität ihres Handelns. Damit ist unterstellt, daß tatsächlich alle Handlungen und Entscheidungen von *einzelnen* getroffen werden. Ist das richtig?

Gemeint sein kann jedenfalls nicht: ein *isolierter* einzelner. Den gibt es gar nicht. Es ist für den Menschen gerade als *Individuum* wesentlich, daß er unter seinesgleichen und in Beziehung zu ihnen, also in sozialen Bezügen existiert und folglich auch handelt.[39] Dennoch bleibt es dabei, daß es immer einzelne sind, die in Interaktionen handeln und Entscheidungen treffen. Insbesondere verlangt die Kooperation in Organisationen, also auch Unternehmen, daß für unterschiedliche Funktionen, also Handlungs- und Entscheidungsbereiche, einzelne die Verantwortung übertragen bekommen und übernehmen und aufgrund dessen auch für bestimmte Entscheidungen verantwortlich gemacht werden können. Die Führung eines Unternehmens ist unmöglich, wenn nicht fixiert ist, welche einzelnen welche Art von Entscheidungen zu treffen haben und daher auch für sie verantwortlich gemacht werden können.

Und selbst wenn bestimmte Entscheidungen Gremien übertragen werden, bleibt es bei der Verantwortung jeweils von einzelnen. Eben der Mitglieder dieser Gremien. Zwar kann – etwa durch geheime Abstimmungsverfahren – verhindert werden, daß einzelne zur Verantwortung gezogen werden (was empfehlenswert sein kann, aber sehr häufig auch nicht ist). Aber auch dann bleibt die Verantwortung faktisch doch wieder bei einzelnen: eben den Mitgliedern dieser Gremien, die jeweils nur als einzelne über ihr Abstimmungsverhalten entscheiden können.[40]

Es bleibt also dabei, daß überhaupt keine Situation denkbar ist, in der Kollektive nicht nur als Handlungssubjekte in Erscheinung treten und so behandelt werden, als wären sie Handlungssubjekte, sondern es auch wirklich sind. Vielmehr sind die tatsächlichen Subjekte von Handlungen immer einzelne Personen. Insofern ist es kein obsoleter »Individualismus«, der uns nach den Fundamenten der Rationalität des Handelns im Bereich der einzelnen Agenten hat suchen lassen. Hier liegt es. Und zwar letztlich in der religiös-weltanschaulichen Gewißheit der Handelnden, die ihre Zielwahl orientiert.

Die Unzeitgemäßheit dieser Behauptung spricht nicht gegen ihre Wahrheit.

V. Die Krise der öffentlichen Religion als Krise des öffentlichen Ethos

Wenn die im vorigen Abschnitt vertretene – und in den vorangehenden vorbereitete – These richtig ist, dann ist sie im Kontext dieses Sammelbandes deshalb wichtig, weil sie uns den Grund der Schwierigkeiten vor Augen führt, die gegenwärtig für die Rationalität (also das Ethos, die Moral) in allen Bereichen des öffentlichen, beruflichen Handelns bestehen. Das kann man sich durch folgende Überlegung klarmachen:

Was ist eigentlich das Besondere am Handeln in einer öffentlichen Position – für das exemplarisch alle Arten von »beruflichem« Handeln stehen –, das sie von »privaten« Entscheidungen abhebt? Offenkundig *nicht* die innere Struktur des Handlungsvollzugs selber. Was man sich sehr schnell daran klarmachen kann, daß die Rationalität einer öffentlichen Entscheidung genau so wie die jeder beliebigen privaten damit steht und fällt, daß sie sich an den vorstehend skizzierten vier Arten von Vorzüglichkeitskriterien gleichzeitig orientiert.[41] Der *grundlegende Unterschied* zwischen beiden Arten von Handlungen besteht vielmehr darin, daß ihr Kontext – der öffentliche und der private – sie jeweils mit ganz *unterschiedlichen Rechenschaftspflichten* ausstattet. Sehr viele private Handlungen sind mit gar keiner Rechenschaftspflicht verbunden (sie »gehen niemanden etwas an«). Und wenn sie mit Rechenschaftspflichten verbunden sind, so doch meistens nicht mit Sanktionen für den Fall des verschuldeten Mißerfolgs. Anders die Handlungen in (beliebigen) öffentlichen Positionen. Sie sind *durchgehend* mit der Pflicht verbunden, über die Rationalität einer getroffenen Entscheidung vor der jeweils zuständigen Öffentlichkeit (gleich, ob das nun die Kollegen, die Vorgesetzten, der Aufsichtsrat, das Wahlvolk, die Kundschaft oder welches Forum auch immer ist) Rechenschaft zu geben. Und von dem Gelingen dieser Rechenschaft hängt der Verbleib auf dem Posten ab. Denn auch das ist für öffentliche Handlungen wesentlich: ein verschuldeter Mißerfolg ist hier stets mit Sanktionen bedroht.

Nun liegt es in der Natur der Sache, daß eine solche Rechenschaft über die Rationalität einer Handlung auch de facto *alle* Faktoren umfassen muß, die für ihre Rationalität wesentlich sind. Sie müßte also die Vorzüglichkeit der zu rechtfertigenden Handlung in allen *vier* oben genannten Hinsichten betreffen. Vor allem müßte auch stets eine öffentliche Rechenschaft über die Rationalität der Zielwahl verlangt und gegeben werden können, weil es ohne diese de facto überhaupt keine Handlungsrationalität gibt.[42] Das wiederum ist aber, nach allem was wir uns bisher sorgfältig klargemacht haben, nur möglich, wenn der Rechenschaft Gebende auf die seine Zielwahl rational leitende religiös-weltanschauliche Perspektive zurückgreifen kann; und zwar – das ist jetzt der entscheidende Punkt – öffentlich. Das heißt: Sie müßte nicht nur öffentlich ausgesprochen und verständlich gemacht, sondern vor allem auch als das de facto inhaltlich ausschlaggebende Kriterium für die Vorzüglichkeit von gewählten Zielen als *gültig anerkannt* werden, und zwar wiederum *öffentlich*: vor allen und von allen (Betroffenen).

Nach allem bisher Gesagten ist das nun aber nur möglich, wenn man unterstellt, daß eine Lösung für das *Grundproblem des sozialen Ethos* gefunden ist. Nämlich für das Problem, wie religiöse-weltanschauliche Gewißheiten, die einerseits de facto die Mitglieder einer gesellschaftlichen Öffentlichkeit als *einzelne* innerlich beherrschen, zugleich öffentlich von *allen* als Orientierungspunkte für eine rationale Zielwahl anerkannt werden können.

Zunächst könnte man darauf hinweisen, daß es möglich ist, daß mehrere Menschen, u.U. sogar viele, mit Recht behaupten, ein und dieselbe religiös-weltanschauliche Gewißheit in einem näher zu bestimmenden Sinne zu »teilen«, sie also in einem gewissen Sinne gemeinsam zu besitzen.[43] Aber das würde das gestellte Problem nur dann lösen, wenn das »Teilhaben« an dieser Gewißheit von der Art wäre, daß man es für *alle* Mitglieder einer Öffentlichkeit sicherstellen kann. Nun schließt das »Teilhaben« an der Gewißheit eines anderen jedenfalls ein, daß der eine dieselben Behauptungen als wahr anerkennt, wie der andere. Sicherstellen ließe sich also die Teilhabe aller an derselben Wahrheit nur dann, wenn sich überhaupt die Anerkennung nicht nur *irgend*einer Wahrheit, sondern *der* einen für alle identischen Wahrheit sicherstellen, und d.h. gesetzlich vorschreiben und notfalls erzwingen ließe. Dieses Zutrauen liegt der antiken Staatsphilosophie und ihrem Gedanken einer Staatsreligion zugrunde, ist dann von der christlichen Kirche und ihrer Theologie – nachdem sie aus der Position einer illegitimen Religion selbst in die Position der Staatsreligion übergewechselt war (im 4. Jhdt. n. Chr.) – übernommen worden und lag der Theorie und Praxis ihres Ketzerrechts zugrunde. Aber genau dieses Zutrauen ist durch die Reformation in Frage gestellt und seit der Mitte des 17. Jhdts. in Europa allgemein als illusionär durchschaut worden. Teilhabe vieler an ein und derselben religiös-weltanschaulichen Gewißheit ist zwar möglich, kann aber nicht mit politischen Mitteln für *alle* Mitglieder einer gesellschaftlichen Öffentlichkeit sichergestellt werden.

Aufgrund dieser Einsicht meinte man nun zunächst, auf die Orientierung des öffentlichen Handelns an religiös-weltanschaulichen Gewißheiten *überhaupt verzichten* zu müssen und auch zu können. Diese – durch eine schwere geschichtliche Erfahrung veranlaßte – Meinung steht hinter der seit dem 17. Jhdt.[44] in Europa zum Gemeinplatz gewordenen Behauptung, daß das öffentliche Leben weltanschaulich neutral und die Orientierung an religiös-weltanschaulichen Gewißheiten nur im Bereich des privaten Lebens erlaubt und möglich sei.

Diese Meinung ist dann im 18. Jhdt. in dem Zutrauen zu ihrer eigenen Richtigkeit durch eine Entdeckung der jungen Wirtschaftswissenschaft bestärkt worden. Nämlich durch die Entdeckung der Koordinationskräfte des freien Marktes.[45] Damit zeigte sich: Man braucht keineswegs die – handlungstheoretisch unhaltbare – Behauptung zu vertreten, daß das öffentliche, berufliche Handeln der Menschen tatsächlich religiös-weltanschaulich neutral *ist*, also seine Rationalität nicht letztlich aus der Orientierung an religiös-weltanschaulichen Überzeugungen (Gewißheiten) empfängt. Dennoch kann man – jedenfalls soweit die Regelungskräfte des freien Marktes reichen – auf die *öffentliche Rechenschaft* über diese Perspektiven verzichten. Worauf beruht diese Zuversicht? Auf einer Annahme, die sich bei genauerem Zusehen selbst als eine religiös-weltanschauliche Überzeugung entpuppt. Nämlich: daß die Vorsehung (die »invisible hand«) selbst dafür sorge, daß durch das Zusammenspiel aller Kräfte am freien Markt nichts anderes als das Gemeinwohl (bonum commune) über die Köpfe aller einzelnen Beteiligten hinweg zustande gebracht werde.[46] Wenn das stimmt, dann gilt in der Tat: Jede Zielwahl, die sich am freien Markt durchsetzt, kann gar nicht anders, als allein schon durch diese Tatsache gerechtfertigt zu sein; und zwar – das ist die Pointe – durch die Vorsehung (also Gott) selber; so daß sich jede öffentliche Rechenschaft über ihre Rationalität (Orientierung an der religiös-weltanschaulichen Gewißheit des Handelnden) erübrigt.

An dieser »klassischen« Behauptung kann man noch heute festhalten, unter zwei Bedingungen: Entweder, wenn man die Theologie (Vorsehungslehre), die hinter dieser Theorie steht, für richtig hält. In diesem Falle wäre eine öffentliche Rechenschaft über die – religiös-weltanschaulich orientierte – ratio der Zielwahlen gewissermaßen nur *überflüssig*. Oder aber, wenn man die Durchsetzung einer Zielwahl am Markt deshalb auch schon für ihre Rechtfertigung hält, weil eine *andere gar nicht möglich* sei; denn: jede Zielwahl sei de facto irrational und folglich keine vorzüglicher als irgendeine andere. Wobei sich schnell zeigen lassen würde, daß diese Behauptung mit jener Vorsehungslehre formal darin übereinkommt, daß auch sie eine der Sache nach weltanschauliche (also auch: religiöse) These ist.

Wem diese beiden – in sich selbst weltanschaulichen – Positionen nicht einleuchten, und wem statt dessen vielmehr durch Erfahrung zur Gewißheit geworden ist, daß es sehr wohl erhebliche Vorzüglichkeitsunterschiede zwischen den verschiedenen wählbaren Zielen im politischen und wirtschaftlichen Leben gibt, der wird also auch den klassischen – nämlich markttheoretischen – Vorschlag für einen Verzicht auf die öffentliche Rechenschaft über die Rationalität (Moralität) von verschiedenen Möglichkeiten der Zielwahl *nicht* akzeptieren können.

Was bleibt ihm dann übrig? *Erstens* eine Feststellung: Das öffentliche Handeln unterscheidet sich vom privaten durch die Pflicht – aber auch die Möglichkeit – über seine Rationalität öffentlich, mit der Aussicht auf öffentliche Anerkennung, Rechenschaft abzulegen. Nun ist aber für die Rationalität (das Ethos) des öffentlichen Handelns grundlegend, daß ihm eine rationale Zielwahl zugrundeliegt. Das Ethos des öffentlichen Handelns steht und fällt also damit, daß auch über die ratio seiner Zielwahl eine öffentliche Rechenschaft erforderlich und möglich ist, und zwar einschließlich der weltanschaulich-religiösen Gewißheit des Handelnden, durch deren Berücksichtigung seine Zielwahl überhaupt erst einen rationalen Charakter gewinnt. Die Krise der öffentlichen Anerkennung von religiös-weltanschaulichen Überzeugungen, wie sie für die Rationalität nicht nur des privaten sondern auch des öffentlichen Handelns aller Menschen grundlegend sind, ist ipso facto die Krise der Rationalität, also des Ethos des öffentlichen Handelns.

Genau diese Situation ist überall dort gegeben, wo die Meinung, religiös-weltanschauliche Überzeugungen seien Privatsache, die schlichte Tatsache permanent verschleiert und abblendet, daß derartige Überzeugungen keineswegs nur für das Ethos des privaten (nicht öffentlich rechenschaftspflichtigen) Handelns grundlegend sind, sondern ebenso für das Ethos des öffentlichen Handelns in Politik und Wirtschaft. Diese Ideologie[47] von der bloßen Privatheit religiös-weltanschaulicher Überzeugungen führt dazu, daß aus der öffentlichen Rechenschaft über die Rationalität des öffentlichen Handelns systematisch genau derjenige Faktor ausgeklammert wird, der für den rationalen (ethischen und moralischen) Charakter dieses Handelns genauso grundlegend ist wie für den des privaten: die Orientiertheit der Entscheidungen an der die Handelnden jeweils persönlich beherrschenden religiös-weltanschaulichen Gewißheit.

Die Unwahrheit dieser Meinung zeigt sich in ihrer Konsequenz. Diese besteht nämlich keineswegs darin, daß das öffentliche Handeln seine faktische Orientierung an der persönlichen weltanschaulich-religiösen Orientierung der Handelnden verlöre; diese Orientierung bleibt vielmehr erhalten. Was geschieht ist vielmehr nur, daß das öffentliche Handeln in dieser – grundlegenden – Hinsicht von der öffentlichen Rechenschaftspflicht freigestellt wird. Das aber heißt: es wird – eben von Grund auf – selbst privat.

Zweitens ist darüber Auskunft zu geben, wie dieser Zustand überwunden werden könnte. Die Erfüllung der drei folgenden Bedingungen ist jedenfalls notwendig, wenn auch möglicherweise nicht schon hinreichend:

(a) Die religiös-weltanschaulichen Überzeugungen, deren faktische Berücksichtigung auch dem öffentlichen Handeln seinen rationalen und ethischen Charakter verleiht, müssen – entgegen der Behauptung ihrer bloßen Privatheit – auch als Themen der öffentlichen Rechenschaft über die Zielwahl des öffentlichen (beruflichen) Handelns Politik und Wirtschaft wiedergewonnen werden. Das wird nicht unter Verzicht auf den institutionellen und organisatorischen Rahmen der Religionsgemeinschaften gelingen, mit denen die europäischen Gesellschaften durch Ursprung und Geschichte verwachsen sind. Die interne Öffentlichkeit der Religionsgemeinschaften muß in ihrer sozialen Funktion als Sprach- und Methodenschule des öffentlichen – in ihnen gelernten, aber über ihre Grenzen hinaus geführten – Gesprächs über die religiös-weltanschaulichen Orientiertheit auch des öffentlichen Handelns eintreten und in dieser Funktion genutzt werden. *Nur* durch diese *Nutzung* wird sie in ihrer Funktion *gefördert* und *gestärkt*.

(b) Es ist ausschließlich diesem öffentlich – in den dafür zur Verfügung stehenden gesellschaftlichen Institutionen coram publico – zu führenden Gespräch und seinen Ergebnissen zu überlassen, *welche* religiös-weltanschaulichen Überzeugungen öffentliche Anerkennung finden; und welche Zielwahlen des politischen und wirtschaftlichen Handelns sich durch Orientierung an solchen Perspektiven öffentlich rechtfertigen können. Eine Sicherstellung der Anerkennung von religiös-ethischen Überzeugungen in der gesellschaftlichen Öffentlichkeit mit den Mitteln des Rechts scheidet aus.[48] Sie behindert das Wachstum eines öffentlichen Konsenses durch das öffentliche Gespräch.

(c) Durch das Gesetz des Staates sind freilich die Bedingungen dieses öffentlichen Gesprächs über die religiös-weltanschaulichen Fundamente des öffentlichen Ethos sicherzustellen. Das Gespräch selbst ist vor Störungen und Beeinträchtigungen zu schützen.

Die letzte Bedingung ist durch das Grundgesetz unseres Landes erfüllt. Die beiden ersten Bedingungen *können* nur durch seine Bürger erfüllt werden.

VI. Konsequenzen für eine Ethik der Unternehmensführung

Die Ethik der Unternehmensführung ist der theoretische Versuch, die Chancen für ein Ethos des unternehmerischen Handelns auszuspähen; der prinzipiellen (in der Natur der Sache liegenden) und der in einer bestimmten geschichtlichen Situation gegebenen.

Prinzipiell gilt, daß nur eine ganz bestimmte Klasse von Maßnahmen innerhalb jedes denkbaren unternehmerischen Ethos *möglich* sind. Nämlich solche, die die Existenz des Unternehmens am Markt nicht gefährden. Die Preisgabe des Unternehmens ist zwar nicht unbedingt eine in sich selbst unethische (irrationale, unmoralische) Handlung. Man kann sich sogar Situationen vorstellen, in denen die Aufgabe eines Unternehmens aus Gründen etwa des politischen Ethos geboten ist. Aber in jedem Fall bedeutet sie das Heraustreten aus derjenigen Sphäre, in der allein ein *unternehmerisches* Ethos möglich ist (was nicht ausschließt, an anderer Stelle wieder in diese Sphäre einzutreten).

In der heutigen Situation der euroamerikanischen Gesellschaften bestimmen zumindest drei Konditionen den Spielraum für ein ethisches – und deshalb: rationales – unternehmerisches Handeln:

(1) Erstens muß der tatsächlichen Herrschaft des Dogmas von der bloß privaten Bedeutung aller religiös-weltanschaulichen Überzeugungen Rechnung getragen werden. Das kann auf zwei Weisen geschehen; von denen die eine die Rationalität, das Ethos des öffentlichen Handelns *fördert*, während die andere sie systematisch *unterminiert*.

Die erste besteht darin, daß man die Herrschaft dieses Dogmas zwar als einen Realfaktor anerkennt, der die Möglichkeit der öffentlichen Rechenschaft über bestimmte Aspekte des unternehmerischen Handelns – insbesondere die unternehmerische Zielwahl im einzelnen – betrifft; daß man ihn aber zugleich auch öffentlich als eine unsachgemäße Erschwerung beurteilt und zu überwinden strebt. Faktum – und als solches in Rechnung zu stellen – ist z. B.: daß Maßnahmen, die ein christlicher Unternehmer aus Gründen seiner religiös-weltanschaulichen Überzeugung trifft[49], heute weder in der allgemeinen noch in der Fachöffentlichkeit als *integrierende Züge der Rationalität* seines wirtschaftlichen Handelns vertreten werden und auf Anerkennung rechnen können, sondern in der Regel nur als Ausdruck des – natürlich großzügig tolerierten – Restes von Irrationalität im Handeln eines sonst »kreuzvernünftigen« Menschen beurteilt werden. Insbesondere nimmt dieser Faktor auf die öffentliche Vertretung von Unternehmensentscheidungen (und damit auf deren Spielraum selber) in Großunternehmen einen tiefgreifenden Einfluß: Kein Vorstandsmitglied eines großen Unternehmens wird es fertigbringen, erfolgreich die Rationalität einer Entscheidung vor der außer- und innerbetrieblichen Öffentlichkeit unter Berufung auf seine religiös-weltanschauliche Überzeugung zu vertreten, obwohl diese Rationalität de facto hier und nirgends sonst ihren Grund hat. Diese Lage ist sorgfältig einzukalkulieren. Aber damit braucht sich nicht ihre Rechtfertigung zu verbinden. Die Berücksichtigung des jeweiligen Ausmaßes der Herrschaft des Dogmas von der bloß privaten Bedeutung religiös-weltanschaulicher Überzeugungen verbietet nicht, bei jeder sich bietenden Gelegenheit auf die gefährliche Falschheit dieser Meinung hinzuweisen und insbesondere das Ansehen der *öffentlichen* Institutionen für den *öffentlichen* Diskurs über die religiös-weltanschaulichen Fundamente auch des Ethos (und d. h.: der Rationalität) des unternehmerischen Handelns und damit das *öffentliche* Ansehen dieses öffentlichen Diskurses selber zu stärken.

Hingegen unterminiert wird das Ethos des unternehmerischen Handelns als eines *öffentlichen* (also auch öffentlich rechenschaftspflichtigen und *-fähigen*) Handelns durch ein Verhalten, das die drei folgenden Elemente systematisch verbindet: Erstens wird die herrschende Meinung von der bloß privaten Bedeutung religiös-weltanschaulicher Überzeugungen hingenommen und nicht in Frage gestellt. Zweitens wird dann den öffentlichen Institutionen des öffentlichen Diskurses über religiös-weltanschauliche Überzeugungen »Versagen« vorgeworfen (ohne jeden Gedanken daran, daß eine entscheidende Ursache ihres Funktionsschwundes möglicherweise just die ungebrochene Herrschaft jener – falschen – Meinung von der ausschließlich privaten Bedeutung religiös-weltanschaulicher Überzeugungen ist). Und drittens wird daraufhin die Bildung der Grundlagen für das ethische Handeln der Menschen als selbst eine Aufgabe der Unternehmen reklamiert.[50] Daß das in den Unternehmen verlaufende Berufsleben der Menschen einen erheblichen Anteil an der Bildung ihres Ethos hat, kann nicht bestritten werden. Die Frage ist nur, auf welche Öffentlichkeit hin die Rechenschaftsfähigkeit und -pflichtigkeit dieses beruflichen Handelns entwickelt wird: ob in Richtung auf die Öffentlichkeit der Gesamtgesellschaft, oder in Richtung bloß auf die innerbetriebliche Öffentlichkeit eines Großunternehmens. Letzteres würde die Privatisierung des öffentlichen Handelns – und damit jedenfalls einen vordemokratischen Sozialzustand – befördern.[51]

(2) Zweitens sind diejenigen Spielräume zu erkunden und auszunutzen, in denen unter den bestehenden Verhältnissen bereits das durch die jeweils maßgeblichen Lebensüberzeugungen orientierte unternehmerische Ethos gestaltend tätig werden kann. Diese Spielräume betreffen sowohl das Verhalten am Markt (gegenüber Konkurrenten, Kunden, aber auch Lieferanten), als auch den innerbetrieblichen Umgang mit Kollegen und Mitarbeitern. Dem sind die Beiträge im Hauptteil dieses Bandes gewidmet.

In der Erkundung und ethischen Ausgestaltung dieser Spielräume wird sich der in seinen Überzeugungen gefestigte Unternehmer nicht irre machen lassen, durch den – nach außen hin nie zu vermeidenden – Anschein, alle diese Maßnahmen würden letztlich nur auf eine ökonomische Instrumentalisierung von ethischen Maßnahmen – etwa zur Verbesserung der Marktposition bzw. Verminderung von Transaktionskosten dienen. Das ist in der Tat immer möglich. Der Verdacht muß insofern immer zugelassen werden. Aber es wäre irrational, ihn zur Entschuldigung für den Verzicht auf die Ausbildung und konsequente Befolgung eines unternehmerischen Ethos werden zu lassen.

(3) Freilich kann die Ausnutzung bestehender Spielräume für ein unternehmerisches Ethos, das über seine ratio agendi bis hin zu seiner religiös-weltanschaulichen Orientierung zur öffentlichen Rechenschaft bereit ist, nicht von sich aus auch schon diese Spielräume erweitern und seine Chancen verbessern. Vielmehr ist dafür zusätzlich[52] ein strategisches Handeln erforderlich, das über ein Ethos des unternehmerischen Verhaltens *am Markt* hinaus *auf den Markt* selber gestaltenden Einfluß zu nehmen sucht; über die Öffentlichkeit, in der sich der Markt konstituiert, und über das politische System, das seine Bedingungen garantiert. Erforderlich ist ein politisches, und zwar sowohl partei- als auch (im weitesten Sinne) bildungspolitisches, Handeln der Unternehmer, das direkt nicht auf die Behauptung eines Unternehmens *am* Markt zielt, sondern auf die Gestaltung *des* Markts. In sich selbst kann dieses öffentliche Handeln nur dann rational sein, wenn es auf die Beseitigung der heute bestehenden (oben beschriebenen) Schranken der öffentlichen Rechenschaft über die Rationalität des öffentlichen, insbesondere auch des wirtschaftlichen Handelns, zielt.

Die *Rationalität* und das *Ethos* des unternehmerischen Handelns kann nur durch das wirtschaftliche und politische Handeln der Unternehmer selber geschaffen werden. Die Unternehmens*ethik* kann nur andeuten, daß und wie dies möglich ist.

Anmerkungen

1 Über die Herkunft und Geschichte von bildungssprachlichen Ausdrücken wie »Ethos« und »Moral« kann man sich heute leicht informieren durch das: Historische Wörterbuch der Philosophie, hrsg. von Joachim Ritter und Karlfried Gründer (1971 ff.).

2 Diese Sprachregelung ist heute in der Ethik-Diskussion weit verbreitet. Sie wird z. B. auch in dem vorstehenden Beitrag von P. Lorenzen vertreten.

3 Als »wesentlich« gelten diejenigen Züge eines Sachverhaltes, von deren Dasein und Dauer seine Art oder Identität abhängt. »Zufällig« (oder »akzidentell«) sind diejenigen Züge, die er tragen kann oder auch nicht, ohne aufzuhören, er selbst zu sein.

4 Für alle Theorien, die in den Bereich der Ethik fallen, gelten insofern also dieselben Bedingungen der Praxisrelevanz, wie wir sie für die technikorientierenden Aussagen der Physik kennen.

5 Das kann nur angedeutet werden. Der Schwerpunkt der Beiträge dieses Teils liegt ja auf *Grundlegungs*fragen.

6 Darüber informierten z. B. J. Simon (1977) und Pothast (1978).

7 Die Ausdrücke »Zustand« und »Situation« bezeichnen im folgenden immer den *einheitlichen* Sachverhalt der Bezogenheit (oder Beziehung) zwischen einem Individuum und seiner gesamten Umwelt.

8 Das kann man sich an der »Entwicklung« oder »Geschichte« einer natürlichen Situation ebenso veranschaulichen wie an der einer sozialen Situation.

9 Die Einsicht der modernen Physik in den tatsächlich bloß statistischen Charakter der Naturgesetze kann *alltagspraktisch* vernachlässigt werden.

10 Ob die Rede von »Sozialtechnik« wirklich vorteilhaft ist, kann bezweifelt, braucht aber hier nicht entschieden zu werden.

11 Die Richtigkeit dieser Beschreibung hängt nicht davon ab, ob jeder im Alltag Handelnde sie jederzeit in diesen oder anderen Worten parat hat, sondern davon, ob ihr der alltägliche Umgang von jedermann mit Handeln – dem eigenen und fremden – entspricht oder nicht. Sammlungen mit Beiträgen zur Handlungstheorie haben vorgelegt Meggle/Beckermann (1977) und Lenk (1977–1984).

12 Dieser Inbegriff der jeweils mir vorschwebenden, durch mich zu wählenden Möglichkeiten schließt auch immer die Möglichkeit ein, selbst keine Änderung des gegebenen Zustandes in die Wege zu leiten, sondern selbst alles beim alten zu belassen (und nur die von anderswoher ausgelöste Veränderung abzuwarten und hinzunehmen – bzw. gegebenenfalls dann auf sie zu reagieren). Sehr häufig – ja meistens – entscheiden wir uns für diese Möglichkeit, z. B. jeden Abend beim Einschlafen.

13 Diese Grundzüge von Handlungen als Entscheidungen kann man sich pünktlich am Beispiel eines Sprungs ins Wasser verdeutlichen. – Zum Begriff »Entscheidung« vgl. Herms (1982).

14 Daß das so ist, hat seine Gründe in der Verfassung unseres Daseins als handelnder Wesen und kann hier nicht näher aufgewiesen werden.

15 Dieser Satz enthält eine Definition von »Technik«, die im folgenden immer vorausgesetzt wird.

16 Schleiermacher (1913) hat dies in der »Güterlehre« seiner »Philosophischen Ethik« entwikkelt. Zur Übersicht über die Ethik Schleiermachers vgl. Birkner (1964) und Herms (1985 a).

17 Z. B. *soziale Prozesse*, sofern sie uns zwar betreffen, wir aber nicht selbst über sie entscheiden. Und vor allem *Naturprozesse*, die uns vermittelst unseres eigenen Leibes oder als Prozesse unseres eigenen Leibes betreffen (z. B. das Altern).

18 Auch das in der Entscheidungstheorie so genannte »Handeln unter Ungewißheit« ist kein Handeln *auf dem Boden* von Ungewißheit, sondern von Gewißheit. Nämlich auf dem Boden der *Gewißheit, daß* das Wissen um einige handlungsrelevante Sachverhalte fehlt oder nicht zuverlässig ist.

19 Mit dieser Einsicht in die Tatsache, daß die durchgehende Orientierung an Vorzüglichkeits-

kriterien die Bedingung sowohl für den formal ethischen (moralischen) als zugleich auch für den formal rationalen Charakter des Handelns ist und insofern der ethische und der rationale Charakter von Handlungen eines und dasselbe sind, ist das Fundament für einen Begriff der Rationalität von Handlungen gelegt, der *vollständiger* ist als die gängigen Fassungen; insbesondere vollständiger als derjenige Begriff von rationalem Handeln, der sich auf eine effektive Wahl von Wegen zu feststehenden Zielen beschränkt. – In diesem Abzielen auf einen konkreteren (= vollständigeren) Begriff der Handlungsrationalität weiß sich dieser Aufsatz mit den Absichten P. Ulrichs (1986) verbunden.

20 Unter einem »ethischen Kompromiß« sind also nicht beliebige Ungenauigkeiten und Laxheiten des ethischen Urteils und der ethischen Praxis zu verstehen, sondern genaue – d.h. kontrollierbare – Lösungen von Konflikten. Wobei gilt, daß der klassische Fall eines solchen Konfliktes sich aus der eben beschriebenen Differenz zwischen dem sozial und persönlich Vorzüglichen ergibt.

21 Ein klassisches literarisches Beispiel dafür findet sich im Roman »Die Buddenbrooks« von Thomas Mann (1901).

22 Das Musterbeispiel dieses ethischen Kompromisses ist: die Institution der Ehe.

23 Dazu kommt als nochmalige Komplikation hinzu, daß die drei Parameter stets in *zwei* Richtungen angewendet werden müssen: im Blick auf das sozial und das individuell Vorzügliche bzw. umgekehrt. Der Verzicht auf diese Doppelanwendung führt unversehens zu Problemen. Beispiel: das ökologische Problem, soweit es daraus resultiert, daß Unternehmen bei der Wahl von Wegen nur auf deren Vorzüglichkeit für sie als Individuen achten und nicht zugleich auch auf deren Vorzüglichkeit im Blick auf das Ganze.

24 Der Ausdruck besagt ganz allgemein, daß ein Sachverhalt auf einen anderen *positiv hingeordnet* ist. Die genaue Weise der positiven Hinordnung wird offengelassen (so »entspricht« sowohl ein Mittel einem Zweck, indem es ihn kausal bewirkt, wie auch der Applaus einer Rede, indem er ihr Anerkennung zollt und damit ihre Autorität verstärkt).

25 Zwar wird häufig von Vertretern des ethischen Irrationalismus behauptet, daß die Zielwahl eines Handelnden willkürlich erfolgt. Aber die Selbsterfahrung des Handelnden spricht dagegen: Wir bemerken, daß sich unser Verhalten in gleichen oder ähnlichen Entscheidungssituationen im Laufe unseres Lebens ändert. Diese Veränderungen erfolgen aber keineswegs willkürlich. Sondern ihnen liegt eine Veränderung unser Präferenzskalen, unserer Vorzüglichkeitskriterien zugrunde. Und das gilt gerade für die Vorzüglichkeitskriterien über wählbare Ziele. Und weiterhin erfolgt auch diese Veränderung von Vorzüglichkeitskriterien nicht willkürlich, sondern sie geht einher und ist begründet mit Veränderungen in unserem persönlichen Lebensgefühl und Selbstbild und damit zugleich: mit Veränderungen in unserer *Sicht vom Wesen des Menschen überhaupt* – egal, ob wir diese nun zu begrifflich-theoretischer Klarheit gebracht haben oder nicht.

26 Denn *jeder* Willkürakt einer Person steht ja unter den vorgängigen Bedingungen ihrer Existenz.

27 Die Grundform dieses ethischen Arguments ist: die Orientierung der Wahl von Zielen an der Natur (bzw. an der »natürlichen« Bestimmung) des Menschen. – Diese ethische Argumentationsform ist – insbesondere in der angelsächsischen Philosophie – als »ethischer Naturalismus« angegriffen worden (Grundinformationen bietet Hügli (1984)). Das grundlegende Argument dieses Angriffs ist logischer Art. Es lautet: Aus einem Sein folgt niemals ein Sollen. Aber: Dieses Argument ist genau besehen zirkulär. Es gilt nämlich nur für den Fall, daß man den Begriff des Seins oder der Wirklichkeit (und seine Äquivalente) so faßt, daß aus ihm jedes Sollen bereits ausgeschlossen ist. Das Ergebnis steckt also schon in der Prämisse. In unseren Überlegungen sind wir demgegenüber von dem Begriff der Existenz individueller Freiheit ausgegangen. Das ist der Begriff einer Gegebenheit (freilich: nicht zum Anfassen, Schmecken, Sehen und Riechen), die sehr wohl ein Sollen, ein Woraufhin einschließt. Umgangssprachlich bringen wir diesen Sachverhalt so zum Ausdruck, daß wir sagen: Es gehört zur Existenz des Menschen als Person, daß er sich selber aufgegeben, eine Aufgabe für sich selber ist; und zwar die einzige Aufgabe, die er nicht einmal zurückweisen kann, weil sie ihm mit seiner Existenz gestellt ist.

28 Das ergibt sich aus dem in Abschnitt III. Gesagten.

29 S.o. Ziffer III./1.

30 Demgegenüber wird hier mit einem vollständigeren Begriff der Rationalität einer Handlung gearbeitet. Dazu vgl. o. Anm. 19.

31 Vgl. Grundgesetz Art. 4. Abs. 1: »Die Freiheit des Glaubens, des Gewissens und die Freiheit des *religiösen* und *weltanschaulichen* Bekenntnisses sind unverletzlich« (Hervorhebung E.H.). Vgl. auch den Sprachgebrauch in Art. 7 Abs. 5.

32 Wie gezeigt, gleich: Moralität.

33 Gefährlich, weil es systematisch die Erkenntnis der Wirklichkeit – hier der Wirklichkeit des Orientiertseins eines jeden formal rationalen Handelns an religiös-weltanschaulichen Überzeugungen – behindert und folglich auch den bewußten und kontrollierten Umgang mit ihr.

34 Was »kontingent« ist, kann genau so gut sein wie nicht sein.

35 Diese Perspektive aufs »Jenseits« ist offenkundig von der Art, daß sie diese Welt und das Leben in ihr nicht vergleichgültigt oder überspringt, sondern beides in sich aufnimmt und beidem dadurch Gewicht verleiht. – Zu diesem Ausblick des christlichen Glaubens auf eine jenseitige Lebensvollendung vgl. Jüngel (1971).

36 Näheres über den Charakter von solchen »Erschließungsvorgängen« und ihre Funktion für das Zustandekommen von »religiöser« Gewißheit bei Herms (1985b). – Eine breite, aber im Detail immer spannende Phänomenologie »religiöser Erfahrung« hat James (1979, Original 1902) vorgelegt.

37 Darin sieht der Theologe Paul Tillich (1956ff.; Bd. I, S. 247ff.) die Manifestation des Gegenstandes aller Religion, also des Göttlichen.

38 Diese Formulierungen lehnen sich an die Beschreibung des allgemeinmenschlichen Phänomens der Religiosität an, die Martin Luther in seinem Großen Katechismus gegeben hat: »Was heißt, einen Gott haben oder was ist Gott? Antwort: Ein Gott heißt das, dazu man sich versehen soll alles Guten und Zuflucht haben in allen Nöten. Also daß einen Gott haben nichts anders ist, denn ihm von Herzen trauen und glauben, wie ich oft gesagt habe, daß allein das Trauen und Glauben des Herzens machet beide Gott und Abgott ... Worauf du nun dein Herz hängest und verläßt, das ist eigentlich dein Gott«, in: Bekenntnisschriften der Ev.-luth. Kirche, hg. vom Deutschen Evangelischen Kirchenausschuß (1930, S. 560).

39 Von der Richtigkeit dieser These kann man sich überzeugen durch den Versuch, ein Gegenbeispiel zu finden; und sein Scheitern.

40 Daß Entscheidungen immer von einzelnen vollzogen werden müssen, ist auch die Bedingung dafür, daß notwendige, aber unpopuläre Entscheidungen vollzogen werden *können.*

41 S.o. Ziffer III.

42 Das Beschreiten rationaler Wege zu irrationalen Zielen begründet keine Rationalität des Handelns, sondern steigert nur seine fundamentale Irrationalität.

43 Ohne diese Überzeugung käme keine Religionsgemeinschaft, also auch keine Kirche zustande.

44 Genau: seit dem Westfälischen Frieden von 1648. Vgl. dazu Dickmann (1959).

45 Die klassische und weitwirkende Formulicrung dieser Einsicht liegt bekanntlich vor bei Smith (1974, Original 1776).

46 Zur Interpretation dieser tragenden Grundannahme der Smithschen Ökonomik vgl. Mestmaecker (1987); auf den weltanschaulich-theologischen Hintergrund der Gesamtkonzeption weist hin Koslowski (1984, S. 32ff.)

47 Sofern man unter einer Ideologie ein – nicht zufällig, sondern systematisch – falsches Bewußtsein versteht, handelt es sich hier um nichts anderes.

48 Nur für die eigene interne Öffentlichkeit können Religionsgemeinschaften, hier: Kirchen, bestimmte Texte als Ausdruck des für sie fundamentalen Konsenses auch im Medium des Rechts – etwa durch Kirchenordnungen – fixieren.

49 Etwa der gelegentliche Verzicht auf einen Verdrängungswettbewerb.

50 So in exemplarischer Weise jüngst der Vorstandsvorsitzende der Deutschen Ford AG, Goeudevert (1988), in der Wirtschaftswoche.

51 Alle Maßnahmen zur Entwicklung einer »Unternehmensphilosophie« bedürfen unter diesem Gesichtspunkt einer sorgfältigen kritischen Prüfung.
52 Nicht: alternativ.

Rolf Gröschner

Zur rechtsphilosophischen Fundierung einer Unternehmensethik

Läßt das Recht Raum für eine Unternehmensethik und wenn ja, an welchen Stellen und aus welchen Gründen? Zur Beantwortung dieser Fragen werden im folgenden einige Fundamente gelegt, die geeignet erscheinen, der betriebswirtschaftlichen Diskussion zwar keine neue, aber doch eine philosophisch breitere – um die Rechtsphilosophie erweiterte – Grundlage zu geben.

Da »die« Rechtsphilosophie ebensowenig eine einheitliche Lehre ist wie »die« Ethik, soll eine Übersicht über traditionelle (I.) und aktuelle (II.) Grundpositionen an den Anfang gestellt und anschließend eine Gegenposition entwickelt werden, die der Unternehmensethik einen lebensweltlich begründeten Raum im Recht zuweist (III.). Die ethischen Dimensionen dieses Raumes werden durch ein Grundphänomen des Rechts bestimmt: durch seine Geltung (IV.). Das In-Geltung-Setzen von Recht ist deshalb auch der rechtsphilosophische Bestimmungsgrund unternehmensethischer Handlungsspielräume im kleinen wie im großen oder – ökonomieadäquat formuliert – in mikro- wie in makrojuristischer Perspektive (V.).

I. Gegen die Instrumentalisierung des Rechts und die Idealisierung der Ethik

1. Ideologisierung des Rechts in der traditionellen Rechtsphilosophie

Die traditionelle Rechtsphilosophie war und ist idealistisch: Recht wird als Verwirklichung einer höheren, philosophisch vorgegebenen Gerechtigkeitsidee gedacht. Ob man diese Verwirklichung – in platonischer Tradition – von der Herrschaft der Philosophie bzw. der Philosophie der Herrschenden erhofft oder – in hegelianischer Tradition – von der Entwicklung der Weltvernunft, macht im Prinzip keinen Unterschied. Denn das gemeinsame Grundprinzip ist die Instrumentalisierung des Rechts. Sei es als Herrschaftsinstrument oder als Werkzeug des Weltgeists: Recht wird Mittel zum Zweck der Erfüllung politisch-philosophisch überhöhter Vorgaben.

Die geschichtliche Erfahrung lehrt aber, wie nah Idealisierung, Instrumentalisierung und *Ideologisierung des Rechts* beieinanderliegen. Daß Hegel 1821 den preußischen Staat, der Hegelianismus nach 1933 die völkische Gemeinschaft unter dem Führerwillen und der Neuhegelianismus seit 1949 die freiheitlich-demokratische Grundordnung als jeweils letzte Stufe der Weltgeistentwicklung propagiert haben, sollte genügen, um allen Ideenlehren rechtsphilosophisch ernsthaft zu widerstehen – mögen sie politisch oder unpolitisch sein, politisch

»rechts« oder »links«, philosophisch »rechtshegelianisch« oder »linkshegelianisch«. Wenn das Recht nicht Waffe zur Vollstreckung politischer Ideologien werden soll, darf es schon nicht Mittel zur Durchsetzung philosophischer Ideen sein.[1]

Diese zur Erhaltung seiner lebensweltlichen Gerechtigkeit notwendige Entideologisierung und Entinstrumentalisierung des Rechts erstreckt sich auch auf wirtschaftswissenschaftliche Ideen, etwa auf die der liberalen Nationalökonomie. Zwar ist der Ordoliberalismus zunächst eine respektable Form nationalökonomischen Widerstands gegen den Totalitarismus gewesen, sein historisches Verdienst ist aber zugleich seine rechtsphilosophische Last: er stellt das Recht in den Dienst eines bestimmten – wie Ökonomen wissen idealen – Modells der Wirtschaft und setzt auf diese spezifisch volkswirtschaftliche Weise die Tradition des Platonismus – in der Form des Modellplatonismus – fort.[2]

Auch die jüngste Entwicklung dieses Modellplatonismus in der sogenannten ökonomischen Analyse des Rechts läßt rechtsphilosophisch kein günstigeres Gesamturteil zu: Das Recht wird instrumentalisiert, solang und soweit es auf den Zweck einer pareto-optimalen Allokation seiner juristischen Ressourcen reduziert wird.

2. Rückgang auf die Lebenswelt in einer dialogischen Rechtsphilosophie

Der rechtsphilosophische Grundfehler all dieser instrumentellen Rechtskonzeptionen ist ihre Einseitigkeit. Recht kann nicht nur einem Herren dienen – dem Philosophen, dem Politiker, dem Ökonomen –, weil – um im Bild zu bleiben – seine wirklichen Herren die jeweiligen Träger des Rechts sind, und das sind – jetzt juristisch formuliert – immer Rechtssubjekte, niemals Rechtsobjekte und immer zumindest zwei: ein berechtigtes Rechtssubjekt auf der einen und ein entsprechend verpflichtetes Rechtssubjekt auf der anderen Seite. Gläubiger und Schuldner, Arbeitgeber und Arbeitnehmer, Unternehmer und Überwachungsbehörde: immer sind lebensweltliche Interessenkonflikte der Grund einer rechtlichen Regelung. Ob diese Regelung gerecht ist, kann deshalb keine Frage eines vorgegebenen Zweck-Mittel-Verhältnisses, sondern muß eine Frage des jeweiligen Rechte- und Pflichten-Verhältnisses sein. Recht ist *Regelung von Lebensverhältnissen in Rechtsverhältnissen.* Seine Philosophie ist nicht die einseitige Zweckverwirklichung, sondern der mindestens zweiseitige Ausgleich.

Unbedacht mag man diesen Ausgleich den »Zweck« rechtlicher Regelungen nennen, mit rechtsphilosophischem Bedacht formuliert ist er der »Regelungsgrund«. In dieser Formulierung kommt zum Ausdruck, was in der gegenwärtigen Wissenschaftstheorie allenthalben postuliert wird: ein Paradigmenwechsel, und zwar derjenige von der instrumentellen zur kommunikativen Rationalität oder – in der Terminologie der hier vertretenen Rechtsphilosophie – ein grundlegender *Wandel von der teleologischen zur dialogischen Vernunft*.

Die wichtigste, bis in Einzelheiten der praktischen Arbeit am Recht reichende Wirkung dieses Wandels ist eine andere Art der Auslegung: Recht kann nicht mehr allein auf den politischen »Regelungszweck« hin, sondern muß immer auch aus dem un-politischen, lebensweltlichen »Regelungsgrund« heraus ausgelegt werden. Das ist keine naiv-idealistische Entpolitisierung des Rechts – denn Gesetzgebung bleibt eine parlamentarische und insoweit politische Kompetenz –, sondern eine methodisch-realistische: im argumentativen Auswahlprozeß der Auslegung wiegen die politischen Zwecke des Gesetzgebers nicht mehr und nicht weniger als andere Auslegungsargumente auch. Sie müssen als Gründe abgewogen werden, die für oder gegen eine bestimmte Auslegung sprechen, können aber niemals die für die Entscheidung ausschlaggebende Abwägung dieser Gründe ersetzen.

3. Lebensweltliche Verantwortung als Grundlage einer dialogischen Ethik

Dieser rechtsphilosophisch-methodologische Wandel hat Konsequenzen auch für die Ethik: auch sie muß sich wandeln, wenn sie für das Recht noch Relevanz beanspruchen will. Insbesondere darf sie keinen Idealismus mehr predigen wie es moralphilosophisch ernsthaft zuletzt die Vertreter der materialen Wertethik getan haben und wie es politisch die Anhänger des Zeitgeistes tun, die neue oder alte »Werte« verkünden. Wenn Ethik praktisch etwas bewirken soll – etwa als Unternehmensethik –, dann muß sie heruntergeholt werden aus dem Himmel der »Ideen« oder »Werte« und – ebenso wie Philosophie und Rechtsphilosophie – hineingestellt werden in die alltägliche Lebenswirklichkeit. Verantwortlich zu handeln heißt dort nicht, aus Verantwortung gegenüber einem höheren sittlichen Sollen zu handeln (das schon deshalb metaphysisch-spekulativen oder mindestens mystisch-fiktiven Charakter hat, weil es niemanden wirklich zur Rechenschaft ruft), sondern aus einem lebensweltlichen Verhältnis heraus, in dem man *sein Handeln in einem Rede- und Antwort-Verhältnis wirklich verantworten* muß.

Daß man dies »muß«, ist nicht der Inhalt ethisch vorgegebener Normen, sondern die Voraussetzung praktisch gelingenden lebensweltlichen Handelns: »herein« (oder »ja«) antwortet man auf Türklopfen nicht, weil es die Ethik gebietet, sondern, weil es das klopfend angebahnte Lebensverhältnis – wenn es gelingen soll – verlangt.

Auch Unternehmen müssen – bildlich gesprochen – auf Türklopfen reagieren, wenn unternehmerische Praxis auf längere Sicht nicht mißlingen soll. Die Lebenswelt selbst ist es – etwa als »Umwelt« –, die hier Einlaß in die Unternehmenspraxis und in eine praxisbezogene Unternehmensethik begehrt. Einem einfachen »Herein« stehen philosophisch aber nicht nur die klassischen und neoklassischen Ideenlehren entgegen, sondern auch zwei der meistdiskutierten Grundpositionen der Gegenwartsphilosophie: die Systemtheorie auf der einen und die Kommunikationstheorie auf der anderen Seite.

II. Wider systemtheoretische und kommunikationstheoretische Rechtskonzeptionen

Luhmann und Habermas und die durch die beiden Autoren repräsentierte Systemtheorie und Kommunikationstheorie verfehlen die Lebenswelt als Ort des Rechts und der Ethik auf je eigene Art und Weise: Luhmann durch die soziologisch-methodologische Selbstbeschränkung auf die Kategorie des Systems, Habermas durch die philosophisch-methodologische Festlegung auf ein formelles Konzept von Rationalität. Daß dieser beiderseits bestimmende methodische Zugang inzwischen unter einem Berg von Sekundärliteratur verschüttet zu werden droht, ist – neben dem Thema und den räumlichen Grenzen dieses Beitrages – ein zusätzliches Argument für einen Verzicht auf Details, etwa auf Subtilitäten der Abgrenzung innerhalb der Schulen, insbesondere zwischen Lehrern und Schülern.

1. Abschaffung der lebensweltlichen Handlungsfreiheit in der Systemtheorie

Der systemtheoretische Befund für die Möglichkeit einer lebensweltlich begründeten Unternehmensethik ist – man kann es nicht anders sagen – vernichtend. Denn mit ihrer Grundkategorie des »Systems« und ihrer Grundfunktion der »Reduktion von Komplexität« – sowie neuerdings ihrer Grundoperation der »Autopoiesis« – *reduziert die Systemtheorie die personalen Phänomene der Lebenswelt auf Null:* Lebensverhältnisse in dem für Recht und Ethik konstitutiven Sinne zählen für die systemtheoretische Analyse gar nicht; was zählt, sind »Systeme«, die erst dadurch zum System werden, daß sie sich aus der Lebenswelt »ausdifferenzieren« (d.h. von ihr abgrenzen), um so die lebensweltliche Komplexität durch »autopoietische« (oder »selbstreferentielle«, d.h. selbstbezügliche und sich selbst erhaltende) Operationen in einer systemspezifischen »Codierung« verarbeiten zu können. So arbeitet das »Rechtssystem« nach dem sprachlichen Code »Recht« oder »Unrecht«, während das »Wirtschaftssystem« auf die monetäre Codierung von »Zahlen« oder »Nichtzahlen« programmiert ist. Kurz: der Jurist denkt juristisch, der Ökonom ökonomisch.[3]

Wenn dies das letzte Wort bliebe, wäre das Ende der Unternehmensethik bereits verkündet, bevor sie sich als betriebswirtschaftliche Disziplin überhaupt etabliert hätte. Denn eine Unternehmung, die sich systemkonform verhielte, müßte handlungsunfähig werden, sobald moralisches Handeln – etwa das bildhaft bereits erwähnte umweltbewußte Handeln – zu »Zahlungs«- statt »Nichtzahlungs«-Vorgängen führte.

Die Betriebswirtschaftslehre steht hier vor derselben Aufgabe wie die Jurisprudenz. Sie muß die *Unterschiede* zeigen, die *zwischen der systemtheoretischen Außenperspektive und der betriebswirtschaftlich-juristischen Innenperspektive* bestehen. Da innersystemisch für Luhmann alles »kontingent« (beliebig) ist, braucht man diese Aufgabe nicht zu scheuen. Raum für Ethik ist – im Recht wie in der Wirtschaft – gerade dort, wo die Systemtheorie nur Kontingenz oder Beliebigkeit kennt: im Inneren des jeweiligen Systems. Im Recht sind dies – wie der Verfasser im einzelnen dargelegt hat – alle Arten von materiellrechtlich bestehenden Gestaltungsspielräumen, in der Wirtschaft sind es – nach der überzeugenden Ethikkonzeption, die der Herausgeber dieses Bandes vorgelegt hat – alle neben dem Formalziel der Gewinnmaximierung existierenden materiellen Unternehmensziele. Die gemeinsame Philosophie muß deshalb lauten: »herein« mit der Lebenswelt in jenes einzige und für moralisches Handeln einzig relevante »System«, das noch zu Antworten auf uncodierte Fragen fähig ist, von der Systemtheorie aber – eben wegen dieser unsystemischen Handlungsfähigkeit – mit methodischer Konsequenz abgeschafft wurde: »herein« mit der Lebenswelt in die Freiheit der Person, sich systemischem Verhalten durch moralisches Handeln zu widersetzen. Dieser philosophische Widerstand muß geleistet werden, wenn die durch den Abschied von der alten Metaphysik wiedergewonnene Handlungsfreiheit nicht in der neuen Metaphysik der Systeme verlorengehen soll... (vgl. dazu Gröschner 1987a).

2. Verkürzung des Lebensweltbegriffs in der Kommunikationstheorie

In ausdrücklichem – seit bald 20 Jahren betontem – Gegensatz zu Luhmann beläßt Habermas dem Begriff der Handlung eine eigenständige, gerade gegen den Begriff des Systems gerichtete Bedeutung. Und auch der Paradigmenwechsel, den Habermas mit seiner »Theorie des kommunikativen Handelns« vollzogen hat – derjenige von der instrumentellen zur kommunikativen Rationalität – scheint auf den ersten Blick dem zu entsprechen, was oben als Wandel von der teleologischen zur dialogischen Vernunft bezeichnet wurde. Bei genauerem Hinsehen zeigt sich jedoch ein Unterschied in den Grundbegriffen, der bis an die Wurzeln der jeweiligen Philosophie reicht: »kommunikative Rationalität« wurzelt in einem *»formalpragmatischen« Rationalitätskonzept* und einem korrespondierend formalen Lebensweltkonzept, das all das philosophisch unbegriffen und methodologisch unbegreifbar zurückläßt, was in der Lebenswelt handlungspraktisch (also nicht lediglich formalpragmatisch) und inhaltlich (also nicht lediglich formal) geschieht. Das ist nicht leicht zu verstehen; es lohnt sich aber, den Dingen auf den lebensweltlichen Grund zu gehen. Denn wenn etwas stark genug ist gegen methodische Zwänge, dann die wissenschaftlich unzubereitete Lebenswelt. Auch die Ethik muß dort ihren Ort und ihren Anfang finden.[4]

»Formal« oder – wie Habermas selbst sagt – »formalpragmatisch« ist das Konzept der kommunikativen Rationalität, weil es mit einem formalisierten Dreiweltenkonzept arbeitet: kommunikativ, in realen (wenn auch philosophisch an der »idealen Sprechsituation« gemessenen) Diskursen können nur drei verschiedene Geltungsansprüche erhoben werden: der Anspruch auf Wahrhaftigkeit, auf Wahrheit und auf Richtigkeit. Nur diese drei Geltungsansprüche können erhoben werden, weil im Habermasschen Rationalitätsmodell jeder Anspruch genau einer »Welt« zugeordnet wird und es nach Habermas nur drei »Welten« gibt: die »subjektive« Welt (der Wahrhaftigkeit), die »objektive« Welt (der Wahrheit) und die »soziale« Welt (der Richtigkeit). Formal ist dieses Modell, weil in ihm nicht auf die jeweiligen Inhalte der drei Welten abgestellt wird, sondern auf die methodologische Bedingung, unter der praktisch erhobene Geltungsansprüche theoretisch als solche erkannt werden können. (So erklärt sich auch der Terminus »formal-pragmatisch«).

Gegenüber den drei genannten »Welten« hat die »Lebenswelt« bei Habermas eine spezifische Funktion, die sich schon durch ihre Einführung als »Komplementärbegriff« zum Begriff des kommunikativen Handelns andeutet: Habermas braucht eine Ergänzung seines Kommunikationsbegriffs und damit eine Ergänzung seines Dreiweltenkonzepts. Denn »Kommunikation« ist »formalpragmatisch« durch ein rein formales Rationalitätskonzept (eben das der drei Welten) bestimmt, muß also, um wirklich »pragmatisch«, d. h. handlungspraktisch verwertbar zu sein, inhaltlich ergänzt werden. Die notwendigen Inhalte der Rationalität will Habermas dem entnehmen, was er – in Übernahme eines Begriffs, der erstmals von Simmel verwandt und entscheidend von Husserl geprägt wurde – »Lebenswelt« nennt. Diese Lebenswelt ist aber nicht die Welt, in der wir jeweils zu Hause – im weitesten Sinn dieses Wortes – sind, sie ist überhaupt nicht »Welt« als Lebensphänomen, sondern nur als Begriff: eben nur als der die Methodenreinheit sichernde *Komplementärbegriff zum formalen Rationalitätsbegriff*. Als solcher bezeichnet er bei Habermas aber lediglich den latenten »Hintergrund« der Kommunikation, nicht deren aktuellen Inhalt. Die Lebenswelt kann in dieser Konzeption kommunikativ gar nicht relevant werden, weil sie erst in das formale Dreiweltenkonzept transformiert werden muß, um überhaupt zur

Sprache gebracht werden zu können: zur Sprache der von Habermas allein als rational anerkannten Geltungsansprüche.

Wie weit dieses Lebensweltkonzept von der wirklichen Lebenswelt – die zur Vermeidung von Verwechslungen im folgenden Lebenswirklichkeit genannt wird – entfernt ist, zeigt sich am Beispiel der Ethik ganz deutlich. Ethisches Handeln erlaubt in der Kommunikationstheorie kein unvermitteltes Eingehen auf einen in der Lebenswirklichkeit erhobenen Anspruch, sondern erfordert eine Vermittlung im Medium der Sprache und dazu eine Übersetzung aus der Irrationalität des lebensweltlichen Hintergrunds in die Rationalität des kommunikativen Vordergrunds. Was dabei aus dem hintergründigen, von der ganzen Person und ihrer jeweiligen Lebenswirklichkeit getragenen Anspruch wird, ist offenkundig: ein vordergründig rationaler Geltungsanspruch. »Vordergründig« rational ist er, weil er nur als sprachlich vermittelter Anspruch und im Falle eines der »sozialen Welt« zuzuordnenden Geltungsanspruchs nur als sprachlich verfaßte Norm zur ethisch-kommunikativen Debatte steht.

Würde man philosophisch auf diejenigen hören, die mit sprachlich verfaßten Normen und ihrer Anwendung auf die Lebenswirklichkeit die größte Erfahrung haben – und das sind nun einmal Juristen –, dann dürfte man eines nicht überhören: daß die eigentliche Kunst der Normanwendung – das, was das »Judiz« eines guten Juristen ausmacht – darin besteht, die Norm zurückzuübersetzen in die vorsprachliche – jedenfalls noch nicht rechtssprachliche – Wirklichkeit des Lebens. Nur so ist es möglich, daß die Jurisprudenz auch das »herein«-ruft, was unartikuliert »anklopft«....

Das kann hier nicht weiter ausgeführt werden. Worauf es ankam, war, den *Abstand sowohl der Systemtheorie wie der Kommunikationstheorie von der Lebenswirklichkeit* zu verdeutlichen. Dieser Abstand hat unterschiedliche Gründe, aber er verhindert den direkten Zugriff auf den Einzelfall, und zwar jeweils mit methodischer Notwendigkeit: systemtheoretisch muß der Einzelfall erst übersetzt werden in die Codierung des jeweiligen Systems, kommunikationstheoretisch in die Rationalität der jeweiligen Welt. Aus der Sicht einer Unternehmensethik mag man diesen Befund drehen und wenden wie man will: es bleibt das Dilemma, daß ökonomisch-systemische Zwänge im Sinne Luhmanns immer stärker sein werden als kommunikativ-rationale Überlegungen im Sinne Habermas'. Wenn Wirtschaft ein durch das entsprachlichte Medium Geld gesteuertes System ist, dann steht eine lediglich formal versprachlichte Vernunft auf verlorenem Posten. Aber wie gesagt: noch ist es nicht entschieden, ob beide – Wirtschaft und Vernunft – nicht doch mehr sind. Sie sind es, wenn man der Lebenswirklichkeit Geltung verschafft. Dies ist philosophisch durch den Konstruktivismus, rechtsphilosophisch durch Phänomenologie und Dialogik geschehen.

III. Von der konstruktiven Wissenschaftstheorie zur dialogischen Rechtsphilosophie

1. Das platonisch-konstruktive Prinzip der Transsubjektivität

Welche philosophischen Perspektiven der Konstruktivismus für die Unternehmensethik eröffnet, hat Lorenzen in diesem Sammelband selbst deutlich gemacht. Aus rechtsphilosophischer Sicht ist hervorzuheben, daß der konstruktive Anfang inmitten einer »immer schon« geübten Handlungspraxis in einem größeren – von Husserl über Heidegger bis zur heutigen Phänomenologie reichenden – Zusammenhang zu sehen ist, in dem auch der hier geforderte Beginn in und mit der Lebenswirklichkeit steht. Gegenüber diesem prinzipiellen Zusammenhang fallen Detailunterschiede – insbesondere in den Anforderungen an den Aufbau einer philosophischen Terminologie – kaum ins Gewicht. Zur Vermeidung von Mißverständnissen in einer sowohl für den Lorenzenschen als auch für den vorliegenden Beitrag zentralen Frage muß aber auf einen Terminus näher eingegangen werden: auf den der »Idee«.

In Anknüpfung an den platonischen, von Lorenzen erläuterten Begriff der Utopie läßt sich der Kampf, der eingangs gegen die »Ideen« der traditionellen Rechtsphilosophie geführt wurde, als Kampf gegen die Verwirklichung »utopischer Ideen« verstehen; die Realisierung »idealer Konstruktionsvorschriften«, insbesondere derjenigen des Lorenzenschen *Transsubjektivitätsprinzips*, darf damit nicht verwechselt und aus philosophischem Versehen mitbekämpft werden. Das ethische Grundprinzip des Konstruktivismus, Konflikte nicht durch Macht und Gewalt, sondern durch »transsubjektive« – die eigene Subjektivität des faktischen Wollens und Meinens überschreitende – vernünftige Beratung und freien Konsens zu überwinden, verdient jede Unterstützung (philosophisch, politisch, fachwissenschaftlich und lebensweltlich).[5]

Eine andere, hier aber allenfalls anzudeutende Frage wäre, ob Lorenzens Rekonstruktion des platonischen »eidos« – bei aller Nachvollziehbarkeit und Fruchtbarkeit im Rahmen des Konstruktivismus – auf Platons eigene Rechts- und Staatsphilosophie (also über den von Lorenzen thematisierten Prinzipienstreit der Geometrie hinaus) ausgedehnt werden kann. Die Antwort müßte in Buch II und III der »Politeia« an den Stellen gesucht werden, an denen Platon aus den »Wächtern« »gute« (375c), »philosophische« (375e) oder »vollkommene« (414b, 428d) Wächter macht und aus ihnen dann die Herrscher. Denn an diesen Stellen hat das erst ab Buch V eingeführte utopische Herrschaftsideal des Philosophenstaates bereits seinen Ort in der topisch erörterten Polis gefunden: es ist keine Utopie geblieben, sondern vollkommene Wirklichkeit geworden, und zwar nicht irgendwo, sondern am ureigensten Ort platonischen Philosophierens: im dialektischen Lehrgespräch. Von dort zur Herrschaftsideologie der hegelianischen Dialektik ist es philosophisch nur ein kleiner Schritt....

Wohlgemerkt: die Frage ist nicht, ob die geometriegemäße Verwendung der Wörter »Idee« und »Ideal« sinnvoll ist – ihr konstruktiver Sinn könnte durch niemanden klarer gemacht worden sein als durch Lorenzen selbst –, zu fragen wäre nur, ob nicht bereits Platon in Sachen Recht und Staat seine eigene geometrische Grundposition verlassen hat.[6]

Als Ausweg aus dieser – zugegeben schwierigen – philosophiegeschichtlichen Situation gibt es neben dem von Lorenzen beschrittenen Weg des Rückgriffs auf die Geometrie noch den des Rückgangs auf Platons Lehrer Sokrates. Daß der Verfasser letzteren gewählt hat – vor allem, weil der sokratische Dialog dem Leben und den Lebensphänomenen des Rechts und des Staates näher steht als der Prinzipienstreit über geometrische Theoreme – ändert nichts an der sachlichen Übereinstimmung im *Grundprinzip des Dialogs*[7]: ob als platonisch-konstruktives oder als sokratisch-dialogisches Prinzip ist es das Fundament einer lebensweltlich begründeten Ethik.

2. Das sokratisch-dialogische Prinzip des Nichtwissens

Als dialogisches Prinzip steht das Transsubjektivitätsprinzip in einer philosophischen Tradition, die bis zurück zur *historischen Gestalt des Sokrates* reicht. »Historisch« ist besonders zu betonen, da die philosophische Gestalt des Sokrates durch seinen Meisterschüler Platon so idealisiert – auf die Ideenlehre fixiert – wurde, daß die platonische Dialektik im Grunde das Gegenteil der sokratischen Dialogik geworden ist. »Im Grunde« heißt: Im Grundprinzip des Dialogs, das bei Sokrates untrennbar mit dem *Prinzip des Nichtwissens* verbunden ist. Letzteres ist allerdings durch schlagwortartigen Gebrauch so abgestumpft, daß man auf das Original der »Apologie« zurückgreifen muß, um ihm seine ursprüngliche Schärfe wiederzugeben. Nirgendwo heißt es dort, Sokrates wisse, daß er »nichts« wisse. Denn einen solchen Widerspruch – zwischen der Behauptung, etwas und doch nichts zu wissen – hätten sich weder Sokrates in der mündlichen noch Platon in der schriftlichen Fassung des Prinzips erlauben können. Eine adäquate Übersetzung der Originalstelle muß deshalb das griechische »ouk« – das schwächer ist als das deutsche »nichts« – mit »nicht ... etwas« umschreiben: etwas, das Sokrates nicht wußte, behauptete er auch nicht zu wissen.

Damit ist aber bereits die Vorentscheidung zugunsten des Dialogs gefallen: er hat nur dort seine Berechtigung, wo es monologisches Wissen von »etwas« wie Tapferkeit, Besonnenheit, Frömmigkeit, Freundschaft oder Gerechtigkeit (in der Reihenfolge der »sokratischen«, frühplatonischen Dialoge Laches, Charmides, Eutyphron, Lysis und Buch I der Politeia) nicht gibt. Eben weil man als

Sokratiker – der man nach dem Ende der Naturrechtsmetaphysik wieder werden muß – nicht weiß, was »die« Gerechtigkeit als solche bedeutet, enden die sokratischen Dialoge nicht nur in einer Aporie (»wir haben also nicht gefunden, was die Gerechtigkeit ist . . .«), sondern setzen sie dieses Ende philosophisch immer schon voraus (Nichtwissen statt Idee!) und fangen sie unter der Voraussetzung eines offenen Ausgangs überhaupt erst an (Dialog statt Monolog!).

Der Dialog, der in unserer Rechtsordnung jeder Art einer rechtlich relevanten Entscheidung vorauszugehen hat, ist ganz und gar sokratisch in diesem Sinne. Weder weiß der zur Entscheidung Berufene (etwa der Richter), wie der Sachverhalt sich »objektiv« zugetragen hat, noch weiß er, was in diesem Falle »objektiv« (oder absolut oder idealiter) gerecht ist. Sondern der Fall konstituiert sich erst im Hinblick auf die tatsächlichen Behauptungen und rechtlichen Ansprüche der Beteiligten. Und eben deshalb – weil die Tatsachen und das Recht sich immer erst im Streit konstituieren – kommt es entscheidend auf die Ethik der Rechtsfindung und das Ethos des Rechtsfinders an: ein Richter, der vorgibt, er wüßte, worauf alles hinauslaufe, ohne beide Seiten dazu gehört zu haben, verletzt nicht nur seine Rechtspflichten (insbesondere zur Gewährung rechtlichen Gehörs), sondern verstößt vor allem auch gegen seine Standespflichten und damit gegen sein Berufsethos. *»Ethos«* ist dies Berufsethos *im ursprünglichen Sinne des Wortes:* im Sinne der »Gewöhnung«, und zwar einer Gewöhnung an die Ansprüche, denen man sich in der je eigenen Lebenswirklichkeit – hier in der richterlichen Alltagsarbeit – gegenübergestellt sieht. Ihnen und nur ihnen gegenüber ist man ethisch verantwortlich, keiner höheren Instanz im rechtlichen oder philosophischen Sinne. *Verantwortung ist dialogisch: sie besteht dem gegenüber, der Antwort erwartet.*

Als rechtsphilosophische Grundlegung einer Unternehmensethik erscheint dies alles wegen der Vergleichbarkeit der Verhältnisse geeignet: wenn schon das strikt normative Gesetzesrecht einen Spielraum für ethisches Handeln eröffnet, ja seitens des Richters – und seitens der Adressaten, wie gleich zu zeigen sein wird – sogar verlangt, dann sollte sich eine normativ verstandene Betriebswirtschaftslehre durch nicht-normative Wissenschaftstheorien keinesfalls daran hindern lassen, nach solchen Spielräumen für unternehmensethisches Handeln zu suchen. Der Vergleich mit der Rechtsphilosophie legt es nahe, dafür in der *Lebenswirklichkeit des Unternehmers* zu beginnen und die dort bestehenden Ansprüche erst einmal so zu nehmen, wie sie vor-wissenschaftlich und vor-philosophisch geltend gemacht werden und sie als *lebensweltliche Argumente* in den Dialog der Gründe einzubeziehen, die für die unternehmerische Entscheidung ausschlaggebend sind.

Hans Jonas hat gezeigt, daß eine solche Verantwortung nicht nur im Nahhorizont, sondern auch im Fernhorizont philosophisch klare Konturen gewinnen kann: als Verantwortung gegenüber zukünftigen Generationen, deren Gründe – soweit sie absehbar sind – heute bereits Berücksichtigung in einem verantwortlich geführten Dialog finden müssen (Jonas 1979). Nichts anderes fordert der Herausgeber dieses Buches für die von ihm initiierte Unternehmensethik, wenn er schreibt, die einzelne Unternehmung habe ihre »Rechtfertigungspflicht« immer dann einzulösen, »wenn ethische Bedenken durch Betroffene vorgebracht oder durch die Unternehmung selbst (verantwortlich) antizipiert werden« (Steinmann/Löhr 1987b, S. 455). Daß und weshalb eine solche Ethik aktueller oder antizipierter dialogischer Verantwortung auch »rational« ist, soll im folgenden – wiederum zunächst aus der Sicht der Rechtsphilosophie und dann im Vergleich mit einer möglichen Unternehmensphilosophie – begründet werden.

IV. Über die Geltung des Rechts als Grundphänomen der Ethik

1. Durchsetzung des Rechts als juristisches Phänomen

Art. 117 der Bayerischen Verfassung bestimmt, daß »die Verfassung und die Gesetze zu achten und zu befolgen« sind. Ist eine solche (auch in anderen Länderverfassungen, nicht aber im Grundgesetz vorkommende) Pflicht zum Gesetzesgehorsam eine Rechtspflicht? Diese Frage mag einen Nichtjuristen überraschen. Denn schon die rechtliche Normierung als solche scheint für eine rechtliche Verpflichtung zu sprechen. Und auch die Normlogik lehrt, daß aus Recht nichts anderes als Recht hergeleitet werden kann. Das Problem würde damit aber – wie meist durch rechtslogische Hinweise – nur verlagert. Es lautete dann: ist Art. 117 BV seinem Inhalt nach Recht? – und das wäre offensichtlich noch immer dieselbe Frage wie die eingangs gestellte.

Der kürzeste Weg zur Beantwortung der Frage führt über die Durchsetzbarkeit des zitierten Satzes: wie sollte eine Pflicht zur »Achtung« der Gesetze mit den Mitteln des Rechts durchgesetzt werden? Rechtsphilosophisch weitergegangen würde dieser Weg freilich erst bei einer der Grundunterscheidungen der kantischen Sittenlehre enden, bei der *Unterscheidung von Moralität und Legalität:* Rechtspflichten werden von außen – »heteronom« – auferlegt, entsprechend äußerlich befolgt und – notfalls mit äußerem Zwang – durchgesetzt; die Auferlegung und Befolgung moralischer Pflichten erfolgt dagegen – »autonom« – von innen heraus, weshalb es eine äußerliche, zwangsweise Durchsetzung hier nicht geben kann.

Man braucht indessen kein Kantianer und kein Gesinnungsethiker zu sein, um eine Vorschrift wie Art. 117 BV als Ausdruck eines ethischen Appells interpretieren zu können. So heißt es in einer einschlägigen Kommentierung rechtsphilosophisch ganz unprätentiös, die betreffende »Grundpflicht« habe »den Sinn einer sehr ernst zu nehmenden Mahnung«.

Für die vorliegende Fragestellung bedeutet diese »Mahnung«: daß die *Geltung des Rechts* nicht auf seine *Durchsetzung* reduziert werden darf, sondern als ethisches Grundphänomen noch weiter rekonstruiert werden muß.

2. Geltung des Rechts als ethisches Phänomen

Im Rahmen des hier Möglichen und Nötigen hat diese Rekonstruktion nur das eine Ziel: die lebensweltlich-individuelle Vernunft der Ethik vor ihrer normativen Verallgemeinerung zu retten. Gegen das gemeinsame Grundprinzip von Kantianern und Kommunikationstheoretikern – rational ist nur, was verallgemeinerungsfähig ist –, soll deshalb die Grundthese aller Sokratiker seit 399 v. Chr. – also seit dem Todesjahr des Sokrates – gestellt werden: Vernünftig ist nicht nur, was von »oben«, aus allgemeingültigen Gesetzen hergeleitet wird, sondern auch, was sich von »unten«, aus der besonderen Lage der Lebenswirklichkeit ergibt. Mit deduktiven oder induktiven Schlüssen hat das nichts zu tun. Denn die Lebenswirklichkeit ist mehr als das Anwendungsfeld von Deduktionen oder der Ausgangspunkt für Induktionen. Als Lebenswirklichkeit ist sie überhaupt nicht logisch verfaßt und überhaupt nicht mit wissenschaftslogischen Schlüssen zu erfassen. Die Logik, die ihr entspricht, ist jener logos, den Sokrates gelehrt und gelebt hat und für den er schließlich auch gestorben ist: gegen alle Argumente und Möglichkeiten, sich einem rechtlich gültigen Todesurteil durch Flucht zu entziehen, hat er seine eigene ethische Entscheidung gesetzt, die Geltung des Urteils zu akzeptieren.

Für die Geltung des Rechts als Ethikphänomen in diesem sokratischen Sinne gibt es keinen besseren literarischen Beleg als den (frühplatonischen und deshalb noch relativ *sokratischen*) *Dialog »Kriton«*. Man muß sich nur von der – freilich verbreiteten – Vorstellung freimachen, der »logos«, dessen Befolgung Sokrates auch hier immer wieder fordert, sei bereits das spätplatonische (und nicht-konstruktivistische) »eidos«. Sieht man von den vielen Feinheiten des moralphilosophischen Dialogs zwischen Sokrates und Kriton ab, lautet das Hauptargument, daß ein Staat keinen Bestand haben könne, dessen Gerichtsurteile ihre normative »Kraft« durch faktische Nichtbeachtung verlören. So sehr Sokrates den Göttern dieses Staates die Legitimation abgesprochen hatte – was nach dem damaligen Gesetz gegen Gotteslästerung auf juristisch jedenfalls vertretbare Weise zum Schuldspruch geführt hat –, so sehr hatte er zeitlebens die Anerkennung der Legalität gefordert. Legalität und Legitimität, Recht und Gerechtigkeit, Gesetz und Moral: diese Grundunterscheidung ist es auch, die Sokrates' Hauptargument gegenüber Kriton wird. Die Illegitimität einer einzelnen Rechtsvorschrift muß von der Illegitimität der Rechtsordnung im ganzen unterschieden und die ethisch zulässige Flucht in die Illegalität auf den zweiten Fall und darauf begrenzt werden, daß man sich über die Zulässigkeit einer solchen Flucht *auf sokratisch-dialogische Weise* (Lorenzen würde sagen: *in transsubjektiver Beratung*) geeinigt hat. Damit steht das Geltungsproblem historisch in jenem Zusammenhang, der hier als der rechtsphilosophisch entscheidende eingeführt wurde: im Zusammenhang mit der Verabschiedung aller höheren Rechtfertigung des Rechts. Wie Sokrates den Übergang vom Mythos zum Logos verkörpert, so repräsentiert die heutige Philosophie der Rechtsgeltung den Abschied von jedweder Metaphysik. Nur dort, wo das Recht seine Geltung aus höheren Rechtsnormen – insbesondere des Naturrechts – herleiten konnte, war es rechtlich verbindlich. Wo es ohne höhere Legitimation auskommen muß, wird seine Geltung eine Frage der Ethik, und zwar im besten Falle einer ebenfalls nicht überhöhten, sondern lebensweltlich begründeten.

Das sokratische Argument ist lebensweltlich in diesem Sinne. Denn Sokrates argumentiert nicht mit einer abstrakt-generellen, allgemeinverbindlichen moralischen Norm des unbedingten Gesetzesgehorsams, sondern mit dem konkreten Fall, der ihn höchst individuell bedroht: mit der »Kraft« eines Gerichtsurteils, mit dem also, was Juristen »Rechtskraft« nennen. Rechtsphilosophisch grundlegend ist, daß diese Rechtskraft nicht mit einem juristischen Argument verteidigt wird – etwa: das Urteil gelte, weil es keine Rechtsmittel mehr dagegen gebe und es deshalb vollstreckbar sei –, sondern mit einem ethischen: was wäre die Folge, wenn eine Mehrzahl von juristisch nicht dazu Berufenen – wie »idiotes« (Laien) hier sinngemäß übersetzt werden sollte – die Wirkungen der Rechtskraft durchbräche? Der Plural (»idiotes«) ist entscheidend: Sokrates nimmt seinen Fall zum Anlaß, eine gedankliche Reihe von Fällen zu bilden, in denen so gehandelt würde, wie Kriton es vorschlägt. Er fordert nicht dazu auf, diese Fallreihe so weit zu verlängern, daß »alle« Kritons Vorschlag folgen. Mit anderen Worten: er verlangt keine Verallgemeinerung seines Falles, beläßt es aber auch nicht bei dessen Vereinzelung.

Das ist es genau, was der sokratische »logos« ermöglicht: eine *Ethik zwischen kasuistischer Vereinzelung und universalistischer Verallgemeinerung*. Und das ist es auch, was den »logos« zum »dialogos« macht: die Notwendigkeit, einen Dialog über die Entscheidung des Einzelfalls so zu führen, als werde damit über eine ganze Fallreihe entschieden. Der Unterschied dieser sokratisch-dialogischen von einer kantisch-kommunikativen Ethik ist, daß ein apriorisches Kriterium für die Länge der Fallreihe (wie die Verallgemeinerungsfähigkeit) nicht zur Verfügung gestellt wird, sondern daß auch darüber erst im Dialog (also aposteriorisch, aufgrund der bisherigen Erfahrungen) zu entscheiden ist. Manchmal genügt schon ein einziger Fall, um verantwortliches Handeln anzumahnen (man denke an Tschernobyl, Basel und Hanau), manchmal reichen dafür Tausende von Fällen nicht (wenn man etwa an den – juristisch nicht eindeutigen – »Diebstahl« von Sperrmüll denkt).

Der Übergang zur Unternehmensethik sollte jetzt nicht mehr schwerfallen: wieviele falsch deklarierte Fässer Atommülls sind nötig, um nicht nur juristisch, sondern auch ethisch von unverantwortlichem Handeln sprechen zu können? »Ethos« im Sinne von »Gewöhnung« ist zwar geduldig – man hat sich im Bereich der Wirtschaft an manches gewöhnt –, aber auch die ethische Duldung hat ihre Grenzen. Wäre es nicht Aufgabe einer dialogisch verstandenen Unternehmensethik, diese Grenzen der Geduld anhand von Fällen aufzuzeigen, die keiner Verallgemeinerung und keiner Normierung bedürfen, um sie in Zukunft zu vermeiden? Die durch Steinmann in Gang gebrachte unternehmensethische Diskussion über exemplarische Fälle – Nestlé und Cabora Bassa dürften keinem Unternehmensethiker entgangen sein – könnte eine erste Antwort in diesem Sinne sein (dazu jüngst Steinmann/Löhr 1988).

Mit dem Vorschlag einer entidealisierten, fallbezogenen sokratischen Ethik wird keinem banalen Pragmatismus das Wort geredet. Denn im Dialog um den *»logos«*, die *lebensweltliche Vernunft* und das *»ethos«*, das *lebensweltlich vernünftige moralische Handeln*, wird durchaus abstrahiert und nicht einfach pragmatisch argumentiert. Nur betrifft diese Abstraktionsleistung des sokratischen Dialogs allein die beteiligten Personen, nicht aber auch die besprochenen Fälle. Die gegenwärtige Diskursphilosophie läßt ihre Leser über diese Differenzierung nach Personen und Fällen meist im unklaren, wenn sie von »Abstraktion« als »Generalisierung« oder »Universalisierung« spricht. Rechtsphilosophisch dagegen erscheint diese Frage inzwischen soweit geklärt, daß hier als Vorschlag auch für die Unternehmensethik folgende Antwort gegeben werden kann: Normen (Rechts- oder Moralnormen) sind nicht deshalb abstrakt, weil sie von Fällen abstrahieren (die sie doch gerade entscheiden wollen), sondern allein deshalb, weil sie Fälle zu Fallreihen zusammenfassen und eben darum von den im Einzelfall handelnden, die Folgen tragenden Personen absehen (seien es Rechts- oder Moralfolgen, also rechtliche oder moralische Verantwortung, die sie tragen). Ethische Dialoge sollten wie juristische geführt werden: *ohne Ansehen der Person, aber sehr wohl angesichts von Fällen.*

Mit all dem soll nicht an der normativen Grundlage einer Unternehmensethik gerüttelt werden. Es soll nur aus der vergleichbar normativen Sicht der Rechtsphilosophie daran erinnert werden, daß Normen auf Fälle bezogen bleiben müssen, wenn sie lebensweltlich verstanden und lebenspraktisch wirksam werden sollen. Die Lebenswirklichkeit selbst muß in diesen Fällen zur Sprache kommen, damit sie den eigenen, moralisch wirklich bedrängenden Anspruch normativ möglichst unvermittelt geltend machen kann. Natürlich bedarf sie dazu der Versprachlichung und der Entpersönlichung. Aber sie muß als die Wirklichkeit wiedererkannt werden können, die unsere Alltagswirklichkeit ist und die uns eben deshalb etwas angeht, und zwar nicht nur faktisch, sondern immer auch normativ.

Gegenüber solch normativen Wirkungen der unmittelbaren, nicht über ein bestimmtes Rationalitätskonzept vermittelten Lebenswelt muß inzwischen auch Habermas Zugeständnisse machen: weil »die Ideen des guten Lebens« nicht »als ein abstraktes Sollen vorschweben«, werden nun »evaluative Fragen« (im Unterschied zu den weiterhin universalistischen »moralischen Fragen«) anerkannt, »die einer rationalen Erörterung nur innerhalb des unproblematischen Horizonts einer geschichtlich konkreten Lebensform ... zugänglich sind« (Habermas 1983c, S. 118). Das sind aber genau die Fragen, die unternehmensethisch hier und heute interessieren – jedenfalls im Sinne des Steinmannschen

Begriffs von Unternehmensethik, der durch »Konfliktsituationen« definiert ist, »die ad hoc entstehen, sich auf die einzelne Unternehmung (oder Branche) beziehen und deshalb nicht generalisierbar sind« (Steinmann/Löhr 1987b, S. 456).

V. Über mikro- und makrojuristische Räume der Unternehmensethik

»Mikro- und makrojuristisch« – eine in bewußter Analogie zur nationalökonomischen Terminologie vorgenommene Wortbildung – bedeutet: daß das Recht in dieser abschließenden rechtsphilosophischen Verortung der Unternehmensethik sowohl aufs große Ganze der Rechtsordnung als auch im Hinblick auf einzelne Rechtsverhältnisse betrachtet werden soll.

1. Makrojuristische Räume der Unternehmensethik

Zu den makrojuristischen Räumen unternehmensethischen Handelns zählen bereits die Räume, die das Geltungsphänomen eröffnet: wie andere Mitglieder der Rechtsordnung auch haben Unternehmer die – grundrechtlich garantierte – Freiheit, die Richtigkeit der sie betreffenden gesetzgeberischen Entscheidungen moralisch (politisch, wissenschaftlich oder auf sonstige Weise) zu kritisieren. Ob sie die Rechtsordnung im ganzen bejahen, ist – wie gesehen – keine Frage der rechtlichen, sondern der ethischen Geltung dieser Ordnung. So weit der Weg *vom sokratischen »logos« zum unternehmerischen »ethos«* philosophiegeschichtlich auch sein mag: an seinem rechtsphilosophischen Ende müßte die Einsicht stehen, daß das In-Kraft-Treten und die Durchsetzung eines Gesetzes das Phänomen seiner Geltung nicht erschöpfen, sondern daß ein *Mindestmaß an ethischer Akzeptanz* hinzukommen muß, damit Gesetze im ursprünglichen Sinne des Wortes »gelten«, nämlich »etwas gelten« und »als etwas gelten«: damit sie etwas wert sind, weil sie für etwas anderes als Äquivalent akzeptiert werden. Vielleicht ist es gerade gegenüber Ökonomen sinnvoll, an den etymologischen Zusammenhang von »gelten« und »entgelten« zu erinnern: Recht »gilt« ethisch dann, wenn es als Wert-Ersatz für Gerechtigkeit anerkannt ist. Als solche Ersatz-Gerechtigkeit »gilt« es dann auch in jenem zweiten Sinne des Wortes, der die Bedeutung einer Fiktion hat: wie der Marktwert wirtschaftsphilosophisch für einen unerreichbaren »wahren« Wert steht, steht das positive Recht rechtsphilosophisch für die unerreichbare »wahre« Gerechtigkeit.

Die Frage nach der Gerechtigkeit des geltenden Rechts – die Gretchenfrage der Rechtsphilosophie – ist oben von Lorenzen aufgegriffen und mit dem Prinzip der allgemeinen, freien Zustimmung der Bürger beantwortet worden. Das entspricht jener Entideologisierung des Rechts, die hier von Anfang an gefordert wurde. Denn Lorenzen verlangt nicht die Verwirklichung einer substantiellen – in ihrer Substanz nur ideologisch bzw. metaphysisch bestimmbaren – Idee der Gerechtigkeit, sondern die Realisierung eines lebensweltlich praktizierbaren Gerechtigkeitsideals (mit Toleranzen, die sich etwa aus der parlamentarischen Organisation der Gesetzgebungsdebatte ergeben). Gesetze, denen man nach Abwägung aller Argumente zustimmen kann, ermöglichen aber auch jene Akzeptanz, von der soeben die Rede war. Platonisch-konstruktives und sokratisch-dialogisches Nachdenken über Gerechtigkeit führen also nicht zu prinzipiell verschiedenen Ergebnissen.

Fragt man nach den Inhalten unserer Rechtsordnung, dann wird man einen generellen Grund für deren ethische Akzeptabilität angeben können: den makrojuristisch gerechten Ausgleich der beteiligten Interessen. Auf das Unternehmensrecht (im weitesten Sinne) bezogen und auf dessen verfassungsrechtliche Vorgaben beschränkt bedeutet das – grob gesagt – folgendes: bereits auf der Verfassungsebene findet ein Ausgleich zweier Prinzipien statt – der Ausgleich zwischen dem Freiheits- und dem Sozialstaatsprinzip –, aufgrund dessen die unternehmerische Freiheit zwar prinzipiell gewährleistet, in ihrem Gebrauch aber an das Gemeinwohl gebunden wird. So umstritten dieser Ausgleich im Einzelfall immer sein wird – man braucht nur an die Diskussion über die Verfassungsmäßigkeit der Mitbestimmung zu denken –, so gerecht ist er im rechtsphilosophischen Prinzip. Denn das genannte Ausgleichsprinzip verhindert sowohl den reinen (ideologischen) Liberalismus als auch den reinen (nicht minder ideologischen) Etatismus, schließt also das kapitalistische Extrem ebenso aus wie das planwirtschaftliche. Diese – wie das Bundesverfassungsgericht sagt – »wirtschaftspolitische Neutralität des Grundgesetzes« – eröffnet aber nicht nur einen relativ weiten Gestaltungsspielraum für den Gesetzgeber, sondern auch einen entsprechend weiten Handlungsspielraum für die Unternehmensethik. Unternehmensethisches Handeln kann hier sogar zur Unternehmensstrategie gegen das In-Geltung-Setzen von Recht werden: je weniger die Ökonomie aus der Sicht des Gesetzgebers als ein lediglich auf Gewinn programmiertes System erscheint, desto weniger muß die Gesetzgebung zum Ethikersatz werden. Die jüngsten Beispiele aus der Atomwirtschaft dürften es deutlich gemacht haben: nicht der einzelne Gesetzesverstoß ist es, der den Gesetzgeber auf den Plan ruft, sondern die durchgängige, in die Grundlage lebensweltlicher Moralität hinabreichende und dort das erörterte Geltungsphänomen berührende Gleichgültigkeit gegenüber dem, was die heutige Lebenswelt fordert.

In diesem Zusammenhang gewinnt ein berühmtes Wort Georg Jellineks neue Bedeutung: daß Recht nur das *»ethische Minimum«* einer lebensweltlichen Ordnung sein könne.[8] Mehr als dieses Minimum fordert, kann man immer tun, und unternehmensethisch ist es vernünftig, dies zu tun, weil dadurch Freiheitsräume erhalten werden können, die verloren wären, wenn sie rechtlich erfaßt würden.

Da Recht erfahrungsgemäß und strukturgemäß – seiner rechtsphilosophischen Grundstruktur gemäß, Regelung von Lebensverhältnissen in Rechtsverhältnissen zu sein – ex post regelt, kann Ethik ex ante eine Art Vermeidungsstrategie von Recht werden.

Mit dem Rückgriff auf diese – eingangs erläuterte – »Grundstruktur« kann ein makrojuristisches Ergebnis formuliert werden, das im Unterschied zur üblichen Rede von den »Steuerungsgrenzen« des Rechts nicht lediglich empirisch, sondern strukturell begründet ist. Während diese »Steuerungsgrenzen« – ebenso wie die oft beklagten »Vollzugsdefizite« – als ein faktisches Zurückbleiben des Rechts hinter einem normativen Optimalzustand aufgefaßt werden, ist alles Recht nach der hier vertretenen Rechtsphilosophie schon von seiner Regelungsstruktur her als suboptimal aufzufassen. Die Gründe dafür lassen sich aus dem bisher Gesagten leicht zusammenstellen: erstens kann ein (im Sinne des Abschnitts I) entideologisiertes und entinstrumentalisiertes Recht kein Optimum an Ideenverwirklichung, Zielerreichung oder Steuerungseffizienz gewährleisten; zweitens hat es ein (im Sinne der Abschnitte II und III) auf die Lebenswirklichkeit bezogenes Recht mit Interessenkonflikten zu tun, deren rechtliche Lösung nicht in der optimalen Auflösung – also völligen Beseitigung – dieser Konflikte bestehen kann; und drittens wäre auch der Glaube an ein Legitimationsoptimum von Legalität (im Sinne des Abschnitts IV) eine – bestenfalls fromme – Illusion.

Auf den rechtsphilosophischen Grund-Satz dieses Beitrags angewandt (Recht ist Regelung von Lebensverhältnissen in Rechtsverhältnissen) bedeutet dies erstens, daß »Regelung« etwas anderes ist als »Steuerung« (nämlich immer auch Gegen-Steuerung mit Rücksicht auf die Rechte der Betroffenen); zweitens, daß »Lebensverhältnisse« etwas anderes sind als faktische Zustände (nämlich immer auch normatives, insbesondere moralisches Handeln der Beteiligten); und drittens, daß »Rechtsverhältnisse« etwas anderes sind als Zweck-Mittel-Verhältnisse (nämlich Verhältnisse, die den unter erstens und zweitens angesprochenen Ausgleich trotz aller Zweckhaftigkeit des Rechts immer mitberücksichtigen müssen). In einem Satz: *Recht ist kein Instrument zur optimalen Steuerung der Gesellschaft und ihrer Subsysteme*, schon nicht zur Globalsteuerung und erst recht nicht zur Einzelsteuerung.

Das Innere dieser nicht-optimierenden und nicht-steuernden Regelungsstruktur des Rechts kann hier nicht im einzelnen offengelegt werden. (Denn das würde eine Darstellung dessen erfordern, was Juristen »Dogmatik« nennen und was insbesondere einer Herausarbeitung der »Rechtinstitute« dient, die den geforderten Interessenausgleich bereits im Ansatz enthalten). Wenigstens ein Beispiel aus dem Bereich des Unternehmensrechts sei aber genannt: das *Beispiel der Tarifautonomie.* Rechtsprechung und Rechtslehre haben hier eine Dogmatik erarbeitet, die aus den lapidaren Vorgaben des Art. 9 Abs. 3 GG ein Rechtsinstitut entwickelt hat, das die Rechtsverhältnisse zwischen den Tarifparteien vom Verfassungsrecht (Stichwort: Verfassungsmäßigkeit von Arbeitskämpfen) über das kollektive Arbeitsrecht (Stichwort: Rechtmäßigkeit einzelner Arbeitskämpfe) bis hin zum Individualarbeitsrecht (Stichwort: mittelbare Arbeitskampfbetroffenheit) bestimmt. Diese »Bestimmung« ist aber alles andere als eine gezielte »Steuerung«. Sie ist der Rahmen, innerhalb dessen der Interessenkonflikt zwischen Kapital und Arbeit – um die Termini der politischen Ökonomie zu verwenden – ausgetragen wird. Man braucht nur die Aussperrungsurteile des Bundesarbeitsgerichts zu studieren, um zu erkennen, daß dieser Konflikt nicht gesteuert, sondern in jenem Sinne geregelt wird, der hier von Anfang an dominierte: in einem dialogischen, die Interessen beider Seiten berücksichtigenden und ausgleichenden Sinne. Das Hauptargument des BAG für die Zulässigkeit der (Abwehr-)Aussperrung läßt sich ohne weiteres auf das Verhältnis von Recht und Ethik übertragen: wenn die »Chancengleichheit« die einzige Gewähr für die »materielle Richtigkeit« des Tarifvertrags ist, dann ist die Gleichheit die einzige rechtliche Gewähr dafür, daß die ethischen Räume des Rechts materiell richtig ausgefüllt werden. Auch das Mitbestimmungsurteil des Bundesverfassungsgerichts müßte rechtsethisch in diesem Sinne interpretiert werden. Und das ist schließlich auch die Pointe des Satzes vom »ethischen Minimum«: eine Rechtsordnung, die nicht von »oben« – aus Naturrechtsmetaphysik –, sondern von »unten« – aus der Lebenswirklichkeit – gerechtfertigt ist, muß im wesentlichen am Gleichheitsgedanken – und damit an einem ethischen Minimalgedanken – orientiert sein. Das ethische Optimum bleibt den Beteiligten überlassen.

2. Mikrojuristische Räume der Unternehmensethik

Diese Rechtsphilosophie des ethischen Minimums hat auch mikrojuristisch, auf der Ebene der Einzelfallentscheidung, ihre Bedeutung. Denn alles In-Geltung-Setzen von Recht im Einzelfall, sei es als richterliche »Gesetzesanwendung« im Privatrecht oder als behördlicher »Gesetzesvollzug« im öffentlichen Recht, eröffnet Auslegungs-, Ermessens-, oder Beurteilungsspielräume, die eine schlichte »Subsumtion« des Falles unter eine vermeintlich strikte Norm als das falsche methodologische Modell erscheinen lassen: Rechtsfindung ist ein Vorgang, der weitaus mehr lebensweltliche Vernunft erfordert und zuläßt als es strenge »Methoden« ermöglichen. Rechtsfindung ist »Kunst« oder »Techne« und in dem Maße, in dem sie im unstrengen Verfahren des Dialogs erfolgt, erlaubt sie die Berücksichtigung lebensweltlicher Argumente.[9]

Ein abschließendes *Beispiel aus dem Recht der Wirtschaftsüberwachung* soll dies verdeutlichen. Es handelt sich um den – durch die Medien einer breiteren Öffentlichkeit bekanntgewordenen – Fall der Akkumulatorenfabrik »Sonnenschein« in Berlin. Dort ging es um eine ohne die erforderliche immissionsschutzrechtliche Genehmigung betriebene Anlage, deren Betrieb unstreitig schädliche Umwelteinwirkungen insbesondere auf den Nachbargrundstücken verursachte. Trotz der Vorschrift des § 20 Abs. 2 Satz 1 des Bundesimmissionsschutzgesetzes – nach der die Behörde in einem solchen Fall die Stillegung der Anlage anordnen »soll« – wurde von einer Stillegungsverfügung abgesehen, und zwar mit dem Argument, es seien »keine Anhaltspunkte dafür ersichtlich«, daß die Betreiber »das mit ihnen gemeinsam erarbeitete Sanierungskonzept ... nicht in angemessener Zeit zu verwirklichen gedenken«.

Man braucht kein Jurist zu sein, um zu erkennen, daß dies kein juristisches Argument ist, sondern ein Argument, das auf die Erfüllung einer lebensweltlichen Verpflichtung abstellt: auf die Einhaltung eines nicht in den Formen des Rechts vereinbarten oder verfügten und deshalb rechtlich auch nicht durchsetzbaren Sanierungskonzepts. Auch mikrojuristisch bleiben also Freiräume für und durch Unternehmensethik erhalten, wenn etwa – wie hier – Vertrauen nicht enttäuscht und damit dialogisch verantwortlich gehandelt wird.

Das rechtsphilosophische Fazit lautet: das Recht läßt überall dort Räume für Unternehmensethik, wo seine Geltung in Frage steht. Makrojuristisch ist dies schon bei der Frage der Fall, weshalb Recht ohne entsprechenden juristischen Zwang überhaupt zu befolgen ist, mikrojuristisch bei der Frage, wo das zwingende Recht im Einzelfall endet. In die letztgenannte Fallgruppe gehören auch die rein empirischen (also nicht-strukturellen) »Vollzugsdefizite«. Wo Recht nicht vollzogen wird, ist die lebensweltlich wichtigste Form seiner Geltung in Frage gestellt: seine Wirksamkeit. Und wo Recht nicht durch Vollzug wirkt, kann es nur durch Ethik wirksam werden; im Unternehmensbereich heißt das: nur durch seine Befolgung als *unternehmensethisches Minimum.*

3. Juristische Funktionen der Unternehmensethik

Alles in allem kann Unternehmensethik für Unternehmensrecht *drei Funktionen* erfüllen: sie kann weitere Verrechtlichung vermeiden helfen *(Vermeidungsfunktion)*, verfehlte Rechtsentwicklungen verbessern helfen *(Verbesserungsfunktion)* und die bestehende Rechtslage makro- und mikrojuristisch – also auf der Geltungs- und Anwendungsebene – ergänzen helfen *(Ergänzungsfunktion).*

Anmerkungen

1 Daß Lorenzen im Spitzenbeitrag dieses Buches einen anderen, nicht-ideologischen Ideenbegriff vorgestellt (und für die Gerechtigkeitsfrage erstmals in dieser Eindringlichkeit entwikkelt) hat, sollte für die Rechtsphilosophie ein zusätzlicher Anreiz sein, sich von ihren alten und neuen Ideologien (einschließlich der traditionellen Naturrechtsmetaphysik) zu befreien.

2 Euckens »Ordo«-Philosophie, die einer berühmten Schule und einem bekannten Jahrbuch den Namen gegeben hat, ist augustinisch und damit zu metaphysisch, als daß sie ohne weiteres im Sinne der Anm. 1 rekonstruiert werden könnte. Zu den Bedingungen einer

solchen Rekonstruktion nationalökonomischer Modelle im Rahmen der konstruktiven Wisssenschaftstheorie den nachfolgenden Beitrag von Kötter.

3 Zu all dem umfassend siehe Luhmann (1984), zu Recht und Wirtschaft insbes. Luhmann (1986).

4 Zum folgenden vgl. Habermas (1981 a, b) und Habermas (1983 c). Der Anfang in der Lebenswelt ist auch ein wesentliches Anliegen des Konstruktivismus, nur hat Lorenzen diesen Unterschied zur Kommunikationstheorie hier zugunsten der Gemeinsamkeit des Ergebnisses (mit einer gewissen Großzügigkeit gegenüber dem weiten Adressatenkreis einer Unternehmensethik) zurückgestellt.

5 Zur konstruktiven Ethik sind neben dem vorliegenden Beitrag Lorenzens insbesondere auch dessen Werke »Normative Logic and Ethics« (1984 b) und »Lehrbuch der konstruktiven Wissenschaftstheorie« (1987) beachtenswert.

6 Die Antwort hätte mit der Tatsache zu beginnen, die auch Lorenzen feststellt: daß »Platon selbst – außerhalb der Geometrie und Kinematik – beliebige Abstrakta als ›Ideen‹ behandelte«: oben, S. 55.

7 Vom Verfasser monographisch verarbeitet in: Dialogik und Jurisprudenz, Die Philosophie des Dialogs als Philosophie der Rechtspraxis (Gröschner 1982 a). Sokratisch-Dialogisches auch in Aufsätzen in der Juristenzeitung (Gröschner 1982 b, 622 ff.; 1983, 944 ff.; 1985, 170 ff. und 1987 b, 903 ff.).

8 Der Sache nach findet sich der Gedanke des ethischen Minimums schon in den Ausführungen Thomas v. Aquins (1985, S. 96) zur »Macht des menschlichen Gesetzes«.

9 Zur Rechtsfindung vom Verfasser das betreffende Stichwort im Ergänzbaren Lexikon des Rechts, Bd. 1, Gruppe 2 (Rechtsphilosophie).

Rudolf Kötter

Fundierungsprobleme einer Unternehmensethik im Rahmen der neoklassischen Gleichgewichtstheorie

Schon die flüchtige Durchsicht einschlägiger Zeitschriften und Sammelwerke zeigt, daß die Unternehmensethik bislang keine disziplinäre Einheit gefunden hat. Sie präsentiert sich zur Zeit noch als eine Art intellektueller Gemischtwarenladen, dessen Angebot von der Behandlung rein strategischer Fragen über empirische Untersuchungen zu Werteinstellungen von Unternehmern bis zur Erörterung des Problems einer ethischen Fundierung unternehmerischen Handelns (meist aus utilitaristischer oder christlicher Sicht) reicht.[1] Wenn sich dieser Zustand in absehbarer Zeit bessern soll, muß ein Weg gefunden werden, weg von der Einzelfalldiskussion hin zu einer übergreifenden und allgemeinen Aufgabenstellung, die eine dauernde Anstrengung zur Bewältigung erforderlich macht. Es ist wohl noch offen, ob sich eine solche Aufgabenstellung wird formulieren lassen, entscheidend für den Erfolg bei der Suche wird aber sein, wie die Unternehmensethik ihre Beziehung zur Wirtschaftstheorie bestimmt. Die nachfolgenden Ausführungen sollen dazu dienen, die möglichen Positionen dieses Verhältnisses deutlicher erkennen zu lassen.

Es entspricht einer guten philosophischen Tradition, zwischen Ethik und Moral zu unterscheiden: Während mit »Moral« die Normen gemeint sind, die unmittelbar auf Handlungen und Zwecke gerichtet sind, wird unter »Ethik« die Methodologie des moralischen Argumentierens verstanden. Ethik als Methodenlehre thematisiert die sprachphilosophischen und logischen Besonderheiten normativer Sätze und liefert Prinzipien, nach denen sie als »gut« oder »gerecht« beurteilt werden können. Nur so verstanden ist Ethik eine philosophische Disziplin.[2] Ihre Prinzipien sind formaler Art und nicht an das Vorliegen bestimmter Problemsituationen gebunden; sie sind außerdem universell im Sinne von kulturinvariant und beanspruchen, in jedem moralischen Diskurs berücksichtigt zu werden. Ethik setzt voraus, daß die Handlungsbereiche, die einer moralischen Regelung unterworfen werden sollen, argumentationszugänglich sind, das heißt die Menschen müssen in bezug auf ihre Zwecke und Handlungen in der Lage sein, Entscheidungen aufgrund der Einsicht in vorgetragene Gründe zu treffen. Diese Entscheidungsfreiheit ist z.B. dort nicht oder nur eingeschränkt gegeben, wo entweder die Natur den Menschen ein bestimmtes Verhalten abverlangt oder aber die fraglichen Handlungen als notwendige Mittel in einen zweckrational gegliederten Handlungskomplex eingeordnet sind. Im letzteren Falle impliziert relativ zum technischen Wissen die Rechtfertigung des übergreifenden Zwecks auch den Einsatz der notwendigen Mittel, eine gesonderte ethische Begründung der einzelnen Realisierungsschritte kann nicht sinnvoll verlangt werden.

Im Lichte dieser Unterscheidungen könnte mit dem Begriff »Unternehmensethik« in seiner üblichen Verwendungsweise entweder ein Kanon moralischer Normen gemeint sein oder aber ein eigenes ethisches Theoriestück. Im ersteren Falle würden wir lieber von »Unternehmensmoral« sprechen wollen und verlangen, daß ihre Normen Zwecke bzw. Handlungen zum Gegenstand haben, die exklusiv an die Rolle des Unternehmers gebunden sind und insbesondere die Beziehungen zwischen Unternehmern und Mitarbeitern, Konsumenten und der allgemeinen Öffentlichkeit regeln. Gesetzt den Fall, es gäbe eine Unternehmensmoral, dann müßte diese sich auch unter Bezug auf allgemeine ethische Prinzipien rechtfertigen lassen. Dabei ist allerdings denkbar, daß zwischen die allgemeinen Prinzipien der Ethik (solche Prinzipien sind z. B. der kategorische Imperativ, das utilitaristische Prinzip oder das Transsubjektivitätsprinzip) und die moralischen Normen selbst eine auf ökonomische Problembereiche hin konkretisierte Fassung der allgemeinen Prinzipien tritt. Hat man eine solche Konkretisierung vor Augen, dann könnte man auch von »Unternehmensethik« als einer problembezogenen Spezialethik sprechen.

Voraussetzung für die Etablierung dieser Spezialethik ist allerdings, daß die Entscheidungen auf dem Aktionsraum des Unternehmens nicht vollständig durch ökonomische Argumente determiniert sind. Mit anderen Worten: Durch die Angabe der Funktion, die die Unternehmen in unserer Wirtschaftsordnung haben, darf nicht zugleich schon der Handlungsspielraum des Unternehmers erschöpfend ausgegrenzt sein. Wäre dies der Fall, dann bliebe zwar die Frage offen, ob nicht die Wirtschaftsordnung selbst, in deren Rahmen die Rolle des Unternehmens festgelegt ist, einer eigenen ethischen Erörterung zugänglich sei, für eine Unternehmensethik gäbe es jedoch keinen Platz. Um diese Überlegungen etwas anschaulicher werden zu lassen, wollen wir uns kurz dem Beispiel der Medizinethik zuwenden.

Das ärztliche Handeln hat seinen Grund in der anthropologischen Verfassung des Menschen: Krankheit, Gebrechen und der natürliche Alterungsprozeß führen zu körperlichem und seelischem Leid, das zu heilen oder zu lindern Aufgabe des Arztes ist. Im Umgang mit den Patienten ist der Arzt, soweit er sich bestimmter Techniken bedient, an die Regeln der Zweckrationalität gebunden, außerdem an gesellschaftsspezifische Normen, die seinen Status und die Abwicklung seiner Leistungen betreffen. Und dementsprechend hat der Umstand, daß ein Arzt seiner Tätigkeit als Beruf nachgeht, durchaus Konsequenzen für sein diagnostisches und therapeutisches Handeln. Ist er z. B. freiberuflich tätig, muß er, um seinen Praxisbetrieb aufrechterhalten zu können, eine Mindestzahl von Patienten betreuen, was wiederum bedeutet, daß er sich nicht beliebig viel Zeit für den einzelnen nehmen kann. Andererseits fordert die Berufssituation nicht zwingend von ihm, z. B. teuere, aber unnötige, vielleicht sogar belastende Diagnostik zu betreiben oder Menschen leiden zu lassen, die seinen Honorarwünschen nicht in voller Höhe nachkommen können. Und schließlich gibt es eine ganze Reihe von Problemen, die aufs engste mit dem ärztlichen Handeln verbunden sind, sich jedoch unabhängig von der Form stellen, in welcher der Arzt seinem Beruf nachgeht (also unabhängig davon sind, ob er freiberuflich oder im Angestelltenverhältnis tätig ist). Man denke etwa an die Fragen nach dem Umfang von Aufklärungs- und Informationspflichten oder an das Problem eines menschenwürdigen Sterbens.

Der Arzt ist also immer wieder mit Entscheidungssituationen konfrontiert, die ihren Ursprung in einer Grundsituation des menschlichen Lebens haben und zu deren Bewältigung die Reflexion auf die Rolle, die er im Gesundheitswesen seiner Gesellschaft einnimmt, nicht ausreicht. Zumindest diesen Freiheitsraum soll die Medizinethik ausfüllen, indem sie Begründungen für eine spezifisch ärztliche Moral (Berufsethos) liefert.

Anders als im Fall der Medizinethik, deren Aufbau schon aufgrund der vorgängigen, recht kursorischen Überlegungen einigermaßen plausibel erscheint, sprechen im Falle der Unternehmensethik von vornherein theoretisch gestützte Vermutungen gegen einen unabhängigen Handlungsbereich des Unternehmers und geben damit jedem Versuch zu ihrem Aufbau wenig Aussicht auf Erfolg. Nach gängigem Verständnis besitzen die Akteure in einem marktwirtschaftlichen System im Hinblick auf ihr ökonomisches Handeln kaum Freiheit. Der Wettbewerbsdruck sorgt allein dafür, daß sie das »Richtige« tun, wobei als »richtig« die Handlungen anzusehen sind, die die weitere Teilnahme am Marktgeschehen sichern. Dies heißt dann insbesondere, daß der Unternehmer unter den technisch effizienten Produktionsprozessen denjenigen heraussuchen muß, der ihm bei gegebenen Marktpreisen den optimalen Gewinn liefert. Da unter den üblichen Annahmen der Theorie das Betriebsoptimum bereits mit der Kostendeckung erreicht ist, muß ein Abweichen von der optimalen Strategie in die Verlustzone und damit über lang oder kurz zum Ausscheiden des Unternehmens vom Markt führen.

In diesem Szenario können sich moralische Argumente nur unter zwei Bedingungen in unternehmerisches Handeln umsetzen:

(a) Gesetzt den Fall, die Menge der technisch effizienten Produktionsprozesse ist nicht streng konvex. Dann kann der Optimierungskalkül eine Menge von Produktionsprozessen liefern, die hinsichtlich des zu erwartenden Gewinns äquivalent sind. In diesem Falle mögen dann moralische Argumente entscheiden, welcher der möglichen Prozesse realisiert wird.

(b) Wertorientierungen, die sich im Betrieb nicht kosten- bzw. gewinneutral umsetzen lassen, können dann verfolgt werden, wenn es gelingt, das wertorientierte Handeln so mit dem Produkt zu verknüpfen, daß es als eine für den Konsumenten nutzenrelevante Eigenschaft dieses Produkts erscheint. Unterscheidet sich also ein Produkt von anderen gebrauchsäquivalenten Produkten durch seine unter moralischen Aspekten bemerkenswerte Herstellungsweise, durch seine besondere Umweltverträglichkeit o. ä., dann kann (!) ein höherer Verkaufspreis am Markt durchsetzbar sein, wenn die Konsumenten die genannten Umstände in besonderer Weise schätzen und mit dem Produkt in Verbindung bringen.

Der zweite Fall ist natürlich für unser Thema von besonderem Interesse, weil doch damit deutlich wird, daß die These, Marktwirtschaft mache moralische Überlegungen auf Unternehmensebene schlechthin unmöglich, nicht haltbar ist.[3] Sicher ergibt sich ein Problem daraus, daß der rationale Konsument die

Moralität eines Unternehmens durchaus schätzen kann, sich bei seiner Kaufentscheidung aber dennoch nur am Preis orientiert und sich damit als free rider verhält. Hier wäre dann eben die Werbung gefordert, die dem Konsumenten zu vermitteln hätte, daß das Gefühl, Kunde eines besonders »anständigen« Unternehmens zu sein, geldwerten Nutzencharakter habe. Ob der Konsument sich davon überzeugen läßt, ist letztlich seine Sache, so daß die Konsumentensouveränität gewahrt bleibt und die skizzierte Unternehmensstrategie sich prinzipiell in die Vorstellungswelt der Neoklassik einordnen läßt.

Es scheint also, als hätte man damit die mit der ökonomischen Theorie verträgliche Basis zum Aufbau einer Unternehmensethik gefunden. In ihrem Geiste müßte sich der Unternehmer darum bemühen, soweit wie möglich moralisch richtiges Handeln in seine betriebliche Praxis umzusetzen und er hätte gleichzeitig seine potentiellen Kunden darüber aufzuklären, daß dieses Handeln auch für sie seinen exklusiven Nutzen habe. In der Literatur zur Unternehmensethik wird dieser Gedanke gelegentlich positiv aufgegriffen[4], und wenn Unternehmen der chemischen Industrie heute in ihrer Werbung ihre Anstrengungen zur Vermeidung negativer externer Effekte herausstreichen, dann hat es zumindest den Anschein, als ob sie sich schon an einer solchen Maxime orientieren würden.

Doch leider trügt der Schein. Zwar kann man zeigen, daß moralische Überlegungen auch in marktwirtschaftlichen Systemen durchaus innovatorische Kraft entfalten können; und die in den modernen Unternehmensverfassungen vorgesehene Abkopplung der Kapitaleigner von der eigentlichen Unternehmensführung mag den Managern auch die erforderliche Unabhängigkeit geben, um in dem gerade angedeuteten Sinne tätig zu werden.[5] Dennoch bleibt der Primat der Ökonomie unangetastet, da letztlich doch der Markt darüber entscheidet, ob überhaupt und gegebenenfalls in welchem Umfang moralischen Argumenten Rechnung getragen werden kann. Dies heißt also, daß anscheinend nur die Verfolgung einer mit dem Profitmaximierungsprinzip verträglichen Moral zulässig ist. Die Realisierung dieser Moral muß keine triviale Aufgabe sein, sie mag auch durchaus gesellschaftlichen Nutzen haben, sie läßt sich aber nicht als Ausdruck eines eigenständigen ethischen Lehrstücks begreifen, da dessen Prinzip von der Respektierung des Gewinnmaximierungsprinzips als des obersten Prinzips unternehmerischen Handelns abhängig wäre.[6]

Wer den erforderlichen Freiraum für eine Unternehmensethik schaffen will, muß konsequenterweise den Anspruch der neoklassischen Ökonomie zurückweisen, ökonomische Sachverhalte empirisch korrekt darzustellen. Und so wird denn auch behauptet, das Bild, das die neoklassische Ökonomie von unserem Wirtschaftsleben zeichne, sei verzerrt. Denn tatsächlich verpflichte unsere Wirtschaftsordnung die Unternehmer nur dazu, eine gewisse Gewinnschwelle zu überschreiten, keinesfalls jedoch dazu, alle Gewinnmöglichkeiten immer voll auszuschöpfen.[7] In einem jüngst erschienenen Aufsatz möchte z. B. D.E. Schrader anstelle der Optimierungsstrategie eine Strategie des »satisficing« gesetzt wissen. Um am Markt bleiben zu können, müsse ein Unternehmen nicht den maximalen Profit erwirtschaften, sondern »extended profits«, die Schrader definiert als »that part of corporate revenue which is available for distribution among stockholders, management and labour, and for reinvestment in the corporation's business operation« (Schrader 1988, S. 601).

Wenn dem wirklich so wäre, wenn also das Unternehmen tatsächlich einen Spielraum hätte hinsichtlich der Gewinnerwirtschaftung, dann wäre damit in der Tat ein Ansatzpunkt für eine Unternehmensethik gefunden. Die Ethik wäre dann nicht nur bei der Wahl zwischen Mitteln, die hinsichtlich des vorgegebenen Gewinnzieles äquivalent sind, gefordert, sondern schon bei der Festlegung des Betriebszieles selbst. Unser Problem spitzt sich also auf die Frage zu, ob »satisficing« in das Bild einer neoklassischen Ökonomie paßt und wenn ja, ob dieses Bild unserer wirtschaftlichen Realität angemessen ist.

Der Begriff des »satisficing« geht meines Wissens auf H.A. Simon zurück.[8] Simon geht davon aus, daß in einer Welt der Unsicherheit die schlichten Rationalitätskriterien, die der neoklassische Profitmaximierungskalkül impliziert, nicht angewandt werden können. Da sich die zur Bestimmung des Profitoptimums erforderlichen Daten nur durch den Aufwand von Zeit und Kosten gewinnen lassen, muß man in jeder Phase der Informationsgewinnung entscheiden, ob eine Fortführung des Suchprozesses einen zusätzlichen Gewinn erwarten läßt, der die voraussichtlichen Kosten der Suche übersteigt. »Satisficing« bedeutet nun, diesen Suchprozeß an einer bestimmten Stelle abzubrechen, weil man sich mit Blick auf Erfahrungen aus der Vergangenheit von einer Fortführung nichts mehr verspricht. Als Ergebnis erhält man dann eine Daumenregel (z.B. Aufschlagskalkulation), von der man hofft, daß sie die möglichen Gewinnspannen, die der Markt bietet, in etwa ausschöpft. Dies bedeutet aber keinen Rückfall in bloßen Traditionalismus, in dessen Rahmen die Unternehmen offensichtliche Gewinnchancen ausließen, nur weil ihre Vorgänger mit bescheideneren Zielsetzungen schon gut gefahren sind. Schrader hat deshalb mit seiner Behauptung nicht recht, die Strategie des »satisficing« bedeute Verzicht auf optimalen Gewinn (Schrader 1988, S. 597). Denn verzichten im eigentlichen Sinne des Wortes kann man nur auf etwas, das man auch erreichen könnte, und die Situation, in der satisficing betrieben wird, zeichnet sich gerade dadurch aus, daß der optimale Profit nicht bekannt ist. Satisficing ist also eine pragmatische Version der Gewinnoptimierung, die den Unsicherheiten unserer Welt Rechnung trägt. Insoweit läßt sich diese Strategie auch in eine Erweiterung der neoklassischen Theorie einfügen. Damit sind wir denn schließlich bei der entscheidenden Frage nach der empirischen Angemessenheit der neoklassischen Theorie angelangt. In welchem Sinne behauptet die neoklassische Theorie eigentlich etwas über unsere ökonomische Wirklichkeit?

Wenn wir uns das Herzstück der Neoklassik ansehen, die Allgemeine Gleichgewichtstheorie (AGT), dann können wir zunächst einmal feststellen, daß mit ihr unmittelbar keine empirische Behauptung gemacht wird. Die AGT, so wie wir sie von Arrow, Debreu u.a. kennen[9], macht zunächst nur Annahmen über die mathematische Form gesamtwirtschaftlicher Modelle, das heißt mit ihnen werden topologische und algebraische Eigenschaften von Klassen von Abbildungen festgelegt und keine Aussagen über bestimmte Nutzen- oder Produktionsfunktionen gemacht. Relativ zu den axiomatisch festgelegten Strukturen werden dann die bekannten Hauptsätze der AGT bewiesen. Diese Struktursätze bekommen ihren über die bloße Mathematik hinausreichenden Sinn durch die Verknüpfung mit einer Vorstellung des Zusammenspiels von Individuum und Gesellschaft, welches durch das Schlagwort »methodologischer Individualismus« gekennzeichnet wird. Die theoretischen Anstrengungen in der neoklassischen Ökonomie werden in der Regel von der Überzeugung getragen, daß sich das ökonomische Geschehen letztlich aus der anthropologischen Verfassung des Menschen erklären läßt. Aus dieser Sichtweise zeichnet sich die Institution des Marktes dadurch aus, daß in ihrem Rahmen das freie Handeln der Menschen zu einem gewissermaßen naturgemäßen Ordnungszustand hinführt.

Wie gesagt, theoretische Strukturen sind nicht unmittelbar empirisch deutbar, sie müssen vielmehr mit Modellen belegt werden, erst an diese kann ein empirischer Anspruch geknüpft werden. Dem individualistischen Selbstverständnis der neoklassischen Ökonomie nach müßten solche Modelle aus Beschreibungen, die sich auf die ökonomischen Handlungsweisen der Agenten einer Volkswirtschaft beziehen, durch geeignete Idealisierungssschritte aufgebaut werden.[10] Natürlich gibt es solche atomistische Totalmodelle nicht, man kann nicht einmal sagen: noch nicht, denn niemand wird es für ein sinnvolles Unterfangen halten, Totalmodelle aus Beschreibungen individuellen Handelns konstruieren zu wollen. So scheint man also, was den empirischen Anspruch der AGT angeht, vor einem Dilemma zu stehen: Auf der einen Seite hat man eine strukturelle Theorie, die im Laufe der Zeit immer wieder erweitert und reicher ausgestaltet wurde, auf der anderen Seite besitzt man aber keine zugehörigen Modelle, die empirisch deutbar wären, ja ihr Aufbau muß als aussichtslos angesehen werden.

Man kann versuchen, diesem Dilemma zu entgehen, indem man den Blick von den Handlungen der Individuen löst und auf den institutionellen Rahmen richtet, in dem dieses Handeln eingebettet ist. Die AGT läßt sich nämlich – ganz im Sinne ihres Erfinders L. Walras – auch gut verstehen als eine Theorie marktwirtschaftlicher Ordnung, das heißt also als Institutionentheorie. Und dies, ohne auch nur eine Annahme etwa aus dem Ansatz von Debreu ändern zu müssen. Die Vorstellung, unter der man dann Gleichgewichtstheorie betreibt, hat einen, modern gesprochen, systemtheoretischen Charakter und ihr zentrales Anliegen läßt sich in der Frage zusammenfassen: Wie muß ein Wirtschaftssystem eingerichtet sein, damit es bestimmte Systemleistungen (Gleichgewicht von Angebot und Nachfrage) erbringen kann? Als Antwort erhält man dann keine Behauptung über das faktische Handeln der Menschen, sondern eine Behauptung über Anforderungen an die Mitglieder eines Wirtschaftssystems. Die Mitglieder einer marktwirtschaftlichen Ordnung müssen auf eine ganz bestimmte Weise »funktionieren«, damit das System seine Leistung erbringen kann (eine ganz andere Frage ist es dann, ob die Mitglieder dies auch wollen; diese Frage wird im politischen Kontext zu erörtern sein, wir werden später darauf zurückkommen).[11] Modelle, die ökonomische Zustände in idealer Weise als die vollkommene Realisierung einer Wirtschaftsordnung darstellen, habe ich an anderer Stelle »aphairetische Modelle« genannt.[12] Ob die AGT tatsächlich einen brauchbaren theoretischen Rahmen für Modelle »realexistierender Wirtschaftsordnungen«, etwa der USA, der Bundesrepublik oder Japans bildet, braucht hier nicht erörtert zu werden. Faktum ist wiederum, daß es zur Zeit solche Wirtschaftsordnungsmodelle als Belegung einer Gleichgewichtsstruktur nicht gibt. Das heißt, auch unter einer institutionalistischen Orientierung läßt sich mit der AGT kein empirischer Anspruch in einem anspruchsvollen Sinne verbinden.

Vielleicht wird man der Bedeutung der AGT auch am ehesten gerecht, wenn man den empirischen Anspruch, den viele ihrer Vertreter mit ihr verbinden, nicht ganz so ernst nimmt und sie eher im Sinne einer heuristischen Orientierungshilfe versteht. Sowohl im wirtschaftlichen wie auch wirtschaftswissenschaftlichen Alltag steht man doch vor folgendem Problem: Empirisch zugänglich ist zum einen immer nur das Handeln einzelner Individuen, zum anderen sind es Stücke aus dem institutionellen Rahmen, in dem sich dieses Handeln vollzieht (hierzu gehören die Gesetze und Verordnungen des Wirtschaftsrechts, Unternehmenssatzungen, Geschäftsordnungen u.ä.). Das individuelle Handeln wird dann als Ausdruck eines je bestimmten Rollenverhaltens gedeutet, wobei sich der Zusammenhang zwischen dem Handeln und seinen Folgen auf der einen und der institutionellen Ordnung auf der anderen Seite immer nur partiell aus dem empirischen Material herstellen läßt. Das heißt, daß man zwar Warenumsätze, Auftragseingänge, Einstellungen und Entlassungen registrieren und Produktionsabläufe verfolgen kann, jedoch kann man keine gesamtwirtschaftlichen Kreisläufe und Gleichgewichte »beobachten«, da die Totalität des Geschehens als Erfahrungsgegenstand nicht zugänglich ist.

An dieser Stelle kann man dann die AGT als Lieferant von Ideen betrachten, die man zur Konstruktion von umfassenden Zusammenhängen zwischen den empirischen Datenmengen benötigt. So verstanden ist die AGT die theoretische Struktur von Wirtschaftsordnungen, die durchaus fiktiv in dem Sinne sein dürfen, daß sie keiner realen Wirtschaftsordnung entsprechen müssen, jedoch aus Elementen aufgebaut sind, die mit unserer Erfahrung verträglich sind (in diesem Geiste sind wohl auch die Standardmodelle aus den Lehrbüchern konstruiert). Man kann dann in diesen fiktiven Welten, die man völlig unter Kontrolle hat, studieren, welche Form ein gesamtwirtschaftliches Gleichgewicht hat, wie Anpassungsprozesse ablaufen usw. und hat so unter idealen Bedingungen Vorstellungen erprobt, die sich für ein besseres Verständnis unserer wirtschaftlichen Realität einsetzen lassen.[13] Aus dieser Sichtweise würde der Wert eines Modells (z.B. einer reinen Tauschwirtschaft) nicht mehr länger darin zu suchen sein, ob es realökonomische Beschreibungen angemessen idealisiert, sondern ob es eine Begrifflichkeit liefert, mit deren Hilfe möglichst viele Ereignisse unserer Welt als zusammenhängend dargestellt werden können. Die Modelle der neoklassischen Ökonomie haben somit eine heuristische Funktion, das heißt sie ermöglichen es, realökonomische Vorgänge hinsichtlich ihrer gesamtwirtschaftlichen Folgen in Analogie zu fiktiven Vorgängen zu erklären. Gelänge dies in umfassender Weise, dann hätten sich die Modelle und mit ihnen ihre theoretische Struktur als heuristisch fruchtbar erwiesen.

Wenn man, wie hier vorgeschlagen, in der AGT nur ein heuristisches Instrument zur Orientierung in der ökonomischen Empirie sieht, dann läßt sich aus ihr jedenfalls nicht der Einwand ableiten, Unternehmensethik mache keinen Sinn, da es schon an den empirischen Voraussetzungen fehle. Man kann dann die AGT akzeptieren, ohne zugleich leugnen zu müssen, daß der für die Unternehmensethik erforderliche Handlungsspielraum zumindest von Fall zu Fall gegeben ist. Denn aus dem Umstand, daß sich viele unternehmerische Handlungsweisen so verstehen lassen, als ob sie der Profitmaximierung dienen würden, folgt nicht, daß unsere Wirtschaftsordnung Profitmaximierung in der Tat zwingend vorschreibt. Die Vertreter einer Unternehmensethik hätten also noch ihre Chance, zu zeigen, daß tatsächlich der Freiheitsraum für ethische Argumentation vorhanden ist. Nehmen wir an, es würde nun auch noch in überzeugender Weise der Nachweis gelingen, daß bei uns Unternehmen in der Tat aus ethischen Gründen von der Profitmaximierungsstrategie abweichen könnten, ohne daß dies für das Unternehmen katastrophale Folgen hat. H. Steinmann und A. Löhr haben unlängst in diesem Sinne argumentiert (Steinmann/Löhr 1988). Wäre dadurch nicht auch im positiven Sinn der Boden für eine Unternehmensethik bereitet?

Leider läßt sich diese Frage auch jetzt nicht uneingeschränkt bejahen, da mit der AGT nicht nur empirische, sondern auch wohlfahrts-theoretische Ansprüche verbunden sind und sich aus letzteren doch erhebliche Probleme ergeben. Die AGT zeigt ja nicht nur, daß sich in einer Welt, in der sich die Akteure normgerecht verhalten, Gleichgewichte einstellen, das heißt, sie zeigt nicht nur die Existenz eines konsistenten Normensystems wirtschaftlichen Handelns; sie zeigt darüber hinaus, daß genau dieses Gleichgewicht gesamtwirtschaftlich effizient (paretooptimal) ist. Sie hat folglich einen Doppelcharakter und kann einerseits als Strukturdarstellung von fiktiven Wirtschaftsordnungen angesehen werden, andererseits auch als Vorbild für die politische Gestaltung faktischer Wirtschaftsordnungen.

Wenn man meiner Meinung nach auch die empirischen Ansprüche der AGT etwas herabsetzen sollte, ihre eminente normative Bedeutung bleibt unangetastet. Allein durch sie wird ein Begriff von wirtschaftlicher Effizienz gegeben: In einer Gesellschaft, deren Wirtschaftsordnung als Modell der AGT verstanden werden kann, gibt es keine Verschwendung. Einen anderen Begriff von wirtschaftlicher Effizienz kennen die Wirtschaftswissenschaften nicht, und so muß man sagen, daß Wirtschaftsordnungen, die ihre Unternehmen nicht auf Gewinnmaximierung verpflichten, ineffizient sind. Dies muß man dann gerade im Blick auf unsere westlichen Wirtschaftsordnungen bedenken, in denen sich Unternehmen wie Daimler Benz oder Nestlé offensichtlich moralisches Handeln leisten können, weil sie nicht den Bedingungen der vollständigen Konkurrenz unterliegen, sondern Marktsegmente beherrschen. Bedingung der Möglichkeit einer Unternehmensethik ist also eine monopolistische bzw. oligopolistische Marktstruktur und dies bedeutet, daß der Freiraum für moralisches Handeln durch Ineffizienz erkauft werden muß.

In ihrer wohlfahrtstheoretischen Bedeutung hat die AGT eine starke Ähnlichkeit mit der Gerechtigkeitsauffassung, wie sie Lorenzen in diesem Band dargelegt hat (vgl. auch Lorenzen 1987). Ein Gesetz wird bei Lorenzen »gerecht« genannt, wenn es die allgemeine und freie Zustimmung der Bürger findet und diese »allgemeine und freie Zustimmung« wird in einem Diskurs erreicht, der gewissen Bedingungen genügt, welche den Diskursverlauf allerdings nur negativ präzisieren können, etwa durch die Forderung, daß vorgebrachte Argumente undogmatisch, nicht persuasiv und nicht an die Person gebunden sein dürfen. In ähnlicher Weise legt die AGT fest, unter welchen Bedingungen eine wirtschaftliche Situation paretooptimal ist. Und wie im Falle der Gerechtigkeit wird auch hier kein positiver Begriff von Effizienz gegeben, sondern es werden Bedingungen genannt, die nicht verletzt sein dürfen: Der freie Zugang zum Markt und zu relevanten Informationen, die freie Verfügbarkeit der Technik etc. Beiden Vorschlägen ist übrigens noch gemeinsam, daß gegen sie in gleicher Weise verfehlte empirische Einwände vorgebracht werden: Sie seien sinnlos, weil sich »in Wirklichkeit« weder gerechte Beratungen noch effiziente Marktstrukturen herstellen ließen. Wer so argumentiert, hat allerdings den Sinn eines normativen Vorschlags nicht verstanden: Natürlich gibt es in Wirklichkeit weder ideale Gerechtigkeit noch perfekte Effizienz, aber es lassen sich nur mit Hilfe der Gerechtigkeits- und der Wohlfahrtstheorie mehr oder weniger gute Realisierungen von Gerechtigkeit bzw. Effizienz unterscheiden, wodurch wir in die Lage versetzt werden, politische Maßnahmen als förderlich oder hinderlich für die Schaffung einer gerechteren oder effizienteren Gesellschaft zu bewerten.

Mit dem Begriff der Effizienz ist das Gewinnmaximierungsprinzip untrennbar verknüpft, es garantiert gewissermaßen die Ausschöpfung der Möglichkeiten, die die Institution des Marktes bietet. Lorenzen und Steinmann (Steinmann/Löhr 1988, Lorenzen in diesem Band) konstatieren nun nicht nur, daß Unternehmen faktisch von diesem Prinzip abweichen, sie halten dieses Vorgehen darüber hinaus auch für ethisch geboten. Lorenzen betont ausdrücklich, daß das Maximalprinzip unrepublikanisch und unmoralisch sei, an seine Stelle müsse vielmehr das einfache Gewinnprinzip treten.

Aber was verlangt das einfache Gewinnprinzip? Die genannten Autoren halten sich mit einer Antwort auf diese Frage zurück, vielleicht läßt es sich treffend so formulieren: Optimiere den Gewinn, solange dem keine ethischen Bedenken entgegenstehen, andernfalls gebe den ethischen Bedenken soweit nach, als noch ein angemessener Gewinn gesichert ist! Als ein angemessener Gewinn wird derjenige anzusehen sein, der zumindest die langfristige Teilnahme am Markt sichert. Damit der angemessene nicht mit dem optimalen Gewinn zusammenfällt, müssen die Zugänge zu den Märkten in unterschiedlicher Weise erschwert, Kartelle ermöglicht oder die Informationsgewinnung mit unterschiedlichen Kosten verbunden sein. In welchem Umfang solche »Marktfehler« in die Ökonomie eingebaut werden sollen, ist dann keine Frage, die ökonomieintern entschieden werden könnte, sie muß in einem politischen Diskurs nach Maßstäben der Gerechtigkeit beantwortet werden. Dies bedeutet dann, daß man sich zunächst im Rahmen des allgemeinen politischen Diskurses auf eine Wirtschaftsordnung einigt, die es dem einzelnen Unternehmen erlaubt, nach dem einfachen Gewinnprinzip zu wirtschaften, wobei auf Unternehmensebene wieder in einem konsensorientierten Diskurs festzulegen ist, wie hoch der angemessene Gewinn sein soll.

Bei dieser Argumentation wird das Prinzip der Gerechtigkeit dem der Effizienz übergeordnet, und so plausibel dieser Gedanke prima facie auch erscheint, er birgt doch unlösbare Probleme. Der Grund dafür liegt darin, daß die beiden Prinzipien nicht unabhängig voneinander befolgt werden können. Was durch den Verzicht auf Effizienz an Freiheitsraum geschaffen wird, muß durch Beratung ausgefüllt werden und dies geht nicht ohne Zugriff auf knappe Ressourcen. Beratungen kosten Zeit, Kompetenz und Aufmerksamkeit.[14] Man kann keinen freien und allgemeinen Konsens anstreben, solange die Beteiligten am Diskurs nicht konsensfähig sind, sie müssen zumindest in der Lage sein, Argumente verständig auszutauschen. Diese Fähigkeit muß aber unter erheblichem Einsatz von Ressourcen ausgebildet werden. Wenn wir z.B. nur einen kurzen Blick auf die gegenwärtige energiepolitische Diskussion werfen, so können wir unschwer erkennen, daß die Entscheidungsträger aus Politik und Wirtschaft größte Schwierigkeiten haben, zu einer sachgerechten Beurteilung der Lage zu gelangen. Die wenigsten von ihnen können aufgrund ihrer Ausbildung nachvollziehen, wie »realistisch« eine Simulation sozialer oder natürlicher Prozesse ist oder durch welche Annahmen sich der Begriff des »Risikos« in einer Risikostudie im einzelnen konkretisiert. So folgen sie einfach der Meinung bestimmter Experten, denen zu vertrauen sie sich heroisch entschlossen haben.

Damit ein allgemeiner und freier Konsens im Sinne Lorenzens hinsichtlich unserer zukünftigen Energiepolitik zustande kommen kann, müßten nicht nur Entscheidungsträger, sondern soviele Bürger wie möglich sachkundig gemacht werden. Dies würde aber erhebliche Bildungsinvestitionen erfordern und die Ausbildungs- (an dieser Stelle besser: Bildungs-)zeiten der jungen Menschen nicht verkürzen, wie dies die Industrie fordert, sondern verlängern.

Die Ethik als handlungssteuernde Instanz auf Unternehmensebene fordert also nicht nur gelegentlich, daß Marktchancen nicht wahrzunehmen sind und dadurch auf die Realisierung möglicher Gewinne verzichtet werden muß, der Prozeß der moralischen Entscheidungsfindung verursacht selbst Kosten und schmälert dadurch zusätzlich den Gewinn, wobei der Umfang, in dem dies geschieht, prinzipiell nicht kalkulierbar ist. Es ist nämlich ein schier unlösbares Problem, ethischen Diskursen selbst eine effiziente Form zu verleihen.[15] Somit hängt es also zunächst immer von der wirtschaftlichen Kraft eines Unternehmens ab, inwieweit es ethischen Argumenten folgen kann. Mit anderen Worten: Gerechtigkeit muß erst erwirtschaftet werden.

Leider ist es nicht möglich, ein Prinzip zu formulieren, nach dem Gerechtigkeit und Effizienz gegeneinander abzuwägen wären. Wegen des reflexiven Charakters des politischen Diskurses müssen in seinem Rahmen auch seine Grenzen im konkreten Fall gezogen werden, wobei die Lebenserfahrung und eine realistische Einschätzung der menschlichen Fähigkeiten dafür sprechen, diese Grenzen recht eng zu fassen. Diskurse, die die Teilnehmer überfordern oder von ihnen mehr abverlangen, als sie im Ergebnis gewinnen können, sind auf die Dauer gesehen nicht funktional und führen bestenfalls zufällig zu gerechteren Verhältnissen, selbst wenn formale Bedingungen (z.B. Einstimmigkeit beim Beschluß) erfüllt sind. Damit soll gewiß keinem Ökonomismus das Wort geredet sein, mit Nachdruck bleibt aber festzuhalten, daß man Gerechtigkeit nicht umsonst haben kann, gewissermaßen durch bloße Änderung von Satzungen und Geschäftsordnungen oder durch die Einrichtung von Kommissionen.

Wenn wir uns abschließend die Frage nach der Fundierung der Unternehmensethik im Rahmen der Wettbewerbstheorie nochmals vorlegen, dann können wir feststellen, daß die empirischen Einwände aus der Wettbewerbstheorie wenig Gewicht haben, die wohlfahrtstheoretischen dagegen um so schwerer wiegen. Ich halte es für gesichert, daß (große) Unternehmen heute einen Handlungsspielraum besitzen, den sie ohne weiteres ethisch verantwortungsvoll nutzen könnten. Ob allerdings eine Marktstruktur, die die Existenz solcher Unternehmen zuläßt, wünschenswert ist, läßt sich allgemein schlecht sagen. Weil es nicht möglich ist, ein »Prinzip des gerechten Wohlfahrtsverlustes« zu formulieren, läßt sich auch keine Unternehmensethik im anspruchsvollen Sinne als eine durch ein Prinzip geleitete Spezialethik installieren.

Hieraus folgt nicht, auch das sollte deutlich geworden sein, daß sich unternehmerisches Handeln in einem ethisch-politischen Vakuum vollzieht, ja daß es seine gesamtgesellschaftliche Nützlichkeit gerade durch eine konsequente Mißachtung ethischer Orientierungen erhält. Die AGT wird ideologisch mißbraucht, wenn mit Berufung auf ihre wohlfahrtstheoretischen Implikationen behauptet wird, nur der radikale Egoismus garantiere gesamtwirtschaftliche Effizienz. Gerade wegen ihres formalen Charakters läßt sich relativ leicht erkennen, an welchen Stellen ethische Argumente in wirtschaftliche Entscheidungen einfließen können, etwa bei Entscheidungen zwischen gewinnäquivalenten Alternativen oder bei der Beantwortung der Frage, wie die Mengen der Produktionsprozesse und der Konsumgüter konkret beschaffen sein sollen, auf die der Kalkül zur Gewinn- bzw. Nutzenoptimierung angewandt wird. Wir sind auf solche Fälle eingegangen und in der Literatur finden sich genügend Beispiele, so daß wir diese Gedanken hier nicht weiterspinnen müssen.

Wie wir gesehen haben, lassen sich die Prinzipien der Gerechtigkeit und der gesamtwirtschaftlichen Effizienz nicht im schlichten Sinne realisieren, es werden vielmehr bei den Unternehmen immer Handlungsspielräume verbleiben, die sich zwar nach Art und Umfang nicht a priori charakterisieren lassen, deren politisch-ethisch verantwortliche Ausfüllung aber konkrete Aufgabe bleiben wird. Dies bedeutet für die Unternehmer, daß sie dazu aufgefordert sind, sich an den politisch-ethischen Diskursen im Spannungsfeld von Gerechtigkeit und Effizienz zu beteiligen, und zwar ernsthaft als Bürger und nicht als bezahlte Sprachrohre partikulärer Interessen. Für die Betriebswirtschaftslehre bedeutet es wiederum, daß sie sich auch darum zu kümmern hat, welche organisatorische Gestalt das politisch-ethische Handeln auf der betrieblichen Ebene annehmen soll. Dieses Problem wird sich in allen Bereichen der Betriebswirtschaftslehre stellen, wobei die Anstrengungen zu seiner Bewältigung sich nicht unter ein eigenes Prinzip werden bringen lassen, hier ist vielmehr die lokale Vernunft des konkreten Falls gefordert. Insoweit wird man zugestehen müssen, daß der in der Einleitung skizzierte Zustand der »Unternehmensethik« (wenn man den ethischen Überlegungen, die sich an unternehmerisches Handeln knüpfen, unbedingt einen eigenen Namen geben will) prinzipieller Natur ist und sich weder durch gedankliche Anstrengungen noch durch die Einrichtung von Lehrstühlen wird wesentlich verbessern lassen. Vielleicht führt aber die andauernde und engagierte Diskussion um die Unternehmensethik, wenn schon nicht zu einer neuen Teildisziplin, so doch zu der Erkenntnis bei Managern und Unternehmern, daß sich ihre Bürgerpflicht nicht in der Wahrung von Betriebsinteressen erschöpft. In diesem Falle hätte nicht nur die Betriebswirtschaftslehre Gewinn davongetragen.

Anmerkungen

1 Die Themen in diesem weiten Spektrum reichen von der Frage nach dem Verhältnis von Theologie und Wirtschaft (De George 1986, Kaufmann u. a. 1986) bis zu dem tiefsinnigen Problem, ob Bluff im Wirtschaftsleben zu rechtfertigen ist (Carr 1968, Carson/Wokutch 1983); für die Vielfalt der Themen vgl. z.B. Robinson/Pritchard/Ellin (1983), Enderle (1985), Hesse (1988). Für den Stand der Diskussion scheint mir bezeichnend zu sein, daß in der bekannten Monographie zur Unternehmensethik von De George (1982) kein Versuch einer genauen Aufgabenstellung der Unternehmensethik gemacht wird.

2 Der Sache nach findet man diese Unterscheidung schon in der Antike, wenngleich die Terminologie bis auf den heutigen Tag uneinheitlich geblieben ist, vgl. auch den Beitrag von Lorenzen in diesem Band.

3 Gelegentlich (z.B. Friedman 1971, Hirshleifer 1959) wird die These vertreten, daß es in einem marktwirtschaftlichen System neben dem Profitmaximierungsprinzip keine ethische Orientierungen geben kann und darf. Richtig ist aber nur, daß ein Wettbewerbssystem keine ethischen Orientierungen benötigt, um zu funktionieren. Aus der neoklassischen Theorie folgt nicht, daß die Menschen die unappetitliche Persönlichkeitsstruktur besitzen müssen, von der Friedman und Hirshleifer so angetan sind; vgl. zur Kritik Koehn (1983), Hannaford (1983).

4 Vgl. Steinmann/Oppenrieder (1985) und Steinmann/Löhr (1988) sowie die interessanten Ausführungen von Koslowski (1988, insbes. S. 215 ff.).

5 Dieser Punkt spielt für die moderne »industrial economics« die entscheidende Rolle. Ob er wirklich ausreicht, um eine »neue« Unternehmenstheorie zu etablieren, darf bezweifelt werden, vgl. Blattner (1977), Danley (1988).

6 Eine solche Ethik wäre zwar dem Gewinnmaximierungsprinzip nicht strategisch untergeordnet, sie würde aber nur solche Handlungen rechtfertigen können, die dem Gewinnmaximierungsprinzip nicht widersprechen.

7 So etwa Steinmann/Löhr (1988) oder Lorenzen in diesem Band.

8 H.A. Simon hat diesen Begriff im Rahmen seiner (später ausgebauten) Theorie der »bounded rationaltiy« geprägt (Simon 1955).

9 Neben den Standardarbeiten Arrow/Debreu (1954), Debreu (1959, 1982) sei auf die Lehrbücher Arrow/Hahn (1971) und Mas-Colell (1985) verwiesen.

10 Die verschiedenen Arten, Modelle aus Beschreibungen durch Idealisierungen aufzubauen, werden in Kötter (1986) erörtert.

11 Die Deutungen der neoklassischen Theorie unterscheiden sich also darin, ob die Existenz eines Marktgleichgewichts an anthropologische Eigenarten des Menschen gebunden wird oder an die Eigenarten von Institutionen. Dabei kommt die institutionelle Deutung mit deutlich schwächeren Annahmen aus, vgl. im übrigen Kötter (1982).

12 Ein aphairetisches Modell beschreibt einen Zustand, der sich ergeben würde, wenn alle Adressaten einer Norm diese strikt befolgen würden. In jeder politischen Diskussion um Gesetzesvorlagen wird mit aphairetischen Modellen argumentiert, da Vor- und Nachteile eines Gesetzes zunächst unter der Annahme diskutiert werden, es würde seinem Anspruch nach auch von jedermann erfüllt. Der Begriff der »Aphairesis« wurde von Inhetveen (1983) im Zusammenhang mit der Begründung der Geometrie (wieder)verwendet und von Kötter (1986) auf die Ökonomie übertragen.

13 Zu dem hier vorgeschlagenen heuristischen Verständnis vgl. Kötter (1986). Eine ähnliche, auch pragmatisch ausgerichtete Auffassung von der Erklärungskraft ökonomischer Theorien haben Schmidt/Schor (1987) vorgelegt.

14 Koslowski hat darauf hingewiesen, daß Aufmerksamkeit die eigentlich knappe Ressource bei der Durchführung von Entscheidungsprozessen sei (Koslowski 1988, S. 305). In der Tat ist es so, daß Menschen nicht nur einen endlichen Vorrat an Zeit zu bewirtschaften haben, sondern auch ein (relativ leicht erschöpfbares) Potential an Aufmerksamkeit und Entschlußkraft. Zur Aufmerksamkeit möchte ich noch Kompetenz hinzufügen und meine damit nicht nur Wissen, sondern auch die für die Nutzung des Wissens erforderliche Entscheidungsfreude.

15 Materiale Diskurse stehen in der Regel unter Zeitdruck. Dadurch ergibt sich die Aufgabe, ein Verfahren zum Abbruch des Diskurses anzugeben, das der Konsensorientierung so weit wie möglich Rechnung trägt. In Kötter (1983) habe ich versucht, klassische Ergebnisse der Social Choice Theory unter diesem Aspekt zu analysieren und zu bewerten.

Kapitel 3:
Begriffliche Grenzziehungen

Elmar Gerum

Unternehmensethik und Unternehmensverfassung

I. Die Unternehmung im Interessenkonflikt

Zwischen Unternehmen und ihrer wirtschaftlichen und gesellschaftlichen Umwelt wie auch in ihnen selbst ergeben sich, wie die Alltagserfahrung lehrt, vielfältige Konflikte, die intensiv Fragen von Moral und Ethik berühren. Besonderes Aufsehen erregten hier in letzter Zeit Umweltskandale wie etwa der um die Firma C.H. Boehringer Sohn in Hamburg, wo jahrelang die Gefährdung von Arbeitnehmern, Anwohnern und ökologischer Umwelt durch Dioxin geleugnet oder bagatellisiert wurde, bis es 1984 zur Werksschließung durch die Umweltbehörde kam (Bürgerschaft der Freien und Hansestadt Hamburg 1985), oder der Fall Sandoz mit den bekannt negativen Folgen für alle Rheinanlieger. Weiter kann erinnert werden an die vielen Lebensmittelskandale, wo um des Gewinnes willen ungeniert mit der Gesundheit der Konsumenten gespielt wurde. Immer wieder sehen sich insbesondere auch multinationale Unternehmen aus verschiedensten Gründen moralischen Vorwürfen wegen ihrer Geschäftspolitik ausgesetzt. So wurde die Firma Siemens Anfang der 70er Jahre wegen ihres geschäftlichen Engagements als Konsortialführer des Staudammprojekts Cabora Bassa mit Vorhaltungen kirchlicher Gruppen konfrontiert, sie unterstütze damit zumindest indirekt das koloniale Regime Portugals in Moçambique gegen die dortigen Freiheitsbewegungen (Steinmann/Schreyögg 1982, S. 515ff.). Ähnlich ergeht es heute den Unternehmen, die geschäftliche Verbindungen mit Südafrika unterhalten. Nestlé wiederum sah sich wegen des Vertriebs von Substitutionsprodukten für Muttermilch, insbesondere in der »Dritten Welt«, mehr als zehn Jahre lang in eine Auseinandersetzung mit einer Vielzahl von gesellschaftlichen Interessengruppen verwickelt. Nach Meinung von Fachleuten führte nämlich diese Ernährungsmethode unter den spezifischen hygienischen Verhältnissen von Entwicklungsländern zu einer erhöhten Säuglingssterblichkeit (zu einer Rekonstruktion des Nestlé-Falles Steinmann/Löhr 1988, S. 301ff.).

Zwar nicht derart spektakulär[1], dafür um so kontinuierlicher, sind die Arbeitgeber-Arbeitnehmer-Beziehungen von Konflikten belastet, die letztlich in ethischen Fragen ihre Wurzeln haben. Hier geht es dann um Humanisierung und Selbstverwirklichung in der Arbeitswelt, die spezifische Benachteiligung von Frauen oder die Jugendarbeitslosigkeit. Betriebsstillegungen mit Massenentlassungen treffen auch nicht nur die Arbeitnehmer in ihrer wirtschaftlichen und sozialen Existenz, sondern berühren darüber hinaus die Belange ganzer Gemeinden und Regionen. Proteste gegen derartige unternehmenspolitische Entscheidungen vereinen Gewerkschaften, Kirchen und Vertreter des öffentlichen Interesses gleich welcher parteipolitischen Couleur.

Seltener öffentlichkeitswirksam, aber dennoch latent konfliktreich sind auch die Beziehungen zwischen Management, Banken und (potentiellen) Anteilseignern. Fälle von tatsächlichem oder vermutetem Insider-Handel sowie zweifelhafte Börsenprospekte und Einführungskurse beschäftigen immer wieder die Wirtschaftspresse. Ebenso ist der nur schwer kontrollierbare Ermessensspielraum des Managements (managerial discretion) regelmäßig Anlaß für Klagen über »Selbstbedienungspraktiken« von Managern bei gleichzeitig »vernachlässigten« Aktionären.

Mit der Vielzahl und vor allem Vielfalt unternehmensbezogener Konflikte stellt sich die Frage nach geeigneten und, wenn möglich, verbesserten Instrumenten der Interessenkoordination und Konfliktregulierung. Es bietet sich an, hier zunächst auf das *Recht* zurückzugreifen und verbesserte gesetzliche Regelungen zu postulieren; die Mehrzahl unserer Beispiele legt das nahe. In einigen Fällen kommen jedoch bereits bei relativ oberflächlicher Betrachtung Bedenken auf, ob und inwieweit hier Gesetze grundsätzlich oder im Einzelfall zur Konfliktregulierung ausreichen oder das adäquate Medium bilden. So läßt sich etwa fragen, ob der idiosynkratische Charakter der Selbstverwirklichungsvorstellungen von Individuen in der Arbeitswelt überhaupt rechtlich hinreichend faßbar ist.[2] Hinweise auf mögliche Grenzen von Recht ergeben sich auch im Fall multinationaler Unternehmen, wenn man an die Diskrepanz zwischen einerseits internationaler Unternehmenstätigkeit und andererseits aber nur Interessenkoordination durch nationales Recht denkt. In solchen Fällen werden sozialethische Prinzipien und Selbstverpflichtungen der Unternehmen in Form von Codizes als Instrumente der Konfliktregulierung vorgeschlagen. Diese Anregungen wie auch die eingangs angedeuteten negativen externen Effekte unternehmerischen Handelns sind Gegenstand einer breiteren Diskussion um die Notwendigkeit und konzeptionelle Fassung einer *Unternehmensethik*.

Die Bedeutung und Reichweite von Ethik und rechtlich institutionellen Regelungen zur Regulierung der vielfältigen Interessenkonflikte um die Unternehmung gilt es deshalb im folgenden näher zu betrachten und in ihrem Verhältnis zu bestimmen.

II. Die Unternehmensverfassung als Ort der Interessenabstimmung

Die wirtschaftlichen Handlungen von und in Unternehmen sind bekanntlich nicht freigestellt, sondern *ordnungsabhängig*. Auf einzelwirtschaftlicher Ebene dient hier die Unternehmensverfassung als zentrale Rechtsinstitution zur Interessenabstimmung. Die Interessenabstimmung durch Verfassung kommt jedoch nur insoweit zum Zuge, wie die angesprochenen Konflikte nicht bereits durch andere Koordinationsmechanismen der Wirtschaftsordnung wie etwa und insbesondere den Markt oder das Bargaining-System (Tarifverhandlungen) absorbiert sind. Zwischen den Interessenabstimmungsmechanismen einer Wirtschaftsordnung besteht also ein komplementäres, von Interdependenz geprägtes Verhältnis.

Die Bedeutung der Unternehmensverfassung als Ort der Interessenabstimmung tritt klar hervor, wenn man sich die grundlegenden Fragen vor Augen führt, die bei der Gestaltung jeder Unternehmensverfassung zur Diskussion stehen (Steinmann 1969, S. 1f.):

(1) Welche Interessen sollen die Zielsetzung und Politik der Unternehmung bestimmen?
(2) Welche institutionellen Vorkehrungen sind zu treffen, um die Unternehmensaktivitäten auf die verfassungskonstituierenden Interessen auszurichten?

Zur Beantwortung dieser Fragen ist zum einen sozialtechnisches Wissen erforderlich, wenn es um die möglichst effiziente Ausgestaltung der formalen Entscheidungs- und Kontrollstrukturen von Unternehmen geht (zweite Grundfrage). Zum anderen – und dies steht hier im Vordergrund – gilt es dabei, den Kreis der prinzipiell *verfassungsrelevanten* Interessengruppen zu klären und die dann *verfassungskonstituierenden* Interessen zu bestimmen.

Durch eine knappe (genetische) Betrachtung des wirtschaftlichen Handlungszusammenhangs läßt sich zunächst einsichtig machen, daß jedenfalls die Interessen der Konsumenten, der Arbeitnehmer, der Kapitaleigner und das öffentliche Interesse als ordnungsrelevant zu berücksichtigen sind (hierzu und zum folgenden Steinmann/Gerum 1978b, S. 53ff. oder Steinmann/Gerum 1988, S. 182ff.). Geht man nämlich vom einfachsten Fall wirtschaftlichen Handelns, der Robinson-Wirtschaft, zur Arbeitsteilung über, so fallen zwangsläufig die Rollen von Konsumenten und Produzenten auseinander. Die Produzenten haben ein Interesse an der Realisierung möglichst günstiger Arbeitsbedingungen in einem weiten Sinne; die Konsumenten wollen auf ein für die Bedürfnisbefriedigung optimales Güterangebot hinwirken. Diese wechselseitig aufeinander bezogenen Interessen der Produzenten und Konsumenten bilden die elementare Grundrelation wirtschaftlichen Handelns. Bereits hier ist eine wechselseitige Interessenabstimmung erforderlich. Da sich dieses Problem in jeder arbeitsteiligen Wirtschaft stellt, ganz unabhängig davon, ob man es mit einer Marktwirtschaft oder Zentralverwaltungswirtschaft zu tun hat, kann man die *Produzenten-* und *Konsumenteninteressen* auch als systemindifferente und insoweit originäre Interessen des Wirtschaftens bezeichnen. Relativ dazu erweist sich das *Kapitalinteresse* als historisch-derivativ und systembezogen. Es ist nämlich nicht denknotwendiger Bestandteil der elementaren Grundrelation wirtschaftlichen Handelns, sondern Ausfluß einer spezifischen historischen Organisationsform des Wirtschaftens, nämlich des kapitalistischen Wirtschaftssystems. Dieser systembezogene Charakter dokumentiert sich auch darin, daß andere Wirtschaftsordnungen der Vergangenheit wie Gegenwart ein Kapitalinteresse als eigenständige Größe gar nicht kennen. Man denke an die jugoslawische Arbeiterselbstverwaltung.

Schließlich bedarf es als Folge der gesellschaftlichen Arbeitsteilung institutioneller Vorkehrungen zur Lösung der Interessenabstimmung zwischen den drei genannten Interessengruppen. Da sich das Interesse an einer funktionsfähigen Koordination aller einzelnen Gruppeninteressen und Handlungen nicht auf eine der drei genannten Interessen restlos reduzieren läßt, sondern auf die *Beziehungen* als notwendige Bedingung für die Verwirklichung der eigenen Interessen abstellt, also ihnen gemeinsam ist, erscheint es zweckmäßig, von einem speziellen *Öffentlichen Interesse* daran zu sprechen. Es ist ein *funktionales*, nämlich auf die erfolgreiche Koordination der Aktivitäten der Wirtschaftssubjekte gerichtetes Interesse. Beispiele hierfür bilden heute das Tarifvertragssystem oder das Wettbewerbsrecht. Darüber hinaus umfaßt es gewisse *materielle*, im Zeitablauf wandelbare Voraussetzungen des gemeinsamen Lebens und Wirtschaftens, deren Sicherstellung Bedingung der Möglichkeit der Bedürfnisbefriedigung aller ist. Insbesondere ist hier heute auf die Erhaltung bzw. Wiederherstellung eines funktionsfähigen Ökosystems zu verweisen. Seinem Charakter nach ist das Öffentliche Interesse systemindifferent. Das Koordinationserfordernis und die Sicherung der gemeinsamen materiellen Grundlagen stellt sich in allen Wirtschaftsordnungen.

Die ökonomische Realität der westlichen Industriegesellschaften ist im Kern durch die kapitalistische Unternehmensverfassung geprägt, wie sie um die Mitte des 19. Jahrhunderts entstand und in den großen handelsrechtlichen Kodifikationen ihren Niederschlag gefunden hat. Verfassungskonstituierend ist dort allein das Interesse der Kapitaleigner, die in der »Gesellschaft« vertraglich miteinander verbunden sind. Die Unternehmung als wirtschaftliche Einheit entsteht durch ein System von Vertragsbeziehungen zwischen den Produktionsmitteleigentümern einerseits und den Abnehmern, Lieferanten, Arbeitnehmern und Fremdkapitalgebern andererseits *(Vertragsmodell der Unternehmung)*. Der Interessenausgleich vollzieht sich hier dann also grundsätzlich im Markt und nicht in der verfaßten Unternehmung.

Dieses Bild der klassischen kapitalistischen Unternehmensverfassung hat nun aufgrund der Unvollkommenheiten der Faktor- und Gütermärkte die verschiedensten Modifikationen und Veränderungen erfahren, die es rechtfertigen, von einem Wandel der interessenmonistischen Unternehmensfassung hin auf ein interessenpluralistisches Modell zu sprechen (ausführlicher Steinmann/Gerum 1988, S. 200 ff.). Zu denken ist nicht nur an die Entwicklung des kollektiven und individuellen Arbeitsrechts als Mittel der Interessenkoordination, sei es unternehmenextern im Wege von Tarifverhandlungen oder vor allem durch die Integration von Arbeitnehmervertretern in den betrieblichen und unternehmerischen Entscheidungsprozeß. Einer verbesserten Interessenabstimmung dienen sollen ebenfalls die breitgefächerten Maßnahmen zum Verbraucherschutz. Ausdruck einer Stärkung des Öffentlichen Interesses sind die Entwicklung einer erweiterten Publizitätspflicht für die Unternehmen sowie die Regelungen zum

Umweltschutz, die auf die materielle Komponente des Öffentlichen Interesses zielen.

Die Unternehmensverfassung (in einem weiten Sinne) ergibt sich somit aus den einschlägigen gesetzlichen Regelungen, insbesondere dem Wettbewerbs-, Kapitalmarkt-, Verbraucherschutz-, Gesellschafts-, Arbeits- und Mitbestimmungsrecht, aus kollektivvertraglichen Vereinbarungen wie Firmentarifverträgen und Betriebsvereinbarungen sowie privatautonomen Rechtssetzungen wie dem Gesellschaftsvertrag, der Satzung, den Geschäftsordnungen oder Unternehmensverträgen. Sie umfaßt die Gesamtheit der konstitutiven und langfristig angelegten Regelungen für Unternehmen. Historisch betrachtet ist die Unternehmensverfassung in einem immer größeren Umfang zu einem Ort der Interessenabstimmung geworden.

III. Die Grenzen von Markt und Recht als Koordinationsinstrumente

Angesichts dieses breiten Fächers rechtlicher Regelungen um die Unternehmensverfassung stellt sich unwillkürlich die Frage, warum zur Konfliktregelung überhaupt eine Unternehmensethik erforderlich sein soll. Genau diesen Punkt thematisieren in jüngerer Zeit verstärkt Vertreter der Theorie der Verfügungsrechte (zum Überblick Schüller 1983 und Budäus/Gerum/Zimmermann 1988), wenn sie argumentieren, die geschilderten negativen Effekte unternehmerischen Verhaltens und die daraus resultierenden Interessenkonflikte, um derentwillen man eine Unternehmensethik postuliert, seien lediglich Ausfluß unvollkommener institutioneller Vorkehrungen und Anreizsysteme. Ihr Vorschlag lautet (v. Weizäcker 1984, S. 150): Geeignete Rahmenbedingungen herzustellen, insbesondere die *Vertragsfreiheit* und ferner – im Sinne Hayeks – die *Märkte* als *Entdeckungsverfahren* für geeignete Rechtsformen menschlichen Zusammenlebens zu nutzen. Dann, so diese These, erledigten sich die normativ strittigen Folgen einzelwirtschaftlichen Handelns gleichsam von selbst.

Gegen diese letztlich auf die interessenabgleichende Kraft und friedensstiftende Funktion des Marktprozesses abstellende Argumentation gilt es allerdings zu sehen, daß auch ein paretooptimaler Zustand mit effizienten rechtlichen Institutionen noch nichts über die Gerechtigkeit dieser Situation aussagt[3]. Er besagt bekanntlich lediglich, daß bei einer gegebenen Vermögensverteilung – wie auch immer diese einzuschätzen ist – ein Zustand herbeigeführt ist, bei dem niemand besser gestellt werden kann, ohne daß ein anderer schlechter gestellt wird und daß die knappen Ressourcen am Ort ihrer sozial nützlichsten Verwendung eingesetzt werden. Dieser gesellschaftliche Zustand ist aber erst noch hinsichtlich seiner Verteilungsgerechtigkeit und der sonstigen mit ihm verbundenen Wirkungen zu beurteilen, es sei denn, man hält all das, was der Fall ist, auch schon für gerecht.

Begründungstheoretisch betrachtet basiert die so postulierte normative Kraft des Faktischen aber auf einem unzulässigen *naturalistischen Fehlschluß*. Für den Schritt vom »Sein« zum »Sollen« bedarf es nämlich zusätzlicher Begründungsanstrengungen, die jedoch theorieimmanent, d.h. im Rahmen der verfügungsrechtlichen Ansätze nicht geleistet werden können. Die Rationalität bzw. die Gerechtigkeit eines Systems – und damit auch ökonomischer Systeme wie der Markt – kann nie durch es selbst begründet werden. Hierzu bedarf es eines *theorie-exogenen* Maßstabes, nämlich der regulativen Idee der *ethisch-politischen Vernunft*, die erst eine Reflexion und Beurteilung der Faktizität ermöglicht.

Auch wer dieser Argumentation nicht folgen will, sieht sich mit einer Reihe von Problemen konfrontiert, die *rechtlich*-institutionellen Regelungen allgemein und vor allem in modernen Industriegesellschaften eigen sind (ausführlich Stone 1975, zusammenfassend Gerum 1989, S. 146ff.). Eben diese Defizite könnten es erforderlich machen, die Unternehmensverfassung mit ihren rechtlichen Konnexinstituten durch eine Unternehmensethik zu *ergänzen*, um so eine hinreichende Konfliktregulierung zwischen Unternehmen und Umwelt sicherzustellen.

Die Gründe für die begrenzten Koordinationsfähigkeiten von Recht sind verschiedenartig. Sie können zum einen eher rechtstechnischer Natur sein, zum anderen in der Neuartigkeit der zu regelnden Materie liegen und schließlich aus dem Spannungsfeld von Recht und Ethik selbst resultieren.

Zum ersten Problemkreis gehören die *gesetzgebungstechnischen* Schwierigkeiten, wenn es darum geht, komplexe soziale wirtschaftliche Zusammenhänge in gesetzliche Regelungen zu transformieren. Einerseits muß es das Bestreben des Gesetzgebers sein, von den vielen Einzelfällen des Lebens zu abstrahieren und diese durch eine möglichst allgemeine Beschreibung von Tatbeständen zu erfassen. Nur so kann eine immer weiter fortschreitende Verrechtlichung aller Lebensbezüge (Zacher et al. 1984) durch eine Flut von einzelfallorientierten gesetzlichen Regelungen verhindert werden. Das erforderliche rechtstechnische Instrument hierzu sind unbestimmte Rechtsbegriffe wie »gesicherte Erkenntnisse«, »Stand der Technik« oder »menschengerechte Gestaltung der Arbeit«. Sie bergen jedoch die Gefahr in sich, daß die Steuerungseffizienz des Rechts leidet. Andererseits wird vom rechtlichen Instrumentarium aber eine hohe Zielgenauigkeit gefordert, was ohne eine weitgehende Auflistung der Einzeltatbestände nicht erreicht werden kann. Die Folge ist, daß das materielle Recht dann doch immer weiter aufgebläht wird. Dieses offenkundige Dilemma hat in der neueren rechtstheoretischen und rechtssoziologischen Diskussion dann bereits zu dem Vorschlag geführt, das Rechtssystem durch reflexive Regelungen zu entlasten. Bei einer reflexiven Steuerung zieht sich nämlich das Recht – im Gegensatz zu materiellen zielorientierten Rechtsregelungen – auf eine *indirekt* regulierende Rolle zurück. Es schafft – wie z.B. im Fall der Tarifverhandlungen – die organisatorischen und prozeduralen Voraussetzungen für die autonome kommunikative Interessenabgleichung zwischen Individuen und gesellschaftlichen Gruppen.

Zu den skizzierten Problemen der Gesetzgebung kommen die *Präventionsdefizite* und *Vollzugsdefizite* des Rechts als empirische Grenzen seiner Steuerungskapazität. Die hochgradige Arbeitsteilung in Großunternehmen und die damit verbundene Diffusion von Entscheidungen in der Unternehmenshierarchie führt nämlich zu der vielfach festgestellten »organisierten Unverantwortlichkeit«. Einzelne Organisationsmitglieder vertrauen, was die Bedeutung ihrer Handlungen und Entscheidungen hinsichtlich rechtlicher Regelungen anbelangt, schlicht auf die Kontrolle übergeordneter Instanzen und fühlen sich so moralisch entlastet. In die gleiche Richtung weist die Anonymisierung des Individuums in großen Organisationen. Das Recht spricht zwar das Individuum als verantwortliche Instanz an, vermag es aber unter den spezifischen Verhältnissen großer Wirtschafts- und Verwaltungsorganisationen nicht mehr zu erreichen, so daß die präventive Steuerungswirkung des Rechts tendenziell leidet. Diesen Effekt verstärken und bedingen auch bekannte Kontrollprobleme, wie sie die zunehmende Zahl und Detailliertheit gesetzlicher Regelungen mit sich bringt. So ist die staatliche Administration nicht nur häufig überfordert, wenn sie die Einhaltung komplexer Gesetzesmaterien, wie etwa zum Umweltschutz überprüfen soll (Mayntz et al. 1978), sondern auch wenn es um die Sanktionierung von Gesetzesverstößen geht. Die Komplexität der Organisation von Großunternehmen und ihrer Entscheidungsprozesse verhindert nicht selten die zur Sanktionierung notwendige personelle rechtliche Zurechnung.

Unabhängig von diesen »technischen« Argumenten für die Notwendigkeit einer die Unternehmensverfassung ergänzenden Unternehmensethik ist der Fall zu sehen, bei dem die Neuartigkeit eines Sachverhalts diesen einer generellen rechtlichen Regelung (noch) entzieht. Es geht hier um *time lag-Probleme*, die sich daraus ergeben, daß die Rechtsentwicklung im Regelfall gesellschaftlicher Veränderungen, wie sie vor allem durch technischen Fortschritt induziert werden, hinterherläuft. Bevor hier überhaupt neue rechtliche Institutionen geschaffen werden können, sind – wie z.B. für den Fall der Gen-Technologie zu befürchten ist – möglicherweise schon nicht mehr oder nur schwerlich revidierbare Tatsachen geschaffen.

In diesen Kontext fügt sich schließlich als dritter Gesichtspunkt für die Notwendigkeit einer Unternehmensethik die alte Erkenntnis, daß gesetztes Recht und allgemeine ethische Vorstellungen nicht notwendigerweise deckungsgleich sein müssen. Im *Spannungsfeld* von *Recht* und *Ethik* lassen sich, wie Abbildung 1 zeigt, grundsätzlich vier Fälle unterscheiden.

Unentschieden und insofern problematisch, sind hier die Konstellationen II und III. In vielen Streitfällen zwischen Unternehmen und ihrer Umwelt geht es häufig um den Fall III, wenn zwar die *Legalität* von Entscheidungen unstrittig ist, jedoch ihre ethische Rechtfertigbarkeit, ihre *Legitimität*, durch die Öffentlichkeit in Zweifel gezogen wird. Diese Konstellation bezieht sich nicht nur auf den eben angesprochenen Fall der Neuartigkeit von Konfliktlagen, wo noch

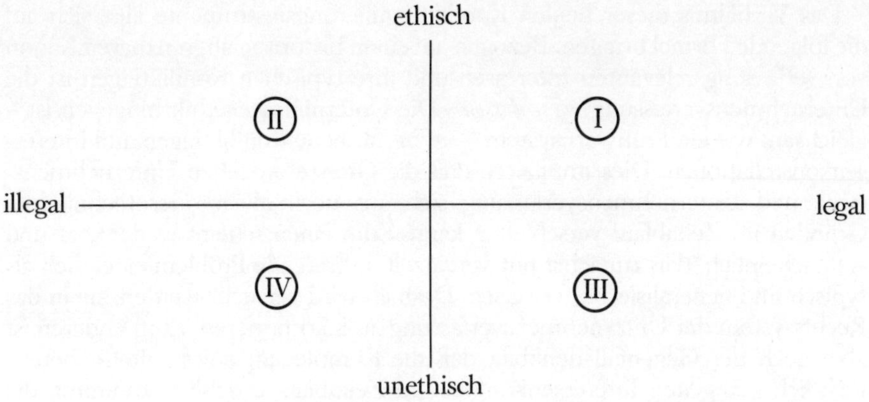

Abb. 1: Entscheidungsklassifikation zum Verhältnis von Recht und Ethik (vgl. Henderson 1982, S. 42)

nichts verboten oder geboten ist und es erst darum geht, rechtliche Regelungen zu generieren, sondern sie ist ganz allgemeiner Natur. Insofern erscheinen auch hier die rechtlichen Normierungen zur Steuerung unternehmerischen Handelns durch eine Unternehmensethik ergänzungsbedürftig.

IV. Abgrenzung von Unternehmensverfassung und Unternehmensethik

Das Postulat, die Unternehmensverfassung durch eine Unternehmensethik zu *ergänzen* (Steinmann/Gerum 1988, S. 258), bringt das Problem einer Abgrenzung zwischen den beiden Konfliktregulierungs- und Interessenabstimmungsmechanismen mit sich. Im Lichte der dargelegten Steuerungsdefizite von Recht kann man die Aufgabenverteilung zwischen Verfassung und Ethik derart umreißen: Gegenstand der *Unternehmensverfassung* ist die Internalisierung von *strukturell* bedingten und deshalb generalisierbaren *Dauerkonflikten* zwischen den verfassungsrelevanten Interessen, soweit diese nicht bereits durch andere Koordinationsmechanismen der Wirtschaftsordnung absorbiert sind. Ein klassisches Beispiel hierfür ist die Mitbestimmung in Unternehmen und Betrieb. Die *Unternehmensethik* dagegen soll *ad hoc-Konflikte* thematisieren, die sich auf einzelne Unternehmen (Branchen) beziehen und deshalb nicht oder noch nicht generalisierbar sind. Deshalb kann Unternehmensethik dann immer auch nur durch *freiwillige Vereinbarung* zustande kommen und zielt auf eine *Selbstbindung* der Beteiligten ab.

Das Verhältnis dieser beiden Konfliktregulierungsinstrumente läßt sich auf die folgende Formel bringen: Bezogen auf einen historisch abgrenzbaren Kanon von verfassungsrelevanten Interessen und ihre typischen Konfliktlagen ist die Unternehmensverfassung *»geschlossen«*. Die Unternehmensethik hingegen ist – gleichsam wie ein Frühwarnsystem – *»offen«* für neue Konfliktlagen und Interessenkonstellationen. Dies impliziert, daß die Grenze zwischen Unternehmensethik und Unternehmensverfassung sich aus normativen oder technischen Gründen im Zeitablauf verschieben kann. Zum einen scheint es denkbar und wahrscheinlich, daß zunächst nur vereinzelt auftretende Problemfelder sich als typisch und generalisierbar erweisen. Deshalb wird versucht werden, sie in das Rechtssystem der Unternehmensverfassung zu inkorporieren. Zum anderen ist aber auch der Gegenfall denkbar, daß die Komplexität eines »alten«, bereits rechtlich geregelten Interessenkonflikts im Zeitablauf erheblich zunimmt, die Steuerungsdefizite des Rechts offenkundig werden und deshalb ergänzende unternehmensethische Regelungen auf freiwilliger Basis erforderlich werden.

V. Zur Reichweite von Unternehmensethik

Die Aufforderung an Entscheidungsträger von Unternehmen, in einem konkreten Konfliktfall ethisch fundierten Lösungsvorschlägen zuzustimmen, unterstellt, daß für die Unternehmung auch ein entsprechender *Handlungsspielraum* besteht: »Sollen« impliziert bekanntlich »Können«. Es ist also erforderlich, die Reichweite der ethischen Begründungsfragen zu präzisieren, die im Kontext von Unternehmensethik sinnvollerweise gestellt und beantwortet werden können.

Negativ läßt sich hier zunächst feststellen, daß fundamentalkritische Diskussionen über Systemimperative wie das Gewinnprinzip in einer Unternehmensethik systematisch falsch verortet sind (so auch Steinmann/Löhr 1987b, S. 454 ff.). Auf der Ebene des Subsystems Unternehmung erscheint es wenig sinnvoll, über die Rechtfertigbarkeit des erwerbswirtschaftlichen Prinzips zu räsonieren. Das (wirtschaftliche) Gesamtsystem integrierende Sozialprinzipien stehen nämlich regelmäßig nicht zur Disposition einzelner Systemteile. Zweckmäßiger erscheint es daher, die ethischen Grundlagen von Wirtschaftsordnungen im Rahmen einer *»Wirtschaftsethik«* zu thematisieren. Im Ergebnis wird damit für den Zusammenhang von Unternehmensverfassung und Unternehmensethik ein *mehrstufiges Rechtfertigungsmodell* vorgeschlagen, für das eine *Interdependenz* der Beziehungen charakteristisch ist (vgl. Abb. 2). So gilt einerseits, daß die ethischen Grundlagen der Wirtschaftsordnung jeder materialen Unternehmensethik Grenzen setzen. Andererseits darf aber nicht übersehen werden, daß Forderungen nach Unternehmensethik (zumindest implizit) auch eine Kri-

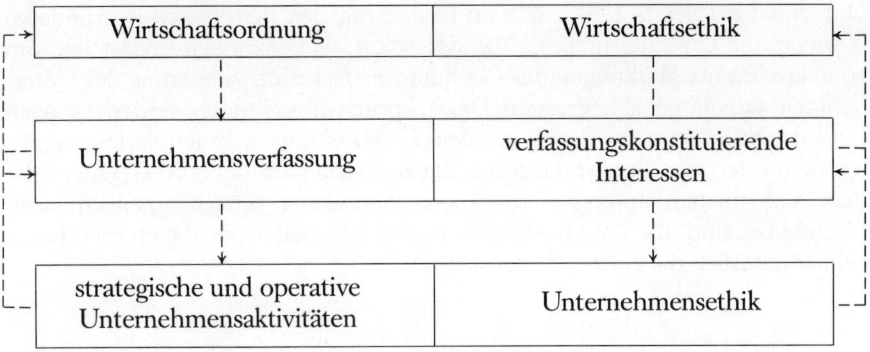

Abb. 2: Wirtschaftlicher Ordnungs- und Handlungszusammenhang und ethische Begründungsprobleme (Gerum 1989, S. 152)

tik der herrschenden Wirtschaftsethik beinhalten (können). Fragen des Umweltschutzes z.B., wie sie vielfach als ethische Herausforderung für Unternehmen postuliert werden, können letztlich auf eine Verankerung des »Öffentlichen Interesses« in der Unternehmensverfassung hinauslaufen und insofern auch eine Modifikation der Wirtschaftsordnung bewirken.

Das mehrstufige Rechtfertigungsmodell entlastet zwar einerseits die Unternehmensethik von »Systemfragen«, befreit aber andererseits die Unternehmensführung nicht von der Verpflichtung zur ethischen Reflexion ihrer Aktivitäten und deren Folgen nach Maßgabe bestehender Handlungsspielräume. Ob und inwieweit in gegebenen Situationen tatsächlich Handlungsspielräume bestehen, ist nicht nur Gegenstand des operativen Mangements, sondern gilt es vor allem im Rahmen von *unternehmenstrategischen* Entscheidungen zu prüfen. Ziel strategischer Unternehmensführung ist es ja bekanntlich, der Unternehmung durch *aktives* Handeln eine möglichst günstige Wettbewerbsposition in der Zukunft zu sichern. Mit den Instrumenten der Branchen- und Konkurrentenanalyse wird hier versucht, den strategischen Möglichkeitsraum mit seinen Chancen und Risiken zu bestimmen (Porter 1980 und 1985). In diesem *Möglichkeitsraum* ist dann über die gebotenen und gewünschten Strategien, Produkt-Markt-Konzepte und Ergebnisvorstellungen nach allgemeinen normativen Prinzipien wie auch den persönlichen Wertvorstellungen der Entscheidungsträger zu befinden. Ethische Fragen stellen sich demnach für die einzelne Unternehmung nicht nur bei der Wahl ihrer Sachziele und der Mittel zu ihrer Realisierung. Vielmehr ist – je nach Wettbewerbskonstellation – auch zu prüfen, in welchem Umfang und mit welcher Intensität das Gewinnziel selbst verfolgt werden muß.

Unternehmensethik ist also nicht modisches Beiwerk moderner Unternehmensführung oder für moralisch besonders engagierte Unternehmen reserviert, sondern integraler Bestandteil unternehmenspolitischer Entscheidungsprozesse. Sie umfaßt – wie man jetzt normierend vorschlagen kann (Steinmann/

Oppenrieder 1985, S. 174) – alle im Dialog mit den Betroffenen begründeten Normen, die ein Unternehmen für sich selbst als verbindlich erklärt hat, um konfliktrelevante Wirkungen des Gewinnprinzips bei der Steuerung der Unternehmensaktivitäten zu begrenzen. Die Anspruchsberechtigten werden – je nach Lage des Falles – (in der Regel) aus dem Kreis der unternehmensverfassungsrelevanten Interessen der Produzenten, der Konsumenten, der Anteilseigner oder dem Öffentlichen Interesse stammen. Adressaten unternehmensethischer Grundsätze sind alle entscheidungsbefugten Mitglieder einer Unternehmung, primär natürlich die Unternehmensleitung.

Anmerkungen

1 Zu weiteren Beispielen vgl. auch Heilbroner (1973) oder Stone (1975).
2 Zu einem Versuch in diese Richtung siehe Gerum (1981, S. 227ff.).
3 Hierzu und zum folgenden siehe auch Gerum (1989, S. 145f.). Genau auf das Verhältnis von Effizienz und Gerechtigkeit focussiert auch die kontroverse juristische Diskussion zur Leistungsfähigkeit der »Ökonomischen Analyse des Rechts« zwischen Ott/Schäfer (1988, S. 213ff.) einerseits und Fezer (1988, S. 223ff.) andererseits.

Margit Osterloh

Unternehmensethik und Unternehmenskultur

I. Problemstellung

Die Themenkomplexe Unternehmenskultur und Unternehmensethik sind in der wissenschaftlichen und populärwissenschaftlichen Diskussion in kurzer zeitlicher Abfolge aufgetaucht: Während Unternehmenskultur zum »hula hoop of the 1980« (Uttal 1983, S. 70) zu werden verspricht, könnte Unternehmensethik durchaus zum »hula hoop of the 1990« werden. Zweifellos verdanken beide Themenkomplexe ihre Popularität nicht zuletzt dem in der Organisationstheorie üblichen Wechselspiel zwischen »harten«, strukturorientierten und »weichen«, verhaltensorientierten Ansätzen[1] oder zwischen »Stoffhuberei« und »Sinnhuberei«[2].

Die theoriegeschichtliche Ausgangssituation mag zwar für beide Konzepte gleich sein, die praktischen Anlässe für ihre Aktualität sind es nicht.

Die Anlässe für die Debatte um die *Unternehmenskultur* sind in der Unzufriedenheit mit der in den 70er Jahren dominierenden technokratisch orientierten Lehre von der Unternehmensführung zu suchen. Diese setzte vorwiegend auf die verhaltensdeterminierende Wirkung der »harten Elemente« wie Organisationsstruktur und Strategischer Planung.[3] Die technokratische Unternehmensführung bot aus mehreren Gründen Anlaß zu Kritik[4]:

- Die offensichtlichen Wettbewerbserfolge japanischer Unternehmen verwiesen auf Wertsysteme als wichtigem Erfolgsfaktor.
- Die aufgetretenen Schwierigkeiten bei der Implementierung strategischer Planungen machten darauf aufmerksam, daß diese mit der vorhandenen unternehmensspezifischen Kultur abgestimmt sein müssen (z.B. Greipel 1988). Ebenso zeigte sich, daß erfolgreiche Fusionen oder Aquisitionen in aller Regel erfordern, daß die Wertsysteme der betroffenen Unternehmen kompatibel sind (z.B. Buono/Bowditch/Lewis III 1985).
- Die sogenannte »Wertewandels-Diskussion« ließ Befürchtungen aufkommen, daß traditionelle Arbeitstugenden wie Disziplin, Pflichterfüllung, Glaube an den Aufstieg und die Gerechtigkeit der Aufstiegskriterien in den westlichen Industriestaaten an Bedeutung verlieren (z.B. Noelle-Neumann/Strümpel 1984) und zu Wettbewerbsnachteilen gegenüber den »Five Dragons«[5] führen.
- Der erfolgreiche Einsatz »Neuer Technologien« erwies sich als abhängig vom Vorhandensein spezifischer Werthaltungen bei den Arbeitnehmern. Die durch die Mikroelektronik steigende informationelle und physische Integration der Arbeitsabläufe hat eine erhöhte Störanfälligkeit zur Folge. Dies erfordert bei den Arbeitnehmern Eigenschaften wie Loyalität, Kooperationsbereitschaft und Identifikation mit den Unternehmenszielen (vgl. Osterloh 1986, 1988a).

Die genannten Kritikpunkte legen aus erfolgsstrategischen Gründen eine Umorientierung nahe. Neben Organisationsstrukturen und Strategischen Plänen sollen nun gemeinsame Werte und Normen als verhaltenssteuernde Instrumente einbezogen werden.[6] Zu diesem Zweck wird den Managern empfohlen, Organisationen wie in der Anthropologie als Kulturen zu betrachten. Unternehmenskultur wird dabei als die Gesamtheit von gemeinsamen Werten und Normen verstanden, die sich in organisationalen Handlungsweisen und Symbolen konkretisiert.[7]

Der *Unternehmensethik* geht es – anders als der Unternehmenskultur – nicht um die deskriptive Feststellung von Werten und Normen zum Zwecke ihrer instrumentell-präskriptiven Beeinflussung. Ihr geht es vielmehr um die *Begründung* von Normen[8] (vgl. Lorenzen in diesem Band). Die Anlässe für diese Debatte liegen folglich nicht in erfolgsstrategischen Defiziten, sondern in Begründungsdefiziten. Sie wurzeln in Zweifeln an der bislang dominierenden Vorstellung, daß Managerhandeln eine ethisch neutrale, ökonomisch-rationale Tätigkeit sei. Nach dieser Vorstellung gehören ethische Überlegungen einer außerrationalen Welt an. Sie sind allenfalls als moralisches Korrektiv einer prinzipiell wertfreien Ökonomie vom Standpunkt einer privaten Gewissensethik aus gestattet (Ulrich 1987a).

Diese in der Gedankenwelt der Neoklassik fundierte »Zwei-Welten-Theorie« (ebenda) ist allerdings in Zeiten der »Risikogesellschaft« (Beck 1986) kaum noch einleuchtend. Die vielen Umweltskandale weisen darauf hin, daß es »immer mehr Betroffene aber immer weniger Beteiligte an unternehmenspolitischen Entscheidungen« (Ulrich 1987a, S. 142) gibt. Die Zwei-Welten-Theorie bürdet dem Manager eine soziale Verantwortung auf, die er im Sinn einer privaten Gewissensethik stellvertretend für die vielen Betroffenen nicht mehr tragen kann. Demzufolge entstehen Begründungsdefizite, weil eine »begründungsfreie« Ökonomie offensichtlich fragwürdig geworden ist.

Unternehmenskultur und Unternehmensethik sind also aus ganz unterschiedlichen aktuellen Anlässen entstanden und behandeln deutlich unterscheidbare Fragestellungen.[9] Gleichwohl werden beide Begriffe oft in einem Atemzug genannt und mitunter sogar synonym verwendet (vgl. z.B. Reichart in diesem Band). Dafür gibt es drei gute Gründe:

- Zum *einen* beschäftigt sich sowohl die Unternehmenskulturforschung wie die Unternehmensethik mit Normen und Werten, wenngleich mit verschiedenen Fragestellungen. Die *Unternehmenskulturforschung* will gemeinsame Werte und Normen deskriptiv erfassen mit dem Ziel, betriebliche Problemlösungsprozesse positiv zu beeinflussen. Die *Unternehmensethik* als der Lehre von der Begründung von Normen in der Unternehmung ist zwar auch auf die deskriptive Feststellung von faktisch geltenden Normen – den Moralen (Ethos) oder der konkreten Sittlichkeit – angewiesen. Sie ist aber nicht auf erfahrungswissenschaftliche Forschung reduzierbar (Lorenzen in diesem Band), sondern braucht diese – wie zu zeigen sein wird – als Voraussetzung ihrer Implementation.[10] Aus der Sicht der Unternehmensethik folgt daraus der Primat der Ethik vor der Kultur.
- Zum *zweiten* gibt es ein weit verbreitetes »Unbehagen an der Unternehmens-

kultur« (Sandner 1987).[11] Der besondere Gegenstand der Unternehmenskulturforschung, nämlich die Ermittlung von Normen und Werten zum Zwecke ihrer instrumentellen Handhabung, erweckt zu Recht Abneigung angesichts der Erfahrungen aus der Zeit der nationalsozialistischen Betriebsgemeinschaftsbewegung (Dülfer 1988b, S. 13; Krell 1988). Dies macht erklärlich, warum verantwortungsvolle Praktiker Fragen der Unternehmenskultur von solchen der Unternehmensethik nicht trennen wollen. Für den Wissenschaftler ergibt sich daraus die Aufgabe, Konzepte von Unternehmenskultur zu identifizieren, die mit einem begründeten Konzept von Unternehmensethik kompatibel sind.
- Zum *dritten* soll gezeigt werden, daß auch eine an erfolgsstrategischen Gesichtspunkten orientierte empirische Unternehmenskulturforschung letztlich den Primat der Ethik vor der Kultur anerkennen muß. Dies gilt zumindest dann, wenn die Unternehmenskulturforschung dem »interpretativen Paradigma« folgt, das sich in jüngster Zeit durchzusetzen beginnt und wenn man den methodischen Einwänden von Habermas (1983b, S. 29ff.) gegen den Relativismus mancher interpretativer Ansätze folgt.

Die drei genannten Gründe für eine enge Verflechtung der Unternehmenskulturforschung mit der Unternehmensethik sollen im folgenden näher untersucht werden.

II. Das Verhältnis von Unternehmensethik und Unternehmenskultur

An dieser Stelle kann nicht auf das Begründungsprogramm einer Diskursethik[12] und die darauf aufbauende Begriffsbestimmung einer diskursiven Unternehmensethik[13] eingegangen werden. Vielmehr sollen nur kurz die denknotwendigen Voraussetzungen dieses Konzepts skizziert werden, soweit sie für das Verhältnis von Unternehmensethik und Unternehmenskultur relevant sind (vgl. Steinmann/Oppenrieder 1985).

- Eine diskursive Unternehmensethik setzt voraus, daß es *Handlungsspielräume* gibt, d.h. daß die Unternehmung durch Markt, Wettbewerb und Preissystem nicht restlos in ihrem Handeln determiniert ist.[14]
- Die Ausfüllung dieser Spielräume erfolgt durch von Menschen geschaffene *Normen.* Diese Normen erschöpfen sich nicht im kodifizierten Recht. Man kann sich also nicht darauf hinausreden, daß alles, was rechtlich nicht verboten ist, auch ethisch gerechtfertigt ist.
- Als *oberste Norm* für die Bewältigung von Konflikten gilt der friedliche Konsens zwischen den Betroffenen anstelle von Gewalt oder Manipulation. Dies

bedeutet den Ausschluß einer paternalistischen Interessenberücksichtigung *für* die Betroffenen. Statt dessen wird ein dialogischer Interessenausgleich *mit* den Betroffenen als mündigen Organisationsbürgern angestrebt.

Gegen die diskursive Unternehmensethik wird häufig eingewandt, daß sie ebenso wie der herrschaftsfreie Diskurs ein utopisches Ideal sei.[15] Dieser Kritik begegnet Lorenzen (in diesem Band) mit dem Einwand, daß friedliche Verständigung kein utopisches Ideal sei, sondern als gelungene Lebenspraxis für jedermann erfahrbare wäre. Das Ziel des Friedens wird demnach nicht von der Wissenschaft vorgegeben, sondern von einer gelungenen Lebenspraxis. Wissenschaft hat lediglich die Aufgabe, diese gelungene Praxis »auf den Begriff zu bringen«, d.h. geistige Instrumente zur Verfügung zu stellen, die den Frieden sicherer machen (Lorenzen 1987, S. 239). Dieser methodische Beginn in der unmittelbaren Lebenspraxis spiegelt sich in der »Konstruktiven Philosophie und Wissenschaftstheorie« in einem speziellen Verfahren der Begriffseinführung wider, der Aphairesis.[16] Hierauf soll hier nicht näher eingegangen werden.[17]

Statt dessen sei hier »die Grundintuition, daß gültige Normen allgemeine Zustimmung müßten finden können« (Habermas 1983b, S. 45) anhand der empirischen Theorie Kohlbergs (1974) zur Entwicklung moralischen Bewußtseins bei Jugendlichen und Erwachsenen erläutert.[18] Die Konsonanz dieser Theorie mit der diskursiven Ethik besteht darin, daß Kohlbergs Theorie als normativen Bezugspunkt eine prinzipiengeleitete Moral hat, die der Diskursethik entspricht. Die empirische Geltung der Kohlbergschen Theorie kann daher als Absicherung der normativen Geltung der Diskursethik dienen (vgl. Habermas 1983b, S. 48f.; 1983d, S. 128).[19]

In unserem Zusammenhang hat die Kohlbergsche Theorie zugleich den Vorteil, daß mit ihrer Hilfe das Verhältnis von Unternehmensethik und Unternehmenskultur deutlicher bestimmt werden kann.

Kohlberg stellt aufgrund vergleichender Forschungen an Jugendlichen und Erwachsenen verschiedener Kulturen fest, daß die moralische Entwicklung einem universellen Stufenschema folgt. Damit zeigt er auf empirischem Wege, daß es kulturunabhängige Normen gibt.[20] Die empirische Varianz vorgefundener Moralauffassungen ist demnach nicht Folge eines Normenrelativismus, sondern Ausdruck von Stufendifferenzen in der Entwicklung moralischer Urteilsfähigkeit. Die verschiedenen Stufen sind hierarchisch geordnet und hinsichtlich ihrer Aufeinanderfolge nicht umkehrbar. Auf der jeweils höheren Stufe kann das Individuum erklären, warum seine moralischen Urteile angemessener sind als auf der niedrigeren Stufe.

Kohlberg unterscheidet drei Ebenen mit je zwei Stufen[21] (vgl. Abb. 1).

Auf der *vorkonventionellen Ebene* werden Regeln ausschließlich aus egozentrischer Perspektive befolgt.

In *Stufe 1* gehorcht das Individuum nur aus Furcht vor Strafe oder aufgrund seiner Unterlegenheit gegenüber Autoritäten.

In *Stufe 2* orientiert sich das Individuum an Tauschbeziehungen. Elemente

Stufenschema der Moralentwicklung nach L. Kohlberg

Ebene	Stufe
I Vorkonventionelle Ebene	1 »Orientierung an Bestrafung und Gehorsam«
	2 »Naiv egoistische Orientierung an Gegenseitigkeit«
II Konventionelle Ebene	3 »Orientierung am Idealtypus des guten Jungen«
	4 »Orientierung an Aufrechterhaltung von Autorität und sozialer Ordnung«
III Nachkonventionelle Ebene	5 »Legalistische Vertragsorientierung«
	6 »Orientierung am Gewissen oder an Prinzipien«

Abb. 1: Stufenschema der Moralentwicklung nach L. Kohlberg (1974, S. 60f.).

von Fairneß und Gegenseitigkeit treten auf, aber sie werden instrumentell zur Befriedigung eigener Bedürfnisse eingesetzt.

Auf der *konventionellen Ebene* wird das Handeln an der Gruppe, Familie oder Nation orientiert, die als Träger der Ordnung auftreten.

In *Stufe 3* ist die Einstellung durch Konformität gegenüber dem Mehrheitsverhalten bestimmt. Es gilt, ein guter Freund, eine gute Tochter etc. zu sein.

In *Stufe 4* herrscht die Ausrichtung an Autorität, fixierten Regeln und der Aufrechterhaltung der sozialen Ordnung vor. Das rechte Verhalten besteht darin, daß man seine Pflicht tut und die gegebene soziale Ordnung um ihrer selbst willen aufrechterhält.

Auf der *nachkonventionellen Ebene* wird das Handeln an Prinzipien orientiert, die unabhängig davon Anerkennung finden, welche Gruppen diese Prinzipien vertreten. Es wird zwischen sozial geltenden, *faktisch anerkannten* Normen und *anerkennungswürdigen* Normen unterschieden, womit lebensweltliche und kulturelle Selbstverständlichkeiten kritisierbar werden (vgl. Habermas 1983d, S. 137, 190).

In *Stufe 5* herrscht eine legalistische Vertragsorientierung vor. Regeln werden dann als verbindlich angesehen, wenn sie nach vernünftigen Verfahren der Konsensbildung zustande gekommen sind.[22]

In *Stufe 6* werden Regeln hinsichtlich ihrer Übereinstimmung mit universellen Prinzipien bewertet, beispielsweise dem kategorischen Imperativ von Kant.[23] Im Kern geht es dabei um Prinzipien der Gerechtigkeit, der Gegenseitigkeit und der Gleichheit menschlicher Rechte.

Die höchste Stufe des Kohlbergschen Schemas ist allerdings wie der Kantsche

Imperativ ausschließlich an der Gewissensentscheidung des einzelnen orientiert. Moralische Entscheidungen sind das Ergebnis eines reinen Gedankenexperiments, das privat, d.h. monologisch, zustande kommt und nicht das Ergebnis einer auf Überkunft zielenden Kommunikation ist.[24]

Aus diesen – hier nur angedeuteten – Gründen ergänzt Habermas (1983d, S. 127ff.) das Kohlbergsche Stufenschema um eine *7. Stufe*, der Stufe einer universalen Diskursethik.[25]

Sie anerkennt nur noch ein einziges Prinzip, den allgemeinen und freien argumentativen Diskurs.[26] Sie führt nicht zur Erzeugung von gerechtfertigten inhaltlichen Normen, sondern zur Prüfung der Gültigkeit vorgeschlagener Normen. Weil sie nur formale Normen vorgibt, kann sie sich von partikularen kulturellen Lebenswelten und damit vom Normenrelativismus losmachen. Zugleich kann sie der Verordnung »fester Werte« entgegentreten, die der Krise traditioneller Werte im Gewand der »geistig-moralischen Wende« entgegentreten will und die auch in gängigen Organisationskulturkonzepten (siehe unten) empfohlen wird.

Mit Hilfe des erweiterten Stufenschemas der Moralentwicklung kann nunmehr das Verhältnis von Unternehmenskultur und Unternehmensethik genauer bestimmt werden: Empirische Unternehmenskulturforschung als die Ermittlung faktisch geltender Normen zum Zwecke der Abstimmung der Unternehmenskultur auf die Unternehmenspolitik erreicht im Stufenschema Kohlbergs allenfalls die Stufe 3 oder 4, d.h. die Ebene der konventionellen Moral. Weil – nach vorherrschendem Verständnis[27] – Unternehmenskulturforschung sich jedoch nicht nur in der empirischen Beschreibung von Unternehmenskulturen erschöpft, sondern zugleich auch zur Gestaltung von Unternehmenskulturen beitragen will, stellt sie nicht bloß ein *Durchgangsstadium* auf dem Wege zu Stufe 7 dar. Organisationskulturforschung ist vielmehr ein *Mittel* zur Implementation einer diskursiven Unternehmensethik und dies in zweifacher Hinsicht:

Zum *einen* bildet die Unternehmenskultur den sozialen Rahmen, innerhalb dessen die Entwicklung moralischer Urteilsfähigkeit behindert oder gefördert werden kann. Dem liegt die Vorstellung zugrunde, daß nicht nur in der Kindheit, sondern auch im Erwachsenenalter eine moralische Entwicklung möglich ist, daß also Arbeit die Persönlichkeit des Erwachsenen beeinflußt (Hoff/Lappe/Lempert 1985). Wenngleich die Erforschung der beruflichen moralischen Sozialisation noch in den Anfängen steht, so lassen sich doch einige generelle Bedingungen aufweisen, die die moralische Entwicklung in allen Lebensphasen fördern (Lempert 1988a, S. 71f.):

- offene Konfrontation mit sozialen Konflikten
- Chancen zur Teilnahme an (relativ symmetrischen) Kommunikationsprozessen
- Möglichkeiten der Mitwirkung an kooperativen Entscheidungen
- regelhafte starke Diskrepanzen zwischen einzelnen Lebensbereichen oder sozialen Rollen.

Für die Unternehmenskulturforschung ergibt sich daraus die Aufgabe, solche Konzepte von Unternehmenskultur zu identifizieren, die die moralische Entwicklung hin zur Stufe 7 fördern oder behindern. Diese Frage soll in Abschnitt III behandelt werden.

Zum *anderen* ist empirische Unternehmenskulturforschung noch in zweiter Hinsicht ein Mittel, um das Ziel einer diskursiven Unternehmensethik zu implementieren:

Um einen allgemeinen und freien Konsens aller Organisationsmitglieder zu erreichen, muß ein hinreichendes gegenseitiges Wissen über lebensweltliche Denk- und Handlungsgewohnheiten vorhanden sein (vgl. Lorenzen 1987, S. 267), welches ermöglicht, einander besser zu verstehen. Weil nämlich die moralischen Regeln der Diskursethik formal sind, enthalten sie nicht zugleich die Regeln ihrer Anwendung. Diese entstehen erst aus dem praktischen Diskurs, der seine Inhalte aus der Lebenswelt, mithin der gegebenen Unternehmenskultur, erhält (vgl. Habermas 1983 c, S. 113). Die Implementation einer Diskursethik erfordert demnach »hermeneutische Anstrengung« (Habermas 1983 d, S. 191). Die dabei erwachsenden Probleme werden in Abschnitt IV behandelt.

III. Welche Konzepte von Unternehmenskultur fördern die Implementation einer diskursiven Unternehmensethik?

In diesem Abschnitt soll geprüft werden, welche der Konzepte von Unternehmenskultur den genannten Bedingungen entsprechen, um eine diskursive Unternehmensethik implementieren zu können.[28]

Zur Systematisierung von Konzepten der Unternehmenskulturgestaltung wird der Ansatz von Smircich (1983)[29] herangezogen.

Dort werden drei Konzeptgruppen unterschieden

- Kultur als externe Einflußgröße
- Kultur als eine interne Variable
- Kultur als »root metaphor«.

1. Unternehmenskultur als externe Einflußgröße

Dieses Kulturkonzept hat seine Wurzeln in der »Comparative-Management«-Forschung. Diese stellte sich unter dem Einfluß der wachsenden Internationalisierung die Frage, ob in allen Kulturen der Welt die Beziehungen zwischen Kontext und Organisationsstruktur vergleichbar sind (Hofstede 1980a, 1980b, Kumar 1988). Kultur wird dabei als ein externer, nicht beeinflußbarer Kontextfaktor angesehen, an den sich das Management anpassen muß, um eine effiziente Zielerreichung zu gewährleisten. Kultur entzieht sich hier also einer Gestaltung.

Dieses Konzept steht in der Nähe der funktionalistischen Kulturanthropologie (z.B. Malinowski 1944). Es sieht Kultur lediglich als ein Instrument zur Befriedigung grundlegender menschlicher Bedürfnisse oder zum Systemerhalt (Smircich 1983, S. 342). Ethische Gesichtspunkte finden hier überhaupt keinen Platz: Der Systembestand oder die grundlegenden menschlichen Bedürfnisse sind aus dieser Sicht nicht begründungspflichtig, sondern werden als gegebene Ziele vorausgesetzt. Weil darüber hinaus auch vorausgesetzt wird, daß alles Handeln funktional der Zielerreichung dient, ist ein Diskurs über die Richtigkeit dieses Handelns überflüssig.

2. Unternehmenskultur als eine interne Variable

Dieses Kulturkonzept wird von der weitaus überwiegenden Anzahl der Autoren vertreten, welche die Idee der Unternehmenskultur in der jüngsten Zeit popularisiert haben (z.B. Peters/Waterman 1984; Deal/Kennedy 1987; Ouchi 1981). Sie gehen davon aus, daß das Unternehmen eine Kultur *hat*, daß also Kultur eine von mehreren gestaltbaren internen Variablen der Unternehmung ist. Charakteristisch für diese Betrachtungsweise ist eine systemtheoretische Orientierung. Unternehmenskultur wird als eines unter mehreren kulturellen Subsystemen der Unternehmung angesehen. Die Verwandtschaft dieser Konzepte mit den situativen oder Kontingenzansätzen ist unverkennbar.[30] Im Unterschied zur älteren kontingenztheoretischen Betrachtungsweise wird hier allerdings die Erkenntnis betont, daß Symbole von entscheidender Bedeutung für die Unternehmensführung sind. Führung sei deshalb nicht zuletzt als Management von Symbolen[31] zu begreifen (vgl. z.B. Peters 1978, Louis 1980, Pfeffer 1981, Pondy et al. 1983).

Dieses Konzept einer »machbaren Kultur« ist vielfach unter dem Aspekt kritisiert worden, daß es dysfunktional wirken könne. Gewachsene Unternehmenskulturen entfalten nämlich einen spezifischen Eigensinn, der sich manipulativen Änderungsversuchen widersetzt (z.B. Hartfelder 1984, Heinen 1985, Dill 1986, S. 295ff., Greipel 1988). »Wertedrill« (Ulrich 1984[32]) würde nur als zusätzlicher Zwang erlebt.

Unter dem Gesichtspunkt der Vereinbarkeit dieses Konzeptes mit einer diskursiven Unternehmensethik ist festzustellen, daß es eine unvoreingenommene Verständigung geradezu verhindert: Die systemtheoretische Betrachtungsweise braucht wie die funktionalistische keinen Diskurs, weil sie annimmt, daß das »moralisch Richtige hinreichend im Rahmen dessen analysiert werden kann, was der Aufrechterhaltung von Systemgrenzen förderlich ist« (Habermas 1983b, S. 44). Darüber hinaus wird der Diskurs sogar behindert, wenn beispielsweise Peters/Waterman (1984, S. 364) fordern, daß Kultur »stahlhart« sein müsse und jeder seine Stelle zu recht verliere, der gegen die herrschende Unternehmenskultur verstößt.[33] Unternehmenskultur gerät hier nicht nur zur Verordnung »fester Werte« im Sinne der Stufen 3 oder 4 von Kohlberg, sondern setzt ein moralisches Urteil im Sinne der Stufe 1 voraus.

3. Unternehmenskultur als »root metaphor«

Bei diesem dritten Kulturkonzept wird nicht mehr davon ausgegangen, daß das Unternehmen eine Kultur *hat*, sondern daß es eine Kultur *ist*. Unternehmenskultur ist nicht länger ein Instrument der Unternehmensführung, sondern ein erkenntnisleitender Grundbegriff der Organisationsforschung (Heinen 1987b, S. 17).

Diese Sicht bedeutet zugleich einen Paradigmawechsel[34]: Organisationen werden nicht mehr wie im herkömmlichen »social fact paradigm« als ein objektives Faktum angesehen, sondern als eine »Gesellschaftliche Konstruktion der Wirklichkeit« (Berger/Luckmann 1980) in den Köpfen der Organisationsmitglieder.

Das »interpretative Paradigma« hat eine wichtige Konsequenz für das Verhältnis von Unternehmenskultur und Unternehmensethik: Die Unternehmung wird nicht länger als ein System angesehen, das von der Umwelt getrennt ist. Wenn die Organisation nämlich ein Konstrukt in den Köpfen der Organisationsmitglieder ist, dann wird die Umwelt zum »enacted environment« (Weick 1985). Daraus folgt, daß nicht mehr behauptet werden kann, daß die Umwelt unbeeinflußbar und vorgegeben ist, vielmehr ist sie im Sinne des »Wahrnehmungszirkels« von Neisser (1979)[35] veränderbar.

Mit diesem Argument wird bestritten, daß es einen »situativen Determinismus« (Staehle 1987, S. 100) gibt. Es existieren also Handlungsspielräume[36], die oben als eine der denknotwendigen Voraussetzungen für eine diskursive Unternehmensethik gekennzeichnet wurden.

In bezug auf die Ausfüllung dieser Handlungsspielräume lassen sich innerhalb des interpretativen Paradigmas der Unternehmenskulturansätze drei Varianten unterscheiden, die in unterschiedlicher Weise mit dem Konzept einer diskursiven Ethik vereinbar sind. Diese drei Varianten sollen in Anlehnung an Neuberger/Kompa (1987, S. 255ff.) als Macher-, Gärtner- und Autonomieansatz gekennzeichnet werden.[37]

Der *Macher-Ansatz* weist gewisse Ähnlichkeiten mit den funktionalistisch-systemtheoretischen Kulturansätzen auf, die davon ausgehen, daß Unternehmen eine Kultur *haben*. Er geht wie diese Ansätze davon aus, daß eine einheitliche Unternehmenskultur erfolgreich von der Unternehmensleitung eingeführt werden kann (vgl. z.B. Tichy 1983, Schein 1986, Kilman/Saxton/Serpa 1985). Dabei wird jedoch der »Wertedrill« abgelehnt und statt dessen auf Lernprozesse gebaut, die nach dem Modell des sozialen Lernens (z.B. Bandura 1979) initiiert werden sollen.[38] Gleichwohl wird der Zugriff auf den »ganzen Menschen« versucht[39], indem der Lernprozeß »does involve all of one's cognitive and emotional elements« (Schein 1984, S. 12).

Die Unvereinbarkeit dieses Konzepts mit einer diskursiven Ethik ergibt sich insbesondere daraus, daß Mythen und Rituale im »Macher-Ansatz« instrumentell eingesetzt werden. *Mythen* sind Weltbilder, die nicht zwischen der physischen Natur und der soziokulturellen Umwelt unterscheiden (Schreyögg 1984b, S. 174). Sie können daher nicht als prinzipiell kritisierbare und revidierbare kulturelle Überlieferungen identifiziert werden (Habermas 1981a, S. 84). *Rituale* sind formalisierte Handlungen, die zugleich die Normativität der Handlungen begründen (Eder 1980, S. 28f.). Mythen und Rituale stabilisieren damit die Alternativenlosigkeit sozialer Normierungen, indem sie diese einem unvoreingenommenen Diskurs entziehen.[40] Der Macher-Ansatz verhindert so ein Überschreiten der konventionellen Ebene im Stufenschema von Kohlberg.

Der *Gärtner-Ansatz* lehnt im Unterschied zum Macher-Ansatz jeden Eingriff in die Unternehmenskultur ab.[41] Diese Position[42] sieht in der Unternehmenskultur ein Reservat für ein noch unberührtes Stück Lebenswelt. Jeder Eingriff wird als potentielle Zerstörung betrachtet. Die dem Gärtner-Ansatz zugrunde liegenden Bedenken lassen sich in der Frage zusammenfassen: »Und ist die Idee, Kulturentwicklungsprozesse zu lenken und damit letztlich zu ›beherrschen‹ nicht die äußerste Steigerung eines technokratischen Zeitgeistes und als solche im Grunde ein zutiefst *zynischer* Gedanke?« (Ulrich 1984, S. 317[43]). Gegen solche Bedenken wendet Schreyögg (1988) ein, daß damit letztlich Kultur gegen Kritik immunisiert werde: Wenn man kulturelle Orientierungen als prinzipiell intakte, authentische Gebilde begreift, erklärt man sie zugleich für sakrosankt.

Eine solche Position kann unter erfolgsstrategischen Gesichtspunkten gefährlich werden (vgl. ebd.): Starke Unternehmenskulturen können eine Barriere für den strategischen Wandel bilden (Lorsch 1986), weil sie verhindern, daß in Entscheidungsprozessen bei der Beurteilung von Alternativen eine Vielzahl von Aspekten zur Geltung gebracht wird (Shrivastava 1985). Darüber hinaus gibt es auch krankhafte Kulturen, wie die Untersuchungen von Kets de Vries/Miller (1986) belegt haben.

Im Hinblick auf die Vereinbarkeit des Gärtner-Ansatzes mit dem Konzept der Diskursethik ist festzustellen, daß auch der Gärtner-Ansatz über die konventionelle Stufe der Moralentwicklung nicht hinausführt, weil er davon ausgeht, daß hinter Traditionen bzw. der faktisch geltenden sozialen Ordnung nicht zurückgefragt werden darf.

Der *Autonomie-Ansatz* geht zwar wie der »Macher-Ansatz« von der prinzipiellen Änderungsfähigkeit von Kulturen aus, jedoch ohne eine »Dompteurpose« (Neuberger/Kompa 1987, S. 255) einzunehmen. An die Stelle eines »Management von Unternehmenskulturen« tritt hier ein »kulturbewußtes Management« (Ulrich 1984, S. 317). Es beabsichtigt keine Kulturrevolutionen, sondern allenfalls Kurskorrekturen (Schreyögg 1988, S. 165).

Der *erste Schritt* einer solchen Kurskorrektur ist die Beschreibung und Bewußtmachung der bestehenden Kultur. Er setzt ein theoretisch reflektiertes »kontrolliertes Fremdverstehen« voraus, dessen Schwierigkeiten und Implikationen im nächsten Abschnitt geschildert werden.

Der *zweite* Schritt läßt sich als »reflexive Brechung« (Ulrich 1984, S. 318) kennzeichnen, d.h. als kritische Diskussion mit allen Organisationsmitgliedern über die bestehende Unternehmenskultur.

Erst im *dritten* Schritt ist es möglich, Änderungsprozesse einzuleiten, bei deren praktischer Ausgestaltung die Erfahrungen der Organisationsentwicklung gute Dienste leisten können.[44]

Die Konsequenzen einer solchen Vorgehensweise können hier nur angedeutet werden. Sie bestehen vor allem darin, daß sowohl die »organizational blocks« wie die »cultural blocks« (Waters 1987) beiseite geräumt werden. Die *»organizational blocks«* sind Organisationsstrukturen, die kommunikative Prozesse behindern, etwa starke horizontale und vertikale Arbeitsteilung oder ein hierarchisches Einliniensystem. *»Cultural blocks«* entstehen vor allem durch einheitliche, starke »Hoch-Kulturen« anstelle einer Vielzahl von dynamischen und vitalen Alternativ- und Subkulturen (Neuberger/Kompa 1987, S. 257).

Es ist offenkundig, daß die genannten Konsequenzen zugleich auch die Bedingungen schaffen, die im vorigen Abschnitt als günstige Voraussetzungen einer moralischen Sozialisation im Arbeitsleben genannt wurden. Daraus folgt, daß ein Unternehmenskulturkonzept im Sinne des Autonomie-Ansatzes als einziges der hier vorgestellten Konzepte geeignet ist, um eine diskursive Unternehmensethik zu implementieren.[45]

IV. Methodologische Fragen des Verhältnisses von Unternehmensethik und Unternehmenskultur

In den vorigen Abschnitten wurde dargelegt, daß die Implementation einer diskursiven Unternehmensethik die empirische Unternehmenskulturforschung in zweifacher Hinsicht braucht.

Zum einen setzt der Autonomie-Ansatz als der einzige Ansatz, der einer moralischen Entwicklung förderlich ist, die Beschreibung und Bewußtmachung der bestehenden Kultur voraus.

Zum anderen ist ein allgemeiner und freier Konsens nicht ohne »hermeneutische Anstrengung« erzielbar, d.h. nicht ohne Kenntnis der jeweiligen lebensweltlichen Kultur.

Die dabei auftretenden Probleme sind jedoch nicht nur in methodologischem Interesse relevant. Vielmehr sollen die folgenden Überlegungen zeigen, daß eine am interpretativen Paradigma orientierte Unternehmenskulturforschung unabweisbare diskursethische Prämissen auch für denjenigen Forscher oder Manager setzt, welche die hier dargelegte dienende Rolle der Unternehmenskultur in bezug auf die Unternehmensethik nicht akzeptieren wollen.

Bereits im vorigen Abschnitt wurde darauf verwiesen, daß die populären, an funktionalistischen Vorstellungen orientierten Kulturkonzepte dysfunktional wirken können.[46] Dies mag dazu beigetragen haben, daß die bereits erwähnte »interpretative Wende« auch dort vollzogen wurde, wo erfolgsstrategische Gesichtspunkte im Vordergrund stehen. Das »interpretative Paradigma« verstärkte die Zweifel an den herkömmlichen, quantitativ-statistischen Forschungsmethoden, die im Zuge der Unternehmenskultur-Diskussion zunehmend artikuliert wurden.[47]

Der Grund für das Versagen dieser Methoden wird deutlich, wenn man sich den Begriff der Unternehmenskultur genauer betrachtet. Trotz der Vielzahl existierender Kulturdefinitionen[48] läßt sich feststellen, daß Kultur »Perceptas« *und* »Conceptas« (Osgood 1951)[49] umfaßt. »Perceptas« bestehen aus empirisch beobachtbaren Sachverhalten wie Verhaltensweisen, Ritualen, Sprachgewohnheiten, Architektur, Kleidung etc. »Conceptas« hingegen umfassen mentale Konstrukte wie Werte und Normen einer Gesellschaft. Diese sind nicht beobachtbar und den Betroffenen teilweise gar nicht bewußt.[50]

Die »Conceptas« können nicht ohne weiteres über die »Perceptas« erschlossen werden: Äußerlich sichtbare Merkmale wie Riten, Sprache, Kleidung etc. sind interpretationsbedürftig (Schein 1986, S. 113 ff.). Die gleichen äußeren Manifestationen können in unterschiedlichen Kulturen durchaus verschiedene Bedeutung haben. Die Interpretation dieser Manifestationen setzt daher eigentlich schon die Kenntnis der zugrundeliegenden Unternehmenskultur voraus (Ebers

1985, S. 124f.). Die »Conceptas« können aber auch nicht mittels standardisierter Befragungen ermittelt werden. Diese können nämlich nur Werte und Einstellungen zutage fördern, die der Forscher prinzipiell schon kennt.[51] Darüber hinaus setzen sie voraus, daß Forscher und Befragte über gleiche sprachliche Symbolsysteme verfügen. Dies kann nur angenommen werden, wenn beide denselben kulturellen Hintergrund haben. Erst die Verschiedenheit dieser Hintergründe macht aber eine Kulturforschung nötig.

Diese Überlegungen haben zur Einsicht geführt, daß das Alltagswissen der Organisationsmitglieder zum Ausgangspunkt der Untersuchung von »Conceptas« gemacht werden muß. Aus diesem Alltagswissen müssen im Wege des »kontrollierten Fremdverstehens« (Schütze u.a. 1973) die handlungsleitenden Werte und Normen rekonstruiert werden. Die methodische Regel hierfür gibt das sog. Thomas-Theorem ab: »If men define situations as real, they are real in their consequences« (Thomas 1932, S. 572).

An der Frage, wie diese methodische Regel praktisch umzusetzen ist, scheiden sich allerdings die Geister.[52] Zwar werden diese Probleme bislang vorwiegend außerhalb der Unternehmenskulturforschung diskutiert.[53] In der Soziologie finden sich jedoch bereits in den 70er Jahren Lösungsvorschläge (z.B. Arbeitsgruppe Bielefelder Soziologen 1973, 1976). Dabei hat insbesondere Habermas (1981a, 1982) Hürden aufgebaut, an denen sich auch die Unternehmenskulturforschung abarbeiten muß.

Die grundlegende Ausgangssituation einer Sozialwissenschaft wurde von Alfred Schütz (1971, S. 7), dem Begründer der phänomenologischen Soziologie, folgendermaßen beschrieben: »Die gedanklichen Gegenstände, die von Sozialwissenschaftlern gebildet werden, beziehen und gründen sich auf gedankliche Gegenstände, die im Verständnis des im Alltag unter seinen Mitmenschen lebenden Menschen gebildet werden. Die Konstruktionen, die der Sozialwissenschaftler benützt, sind daher sozusagen Konstruktionen zweiten Grades: Es sind Konstruktionen jener Konstruktionen, die im Sozialfeld von den Handelnden gebildet werden ...«[54]

Daraus ergibt sich das Grundproblem eines interpretativen Sozialwissenschaftlers[55]: Er muß die Theoriebildung an das vortheoretische Alltagswissen der Befragten anschließen, ohne zugleich die Theoriebildung an das Alltagswissen der Befragten zu binden (vgl. Habermas 1982, S. 576). Einige Lösungsversuche für dieses Grundproblem seien im folgenden in ihren Grundzügen angedeutet:

Die *phänomenologische Soziologie* von A. Schütz (1971, 1974) begegnet dem Problem mit dem Hinweis, daß sich der Wissenschaftler aus der untersuchten lebensweltlichen Alltagspraxis lösen kann, indem er eine theoretische Stellung einnimmt. Daran kritisiert Habermas (1982, S. 576), daß es nicht ausreicht, wenn diese theoretische Einstellung bloß durch das Motiv bestimmt ist, sich wie ein Wissenschaftler zu benehmen. Es fehle Klarheit darüber, *wie* der Zirkel zwischen wissenschaftlicher und Alltags-Erfahrung durchbrochen werden könne.

Die *Ethnomethodologie* als eine Variante der phänomenologischen Soziologie geht das Problem anders an. Sie versteht sich als eine Disziplin, die empirisch-wissenschaftlich ermitteln will (»-ologie«), welche Methoden Geselllschaftsmitglieder (»Ethno-«) zum Einsatz bringen, um ihr Alltagsleben zu organisieren (vgl. Weingarten 1985, S. 112). Die von Garfinkel (1973) entwickelte »dokumentarischen Methode der Interpretation« geht davon aus, daß sich durch alle Einzeläußerungen hindurch generelle Muster dokumentieren; umgekehrt erhält die Einzeläußerung ihren eigentlichen Sinn erst auf dem Hintergrund der Kenntnis dieses Musters. Hiergegen wendet Habermas (1981a, S. 184ff.) ein, daß der Ethnomethodologe sich bei diesem Vorgehen die Stellung des »uninteressierten Beobachters« reservieren müsse. Dies wird aber von den Vertretern dieser Richtung nicht zugestanden.

Die *linguistische Philosophie* des späten Wittgenstein (1960) sieht das Problem des intersubjektiven Fremdverstehens nicht in der Frage der gemeinsamen Konstitution von Sinn. Vielmehr ist aus dieser Sicht die Intersubjektivität durch die grammatischen Regeln der Sprache gegeben. Diese stellen jedoch immer auch Regeln einer eingespielten lebensweltlichen Kommunikation dar. Man könne sich ihrer nur vergewissern, wenn man den Sozialisationsprozeß gedanklich wiederhole, in dem diese Regeln eingeübt wurden. Mithin ist eine »Übersetzung« von einer Sprache in die andere nicht möglich.[56] Damit wäre »kontrolliertes Fremdverstehen« nur im Rahmen gedanklicher Nachsozialisation durchführbar.

Die *philosophische Hermeneutik*[57] ist die dritte Hauptströmung, die sich dem Problem des Verstehens theoretisch widmet. Anders als der späte Wittgenstein (1960) geht Gadamer (1965) davon aus, daß Sprachen als der Ausdruck von Lebensformen prinzipiell ineinander übersetzt werden können: Wenn man eine Fremdsprache lernt, so geschieht dies anders als das Sprechenlernen eines Kindes. Vielmehr wird die neue Sprache auf die schon beherrschte Sprache bezogen.[58] Daraus folgt, daß hermeneutisches Verstehen »die Auslegung von Texten in Kenntnis schon verstandener Texte« ist (Habermas 1982, S. 284). Gadamer (1965) weist damit die Einfühlungstheorie Diltheys (1970)[59] zurück. Diese beruht auf der Annahme, man könne sich in das Bewußtsein einer anderen Person hineinversetzen und sich von seiner eigenen Ausgangslage abkoppeln. Hingegen ist nach Gadamer Verstehen immer an die Vorurteilsstruktur des Interpreten geknüpft. Dieser kann niemals seinen eigenen Traditionszusammenhang überspringen. Daraus resultiert der »hermeneutische Zirkel«, aus dem sich niemand »herausreflektieren« (Gadamer 1971, S. 68) kann. Jeder Versuch, außerhalb des »hermeneutischen Zirkels« einen festen Punkt zu finden, bleibt aus dieser Sicht vergeblich. Die Folge einer solchen Position ist nicht nur die Preisgabe des Objektivitätsanspruches innerhalb der Sozialwissenschaften. Vielmehr bedeutet sie auch, daß ein Überschreiten der konventionellen Ebene im Stufenschema von Kohlberg unmöglich ist.

Gegen diese relativistische Position entwickelt Habermas (1983b, S. 29ff.) seinen eigenen Ansatz des *hermeneutischen Rekonstruktionismus*. Dieser stützt sich zwar einerseits auf die hermeneutische Tradition, verbindet diese aber mit der

Generativen Linguistik von Chomsky (1974), dem Symbolischen Interaktionismus Meads (1968)[60] und der Entwicklungspsychologie von Piaget (1972) und Kohlberg (1974). Die Entwicklung dieses Ansatzes kann hier nicht dargestellt werden.[61] Im Ergebnis bedeutet sie *einerseits* die Beibehaltung der Methode des hermeneutischen Verstehens. *Andererseits* wird aber die Möglichkeit eröffnet, einen kritischen Punkt außerhalb des »Hermeneutischen Zirkels« zu finden, der sowohl objektives wie theoretisches Wissen verspricht (Habermas 1983 b, S. 38).

Die Grundlage des hermeneutischen Rekonstruktionismus bildet die Einsicht, daß *Verstehen Verständigung* voraussetzt. Wer sich jedoch verständigen will, muß gemeinsame *Standards* unterstellen, anhand deren die Beteiligten entscheiden können, ob ein Konsensus zustande gekommen ist (Habermas 1981 a, S. 166). Daraus folgt, daß der Interpret einen Text oder eine Äußerung nur in dem Maße versteht, »wie er einsieht, warum sich der Autor berechtigt fühlt, bestimmte Behauptungen (als wahr) aufzustellen, bestimmte Werte und Normen (als richtig) anzuerkennen, bestimmte Erlebnisse (als wahrhaftig) zu äußern.« (Habermas 1981 a, S. 190.) Dies bedeutet, daß sich der Interpret nicht nur den Kontext klarmachen muß, in dem eine Äußerung gefallen ist, um die Gründe für diese Äußerung *nachzuvollziehen*.[62] Vielmehr muß er sich die Gründe *vergegenwärtigen*, indem er sein Gegenüber als zurechnungsfähiges Subjekt ernst nimmt. Er muß die Gründe also beurteilen, d.h. positiv oder negativ zu ihnen Stellung nehmen (Habermas 1983 b, S. 39). Die Folge dieser Überlegungen ist, daß der Interpret von einer *objektiven* zu einer *performativen* Haltung überwechseln muß.

Dies bedeutet aber nichts anderes, als daß interpretative Sozialforschung nicht ohne begründete Normen betrieben werden kann. Wenn solche Normen nicht bloß subjektiver Beliebigkeit entsprechen sollen, dann stößt der empirisch arbeitende Kulturforscher an dieser Stelle wieder auf die rational nicht hintergehbare Grundnorm, daß Geltungsansprüche von Normen nur in einem allgemeinen und freien Diskurs überprüft werden können. Mithin ergibt sich auch für den Kulturforscher, der von erfolgsstrategischen Überlegungen ausgegangen ist, daß er letztlich den Primat der Diskursethik vor der Kultur akzeptieren muß.

Anmerkungen

1 Vgl. Ebers (1988, S. 39).

2 In Anlehnung an Max Weber (1968 b, S. 214).

3 Zum fragwürdigen Verhältnis von »harter Organisationsstruktur« zu »weicher Organisationskultur« vgl. jedoch Wollnik (1988).

4 Vgl. z.B. als Übersichten über die kritischen Argumente Holleis (1987, S. 32 ff.); Heinen (1987 b, S. 4 ff.); Ebers (1988, S. 28).

5 Gemeint sind die Länder Japan, Singapur, Taiwan, Südkorea, Hongkong, vgl. hierzu Hofstede/Bond (1988).

6 Vgl. z.B. das 7-S-Konzept der Unternehmensberatungsgesellschaft McKinsey, dargestellt in Pascale/Athos (1981, S. 93); Heinen (1987b, S. 12).

7 Vgl. z.B. Dülfer (1988b, S. 4).

8 Zum normativen methodologischen der Status Unternehmensethik vgl. Steinmann/Löhr (1988). Mitunter finden sich allerdings auch Ethikkonzepte, die von einem deskriptiven Verständnis ausgehen, vgl. Gäfgen (1988). Zu einer Systematik von Ethik-Konzepten vgl. Homann/Hesse u.a. (1988).

9 Vgl. auch Kreikebaum (1988b).

10 Vgl. analog Gäfgen (1988). Er spricht allerdings von »empirischer Wirtschaftsethik« und trennt damit nicht – wie von Lorenzen (in diesem Band) vorgeschlagen – zwischen Ethik als normativer Morallehre einerseits und Moralen bzw. Sittlichkeit oder Ethos als den empirisch bestimmbaren faktisch geltenden Normen andererseits.

11 Vgl. z.B. auch Ulrich (1984), Hartfelder (1984).

12 Vgl. hierzu Lorenzen (in diesem Band), sowie Habermas (1983c, S. 53ff.).

13 Vgl. hierzu Steinmann/Löhr (in diesem Band) sowie Steinmann/Oppenrieder (1985).

14 Hierbei wird von einem mehrstufigen Rechtfertigungsmodell ausgegangen. Vgl. hierzu Steinmann/Löhr, Enderle und Gerum (in diesem Band), kritisch Ulrich (in diesem Band).

15 Zur Kritik der Diskursethik vgl. z.B. Wellmer (1986), Schnädelbach (1986), Taylor (1986), Giddens (1988), Kiessling (1988), Gröschner (in diesem Band).

16 Vgl. Inhetveen (1983). Auf die Unterschiede zwischen der Erlanger »Konstruktiven Philosophie und Wissenschaftstheorie« und der Kommunikationstheorie von Apel und Habermas sei hier nicht eingegangen. Vgl. hierzu z.B. Habermas (1982, S. 582ff.), Ulrich (1986, S. 286ff.).

17 Vgl. hierzu Steinmann/Löhr (1988).

18 Vgl. auch Lind und Ekardt/Löffler (in diesem Band).

19 Dies ist kein naturalistischer Fehlschluß: Die Geltung der normativen Theorie wird *nicht* aus der Geltung der empirischen Theorie abgeleitet. Vielmehr setzt Kohlberg bei seiner empirischen Theorie die Gültigkeit der normativen Theorie *voraus*. Dennoch wird die Gültigkeit der normativen Theorie zweifelhaft, wenn sie sich im Verwendungszusammenhang der empirischen Theorie als unbrauchbar erweist, vgl. Habermas (1983b, S. 48f.; 1984, S. 535f.).
Zur Übertragung der Theorie der individuellen Moralentwicklung auf die Theorie der Moralentwicklung von Kulturen oder Institutionen vgl. Apel (1984, S. 61ff.).

20 Zur methodischen Kritik Kohlbergs vgl. z.B. Bertram (1980), Peltzer (1987).

21 Darstellung in Anlehnung an Apel (1984, S. 60ff.).

22 Kohlberg (1971) nennt die 5. Stufe auch die »offizielle Moral der amerikanischen Regierung und Verfassung«. Zur legalistischen Vertragsorientierung in der neuzeitlichen Philosophie der Menschen- und Bürgerrechte. Vgl. Apel (1984, S. 85ff.).

23 Zum Beispiel in der Fassung von Apel (1984, S. 57) »Handle nur nach derjenigen Maxime, durch die du zugleich wollen kannst, daß sie ein allgemeines Gesetz werde.« Andere Prinzipien, die hier denkbar wären, sind beispielsweise utilitaristische oder naturrechtliche, vgl. Habermas (1983, S. 184).

24 Vgl. Apel 1984, S. 62. Apel (1976, S. 223 ff., 426 ff.) kennzeichnet diese Grundposition Kants als solipsistisch.

25 Diese Stufe will er allerdings nicht als eine empirisch identifizierbare Entwicklungsstufe verstehen, sondern als eine philosophische Auffassung, die durchaus mit anderen Auffassungen konkurriert. Vgl. Habermas (1983d, S. 184f.).

26 Dieser zielt nach Kambartel (1974, S. 66f.), Vertreter der Erlanger Konstruktivisten, auf den sachverständigen (Argumentation statt Unwissen) nichtpersuasiven (Argumentation statt Appell) zwanglosen (Argumentation statt Macht) und unvoreingenommenen (Argumentation statt Tradition) Dialog.

27 Vgl. hierzu im einzelnen Abschnitt III.

28 Es wird also nicht gefragt, ob die Inhalte einzelner Unternehmenskulturen moralisch sind, vgl. hierzu Schreyögg (1988, S. 161).

29 Vgl. auch den differenzierteren, auf anthropologischen Kulturkonzepten basierenden Ansatz von Allaire/Firsirotu (1984). Dieser führt im wesentlichen zu den gleichen Ergebnissen wie der Ansatz von Smircich (1983).
30 Vgl. Heinen (1987b, S. 15).
31 »Symbole sind Zeichen, die aufgrund einer konventionellen, d.h. überkommenen, herkömmlichen Bedeutungsregel auf das von ihnen Bezeichnete verweisen. Symbole sind beispielsweise sprachliche Zeichen, Verkehrszeichen und Morsezeichen«, vgl. Apel (1984, S. 46).
32 In Anlehnung an Sloterdijk (1983).
33 In eine ähnliche Richtung geht der von Peters/Waterman (1984) geprägte Grundsatz »Primat des Handelns« sowie die Ablehnung der Matrix-Organisation.
34 Vgl. kritisch Ebers (1985).
35 Vgl. Weick (1985, S. 224), Dachler (1985, S. 229).
36 Zum Konzept des Handlungsspielraums vgl. Osterloh (1983, 1985).
37 Vgl. zu einer vergleichbaren Differenzierung nach Meyerson/Martin (1987).
38 Vgl. hierzu ebenda, S. 628.
39 Kritisch hierzu Krell (1988).
40 Vgl. zu einer anderen Einschätzung von Mythen und Ritualen in modernen Organisationen Kieser (1988).
41 Im Unterschied zum geschilderten »Comparative-Management-Ansatz« geht er jedoch von der prinzipiellen Gestaltbarkeit von Kulturen aus.
42 Vgl. zur kritischen Darstellung dieser Position Schreyögg (1988).
43 Ulrich ist allerdings dem Gärtner-Ansatz nicht zuzurechnen.
44 Vgl. Kasper (1987, S. 138ff.). Zur Darstellung verschiedener Konzepte der Organisationsentwicklung vgl. z.B. Staehle (1987, S. 665ff.).
45 Zur Frage, welche formalen Eigenschaften Kulturen aufweisen müssen, um kommunikative Rationalität zu ermöglichen, vgl. Habermas (1981a, S. 108f.).
46 Zur Kritik insbesondere an Peters/Waterman (1984) vgl. Carrol (1983); Business Week, Nov. 5, 1984; Wächter (1985), Hitt/Ireland (1987).
47 Vgl. z.B. Louis (1981); Smircich (1983); Morgan/Frost/Pondy (1983); Morey/Luthans (1985); Pennigs/Gresov (1986); Heinen (1987b, S. 40); Osterloh (1988b).
48 Schon 1952 haben Krober/Kluckholm (1952) fast 170 verschiedene Kulturdefinitionen zusammengetragen und klassifiziert.
49 Vgl. auch Dormayer/Kettern (1987, S. 55ff.).
50 Vgl. auch das Drei-Ebenen-Modell der Unternehmenskultur von Schein (1984, 1986).
51 Ein gutes Beispiel hierfür liefern unfreiwillig Hofstede/Bond (1988).
52 Umstritten sind dabei weniger die Erhebungs- als die Auswertungsmethoden. Bei der Erhebung steht das »narrative Interview« (Schütze u.a. 1973) hoch im Kurs. Vereinfacht ausgedrückt, geht es bei dieser Methode darum, den Gesprächspartner zu einer Erzählung von erlebten Begebenheiten anzuregen und ihn dabei weitgehend so sprechen zu lassen, »wie ihm der Schnabel gewachsen ist«, vgl. Osterloh (1988b, S. 142).
53 Zu den Ausnahmen vgl. Ebers (1985), Osterloh (1988b). Ansonsten bleiben die meisten Erörterungen zur Unternehmenskulturforschung hinter dem Stand der methodologischen Diskussion zurück, der von Habermas bereits 1967 in seiner Schrift »Zur Logik der Sozialwissenschaften« überschritten wurde, vgl. Habermas (1982, Erstveröffentlichung 1967).
54 Den gleichen Sachverhalt bringt Giddens (1984, S. 199) mit »Doppelter Hermeneutik« auf den Begriff.
55 Es stellt zugleich auch das Grundproblem der kommunikativen Rationalität dar, vgl. Schnädelbach (1986, S. 29f.).
56 Vgl. Habermas (1982, S. 260, 275).
57 Hermeneutik ist die Kunst, sprachlich kommunizierten Sinn zu verstehen. Philosophische Hermeneutik ist die Reflexion über die Erfahrungen, die wir in Ausübung der Hermeneutik machen, vgl. Habermas (1982, S. 331); Gadamer (1967).
58 Vgl. Habermas (1982, S. 273f.).

59 Vgl. zur Darstellung des Werkes von Dilthey Ineichen (1981).
60 Vgl. zur Darstellung Joas (1978).
61 Vgl. hierzu Gripp (1984).
62 Dies wäre durchaus in Übereinstimmung mit der Position Gadamers.

Georges Enderle

Zum Zusammenhang von Wirtschaftsethik, Unternehmensethik und Führungsethik

I. Einleitung: Begriffsklärung als wirtschaftsethische Aufgabe

Seit einigen Jahren haben sich die Diskussionen um Wirtschaft und Moral, Wirtschaftswissenschaft und Ethik in der Öffentlichkeit und in wissenschaftlichen Kreisen erheblich ausgeweitet. Ausdrücke wie »Wirtschaftsethik«, »Unternehmensethik«, »Führungsethik« sind in Umlauf gekommen, die für manche ein ganzes Erneuerungsprogramm signalisieren, für andere wie Reizwörter wirken und zur kategorischen Ablehnung provozieren. Ohne Zweifel haben diese Diskussionen vielfältige und kontroverse Erwartungen, Meinungen, Stellungnahmen, theoretische Ansätze und Entwürfe, Glaubensbekenntnisse und Appelle zum Vorschein gebracht, die kritisch geprüft werden müssen. Aber bei aller skeptischen Vorsicht kann heute wohl kaum mehr bestritten werden, daß auch im deutschen Sprachraum – mit einer zeitlichen Verzögerung gegenüber den Vereinigten Staaten (De George 1987) – wichtige und gründliche Arbeiten zum Gegenstandsbereich der »Wirtschaftsethik« erschienen sind (vgl. die Übersicht in Enderle 1988). Freilich kann man für die ausgehenden achtziger Jahre (noch) nicht behaupten, »im allgemeinen bejah(e) man heute die Wichtigkeit einer Wirtschaftsethik«, wie dies Theo Surányi-Unger in seinem Artikel »Wirtschaftsethik« im Handwörterbuch der Sozialwissenschaften (1965, S. 90) für die sechziger Jahre zu sagen wagte.

Wenn die heutige wirtschaftsethische Diskussion von vielen, oft vagen, unklaren und widersprüchlichen Vorstellungen und Konzepten beherrscht wird und in einem vielschichten Suchprozeß steht, ist die »Anstrengung des Begriffs«, die die wissenschaftliche Tätigkeit im allgemeinen charakterisieren sollte, erst recht wichtig. So muß denn die Klärung zentraler Begriffe in Wirtschaftswissenschaft und Ethik einen Schwerpunkt des wirtschaftsethischen Forschungsprogramms bilden (De George 1987, S. 205; Enderle 1988, Kap. 5.4). Die begriffliche Klärung soll die theoretischen, oft verdeckten Annahmen und Zusammenhänge offenlegen und gegebenenfalls auf Widersprüche hinweisen, wodurch gewisse Positionen ausgeschlossen werden. Sie wird eine Pluralität von Ansätzen und Begrifflichkeiten respektieren und gleichzeitig darauf drängen, daß die verschiedenen Konzeptionen möglichst deutlich herausgestellt werden. Eine solche Begriffsarbeit ist eine unverzichtbare Voraussetzung echter Kommunikation, fruchtbarer Debatten, gründlicher Problemanalysen und weitsichtiger Problemlösungen. Sie muß nicht zu einer Begriffsgläubigkeit führen, die alles begrifflich erfassen zu können meint, und wird sich auch nicht in eine Begriffsethik steigern, die in der Begriffsanalyse schon die Lösung aller Probleme im Griff zu haben glaubt.

II. Kurzer Überblick über die Verwendung der Begriffe Wirtschaftsethik, Unternehmensethik und Führungsethik

Für eine erste Bestandsaufnahme sollen zunächst einige einschlägige Lexika und Handwörterbücher nach dem Vorkommen beziehungsweise Fehlen der Begriffe »Wirtschaftsethik«, »Unternehmensethik« und »Führungsethik« befragt werden. Während das Handwörterbuch der Sozialwissenschaften von 1965, das zugleich die Neuauflage des Handwörterbuchs der Staatswissenschaften ist, dem Stichwort »Wirtschaftsethik« einen 21seitigen, bereits oben zitierten Artikel widmete, wurde dieses Stichwort in der Neuauflage von 1982, nun als Handwörterbuch der Wirtschaftswissenschaften unter neuer Herausgeberschaft veröffentlicht, ersatzlos gestrichen – ein Schicksal, das im übrigen auch den Stichwörtern »Manager« und »Unternehmer« erging. Eine gegenteilige Entwicklung ist beim Handwörterbuch der Betriebswirtschaft festzustellen, wo in der dritten Auflage von 1962 »Wirtschaftsethik« noch fehlt, in der vierten Auflage von 1976 aber mit einem kurzen Artikel von gut zwei Seiten vertreten ist. Das »Staatslexikon – Recht, Wirtschaft, Gesellschaft« von 1962, herausgegeben von der Görres-Gesellschaft, bringt einen fünfseitigen Beitrag über »Wirtschaftsethik«.[1] Ebenfalls behandelt ist dieses Thema im Evangelischen Soziallexikon von 1980, im Katholischen Soziallexikon von 1980 und im Lexikon der Ethik von 1980. Demgegenüber fehlen die beiden Stichwörter »Unternehmensethik« und »Führungsethik« in den erwähnten Handwörterbüchern und Lexika durchgehend. Diese Beobachtung trifft überdies auch für das Handbuch Unternehmensführung von 1979, die Management-Enzyklopädie von 1982 und das Handwörterbuch der Führung von 1987 zu, wo zudem die »Wirtschaftsethik« abwesend ist.

Wie einleitend bemerkt, begegnen wir heute in der wirtschaftsethischen Diskussion einer Vielfalt von sehr unterschiedlichen, zum Teil unpräzisen und widersprüchlichen Vorstellungen und Konzeptionen. Eine Auswahl davon, die sich in den erwähnten Artikeln und in andern Publikationen findet, soll im folgenden kurz vorgestellt und besprochen werden, bevor in Kapitel III ein systematischer Ordnungsversuch gemacht wird.

1. Bezugsfeld Theorie, Bezugsfeld Praxis

Zunächst einmal fällt auf, daß das Wort »Ethik« beziehungsweise »Wirtschafts-«, »Unternehmens-« und »Führungsethik« auf unterschiedliche Ebenen bezogen wird. Wenn eine Manager-Zeitschrift schreibt: »Mehr Ethik bringt mehr Rendite«, ist wohl die Ebene des praktischen Lebensvollzugs, die *»Praxis«* gemeint. Im kürzlich erschienenen Sammelband »Wirtschaftswissenschaft und Ethik« hingegen wird der Begriff »Wirtschaftsethik« auf die Ebene der theoretischen, wissenschaftlichen Reflexion auf den praktischen Lebensvollzug, auf die *»Theorie«*, bezogen (Hesse 1988, S. 9f.); er dient als bequemes Kürzel, weil er sich trotz mancher Bedenken eingebürgert hat, und bezeichnet das noch zu bestimmende Verhältnis der beiden Disziplinen »Wirtschaftswissenschaft« oder »Ökonomik« einerseits und »Ethik« oder »Moralphilosophie« anderseits – ein Verständnis von Wirtschaftsethik also, das sich auch bei Jürgen Mittelstraß (1985) und schon bei Theo Surányi-Unger (1965) findet. Der Praxis-Ebene wird demgegenüber das Begriffspaar »Wirtschaft« oder »Ökonomie« auf der einen Seite und »Moral«, »Ethos« oder »Sittlichkeit« auf der andern Seite zugeordnet. Freilich umfaßt der Begriff Wirtschaftsethik gemäß Surányi-Unger auch diese Praxis-Ebene, nämlich »die sich im Bereich des praktischen Wirtschaftens niederschlagenden sittlichen Verhaltensweisen« (1965, S. 83). Und Oswald von Nell-Breuning (1963) hebt noch stärker den Praxis-Bezug hervor, indem für ihn »Wirtschaftsethik nur aus Struktur und Sinngehalt der Wirtschaft« abgeleitet werden kann und eine »Ethik der Wirtschaftsgestaltung« und eine »Ethik des Wirtschaftens« umfaßt. Von der Wirtschaftswissenschaft erwartet er, daß sie sich wieder stärker der Wertproblematik zuwende; denn »eine nicht wertende Wirtschaftswissenschaft (verurteilt) sich selbst zur Unfruchtbarkeit« (Nell-Breuning 1963, S. 780).

2. Deskriptive und normative Ansätze

Eine solche Zuwendung kann freilich auf zweierlei Art geschehen. Entweder begnügt man sich mit der *beschreibenden Analyse* der Wertimplikationen und der Rekonstruktion der normativen Fundamente der Wirtschaftswissenschaften, ohne selbst explizit Stellung zu nehmen; man wählt also eine Fragerichtung, die wirtschaftsphilosophische, dogmengeschichtliche und *deskriptiv*-ethische Aspekte umfaßt, wofür als Beispiel Surányi-Ungers Artikel genannt werden kann. Oder man wagt sich – was Nell-Breuning befürwortet – auch an die außerordentlich komplexe *normativ*-ethische Fragestellung. Auch für Arthur Rich umfaßt die Wirtschaftsethik *beide* Fragestellungen und berührt sich infolgedessen mit den empirischen und den normativen Sozialwissenschaften, wobei scharfe Abgrenzungen unmöglich sind (Rich 1980, S. 1447).

3. Wirtschaftsethik als Teilgebiet der Sozialethik

Oft wird Wirtschaftsethik als ein Teilgebiet der *Sozialethik* verstanden. Dabei kann sich Sozialethik in einer *materialen* Definition auf Sozialgebilde beziehen.[2] Insofern beispielsweise die Weltwirtschaft ein solches Gebilde mit eigenen, spezifischen Regeln darstellt, läßt sich folgerichtig von einer Weltwirtschaftsethik sprechen.[3] Wenn hingegen Sozialethik formal definiert wird (so z.B. von Rich), ist sie nicht einfach die Ethik des »Sozialen«, Gesellschaftlichen oder von Sozialgebilden. Vielmehr fragt sie präzise nach »der *strukturellen Ordnung des institutionell vermittelten Daseins*, die das verantwortlich sein wollende Leben von einzelnen, Gruppen, Gesellschaften usw. in allen Ordnungsbezügen menschlicher Existenz, statt zu behindern, zu fördern vermag« (Rich 1984, S. 66). Kriterium für den sozialethischen Charakter ist hier die institutionelle Vermittlung, die die drei Grundbeziehungen der Ethik Ich-Selbst (Individualaspekt), Ich-Du/Ihr (personaler Aspekt) und Ich/Wir-Es (ökologischer Aspekt) prägen kann (Rich 1984, S. 41–67). Gemäß dieser Konzeption muß z.B. die Weltwirtschaft oder das Unternehmen nicht als (eventuell ontologisches) Sozialgebilde verstanden werden, damit sie bzw. es von sozial- und wirtschaftsethischer Relevanz sein kann; vielmehr genügt das Vorhandensein institutioneller Vermittlungen.

Während von vielen Wirtschaftswissenschaftlern der Sozialethik eine große Bedeutung zugemessen wird (Hesse 1988, S. 25), heben insbesondere Praktiker, unterstützt von einzelnen Philosophen wie Alasdair MacIntyre (»Der Verlust der Tugend«, 1987), die Wichtigkeit des freien und verantwortlichen Handelns des einzelnen Wirtschaftssubjekts in den drei (noch) nicht institutionell vermittelten Grundbeziehungen (Individual-, Personal- und Umweltaspekt) hervor. Ethik wird primär und manchmal ausschließlich auf das Handeln des Individuums bezogen und die Gestaltung der Institutionen und Organisationen dem »ethik-freien«, politisch-ökonomischen Prozeß überlassen.

4. Wirtschaftsethik als genitivus objectivus und genitivus subjectivus

Schließlich soll in diesem kurzen Überblick noch auf ein weiteres Feld von konzeptionellen Unterschieden und Konfusionen hingewiesen werden, das man mit »Wirtschaftsethik als *genitivus objectivus* oder *genitivus subjectivus*« betiteln könnte (Hesse 1988, S. 9). Vielfach wird Wirtschaftsethik als Ethik für die Wirtschaft (genitivus objectivus) verstanden, wobei festgefügte ethische Prinzipien und Normen lediglich auf den Bereich der Wirtschaft übertragen und »angewendet« werden müßten. In ähnlicher Weise spricht man auch von einer Unternehmens-, Führungs-, Mitarbeiterethik. Für alle möglichen Bereiche und Unterbereiche werden »Regionalethiken« gefordert und aufgestellt, die – wie ein

Diskussionsteilnehmer einmal ironischerweise meinte – bis zur »Schraubenethik« reichen. Dabei gerät man leicht in ein Dilemma: entweder wird die Ethik dem Bereich »angepaßt«, und »dann ist die Ethik nicht mehr unteilbar«; die Geschäftsmoral ist etwas anderes als die private Moral. Oder der Bereich hat sich der Ethik »anzupassen«, und dann werden die im Bereich geltenden Sachgesetzlichkeiten nicht ernstgenommen. Wenn jedoch Wirtschaftsethik im Sinn eines genitivus subjectivus begriffen wird, »handelt es sich um ethische Reflexionen, in denen wirtschaftswissenschaftliche Überlegungen eine mehr oder weniger systematische Rolle spielen« (Hesse 1988, S. 9). Ähnliches könnte auch von der Unternehmens- und Führungsethik verlangt werden.

III. Ein grundlegender Klassifikationsrahmen zur Einordnung von Wirtschafts-, Unternehmens- und Führungsethik

1. Anthropologische Grundannahme

Verständnis und Zusammenhang der drei Begriffe hängen wesentlich von den zugrundeliegenden Konzeptionen der Ethik, Wirtschaft, Unternehmung und Führung ab. Da hier aber eine unübersichtliche Fülle von unterschiedlichen Auffassungen besteht, wird eine präzise Bestimmung der Wirtschafts-, Unternehmens- und Führungsethik nicht möglich sein. Gleichwohl ist ein minimaler Klassifikationsrahmen für den wirtschaftsethischen Diskurs unerläßlich. Im folgenden soll deshalb ein solcher Orientierungsrahmen vorgeschlagen werden, der einige grundlegende, bestimmte theoretische Implikationen enthaltende Einteilungskriterien umfaßt. Er beansprucht, weder endgültig noch vollständig zu sein, und läßt eine Vielzahl von Varianten zu.

Ausgegangen wird von der anthropologischen Grundannahme, daß »das Verhalten und Handeln des Menschen durch seine Organe, Anlagen und Instinkte wenig geregelt (ist). Die naturale Ausstattung reicht zum Überleben nicht hin; der Mensch bedarf zusätzlicher Regeln. Da er von Geburt an auf andere Menschen angewiesen ist und diese auf ihn, beziehen sich die notwendigen Regeln nie auf ihn allein, sondern immer auch auf sein Verhalten zum anderen Menschen und zur Sozietät (Krings 1986, S. 397). In dieser Grundannahme sind zwei fundamentale, nicht voneinander trennbare Dimensionen, die den Klassifikationsrahmen bestimmen werden, enthalten: das menschliche Handeln und die dieses Handeln leitenden Regeln (die Normativität des Handelns).

2. Handlungsdimension

Die in neuerer Zeit stattfindende Rückbesinnung auf den *handelnden* Menschen ist Ausdruck eines neu erwachten Interesses an der zureichenden Erfassung *aller* tatsächlich für unser Wollen, Denken und Handeln entscheidenden, komplex ineinandergreifenden Bestimmungsgründe. Dabei läßt die menschliche Handlungswirklichkeit eine Vielzahl von Handlungstheorien zu (vgl. Lenk 1977–1984, Riedel 1984, Schwemmer 1987, Stachowiak 1986 und 1987 u.a.m.). Für den Klassifikationsrahmen genügt es, einen weitgefaßten Handlungsbegriff anzunehmen, der nur ein Minimum von Merkmalen enthält und damit bloß gewisse Konzeptionen ausschließt, aber Raum läßt für viele Handlungsbegriffe und -theorien.

Handeln wird hier als menschliche Tätigkeit verstanden, die vier Elemente umfaßt (Schwemmer 1987, S. 194ff.): das Subjekt des Handelns, d.i. eine handelnde Person. Dieses Subjekt S bildet oder hat eine bestimmte Intention I, die es durch bestimmtes Tun T realisiert bzw. zu realisieren versucht. Das Tun T führt seinerseits dazu, daß die Wirkung W eintritt. Sowohl die Bildung der Intention I wie die Realisierung des Tuns T und das Eintreten der Wirkung W sind »inneren« und »äußeren« Bedingungen (kurz: Handlungsbedingungen) unterworfen, die aber den Handlungsfreiraum des Subjekts S nicht vollständig zu determinieren vermögen. Dabei wird hier nicht wie bei Schwemmer gefordert, daß das Subjekt als ein (vollkommen) autonomes Handlungszentrum gedacht und dessen Handeln nur linear, völlig überschaubar und vollständig in die vier Handlungselemente (S, I, T, W) zerteilbar sei. Vom *Verhalten* unterscheidet sich das Handeln durch die Subjekthaftigkeit und Intentionalität, so daß es wegen dieses spezifisch menschlichen Charakters nicht adäquat mit mechanischen, biologischen, behavioristischen oder evolutionstheoretischen Vorstellungen erfaßt werden kann.

Da sich die Ethik mit der Normativität des Handelns befaßt, ist der *Handlungs*charakter der Ereignisse eine unverzichtbare Voraussetzung für die Möglichkeit von Ethik. Er ist die unabhängige Variable, die allen ethischen Lehren gemeinsam ist (Alan Gewirth). Wenn er in der ökonomischen Theoriebildung implizit oder explizit geleugnet wird, kann es keine wirtschaftsethischen Aussagen geben.[4]

Zur genaueren Bestimmung der Handlungsdimension und damit des Zusammenhangs von Wirtschafts-, Unternehmens- und Führungsethik seien nun drei grundlegende Aspekte erörtert: die drei Handlungsebenen (2.1.), die Unterscheidung von Handlungsfreiräumen und Handlungsbedingungen (2.2.) und die Frage nach der Identität der Handlungsträger auf den drei Handlungsebenen (2.3.).

2.1. Drei Handlungsebenen

Entsprechend dem Aggregationsgrad der individuellen Handlungsträger (Subjekte im obigen Sinn) lassen sich die *Mikro-, Meso- und Makroebene* unterscheiden, oder mit andern Worten die Ebene des Individuums, der Organisation und des Systems. Diese Drei-Ebenen-Konzeption läßt sich, grundsätzlich betrachtet, auf die verschiedenen gesellschaftlichen Bereiche (der Politik, der Wissenschaft, der Kirche usw.) anwenden und findet in neuerer Zeit insbesondere für den wirtschaftlichen Bereich Verwendung. So umfaßt zum Beispiel »Business Ethics« gemäß führenden Wirtschaftsethikern der Vereinigten Staaten (De George 1987, Goodpaster 1985) *alle* drei Ebenen, den micro-, meso- und macrolevel (also nicht nur die Ethik der Unternehmensführung, wie manche deutschsprachigen Autoren fälschlicherweise der »Business Ethics« unterstellen). Als weiteres Beispiel sei der Bericht (1985) der eidgenössischen Expertenkommission genannt, die eine Fülle von Empfehlungen für »Qualitatives Wachstum«, gegliedert nach den drei Ebenen, ausarbeitete.

Wenn von *Handlungs*ebenen gesprochen wird, soll damit vorläufig nur zum Ausdruck gebracht werden, daß auf allen drei Ebenen handelnde Menschen involviert sind, daß es sich also nicht um außermenschliche Elemente, Organisationen und Systeme, sondern um Individuen als Menschen, Organisationen von Menschen und Humansysteme handelt, wobei die Qualifizierung der Handlungsträger erst später diskutiert werden soll.

Diese Drei-Ebenen-Konzeption gibt uns bereits einen ersten wichtigen Hinweis für die Verhältnisbestimmung von Wirtschafts-, Unternehmens- und Führungsethik. Wenn Wirtschaftsethik im Sinn von Nell-Breuning und anderen als »Ethik der Wirtschaftsgestaltung« *und* als »Ethik des Wirtschaftens« verstanden werden soll, umfaßt sie prinzipiell alle drei Ebenen und beschränkt sich nicht auf eine *Systemethik*«, in der es nur um das wirtschaftliche System als solches, um die Gestaltung der gesamtwirtschaftlichen Rahmenbedingungen, um Fragen der Wirtschaftsordnung, der Wirtschafts-, Finanz- und Sozialpolitik, der internationalen Wirtschaftsbeziehungen usw. geht. Auch das Verständnis von Wirtschaftsethik als Teilgebiet der Sozialethik im Richschen (formalen) Sinn läßt die Eingrenzung der Wirtschaftsethik auf die Makroebene nicht zu, weil auch auf der Mesoebene institutionelle Vermittlungen nicht nur vorhanden sind (was überdies für die Mikroebene gilt), sondern auch eigens gestaltet werden.

Auf der *Mesoebene* ist die Organisation bzw. eine Vielzahl von Organisationen angesiedelt; im wirtschaftlichen Bereich sind dies vornehmlich die Unternehmen, aber auch die Gewerkschaften, Konsumentenorganisationen, Berufsverbände etc. Wegen des sehr hohen und noch zunehmenden Organisationsgrades der heutigen Gesellschaft bekommt diese mittlere Ebene eine wachsende Bedeutung, was sich unter anderm auch darin manifestiert, daß die theoretische Beschäftigung mit Organisationen (Organisationstheorie, -entwicklung, -psychologie, -soziologie, -kommunikation etc.) in den letzten Jahren einen unerhörten Aufschwung genommen hat.[5] Aus ethischer Sicht stellt sich hier die Frage nach der Möglichkeit und dem Inhalt der *Unternehmensethik*, die je nach dem zugrundegelegten Begriff des Unternehmens und dem Verständnis des »moralischen Status« dieser Organisation (siehe 2.3.) unterschiedlich beantwortet wird. Trotz der verwirrenden Fülle von Definitionen soll im folgenden entsprechend einer weitverbreiteten Umschreibung das Unternehmen als ganzheitliches Gebilde, etwa als produzierende Wirtschaftseinheit (Kolbeck 1980) oder als »produktives, soziales System« (Hans Ulrich 1970) begriffen werden. Dieses ganzheitliche Verständnis umfaßt das Insgesamt der »Bestandteile« und Beziehungen des Unternehmens und bedeutet, daß das Ganze anders (und gegebenenfalls mehr) ist als die Summe der Teile. Von da her betrachtet, wäre es falsch, die Unternehmensethik nur auf Teilaspekte einzuschränken, zum Beispiel auf die soziale, aber nicht produktive Dimension, auf die formellen, aber nicht informellen Zusammenhänge, auf die Innen-, aber nicht Außenbeziehungen oder gar nur auf einen Teil dieser Außenbeziehungen, wie dies in gewissen Konzepten der »sozialen Verantwortung« des Unternehmens geschieht.

Schließlich ist die *Mikroebene* zu nennen, auf der das einzelne Wirtschaftssubjekt handelt oder »wirtschaftet«: die Arbeitgeber, Arbeitnehmer, Manager, Mitarbeiter, Konsumenten, Aktionäre und ihre jeweiligen weiblichen Kolleginnen. Insofern dieses Handeln nicht institutionell vermittelt ist, gehört es nicht zur Sozialethik (es sei denn, Sozialethik integriere – wie bei manchen Autoren – auch diesen Aspekt), sondern zur Individual-, Personal- und Umweltethik (vgl. Rich in II.3.).

Aus dieser kurzen Charakterisierung geht hervor, daß die *Führungsethik* (wie die Ethik des Mitarbeiters, Konsumenten usw.) auf der Mikroebene anzusiedeln ist, so weit sie das freie und verantwortliche Handeln der einzelnen Führungskraft meint. Wird hingegen die Unternehmensführung als Unternehmensfunktion verstanden, ist sie Teil der Unternehmensethik und dementsprechend der Mesoebene zuzuordnen. So sehr diese Unterscheidung analytisch notwendig ist, seien doch nicht die schwierigen praktischen Abgrenzungsprobleme verschwiegen.

2.2. Handlungsfreiräume und Handlungsbedingungen

Eine zweite grundlegende Unterscheidung zur Strukturierung der Handlungsdimension ist die zwischen Handlungs*freiraum* und Handlungs*bedingungen*, die, grundsätzlich betrachtet, für alle drei Ebenen gelten soll und ein bereits erwähntes, weites Handlungsverständnis voraussetzt. Handlungsfreiraum gibt es überall dort, wo mehrere Handlungsvarianten bestehen, wo die Sachzwänge das Handeln nicht vollständig determinieren und zu einem bloßen Re-Agieren zwingen. Man spricht auch von »diskretionären« Handlungsspielräumen, die eine echte Wahl (discrétion) zwischen verschiedenen Varianten zulassen und erfordern. Wie groß dieser Freiraum in einer konkreten Handlungssituation ist, kann nicht theoretisch zum vorneherein festgelegt werden, sondern muß empirisch beantwortet werden. Wenn jedoch die Wahlfreiheit gegeben ist, stellt sich unverweigerlich die Frage, nach welchen Kriterien die Entscheidung gefällt wird und ob die Entscheidung ethisch verantwortet werden kann. Konkret verstandene Handlungsfreiheit und ethische Verantwortung werden hier also als innerlich eng verbundene Größen verstanden. Wo kein diskretionärer Freiraum besteht, wo demnach das Handeln zu einer bloßen Befehlsvollstreckung wird, liegt keine *un*mittelbare Verantwortung des Handlungsträgers vor. Dann ist die ethische Entscheidungssituation gewissermaßen vorverlagert und auf die Frage konzentriert, ob er diese sehr restriktiven Handlungsbedingungen überhaupt auf sich nehmen darf und ethisch verantwortet kann.

Je größer hingegen der Handlungsfreiraum, desto größer ist auch die ethische Verantwortung des Handlungsträgers. Der Freiraum ist indessen nicht beliebig groß; ihm sind Grenzen, d.h. Handlungsbedingungen, durch verschiedene Faktoren gesetzt, die auf der entsprechenden Handlungsebene liegen und mindestens kurzfristig nicht verändert werden können (gesetzliche Rahmenbedingungen, gegenwärtige Marktbedingungen, Unternehmensverfassung u.a.). Für die Wirtschaftsethik im allgemeinen wie für die Unternehmens- und Führungsethik im besondern bedeutet diese Unterscheidung, daß sowohl die Handlungsfreiräume wie auch die Handlungsbedingungen auf allen drei Ebenen möglichst realistisch wahrgenommen werden. Werden die Handlungsbedingungen verharmlost und der Handlungsträger als absolut freies Wesen emporstilisiert, verlangt man damit eine heroische Ethik, wonach sich der Handlungsträger angeblich über alle Grenzen hinwegsetzen könne, wenn er nur wolle. Ein solcher idealistischer Ansatz kann aber leicht dazu führen, daß wegen des bestimmt eintretenden Scheiterns jegliche Ethik über Bord geworfen wird. Die andere extreme Haltung besteht darin, daß der Handlungsträger seine eigenen Handlungsfreiräume nicht erkennt und ausnützt. Auf diese Weise meint er, sich der eigenen Verantwortung entziehen und die ethische Frage allein auf die andern Handlungsträger und/oder auf die Gestaltung der Handlungsbedingungen beschränken zu können.

2.3. Frage nach der Identität der Handlungsträger

Als drittes ist nun die Frage nach der *Identität der Handlungsträger* zu diskutieren. Sowohl die Unterscheidung der drei Handlungsebenen wie auch die des Handlungsfreiraums und der Handlungsbedingungen implizieren das Vorhandensein von verschiedenen Akteuren mit je spezifischer Eigenständigkeit und Selbststeuerung. Darin eingeschlossen ist überdies die Frage nach dem *genaueren Verständnis des Handelns.*

Weil die Überlegungen zur Handlungsdimension von einem Verständnis des Handelns als individuumsbezogener menschlicher Tätigkeit ausgehen, bringt die Identität des Handlungsträgers auf der Mikroebene für die Erarbeitung eines

Klassifikationsrahmens keine besonderen Schwierigkeiten mit sich.[6] Handlungsträger auf der Mikroebene ist die handelnde Person als relativ autonomes Handlungszentrum.

Problematischer ist die Qualifizierung des Handlungsträgers auf der Meso- und Makroebene. Gibt es auch hier nur einzelne, zu einem Aggregat zusammengeschlossene Individuen? Oder kann man von einer Gruppe von Personen, die kollektiv handelt, oder gar von einem einzelnen, überindividuellen Subjekt sprechen? Für die Erstellung eines Klassifikationsrahmens ist es nicht erforderlich, diese Fragen ausführlich zu behandeln und vollständig zu beantworten. Es genügt vielmehr, einige wesentliche Aspekte hervorzuheben.

Einerseits vermag eine bloße Addition oder Aggregation von Einzeltätigkeiten der Individuen dem komplexen und ganzheitlichen Charakter einer Organisation und eines Systems nicht gerecht zu werden. Anderseits ist auch die Hypostasierung oder Personifizierung der Organisation und des Systems abzulehnen, weil sie keine moralische Personen mit Selbstbewußtsein und Willen sind. Daraus folgt, daß *nur in einem analogen Sinn*, der Gleiches und Ungleiches verbindet, von Handlungsträgern oder Akteuren auf der Meso- und Makroebene gesprochen werden kann. Und für das Verständnis des Handelns bedeutet dies, daß auch die drei andern oben erwähnten Elemente der Intention, des Tuns und der Wirkung nur in einem modifizierten Sinn verstanden werden dürfen. Wie auch immer diese Modifizierungen ausgestaltet werden, entscheidend ist, daß keine der drei Ebenen mit ihren je spezifischen Akteuren auf eine andere Ebene reduziert oder durch eine solche ersetzt werden kann.

Aufgrund dieser Überlegungen läßt sich *der moralische Status des Unternehmens* beziehungsweise *die Möglichkeit von Unternehmensethik* präzisieren. Das Unternehmen wird als moralischer Akteur und juristische Person begriffen, weil es nicht nur eine rechtliche Einheit, sondern eine produktive und soziale Ganzheit bildet. Als zielorientiertes und zugleich sich selbst organisierendes Gebilde, in dem die Individuen zwar handeln, dessen Handeln aber nicht mit dem Handeln der Individuen voll identisch ist, weist es eine spezifische Eigenständigkeit des Handelns auf und kann deshalb zu Recht als Akteur bezeichnet werden. Je größer der Handlungsfreiraum des Unternehmens, desto größer ist seine ethische Verantwortung.

3. Normativität des Handelns

Gemäß der oben skizzierten anthropologischen Grundannahme bedarf der Mensch zusätzlicher Regeln, da seine naturale Ausstattung zum Überleben nicht hinreicht. Dieser Regelbedarf erstreckt sich grundsätzlich auf alle menschlichen Tätigkeiten und somit auch auf die drei genannten Handlungsebenen, wobei sehr unterschiedliche Regelungsarten und -dichten vorhanden sind und gefordert werden. Im weiten Sinn spricht man von *Moral* (Sitte und Brauch) und bezeichnet damit »das tatsächliche Geprägtsein des menschlichen Verhaltens und Handelns durch ein Regelensemble, das für das Überleben notwendig ist und das es ermöglicht, gemäß einer Vorstellung vom guten Leben zu handeln« (Krings 1986, S. 397). Gegenüber dieser äußerlichen Sicht der Regelbefolgung meint *Ethos* gemäß Krings' Definition mehr den innerlichen Verpflichtungscharakter, nämlich daß bestimmte Sitten von einem Subjekt (einem Individuum oder einem kollektiven Subjekt wie z. B. Familie, Stamm, Gruppe, Stand, Gesellschaft) als maßgebend für sein Handeln anerkannt werden und daß sein Handeln auf Dauer durch diese Anerkennung geprägt ist. Die *Ethik* ist der Moral und dem Ethos insofern nachgeordnet, als sie ohne diese beiden keinen Gegenstand hätte; sie wird als *die vernunftbestimmte und methodische Reflexion* von Moral und Ethos verstanden.

Diese Minimaldefinition von Ethik läßt eine Vielzahl von Fragen offen, die von der Grundlegung von Ethik überhaupt bis zu bestimmten normativen Ethikentwürfen reichen, und kann für den hier angestrebten Klassifikationszweck genügen. Entscheidend für das Verständnis von Wirtschafts-, Unternehmens- und Führungsethik ist die Verhältnisbestimmung von Ethik und Wirtschaftswissenschaft (Enderle 1988). Wenn etwa Wirtschaftsethik als *angewandte Ethik* im Sinn von Otfried Höffe (1986b, S. 410; auch Enderle 1987a) begriffen wird, geht sie aus der Vermittlung eines sittlichen Grundmaßstabes mit allgemeinen und spezifischen Sachgesetzlichkeiten hervor und liegt nicht in der fachlichen Kompetenz des Philosophen allein, sondern ist auf die Erfahrung und deren methodische Bestimmung in den Einzelwissenschaften, insbesondere der Volks- und Betriebswirtschaftslehre, angewiesen. Sie erarbeitet »mittlere Prinzipien«, die in der Regel kein direktes Tun und Lassen vorschreiben, sondern die methodische Bedeutung von Leitgrundsätzen haben und dem Dilemma »Opportunismus oder lebensferne Abstraktion« entgehen. »Auf diese Weise kann das konkrete sittliche Handeln verschieden sein und doch die gemeinsame Qualität der Sittlichkeit haben, ohne daß man einem ethischen Relativismus oder einem starren Regeldogmatismus das Wort redete. Die angemessene Form einer normativen Ethik ist eine *Maxime-Ethik*, eine Ethik selbstgesetzter praktischer Grundsätze, keine *Regel-*, oder *Normenethik*« (Höffe 1986b, S. 410).

Ein solches Verständnis von Wirtschaftsethik als angewandter Ethik kann nicht als »Regionalethik« (vgl. II.4.) mißverstanden werden, weil für die Ausarbeitung und Begründung der wirtschaftsethischen Maximen die Wirtschaftswissenschaften einen unverzichtbaren, systematischen Ort einnehmen. Wirtschaftsethik darf aber auch nicht (bloß) als Teil der Wirtschaftswissenschaften konzipiert werden, da die Maxime-Ethik prinzipiell einen *inter*disziplinären Ansatz verlangt.

Diese Sichtweise kann, grundsätzlich betrachtet, auf die drei Handlungsebenen ausgedehnt werden, auf denen vom jeweiligen Handlungsträger selber nach Maßgabe seines eigenen Handlungsfreiraums praktische Grundsätze (Maximen) gesetzt werden. Demzufolge kann von einer Systemethik auf der Makro-,

Unternehmensethik auf der Meso- und Führungsethik auf der Mikroebene gesprochen werden.

4. Einige Zusammenhänge von System-, Unternehmens- und Führungsethik

In den bisherigen Ausführungen wurde ein Klassifikationsrahmen entworfen, der einige wesentliche Elemente einer umfassenden und differenzierfähigen Wirtschaftsethik enthält. Diesem analytisch-zergliedernden Vorgehen müßte nun ein entsprechend synthetisch-zusammenfügendes Ordnen folgen, was an dieser Stelle nur ansatzweise geleistet werden kann.

Grundsätzlich betrachtet, hängt das Verhältnis von System-, Unternehmens- und Führungsethik von der Größe des Handlungsfreiraums und der Selbstregulierungskapazität des jeweiligen Handlungsträgers ab. In einer *strikt hierarchischen* Struktur bestimmt die Makroebene die Meso- und Mikroebene vollständig; auf den untern beiden Ebenen sind keine Freiräume und Selbstregulierungskapazitäten, die ebenenspezifische Maximen aufstellen könnten, vorhanden, weil die von außen, d.h. von oben gesetzten Handlungsbedingungen die Freiräume auf null reduzieren und gänzliche Fremdregulierung herrscht. Infolgedessen wird Wirtschaftsethik mit Systemethik (z.B. des Kapitalismus, des Sozialismus) gleichgesetzt und die Möglichkeit von Unternehmens- und Führungsethik prinzipiell ausgeschlossen. Eine Veränderung der Wirtschaft – beispielsweise in Richtung mehr Gerechtigkeit und Humanität – kann ausschließlich nur auf der Makroebene erfolgen. Wenn hingegen die Makroebene die Meso- und Mikroebene nicht vollständig determiniert, wenn also *jeder Ebene* eine *gewisse Eigenständigkeit mit mehr oder weniger großen Handlungsfreiräumen und Selbststeuerungskapazitäten* zusteht, kann mit Recht auch von einer eigentlichen Unternehmens- und Führungsethik gesprochen werden, was ein bedeutend weiteres und differenziertes Verständnis von Wirtschaftsethik impliziert.

Eine solche Eigenständigkeit auf der Mesoebene setzt zum Beispiel der unternehmensethische Ansatz von Horst Steinmann und Albert Löhr voraus, insofern die Unternehmung »materiale und prozessuale Normen ... zum Zweck der Selbstbindung verbindlich in Kraft (setzt), um die konfliktrelevanten Auswirkungen des Gewinnprinzips bei der Steuerung der konkreten Unternehmensaktivitäten zu begrenzen« (Steinmann/Löhr 1988, S. 310). Gleichzeitig ist aber das unternehmerische Handeln den auf der Makroebene festgelegten Steuerungsmechanismen unterstellt, die in der gegenwärtigen Situation einer dezentralen Geld- und Wettbewerbswirtschaft das Gewinnprinzip und seine Konnexinstitute (z.B. Wettbewerbsrecht) umfassen. Ausgehend von der gegenwärtigen, geschichtlich bedingten, unternehmerischen Entscheidungssituation (wie bei Steinmann und Löhr), aber auch aus grundsätzlicher Sicht liegt also eine (mindestens) zweistufige Rechtfertigungsproblematik vor.

Dieser hier vertretene grundsätzliche konzeptionelle Ansatz beinhaltet keine harmonistische Sichtweise. Er ermöglicht es vielmehr, die Konflikte zwischen den verschiedenen Ebenen analytisch überhaupt erst in den Blick zu bekommen. Denn wenn nur schon eine der drei Ebenen geleugnet wird, werden vielfältige Konfliktmöglichkeiten zum vorneherein ausgeblendet. Wird – was sehr oft geschieht – die Mesoebene ausgeschaltet, wird nur der einzelne und das Gesamtsystem ohne Vermittlung der Organisationen betrachtet; insbesondere wird dadurch den Unternehmen, den zentralen Akteuren und Motoren im modernen Wirtschaftsleben, wirtschaftsethische Bedeutungslosigkeit zugemessen. Wenn die Makroebene negiert wird, indem zum Beispiel das Wirtschaftssystem als im wesentlichen durch die »Natur« oder »Evolution« gesteuert behauptet wird, wird entweder die Verantwortung für die gesamtwirtschaftliche Entwicklung geleugnet, oder werden die Handlungsmöglichkeiten der einzelnen und der Unternehmen in gefährlicher Weise überschätzt. Wenn schließlich die Mikroebene nicht beachtet wird, wird das einzelne Wirtschaftssubjekt aus seiner wenn auch nur beschränkten Verantwortung entlassen, und es sind dann ausschließlich Organisationen und Systeme, mit denen sich die Wirtschaftsethik zu befassen hat, ohne daß die Relevanz von Individuen und deren potentielle Konflikte mit Organisationen und Systemen miteinbezogen werden könnten.

Diese bislang statische Betrachtungsweise könnte und sollte durch eine dynamische weiterentwickelt werden. Das heißt nicht nur, daß die Zeitdimension auf den drei Ebenen und damit die Wandelfähigkeit der entsprechenden Handlungsträger mitbedacht werden muß, sondern auch, daß diese zeitlichen Entwicklungen durch Akteure auf anderen Handlungsebenen beeinflußt werden können. So ist beispielsweise anzunehmen, daß das unternehmensethische, nicht bloß re-aktive Handeln von Unternehmen die Weiterentwicklung des Gesamtsystems mitbestimmt oder daß das führungsethische Handeln von Managern maßgeblich die Unternehmenspolitik ihres Hauses mitprägt.

Wie jeder Klassifikationsvorschlag, läßt auch diese vorgelegte Drei-Ebenen-Konzeption verschiedene Problembereiche eher in den Hintergrund der Aufmerksamkeit treten. Die Beschränkung auf drei Ebenen mag die Vielzahl der Aggregierungsmöglichkeiten von individuellen Handlungsträgern zu sehr vereinfachen; inbesondere ist zu überlegen, ob nicht eine »Super-Ebene« für die weltwirtschaftliche Problematik eingeführt werden müßte. Darüber hinaus wird zwar eine Vielzahl von Akteuren auf der Mikro- und auf der Mesoebene vorausgesetzt; deren wechselseitige Beziehungen werden aber nur aus der Sicht des einzelnen Akteurs in den Blick genommen. Diese Begrenzung ist wohl nicht zu vermeiden, wenn – wie in dieser Drei-Ebenen-Konzeption – der Akteurbezug so stark hervorgehoben wird. Darin impliziert ist die Vorstellung, daß der einzelne Akteur auf jeder der drei Ebenen in einem geschichtlichen Zusammenhang steht und einem unabweisbaren Handlungsdruck ausgesetzt ist, dem er durch verantwortliches Entscheiden und Handeln zu begegnen hat. Der Verweis auf das, was die andern Akteure zu tun haben, kann ihn selber nicht von der Verantwortung für das eigene Tun und Lassen entlasten.

Anmerkungen

1 Die Neuauflage ab 1985 ist noch nicht bis zu diesem Stichwort gelangt.
2 Vgl. Kerber (1988, S. 241), der auf Josef Höffner verweist.
3 Ein solches Verständnis von Sozialethik scheint auch Helmut Hesse (1988, bes. S. 196–199) vorauszusetzen.
4 Vgl. den Beitrag von Eilert Herms (1988), der aufzeigt, daß F. A. von Hayeks Anthropologie und Evolutionstheorie eine Ethik des wirtschaftlichen Handelns verunmöglichen.
5 Vgl. Hodgkinson (1983, S. 3): »Schon immer haben sich die Menschen zur Erreichung von Zielen organisiert. Was heute neu ist, ist die Explosion des Maßstabes, der Größe, Komplexität und Technologie der menschlichen Organisationen und das Wachstum des technischen Management-Wissens, einschließlich ihrer bürokratischen Form. Unsere Gesellschaft ist mehr organisiert als je zuvor, und das heißt, daß die Organisationen immer allgegenwärtiger werden, vorherrschen und alles durchdringen. Dieses enorme Potential bringt Prestige, Macht und unendliche Möglichkeiten der Korruption mit sich« (übersetzt von G. E.).
6 Das sollte aber nicht dazu verleiten, die Komplexität der Identitätsfrage der Person, wie sie zum Beispiel von Derek Parfit (1984) in scharfsichtiger Weise herausgearbeitet wurde, zu unterschätzen.

Peter Ulrich

Unternehmensethik – Führungsinstrument oder Grundlagenreflexion?

Problemstellung

I. Wissenschaftstheoretischer Standort der Unternehmensethik – im Aussagenbereich oder im Basisbereich der Betriebswirtschaftslehre? (Wissenschaftstheoretischer Aspekt)

II. Unternehmensethik – situatives Korrektiv des »Gewinnprinzips« oder Grundlagenreflexion? (Betriebswirtschaftstheoretischer Aspekt)

III. Unternehmensethik – Führungsinstrument oder kritisches Regulativ? (Managementpraktischer Aspekt)

IV. Unternehmensethik – nur Managementethik oder umfassende Ethik der Unternehmung? (Ordnungspolitischer Aspekt)

Problemstellung

Die Unternehmensethik wird es so wenig geben wie *die* universal anerkannte Ethik überhaupt. Ein Pluralismus von Ansätzen erscheint gegenwärtig notwendig oder unvermeidlich, um so mehr als grundlegende Fragen wie die nach dem Verhältnis von Ethik und Ökonomie oder nach der Aufgabenbestimmung der Unternehmensethik innerhalb der Wirtschaftsethik verschieden beantwortet werden können.

Die folgenden Ausführungen verstehen sich als kritische Anmerkungen zum wissenschaftsprogrammatischen Rahmen der Unternehmensethik, wie er von den Herausgebern dieses Bandes vorgeschlagen wird; es wird insofern weder ein eingepaßter Baustein innerhalb dieses Rahmens geboten noch systematisch der von mir vertretene Ansatz der Unternehmensethik entfaltet.[1] Vielmehr sei versucht, die – trotz mancher Gemeinsamkeiten – im einzelnen unterschiedlichen Vorstellungen darüber, was Unternehmensethik sein solle, auf die tieferliegenden, konstitutiven Basisentscheidungen zurückzuführen, um so die ungeklärten wissenschaftsprogrammatischen Spannungslinien aufzuzeigen.

Bei allen Differenzen sind jedoch zunächst durchaus einige wesentliche programmatische Gemeinsamkeiten erwähnenswert. Grundsätzliche Übereinstimmung besteht, wenn ich es richtig sehe, bezüglich vier Orientierungslinien:

(1) *Wissenschaftstheoretischer Aspekt:* Unternehmensethik soll als wissenschaftliche Disziplin in praktischer Absicht konzipiert werden. Das setzt grundsätzlich eine praktisch-philosophische Konzeption von Ethik als *Vernunftethik* voraus, die an (möglichst) metaphysikfreier, rationaler Argumentation zu ethisch-praktischen Problemen interessiert ist. Von da aus wendet sich eine Vernunftethik des Wirtschaftens von Unternehmen notwendigerweise kritisch gegen das vorherrschende szientistische Selbstverständnis in der Betriebswirtschaftslehre, demgemäß dem Reich der »wertfreien«, objektiven Wissenschaft das wissenschaftlich unzugängliche Reich des ethischen Subjektivismus gegenüberstünde.

(2) *Betriebswirtschaftstheoretischer Aspekt:* Die ethische Dimension unternehmerischen Wirtschaftens wird als lebenspraktische Herausforderung begriffen, die das wissenschaftliche Selbstverständnis der Betriebswirtschaftslehre im Kern betrifft. Unternehmensethik kann deshalb nicht einfach als weitere autonome Spezialdisziplin beziehungslos neben der BWL stehen, vielmehr ist die *methodische Vermittlung* zwischen betriebswirtschaftlicher Sachlogik und ethisch-moralischen Ansprüchen gerade das konstitutive Problem der Unternehmensethik.

(3) *Managementpraktischer Aspekt:* Die praktische Relevanz der Unternehmensethik geht dahin, dem Management gedankliche Hilfe für einen aufgeklärten und zugleich realistischen Umgang mit den ethisch-moralischen Herausforderungen zu bieten, vor denen Unternehmen als gesellschaftliche

Institutionen heute zunehmend stehen. Die Funktionsweise dieser Institutionen kann in einer modernen, freiheitlich-demokratischen Gesellschaft nicht der »privaten« Gewissensentscheidung paternalistischer Unternehmer überantwortet werden, vielmehr kommt es auf die ethische Qualität der unternehmenspolitischen Konfliktlösungsprozesse an. Dieser Problemlage ist eine *kommunikative Unternehmensethik* angemessen.

(4) *Ordnungspolitischer Aspekt:* Unternehmen unterliegen strukturell angelegten »Sachgesetzlichkeiten« (Sachzwängen) des institutionalisierten Wirtschaftssystems. Eine Unternehmensethik, die in einem institutionellen Vakuum »rein« moralische Ansprüche erhöbe, würde den strukturellen Charakter ihrer Problematik weitgehend verfehlen. Es kommt somit für eine realistische Unternehmensethik auf die Klärung der unverzichtbaren institutionellen Voraussetzungen vernunftethisch legitimer, fairer unternehmenspolitischer Konfliktlösungsprozesse an, die durch die *Unternehmensverfassung* und ihre Einbettung in die gesamte ordnungspolitische Konzeption konstituiert werden.

Der in den genannten vier Punkten umrissene programmatische Rahmen der Unternehmensethik scheint mir gegenwärtig einigermaßen tragfähig und unter den meisten Diskussionsteilnehmern auch konsensfähig zu sein. In der Ausfüllung dieses Rahmens zeigen sich nun aber zwischen der von Steinmann et al.[2] vorgelegten Konzeption und meinem eigenen Entwurf doch erhebliche Differenzen. Es sei versucht, diese anhand der vier erwähnten Gesichtspunkte zu bündeln.

I. Wissenschaftstheoretischer Standort der Unternehmensethik – im Aussagenbereich oder im Basisbereich der Betriebswirtschaftslehre?

Ausgehend von der Konstruktiven Ethik und Wissenschaftstheorie der Erlanger Schule der Philosophie um Paul Lorenzen, verstehen Steinmann et al. die Unternehmensethik unmittelbar als normativ-kritische Handlungswissenschaft (Steinmann 1978), die der ethisch-praktischen Begründung und Rechtfertigung konkreter Handlungsgrundsätze und -zwecke dient. Es gehe »um die Entwicklung von konkreten Normen, also um regelartige Aufforderungen zu bestimmten Handlungsweisen oder Zielerreichungen« (Steinmann/Löhr 1988, S. 307), beispielsweise in der Form eines ethischen Verhaltenskodex für eine Firma. Diesen methodisch begründeten »Aufforderungen« komme der Status ethisch gerechtfertigter »*Obernormen* für Handlungssituationen mit ethisch konfliktträchtigen Nebenwirkungen« zu (Steinmann/Löhr 1988, S. 308, Hervorhebung P.U.).

Bei Steinmann et al. kommt also die Unternehmensethik gleichsam *von oben* betriebswirtschaftlich zur Sache. Die betriebswirtschaftliche Hauptsache, von der her die Rede von *Neben*wirkungen überhaupt erst Sinn gibt, wird dabei im »Gewinnziel« gesehen (vgl. unten, Punkt II.). Den unternehmensethischen »Obernormen« kommt demnach die autoritative Aufgabe der *»situationalen Beschränkung des Gewinnziels«* im Falle des Auftretens ethisch konfliktträchtiger »Nebenwirkungen« zu.

Hier interessiert zunächst nicht die nähere Bestimmung der situativen Bedingungen, unter denen die Unternehmensethik normierend in die betriebswirtschaftliche Sachlogik eingreifen und sie begrenzen soll, sondern der wissenschaftstheoretische Standort entsprechender »Aufforderungen« als solcher. Die Unternehmensethik interveniert gemäß dem skizzierten Ansatz unter bestimmten situativen Gegebenheiten des Wert- und Zielkonflikts direkt in den wissenschaftlichen *Aussagenbereich* der Betriebswirtschafts- bzw. Unternehmensführungslehre, wobei sie der »normalen« betriebswirtschaftlichen Sachrationalität »im Konfliktfall« mit einem anderen, eben ethischen Rationalitätsanspruch *entgegen*tritt, wie er ja für eine Vernunftethik konstitutiv ist. Der lebenspraktische Wert-, Interessen- oder Zielkonflikt erscheint in diesem Ansatz von Unternehmensethik als unvermeidlicher Konflikt zwischen betriebswirtschaftlicher (Erfolgs-) Rationalität und ethischer Vernunft. Während der Ausgang des Konflikts auf der lebenspraktischen Ebene grundsätzlich offen ist, wobei den wirkungsmächtigen Erfolgszwängen im Härtefall nur allzu oft der Vorzug gegeben wird, ist in der Unternehmensethik der Rationalitätskonflikt von vorneherein normativ entschieden zugunsten der ethischen »Obernormen«. Eben darin kommt ihr Autoritätsanspruch zum Ausdruck. Nicht nur dieser, sondern auch der im Ansatz unterstellte »Konfliktfall« beider Rationalitäten ist für die Definition der Unternehmensethik durch Steinmann et al. konstitutiv, »denn wenn Unternehmensethik von vorneherein in einer funktionalen Beziehung zum Gewinnprinzip stünde, wäre sie eben keine Obernorm ... mehr« (Steinmann/Löhr 1988, S. 309).

Hinter diesem definitorisch angelegten Rationalitätskonflikt ist die Prämisse zu erkennen, daß der ethische Rationalitätsanspruch, der da von oben kommend den Geltungsbereich der »normalen« ökonomischen Erfolgsrationalität in Grenzen verweisen soll, selbst nicht in einer wirtschaftstheoretischen Rationalitätskonzeption gründet oder aufhebbar ist; der Autoritätsanspruch der ethischen Perspektive muß demnach schon außerhalb der ökonomischen Sachlogik der Unternehmensführung begründet sein, er wird auf diese nur – als deren Korrektiv – *angewandt*.

Es ist einzuräumen, daß ein solches »Anwendungsmodell« von Unternehmensethik dem bisher vorherrschenden öffentlichen Bewußtsein des Verhältnisses von Ethik und Ökonomie entspricht.[3] Sein Hauptnachteil liegt jedoch – auch in der aufgeklärten Variante[4], wie sie Steinmann et al. vertreten – darin, daß der ethische Aspekt der »normalen« betriebswirtschaftlichen Sachlogik *äußerlich*, ja buchstäblich aufgesetzt bleibt. Perspektiven, wie die ökonomische bzw. betriebswirtschaftliche Rationalität *von innen her* im ethischen Sinne »zur Vernunft« gebracht werden könnte, bleiben so schon im Ansatz ausgeblendet.

Ausgehend von der elementaren Überlegung, daß wohlverstandenes Wirtschaften in sich immer schon die ethische Qualität des »Werteschaffens« (»Wertschöpfung«) enthält, ist diese allererst *in* der herrschenden betriebswirtschaftlichen Sachlogik kritisch zu ergründen, statt nur die lebenspraktischen Symptome von betriebswirtschaftlichen Rationalitätsdefiziten mit ethischer »Gegenrationalität« korrigieren oder kompensieren zu wollen. Es kommt demnach für eine Unternehmensethik, die nicht dem Schein der Wertfreiheit des »normalen« betriebswirtschaftlichen Rationalitätsmusters erliegen will, darauf an, diesem selbstkritisch auf den normativen Grund zu leuchten und es nötigenfalls in zeitgemäßer Weise ethisch neu zu fundieren. Es geht – kurz gesagt – um eine *bessere Ökonomie*, nicht bloß um die ethisch-moralische Domestizierung einer eigensinnig gewordenen ökonomischen Sachlogik, deren lebenspraktische Gesamtwirkungen zunehmend unvernünftig sind.

Für die Unternehmensethik ergibt sich demnach die grundlegende Aufgabe der *kritischen Reflexion und Rekonstruktion der normativen Bedingungen der Möglichkeit vernünftigen Wirtschaftens in und von Unternehmungen*. In dieser von mir vorgeschlagenen Konzeption kommt der Unternehmensethik ein ganz anderer wissenschaftstheoretischer Standort in bezug auf die Betriebswirtschaftslehre zu als in der Konzeption von Steinmann et al.: Sie setzt nicht unmittelbar im wissenschaftlichen Aussagenbereich der Betriebswirtschaftslehre, sondern im *Basisbereich* der betriebswirtschaftlichen Rationalitätskonzeption an. Bildlich gesprochen kommt sie nicht »von oben«, sondern *von unten* zur betriebswirtschaftlichen Sachlogik, indem sie diese von ihren eigenen normativen Voraussetzungen her reflektiert. Sie argumentiert also nicht *gegen*, sondern *für* wohlverstandene betriebswirtschaftliche Rationalität. Der gedankliche Weg führt von der Grundlagenkritik zum Entwurf ethisch-praktisch tragfähiger Leitideen vernünftigen unternehmerischen Wirtschaftens.

Ohne die dabei in den Blick kommende *regulative Idee sozialökonomischer Rationalität* und ihre spezifische betriebswirtschaftliche Ausprägungsform hier entfalten zu können[5], sei nur darauf hingewiesen, daß eine so ansetzende Vernunftethik des Wirtschaftens von Unternehmen eine symptomatische Aporie des Ansatzes von Steinmann et al. vermeidet: die Aporie, die m.E. aus der Verbindung eines »starken«, d.h. autoritativen Normenbegründungsanspruchs im Sinne der angewandten Ethik einerseits und des Anspruchs, moderne Vernunftethik zu sein, anderseits entsteht. Denn in einer Vernunftethik im Sinne der zeitgenössischen Praktischen Philosophie gibt es keine autoritativen »Obernormen« anzuwenden. Seit *Kant* ist in der philosophischen Ethik m.E. nur noch der nicht-autoritative, *kritische* Weg offen. Kritik im Sinne Kants ist die Selbstkritik der menschlichen Vernunft, wie sie eben in der berühmten Frage nach den

Bedingungen der Möglichkeit praktischer Vernunft zum Ausdruck kommt. Genau diese *vernunftethische Basisfrage* gilt es in einer Betriebswirtschaftslehre, die sich ihrer unausweichlichen normativen Voraussetzungen bewußt werden will, zu wiederholen, und genau darin ist die grundlegende Aufgabe der Unternehmensethik zu erblicken, sofern sie tatsächlich als Vernunftethik konzipiert werden soll.

II. Unternehmensethik – situatives Korrektiv des »Gewinnprinzips« oder Grundlagenreflexion?

Wie einleitend erwähnt, kommt dem Problem der methodischen Vermittlung zwischen ethisch-moralischen Ansprüchen an die Unternehmen, wie sie von immer mehr »Anspruchsgruppen« erhoben werden, und der betriebswirtschaftlichen Sachlogik, wie sie sich aus der Funktionsweise des Wirtschaftssystems und den damit gesetzten Erfolgszwängen ergibt, die Rolle des konstitutiven Grundproblems der Unternehmensethik zu. Je nachdem, ob nun dieses Vermittlungsproblem im Aussagenbereich oder im Basisbereich der Betriebswirtschaftslehre angegangen wird, ergeben sich gänzlich verschiedene Problemperspektiven.

Wird das Vermittlungsproblem wie bei Steinmann et al. im betriebswirtschaftlichen Aussagenzusammenhang lokalisiert, so stehen die *normativen* Ansprüche der Unternehmensethik unmittelbar dem *faktisch* dominierenden unternehmerischen Gewinnstreben gegenüber, d.h. sie *konfligieren* mit diesem. Mit andern Worten stellt sich das Vermittlungsproblem so, daß den unternehmensethischen Ansprüchen unvermeidlich *auf Kosten* des betriebswirtschaftlichen Erfolgs (Gewinns) Geltung zu verschaffen ist. Die Vermittlung bleibt von vorneherein kompromißhaft. Damit aber begibt sich dieser Ansatz von Unternehmensethik auf eine konzeptionelle Gratwanderung: Einerseits könnte von einem ethischen »Konfliktfall« zwischen normativen Ansprüchen und Gewinnorientierung gar nicht die Rede sein, solange das Gewinnstreben nur ein *faktischer* Tatbestand ist; um den Autoritätsanspruch der Unternehmensethik gegenüber dem unternehmerischen Gewinnmotiv methodisch begrenzen zu können, muß diesem zunächst selbst die normative Kraft eines *»Gewinnprinzips«* zugebilligt werden. Anderseits wäre das Postulat einer Unternehmensethik als »situatives Korrektiv« eben dieses »Gewinnprinzips« gegenstandslos, wenn dieses im philosophisch-ethischen Sinne wirklich den Status eines Prinzips, d.h. einer verallgemeinerungsfähigen Handlungsmaxime hätte. Deshalb müssen Steinmann et al. auf der einen Seite unterstellen, daß »das Gewinnziel als Formalziel aller Unternehmensaktivitäten ... für den *Normalfall* schon gerechtfertigt sein muß«[6], während sie auf der andern Seite zugleich einräumen müssen, daß diese »im allgemeinen« gültige »ethische Richtigkeitsvermutung« bezüglich des Gewinnprinzips »im Einzelfall« widerlegt werden könne: »Gewinnprinzip und Unternehmensethik stehen also – so gesehen – im Verhältnis von Regel und Ausnahme« (Steinmann/Oppenrieder 1985, S. 174).

Ob die so konzipierte *Unternehmensethik für den Ausnahmefall* wirklich eine *»realistische Idee«* ist, wie Steinmann/Löhr im Titel ihres jüngsten Beitrags behaupten, entscheidet sich zum ersten daran, ob die allgemeine Richtigkeitsvermutung des »Gewinnprinzips« als eines ethisch neutralen »Formalziels aller Unternehmensaktivitäten« eine sinnvolle Unterstellung ist, und zum zweiten daran, ob eine operationale Abgrenzung des »Ausnahmefalls« (»Konfliktfalls«) vom »Normalfall« möglich ist.

Zum ersten: Steinmann et al. grenzen zunächst die Aufgabe der allgemeinen Rechtfertigung des »Gewinnprinzips« aus dem Problembereich der Unternehmensethik aus, indem sie diese Aufgabe einer dieser übergeordneten »Wirtschaftsethik« im engeren Sinn zuordnen. Sie folgen insofern der m.E. heute gerade fragwürdig gewordenen disziplinären Ausgrenzungstradition der Betriebswirtschaftslehre bezüglich ihrer zentralen ethischen Grundfrage nach der normativen Qualität des »Gewinnprinzips«. Ein »prinzipieller« Fortschritt der so ansetzenden Unternehmensethik ist weder gegenüber Erich Gutenbergs[7] vorsichtiger, ordnungspolitisch durchaus problembewußter Relativierung des »erwerbswirtschaftlichen Prinzips« noch gegenüber dem von Erich Kosiol[8] vollzogenen Sündenfall der BWL, dieses »Prinzip« zu einem (normalerweise) interessenneutralen, wertfreien, »rein« betriebswirtschaftlichen *»Formalziel«* zu erheben, zu erkennen. Von Ethik im philosophischen Sinne der unbegrenzten Anstrengung kritischer Vernunft in praktischer Absicht kann m.E. schwerlich die Rede sein bei einer Unternehmensethik, die schon im Ansatz dieses Allerheiligste der *mainstream*-BWL unberührt lassen soll – und das in einem Zeitpunkt, in dem seitens der jüngeren Wirtschaftstheorie die Fiktion, es gäbe ein interessenneutrales Effizienz- und Rationalitätskriterium für *kollektives* wirtschaftliches Handeln, das für alle Betroffenen trotz ihrer konfligierenden Präferenzordnungen »optimal« sei, mehr oder weniger endgültig überwunden ist. Die Formalzielidee ist nur die betriebswirtschaftliche Variante der von Myrdal (1976, S. 135ff.) so treffend bezeichneten *kommunistischen (Gemeinwohl-) Fiktion*, die die Wirtschaftswissenschaft als alten metaphysischen Ballast bis weit in die Neoklassik hinein mitgeschleppt hat, wie ich an anderer Stelle eingehend gezeigt zu haben glaube.[9] Es gibt in Wirklichkeit *prinzipiell* (und nicht nur im Ausnahmefall!) kein interessenneutrales, »rein betriebswirtschaftliches Formalziel« unternehmerischen Handelns. Es ist somit – um ein gängiges Bild anzusprechen – eine grundsätzlich sinnlose Argumentationsweise, der betriebswirtschaftliche (Gewinn-) Kuchen müsse zuerst gebacken werden, bevor er verteilt werden könne, da ein bedeutender Teil der »Wertansprüche« an unternehmerisches Handeln, darunter gerade auch die drängendsten ethischen Herausforderungen,

Ansprüche an lebenspraktische Qualitäten darstellen, die sich grundsätzlich niemals der quantitativen Form dieses »Kuchens« subsumieren lassen und deshalb *vor* jedem »Gewinnprinzip« ethisch zur Geltung zu bringen sind. Demgegenüber postulieren Steinmann et al. nur, daß das »Gewinnprinzip« als solches vorgängig vor der Unternehmensethik zu »rechtfertigen« sei. Diese bloße Delegation des Problems an eine andere Teildisziplin ändert nichts am Tatbestand, daß eine so konzipierte Unternehmensethik, die den Stand der wirtschaftstheoretischen Rationalitätsdiskussion nicht wahrhaben will oder daraus zumindest keine konzeptionellen Konsequenzen zieht, in der Luft hängt; sie gleicht beinahe einer akademischen Donquichotterie, indem sie ein Prinzip idealisiert und zugleich in Grenzen verweisen will, das keines ist. Was realistischerweise übrig bleibt, ist nur die Unterordnung der ethisch-kritischen Vernunft unter das *faktische* unternehmerische Gewinnstreben – und damit die Verfestigung eines vorgefundenen *Sachzwangs* zu einem *Denkzwang* der Unternehmensethik.

Zum zweiten: Partiell haben nun selbstverständlich auch Steinmann et al. das »Gewinnprinzip«, das de facto nur *ein* ordnungspolitisches Steuerungsinstrument neben anderen ist, verabschiedet, und dies nicht nur explizit, indem sie die Unternehmensethik als »situatives Korrektiv« des Gewinnprinzips postulieren, sondern schon implizit im koalitionstheoretischen Grundmodell der Unternehmung, von dem sie (mit der Prämisse konfligierender Interessen am Unternehmen) ausgehen. Allerdings thematisieren sie das koalitionstheoretische Grundverständnis der Unternehmung, das auch nach der Auffassung von Steinmann[10] immer schon als normatives Konzept zu verstehen ist, innerhalb ihrer eng abgegrenzten Unternehmensethik nicht als solches. Das ist schade, denn sie hätten sonst bemerken müssen, daß der im koalitionstheoretischen Unternehmensmodell vorausgesetzte *Normalfall* des (partiellen) Interessenkonflikts zwischen den verschiedenen Anspruchsgruppen ihrer Interpretation des Konfliktfalls als *Ausnahmefall*, wie sie sie für die Unternehmensethik postulieren, zu widersprechen droht. Angesichts einer industriegesellschaftlichen Welt voller unabgrenzbarer negativer Externalitäten (sozialer und ökologischer Kosten) privaten Wirtschaftens steht jedenfalls die erstgenannte Sicht der Dinge der Wirklichkeit längst näher als die Annahme des Konfliktfalls als des Ausnahmefalls, hinter deren Definition von »Normalität« immer noch die alte, weltfremd gewordene metaphysische Prämisse der »unsichtbaren Hand« des Marktes (bzw. der nachhelfenden sichtbaren Hand des Staates) steht.[11] Die bloß *marginale* Bestimmung der Unternehmensethik als eines situativen Korrektivs des im »Normalfall« hinreichenden Gewinnprinzips, wie sie mehr oder weniger durchgängig auch die in den USA gelehrte »Business Ethics« charakterisiert, scheint mir unter diesen Umständen den realen ethisch-praktischen Herausforderungen, die den aktuellen Ausgangspunkt für das Bedürfnis nach einer wissenschaftlichen Unternehmensethik bilden, nicht recht angemessen zu sein; ich habe sie deshalb bei anderer Gelegenheit als Ausdruck einer falschen wissenschaftsprogrammatischen Bescheidenheit bezeichnet (Ulrich 1987c, S. 98).

Nun sehen selbstverständlich auch Steinmann et al. die zunehmende faktische Normalität der Allgegenwärtigkeit negativer externer Effekte unternehmerischen Handelns. Da das normative Postulat des »Gewinnprinzips« aber die naheliegende Umkehrung der Bestimmung von »Normalfall« und »Ausnahmefall« in ihrer Konzeption nicht zuläßt, weil die Gültigkeit eines Prinzips bloß für den Ausnahmefall ein Widerspruch in sich selbst wäre, versuchen sie ihre begriffliche Konstruktion zu retten, indem sie den für ihre eng konzipierte Unternehmensethik relevanten Konfliktfall seinerseits so eng definieren, daß er definitorisch zum Ausnahmefall wird. Zu diesem Zweck unterscheiden sie neuerdings zwischen *»Dauerkonflikten«* und *»ad hoc-Konflikten«*, wobei das Abgrenzungskriterium darin bestimmt wird, daß Dauerkonflikte »strukturell bedingt und deshalb generell regelbar« seien (Steinmann/Löhr 1987b, S. 456, sowie speziell Gerum in diesem Band, S. 149). Dementsprechend grenzen sie neben dem »Normalfall« auch noch den »Dauerkonfliktfall« aus dem Relevanzbereich der Unternehmensethik aus und weisen ihn mit guten Gründen der institutionellen Unternehmensverfassungsproblematik zu.

Dieser Rettungsversuch kann m.E. deshalb nicht überzeugen, weil in einer komplex arbeitsteiligen Wirtschaft sämtliche Konflikte um die kollektive Präferenzordnung der quasi-öffentlichen Institution ›Unternehmung‹ *struktureller* Natur sind, sind sie doch Ausdruck oder Produkt gesellschaftlicher Eigentums-, Verfügungsmachts-, Verteilungs- und Sozialstrukturen. Für den insofern nicht operabel abgrenzbaren Typus nicht-struktureller *»ad hoc*-Konflikte« scheint also wie schon zuvor vermutet bestenfalls ein marginaler Relevanzbereich übrig zu bleiben. Eine Unternehmensethik, die sich im Ansatz auf einen derart schwindsüchtigen Problembereich eingrenzt, marginalisiert sich im Endeffekt selbst. Mir persönlich fällt es schwer, in einer derart begrenzten Unternehmensethik für den Ausnahmefall der Konfliktfälle »eine realistische Idee« zu erblicken; eher scheint mir darin das übliche akademische Bemühen zum Ausdruck zu kommen, ein neues Problemfeld möglichst rasch mittels einer selbstkonstruierten terminologischen Logik in akademische Schubladen mit je speziellen, streng abgegrenzten Teilfragestellungen aufzusplittern. Diese altbekannte normative Kraft der arbeitsteiligen Wissenschaftsfabrik scheint mir angesichts der lebenspraktischen Ausgangsfragen an die Unternehmensethik besonders paradox, geht es dabei doch – wenigstens nach meinem Eindruck – gerade um ein grundsätzliches, grenzüberschreitendes Überdenken der gesellschaftlichen Rolle und Funktion der Institution ›Unternehmung‹ *im Ganzen,* nicht nur um die gelegentliche Korrektur oder Selbstbegrenzung des *Business as usual,* dessen grundsätzliche Legitimation die Betriebswirtschaftslehre wie gehabt ganz der Ordnungspolitik überantworten könnte.

Und in einem solchen umfassenden Überdenken scheint mir nicht nur die wirkliche ethische Herausforderung an die Unternehmens- und Managementphilosophie zu liegen, sondern auch die realistische betriebswirtschaftliche Problematik im Sinne ihres herkömmlichen Interesses an Erfolgsrationalität. An diesem Punkt ist nämlich auch auf das *betriebswirtschaftliche bzw. managementtheoretische Defizit* der eng angelegten Steinmann'schen Konzeption von Unternehmensethik hinzuweisen. Ihre Blickverengung auf *ad hoc*-Konflikte mag sich zwar an dem von Steinmann et al. wiederholt verwendeten »Nestlé-Fall« trefflich illustrieren lassen, aber eben nur im Sinne schlechten Managements, das viel *zu spät* die betriebswirtschaftliche Erfolgsrelevanz des Konflikts erfaßte und von dessen Dimensionen »strategisch überrascht« worden ist. Wenn der manifeste Konfliktfall schon »passiert« ist, bleibt tatsächlich nur die Möglichkeit offen, mit *ad hoc*-Krisenmanagement den Schaden möglichst in Grenzen zu halten. Der unternehmensethisch *und* betriebswirtschaftlich bessere Weg ginge zweifellos dahin, vorausschauend mittels einer ethisch-moralisch tragfähigeren Unternehmenspolitik und Geschäftsstrategie die *Voraussetzungen* für eine ethisch-politisch unproblematische Erfolgssicherung des Unternehmens zu schaffen. Diese strategischen und unternehmungspolitischen Erfolgsvoraussetzungen liegen jedoch, wie die Managementtheorie ebenso wie die Managementpraxis seit längerem erkannt haben, nicht auf der gleichen Problemebene wie die operative Aufgabe der unmittelbaren Erfolgssicherung, sie können deshalb auch nicht anhand des rein operativen Gewinnkriteriums erfaßt werden.[12]

Wenn nun Steinmann et al. definieren, »unternehmensethische Normen müssen *der Absicht nach* (sic!) eine situationale *Beschränkung des Gewinnprinzips* beinhalten« (Steinmann/Oppenrieder 1985, S. 173, Hervorhebung teilweise durch P.U.), so kommt in dieser »Absicht«, die ihnen zum konstitutiven Definitionsmerkmal von Unternehmensethik gerinnt, aus managementtheoretischer Sicht nichts anderes als eine *Verkürzung der umfassenderen Managementproblematik auf die kalkulatorischen Kategorien des operativen Managements* zum Ausdruck. Selbst aus (fiktiver) »rein« betriebswirtschaftlicher Sicht macht die damit verbundene Unterstellung, daß Unternehmensethik zwingend *auf Kosten* des Unternehmensgewinns geht, somit keinen Sinn. Eine solche Optik entspräche etwa am Beispiel der ökologischen Problematik der Fixierung auf die konventionelle Prämisse, umweltbewußtes Mangement erschöpfe sich in kostenverursachendem (und damit gewinnschmälerndem) »Umweltschutz«. Es erscheint mir unzeitgemäß, die Unternehmensethik just in dem Moment auf diese rein operative Kosten-/Gewinnperspektive definitorisch festzuschreiben, in dem gut geführte Unternehmen die strategischen Marktchancen sowie die unternehmenspolitischen Goodwill-Chancen entdecken, die die ökologische Problematik mitsamt den sich dabei eröffnenden mittel- und längerfristigen Gewinnpotentialen neben den entsprechenden Risiken *auch* bietet.

Einem zeitgemäßen Managementverständnis, das zwischen den Führungsebenen der Unternehmenspolitik, des strategischen und des operativen Managements klar unterscheidet, ist ein Grundverständnis von Unternehmensethik angemessen, das deren Hauptaufgabe in der umfassenden Klärung der ethisch-normativen Voraussetzungen legitimer und damit auch (gesellschafts- und unternehmungs-) politisch unproblematischer Erfolgsstrategien samt ihrer operativen Umsetzung konzipiert. Damit aber wird Unternehmensethik im Ansatz zur *kritisch-ethischen Grundlagenreflexion* der gesamten Voraussetzungen ethisch-praktisch vernünftigen Wirtschaften von und in Unternehmungen. Ein solcher grundlagenkritischer Ansatz entspricht der unter Punkt I vorgeschlagenen Verortung der Unternehmensethik im Basisbereich der Betriebswirtschafts- und Managementlehre. Obwohl er, wie wir zuletzt gesehen haben, betriebswirtschaftlich »realistischer« als der eines unmittelbaren situativen Korrektivs des (operativen) »Gewinnprinzips« ist, eröffnet er den Horizont für eine umfassende vernunftethische Hinterfragung *sämtlicher* betriebswirtschaftlicher Kategorien hinsichtlich ihres normativen Gehalts. So verstanden, zielt Unternehmensethik letztlich auf die ethisch-normative *Grundlegung einer gesellschaftsbezogenen Betriebswirtschaftslehre*.

III. Unternehmensethik – Führungsinstrument oder kritisches Regulativ?

Mit dem oben kritisierten engen Grundverständnis von Unternehmensethik bei Steinmann et al. hängt eine m.E. ebenfalls unzweckmäßig enge Sicht ihrer möglichen und wünschbaren Praxisrelevanz zusammen. »Realistisch« in dem von den Autoren vertretenen Sinn ist eine Orientierung an der *faktisch* gegebenen oder »machbaren« Praxis. Demgegenüber sehe ich den Sinn der Unternehmensethik – sofern sie sich als Vernunftethik des Wirtschaftens von und in Unternehmen verstehen will – vor allem in einem *kritischen* Praxisbezug. »Kritik« im strengen philosophischen Sinne Kants meint wesentlich die Selbstkritik praxisbezogener Argumentation hinsichtlich ihrer eigenen normativen Voraussetzungen und Kriterien.[13] Solches kritisches Denken liegt im Wesen jeder Vernunftethik, fragt diese doch notwendigerweise über die faktische Praxis hinaus nach *vernünftigen* Handlungsorientierungen. Ethisch-praktisch vernünftig aber ist eine Handlungsweise, die *für unsere Lebenspraxis als Ganzes* wertvoll ist und Sinn macht. Lebenspraktische Irrationalität entsteht dort, wo entscheidende Qualitäten eines Handelns aus der Beurteilung seiner »Rationalität« ausgeblendet bleiben, sei es aus Unbedachtheit oder aber – und das scheint heute gerade auch für eine praxisbezogene Betriebswirtschaftslehre das größere Problem – infolge allzu selektiver Rationalitätskriterien. Die grundlagenkritische Unternehmensethik zielt von da her in erster Linie auf die »Entschränkung« der offenkundig lebenspraktisch unvernünftig gewordenen, zu selektiven betriebswirtschaftlichen Perspektive von Rationalität und Rationalisierung. Indem sie die normativen Voraussetzungen dieser höchst selektiven Perspektive ethisch-kritisch hinterfragt, erweitert sie die Denkmöglichkeiten betriebswirtschaftlich rationaler Praxis, d.h. den Horizont der möglichen Wertgesichtspunkte unternehmerischer »Wertschöpfung«. An ihrem lebenspraktischen *Wertberücksichtigungspotential* mißt sich die ethisch-praktische Vernünftigkeit einer gesellschaftsbezogenen Betriebswirtschaftslehre.

Herkömmlicherweise wird nun zwischen einem kritischen und einem »realistischen« Praxisbezug eine zwingende Alternative gesehen: entweder war die BWL *funktional* für die faktisch dominierenden Wertorientierungen der Praxis (und damit unkritisch), oder aber sie versuchte kritisch zu sein und nahm damit scheinbar unvermeidlich in Kauf, nicht »anwendbar« zu sein. Wird hingegen (wie oben unter Punkt II erörtert) beachtet, daß eine praxisbezogene Managementlehre verschiedene Rationalitätsebenen – die unternehmenspolitische, die strategische und die operative Ebene – umfaßt, so erweist sich auch dieser vermeintlich zwingende Konflikt als Ausdruck eines verkürzten betriebswirtschaftlichen Rationalitätskonzepts. Die *betriebswirtschaftliche Funktionalität* eines kritisch-normativen Praxisbezugs ist zwar nicht im Rahmen der operativen und strategischen Unternehmensführungsproblematik zu erkennen, wohl aber auf der übergeordneten Ebene *rationaler Unternehmenspolitik*, d.h. eines rationalen Umgangs mit den konfligierenden »Wertansprüchen« der verschiedenen Anspruchsgruppen an die Wertschöpfungsveranstaltung ›Unternehmung‹.

Als regulative Idee rationaler Politik bietet sich für eine freiheitlich-demokratische Gesellschaft mündiger Bürger – d.h. von Personen, die ihren Mund zum vernünftigen Reden gebrauchen – die diskursethische (kommunikativ-ethische) Idee der rationalen Verständigung (Konsensfindung) an.[14] Damit wird die betriebswirtschaftliche Rationalitätsproblematik auf der Ebene der Unternehmenspolitik in (vernunftethischen) Kategorien *kommunikativer Rationalisierung* begriffen. Das betriebswirtschaftlich »Funktionale« an so verstandener »Rationalisierung« liegt darin, daß sie die *ethisch-praktischen Bedingungen der Möglichkeit »funktionierender« unternehmenspolitischer Verständigungsprozesse* erfaßt und praktisch bestmöglich sicherzustellen sucht. Der systematische Aufbau und die permanente Pflege glaubwürdiger und tragfähiger unternehmungspolitischer *Verständigungspotentiale* zwischen der Unternehmensleitung und den verschiedenen Anspruchsgruppen wird damit als höchst »realistische«, praktische Managementaufgabe begriffen, von deren qualifizierter Bewältigung die gesellschaftliche Legitimation und Akzeptanz des unternehmerischen Handelns zunehmend abhängt. Diesen unternehmenspolitischen Verständigungspotentialen kommt der Charakter grundlegender ethisch-politischer Erfolgsvoraussetzungen zu, die nicht weniger »entscheidend« sind als die strategischen Erfolgsvoraussetzungen (Erfolgspotentiale) am Markt. Der Härtetest der Tragfähigkeit der unternehmenspolitischen Verständigungspotentiale erfolgt allerdings erst dann, wenn es zu einem gravierenden »Konfliktfall« kommt. Für ein *ad hoc*-Konfliktmanagement, wie es im Praxisbezug der von Steinmann et al. vertretenen »Unternehmensethik für den Konfliktfall« impliziert ist, ist es aus der hier vertretenen Perspektive einer kommunikativen Unternehmensethik und der ihr gemäßen Leitidee *konsensorientierter Unternehmenspolitik*[15] dann in der Regel zu spät.

Nun vertreten ja durchaus auch Steinmann et al. (Steinmann/Oppenrieder 1985, S. 172; Steinmann/Löhr 1988, S. 308) im Rahmen der Konstruktiven Ethik die regulative Idee der dialogischen Verständigung als ethisch-vernünftigen und zugleich »realistischen« gedanklichen Horizont für die praktische Lösung von Interessenkonflikten um das Unternehmen, weshalb auch sie ihre Unternehmensethik ausdrücklich als kommunikative Ethik verstehen. Wo genau liegen jedoch die Differenzen, in denen das im Ergebnis wesentlich andere Verständnis eines »realistischen« Praxisbezugs der Unternehmensethik gründet? Mindestens zwei Gesichtspunkte erscheinen hier bedeutsam.

Zum ersten wird der unternehmensethische Dialog bei Steinmann et al. – entsprechend ihrem engen Ansatz von Unternehmensethik als situativem Korrektiv des Gewinnziels – *unterhalb* des Gewinnprinzips«, das ja »im allgemeinen« schon als gerechtfertigt unterstellt wird, positioniert. Damit ist aber ein *unbeschränkter*, allein an vernünftigem Interessenausgleich zwischen Parteien, die in einer symmetrischen Kommunikationssituation argumentieren, orientierter unternehmenspolitischer Verständigungsprozeß nicht oder nur sehr bedingt möglich; der *a priori* ausgezeichnete Status des »Gewinnprinzips« läßt, da er dem faktisch dominierenden, durchaus nicht interessenneutralen Gewinnziel noch in der »kommunikativen Unternehmensethik« eine außerhalb des unternehmensethischen Dialogs festgelegte normative Kraft zuspricht, für praktische unternehmungspolitische Ergebnisse dieses Dialogs auch nur mehr oder weniger marginale Entscheidungsfreiräume offen. Man könnte bei dieser Konstruktion versucht sein, von einem *gespaltenen Dialog*[16] zu sprechen: die unternehmenspolitische Hauptsache, nämlich die Zwecksetzung des Wirtschaftens der Unternehmung, ist dem Dialog von vorneherein entzogen. Der unternehmensethische Dialog mit den von der erfolgreichen Zweckverwirklichung in Form von negativen »Nebenwirkungen« Betroffenen (aber nicht an der »Hauptsache« Beteiligten) dürfte unter diesen Bedingungen in der Praxis – wenn auch wohl nicht in der Intention von Steinmann et al. – mehr oder weniger ausgeprägt zur »zweckbewußten« Erfolgssicherung der vorentschiedenen unternehmerischen Hauptsache instrumentalisiert werden. Mit andern Worten: die Unternehmensethik wird in »klassischer« betriebswirtschaftlicher Manier auf ein (nicht gar so) neues *Führungsinstrument* verkürzt. Das bedeutet, daß der unternehmensethische Dialog nicht kraft seines vernunftethisch reflektierten *Eigenwerts* geführt wird, sondern – wie Steinmann/Löhr (1988, S. 310) selbst formulieren – als »geeignetes *Handwerkszeug*. . ., um ethische Konflikte in der Unternehmenspraxis zu lösen«, wobei es – wiederum in den Worten derselben Autoren – angesichts der »allgemeinen Aufforderung zur Gewinnerzielung« nur um die Frage gehen könne, »mit welchen Mitteln Geld gemacht wird« (Steinmann/Löhr 1988, S. 315).

Dieselbe Tendenz zur Verkürzung von Unternehmensethik auf ein Führungsinstrument schimmert schließlich auch durch die umfassende »Begriffsbestimmung von Unternehmensethik« von Steinmann et al. durch, wenn sie definieren:

Unternehmensethik umfaßt alle durch dialogische Verständigung mit den Betroffenen begründeten bzw. begründbaren materialen und prozessualen Normen, die von einer Unternehmung *zum Zwecke* der Selbstbindung verbindlich in

Kraft gesetzt werden, *um* die konfliktrelevanten Auswirkungen des Gewinnprinzips bei der Steuerung der konkreten Unternehmensaktivitäten *zu* begrenzen.«[17]

Trotz ihrer verbal aufwendigen, scheinbar präzisen Abgrenzung läßt diese Definition die Interpretationsmöglichkeit zu, daß es hier nicht um vernunftethische *Legitimation*, sondern bloß um strategische *Akzeptanzsicherung* geht. Die Rede der Verfasser von einer »Strategie des Dialogs« (Steinmann/Löhr 1988, S. 306), illustriert mit dem Nestlé-Fall, bestärkt diesen Eindruck nicht weniger als der Begriff »Handwerkszeug«. Faktische Akzeptanz ist jedoch nicht schon gleichbedeutend mit ethisch-vernünftiger Legitimation – diesen Unterschied hat Unternehmensethik deutlich zu machen, nicht selbst noch zu verwischen.

Diese Verwischung des scheinbar kleinen, aber unternehmensethisch gerade entscheidenden Unterschieds ist nicht nur vernunftethisch unbefriedigend, es steht darüber hinaus auch zu befürchten, daß das »Handwerkszeug« betriebswirtschaftlich nicht »funktioniert«. Denn die kommunikativ-ethischen Voraussetzungen »funktionierender« (d.h. gelingender) Verständigungsprozesse sind buchstäblich *eigen-sinnig*. Dieser eigene, strategisch nicht vereinnahmbare Sinn gründet im Wesen rationaler Verständigung selbst, liegt er doch darin, *unbedingt* dem jeweils besseren Argument Gültigkeit zu verschaffen; deshalb müssen glaubwürdige Dialogangebote in ihrem möglichen Ergebnis *offen* sein. Die betriebswirtschaftliche *Funktionalität* unternehmenspolitischer Verständigungsprozesse hängt unabdingbar von der Anerkennung der kommunikativ-ethischen Voraussetzungen rationaler Konsensfindung durch alle Beteiligten und damit gerade vom Verzicht der Unternehmensleitung auf den Versuch einer strategischen Instrumentalisierung ab. Die »strategische List« der kommunikativen Unternehmensethik kann somit darin erblickt werden, daß die notwendige Ergebnisoffenheit des unternehmenspolitischen Dialogs nicht nur ein strategisches Risiko für die Unternehmensleitung, sondern zugleich auch die einzige Chance auf dialogischen Verständigungserfolg in sich birgt. Daß solche – zugegebenermaßen noch ungewohnte – betriebswirtschaftliche Überlegungen tatsächlich »realistisch« sind, läßt sich beispielsweise im Kontext der ökologischen Problematik an der unübersehbaren Skepsis illustrieren, mit der Umweltschutzgruppierungen und -verbände auf die neuerdings häufige »Strategie des Dialogs« etwa von Unternehmen der chemischen Industrie reagieren. Diese Skepsis kann nicht verwundern, solange der oben postulierte, nur schrittweise mögliche Aufbau glaubwürdiger unternehmenspolitischer Verständigungspotentiale noch nicht geleistet ist und die bisherigen Erfahrungen der nun zum Dialog Eingeladenen mit früheren Öffentlichkeitsstrategien derselben Firmen vorerst eher eine gewisse Vorsicht nahelegen. Solche Schwierigkeiten mit dem Dialog sprechen indessen weniger gegen den »realistischen« Gehalt der regulativen Idee des unternehmenspolitischen Dialogs als vielmehr gegen *ad hoc* inszenierte Versuche des strategischen Einsatzes der kommunikativen Unternehmensethik als Führungsinstrument »im Konfliktfall«.

Zum zweiten leidet die Konzeption des Praxisbezugs der Unternehmensethik von Steinmann et al. m.E. an einer weiteren Verwischung einer Differenzierung, die für die kommunikative Ethik konstitutive Bedeutung hat. Wiederum erweist sich ihre oben zitierte Begriffsbestimmung der Unternehmensethik bezüglich der hier angesprochenen Konzeption des *Theorie/Praxis-Verhältnisses* als merkwürdig vage oder ambivalent. Der Unternehmensethik wird unmittelbar die Aufgabe zugesprochen, in eigener Regie »durch dialogische Verständigung ... *begründete bzw. begründbare* materiale *und* prozessuale *Normen*« zu »umfassen«. Was heißt hier »umfassen«? Die kommunikative Ethik nimmt für sich gerade *nicht* in Anspruch, irgendwelche Normen – erst recht keine materialen Normen, aber auch keine pragmatisch operationalen Verfahrensnormen – theoretisch in ethisch verbindlicher Weise begründen zu können. Ihr rationaler Begründungsanspruch erstreckt sich in eigener Kompetenz allein auf das (Kant'sche) Verallgemeinerungs- oder Universalisierungsprinzip (vgl. Habermas 1983c, S. 103), das sie als implizite, unausweichliche Grundnorm ethischer Vernunft in sprachpragmatischen Kategorien nur *expliziert* (vgl. dazu im einzelnen Ulrich 1986, S. 283ff.). Das bedeutet, daß die regulative Idee des rationalen Dialogs als solche kein »Moralprinzip« ist, aus dem sich theoretisch-deduktiv irgendwelche konkreten kultur-, zeit- und situationsgerechten normativen Schlüsse ableiten ließen.[18] Der *pragmatische* Sinn der Diskursethik liegt vielmehr gerade darin, daß sie die diskursive Normenbegründungsaufgabe von der Theorie an die Praxis verweist: der praktische Dialog muß – ohne jede Rationalitätsgarantie – in der Praxis *praktiziert* werden. Der Diskursethik, mithin auch der kommunikativen Unternehmens*ethik*, bleibt nur die bescheidene Rolle eines kritischen Regulativs, d.h. sie kann ethische Rationalitäts- und Verbindlichkeitsansprüche nur unablässig kritisch hinterfragen, nie jedoch im konkreten Fall positiv begründen.[19]

Steinmanns Begriffsbestimmung siedelt demgegenüber den Begriff der (kommunikativen) Unternehmens*ethik* auf derselben Ebene wie die *praktische* »dialogische Verständigung mit den Betroffenen« selbst an; es liegt damit ein »Kurzschluß« des denknotwendigen Spannungsfeldes zwischen regulativen Vernunftideen (die theoretisch bzw. philosophisch allein begründbar sind) einerseits und der pragmatischen Ebene konkreter unternehmenspolitischer Verständigungsversuche unter (nie idealen) realen Kommunikationsverhältnissen anderseits vor. Die dadurch entstehende Verwischung der grundsätzlich verschiedenen Denkebenen des ethisch Idealen und des »Machbaren« kommt nicht nur einer Überdehnung der normativen Kraft der Diskursethik gleich, sondern endet dort, wo die Erfahrung der »Nichtmachbarkeit« des Idealen sich aufdrängt, leicht auch in der Verwechslung regulativer Ideen mit »schlechten Utopien« (Steinmann/Löhr 1987b, S. 453). Zutreffend daran ist nur, daß eine Unternehmensethik, die das unabdingbare Spannungsfeld zwischen regulativen Ideen und pragmatischen Handlungs- und Gestaltungsproblemen kurzschließt, in der Tat nicht »funktioniert«. Ethik ist keine Sozialtechnologie – sie bleibt, wie Höffe (1979, S. 71f.) als Philosoph es formuliert hat, stets eine *»Grundriß-Wissenschaft«*:

Die von ihr entworfenen Leitideen denkbarer vernünftiger Praxis werden prinzipiell nicht durch mehr Theorie, sondern durch Praxis zur Realität gebracht. Der Unternehmensethik als der »Theorie« konsensorientierter Unternehmenspolitik verbleibt wie gesagt die bescheidene, aber unverzichtbare Funktion eines kritischen Regulativs. Eben das ist das wirklich *Praktische* an ihr.

IV. Unternehmensethik – nur Managementethik oder umfassende Ethik der Unternehmung?

Hier ist eine terminologische Vorbemerkung nötig. Begriffsabgrenzungen sind bekanntlich keine Frage der Wahrheit oder Falschheit (d.h. sie haben selbst keinen Erkenntnisgehalt), sondern eine solche der Zweckmäßigkeit, d.h. sie haben eine heuristische Funktion im Entdeckungszusammenhang wissenschaftlicher Erkenntnis. Dementsprechend kann auch der Begriff der Unternehmensethik enger oder weiter abgegrenzt werden.

Steinmann et al. schlagen nun eine terminologische Abgrenzung in der Weise vor, daß die Unternehmensethik nur die handlungsethischen Fragen *innerhalb* des »gegebenen« institutionellen Rahmens der geltenden Unternehmensverfassung thematisieren soll. Das bedeutet die Eingrenzung der Unternehmensethik auf eine *Managementethik*. Diese gänzliche Ausgrenzung der *institutionellen* Seite aus der Unternehmensethik ergibt sich bei Steinmann et al. zwingend aus der bereits unter Punkt II. kritisierten Engführung des Relevanzbereichs der Unternehmensethik als Ethik für *ad hoc*-Konflikte; die strukturellen *»Dauerkonflikte«*, die zweifellos auch eine strukturelle Regelung im Rahmen der Unternehmensverfassung oder der übergeordneten Ordnungspolitik erfordern, sind ja gemäß dieser Konstruktion nicht Gegenstand der Unternehmensethik. Der marginalen Bedeutung der *»ad hoc«*-Konflikte entspricht es, daß Steinmann et al. denn auch die Unternehmensethik bloß als eine *Ergänzung* des »rechtstechnischen Instruments« der Unternehmensverfassung verstehen (Steinmann/Löhr 1987b, S. 456, sowie speziell Gerum in diesem Band, S. 149f.).

Das von mir bevorzugte Verständnis der Unternehmensethik als eines vernunftethischen Bemühens um die kritische Rekonstruktion und Reflexion der *gesamten* normativen Bedingungen der Möglichkeit vernünftigen Wirtschaftens von und in Unternehmen impliziert demgegenüber einen umfassenden Begriff der Unternehmensethik als *Ethik der Unternehmung*, die beide Ebenen, jene der Institutionenethik und die der Managementethik, einschließt, um die gesellschaftliche Rolle und Funktion der Institution ›Unternehmung‹ auch möglichst ganzheitlich bedenken und ethisch neu fundieren zu können.

Die Frage ist also, welche der beiden terminologischen Grenzziehungen, die engere oder die weitere, heuristisch fruchtbarer sein dürfte. Mit der (wirtschaftstheoretischen) Einsicht in den *zweistufigen* Charakter der übergeordneten (konstitutionellen) Problematik der Unternehmensverfassung einerseits und der untergeordneten (postkonstitutionellen) handlungsethischen Problematik anderseits, die ich selbstverständlich teile und selbst immer wieder betont habe, hat die hier anstehende terminologische Frage direkt nichts zu tun. Insofern scheint mir zunächst einmal die ziemlich apodiktisch anmutende Feststellung von Gerum (in diesem Band, S. 150), daß »fundamentalkritische Diskussionen über Systemimperative wie das Gewinnprinzip in einer Unternehmensethik *systematisch falsch* verortet« seien, den wissenschaftstheoretischen Status der Begriffsfrage systematisch zu verfehlen; daß der dabei erhobene (Allein-) Wahrheitsanspruch gegenstandslos ist, läßt sich schon am Begründungszirkel erkennen, in dem sich diese »Erkenntnis« verfängt, setzt sie doch implizit den engeren Begriff von Unternehmensethik als Managementethik, dessen heuristische Vorzüge es aufzuzeigen gälte, schon voraus.

Doch wenden wir uns nun der eigentlichen Frage nach der heuristischen Zweckmäßigkeit des engen Begriffs der Unternehmensethik von Steinmann et al. zu, über die es naturgemäß verschiedene Auffassungen geben kann. Aus meiner Sicht sind mehrere Nachteile ihres Abgrenzungsvorschlags hervorzuheben.

Zum ersten wird bei Steinmann et al. mit dem »rechtstechnischen Instrument« der Unternehmensverfassung positives Recht der unternehmensethischen Reflexion vorgeordnet. Das kann m.E. aus philosophisch-ethischer Sicht nicht befriedigen. Vernunftethik, die nach rationaler *Legitimität* fragt, läßt sich keinesfalls der faktischen *Legalität* unterordnen, wenn sie nicht Gefahr laufen will, zur bloßen Apologetik zu verkommen. Daß die positive Legalität der Unternehmensverfassung auf höherer Ebene selbst wiederum wirtschaftsethisch zu rechtfertigen ist, ändert an der Unhaltbarkeit dieser Verkürzung innerhalb der Unternehmensethik m.E. wenig; da nämlich unvernünftige institutionelle Strukturen und Verfahren ihrerseits letztlich nur von verantwortungsbewußten (und einflußreichen) Personen verändert werden können, kann und soll eine personale Mangement- und Führungsethik stets ein *strukturkritisches* Reflexionsmoment einschließen. Kein Verantwortungsträger kann aus der verantwortungsethischen Pflicht entbunden werden, notfalls auf kritische Distanz zu den institutionellen Rahmenbedingungen seines »Jobs« zu gehen, wenn er die lebenspraktischen Gesamtwirkungen deren Funktionsimperative nicht mehr mittragen kann.

Zum zweiten verweist die soeben postulierte strukturkritische Verantwortungsethik des Managements, die ihrerseits als kommunikativ-ethisch transformierte Verantwortungsethik begriffen werden kann (Ulrich 1986, S. 316ff.), schon aus ihrer eigenen kritisch-normativen Kraft heraus auf die Notwendigkeit der institutionellen »Entschränkung« der unternehmenspolitischen Kommunikationsverhältnisse, wenn Verantwortung im wörtlichen dialogischen Sinn als Rede-und-Antwort-Stehen vor den Handlungsbetroffenen verstanden wird. Mit andern Worten: Die kommunikative Unternehmensethik liefert die grundlegenden regulativen Ideen sowohl für die ethisch-rationale Gestaltung des institutionellen Gehäuses des Unternehmens als auch für die darin abzuwickelnden unternehmenspolitischen Verständigungsprozesse. Die Problematik der konkreten Ausgestaltung der Unternehmensverfassung liegt systematisch ebenso wie die konkreter Handlungsmaximen oder -normen auf einer gegenüber diesen regulativen Ideen nachrangigen Ebene, während Steinmann et al. gerade umgekehrt die Unternehmensverfassung den regulativen Ideen der Unternehmensethik überordnen.

In meiner Konzeption, die streng zwischen den beiden Argumentationsebenen vernunftethisch begründbarer regulativer Ideen zum einen und pragmatischer Konkretisierungsfragen, die je kultur-, zeit- und situationsspezifisch zu beantworten und damit einer verallgemeinerungsfähigen wissenschaftlichen Begründung nicht zugänglich sind, zum andern unterscheidet, kommt es – wie schon in Punkt III. (zum zweiten) deutlich geworden sein dürfte – darauf an, normative »Kurzschlüsse« zwischen beiden Ebenen zu vermeiden. So ist zu beachten, daß die von mir vorgeschlagene *regulative Idee der offenen Unternehmensverfassung* (Ulrich 1986, S. 420 ff.) selbst noch kein »rechtstechnisch« konkretes Unternehmensverfassungsmodell darstellt, sondern eben nur das kritische Regulativ für die ethisch-vernünftige Beurteilung solcher konkreter Gestaltungsvorschläge. Wenn Steinmann/Löhr (1987b, S. 451) mir vorwerfen, zwischen einer »offenen« und einer *»geschlossenen« Unternehmensverfassung* eine »falsche Alternative« zu konstruieren, so ist das ihre eigene, nicht meine Alternative. Selbstverständlich muß eine rechtstechnisch brauchbare Unternehmensverfassung zumindest im Sinne hinreichender Rechtsklarheit und Rechtssicherheit »geschlossen« werden, doch dies ist aus meiner Sicht kein Widerspruch zur regulativen Idee der offenen Unternehmensverfassung, vielmehr setzt die praktisch-politisch zu leitende Rechtssetzung im Bereich der Unternehmensverfassung eine solche regulative Idee als ethisch-vernünftigen Orientierungshorizont gerade voraus.

Steinmann et al. sind demgegenüber der Ansicht, eine rechtstechnisch verbindlich begründete, »geschlossene« Unternehmensverfassung im Sinne der Bestimmung eines – zumindest für den historischen Moment – »erschöpfenden und ausschließlichen Katalogs von koalitionsrelevanten Interessen« (Steinmann/Gerum 1978b, S. 53) unmittelbar in der Theorie leisten zu können. Daß sie offenbar den dabei begangenen, m. E. vernunftethisch nicht tragfähigen »Kurzschluß« zwischen den beiden Ebenen regulativer Ideen und pragmatisch-politischer Gestaltungsvorschläge »nicht zu sehen vermögen« (Steinmann/Löhr 1987b, S. 452), ist kein Gegenargument. Sie sehen ihn vermutlich nicht, weil sie an der Überzeugung festhalten, die »verfassungskonstituierenden Interessen« rein wissenschaftlich – also außerhalb (und oberhalb) der politisch-ökonomischen Verständigungsprozesse – gleichsam aus dem allgemeinen *Wesen* »jeder arbeitsteiligen Wirtschaft«, ergänzt nur um das »historisch-derivative« und systembezogene »Kapitalinteresse«, restlos ableiten zu können.[20] Dieser *ontologischen Fiktion*, die mir eher der naturrechtsphilosophischen Tradition der Moral- und Rechtsphilosophie denn vernunftethischer Argumentation zu entspringen scheint, kann ich nicht folgen.

Zum dritten eröffnet die grundlegende Reflexion der institutionellen Implikationen einer umfassenden Vernunftethik des Wirtschaftens von und in Unternehmen trotz oder vielmehr gerade wegen ihres »Grundriß«-Charakters auch für die praktisch-politische Gestaltungsebene m.E. erheblich weiterreichende, neue ordnungspolitische und eigentumsrechtliche Perspektiven. Es würde den Rahmen des vorliegenden Beitrags sprengen, diese Perspektiven hier auch nur andeuten zu wollen (vgl. dazu Ulrich 1986, S. 371 ff.). Deshalb sei hier allein der systematische Differenzpunkt zu Steinmann et al. hervorgehoben, der diesen unterschiedlichen Konsequenzen zugrunde liegt. Er hat mit dem soeben erwähnten Sonderstatus der »Kapitalinteressen« bei Steinmann et al. und seinem unternehmensethischen Spiegel, dem von vorneherein normativ unterstellten *»Gewinnprinzip«* zu tun. Zu beachten ist, daß bei ihnen das »Gewinnprinzip« nicht nur oberhalb der Unternehmensethik, sondern auch noch *oberhalb der Unternehmensverfassung* schon als gerechtfertigt vorausgesetzt wird. Sollte es allerdings ein solches »Gewinnprinzip« im Sinne eines (im »Normalfall«) interessenneutralen »Formalziels« gar nicht geben, so hinge nicht nur die Konzeption der Unternehmensethik von Steinmann et al., sondern auch der ethisch-normative Anspruch ihres »geschlossenen« Unternehmungsverfassungsvorschlags gerade im einzigen Punkt, in dem er nicht der oben kritisierten ontologischen Fiktion erliegt, noch in der Luft. Die Perspektiven, die sich dagegen aus einer umfassenden historischen Rekonstruktion des politisch-ökonomischen Ordnungsproblems unter der kritisch-regulativen Idee der offenen Unternehmensverfassung gewinnen lassen, sind von beiden kritisierten Fiktionen frei. Eben deshalb eröffnen sie den Blick auf eine Ordnungskonzeption, die das für eine dezentral organisierte, leistungsfähige Marktwirtschaft unverzichtbare *funktionale* Moment der effizienten Kapitalverwertung nicht zu einem über allen Interessenkonflikten stehenden »Gewinnprinzip« erhebt, sondern es *unterhalb* der unternehmenspolitischen Kommunikationsgemeinschaft als das festhält, was es in einer Welt voller externer Effekte unternehmerischen Wirtschaftens vernünftigerweise nur noch sein kann: als rein operatives Rationalitätskriterium des Managements *im Hinblick* auf die effiziente Verwirklichung der von der unternehmenspolitischen Kommunikationsgemeinschaft periodisch bestimmten kollektiven Präferenzordnung der multifunktionalen Institution ›Unternehmung‹. Dann erst verliert die betriebswirtschaftliche Kapitalverwertungslogik ihre herkömmliche Interessenparteilichkeit, die in der alten ökonomistischen Metaphysik des »Formalziels Gewinns« je länger desto schlechter zu verstecken ist.

Zum vierten und letzten ist Steinmann et al. insofern beizupflichten, als sie auf die umfassenderen ordnungspolitischen Reformen verweisen, die für eine Weiterentwicklung der Unternehmensverfassung in der angedeuteten Richtung vorauszusetzen sind. Wenn Steinmann et al. bei mir eine »Verquickung dieser zweistufigen ethischen Problematik« (Steinmann/Löhr 1988, S. 300, Fn. 3) monieren, so offenbar unter dem Eindruck, daß die von mir vertretene Konzeption der *Unternehmenspolitik als Politik des Unternehmens*[21] einer Überlastung der einzelwirtschaftlichen Ebene mit (strukturellen) politischen Konfliktregelungsaufgaben gleichkäme, die nach ihrer Auffassung demnach wohl auf der staatspolitischen Ebene zu lösen sind. Sie gehen dabei vom Kriterium einer möglichst dezentralen Wirtschaftssteuerung aus.[22] Dieses teile ich voll, doch die Beurteilung des Dezentralitätsgrads alternativer Ordnungskonzepte fällt nur dann realitätsgerecht aus, wenn das Referenzmodell in jedem Fall umfassend ist. So ist bei jedem Versuch, die Unternehmensführung und mit ihr die Unternehmensethik politikfrei zu halten, der unaufhaltsame ordnungspolitische Zentralisierungseffekt zu berücksichtigen, der entsteht, wenn die Internalisierung der sozialen und ökologischen Kosten unternehmerischen Handelns nicht direkt »vor Ort« in der unternehmenspolitischen Willensbildung erfolgt, sondern auf den großen *interventionsstaatlichen Umweg* verwiesen wird. Dieser seit Jahrzehnten andauernde, eher schon galoppierende als schleichende Prozeß der Aushöhlung der Grundlagen einer freiheitlich-dezentralen Ordnung kann ursächlich nur durchbrochen werden, wenn – ganz gemäß dem altbekannten Subsidiaritätsprinzip – möglichst alle diejenigen unternehmenspolitischen Konflikte, die grundsätzlich »vor Ort« auf der Ebene der Unternehmenspolitik lösbar sind (aber auch nur diese!), mittels einer entsprechend »offenen« Unternehmensverfassung tatsächlich der dezentralen Regelung überantwortet werden. Das aber setzt in der Tat voraus, daß Unternehmenspolitik als Politik im Unternehmen begriffen und konzipiert wird.

Eine solche Konzeption ist nichts als realistisch, ist doch der Prozeß der *faktischen* Politisierung der Institution (Groß-) Unternehmen ohnehin längst irreversibel weit fortgeschritten. Er ist zu deuten als ein wesentliches Moment des geschichtsmächtigen, umfassenden Prozesses der *»Entgrenzung von Politik«* weit über den staatlich-administrativen Bereich hinaus, über den kürzlich Ulrich Beck (1986, S. 300ff.) eine eindrückliche Bestandesaufnahme vorgelegt hat. So gewinnt denn auch in Becks Interpretation unternehmerisches Handeln aufgrund seiner zunehmend *uneingrenzbaren* Wirkungszusammenhänge »den prekären Zwitterstatus« (zwischen Politik und Nicht-Politik) »einer *Subpolitik*«, die jedoch bisher »in Investitionsentscheidungen eingebunden (sei), die das gesellschaftsverändernde Potential in die ›ungesehene Nebenfolge‹ abdrängen« (Beck 1986, S. 304 und 306).

In diesem grenzensprengenden Charakter der realen industriegesellschaftlichen Wirtschaftsweise gründet denn auch der aktuelle Ruf nach einer Unternehmensethik. Will sie in einem nicht nur vordergründigen Sinn realistisch ansetzen, so bedarf sie demnach – ebenso wie eine zeitgemäße Betriebswirtschaftslehre überhaupt – eines politikwissenschaftlich aufgeklärten Unternehmensverständnisses als Basis (Ulrich 1977, S. 9ff.). Dem aber entspricht, so meine ich, doch eher ein umfassender, grundlagenkritischer Ansatz von Unternehmensethik, der sich jenseits aller »gegebenen« Funktionszwänge unternehmerischen Handelns auf die Suche nach zukunftsträchtigen Leitideen vernünftigen Wirtschaftens von und in Unternehmen macht. Was dazu – unabhängig von allen terminologischen Differenzen – in der Sache not tut, ist gerade die unaufhörliche *Arbeit an den Grenzen* überspezialisierter Teildisziplinen und ihrer Teilrationalitäten. Der Ruf nach Unternehmensethik signalisiert – so gesehen – den Tatbestand, daß auch die betriebswirtschaftliche Sachlogik heute dringend einer ganzheitlichen philosophisch-ethischen Reflexion bedarf, die gedanklich vor keinen Sachzwängen haltmacht. An dieser lebenspraktischen Herausforderung der Zeit wird sich wohl entscheiden, ob mit der Unternehmensethik mehr praktische Vernunft in die Betriebswirtschafts- und Unternehmensführungslehre Eingang findet, oder ob nur einmal mehr alter ökonomistischer Wein in neuen »unternehmensethischen« Schläuchen aufgetischt wird.

Anmerkungen

1 Vgl. als systematische Darstellungen Ulrich (1987a, 1987b, 1987c). Zu den umfassenderen philosophischen, geschichtlichen und wirtschaftstheoretischen Zusammenhängen vgl. Ulrich (1986).

2 Im folgenden verwende ich durchweg die Kurzform »Steinmann et al.« für Verweise auf die Arbeiten, die aus dem Kreis von Steinmann und seinen Schülern bzw. Mitarbeitern hervorgegangen sind, da wesentliche Differenzen zwischen den Beteiligten dieser Gruppe kaum zu erkennen sind. Ihre Konzeption der Unternehmensethik liegt v.a. in folgenden Beiträgen vor: Steinmann/Oppenrieder (1985), Steinmann/Löhr (1987b, 1988), sowie Gerum (1989).

3 Zur Kritik der Konzeption von Wirtschaftsethik als »angewandter Ethik« vgl. Homann/Suchanek (1987) und – z.T. davon abweichend – Ulrich (1988b).

4 Von einer aufgeklärten Variante des Anwendungsmodells von Wirtschaftsethik kann bei Steinmann et al. insofern gesprochen werden, als sie diese zwar als Mittel zur autoritativen Begrenzung der betriebswirtschaftlichen Erfolgslogik verstehen, jedoch die entsprechenden normativen Ansprüche einer vernunftethischen Begründungsforderung unterwerfen.

5 Vgl. dazu Ulrich (1987a, 1988a, 1988b); in betriebswirtschafts-theoriegeschichtlicher Perspektive Ulrich (1989b).

6 Steinmann/Löhr (1988, S. 308); sinngemäß übereinstimmend Steinmann/Oppenrieder (1985, S. 173).

7 Vgl. Gutenberg (1976, S. 464): »Die Erfahrung hat bewiesen, daß sich diese Vorstellungen nicht immer mit der Wirklichkeit decken.«

8 Vgl. Kosiol (1972, S. 226f.). Zur Kritik vgl. Ulrich (1986, S. 195ff.).

9 Vgl. die eingehende theoriegeschichtliche Rekonstruktion in Ulrich (1986, S. 200ff.); ergänzend ders. (1989a).

10 Vgl. Steinmann/Gerum (1978a, S. 210f.) – Mit ihrer damaligen Auffassung, daß in der Unternehmenskoalition »*kein* Interesse apriori vor anderen verfassungsmäßig einen Vorrang genießt« (S. 209), scheint mir ihre heutige Konzeption der Unternehmensethik nicht ganz konsistent zu sein.

11 Zur hier vorgeschlagenen Umkehrung des »Normalfall«-Modells vgl. auch Albert (1978, S. 125).

12 Vgl. die systematische Darstellung der drei sozialökonomischen Rationalitätseben des normativen, strategischen und operativen Managements in Ulrich (1988 a).

13 Zu den wissenschaftstheoretischen Grundlagen kritischer Wissenschaft vgl. Ulrich (1987 d); vgl. auch Kappler (1980).

14 Vgl. als repräsentative Standortbestimmungen der Diskursethik Apel (1986) und – mit anderen Akzentuierungen – Habermas (1983 c).

15 Vgl. zu dieser Leitidee Ulrich (1983); einführend auch Ulrich/Fluri (1988, S. 58 ff.).

16 Den Begriffsvorschlag des »gespaltenen Dialogs« verdanke ich meinem früheren Wuppertaler Kollegen Reinhard Rock.

17 Steinmann/Löhr (1988, S. 310); praktisch identisch in Steinmann/Oppenrieder (1985, S. 174), sowie Gerum (in diesem Band).

18 Dieses Mißverständnis der regulativen Idee des idealen Diskurses als ein oberstes Moralprinzip ist beispielsweise in den Einwänden von Höffe (1979, S. 247 ff.) zu erkennen. Zur Gegenkritik vgl. Ulrich (1986, S. 291).

19 In dieser Verschiebung der praktischen Interessenharmonisierungsprobleme von der Theorie in die Praxis zeigt sich eine bemerkenswerte Parallele und Anknüpfungsmöglichkeit zwischen dem *linguistic turn* der Praktischen Philosophie durch die Diskursethik einerseits und der vertragstheoretischen Wendung der Politischen Ökonomie, wie sie v.a. James M. Buchanan vollzogen hat. Zum Verhältnis von vertragstheoretischem und diskursethischem Ansatz und ihrer Bedeutung für die ethische Grundlegung der Ökonomie vgl. eingehend Ulrich (1989 a.).

20 Vgl. Steinmann/Löhr (1987 b, S. 452); ebenso Steinmann/Gerum (1978 b, S. 55 ff.) und wiederum Gerum (in diesem Band, Abschnitt 2). Der Versuch, ihren Begründungsanspruch als historisch-rekonstruktiven vor meiner Kritik zu schützen und demgegenüber meine Sichtweise als »ahistorisch« zu qualifizieren (Steinmann/Löhr 1987 b, S. 452 f.), geht an meiner Argumentation vorbei und trifft die regulative Idee der offenen Unternehmensverfassung nicht: geschichtliche Fortschritte setzen vernunftethische Leitideen als Orientierungshorizonte gerade voraus, sie sind weder dem »Wesen« der verwendeten Begrifflichkeit noch einer objektiven Geschichtslogik zu entnehmen.

21 Vgl. Ulrich (1980) – Zur politischen Interpretation des Unternehmens vgl. auch Steinmann (1985).

22 Vgl. Steinmann/Löhr (1988, S. 314) – Zur liberalen Qualität der von mir entworfenen ordnungspolitischen Perspektiven vgl. Ulrich (1988 b); zuvor schon ders. (1981, S. 74 f.).

Kapitel 4: Zur ethischen Sensibilisierung des Unternehmens – Theoretische Überlegungen

Teil A: Strategie und Funktionsbereiche des Unternehmens

Hartmut Kreikebaum

Grundzüge einer theologisch orientierten Umweltethik

I. Einführung

1. Problemstellung

Auf den ersten Blick läßt die Verknüpfung der beiden Begriffe »Unternehmensethik« und »Ökologie« überwiegend Gemeinsames und wenig Konfliktstoff vermuten. In der Tat weisen die Bestrebungen in der Unternehmensethik und der Ökologie gewisse Zielkongruenzen auf und enthalten wenig Trennendes und Konfliktstoff. Dieses Überschneidungsfeld ist auch im folgenden Beitrag herauszuarbeiten.

Faßt man die Themenstellung dagegen weniger als Aufforderung zu einer sauberen begrifflichen Grenzziehung auf und fragt mehr danach, ob und in welchem Maße von der Unternehmensethik bzw. der Ökologie Steuerungsimpulse an die Geschäfts- und Betriebsleitung weitergegeben werden können, so zeichnet sich der auch im Thema enthaltene Spannungsbogen ab.

Die folgenden Ausführungen sollen dazu dienen, Grundlagen einer umweltbezogenen Ethik herauszuarbeiten. Ausgehend von einem christlichen Verständnis der Wirklichkeit soll der Versuch unternommen werden, Leitlinien einer umweltbezogenen Ethik darzustellen und deren mögliche Konsequenzen für die Unternehmensführung aufzuzeigen. Sowohl der passive als auch der aktive Umweltschutz stellen Möglichkeiten einer Konkretisierung umweltbezogener Leitlinien dar. Wegen des höheren Konfliktpotentials soll im folgenden Kapitel der passive Umweltschutz als wichtiger Ansatzpunkt und Aufgabenbereich einer ökologisch orientierten Unternehmensethik in den Mittelpunkt gerückt werden.

2. Begriffliche Vorbemerkung

Bei der Definition der Unternehmensethik orientiere ich mich am weiten Begriff der Ethikbegründung bei Arthur Rich, wonach ethisches Verhalten aus der Verantwortung des Menschen heraus erwächst (Rich 1984). Nach Rich trägt der Mensch die Verantwortung für sich selbst (Individualethik), für den Umgang mit anderen Menschen (Personalethik), für die natürliche Umwelt (Umweltethik) und für die gesellschaftliche Umwelt (Sozialethik). Als das wichtigste und schwierigste Gebiet der Sozialethik wendet die Wirtschaftsethik die sozialethischen Fragestellungen und Prinzipien auf wirtschaftliche Grundprobleme an, wie sie sich unter anderem im Unternehmen stellen.

Unter »Unternehmensethik« sollen hier das verantwortliche Handeln und die ethischen Wertmaßstäbe der im Unternehmen tätigen Personen (Eigentümer, Führungskräfte, Mitarbeiter) verstanden werden. Diese Definitionsmerkmale seien kurz erläutert.

Gegen die Verwendung von »Verantwortung« im Unternehmensethikbegriff spricht zweifellos zunächst deren möglicher Mißbrauch, insbesondere in Verbindung mit der Idee einer »gesellschaftlichen Verantwortung der Unternehmensführung« (darauf verweisen zu Recht Steinmann/Löhr 1988, S. 308). Allerdings läßt sich durch einen fallweisen Mißbrauch nicht von vornherein der positive Gebrauch der Verantwortlichkeit diskreditieren. Ver-antwortung bedeutet vom semantischen Ursprung her, daß eine Antwort auf eine Frage oder Forderung gegeben wird. Diese Doppelnatur der Verantwortung ist zuerst von Georg Picht herausgearbeitet worden. Nach Picht ist der Mensch nicht nur verantwortlich *für* sein Tun oder das Wohl anderer Menschen; er muß sich auch *gegenüber* jemandem für sein Handeln oder Unterlassen verantworten. »Der Mensch hat eine Verantwortung *vor* der Geschichte nur, weil er eine Verantwortung *für* die Geschichte hat« (Picht 1969, S. 329). Gerade angesichts der gegenwärtigen Lebens- und Umweltbedrohungen ist eine neue Qualität des menschlichen Verantwortungsbewußtseins gefordert. Eine die Bedrohungen der Gegenwart und Zukunft erkennende Verantwortlichkeit ist das genaue Gegenteil einer »vom Ansatz her elitären und allein von den individualistischen Urteilen des Managements abhängigen« Normenfixierung (Steinmann/Löhr 1988, S. 308). Die fundamentalen wirtschaftlichen und gesellschaftlichen Probleme der Gegenwart lassen sich nicht mehr nach den Prinzipien der technischen Effizienz und ökonomischen Rationalität allein lösen, sondern erfordern neue Bewußtseinshaltungen und damit eine neue Dimension des Verantwortungsbewußtseins auch beim Management (siehe dazu insbesondere Kamphaus 1987). Es ist nicht zu leugnen, daß der Unternehmensleitung eine für das Wohl und Wehe eines Unternehmens entscheidende Verantwortung vom Gesetzgeber zugewiesen ist (für den Vorstand einer Aktiengesellschaft wird dies in § 76 AktG festgelegt). Das Management muß sich dieser Spannweite seiner Verantwortung bewußt sein, da es nun einmal in besonderer Weise für das künftige Geschick eines Unternehmens verantwortlich zeichnet und dafür auch die notwendigen Kompetenzen besitzt (Küpper 1988 und Müller-Merbach 1988, S. 312–316). Allerdings trifft die Aufforderung zu verantwortlichem Handeln nicht nur die Instanz an der Spitze des Unternehmens, sondern auch andere Interessenträger, allen voran die Eigentümer, aber auch die Angestellten und Arbeiter. Im folgenden wird also von einem weiten Begriff der Verantwortung ausgegangen und gleichzeitig die besondere Art der Verantwortung der Betriebs- und Geschäftsleitung unterstrichen. Das »Unternehmen an sich« kann stets nur einen gewissen Ordnungsrahmen stiften, der von den jeweils handelnden Personen auszufüllen ist. Dem Management und den übrigen Interessenträgern muß das Konfliktfeld zwischen ökonomisch-technischer Rationalität und der darüber hinausgehenden Verantwortung für Mensch und Umwelt deutlich gemacht werden. Dieses Spannungsverhältnis kann nur durch eine Bereitschaft zum Konflikt und Dialog bewältigt werden, denn ethisches Handeln und zweckrationales Entscheiden stehen in einem ständigen Spannungsprozeß. Wirtschaft und Ethik gehören nicht von Hause aus zusammen. Das hat bereits Daniel Defoe erkannt, als er vor rund 250 Jahren schrieb: »Every degree of business has its invitation to do evil« (Defoe 1727, S. 21).

II. Grundlagen einer ökologischen Ethik

1. Frieden mit der Natur als Ausgangspunkt einer ökologischen Ethik

Die Gefährdungen der Ökosysteme unseres Planeten und das Streben nach langfristigem Überleben haben den Rang einer Generationenfrage erhalten. Auch von wohlmeinenden Kritikern wird darauf hingewiesen, daß die ökologische Krise letztlich ihren Grund in einer Sinnverkehrung des wirtschaftlichen Wohlstands hat (Buchholz 1981, S. 172). Eine Neubesinnung und »Kehrtwende zur Zukunft« (Kreikebaum 1988a) erscheint notwendig, um den drängenden Herausforderungen von Gegenwart und Zukunft zu begegnen.

Als »ökologische Ethik« sei im folgenden ein ethisches Verhalten bezeichnet, bei dem die Verantwortung für den pfleglichen Umgang mit der natürlichen Umwelt im Vordergrund steht. »Jeder einzelne Mensch wird sich dessen bewußt werden müssen, daß er mit der Natur, ihren Kräften, Schätzen und Lebensgütern nicht ausbeuterisch verfahren darf, sondern sie ... rücksichtsvoll und pfleglich zu behandeln hat« (Rich 1984, S. 62). Eine solche Umweltethik ist zwar nicht neu, sondern zu allen Zeiten von weitblickenden Menschen gefordert worden. Neu hinzugetreten ist der hohe Grad an Gefährdung, durch den jetzt »eine Ethik der Bewahrung und Vorbeugung statt des Fortschritts und der Vervollkommnung dringend notwendig geworden ist« (Gruhl 1982, S. 243). Angesichts des bestehenden Raubbaus an den endlichen Ressourcen der Erde und der Zerstörung der natürlichen Umwelt kann der Kern einer ökologischen Ethik nur in der mitkreatürlichen Verantwortung des Menschen gesehen werden.

Der Begriff Ökologie bezeichnet von seinem griechischen Ursprung her die Haushaltslehre der Natur (oikos »das Haus« und logos »die Lehre«). Von dieser Wortbedeutung her geht es in der ökologischen Ethik um die Wahrnehmung der Interessen der Natur und die Wiederherstellung des Friedens mit der Natur. Der Mensch muß sich in seinem Verhalten zur Natur als Haushalter begreifen. Er hat nicht nur die Verantwortung *für die* Natur, er übernimmt auch Verantwortung *in der* Natur (Altner 1979; auch Meyer-Abich 1979b).

Wie jeder angewandten Ethik obliegt auch der ökologischen Ethik die Aufgabe der Normensetzung und -begründung. Im Gegensatz zu einer anthropozentrischen Umweltethik, die vielfach das Credo der Umweltschützer widerspiegelt, soll im folgenden der Versuch einer Begründung aus dem biblisch-christlichen Menschenbild unternommen werden.

2. Der biblische Schöpfungsauftrag als Ansatzpunkt einer ökologischen Ethik

Für eine ökologische Ethik ist aus christlicher Sicht der Schöpfungsauftrag Gottes Ausgangspunkt und Grundpfeiler. Im Gegensatz zur anthropozentrischen oder biozentrischen Umweltethik (Hafemann 1988) orientiert sich eine theologische Umweltethik am biblischen Schöpfungsverständnis. In Genesis 1.28 wird dem Menschen der Auftrag gegeben, die Erde zu füllen und sich untertan zu machen. Kritiker haben daraus den Schluß gezogen, die Umweltzerstörung habe ihre Wurzeln im jüdisch-christlichen Glauben, der die Natur zu einer verfügbaren Sache für den Menschen erkläre (siehe dazu vor allem Amery 1972, Cobb 1972 sowie White 1970). In der Tat ist nicht zu übersehen, daß die im hebräischen Urtext benutzten Verben radah (»herrschen«) und kabasch (»sich untertan machen«) begrifflich eindeutig sind; sie bedeuten soviel wie »die Kelter treten«, »unterjochen« und »bezwingen«. Dahinter steht die Vorstellung vom Menschen als einem Hoheitszeichen Gottes in dieser Welt, der damit beauftragt wird, den göttlichen Herrschaftsanspruch durchzusetzen. Allerdings muß Genesis 1.28 in den Gesamtzusammenhang des Schöpfungswillens Gottes gestellt werden, der die lebensermöglichende Fürsorge für die gesamte Kreatur einschließt. Die Verknüpfung von Herrschaft und Fürsorgepflicht kommt in der Vorstellung vom Menschen als Hirte und Gärtner prägnant zum Ausdruck. Der Mißbrauch des Herrschaftsauftrages darf nicht dazu führen, daß sich der Mensch aus seiner Sinn- und Tatverantwortung für die Natur herausstiehlt und die Umwelt für seine Zwecke »ohne Rücksicht auf Verluste« verbraucht.

Aus dieser Auffassung folgt, daß die Natur nicht als Spielwiese für den Menschen betrachtet werden kann und auch keine unabhängige Logik aufweist, der man zwangsläufig zu folgen hat, wie dies in den animistischen Naturreligionen geschieht. Aus dem Schöpfungsauftrag an den Menschen resultiert vielmehr eine Grundhaltung, die als partnerschaftliches Verhältnis zur Natur und damit als Mitkreatürlichkeit bezeichnet werden kann. Dem Menschen wird damit eine Sonderstellung zugewiesen, die er allerdings innerhalb und nicht außerhalb der Natur einnimmt.

3. Leitlinien einer ökologischen Ethik

Eine ökologische Ethik muß es sich zum Ziel setzen, Solidarität mit der Natur anstelle von Despotie und Dienst an der Schöpfung statt tödlicher Hybris auszuüben. Allerdings wird sich eine christlich begründete Umweltethik des

Unvollkommenheitscharakters aller menschlichen Bemühungen bewußt sein. Es wird in diesem Äon nicht die perfekte Welt geben, und auch der moderne Staat ist eine societas imperfecta. Die Institutionen des Staates werden stets so unvollkommen bleiben wie seine Bürger. Das Spiel mit der Möglichkeit einer perfekten Welt und deren chiliastische Erwartung geährdet deshalb sehr ernsthaft unsere Politik und fördert anarchistische Schwärmerei. Wir müssen wieder den Mut finden zu unvollkommenen, kleinen Schritten und die stetige Gefährdung der Umwelt – einschließlich der Wirtschaftsordnung – wieder neu begreifen lernen.

Eine solche Politik der kleinen Schritte kann sich an bestimmten Leitlinien orientieren. Diese stellen keinen abgeschlossenen Katalog im Sinne eines Normensystems dar. Sie liefern vielmehr konkrete Anhaltspunkte für strategische und operative Entscheidungen. Allerdings darf die Umweltethik nicht als politisches Programm zur ökologischen Umweltverbesserung mißverstanden werden. Die im folgenden darzustellenden Leitlinien sollen vielmehr zu einer individuellen Bewußtseinsänderung anregen und die am Unternehmen beteiligten Interessenträger auf ihre spezielle ökologische Verantwortung hinweisen. Dabei sollte eine Nutzenmaximierung auf Kosten der Natur ebenso ausgeschlossen sein wie eine Maximierung der Naturpflege auf Kosten des Nutzenprinzips. Die Partnerschaft mit der Natur legt dem Menschen bestimmte Verzichte auf. Bei unabdingbaren Eingriffen in das Naturgeschehen könnten sich die Entscheidungsträger an folgenden Leitlinien orientieren.

3.1. *Vielfalt der Entwicklung*

Die Umwelt ist heute durch massive Einwirkungen des Menschen auf den natürlichen Lebensraum und nachfolgende Belastungen und Veränderungen von Biotopen bedroht (dazu im einzelnen Kreikebaum 1988a, S. 75–84). Der Artenschwund konnte auch nicht durch das inzwischen zehn Jahre alte Naturschutzgesetz gebremst werden. Gerade im Naturschutz zeigen sich prägnant die Konflikte zwischen wirtschaftlichen und ökologischen Interessen. Eine langfristige Erhaltung der Artenvielfalt ist nicht nur lebensnotwendig, sondern auch aus wirtschaftlicher Einsicht geboten. Eine weitere Verringerung der Artenvielfalt wird nicht nur deren Eigenschaft als ein hochsensitives Instrument zur Ermittlung von Umweltschäden beschneiden, sondern unseren Globus langfristig zu einer nicht mehr bewohnbaren Region verrotten lassen und damit auch jeder wirtschaftlichen Betätigung die Wurzeln abgraben. Ein weiterer Raubbau an den nicht regenerierbaren Energiequellen und natürlichen Ressourcen der Erde wird auch die für die Zukunft dringend benötigte Ressourcenreserve entscheidend beschneiden. Speziell gilt dies für die Genreserve, deren Potential auch in Zukunft für die Befriedigung menschlicher Bedürfnisse nutzbar sein sollte. Die in den Genen der verschiedenen Pflanzen und Lebewesen gespeicherten Informationen enthalten z.B. Baumuster für komplexe Molekülverbindungen, auf die wir künftig dringend angewiesen sein können (Patzig 1983, S. 16). Jede Beeinträchtigung oder Verkürzung der natürlichen Artenvielfalt bewirkt einen nicht wieder gutzumachenden Verlust an Lebenssubstanz.

3.2. Nachhaltigkeit des Ertrags

Das Prinzip der Entwicklungsvielfalt stellt eine für das Überleben der Menschheit unabdingbare Maxime dar, die sich sowohl unter ökologischen wie auch unter ökonomischen Überlegungen als sinnvoll und notwendig erweist. Dieses Prinzip wird ergänzt durch die Forderung nach einer Nachhaltigkeit des Ertrags. In seiner konsequenten Form bedeutet dieses Postulat, daß die natürlichen Reserven nicht übernutzt werden dürfen, sondern nur in den Grenzen zu nutzen sind, in denen sie »nachwachsen«. Ein Beispiel dazu bietet die Forstwirtschaft mit der Festlegung des »Hiebwerts«. Bei einem Waldbestand von 100 Hektar dürfen z. B. nur 400 Festmeter Holz jährlich geschlagen werden, um eine langfristige Sicherung des Ertrags aus dem Holzeinschlag zu sichern. Damit wird dem Gesichtspunkt der Substanzerhaltung und Kreislaufökonomie Rechnung getragen. Das Prinzip sichert eine Wertsteigerung über Generationen hinweg und garantiert ebenfalls die externen Nutzenwirkungen des Waldes (Stabilisierung des Klimas, langfristige Regenwasserspeicherung und Erhaltung des Erholungswerts). Im Prinzip der Nachhaltigkeit, das über die Forstwirtschaft hinaus auch für die Landwirtschaft gilt und ebenso auf die Produktionswirtschaft angewendet werden kann, kommen sowohl eine sachliche als auch eine zeitliche Komponente zum Ausdruck. Sachlich gesehen führt dieses Prinzip dazu, vorrangig die erneuerbaren Ressourcen zu nutzen und Kreislaufprozesse durchzusetzen (Förderung des Recyclings).

In zeitlicher Hinsicht ergibt sich daraus die Forderung nach einem strategischen »Denken vom Ende her« (Kreikebaum 1987, S. 18). Die langfristige Orientierung der unternehmerischen Entscheidungen in japanischen Unternehmen zeigt, daß eine unter ökonomischen und ökologischen Gesichtspunkten formulierte Unternehmenspolitik jeder auf kurzfristige Gewinnmaximierung abzielenden Unternehmensentscheidung überlegen ist.

3.3. Kreatürliche Bescheidenheit

Der wirtschaftende Mensch ist zugleich ein Teil der Natur und ihr enthoben. Er verfehlt diese Bestimmung, wenn er den Schöpfungsauftrag verrät und die Natur sowie die Wirtschaftsordnung mit ständig steigenden Ansprüchen belastet. Wir müssen offenbar wieder neu die älteste Regel der griechischen Ethik buchstabieren: »Nichts zu sehr«. Verzicht kann besser sein als Wachstum und Sättigung. Die Überflußgesellschaft stellt zwar ein Problem in dieser Hinsicht dar, sie eröffnet aber auch neue Chancen, ökonomisches Handeln an ökologischen Prinzipien zu orientieren. In diesem Sinne ist auch Staudingers Aussage zu verstehen: »Von Ethik reden heißt, von Freiheit sprechen. Nur im freiwilligen Einverständis, dies zu tun und jenes zu lassen, kann eine moralische Handlung begründet werden. Worum geht es? Es geht um die schon zum Gemeinsatz gewordene Frage, ob wir alles tun dürfen, was wir tun können« (Staudinger 1982). Ein Ausrichten des ökonomischen Handelns an den genannten Leitlinien kann dazu beitragen, die Schnittfläche zwischen betriebswirtschaftlichen, technologischen und ökologischen Zielen zu vergrößern.

Die Knappheit erschöpflicher Ressourcen spielt insbesondere im Energiebereich eine wichtige Rolle. Weil hier nur begrenzt Recycling-Möglichkeiten bestehen, wird man langfristig die nicht regenerierbaren Ressourcen durch andere Ressourcen ersetzen müssen, die in unbegrenzter Menge und umweltfreundlich zur Verfügung stehen. Beim derzeitigen Stand der technologischen Entwicklung ist es noch unsicher, ob dies durch sogenannte »Backstop-Technologien« geschehen kann, mit denen nicht erneuerbare Energien vollständig substituiert werden können (Endres 1986). Auf lange Sicht bietet sich hierfür eine konsequente Nutzung der Sonnenenergie an. Die Solarzellentechnologie rückt immer stärker in den Mittelpunkt der Forschungsbemühungen (Kohler/Leuchtner/Müschen 1987 und Scheer 1987). Andere alternative Energiequellen werden derzeit auf ihre langfristige Ausbeute hin überprüft. Eine Solar-Wasserstoffwirtschaft entspricht offensichtlich nicht nur den Kriterien der Funktionsfähigkeit und des Steuerungsaufwands, sondern auch der ökologischen Verträglichkeit sowie der Solidarität mit der Mitkreatur und mit anderen Völkern (Dritte-Welt-Staaten).

4. Mögliche Konsequenzen für die Unternehmensführung: Eine Bestandsaufnahme

Damit Unternehmensethik eine »realistische Idee« (Steinmann/Löhr 1988) wird, muß sie im Unternehmen aufgegriffen und in Entscheidungen umgesetzt werden. Insbesondere den Führungskräften fällt dabei die schwierige Aufgabe zu, heute Entscheidungen treffen zu müssen, von deren Tragweite das Wohl und Wehe künftiger Generationen abhängt. Diese Aufgabe widerspricht dem üblichen Denkschema der Kausalität. Sie erfordert eine Erweiterung des Anschauungsbereichs mit dem Ziel, das Zeitgefühl zu verändern. Gefordert ist dabei ein »Denken vom Ende her«, das sich stärker als bisher an ökonomischen *und* ökologischen Überlegungen orientiert und das Ziel des qualitativen Wachstums verfolgt.

Es ist nicht zu leugnen, daß die Unternehmen vielfach von ihrer ursprünglichen Widerstandsposition abgerückt und inzwischen generell umweltbewußter geworden sind. Aus den oben dargestellten Leitlinien ist zu folgern, daß Umweltschutz vor allem in die individuelle Bewußtseinsbildung der unternehmerischen Entscheidungsträger eingeht, als Quasi-Selbstverständlichkeit. Die Ergebnisse empirischer Untersuchungen deuten allerdings darauf hin, daß dieser Forderung noch nicht in wünschenswertem Maße entsprochen wird. Zwischen Theorie und Praxis eines »Umweltmanagements« klaffen noch beträchtliche Lücken. Nach Ansicht von U. Steger sind z.B. folgende Fragestellungen bzw. Probleme bislang noch kaum beantwortet bzw. gelöst worden (Steger 1988b, S. 22):

- Wie kann ein Unternehmen seine Gewinnsituation durch die Integrierung ökologischer Ziele verbessern?
- Welche Kostenwirkungen gehen von additiven und integrierten Umweltschutztechnologien aus?
- Wie kann die Forschung und Entwicklung auf eine Politik des qualitativen Unternehmenswachstums ausgerichtet werden?
- Welche Möglichkeiten bestehen, um regenerierbare Ressourcen einzusetzen, den Ressourcenverbrauch zu verringern und Energie umweltschonend zu gewinnen?
- Welches sind die marktbezogenen Chancen und Risiken einer ökologischen Unternehmenspolitik?
- Welche Probleme ergeben sich bei der Markteinführung umweltfreundlicher Technologien?

Es ist darauf hinzuweisen, daß sich ökologische Gesichtspunkte in einigen Funktionsbereichen bereits in gewisser Weise durchgesetzt haben, beispielsweise im Marketing und in der Materialwirtschaft. Immer stärker wird z.B. die Produktpolitik im Spannungsfeld zwischen Technologie, Ökonomie und Ökologie gesehen (Bruhn 1987, Meffert/Bruhn/Schubert/Walter 1986 und Raffée 1979). Bezogen auf das Unternehmen als Ganzes wird man aber der Aussage Wickes zustimmen müssen, daß trotz der Einsicht in die Notwendigkeit eines verstärkten Umweltschutzes die Chancen eines offensiven Umweltschutzmanagements kaum wahrgenommen werden (Wicke 1988).

III. Der passive Umweltschutz als Nagelprobe einer ökologischen Unternehmensführung

Im aktiven Umweltschutz, bei dem das Unternehmen umweltschonende Produkte und Verfahren auf dem Markt anbietet und dadurch Gewinne erzielt, besteht eine weitgehende Deckungsgleichheit von betriebswirtschaftlichen und ökologischen Zielen. Ganz anders sieht die Situation dagegen im passiven Umweltschutz aus, bei dem sich das Unternehmen freiwillig oder gezwungen umweltgerecht verhält. Unter passivem Umweltschutz verstehen wir das staatliche Handeln im Bereich der Umweltpolitik, auf das die Unternehmen zu reagieren haben.

1. Naturübernutzung und Free-Rider-Position als Fehlhaltungen

Der technischen Zivilisation wird der Vorwurf gemacht, Raubbau an den endlichen Ressourcen der Erde betrieben und eine zunehmende Zerstörung der natürlichen Umwelt des Menschen verursacht zu haben (Wild 1984). Der Schutz der natürlichen Umwelt durch die Erhaltung einer bestimmten Umweltqualität ist geprägt durch die Einsicht in die Notwendigkeit, daß auch die Unternehmen den Fortbestand des lebensnotwendigen ökologischen Gleichgewichts durch ihre Entscheidungen beeinflussen. Wir kennen zwar nicht exakt die Grenzen dieser Belastung, wir wissen jedoch, daß steigende Ansprüche durch eine wachsende zivilisatorische Tätigkeit und Bevölkerungsvermehrung die nicht erneuerbaren Ressourcen weiter aufzehren. Die von der Natur zur Verfügung gestellten Ressourcen sind das Ergebnis biologischer, chemischer, physikalischer und geologischer Naturprozesse; nur eine beschränkte Menge von ihnen ist erneuerbar. Durch bedenkenlosen Abbau von Rohstoffen in der Vergangenheit (Metalle, Erdöl, Erdgas usw.) ist es vielfach zu einer Übernutzung des Erdballs gekommen. Da die Selbstreinigungs- und Regulierungskräfte der Natur häufig überschritten werden, entstehen Kontraproduktivitäten, durch die der mit der Bedarfsdeckung beabsichtigte Nutzen wieder aufgehoben wird.

Die Naturübernutzung und Free-Rider-Problematik sind als Allmende-Problematik bereits in der Vergangenheit erkannt worden. Die Deklarierung einer Weide zum Gemeinbesitz überläßt bei krasser Betätigung des Eigennutzes demjenigen einen Vorteil, der als erster oder am längsten die Weide für sich in Anspruch nimmt. Die moderne Entscheidungs- und Spieltheorie zeigt allerdings, daß es sich dabei nur um kurzfristige Rentenvorteile für einzelne handelt. Langfristig haben alle letztlich den Schaden mitzutragen, den der Free-Rider der Allgemeinheit durch kurzfristiges Verfolgen von Einzelzielen zufügt. Eine langfristige Existenzsicherung ist, wie Picot anhand eines Zwei-Personen-Spiels mit variabler Summe nachgewiesen hat, für alle Unternehmen nur dann zu erreichen, wenn alle Beteiligten die Position der sozialen Veranwortlichkeit übernehmen. Im anderen Falle geht auch der kurzfristige Rentabilitäts- und Wachstumsvorsprung für einzelne Unternehmen durch die Gefahr der langfristigen Existenzbedrohung verloren (Picot 1977, S. 27–32). Ein typisches Beispiel für eine unter rein ökonomischen Gesichtspunkten zweckmäßige Position stellt das Betreiben von umweltbelastenden Altanlagen dar, in denen noch zulässige Restnutzungen enthalten sind. Diese würden beim Ersatz durch umweltschonende Neuanlagen entfallen, so daß eine Tendenz zur Perpetuierung der Altanlagennutzung besteht. Allerdings sind die Kosten für die überhöhte Umweltverschmutzung am Ende von allen Wirtschaftsteilnehmern zu tragen.

Mit dem passivem Umweltschutz ist das »Folgedilemma« (Bonus 1985, S. 9) verbunden, wonach Umweltschutzpolitik nicht als eine freiwillig vom Unternehmen zu verwirklichende Selbstverständlichkeit angesehen wird, sondern als bürokratischer Hemmschuh. Dennoch ist unter ethischen Gesichtspunkten eine Befolgung der bestehenden Gesetze im echten Sinne ein »gemeinnütziges Verhalten«, das allen zugute käme. In diesem Sinne äußert sich auch H. Bonus: »Gemeinnütziges Verhalten auch ohne jede Garantie für den eigenen Vorteil nennen wir Moral; und ohne sie wird die Wirtschaft nicht erfolgreich sein können.« (Bonus 1985, S. 11. Ähnlich Koslowski 1984, S. 51–54 und Sautter 1988, S. 351–356.)

Weil jedes Unternehmen in direkter oder indirekter Weise in die Natur eingebettet und ein Element dieser natürlichen Umwelt ist, muß angesichts der bekannten Gefährdungen der Ökosysteme das Denken in Kreisläufen die Vorstellung einer ökologisch problematischen »Durchflußökonomie« (K. Boulding) verdrängen. Es wäre zu wünschen, daß der Schutz der Umwelt genauso ein System werden würde wie die Straßenverkehrsordnung und damit unwidersprochen akzeptiert würde (Herrhausen 1987, S. 23).

2. Die Konkretisierung ökologischer Verantwortung im Unternehmen

Die Übernahme ökologischer Verantwortung im Unternehmen bedeutet für alle Beteiligten ein neues Lernziel. Der Neuheitscharakter und die Komplexität dieses Lernziels machen es erforderlich, beim Topmanagement anzusetzen und hier zunächst die Grundlagen für eine Bewußtseinsänderung zu schaffen. Konfrontiert man diese Notwendigkeit mit dem Ergebnis empirischer Umfragen, so ergibt sich ein etwas diffuses Bild. In einer Untersuchung Töpfers in allen selbständigen Unternehmen des verarbeitenden Gewerbes mit über 500 Beschäftigten wurde 1981/82 ermittelt, daß die Umweltfreundlichkeit der Produkte in der unternehmerischen Zielhierarchie den insgesamt geringsten Mittelwert aufwies. Als vorrangige Oberziele wurden die Sicherung der Wettbewerbsfähigkeit, die Erzielung eines angemessenen Gewinns, die Verbesserung der Marktposition und deren Erhaltung, die Benutzerfreundlichkeit der Produkte und auch die Erhaltung der Arbeitsplätze genannt. Unternehmen mit einer Sozial- und Ökologiestrategie machten mit circa 8% die insgesamt kleinste Gruppe aus (Töpfer 1985, S. 245–247).

Eine in Zusammenarbeit mit dem EMNID-Institut in Bielefeld bei 286 Unternehmern bzw. angestellten Führungskräften vom Institut für Marketing der Universität Münster durchgeführte repräsentative Befragung ergab in ähnlicher

Weise, daß die befragten Unternehmen zwar die Notwendigkeit von Umweltschutzmaßnahmen einsehen, daß freiwillige Umweltschutzmaßnahmen aber nur von sehr wenigen Betrieben ergriffen werden, welche nicht unmittelbar von ökologischen Problemen betroffen sind (Meffert/Benkenstein/Schubert 1987, S. 34–36). Die Clusterbildung zeigte, daß sich 22,7% der befragten Firmen zu den »Unbetroffenen« und 13,7% zu den »Reaktiven« zählen (»ökologische Hardliner«). 25% bezeichneten sich als »Aktive«, die stärker als andere Unternehmen Umweltschutzmaßnahmen ergriffen, weil sie in ihren Produktbereichen auf ökologische Probleme stießen. Das Cluster der »Selektiven« (38,6%) enthielt Unternehmen, die sich der Umweltproblematik gegenüber sowohl aktiv als auch reaktiv verhielten, insgesamt jedoch die Vorteile einer ökologisch ausgerichteten Unternehmenspolitik höher einschätzten als der Durchschnitt aller Unternehmen.

Die Bewußtseinsbildung muß nicht nur bei der Unternehmensspitze, sondern auch bei den übrigen Führungskräften und den Mitarbeitern des Unternehmens einsetzen, um ein offensives anstelle eines defensiven Umweltschutzkonzeptes durchzusetzen. Hier ergeben sich in den einzelnen Funktionsbereichen vielfältige Ansatzpunkte (Wicke 1987). Nach Ansicht Raffées läßt der bestehende Wertewandel z.B. »ein Marketing, das nicht dem ›Prinzip Verantwortung‹ gerecht zu werden versucht, heute zu einem besonderen Risiko werden« (Raffée 1988, S. 212.)

Weitsichtigen Unternehmern ist deutlich geworden, daß eine fortwährende Umweltzerstörung der Wirtschaft auch die Grundlagen für ihre künftige Betätigung entzieht. Bemerkenswert erscheinen in diesem Zusammenhang die Ergebnisse empirischer Untersuchungen, nach denen die Wahrnehmung ökologischer und sozialer Verantwortung im Unternehmen langfristig zu vergleichsweise höheren Rentabilitätswerten führt (z.B. Bowman 1974, S. 21ff.). Diesen Unternehmen ist bewußt, daß die »Wiedergutmachungskosten« eines defensiven Umweltschutzmanagements sehr hoch sind (kostspielige Anzeigenserien) und rechtzeitige Vermeidungstechniken Zeit- und Kostenvorteile versprechen.

Die Einsicht in die ökologischen Grenzen des ökonomischen Handelns wird zu einer Neuorientierung unternehmerischer Absichten, Strategien, Maßnahmen und Ziele führen müssen (Kreikebaum 1987 und 1988a). Das prinzipiell ambivalente Verhältnis von Ökonomie und Ökologie kann nicht nur über die staatliche Rahmenordnung beeinflußt werden. Über die Gesetzgebung müssen vielmehr preisähnliche Anreize und marktnahe Instrumente entwickelt werden, welche die Umweltnutzung verteuern und dazu führen, daß sich ökonomisches Eigeninteresse und Gemeininteresse an der schonenden Umweltnutzung miteinander verknüpfen. (Siehe dazu u.a. Endres 1986 und die dort angegebene Literatur.)

Brij N. Kumar

Unternehmensethik im Kontext internationaler Unternehmensführung

I. Einführung

(1) Das Thema »Unternehmensethik im Kontext internationaler Unternehmensführung« besitzt traditionell eine hohe Bedeutung. Schon lange sind internationale Geschäftsaktivitäten betrieben worden, die – zumindest nach heutiger Auffassung – in vielerlei Hinsicht Fragen nach Verantwortung, Moral und ethischem Handeln aufgeworfen haben. Als 1492 Columbus aufbrach, um einen neuen Seeweg nach Indien zu suchen, leitete er eine bis in die Mitte unseres Jahrhunderts währende Ära des internationalen Handels und der Außenbeziehungen ein, deren charakteristisches Merkmal Ausbeutung und Beherrschung ferner Länder und Völker war. Europäische Monarchen erkannten alsbald, daß Expeditionen von Seefahrern und Abenteurern wie Columbus, die mit Schiffsladungen wertvoller Güter wie Gold, Edelsteinen, Seide, Gewürzen und auch Sklaven heimkehrten, als ordentliche Handelsunternehmen organisiert werden sollten, die – mit politischer Macht ausgestattet – in der Lage sein würden, die nationalen Vorrechte und Monopole in den betreffenden überseeischen Ländern zu sichern (Ronen 1986, S. 4f.). Es ist bekannt, daß die Geschichte von internationalen Handelsgesellschaften wie der East India Company, Dutch East India Company oder Hudson Bay Company zugleich die Geschichte des Kolonialismus und der Unterdrückung von Völkern ist, die bis in die Gegenwart hinein andauert.

(2) Unternehmensethik ist ein Thema, mit dem sich das Internationale Management immer noch nicht leicht tut. Die Aktualität der Fragestellung wird dabei durch zahllose Beispiele aus der Praxis der sog. multinationalen Unternehmen erschreckend häufig vor Augen geführt. Hier wäre nicht nur der Paradefall der Firma Nestlé mit dem Problem der Säuglingsernährung in Entwicklungsländern (»Nestlé tötet Babies in Afrika«) anzuführen. Vielmehr offenbart sich im Management vieler multinationaler Unternehmen in der ganzen Welt das Problemfeld der Unternehmensethik in mannigfacher Weise, wie die folgenden zwei Beispiele zeigen.

(3) Die Firma NCC, eine amerikanische multinationale Unternehmung der Miederwarenindustrie, ist in vielen Ländern Mittelamerikas berüchtigt dafür, daß sie ihre lokalen Produktionsbetriebe praktisch von heute auf morgen schließt, wenn nach ihrer Auffassung die Forderungen der Arbeitnehmer das tolerierte Maß übersteigen oder diese sich gewerkschaftlich organisieren. Diesen Ruf erwarb sich die Firma zuerst im Jahre 1980, als sie ihre Niederlassung in El Salvador mit mehreren Hundert organisierten Beschäftigten plötzlich schloß und die Produktion in die gewerkschaftsfreie Tochter in Honduras verlegte. Diese Politik wurde zur regelrechten Praxis, als im Jahre 1981 NCC von dem deutschen multinationalen Miederwarenhersteller Triumph International übernommen wurde. Von dessen Seite wurde alsbald darauf gedrängt, die Produktion aus dem »Unruhegebiet« in seine bestehenden Fertigungsstätten im Fern-

ost zu verlagern, wo es weder Gewerkschaften noch »übermäßig hohe« Lohnforderungen gab. In den folgenden Jahren wurden die organisierten Betriebe in Mexiko (1982), Puerto Rico (1983) und Honduras (1983) fast über Nacht geschlossen. Jedesmal wurde von der Unternehmensleitung das »unkooperative Verhalten« der Arbeitnehmer für diesen Schritt verantwortlich gemacht. Dabei verloren insgesamt über 800 Beschäftigte den Arbeitsplatz, was die Bevölkerung in diesen ärmlichen Gebieten besonders hart traf (Street 1985, S. 46).

(4) Die Firma Searle ist einer der größten international operierenden Pharmakonzerne. Eines der vielen weltweit angebotenen Produkte dieser Unternehmung ist »Lomotil«, ein starkes Antidiarrhöemittel, das in den zentralen Laboratorien des Unternehmens in den USA für guternährte Amerikaner entwickelt wurde, die als Folge von übermäßigem Essen einen Durchfall bekommen und schnelle Abhilfe gegen diese lästige Erscheinung benötigen.

»Lomotil« wird von Searle durch örtliche Niederlassungen auch in vielen Entwicklungsländern auf den Markt gebracht und als Mittel angepriesen, das sogar von den Apollo-Astronauten mitgeführt wurde. Die Diarrhöe in Entwicklungsländern ist allerdings keine kurz auftretende Wohlstandserscheinung, sondern häufig eine chronische Krankheit, die als Folge von mangelhafter Ernährung und Hygiene bekannt ist. Die regelmäßige Einnahme von »Lomotil« kann unter diesen Umständen mit schweren gesundheitlichen Schäden verbunden sein. Ärzte haben insbesondere vor der Verabreichung dieses Mittels an Säuglinge und Kleinkinder gewarnt. Selbst in den USA ist »Lomotil« von der U.S. Food and Drug Administration für Kinder unter zwei Jahren kontraindiziert worden. In Hongkong, den Philippinen und Thailand wird es jedoch von der Firma Searle auch für Säuglinge zwischen drei und sechs Monaten empfohlen (Medawar/Freese 1981, S. 23).

(5) Mit diesen beiden Beispielen wird bereits in erster Annäherung der spezifische Problemcharakter des Themas deutlich; nämlich das Vorliegen von weitreichenden gesellschaftlichen Konfliktlagen und deren unternehmensethische Bewältigung im Kontext einer länderübergreifenden zentralen Unternehmenspolitik einerseits und unterschiedlicher Anforderungen in den einzelnen Ländern und Kulturen andererseits.

Im folgenden wird der Versuch unternommen, solche spezifischen Konfliktsituationen aufzuzeigen und jeweils zu diskutieren, wie diese Konflikte im Lichte unternehmensethischer Anforderungen bewältigt werden können. Ist die Verwirklichung einer Unternehmensethik schon innerhalb von national tätigen Unternehmen nicht einfach, wird sie im Kontext internationaler Unternehmensführung durch deren Besonderheiten noch weiter erschwert.

II. Die Besonderheiten der internationalen Unternehmensführung

(1) Eine systematische Abhandlung des angesprochenen Problems erfordert als erstes die Bestimmung der besonderen Merkmale der internationalen Unternehmensführung. Es handelt sich dabei um das Management in der sogenannten multinationalen Unternehmung, die in der Regel in einem westlichen Industriestaat mit einer Zentrale beheimatet ist und eigene Produktions- und Verkaufsniederlassungen in vielen Ländern und Kulturen betreibt. Vereinfacht dargestellt ist dieses internationale Management charakterisiert durch zwei gewissermaßen entgegengesetzte Dimensionen[1]: *Einerseits* muß sich das Management an die örtlichen Bedingungen der Auslandsniederlassungen anpassen, die als »Grenzgänger« effektiv »Eindringling« in die (fremde) Gesellschaft der Gastländer sind. Dies kann als Strategie der *lokalen Anpassung* bezeichnet werden. Die betrieblichen Führungs- und Sachfunktionen müssen so gestaltet sein, daß sie den Erwartungen der nationalen Interessengruppen und den Anforderungen der örtlichen Kultur Rechnung tragen; andernfalls besteht die Gefahr, daß die Auslandsniederlassungen zum isolierten Fremdkörper in der jeweiligen Gesellschaft werden. *Andererseits* ist im Management der internationalen Unternehmung der Problematik Rechnung zu tragen, daß die Auslandsniederlassungen Teile eines Unternehmensverbandes sind. Es ist daher davon auszugehen, daß die Auslandsniederlassungen prinzipiell nicht von vorneherein unabhängig handeln, sondern bei der Gestaltung der betrieblichen Funktionen zumindest auch die Möglichkeit einer länderübergreifenden, *globalen Integrationsstrategie* sinnvollerweise mitzuprüfen ist. Dadurch können die Gesamtfähigkeiten des Unternehmensverbandes – also seine Stärken – berücksichtigt und so die internationale Wettbewerbsfähigkeit gesteigert werden.

(2) Globale Integration und lokale Anpassung stellen die strategischen Richtlinien für das internationale Mangement und die Führung von Auslandsniederlassungen dar. Welche Strategie im Einzelfall, also z.B. beim Marketing oder in der Produktion, gewählt wird, hängt von einer Reihe von Umweltfaktoren wie auch Unternehmensmerkmalen ab. Tendenziell gilt, daß der Druck zur lokalen Anpassung um so höher ist, je größer die kulturellen Unterschiede und die kulturspezifischen Anforderungen sind. Auf der anderen Seite wird der Zwang zur globalen Integration durch das Ziel der ökonomischen Nutzung von weltweit anwendbaren Fähigkeiten des Unternehmens gesteigert.

Abbildung 1 verdeutlicht einige der relevanten Einflußfaktoren der beiden Strategien. Diese gegeneinander gerichteten Kräfte grenzen das Konfliktfeld ein, das den Gegenstand für unternehmensethisch orientiertes Handeln im internationalen Management darstellt und zugleich seine Rahmenbedingungen markiert. Wir wollen uns bei unserer folgenden Analyse darauf beziehen.

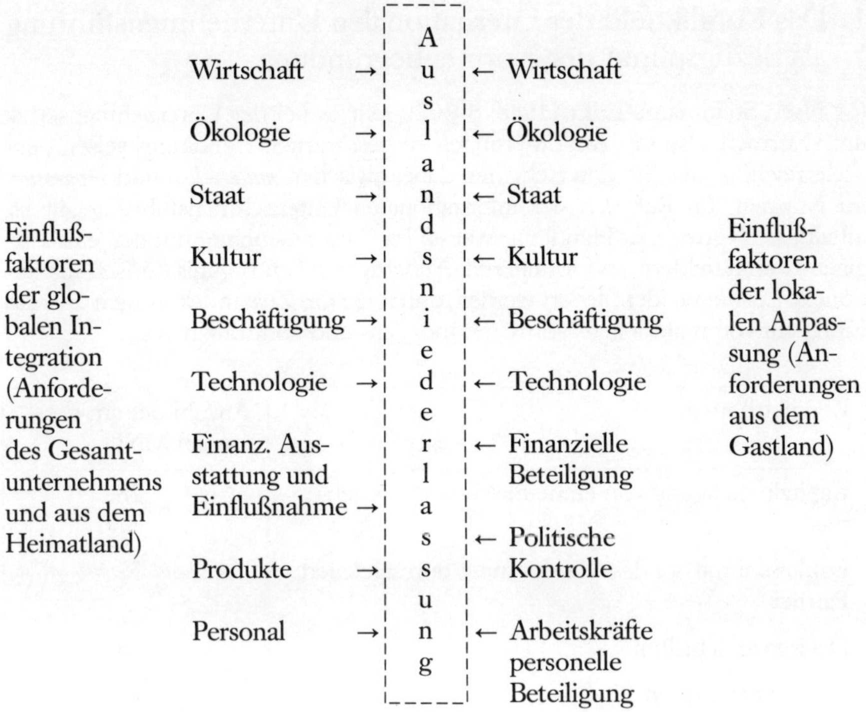

Abb. 1: Einflußfaktoren und Konfliktfeld im internationalen Management (in Anlehnung an: Ronen 1986, S. 484)

III. Probleme der Unternehmensethik

Man kann davon ausgehen, daß sich die Frage nach einer Unternehmensethik grundsätzlich dann stellt, wenn durch die unternehmerische Tätigkeit weitreichende gesellschaftliche Konfliktlagen verursacht werden. Unternehmensethisches Handeln impliziert also prinzipiell die Berücksichtigung von bestehenden und potentiellen Konflikten bei der Wahl von Unternehmenszwecken und Mitteln. Was das konkret bedeutet, wird von Steinmann/Löhr (1988, S. 307ff. und in der Einleitung in diesem Band) durch den Begriff von Unternehmensethik präzisiert.

1. Das Konfliktfeld der internationalen Unternehmensführung als Bezugspunkt der Normenbegründung

(1) Nach Steinmann/Löhr (1988, S. 307) geht es bei der Unternehmensethik um »Normen, also um Aufforderungen zu bestimmten Handlungsweisen oder Zielerreichungen«. Sie unterscheiden dabei zwischen *materiellen* und *prozessualen* Normen. Im Rahmen der internationalen Unternehmensführung gilt es, inhaltliche Normen zu Handlungsweisen im Zusammenhang mit den einschlägigen Konfliktfeldern zu formulieren. Außerdem sollen organisatorisch-institutionelle Lösungen identifiziert werden, durch die das Zustandekommen und das Einhalten von materiellen Normen ermöglicht und kontrolliert wird.

Konfliktthemen	Anzahl der antwortenden MNU
Kapitalbeteiligung von einheimischen Unternehmen	28
Einflußnahme auf das Management durch lokalen Partner	52
Devisenvorschriften	6
Importvorschriften	5
Ausdehnung von Exportmärkten	9
Transferpreise (Preispolitik)	21
Verwendung von einheimischen Inputs (»local content«)	2
Einmischung der Gastlandregion in Unternehmensführung	5
Beitrag des Unternehmens zur Entwicklung des Gastlandes	4
Einmischung des Unternehmens in Kultur des Gastlandes	4
Einmischung der Regierung des Heimatlandes der MNU in Politik des Gastlandes	2
	138

Abb. 2: Konflikte zwischen multinationalen Unternehmen (MNU) und Entwicklungsländern (Negandhi/Baliga 1979, S. 15)

(2) Betrachtet man das Konfliktpotential, das im Kontext der internationalen Unternehmensführung identifiziert werden kann (vgl. Abb. 1), dann geht es im Prinzip um Spannungen zwischen den Interessen der multinationalen Unternehmen einerseits und den Zielen und Ansprüchen der betreffenden Gastländer andererseits. Insbesondere sind Differenzen zwischen den multinationalen Unternehmen und den *Entwicklungsländern* bekannt, da letztere ihre spezifischen wirtschaftlichen und kulturellen Interessen durch globale Integrationsstrategien der multinationalen Unternehmen zu wenig berücksichtigt sehen. In welchen konkreten Konflikten sich das in Abb. 1 gezeigte Spannungsverhältnis entlädt, geht aus einer von Negandhi/Baliga (1979) durchgeführten Befragung multinationaler Unternehmen hervor (Abb. 2).

(3) Im Rahmen dieser Arbeit können diese Konfliktthemen nur exemplarisch erläutert werden. Die nach der Häufigkeit der Nennungen wichtigsten zwei Fragen hängen miteinander zusammen und betreffen im Prinzip die unterschiedlichen Vorstellungen der Beteiligten zur Wahl der *Eigentumsform* von Auslandsniederlassungen.

Die Entwicklungsländer, so gern sie auch Investitionen aus dem Ausland sehen und sie sogar aktiv fördern, sind fast ausnahmslos gegen hundertprozentige Tochtergesellschaften, also gegen die Vollbeherrschung der Auslandsniederlassungen seitens der ausländischen Muttergesellschaften eingestellt. Vielmehr werden von ihnen im Einklang mit ihrer Nationalisierungspolitik, als Normstrategie Joint Ventures mit einheimischen Partnern propagiert. Dadurch sollen vor allem die Abhängigkeit vom ausländischen Kapital in Grenzen gehalten und die Anonymität einer aus dem Ausland praktizierten Einflußnahme auf das Management vermieden werden.[2]

Die multinationalen Unternehmen sind andererseits bestrebt, Auslandstöchter in vollständigem Eigenbesitz zu halten, um dadurch vor allem eine von lokalen Interessen unbehinderte Einflußnahme auf das Management ausüben zu können, die für eine effektive Durchführung der globalen Integrationsstrategie notwendig ist.[3]

(4) Aber auch in den *Industrieländern*, wo eigentlich das Verhältnis zwischen multinationalen Unternehmen und nationalen Interessen als unproblematisch angesehen werden sollte, schlagen sich die Spannungen im internationalen Management oftmals in Konfliktlagen nieder. So zeigt eine Studie von Fry (1977), daß in der Bundesrepublik die Durchsetzung der gesetzlich geforderten Mitbestimmung in den deutschen Tochtergesellschaften multinationaler Unternehmen Problemfeld Nummer eins ist. In Belgien überwiegen dagegen Konflikte, die aufgrund der unterschiedlichen Auffassungen der lokalen Regierung und der multinationalen Unternehmen über Fragen der Beschäftigung, der Zahlungsbilanz oder des Umweltschutzes entstehen (Fry 1977).

Nach einer Studie von Negandhi/Welge (1984, S. 77) empfindet ein großer Teil der multinationalen Unternehmen in den Industrieländern die Bürokratie und die Gesetzgebung der nationalen Regierungen als außerordentlich restriktiv für die Verwirklichung einer globalen Integrationsstrategie. Dies gilt zum Beispiel für Fragen der Gewinn-, Preis- oder Wachstumspolitik. Die kanadische Regierung hat die im Zusammenhang mit der Tätigkeit von U.S.-Firmen in Kanada immer wieder auftretenden Konflikte zum Anlaß genommen, die multinationalen Unternehmen mit folgenden Handlungsaufforderungen zu konfrontieren (Negandhi 1987, S. 41):

- Ihre Tätigkeit soll im Einklang mit der Wirtschaftspolitik des Landes stehen;
- sie sollen zur Verbesserung der industriellen Produktivität in Kanada beitragen;
- sie sollen zur nationalen Beschäftigung einen Beitrag leisten;
- kanadische Staatsbürger sollen an deren Geschäftsführung beteiligt sein;
- sie sollen zur Erhöhung der Exporte Kanadas beitragen.

(5) Diese Beispiele mögen genügen, um die Vielzahl und große Variationsbreite der weitreichenden gesellschaftlichen Konfliktlagen zu zeigen, die im Spannungsfeld zwischen der Strategie lokaler Anpassung einerseits und globaler Integration andererseits möglich sind und im Einzelfall auch konkret auftreten. Unternehmensethisches Handeln im internationalen Management bedeutet dann den Versuch, *materielle Normen* bzw. Handlungsweisen für den Umgang mit diesen Konfliktfeldern begründet festzulegen. Eine solche Festlegung läuft effektiv darauf hinaus, situativ und bezogen auf die betrieblichen Probleme die richtige Balance (Norm) zwischen den beiden Strategien zu finden, mit der sowohl den Ansprüchen der Gastländer wie auch den Forderungen der multinationalen Unternehmen Rechnung getragen wird. Welche Begründungsprobleme es dabei gibt, wird an anderer Stelle zu zeigen sein.

(6) Die geographische Streuung von Aktivitäten multinationaler Unternehmen und die unterschiedlichen nationalen Interessen erschweren auch die Konstruktion von *organisatorisch-institutionellen Regelungen*, die notwendig wären, um für einzelne Handlungssituationen von allen Beteiligten akzeptierte Normen entwickeln zu können und deren Einhaltung durch die multinationalen Unternehmen zu überwachen.

Die Tatsache, daß die Zentrale und die Auslandsniederlassungen unterschiedlichen Hoheitsrechten und Jurisdiktionen unterliegen, hat schon für das Recht von jeher das Problem mit sich gebracht, daß aufgestellte Normen nicht rechtlich verpflichtend in Geltung gesetzt werden konnten. Durch länderübergreifende Kompetenzen der Unternehmen wird zudem die Frage der Verantwortlichkeit erheblich kompliziert. Nur zu deutlich läßt sich dieses Problem am Beispiel der Bhopal-Katastrophe demonstrieren. Während sich die indische Regierung als Hauptkläger fühlte und die Zentrale der Union Carbide in den USA auf Zahlung einer Milliardensumme verklagen wollte, machte letztere allein ihre indische Tochter in Bhopal für das Unglück verantwortlich. Als selbständige Gesellschaft hat sie nach indischem Recht letztlich nur mit ihrem begrenzten Vermögen gegenüber den Geschädigten zu haften. Schließlich mischten in diesem Streit um Kompetenz und Verantwortlichkeit auch noch private amerikanische und indische Rechtsanwälte kräftig mit, die auf eigene Faust den Geschädigten zu ihrem Recht (und sich selbst zu erklecklichen Honoraren) verhelfen wollten. Es ist bekannt, daß bis heute die Opfer der Katastrophe nicht einmal die ihnen in verschiedenen Interimsgerichtsverfahren in Indien und den USA zugesprochene Soforthilfe in ganzer Höhe erhalten haben (Shrivastava 1987, S. 115).

(7) In der Vergangenheit wurde das Problem der Institutionalisierung von Normenfindungen für die internationalen Unternehmen in verschiedener Weise angegangen.

a. *Durch supranationale Organisationen*
So hat z.B. die Internationale Handelskammer in Paris einen Katalog von »Social and Economic Guidelines for International Investment« erarbeitet oder die Internationale Konföderation der Freien Gewerkschaften eine »Multinationale Charta« zu den sozialen Verpflichtungen der multinationalen Unternehmen vorgelegt. Bekannt ist auch der Verhaltenskodex für multinationale Unternehmen der OECD. Solche institutionellen Regelungen haben sich aber wegen ihres *sehr allgemeinen Charakters* und der fehlenden rechtlichen Durchsetzbarkeit auf internationaler Basis in der Praxis im großen und ganzen als unwirksam erwiesen, wenn man von einem gewissen anfänglichen Druck auf die multinationalen Unternehmen absieht.

b. *Durch unabhängige Vermittler (»international arbitrators«)*
Nach Schätzungen von Shrivastava (1987, S. 117) werden im internationalen Management insbesondere Konflikte über Umweltfragen unter Zuhilfenahme von unabhängigen Vermittlern gelöst. Aber auch in vielen anderen Bereichen der internationalen Unternehmensführung (z.B. bei internationalen Arbeitskonflikten) werden »arbitrators« herangezogen, deren hauptsächliche Dienste darin bestehen, die zerstrittenen Parteien zu Verhandlungen auf neutralem Boden (oftmals in einem Drittland) zusammenzubringen. Diese Methode hat den Vorzug, daß hier eine Lösung gezielt für ein *konkretes Problem* erarbeitet wird. Ein erfolgreicher Ausgang kann aber nur dann erwartet werden, wenn die Verhandlungsmacht der Parteien ungefähr gleich groß ist und diese das Interesse und die Absicht haben, Informationen offen auszutauschen und zu einem schnellen Abschluß zu kommen. Im Falle Bhopal haben gerade diese Voraussetzungen gefehlt, weshalb der mehrfache Versuch, durch unabhängige Vermittler alle Beteiligten zu einem gemeinsamen Vorgehen zu bewegen, kläglich scheiterte (Shrivastava 1987, S. 117).

c. *Durch unabhängige Kommissionen*
Ein Verfahren, das sich im Falle Nestlé bewährt hat, ist die Bildung eines unabhängigen Gremiums, das – wie diese Firma selbst formulierte – als »Grundlage zu einem aufrichtigen und vertrauensvollen Dialog zwischen argwöhnischen und oft feindlich gesinnten Widersachern« diente (Steinmann/Löhr 1988,

ihren Auslandsniederlassungen strikte Anweisungen, davon Abstand zu nehmen. Auch die Gesetze vieler Heimatländer (z.B. U.S. Foreign Corrupt Practices Act in den USA) sehen Korruption und Bestechung als illegal an. Andererseits sind in vielen Ländern Korruption und Bestechung nicht nur eine alltägliche Erscheinung in der Geschäftswelt. Sie sind vielmehr oft mit einem ganz anderen normativen Gehalt verknüpft, der nicht von vorneherein eine negative Konnotation beinhaltet. Welche Probleme sich aus diesem Dilemma ergeben können, geht aus den Klagen vieler Auslandsniederlassungen hervor, daß sie Aufträge an die Konkurrenz verlieren, weil ihnen von ihren Muttergesellschaften bzw. von den Heimatgesetzen her nicht gestattet ist, Kunden durch »illegale Zahlungen« für sich zu gewinnen (Luter 1979).

(4) Es gibt viele solcher Beispiele, die diese Bedeutung kultureller Differenzen für die Konfliktbeurteilung im internationalen Management verdeutlichen. Abb. 3 zeigt, wie unterschiedliche Wertorientierungen über Phänomene wie Zeit, Arbeit und Leistung die Einschätzungen von Führungskräften zu Managementproblemen beeinflussen können.

Es liegt auf der Hand, daß unter diesen Voraussetzungen die Probleme der Verständigung über Normen steigen, je unterschiedlicher die Kulturen sind, in denen multinationale Unternehmen tätig sind.

Wertorientierungen nach Kluckholn/ Strodtbeck hinsichtlich	Allg. Merkmale der Unternehmensführung	Exemplarische Konsequenzen für die Managementpraxis
Zeit: Zukunft > Vergangenheit	Betonung der Strategie u. Langfristplanung	Anwendung von MBO, Personalplanung
Arbeit/Leistung: Sein > Tätigkeit	Betonung der Philosophie des Menschseins, Gewichtung der zwischenmenschlichen Beziehungen	Führungsstil und Arbeitsklima sind Bestandteil der Leistungsbeurteilung von Vorgesetzten
Zwischenmenschliche Beziehungen: individualistisch > hierarchisch	Betonung von Delegation u. Mitarbeiterbeurteilung	Soziale Leistungen werden nach Position differenziert

> = höhere Bedeutung, stärker präferiert

Abb. 3: Einfluß der Kultur (Wertorientierungen) auf Aspekte des Managements (in Anlehnung an Child 1981)

S. 306). In einer solchen Kommission soll auf der Basis eines freien Konsenses ein Miteinanderhandeln in der Wirtschaft (wieder) ermöglicht werden.[4] Shrivastava schlägt auch für den Fall Bhopal die Bildung eines solchen Gremiums nach dem Vorbild der Muskie-Kommission vor, dem neben Vertretern von Union Carbide auch international anerkannte Persönlichkeiten (Kirchenführer, Humanisten, Politiker etc.) angehören sollen. In diesem Gremium soll gemeinsam eine langfristige Lösung erarbeitet werden, die auch für die Zukunft unternehmensethische Maßstäbe im internationalen Management setzt (Shrivastava 1987, S. 118). Wesentlich erscheint, daß die auf dem Wege des freien Konsenses zustande gekommenen Normen eine stärkere Selbstverpflichtung der Unternehmen mit sich bringen, sich im täglichen Handeln auch an diesen Normen zu orientieren. Aus diesem Grunde dürfte die Methode der Kommissionslösung wohl der wirksamste Ansatz sein, was durch den Fall Nestlé auch belegbar ist.[5]

2. Spezifische Probleme der Normenbegründung im interkulturellen Kontext

(1) Nach Steinmann/Löhr (1988, S. 307) dürfen Normen, die die Grundlage des unternehmensethischen Handelns darstellen, nicht willkürlich oder bloß aus ihrer traditionsmäßigen Geltung heraus postuliert werden. »Vielmehr müssen für ihr Zustandekommen gute Gründe geltend gemacht worden sein oder zumindest geltend gemacht werden können.« Als Methode zur Normenfindung wird die dialogische Verständigung vorgeschlagen, in der auf der Basis der vorgetragenen Argumente aller Parteien die »guten Gründe« zu einem freien Konsens über unternehmensethische Normen führen sollen.[6]

(2) Ein spezifisches Problem im Kontext internationaler Unternehmensführung ist darin zu sehen, daß die Argumente, die zur Begründung der erstrebten Handlungsweisen zwischen lokaler Anpassung und globaler Integrationsstrategie, z. B. vom lokalen Joint-Venture-Partner einerseits und der Zentrale andererseits, vorgebracht werden, in unterschiedlichen soziologischen, wirtschaftlichen, politischen und rechtlichen Umwelten fußen. Es besteht die Schwierigkeit, daß die Verständigung zwischen den Parteien über Normen durch die unterschiedlichen Vorstellungen darüber, was im Management kulturvariant und was kulturinvariant ist, erschwert wird. Was z. B. dem Joint-Venture-Partner im Lichte der ortsüblichen Kultur als durchaus legitim erscheint, mag in den Augen der Zentrale und des Heimatlandes als verwerflich gelten. Was die Zentrale für universell anwendbar hält, kann umgekehrt in manchen Auslandsniederlassungen als kulturell inkompatibel abgelehnt werden.

(3) Ein gutes Beispiel für dieses Dilemma ist die Frage der Korruption und Bestechung. Viele multinationale Unternehmen, die im westlichen Kulturkreis beheimatet sind, lehnen diese Praktiken als höchst unmoralisch ab und geben

3. Methodische Probleme der Normenbegründung

(1) Ein weiteres zentrales Merkmal der Unternehmensethik ist die Methode, wie die Normenbegründung durchgeführt werden soll. Steinmann/Löhr (1988, S. 308) begreifen die Unternehmensethik als »kommunikative (dialogische) Ethik«: Die Normenbegründung soll im Rahmen einer unvoreingenommenen und herrschaftsfreien Verständigung zwischen sachverständigen Partnern erfolgen.

Ein spezifisches Problem in diesem Zusammenhang besteht im Kontext der internationalen Unternehmensführung in der systemimmanenten *Asymmetrie der Machtverteilung* im Verband der multinationalen Unternehmung. Dadurch sind die Bedingungen der »kommunikativen Ethik« – jedenfalls soweit es um den Dialog zwischen Mutter- und Tochtergesellschaften geht – als ungünstig zu bezeichnen.

(2) Geht man von dem allgemeinen Globalisierungs- und Anpassungs-Paradigma im internationalen Management aus, dann ist festzustellen, daß die Machtverteilung im Unternehmensverband im Prinzip zugunsten der Muttergesellschaften und zum Nachteil der Auslandsniederlassungen angelegt ist und das sowohl institutionell wie auch inhaltlich.

(3) *Der institutionelle* Aspekt ist im Zusammenhang mit der Globalisierungsstrategie zu sehen. Diese basiert ja regelmäßig auf der Verfügungsgewalt, wie sie aus den Eigentumsrechten der Muttergesellschaft resultiert.[7] Dieses Potential wird auch faktisch bei der Gestaltung der institutionellen Beziehungen zwischen der Zentrale und den Auslandstöchtern grundsätzlich so genutzt, daß das einseitige Machtverhältnis festgeschrieben wird. Das zeigt sich am besten an den Mechanismen, die verwendet werden, um die Auslandsaktivität zu steuern. Mit der sog. *strukturellen Steuerung* werden internationale Organisationsstrukturen (z. B. die Internationale Division) und Planungs- u. Kontrollsysteme (»globale Planung«) geschaffen, die hinsichtlich Kompetenzen, Kommunikations- und Informationswegen, Zielbildungsprozessen u. a. eindeutig auf die Zentralisierung der Entscheidungsfindung und somit auf die Sicherung der Macht des Stammhauses (auch gegenüber den Gastländern) ausgerichtet sind.[8] Die sog. *personelle Steuerung* zielt auf die Durchsetzung der Position der Muttergesellschaft durch eine Personalpolitik, die strategische Aufgaben im In- und Ausland vorzugsweise Stammhausangehörigen vorbehält. Vorwiegend durch lokale Manager besetzt werden nur Niederlassungsstellen im operativen Bereich.[9] So stellte Hymer bereits vor einigen Jahren fest, daß in multinationalen Unternehmen mit zunehmender Hierarchieebene die Nationalität der Führungskräfte im Sinne der Nationalität des Stammhauses homogener wird. In den unteren Hierarchieebenen herrscht dagegen eine Nationalitätenheterogenität entsprechend der Diversität der Gastländer vor, was zur Destabilisierung der Verhandlungsposition der Auslandsniederlassungen gegenüber dem Stammhaus beiträgt (Hymer 1979, S. 60).

(4) Der *inhaltliche* Gesichtspunkt der Machtasymmetrie ist im Zusammenhang mit der Anpassungsstrategie zu sehen. Indem die Auslandsniederlassungen den spezifischen Erfordernissen ihrer Gastlandumwelt Rechnung tragen müssen, sind ihre Interessenlagen im einzelnen oftmals eher partikularistisch als pluralistisch ausgerichtet. Insbesondere wenn es um den Wettbewerb der Auslandsniederlassungen untereinander um die Ressourcen der Zentrale geht, tritt der Interessenpartikularismus sehr deutlich hervor. Unter diesen Umständen brauchen die multinationalen Unternehmen nicht die Solidarität ihrer Auslandsniederlassungen untereinander und somit eine Schwächung ihrer eigenen relativen Verhandlungsmacht zu befürchten. In dieser Situation sind die empirischen Ausgangsbedingungen für eine nicht-persuasive Verständigung über gemeinsame Handlungsweisen zwischen Mutter und Töchtern ungünstig, wie das eingangs erwähnte Beispiel der Fa. NCC in Mittelamerika zeigt. Diese nutzte die unterschiedlichen Interessenlagen ihrer verschiedenen Auslandsbetriebe hinsichtlich der Beschäftigung aus, um die Produktion nach und nach in Billiglohnländer zu verlagern, ohne jemals die Notwendigkeit zu verspüren, über die Werkschließungen mit der jeweils freigesetzten Belegschaft reden zu müssen.

4. Das Problem der Selbstverpflichtung

(1) Ein weiteres zentrales Element der Unternehmensethik ist, daß die vereinbarten Normen »ihre Verbindlichkeit nicht dank staatlicher Zwangsmittel erhalten, sondern als ein Akt der Selbstverpflichtung (seitens der Unternehmensleitung – d. Verf.) verstanden werden« (Steinmann/Löhr 1988, S. 309f.).

Im Kontext der internationalen Unternehmensführung sind die Bedingungen für die Einlösung dieses Anspruches insofern ungünstig, als multinationale Unternehmen *einerseits* angehalten sind, sich an die lokalen Bedingungen ihrer Gastländer anzupassen, um nicht nur ökonomisch Dysfunktionalitäten zu vermeiden, sondern auch in ihrer unmittelbaren Umwelt nicht als Fremde aufzufallen. *Andererseits* aber können die Anforderungen der Gastländer, an die man sich halten soll, oftmals unvernünftig sein.[10] Das bedeutet, daß multinationale Unternehmen viel stärker als national tätige Unternehmen Gefahr laufen, daß ihre ethische Selbstverpflichtung im Einzelfall auch gegen von den Gastländern rechtlich gefordertes Verhalten verstoßen kann (Steinmann/Löhr 1988, S. 310). Angesichts dieses Risikos und der Tatsache, daß den multinationalen Unternehmen in vielen Situationen ein Arrangement mit den lokalen Bedingungen ökonomisch vorteilhafter erscheint als ein Verhalten, das Wandel mit sich bringen könnte, ist ihre Bereitschaft zur freiwilligen Selbstverpflichtung auf bestimmte – auch international anerkannte – Normen oftmals schwach ausgeprägt.

(2) Es gibt genügend Beispiele aus der Praxis des internationalen Managements, die diesen Konflikt zwischen Selbstverpflichtung und opportunistischer Anpassung veranschaulichen. So läßt das Verhalten vieler amerikanischer multi-

Keine Trennung nach Rassen in den betrieblichen Sozialeinrichtungen
Gleiche Beschäftigungsbedingungen für alle Arbeitnehmer
Gleich Bezahlung für gleiche Arbeit
Entwicklung und Einrichtung von Aus- und Weiterbildungsprogrammen für Schwarze, um sie für Aufgaben in Führungspositionen, in der Verwaltung und in technischen Berufen vorzubereiten.
Zunehmender Einsatz von Nichtweißen in Führungspositionen
Verbesserung von Lebensbedingungen für Beschäftigte außerhalb des Unternehmens

Abb. 4: Verhaltensrichtlinien nach den Sullivan Principles für Tochtergesellschaften von U.S.-Firmen in Südafrika (Weedon 1986, S. 57)

nationaler Bankgesellschaften in Lateinamerika erkennen, daß sie sich lieber mit den Diktatoren und ihrer Politik arrangieren als den Versuch unternehmen, eine fortschrittliche Unternehmenspolitik, zu der sie sich in anderen Teilen der Welt durchaus verpflichtet fühlen, zu propagieren.[11]

Ein anderes Beispiel, das hier angeführt werden kann, ist das der westlichen multinationalen Unternehmen in Südafrika. Trotz der weltweiten Verurteilung der unmoralischen und illegalen Apartheidpolitik der weißen Regierung dieses Staats können sich viele multinationale Unternehmen nicht dazu verpflichten, die Personal- und Sozialpolitik in ihren südafrikanischen Tochtergesellschaften *nicht* nach den diskriminierenden Gesetzen des Landes zu gestalten. Ja, selbst unter den etwa 200 amerikanischen Unternehmen, die mehr oder weniger freiwillig die von Pastor Dr. Sullivan in eigener Regie propagierten Verhaltensprinzipien (Sullivan Principles, vgl. Abb. 4) unterschrieben haben, gibt es viele, die sich in der Managementpraxis ihrer südafrikanischen Tochtergesellschaft nachweislich nicht an die einschlägigen Empfehlungen halten. Darunter sind etwa auch 29 Unternehmen, die sich entgegen den Vereinbarungen weigern, periodisch Bericht über den Fortschritt bezüglich der Anwendung der Verhaltensrichtlinien zu erstatten (o.V. 1983, S. 42f.).

Wie Befragungen zeigen, ist das Ignorieren des Kodex durch die Firmen weniger auf ihre fehlende Einsicht in die moralische Verwerflichkeit des Apartheidsystems zurückzuführen. In der Tat sind sich fast alle darüber einig, daß dieses System so schnell wie möglich abgeschafft werden muß. Die Handlungspraxis vieler Unternehmen wird jedoch durch die Angst vor möglichen Sanktionen durch die weiße Regierung und die weißen Geschäftspartner (z.B. Joint-Venture-Partner) begründet, die von ausländischen Firmen gerade in der Apartheidfrage ein mit den sozialen Normen der Herrscherklasse konformes Verhalten erwarten.[12]

(3) Das letzte Beispiel demonstriert die Probleme, die es im Kontext der internationalen Unternehmensführung bei Bestrebungen um ethische Selbstverpflichtung gibt. Es läßt aber auch zugleich die hohe Bedeutung dieses Kriteriums im Bereich des internationalen Managements erkennen. Wenn die Einhaltung von Normen wegen fehlender länderübergreifender Gesetze über die nationalen Grenzen hinweg nicht kontrolliert und geahndet werden kann, wird die (auf dem Konsens beruhende) Selbstverpflichtung der Unternehmen zur einzig wirksamen Methode, um unternehmensethisches Handeln zu gewährleisten.[13]

IV. Entwicklungstendenzen

(1) Nach der anfänglichen Phase der Entwicklung und des Wachstums in den Nachkriegsjahren gerieten die multinationalen Unternehmen Ende der 60er Jahre in das Kreuzfeuer der öffentlichen Kritik. Es wurde ihnen vorgeworfen, sie würden die ökonomischen Ziele ihrer Gastländer unterlaufen und diese wirtschaftlich abhängig machen. Im Zusammenhang mit ihrer Aktivität in den Entwicklungsländern wurde ihnen Untergrabung der Entwicklungspolitik und Neokolonialismus vorgehalten – Vorwürfe, die den multinationalen Unternehmen jegliches ethische Handeln gegenüber den Gastländern absprechen.[14] Wie unsere Analyse zu zeigen versuchte, sind in der Tat die Restriktionen für unternehmensethisches Handeln im internationalen Management in vieler Hinsicht nicht zu unterschätzen. Noch heute lassen sich häufig Fälle mangelnden ethischen Bewußtseins seitens der multinationalen Unternehmen feststellen, z.B. jene erschreckende Arroganz der Rechtsvertreter von Union Carbide, die Wiedergutmachung für die Opfer der Bhopalkatastrophe an deren – sicherlich ärmlichen – Lebensstandard orientieren wollen. Shrivastava (1987, S. 141) hebt die beklagenswerte moralische Basis dieser Haltung hervor: »This argument accentuates the fact that large numbers of people in developing countries die from hunger, malnutrition and disease. Therefore, lives in developing countries have a low value and are somehow expendable, unimportant, and really not worth getting alarmed about!«

(2) Doch trotz der ethischen Probleme, die auch heute feststellbar sind, ist insgesamt gesehen die Betrachtung der multinationalen Unternehmen im Vergleich zu früher etwas nüchterner geworden. Hierzu haben manche Entwicklungen beigetragen, in denen sich ein gewisser Wandel der Grundlagen ethischen Handelns im Kontext der internationalen Unternehmensführung widerspiegelt. Man kann vor allem feststellen, daß im Vergleich zu früher die Diskussion heute viel sachlicher geworden ist. Konkret gesprochen bedeutet das, daß von allen Seiten die Bereitschaft zur Diskussion über die *Sachziele* der

multinationalen Unternehmen zugenommen hat, womit eine wichtige Voraussetzung für das unternehmensethische Handeln gegeben ist (Steinmann/Löhr 1988, S. 309). Dazu haben mehrere Faktoren beigetragen: Zum ersten die Kritik und der Druck der *Verhaltenskodices* verschiedener supranationaler Organisationen auf die multinationalen Unternehmen, ihr Produkt-Markt-Konzept stärker für die Belange der Gastländer zu öffnen; zweitens die Präzisierung der *interessenrelevanten Forderungen* der Entwicklungsländer durch realistische Industriepolitiken; drittens die gestiegene *Verhandlungsmacht* der Entwicklungsländer und die größere Möglichkeit der Einflußnahme auf die Strategien der multinationalen Unternehmen; schließlich viertens die zunehmende Einsicht seitens der Entwicklungsländer, daß multinationale Unternehmen keine Wohltätigkeitsorganisationen sind, sondern Gewinne erzielen müssen. Es kann somit nur darum gehen, negative Nebenwirkungen des Gewinnprinzips im Zusammenhang mit den konkreten Unternehmensstrategien zu begrenzen. Die Liberalisierung der Aktivitäten multinationaler Unternehmen in vielen Ländern, sogar im Ostblock, ist ein deutliches Zeichen für diese Wende.

(3) Ein gutes Beispiel für diese Entwicklungslinien bietet der Fall »Indian Tobacco Company« (Negandhi 1987, S. 82f.). In den 20er Jahren als Tochtergesellschaft der britischen Imperial Tobacco Company in Indien gegründet, dehnte sie in Einklang mit den Entwicklungszielen des Gastlandes ihr Produkt-Markt-Konzept vom reinen Tabakanbau (Verarbeitung in England) zur Produktion und Vermarktung fertiger Tabakerzeugnisse aller Art im In- und Ausland aus. Heute ist das Unternehmen ein Mischkonzern mit weitverzweigten Aktivitäten in der Lebensmittelindustrie, Hotelbranche u.a., was der Entflechtungs- und Diversifikationspolitik Indiens entspricht. Diese grundsätzliche Bereitschaft, ihre ursprüngliche, kolonialwirtschaftlich orientierte Unternehmensstrategie in Frage zu stellen und in anderen Bereichen der Unternehmenspolitik den Normen der indischen Regierung zu folgen, so z.B. bei der Indianisierung der Unternehmensleitung, haben der Firma den Ruf eingebracht, unternehmensethisch zu handeln und ein guter »corporate citizen« zu sein.

Anmerkungen

1 Dieser Ansatz ist im Internationalen Management begrifflich unterschiedlich belegt. Vgl. z.B. Fayerweather (1981, S. 107ff.), Prahalad/Doz (1987, S. 25), Kumar (1987, S. 17ff.).

2 Zu den Zielen der Joint-Venture-Politik der Entwicklungsländer siehe ausführlich Kumar (1975, S. 21).

3 Es gibt in der Literatur viele Studien, die dazu empirische Evidenz liefern. Vgl. z.B. Stopford/Wells (1972, S. 50): Selbst Mittelbetriebe präferieren 100%ige Tochtergesellschaften im Ausland, obwohl ihre Ressourcenlage eher für Joint Ventures spricht. Vgl. Kumar (1987, S. 31f.).

4 Zu den philosophischen Grundlagen dieser Methode vgl. den Beitrag von Lorenzen in diesem Band.

5 Siehe dazu auch die Beiträge von Maucher und Steinmann/Löhr (S. 269 ff.) in diesem Band.

6 Zu den Grundlagen vgl. den Beitrag von Lorenzen in diesem Band.

7 Dieser Gedanke ist in mehreren Ansätzen der Theorie der Direktinvestitionen postuliert. Siehe dazu z.B. die eklektische Theorie von Dunning (1988).

8 Eine gute Abhandlung über diese Beziehung bietet Negandhi (1984, S. 84 ff.). Siehe auch Egelhoff (1982, S. 435 f.).

9 Zur Bedeutung der Nationalität als personalpolitischem Instrument in multinationalen Unternehmen vgl. Steinmann/Kumar (1984, S. 400).

10 Siehe das Beispiel S. 238 unten.

11 Der folgende Kommentar eines amerikanischen Bankiers veranschaulicht die Einstellung zu diesem Problem: »Most bankers think authoritarian governments are good because they impose discipline. Every time there's a coup d'etat in Latin America, there's much rejoicing and knocking at the door offering credit!« (o.V. 1982, S. 4).

12 Vgl. dazu o.V. (1983, S. 42) sowie den Fall Dresser Industries in Südafrika in Matthews et al. (1985, S. 430 f.).

13 Das Beispiel der Sullivan Principles zeigt auch, wie wirkungslos institutionelle Normenregelungen im internationalen Management bleiben müssen, wenn sie nicht auf dem Konsens der betroffenen Parteien beruhen.

14 Stellvertretend für Studien, die die multinationalen Unternehmen kritisierten: Barnet/Miller (1974).

Ursula Hansen

Marketing und soziale Verantwortung*

---

* Der Beitrag stellt eine leicht gekürzte Fassung eines Aufsatzes dar, der in der Zeitschrift »Die Betriebswirtschaft«, 48. Jg. (1988), S. 711–721 erschienen ist und zum Gegenstand einer breiten Auseinandersetzung im Rahmen der Rubrik »DBW-Dialog« wurde.

I. Einleitung

Marketingmanager werden sehr häufig mit Entscheidungen konfrontiert, die *Wertkonflikte* enthalten und Fragen ihrer Verantwortlichkeit aufwerfen:

Der Marketingleiter eines internationalen Konzerns hat zu entscheiden, ob Restbestände eines aus ökologischen Gründen gerade verbotenen Produktes in das ökologisch weniger bewußte Ausland geschickt werden sollen, zumal die Firma gerade starke Liquiditätsengpässe hat.

Der Marktleiter einer Handelskette wird mit der Beschwerde einer Mutter konfrontiert, die in der Warteschlange an der Kasse von ihrem Kind bedrängt wird, etwas Süßes aus dem dort präsentierten Sonderdisplay zu kaufen.

Der Einkaufsmanager erreicht unter Androhung der Auslistung einen Jubiläumsrabatt bei einem kleinen Hersteller, der auf diesen Auftrag angewiesen ist.

Jeweils hat sich der Marketingmanager zu fragen, welche ethischen Werte betroffen sind und welche Handlungsfolgen er vor wem zu verantworten hat. Es ist seine moralische Gesinnung angesprochen und seine soziale Verantwortung für Handlungsergebnisse berührt.

Den Marketingmanager – fast gleichgültig, aus welcher Ausbildungssituation er kommt – trifft diese Wertentscheidung relativ unvorbereitet. Als Akademiker wurde er den Prinzipien eines in seinem Begründungszusammenhang wertfreien Wissenschaftsprozesses unterworfen. Seine schüchternen Versuche, gewisse, ihm moralisch zweifelhaft erscheinende Tatbestände des ökonomischen Geschehens, wie z. B. die Gefahr der Umweltbelastung oder die Ungerechtigkeiten des internationalen Marktgeschehens, einmal zu problematisieren, wurden schnell mit dem Hinweis auf ökonomische Sachzwänge beschwichtigt, und er wurde darin unterwiesen, seine Argumente ökonomisch berechenbar zu machen.

Es ist hingegen deutlich erkennbar, daß der praktische Bedarf an ethischen Konzepten im Marketing größer wird und daß das Angebot im Rahmen ethisch orientierter theoretischer Entwürfe und Ausbildungsbemühungen dem nicht standhält angesichts der deutlich vorherrschenden Fragestellung, wie ökonomische Gewinn- und Umsatzziele im Markt durch den Einsatz des Marketinginstrumentariums unter Berücksichtigung der vorliegenden Rahmenbedingungen erreicht werden können.

II. Anlässe für die Befassung mit ethischen Problemstellungen

Es fragt sich zunächst, wodurch der zunehmende Bedarf an der Lösung ethischer Probleme ausgelöst wird und wie der Ruf nach sozialer Verantwortung des Marketing zu verstehen ist.

1. Erweiterte Handlungsspielräume

Das Maß an sozialer Verantwortung hängt wesentlich davon ab, wieviel Macht jemand besitzt. Seit Gründung des marktwirtschaftlichen Systems der Bundesrepublik schreitet die Machtagglomeration fort (Jens 1980, S. 70ff.). Das bedeutet Erweiterung der Handlungsspielräume jener Personen, die über mehr Macht verfügen. Die Ansammlung von Machtpotentialen beeinträchtigt die gewünschten Marktmechanismen und tangiert damit die systemethischen Grundlagen. Diese werden ausgehöhlt, und es erwächst den Mächtigen ein Handlungsspielraum, der individualethische Problemstellungen aufwirft. Gemeint ist hier nicht nur Macht im Marktgeschehen selbst, sondern auch die darüber hinausgehende Beeinflussung des gesellschaftlichen Lebens. Die gesellschaftliche Rolle von Großunternehmen hat bekanntlich verschiedene weitere Facetten, wie z.B. die Arbeitsplatzgestaltung in einer Region, politische, soziale und kulturelle Beeinflussungen, tiefgreifende Auswirkungen auf die Umwelt. In diesen erweiterten Handlungsmöglichkeiten liegt ein erster Anlaß für die Beschäftigung mit ethischen Wertfragen.

2. Kritik am Marketing

Der aktuelle Ausgangspunkt für die Betrachtung des Verantwortungsmaßes könnte die Kritik sein, die am Marketing geäußert wird, denn Kritik der Betroffenen heißt, daß Verantwortlichkeiten als verletzt betrachtet werden. Das Marketing steht deshalb im besonderen Kreuzfeuer der Kritik, weil es als unternehmerische Funktion der Umweltbeeinflussung öffentlich sichtbar ist und Marketingmanager mehr als andere Funktionsmanager der externen Kritik ausgesetzt sind. Das Marketing wird auch um so mehr zum Angriffspunkt öffentlicher Kritik, wie es einen Führungsanspruch im Kontext der Unternehmensfunktionen stellt (Hansen/Stauss 1983, S. 71ff.).

Die Kritik am Marketing wird von allen Betroffenen des Marketinghandelns an die Unternehmung herangetragen, nämlich Wettbewerber, Händler und insbesondere Konsumenten als unmittelbar Betroffene des Marktgeschehens sowie sonstige gesellschaftliche Gruppierungen als mittelbar Betroffene. Die Kritik bezieht sich auf die Marktforschung und auf alle Marketinginstrumente, wie Preispolitik, Kommunikationspolitik, Produktpolitik und Distributionspolitik. Sie umfaßt z.B.

- Irreführungen und Täuschungen (z.B. in der Marktforschung, Werbung, Preispolitik)
- Mangelhafte Aufklärung, Information und Beratung (z.B. durch persönlichen Verkauf)
- Schädigungen und Gefährdungen (z.B. durch gefährliche unsichere und ungesunde Produkte)
- Instrumentalisierung des Marktpartners
- Erziehung zum Konsummaterialismus
- Mangelhafte Übernahme von gesellschaftlichen Folgelasten des Marketing.

Es handelt sich hier einerseits um Kritikpunkte an partiellen Mißständen (z.B. irreführende Werbung) wie auch an Systemerscheinungen des Marketing grundsätzlicher Art, die somit systemethische Fragen betreffen (z.B. Konsummaterialismus). Es sind z.T. allgemeingültige und für jedermann *einsehbare* Kritikpunkte (z.B., daß Glykol nicht in den Wein gehört), viel häufiger sind sie dagegen *umstritten*, da Moralverletzungen aus unterschiedlichen Wertperspektiven gesehen und bewertet werden. So mag z.B. eine nackte Frauendarstellung in der Werbung in frauenemanzipatorischen Kreisen auf die Kritik der Frauenfeindlichkeit stoßen, während andere Zielgruppen – auch Frauen – keinerlei moralische Störungsgefühle entwickeln. Interpretationsleistungen der Kritik sind also meist erforderlich. Dennoch stellt dieses Kritikpotential in seiner Gesamtheit eine gesellschaftliche Realität dar, die Anlaß für die Beschäftigung mit ethischen Wertfragen sein muß. Für Marketingmanager, die ihrer Philosophie nach am Bedarf und damit am Wohl des Kunden orientiert sind, muß diese Kritik besonders bedrohlich für ihr Selbstverständnis sein.

Darüber hinaus ist artikulierte Kritik nicht einmal ausreichend. Dies wäre ein allzu positivistischer Standpunkt. Expertentum auf seiten des Marketingmanagement könnte ethische Fragen aufwerfen, die über die artikulierte Kritik der weniger wissenden Marktpartner hinausreicht. Mit anderen Worten: man kann nicht erst dort über Verantwortung nachdenken, wo man von anderen explizit kritisiert wird. Diese Haltung entspräche eher einer in den USA entwickelten ethischen Verhaltensregel des Marketing (thumbnail ethical maxim), die ich als medienpolitischen Verschnitt des Kant'schen Imperativ bezeichnen möchte, nämlich: »A manager should always ask: Would I feel comfortable explaining to a national TV audience why I took this action?« (Laczniak 1985, S. 10).

III. Marketingethik

1. Verantwortung als ethisches Problem

Dem allgemeinen Sprachgebrauch folgend, bedeutet Verantwortung-Tragen zunächst nichts anderes als ein Handeln (Tun oder Unterlassen) zu vertreten, für die Folgen des Handelns sowie die Beweggründe, die zu diesem Handeln geführt haben, vor sich selbst und Dritten einzustehen. Soziale Verantwortung besteht im Umgang des Menschen mit den Menschen, sei es gegenüber sich selbst, gegenüber anderen sowie gegenüber allem, was zum Menschsein gehört, d.h. auch der Welt als Inbegriff der kosmischen Natur. Somit umfaßt der Begriff der Verantwortung die Beziehung zu sich selbst (individualethische Verantwortung), die Beziehung zum Du (personalethische Verantwortung) und die Beziehung zur Umwelt (umweltethische oder ökologische Verantwortung) (Rich 1985, S. 56ff.). Der Umgang mit Verantwortung erfordert die Bewertung und die Zurechnung einer Handlung. Jedes Individuum, aber auch jede Gruppe verfügt über ein bestimmtes Wertesystem. Der Ausschnitt der hier interessierenden ethischen Werte, der in einem Kulturraum zu einem bestimmten Zeitraum vorherrschend anerkannt wird, stellt die Grundlage der Moral dar. Dieser Wertausschnitt spiegelt den Zeitgeist wider und unterliegt einem Wertewandel. Geht man nun davon aus, daß partielle Wertstrukturen in Subkulturräumen und sozialen Gruppen von der Moral in einem bestimmten Kulturraum abweichen können, dann wird ersichtlich, daß jede Handlung ein Abwägen verschiedener Werte voraussetzt, so daß sich die Bewertung einer Handlung auf jene Werte bezieht, denen der Vorzug gegeben worden ist.

Die Frage der Zurechenbarkeit betrifft die Rahmenbedingungen einer Handlung, und zwar die zur Verfügung stehenden Mittel und die Handlungsfreiheit. »Verantwortung resultiert als Konsequenz aus der auf Willensfreiheit basierenden individuellen Entscheidungsmöglichkeit und der damit einhergehenden Zurechnungsfähigkeit. Aufgrund dessen muß der Entscheidungsträger als Verursacher die Folgen seiner Entscheidung übernehmen« (Melz 1987, S. 86). Der Freiheitsraum des Handelnden kann mehr oder weniger eingeschränkt sein durch normative Restriktionen (kodifizierte und nicht kodifizierte), die bestimmte Handlungsweisen ge- oder verbieten und mit positiven oder negativen Sanktionen verbunden sind. Sie sind also bei der Frage der Zurechenbarkeit zu berücksichtigen.

2. Grundpositionen der Marketingethik

In der Entwicklung der Marketingwissenschaft sind bereits in den 70er Jahren durchaus kritische Anstöße aufgegriffen worden. Seinerzeit wurde das *»human concept of marketing«* (Dawson 1976, S. 135ff.) als Antwort entwickelt. Es postuliert soziale Verantwortung des Marketingmanagement und basiert auf der Annahme, daß sich ein grundlegender Wandel des gesellschaftlichen Wertesystems in Richtung auf humanitäre Orientierungen vollziehe. Der moralische Aufforderungscharakter dieses viel zitierten Verantwortungskonzeptes verblieb eher gering und verpuffte weitgehend als *»Marketing der schönen Worte«* (Meffert/Bruhn 1978, S. 381).

Demgegenüber hat sich im letzten Jahrzehnt mit der Marketingethik eine neue Forschungsrichtung der Marketingtheorie entwickelt, die den Bedarf an der Klärung von Wertfragen aufgegriffen hat. Diese Forschungsbemühungen sind insbesondere in den USA vorgenommen worden (vgl. etwa den Sammelband von Laczniak/Murphy 1985 a). In Europa gibt es zwar seit einigen Jahren einen erheblichen Aufschwung wirtschaftsethischer Forschung, dagegen wurde die Marketingethik nicht explizit als eigenständiger Bereich vorangetrieben.

Die Marketingethik ist – gleich der Ethik im allgemeinen – durch zwei wesentliche Forschungstraditionen gekennzeichnet. Zum ersten hat man verschiedene Grundgestalten der *präskriptiven* Normenethik aufgegriffen und daran anknüpfend die Frage gestellt, wie sich ein guter Marketingmanager verhalten soll. Diese Morallehren lassen sich noch dahingehend unterscheiden, ob sie von deontologischen (Gesinnungsethik) oder von teleologischen (Verantwortungsethik) Wertkategorien ausgehen. Die zweite Forschungsrichtung befaßt sich mit Ethik in *deskriptiver* Form und ist dabei als Erfahrungswissenschaft zu verstehen, die sich vorwiegend empirischer Methoden bedient. Sie stellt fest, was in bestimmten sozialen Kontexten als »ethisch« gilt und welche Erklärungen für die Bedingungen ethischen Handelns gegeben werden können.

Die Marketingethik, insbesondere wie sie aus den USA kommt, wird meistens in dieser deskriptiven, verhaltenswissenschaftlich orientierten Methodik betrieben. Häufige Ausgangsthese ist der sog. *»ethical gap«*, bzw. die ethische Lücke zwischen den verschiedenen Rollen des Marketingmanagers in seinem Berufs- und Privatleben.

Die weiteren Ausführungen folgen diesem Ansatz, indem zunächst ein Verhaltensmodell zur Abbildung ethischer Entscheidungen zugrunde gelegt wird. Daraus werden sich Ansatzpunkte für Erklärungen über den Umgang von Marketingmanagern mit sozialer Verantwortung ergeben. In einem letzten Abschnitt werden Strategien für den Umgang mit Verantwortung entwickelt.

IV. Die ethische Lücke: Verantwortlichkeitsdefizite im Marketingmanagement

Als ich einem befreundeten Architekten von dem Thema Marketingethik erzählte, antwortete er spontan: »Marketingethik, gibt es so etwas?« Wissenschaftliche Untersuchungen in den USA zeigen – bei aller Problematik der Übertragbarkeit – eine wenig schmeichelhafte Position von Marketingmanagern in der Verantwortlichkeitsskala verschiedener Berufsgruppen (Gallup Poll 1983). Es ist davon auszugehen, daß das Fremdimage dieses Berufsstandes hinsichtlich der Ausprägung von Verantwortlichkeit auch in der Bundesrepublik nicht sonderlich hochstehend ist. Damit korrespondiert im Selbstimage des Marketingmanagers eine moralische Zwiegespaltenheit. Pestalozzi (1982, S. 468) spricht in dieser Hinsicht von der Schizophrenie des Managers und gibt an, daß die Manager zu den Bevölkerungsgruppen mit der höchsten Selbstmordrate zählen. Er gibt Managern zu bedenken: »Würden Sie sich tatsächlich darüber freuen, wenn Ihr junger sportlicher Sohn mit 14, 15 Jahren zu rauchen beginnt und mit 16 Jahren bereits sein tägliches Päckchen Zigaretten inhalieren würde? Wohl kaum! Aber: weshalb akzeptieren Sie dann, daß Ihre Kollegen aus der Tabakbranche versuchen, das Zigarettenrauchen den Begriffen ›jung‹, ›dynamisch‹, ›vital‹, ›ja‹, ›sportlich‹ gleichzusetzen?« Diese moralische Zwiegespaltenheit zwischen Rollen im Privatleben und Berufsrollen wird noch deutlicher angesichts der Untersuchungsergebnisse von Ferrell (1985, S. 36 ff.), wonach Marketingmanager glauben, daß sie sogar noch verantwortlicher handeln als ihresgleichen oder das Topmanagement ihrer eigenen Unternehmung.

Für diese Moralprobleme bei Marketingmanagern halte ich verschiedene Erklärungshypothesen als plausibel, die je nach Typus unterschiedlich greifen. Sie sind im folgenden nach Phasen des ethischen Entscheidungsprozesses geordnet, das strukturelle Einsichten über die Phasen eines ethischen Entscheidungsprozesses bieten soll (vgl. dazu Abb. 1).

Wahrnehmungsbedingt

- Marketingmanager sind aufgrund ihrer Ausbildung gewohnt, den Konsumenten in behavioristischer Tradition nach dem S-O-R-Schema wahrzunehmen. Die Konsumenten sind demnach Objekte, die durch einen Stimulus beeinflußt werden, um gewünschte Reaktionen zu entfalten. Dieses objekthafte Denken prägt Instrumentalisierungen, durch die ein Verantwortungsgefühl notgedrungen reduziert wird.
- Marketingmanager sind so ausgebildet, daß sie auf den Marktmechanismus vertrauen. Sie definieren u. U. ihre moralische Schmerzgrenze über ihren Markterfolg. Das bedeutet, daß das Kaufverhalten als geheime Zustimmung ihres Handelns gewertet wird. Die Problemhaftigkeit von Umsatzzahlen als

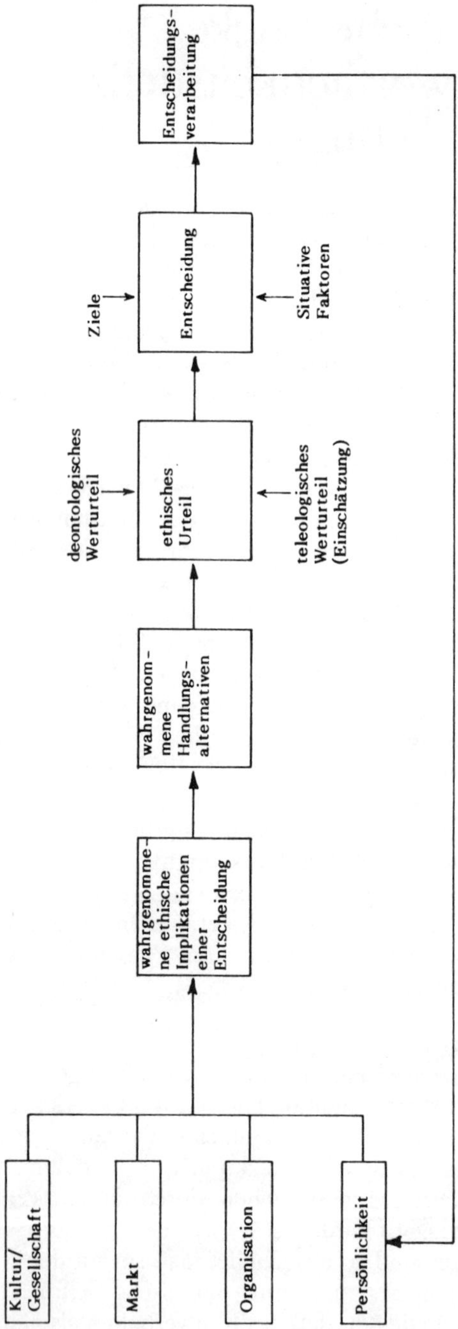

Abb. 1: Modell ethischer Entscheidungen nach Hunt/Vitell (1986, S. 8).

Maßstab der Kundenzufriedenheit und entsprechend auch für moralische Zustimmung der Betroffenen ist allerdings weithin diskutiert (Problem der Markttransparenz, Problem von Abwanderung und Widerspruch als Indikator der Zufriedenheit) (Hansen/Stauss 1983, S. 82).
- Viele Manager nehmen Kundenkritik oft gar nicht wahr und können insofern auch kein moralisches Bewußtsein entfalten, da sie sich gegen Beschwerden abschotten und Abwehrhaltungen einnehmen.

Urteilsbedingt
- Marketingmanager orientieren sich aufgrund ihrer Ausbildung an einer »Zwei-Welten-Konzeption« (Ulrich 1987 a, S. 122 ff.) ökonomischer Rationalität und »außerökonomischer« Moralität. Sie sind gewöhnt, Sachzwänge und Menschengerechtigkeit divergent zu erleben und Sachzwänge höher einzuschätzen.
- Marketingmanager denken in Marktsegmenten. Diese marketing-strategische Errungenschaft einer neuen Form individualisierender Kundenorientierung schafft als Nebenprodukt die Gefahr eines steigenden Werterelativismus, der die Beständigkeit deontologischer Werturteile schmälert.
- Die Marketingmanager haben eine geringe Sensibilität gegenüber Veränderungen in gesellschaftlichen moralischen Konsensgrenzen (Hensel/Dubinsky 1986, S. 64). Hier sind Probleme von strategischen Frühwarnsystemen angesprochen.

Entscheidungsbedingt
- Die persönlichen Karriereziele sind über das Sanktionierungssystem der Unternehmung mit ökonomischen Erfolgszielen verbunden.
- Bürokratisierungseffekte in Großorganisationen führen zu persönlichen Ohnmachtsgefühlen und zu geringer Einschätzung der persönlichen Verantwortung (»Organisierte Unverantwortlichkeit«) (Schünemann 1979, S. 34 f.).

Entscheidungsverarbeitungsbedingt
- Identifizierungsbedürfnisse für die Unternehmung und Konsonanzbestrebungen bewirken eine selektive Wahrnehmung von ethischen Dilemmata.
- Die Konfliktbewältigung wird durch Rationalisierungsmechanismen erleichtert. Die in der Entscheidung begünstigten Werte werden betont. Dabei sind Ökonomen es gewöhnt, ökonomische Rationalität als wirkungsmächtig zu erleben (Ulrich 1987 a, S. 125), so z. B. Argumente, wie Wettbewerbsfähigkeit und Arbeitsplatzerhaltung oder Beitrag zu volkswirtschaftlichem Wachstum.

Diese Begründungshypothesen für mögliche Verantwortungsdefizite unter Marketingmanagern zeigen, daß neben realen Konflikten zwischen ökonomischem Erfolg und altruistischer Verantwortlichkeit auch eine Menge wahrnehmungs- und bewertungspsychologischer Aspekte eine Rolle spielen könnten.

V. Einzelbetriebliche Strategien zur sozialen Verantwortlichkeit des Marketing

Die folgenden Ausführungen enthalten einige Vorschläge hinsichtlich der personalen und organisatorischen Verbesserungen sozialer Verantwortlichkeit des Marketing und betreffen damit individualethische Fragen. Sie beziehen sich im wesentlichen auf das Marketinghandeln gegenüber Konsumenten und sind an den Phasen des ethischen Entscheidungsprozesses orientiert.

1. Bessere Wahrnehmung ethischer Marketingaspekte durch die Institutionalisierung des Dialogs mit Konsumenten

Wie oben bereits vermerkt, besteht in den Unternehmen wenig Bereitschaft, sich in diesem Sinne gegenüber der Konsumentenkritik zu öffnen und in einen Dialog mit den Marketingbetroffenen zu treten, der von diesen selbst initiiert wird; diese Initiative seitens der Konsumenten muß aber vorausgesetzt werden, wenn sich Unternehmen tatsächlich zur Rede stellen lassen wollen. Darüber hinaus sind Unternehmen auch wenig aufgeschlossen gegenüber Vorschlägen und Anfragen, die von Konsumentenseite auf sie zukommen und die u. U. schon im Vorfeld der Produktentwicklung eine Wahrnehmungsverbesserung möglicher Verletzungen von Verantwortlichkeiten erbringen würde (Hansen/Raabe/Schoenheit 1987).

Ein Konzept zur Institutionalisierung dieses Dialogs stellen Verbraucherabteilungen dar (Hansen/Schoenheit 1985 und 1987). Verbraucherabteilungen als »Ohr am Kunden« sind geeignet, ethische Konflikte bzw. Verantwortlichkeiten genauer und frühzeitiger wahrzunehmen und den Kreis wahrgenommener Handlungsalternativen zu verbreitern. Neben diesen nach außen gerichteten Sensibilisierungsfunktionen werden Verbraucherabteilungen als Stimme des Verbrauchers innerhalb der Unternehmung z. T. auch dazu eingesetzt, die Interessen der Konsumenten nach innen zu vertreten und damit Konflikte der Unternehmung mit der Umwelt zu internalisieren. Je nach Mitwirkungsrechten der Verbraucherabteilung wird damit die ethische Urteilsfindung in ihren deontologischen und teleologischen Wertgrundlagen im Interesse der Betroffenen erweitert. Die Idee der integrierten Interessenvertretung beruht auf der Vorstellung der Konfliktregulierung durch Argumentation (Schreyögg 1985, S. 202).

Die auf diese Weise zu verbessernde dialogische Kommunikation mit Konsumenten im Rahmen von Verbraucherabteilungen oder ähnlichen Einrichtungen kann sich durchaus im Feld komplementärer Gewinn- und Verantwortlichkeitsziele befinden, soweit nämlich mögliche Konsensfelder ohne Dialoge nicht wahrgenommen werden. Im übrigen ergibt sich eine Kompatibilität u.U. auch langfristig, wenn sich nämlich der kurzfristige Verzicht auf Gewinne langfristig in einer akquisitorisch günstigeren Marktposition auszahlt. Keinesfalls soll aber hier einer unrealistischen Harmonievorstellung das Wort geredet werden. Eher ist damit zu rechnen, daß Verbraucherabteilungen überwiegend mit ethischen *Dilemmasituationen* zu tun haben. Die Integration des Verbraucherinteresses durch Verbraucherabteilungen wird in solchen Fällen nur dann wirksam, wenn man von einem Handlungsspielraum der Unternehmung ausgehen kann, der es erlaubt, bei konfliktärer Problemlage zu – aus Unternehmenssicht – weniger ertragreichen, dem Verbraucherinteresse aber besser entsprechenden Handlungsalternativen greifen zu können, ohne sogleich die Existenz des Unternehmens zu gefährden (Schreyögg 1985, S. 200).

Verbraucherabteilungen sind quasi als Gewissen der Unternehmung, was die Verbraucherinteressen betrifft, auch auf Dauer geeignet, Werteveränderungen in der Unternehmung herbeizuführen. Die Idee der Verbraucherabteilung ähnelt im übrigen Vorschlägen aus der amerikanischen Literatur, Ethikkommissionen oder Ethikbeauftragte in der Unternehmung einzusetzen (Laczniak/Murphy 1985b, S. 102). Es wird dort gefragt, warum eigentlich Umweltbeauftragte, Rechtsbeauftragte, Arbeitnehmerbeauftragte in Unternehmungen existieren, dagegen nicht Ethikbeauftragte, obgleich ethische Entscheidungen eine nicht weniger schwierige Materie darstellen.

2. Mehr Unterstützung ethischer Urteile durch eine ethisch fundierte Unternehmenskultur

Sowohl Vorschläge zu Verbraucherabteilungen wie zu irgendwelchen ethischen Instanzen legen innerhalb der unternehmerischen Organisation einen Konflikt an zwischen denen, die Sachzwänge verfolgen und denen, die Menschengerechtigkeit auf ihre Fahne geschrieben haben. Damit setzt sich die in der Theorie installierte Zwei-Welten-Konzeption von Wirtschaftstheorie und Wissenschaftsethik in der unternehmerischen Organisation fort (Ulrich 1987a, S. 123). Demgegenüber haben Bemühungen um eine ethisch fundierte Unternehmenskultur das Ziel, eine *kollektive Präferenzordnung* der Unternehmung zu bestimmen. Im Rahmen einer ethisch orientierten Unternehmenskultur geht es um die Fähigkeit des Unternehmens, für die sozialökonomischen Präferenzen der vom unternehmerischen Handeln Betroffenen empfänglich zu sein und ihnen zu entsprechen. Ulrich umschreibt diese Seite der Unternehmenskultur als sozialökonomisches Wertberücksichtigungspotential des Unternehmens (Ulrich 1987a, S. 139).

Zu einer ethisch fundierten Unternehmenskultur gehören *Verhaltenscodizes* als operationalisierte Richtlinien für ethische Entscheidungen (Laczniak/Murphy 1985b, S. 101). Verhaltenscodizes formen die Moral einer Organisation. Sie fundieren somit deontologische Werturteile und mindern den oben beschriebenen moralischen Wertekonflikt von Managern. Die Entwicklung von Verhaltenscodizes im Rahmen einer Unternehmenskultur birgt die Gefahr eines Mißbrauchs als Public-Relations-Instrument. Hier ist allerdings zu bezweifeln, ob auf Dauer die gewünschte Unterstützung deontologischer Werturteile von Managern zustande kommt. Unter gesinnungsethischen Aspekten kann Verantwortlichkeit nicht unter PR-Gesichtspunkten verordnet werden, sondern muß eine in der Unternehmung verankerte moralische Haltung sein, um ständig wirksam zu bleiben und bis in die untersten Ebenen der Organisationsmitglieder Durchschlagskraft zu haben.

Verhaltenscodes erfordern als lebendige Dokumente (wechselnde ethische Konsensgrenzen) ein geordnetes und flexibles Verfahren des Zustandekommens und Begründungen ihrer Elemente.

3. Förderung ethischer Marketingentscheidungen durch entsprechende Leistungsbeurteilungs- und Anreizsysteme

Für die Durchsetzung sozialer Verantwortlichkeit in der Unternehmung ist es notwendig, soziale Kosten- und Nutzenkategorien als negative und positive gesellschaftliche Auswirkungen des Marketing in das Marketingmanagement-System aufzunehmen. Dazu gehören die Erweiterung der Marketingziele, auf der Basis von Verhaltenscodes, die Umsetzung in ein entsprechendes Leistungsbeurteilungs- und Anreizsystem für das Marketingpersonal und die Erweiterung der externen und internen Berichterstattung. Marketingeffekte auf Konsumenten sind bisher darin sehr wenig behandelt worden (vgl. aber Picot 1982, S. 509ff.). Hier ist weitere Forschungsarbeit zu leisten (vgl. als positives Beispiel die Sozialbilanzen der Migros).

VI. Mit Verantwortung im Markt positionieren?

In den USA gibt es einen sehr pragmatischen Ansatz, um verantwortliches Handeln der Unternehmungen zu belohnen. Der Council on Economic Priorities (gegr. 1969) hat einen Führer herausgegeben, in dem die 500 größten amerikanischen Unternehmungen nach dem Grad ihrer Verantwortlichkeit bewertet werden. Dieser Führer soll den »Otto Normalverbraucher« dazu veranlassen, im Rahmen seiner Produktentscheidungen auch ein Stück gesellschaftlicher Verantwortung zu kaufen. Abgesehen von Meßproblemen wird hier also

GENERAL MILLS, INC.											
	Women		Minorities				Contracts		PAC Contributions		
% to Charity	Directors	Officers	Directors	Officers	Social Disclosure	Sullivan Rating	% Military	Nuclear Weapons-Related	Dollar Amount	% to Republicans	% to Democrats
2.1%	2	3	1	2	A	None	None	None	$ 109,405	67%	33%
①	②		③		④	⑤	⑥	⑦	⑧		

Explanation

1. Gave 2.1% of net pre-tax earnings to charities
2. Has two women on its board of directors and three women among its top officers
3. Has one minority on its board of directors and two minorities among its top officers
4. Best disclosure of social information for this book
5. Not involved in South Africa
6. No conventional weapons-related contracts
7. No nuclear weapons-related contracts
8. Its PACs gave $ 109,405 to federal candidates in 1983 and 1984; 67% went to Republican candidates, 33% to Democratic candidates

Abb. 2: Beispiel einer gesellschaftlichen Unternehmensbewertung (Quelle: Lydenberg 1986, S. 54).

versucht, gesellschaftliche Verantwortung profitabel zu machen. Nach dem Motto »Tue Gutes und rede darüber« wird der Markt zur belohnenden Instanz, wobei auch Verantwortlichkeiten einbezogen sind, die über das Marktgeschehen hinausgehen, wie z.B. Engagement in der Friedensbewegung u.ä. (vgl. Abb. 2).

Dieser Ansatz unterstützt die Chance der positiven Marktpositionierung durch verantwortliches Marketinghandeln. Es werden sozusagen Preisträger in der Hitparade der guten Taten kreiert. Ein bedenkenswerter einfacher und wirksamer Ansatz, der aber seine Grenzen in einer gewissen Dialektik verantwortlichen Handelns findet: Dieses braucht ein Stück moralischer Gesinnung (die deontologische Seite). In vielen Fällen wird es von der Umwelt zumindest auf längere Sicht belohnt. Beruht es dagegen auf egoistischen Belohnungsmotiven, kommt die notwendige moralische Gesinnung nicht auf. Diesen Sachverhalt könnte man – dem Märchen von Frau Holle gemäß – als »Pechmarieeffekt« bezeichnen (Frau Holle belohnt die Glücksmarie, weil sie aus uneigennützigen Motiven verantwortlich handelt, dagegen wird die Pechmarie mit Pech übergossen, weil sie aus egoistischen Motiven handelt und die gleichen Handlungsweisen daher auch mißlingen). Dieser Effekt zeigt eine deutliche Grenze ökonomisch orientierter Vermarktungs- und Positionierungsstrategien eines gesellschaftlich verantwortlichen Marketinghandelns.

Georg Schreyögg

Implementation einer Unternehmensethik in Planungs- und Entscheidungsprozessen

I. Unternehmensethik und Kontingenz

Ethisches Handeln setzt Kontingenz, also Indeterminiertheit voraus. Kontingent ist ein Handeln, das weder notwendig noch unmöglich ist (Luhmann 1984, S. 152). Kontingenz bezeichnet also einen Spielraum, der unter den real gegebenen Bedingungen verschiedener Handlungsmöglichkeiten, ethische und unethische, zuläßt.

Planung ist seinen logischen Implikationen gemäß ebenfalls kontingentes Handeln, ein Entscheiden zwischen verschiedenen real (nicht bloß analytisch) möglichen Handlungsalternativen. Unternehmensethik in der betrieblichen Planung setzt eine Art doppelte Kontingenz[1] voraus: Es ist nicht nur ein planerischer Spielraum notwendig, sondern es müssen sich im Planungsprozeß ethische Alternativen formulieren und realisieren lassen. Unternehmensethik kann sich somit als Problem nur dort stellen, wo die betriebliche Planung *Handlungsspielraum* gibt.

Ganz in diesem Sinne stellt auch Donaldson (1982, S. 23ff.) als Mindestvoraussetzung ethischen Handelns in Unternehmen die Möglichkeit heraus, überhaupt ethische Argumente in den Entscheidungsprozeß einbringen zu können. Und er fügt hinzu, daß diese Möglichkeit sich nicht nur auf Einzelaktionen beziehen darf, sondern auch strukturelle Tatbestände mit umgreifen muß.

Bevor zu diskutieren ist, in welcher Form eine Unternehmensethik in Planungs- und Entscheidungsprozessen ihren Niederschlag finden kann, ist deshalb erst einmal zu klären, *ob* und wenn ja, *an welchen Stellen* Planungsprozesse für ethische Fragestellungen *offen* stehen. Dies ist unabhängig davon zu sehen, ob und in welchem Umfang derzeit dieser Spielraum im Sinne einer unternehmensethischen Ausrichtung tatsächlich *genutzt* wird. Das muß uns an dieser Stelle nicht interessieren, denn für das oben formulierte Problem ist nicht das faktische Verhalten von Interesse, sondern vielmehr das *Potential*, der potentielle Freiraum, den betriebliche Planungsprozesse typischerweise für ethische Erwägungen enthalten.

Die Herausarbeitung dieses Potentials verlangt, daß genauer dargelegt wird, was unter einem Planungsprozeß zu verstehen ist. Das Bild des betrieblichen Planungsprozesses zu zeichnen, war lange Zeit eine klare, problemlose Aufgabe. Planung war bestimmt als rationale Handlungsvorbereitung, die sich – grob gesagt – in zwei Phasen gliedert, nämlich die der Zielfestlegung und die der Bestimmung geeigneter (oder optimaler) Mittel und Maßnahmen zu seiner Erreichung. Heute zeichnet man – als Ergebnis empirischer Studien zum Planungsverhalten – gewöhnlich ein viel komplexeres Bild des betrieblichen Planungsprozesses. Beide seien kurz dargestellt.

II. Der klassische Planungsprozeß

Planung wird herkömmlicherweise als lineare Abfolge von logisch aufeinanderbezogenen Schritten gedacht. Nach der Festlegung von Zielen wird nach möglichen Mitteln gesucht, die dieses Ziel erreichbar machen. Dazu soll zunächst der Horizont der Umweltzustände und der Alternativen aufgespürt und diese hinsichtlich ihrer Ergebnisse untereinander verglichen werden. Ausgewählt wird diejenige Alternative, die das Ziel zu verwirklichen oder aber – optimierend – das vorgegebene Ziel am besten zu erreichen vermag. Ziele oder Zwecke werden dabei als kontingenter Entwurf eines wünschenswerten zukünftigen Zustandes verstanden, als »vorgestellte wertvolle Wirkung« (Luhmann 1973 a). Für die Zielbestimmung wird also ein signifikanter Freiraum angenommen.

Es muß hier nicht näher erläutert werden, daß die mikroökonomische Abbildung des betrieblichen Planungsprozesses der Ressourcenallokation einen solchen Freiraum der Zielsetzung nicht kennt. Sie geht bekanntlich von einem Standardkalkül der Unternehmung aus, das vollständig durch die Gesetze des Marktes bestimmt ist. Jedes Unternehmen, das von dem Gewinnmaximierungskalkül abweicht, wird mit dem sofortigen Ausscheiden aus dem Markt bestraft. Nun ist jedoch bekannt und vielfach auch empirisch gezeigt, daß betriebliche Planungsprozesse aber nicht zuletzt wegen ihres weit in die Zukunft greifenden Charakters und der prinzipiellen Unberechenbarkeit der Umwelt in ihrer Zielsetzung sehr viel *offener* sind als in dieser stark abstrahierenden Theorie zum Ausdruck kommt (Steinmann 1973, Enderle 1988, Schreyögg 1984 a).

In der klassischen Planungskonzeption programmiert der Zweck die Mittel. In einer hierarchischen Organisation wird der Plan dann als mehrstufige Zweck-Mittel-Kette gedacht, die den gesamten Handlungsablauf auf das gesetzte Ziel hin steuert. Aus dem vorgeordneten Globalplan werden dann im Sinne einer Spezifikationsbeziehung die nachgeordneten Detailpläne *abgeleitet*.[2] Auf diese Weise entsteht ein harmonisches Handlungsprogramm, das seine letzte und im Grunde einzige Steuerung durch den vorgegebenen Ausgangszweck also die gewünschte Wirkung erfährt. Ist der Zweck oder as Ziel gesetzt, so ist – wertmäßig gesehen – jedes weitere planerische Handeln *gebundenes Handeln*, strukturell durch die Vorgaben determiniert. Der einzelne nachgeordnete Mitarbeiter ist damit in seinem Planungshandeln nicht mehr frei, er handelt nicht nach eigenen Zielen und ist damit auch nicht moralisch verantwortlich für das Planungsergebnis und die Wirkungen der Planung.[3]

Abbildung 1 gibt ein Beispiel für diese Planungskonzeption. Es wird deutlich, wie aus der allgemeinen Zielkonzeption zunächst die Marketingziele bestimmt werden und daraus sukzessive über die Lageanalyse, Prognose, Problembestimmung, Alternativensuche, Wirkungsprognose und Bewertung schließlich ein Marketingplan abgeleitet wird, der wiederum in den einzelnen Funktionsplänen seine Umsetzung findet. Aus dem Ziel werden schrittweise die einzelnen Pläne abgeleitet, bis am Ende konkrete Aktionspläne stehen (Wild 1974, S. 116 f.).

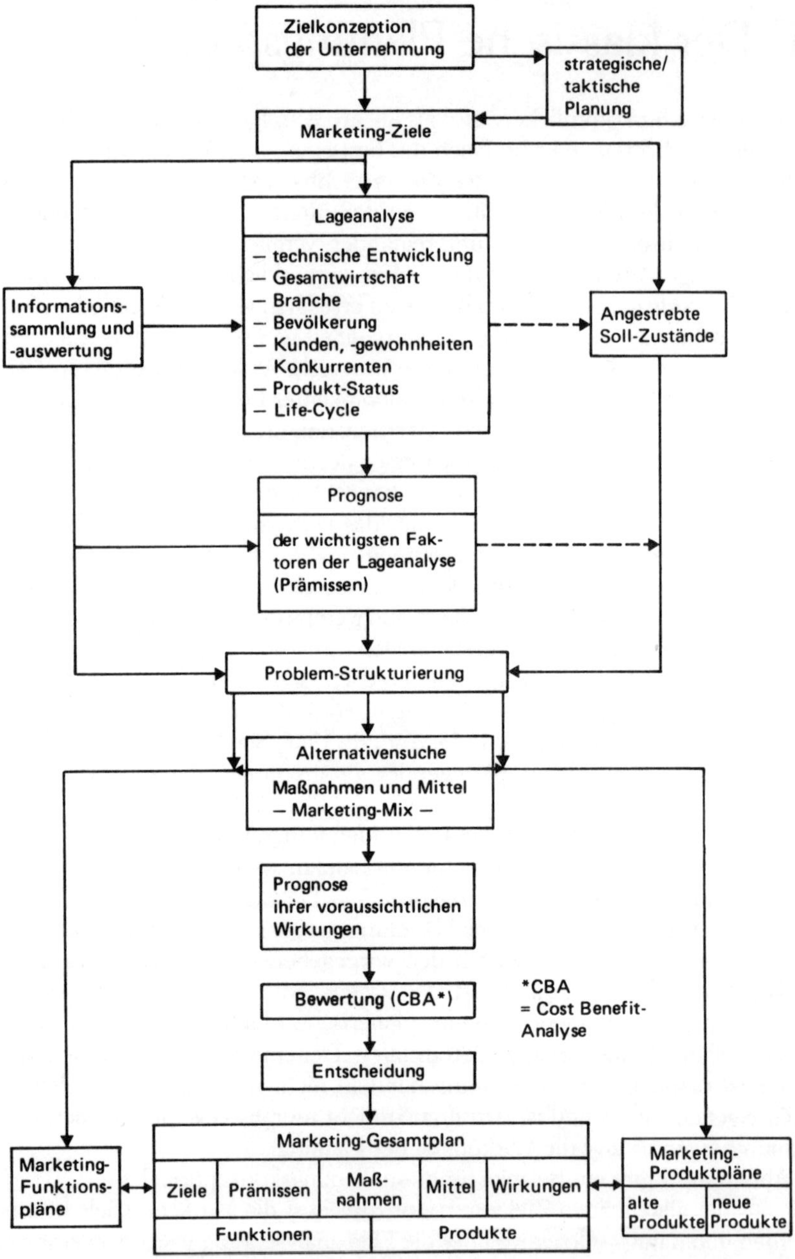

Abb. 1: Der klassische Planungsprozeß am Beispiel einer Marketingplanung (Wild 1974, S. 117)

Die Implementation einer Unternehmensethik könnte sich in einem so konzipierten Planungsprozeß ganz und gar auf eine Phase beschränken, nämlich die der Zielbestimmung. Hier, beim Entwurf eines gewünschten zukünftigen Zustandes, hätte sie ihren zentralen Platz, an dem sie bestimmen kann, welche Ziele gerecht und welche ungerecht sind, oder aber welchen Normen die Zielbildung folgen soll.

Die Frage nach den zugrunde zu legenden Zielvorstellungen ist – bezogen auf die Unternehmensplanung – zugleich die Frage nach den Normen und Interessen, die die Aktivitäten der Unternehmung kurz- und langfristig steuern sollen (Schreyögg 1981, S. 106).

Es muß nach den einleitenden Beiträgen dieses Bandes nicht weiter betont werden, daß die Betriebswirtschaftslehre und hier insbesondere die betriebswirtschaftliche Planungslehre lange Zeit davon ausging (und im wesentlichen auch heute noch davon ausgeht), daß sich die von ihr zu schulende und zu erforschende Rationalität nur auf die Wahl der Mittel, nicht aber die des Zieles bezieht. Die Aufgabe der Unternehmensethik wäre – orientierte man sich an diesem Bild – mit dem »irrationalen« (meist bekenntnishaften) Setzen (Weisser 1956, Küpper 1988) von Werten zu lösen, z.B. mit dem Bekenntnis zur sozialen Partnerschaft oder ökologischer Verantwortung. Die Planungsziele wären dann aus dem gesetzten allgemeinen Wertekodex abzuleiten unter Berücksichtigung der Randbedingungen, die die Entscheidungssituation begrenzen.[4]

Für die *Umsetzung* dieser Vorstellung müßte in erster Linie die Frage geklärt werden, *wessen* Ziele und Wertvorstellungen den Moralkodex der Unternehmung und damit die Unternehmensziele bestimmen soll. Dies schon deshalb, weil im bekenntnishaften Setzen von Zielen im Konfliktfalle nur Bekenntnis gegen Bekenntnis steht (Weber 1968a, S. 603f.), ohne jede Aussicht auf (vernünftige) Verständigung.

Versteht man dagegen Unternehmensethik *begründungsorientiert* im Sinne des Dialog-Prinzips[5], dann ist die Zielbestimmung nicht als individueller Akt der Wertsetzung, sondern als *kommunikativer Prozeß* zu denken, ein Prozeß, der der Möglichkeit nach *jedem Argument* und *jeder begründbaren Begehrung* offen steht (Schreyögg 1981, S. 127ff.; Ulrich 1986). Die praktische Umsetzung einer solchen prozessualen Zielbestimmung bedarf institutioneller Vorkehrungen zur Sicherstellung begründungsbezogener Beratungsbedingungen (Steinmann/Gerum 1987) und der Offenheit des Dialogzugangs.[6] Dies können indessen nur Rahmenbedingungen sein, keineswegs Garanten für vernünftige Planungsziele.

Rahmenbedingungen sind prinzipiell nur formale Regelungen, ohne inhaltlich normierende Kraft. Eine prozedurale Ethik – und das mag man auch als Grundlagenproblem sehen – kann nur solche moralischen Aspekte zum Gegenstand der Beratung machen, die vorher von einem Argumentationsteilnehmer mit normativem Gestaltungsanspruch erwogen wurden. Deshalb ist jede prozedurale Unternehmensethik auf die Ergänzung durch »strukturell analoge Lebenspraxis« (Habermas 1986, S. 345ff.; sowie Steinmann/Löhr 1988, S. 314f.) angewiesen.

Unabhängig aber von der an dieser Stelle nicht zu vertiefenden prozeduralen Frage, wie ethische Vorstellungen in den Zielbildungsprozeß Eingang finden sollen, enthält die klassische Planungskonzeption eine für die Implementation einer Unternehmensethik äußerst schwerwiegende Konsequenz. Sie geht – wie gezeigt – davon aus, daß der *»normative Aspekt«* durch die Zielbestimmung abgearbeitet und alles weitere Handeln technisch-gebundenes, plandeterminiertes Handeln ist.[7] Dies bedeutet, daß das einzelne Organisationsmitglied wie die gesamte Organisation durch die Zielsetzung oder der externen Vorgabe von Werten (etwa durch einen Ethik-Ausschuß oder einen Ethik-Verantwortlichen) fortan von der Bürde ethischen Handelns *entlastet* würde (Türk 1982, S. 173). Nach Abschluß der Zielbildung könnte der *wertfreie*, rein technische Teil der Planung beginnen, nämlich die Planung geeigneter oder optimaler Maßnahmen.

Diese Vorstellung der (wert-) *neutralen Mittelwahl* hat sich indessen als unhaltbar und gefährlich erwiesen. Der Wertübertrag vom Zweck auf das Mittel gelingt nicht vollständig, Mittel haben gewöhnlich sehr viel mehr Folgen als nur die bezweckte Wirkung (Myrdal 1933; für die Betriebswirtschaftslehre Schneider 1978). Die Rechtfertigung eines Zieles kann deshalb auch nicht alle Wertaspekte des Mittels neutralisieren. Das gewählte Ziel bezeichnet stets nur einen *Ausschnitt* aus der Vielzahl der Wirkungen, die eine Handlung (= Mittel) hervorruft (Luhmann 1973 a, S. 44 ff.). Gerechtfertigte Zwecke leisten also nur immer eine partielle Wertneutralisierung der Mittel (Myrdal 1933). Daraus folgt, daß die Implementation einer Unternehmensethik in planerische Prozesse weit über die Rechtfertigung von (Ober-) Zielen hinaus in die Mitteldiskussion und damit in den *gesamten Planungsprozeß* hineingetragen werden muß.

Dieses mehr methodische Argument wird ergänzt und erweitert durch Einsichten, die aus empirischen Untersuchungen der Planungspraxis gewonnen wurden. Unternehmensplanungen kennen gewöhnlich nicht nur *ein* Ziel und *ein* Mittel, sondern eine Vielzahl von Zielen und Mitteln. Und diese Vielfalt von Zielen und Mitteln steht keineswegs – wie die klassisch-synoptische Planungslehre es uns lehrt (dazu bereits oben S. 259) – in einem strengen Ableitungsverhältnis zu den Oberzielen und (Ober-) Mitteln. Es sind vielmehr weder exakte Zielbeziehungsfunktionen ausmachbar, die eine eindeutige Zuordnung von Subzielen zu Zielen ermöglichten (Kappler 1975), noch läßt sich die komplexe Aufgabe der Systemsteuerung überhaupt auch nur annähernd durch einen Oberzweck beherrschen (Luhmann 1973 a). Es ist falsch darauf zu vertrauen, die (gewöhnlich langwierigen) Planungsprozesse über die Zielsetzung normativ beherrschen zu können; dies verkennt ganz grundlegend den *organisatorischen Charakter* von Planungsentscheidungen in Unternehmen (Cyert/March 1963; Witte 1968; Mintzberg/Raisinghani/Théorêt 1976).

Diese Argumente verweisen uns darauf, daß das Paradigma der (rationalen) *Einzelhandlung* – wie es der klassischen Planungskonzeption zugrunde liegt – ungeeignet ist, das Problem der Implementation einer Unternehmensethik in einer tragfähigen Weise zu thematisieren.

III. Planung in Organisationen

Unternehmensplanung ist institutionelles Handeln und als solches Ergebnis eines organisatorischen und nicht bloß individuellen Entscheidungsprozesses. Das bedeutet: Der Planungsprozeß setzt sich aus vielen Einzelentscheidungen zusammen. Zwischen den Prozeßbeteiligten besteht eine Arbeitsteilung auf Dauer, die gewöhnlich auf dem Spezialisierungsprinzip beruht. Die verschiedenen Abteilungen bearbeiten Teile des Planungsprozesses als eigenes Zuständigkeitsgebiet. Sie beobachten meist nur den Ausschnitt der Umwelt, für den sie zuständig sind, sammeln Informationen, ziehen daraus ihre Schlüsse usw. Die meisten empirischen Arbeiten zu Planungsprozessen zeigen, daß der Anstoß und die Vorformulierung von Plänen in der Regel dezentral in den einzelnen Subsystemen mit dann eben je spezifischen Perspektiven und (Teil-) Zielen – und das heißt auch: mit eigenem mehr oder weniger großem Spielraum – erfolgt.[8] In diesem Prozeß halten sich die Subsysteme flexibel, experimentieren, prüfen auf Konsensfähigkeit, reagieren auf Kritik usw. Typisch für den hier gemeinten Prozeß ist folgender Interviewausschnitt, in dem ein Planer seine Arbeitsweise beschreibt:

»Ich frage eine Reihe von Leuten, die von der Sache Ahnung haben . . . Sammle Artikel . . . Sammle Daten aus allen möglichen Quellen . . . Daraus entsteht dann unter Umständen ein Muster. Es ist wie das Zusammensetzen eines Puzzles . . ., und wenn sich das Muster einmal herauskristallisiert hat, ist es nicht mehr schwierig, es anderen zu erklären« (Quinn 1978, S. 14).

Betrachtet man Planung in dieser Weise als *organisatorischen Entscheidungsprozeß*, so wird sofort deutlich, daß die vielen Einzelentscheidungen, die zum Plan oder auch zu seiner Revision führen, zahlreiche Handlungsspielräume in sich bergen, die für sich dann auch jeweils eine ethische Problemstellung aufwerfen können. Die Implementation einer Unternehmensethik in Planungsprozessen stellt also – das kann nach diesen wenigen Überlegungen schon gesagt werden – ein sehr viel komplexeres Problem dar, als dies im klassischen Planungsmodell aufschien.

Ethische Postulate haben an einer Vielzahl von Teilbereichen im organisatorischen Planungsprozeß ihre Bedeutung, und es ist keineswegs a priori absehbar, an welcher Stelle genau, ethisch relevante Entscheidungsspielräume und Probleme entstehen. Der organisatorische Planungsprozeß ist wegen der Komplexität und Dynamik der internen und externen Umwelt selber nur partiell planbar (Steinmann/Schreyögg 1986). Daraus folgt, daß das Implementationsproblem einer Unternehmensethik nicht mechanisch als Ausführung einmal gebildeter Wertvorstellungen gedacht werden darf, sondern *ethische Virulenz* ist in Planungsprozessen ein *allgegenwärtiges Phänomen*, das fortlaufend abgearbeitet werden muß.

IV. Unternehmensethik im betrieblichen Planungsprozeß

Um die gemeinte *Diffusion der ethischen Problemstellung* noch einmal zu verdeutlichen, bietet sich das nach Phasen gegliederte Modell des betrieblichen Planungs- und Entscheidungsprozesses als Strukturhilfe an. Die in Abbildung 2 beispielhaft angeführten Subsysteme sollen die faktische Überlagerung durch den organisatorischen Prozeß symbolisieren.[9] Anhand dieser Abbildung soll der über die Zielsetzung hinausreichende ethische Handlungsspielraum exemplarisch analysiert werden.

Ein breit streuender, organisatorisch kaum faßbarer Einfluß von Organisationsmitgliedern findet vor allem – wie aus vielen Untersuchungen (Quinn 1980; Lyles 1981) bekannt – zu Beginn, also bei der Initiierung des Planungsprozesses statt. Diese Phase der *Problemidentifikation* ist in der Regel gekennzeichnet durch Verunsicherung, bedingt durch verwirrend viele Informationen und nur schemenhafte Optionen. Es gibt keine systematische Methode, die angeben könnte, wie man solche amorphe Situationen richtig strukturieren kann. Das einzelne Organisationsmitglied muß mehr oder weniger selbständig und nach eigenem Ermessen Informationen *selektieren, interpretieren* und *bewerten.* Schon an dieser Stelle spielen unternehmensethische Gesichtspunkte eine bedeutsame Rolle. Welche Informationen werden aufgenommen? Welche ignoriert? Welche werden weitergeleitet, welche zurückgehalten?[10]

In Entscheidungsprozessen taucht sodann gewöhnlich Unsicherheit und Uneinigkeit bei den Beteiligten darüber auf, wie die entstandenen Probleme zu erklären sind, und welche herausragenden Determinanten und Parameter ihre Entwicklung bestimmen. Dies ergibt sich häufig schon aufgrund der Komplexität des Problemkontextes. Die Gewinnung eines *gemeinsamen Situationsverständnisses* aller Beteiligten wird deshalb zur Voraussetzung jeder weiteren Problembearbeitung. Auch hier entstehen aus den schon skizzierten Gründen heraus signifikante Interpretations- und Handlungsspielräume, die potentiell von hoher ethischer Bedeutung sind. Zahlreiche Fallstudien belegen die ethische Relevanz gerade dieser Phase.

Erinnert sei in diesem Zusammenhang z. B. an die Challenger-Katastrophe im Januar 1986[11]: Sie hatte die Weltöffentlichkeit vor ein Rätsel gestellt. Wie war es möglich, daß die Raumfähre auf den Weg geschickt wurde, obwohl – wie nachträgliche Untersuchungen eindeutig ergaben – in der NASA Informationen vorhanden waren, die auf die tödliche Gefahr eines Starts bei so niedrigen Temperaturen hinwiesen. Die Erklärung war einfach und alarmierend zugleich. McDonald, einer der beiden Ingenieure, äußerte später auf die Frage hin, warum er nicht direkt die NASA-Verantwortlichen informiert habe, er sei davon ausgegangen, daß so wichtige Informationen in der NASA an die zuständigen Stellen weitergeleitet würden. Man wollte nach der langen – für manchen ohnehin

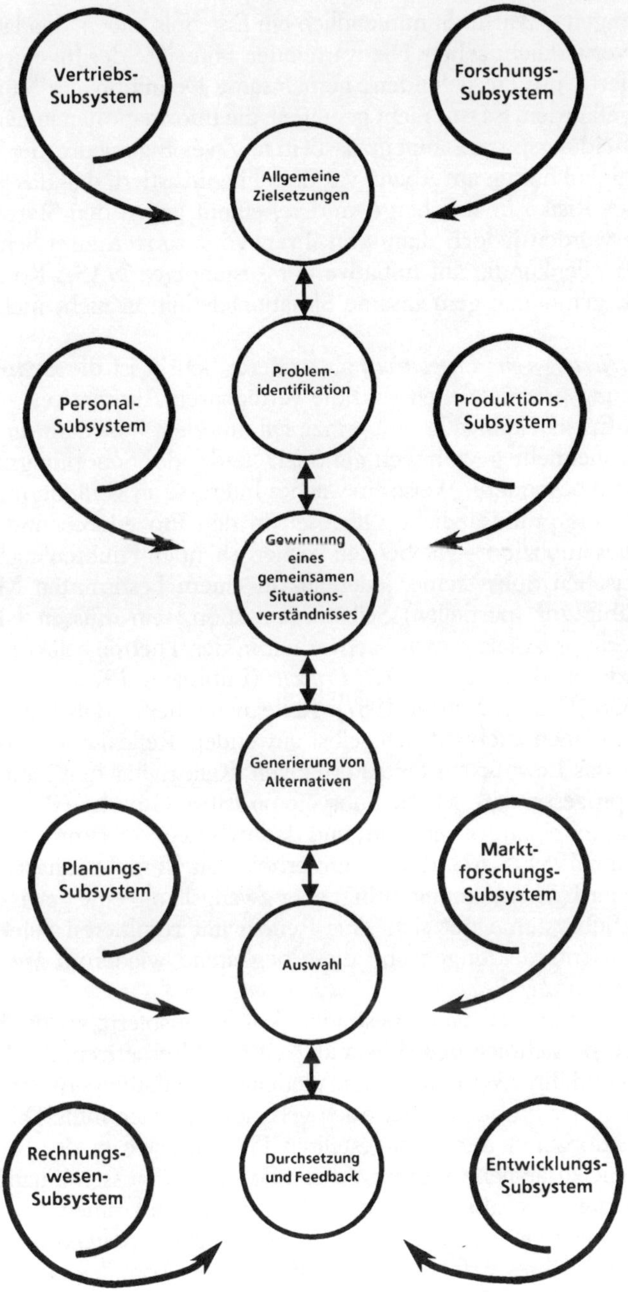

Abb. 2: Der betriebliche Planungs- und Entscheidungsprozeß

schon zu langen – Wartezeit nun endlich ein Ergebnis haben, den lange geplanten Erfolg verwirklicht sehen. Die warnenden Hinweise der Ingenieure wurden »weggepuffert«, um die gefundene gemeinsame Definition der Situation nicht wieder zu gefährden. Es war nicht gelungen, die Informationen in den Planungs- und Entscheidungsprozeß hineinzuarbeiten. Zwei Ingenieure der Lieferfirma Morton Thiokol hatten am Abend vor dem Flug insistiert, daß das kalte Wetter ein tödliches Risiko in sich berge, und vehement gegen den Start der Rakete votiert. Sie wurden jedoch dann von ihren Vorgesetzten zum Schweigen gebracht, dies offenkundig auf Initiative der zuständigen NASA-Kontaktpartner hin, die die gefundene gemeinsame Situationsdefinition nicht mehr verlassen wollten.

Die *Generierung von Alternativen* als weiterer Schritt ist die *kreative* Phase in jedem Planungsprozeß. Selten sind die verfügbaren Alternativen – wie in der klassischen Entscheidungstheorie prinzipiell unterlegt – bekannt und klar definiert. Es ist vielmehr gewöhnlich ein Such- und/oder Schöpfungsprozeß notwendig, der in besonderer Weise ein waches Interesse an Veränderungsmöglichkeiten und eine grundsätzliche Offenheit in den Prozeduren und Methoden verlangt. Dies impliziert – wie bei den vorhergehenden Punkten auch –, daß die organisatorischen Subsysteme, jedenfalls in einem bestimmten Maße, selbst *lernfähig*, fähig zur (partiellen) Selbstorganisation, sein müssen.[12] Die neuere Systemtheorie präzisiert diesen Sachverhalt in der Theorie selbst-referentieller Systeme bzw. in dem *Reflexivitäts-Prinzip* (Luhmann 1975, S. 71; Luhmann 1973a, S. 338; Finney/Mitroff 1987). Reflexivität heißt, daß Subsysteme das Lernen und Planen auch auf sich selbst anwenden. Reflexivität schafft Distanz und erhöht das Bewußtsein für Alternativen. Reflexivität heißt auf der Ebene der Systemprozesse, daß sich die Subsysteme selbst, also ohne deterministische Vorregelung, miteinander verhaken und dadurch neue Zusammenhänge schaffen (Luhmann 1984, S. 67). Reflexivität erhöht das Komplexitätsverarbeitungspotential einer Unternehmung, bringt aber zwangsläufig eine gewisse Teilautonomie der Subsysteme mit sich. Aus Reflexivität resultieren Selektions- und Konstruktionsentscheidungen und diese begleitend wiederum *Spielräume* von signifikanter *ethischer Relevanz.*

Die *Auswahlphase* ist häufig besonders kritisch insofern, als die bestehende Ungewißheit hinsichtlich der Vollständigkeit der Alternativen, der Umweltentwicklungen und ihrer Wirkungen eine eindeutige Schlußfolgerung nicht zuläßt, in Anbetracht der Probleme aber doch gehandelt werden muß. Dies zu leisten ist die Selektionskraft der vorangestellten Planungsziele in der Regel viel zu schwach, neue zusätzliche Wertungen und Setzungen müssen hinzugenommen werden, um den Auswahlakt zu einem Ende führen zu können.

Ähnliche Spielräume ergeben sich schließlich bei der *Plandurchführung* sowie der *Rückmeldung* ihres Erfolges. Es ist aufgrund der Komplexität der Beobachtungsaufgabe nicht exakt im voraus bestimmbar, wie mit Fehlermeldungen umzugehen ist, welchen Hinweisen man nachgehen soll und welchen nicht und welche der grundsätzlich unüberschaubar vielen Rückmeldungsinformationen ignoriert werden sollten. Erforderlich ist also auch hier eine das Handeln ermögliche Selektion.

Grundsätzlich gilt natürlich, daß sich die Phasen und Effekte überlappen, die hier vollzogene Trennung also nur analytisch möglich ist.

Diese knappe Skizze planerischer Prozesse sollte gezeigt haben, daß für eine Unternehmensethik vielfältige Ansatzpunkte im Planungsprozeß bestehen und daß die Einflußstellen vornehmlich auf den *subtileren Ebenen* gesucht werden müssen. Dies gilt in besonderem Maße für solche Planungsprobleme, die sich einer klaren Vorstrukturierung entziehen. Routineplanung, wie die Arbeitsvorbereitung oder die Materialdispositionsplanung, läßt sich stärker strukturieren, weil die Prozesse und Mechanismen bekannt sind, und ferner auch deshalb, weil hier potentielle Störungen der Umwelt zu guten Teilen von anderen Subsystemen abgefangen werden. Der Determinierungsgrad für das Handeln der einzelnen Organisationsmitglieder nimmt damit automatisch zu.

V. Zusammenfassung und Ausblick

Die Ausführungen haben gezeigt, daß die Umsetzung der Unternehmensethik in die planerische Praxis, bedingt durch die unvermeidliche Teilautonomie der Subsysteme in komplexen Systemen, eine sehr viel breitere Perspektive erfahren muß als im herkömmlichen Planungsdenken angelegt. Dieser Perspektiven- und Bedeutungswandel kann nicht ohne Rückwirkung auf die Frage nach Struktur und Prozeß der Unternehmensethik sein. Solange man den Planungsprozeß (ober-) zielgesteuert denken konnte, war auch die ethische Fragestellung primär unter dem Gesichtspunkt der Gewinnung einer vernünftigen Handlungsperspektive für den Super-Aktor Unternehmung abzuhandeln.

Mit der Erweiterung um den organisatorischen Prozeß tritt der multipersonale, multilokale und institutionelle Charakter des Planungs- und Entwicklungshandelns in Unternehmen ins Bewußtsein und mit ihm ganz wesentliche zusätzliche Probleme. An erster Stelle steht dabei die Frage nach einer Ethik institutionellen Handelns, also nach den Besonderheiten kollektiver Handlungssysteme und ihrer Rückwirkungen auf die Ethik. Läßt sich die Ethik aus dem individuellen Handlungsgerüst herauslösen? Gibt es so etwas wie Kollektiv-Verantwortung, usw.? (Vgl. dazu die Beiträge in Hubig 1982a). Weiter – und für das drängende Problem ethisch-fundierter Planungsprozesse noch bedeutsamer – geht es um die Frage, wie eine Unternehmensethik in die ganzen aufgezeigten Verästelungen des betrieblichen Planungsprozesses hineingeschoben werden kann. Dies ist keine leichte Aufgabe, denn im Unterschied zur Zielbildung, die ja immer schon auch als ethischer Vorgang mit gesehen wird, sind die vielfältigen anderen Einfalltore meist unreflektiert und primär durch unsichtbare Orientierungsprozesse, vor allem durch die Unternehmenskultur gesteuert.[14] Für die Unternehmensethik stellt sich damit neben der klassischen Aufgabe und Herausforderung, die *Gerechtigkeit der Orientierungen sicherzustellen*, ein weiteres grundsätzliches Orientierungsproblem, nämlich die *ethische Wachsamkeit* zu schärfen, und zwar in einem allgemeinen prophylaktischen Sinne, weil die Komplexität der Planungsprozesse eine genaue Vorstrukturierung ethischer Perspektiven nicht zuläßt. Ethik ist potentiell an jeder Stelle im Planungsprozeß virulent mit jeweils tendenziell unvorhersehbaren Themen. Die Planungsbeteiligten für diesen Prozeß zu rüsten, ist die zweite große Herausforderung der Unternehmensethik.

Anmerkungen

1 Der Begriff »doppelte Kontingenz« ist hier nicht im Sinne von Luhmann gebraucht. Dort wird der Begriff im Hinblick auf den wechselseitigen Beeinflussungsprozeß von »Ego« und »Alter« bezogen: »Jeder ist für sich selbst zunächst Ego, weiß aber auch, daß er für den anderen Alter ist und außerdem noch, daß der andere ihn als alter Ego betrachtet« (Luhmann 1978, S. 46).

2 Vgl. Koch (1977, S. 43); Hanssmann (1982, S. 398) spricht in diesem Zusammenhang von einer »strukturellen und algebraischen Disaggregation«.

3 Vgl. zu dieser Thematik ausführlicher De George (1982, S. 72); dort allerdings nicht auf Planung bezogen.

4 Zur Unterscheidung von »Ausgangszielen« und »Planungszielen« vgl. Wild (1974, S. 40f.)

5 Vgl. den Beitrag von Lorenzen in diesem Band sowie Steinmann/Oppenrieder (1985), Ulrich (1986).

6 Es ist hier nicht der Ort, um erneut die alte Streitfrage aufzugreifen, ob das Dialog-Modell wegen seiner idealisierten Prämissen unerreichbar und deshalb unerheblich sei (vgl. z.B. Chmielewicz 1978). Was immer wieder übersehen wird, ist der Charakter des Dialog-Modells. Es sind pragmatische Idealisierungen, die wir einerseits bei verständigungsorientiertem Sprachgebrauch unterstellen müssen, andererseits impliziert die Unausweichlichkeit der Unterstellung nicht auch schon deren faktische Erfüllung, so daß der normative Charakter des Prinzips erhalten bleibt (Habermas 1986, S. 345ff.).

7 Vgl. dazu in bezug auf institutionelles Handeln Hubig (1982b, S. 77), Brantl (1985, S. 313ff.).

8 Vgl. z.B. Bower (1970); im Überblick Schreyögg (1984a, S. 153ff., S. 248ff.).

9 Das Subsystem-Motiv ist aus einer Abbildung von Quinn (1980, S. 19) übernommen.

10 Dies wirft zugleich die Frage nach den vorherrschenden impliziten Orientierungsmustern (Organisationskultur) auf und inwieweit diese mit der angestrebten ethischen Ausrichtung im Einklang stehen (vgl. Waters 1978; Oppenrieder 1986, S. 36). Daran anschließende Fragen wären etwa: Existiert eine Sprache, die bestimmte, gewollte, ethische Orientierungen auf dieser operationalen Ebene überhaupt umsetzbar machen? Sind bestimmte Problemstellungen traditionell gar nicht zugelassen, macht man sich lächerlich, wenn man sie anspricht? usw.

11 Die Darstellung folgt Raelin (1987, S. 171ff.).

12 Zu den allgemeinen Bedingungen lernfähiger Organisationen vgl. Argyris/Schön (1978); Hedberg (1981); Fiol/Lyles (1985).

13 Zum Abpufferungs-Prinzip vgl. Thompson (1967).

14 Vgl. hierzu Hosmer (1987, S. 439f.) sowie den Beitrag von Osterloh in diesem Band.

Horst Steinmann/Albert Löhr

Der Beitrag von Ethik-Kommissionen zur Legitimation der Unternehmensführung*

* Zuerst veröffentlicht unter dem Titel »Der Beitrag der Unternehmensethik zur interessenpluralistischen Legitimation der Unternehmensführung – Zum Legitimationspotential von Ethikkommissionen«, in: Eichhorn, P. (Hrsg.), Unternehmensverfassung in der privaten und öffentlichen Wirtschaft, Festschrift für Prof. Dr. Erich Potthoff, Nomos Verlagsgesellschaft, Baden-Baden 1989, S. 105–117.

I. Zur Legitimation der Unternehmensführung

Unternehmensführung ist auch in einer Marktwirtschaft nicht in beliebiger Weise freigestellt, sondern an bestimmte *Spielregeln* gebunden. Diese Spielregeln bestehen insbesondere aus den rechtlichen Rahmenbedingungen zur Ordnung von Wirtschaft und Unternehmung (vgl. dazu im einzelnen die Ausführungen von Gerum in diesem Band). Hält sich die Unternehmensführung an diese Regeln, so begründet dies im Normalfall eine Rechtfertigung ihres Tuns. Der Verweis auf geltende Rechtsregeln entlastet also die Unternehmensführung normalerweise von besonderen Begründungspflichten bei einzelnen Entscheidungen. Wenn man diesen *Begründungsabbruch* nicht bloß als legal, sondern auch als legitim qualifizieren will, müssen die rechtlichen Rahmenbedingungen allerdings ihrerseits schon gerechtfertigt sein. Ohne die mittlerweile sehr weitverzweigte Diskussion zur Frage der Legitimation der Rahmenbedingungen wirtschaftlichen Handelns hier nachzuvollziehen[1], gehen wir davon aus, daß sich eine derartige Rechtfertigung nur einem *freien Konsens* verdanken kann, weil er allein die Gewähr für die friedliche Koordination von wirtschaftlichen Handlungszusammenhängen bietet; Frieden ist nämlich durch den freien Konsens aller definiert (Lorenzen 1987, S. 228ff.). Die legitimierende Kraft der Regeln von Wirtschafts- und Unternehmensverfassung reicht – so gesehen – dann gerade so weit, wie diese Spielregeln einen Beitrag zur friedlichen Koordination wirtschaftlicher Handlungen (mit dem Ziele der Bedarfsdeckung) leisten. Umgekehrt heißt das, daß sich die Legitimationsfrage für die Unternehmensführung in jedem Einzelfall immer wieder dann neu stellt, wenn in einer konkreten historischen Situation als Folge des beabsichtigten Handelns doch ernsthafte und weitreichende (gesellschaftliche) Konflikte auftreten (würden) (Steinmann/Löhr 1987b, S. 451ff.).

Solange derartige Konflikte dann – aus welchen Gründen auch immer – nicht dazu veranlassen, im politischen Rahmen die Verfassungsfrage in reformerischer Absicht ganz grundsätzlich aufzuwerfen[2], wird die Unternehmensführung selbst zur friedlichen Regelung des Einzelfalles mit dem Rechtfertigungsproblem konfrontiert. Treten also trotz Einhaltung der (legitimierten) Regeln der Wirtschaftsordnung doch (ethisch ernstzunehmende) Konflikte bei der Verfolgung der gewinngesteuerten Unternehmensaktivitäten auf oder sind solche zu befürchten, entsteht ein situationsspezifisches *Rechtfertigungsproblem* für die Unternehmung. Ein schlichter Begründungsabbruch unter Verweis auf Verfassungsregeln ist dann nicht mehr möglich, weil diese Regeln die erhoffte friedensstiftende Wirkung im konkreten Einzelfall ja nicht erzielt haben. Es geht dann für die Legitimation unternehmerischen Handelns um die Entwicklung von besonderen Orientierungen darüber, wie ein friedliches Aneinanderanschließen wirtschaftlicher Handlungen (wieder) möglich wird. Diese Orientierungen lassen sich als Normen verstehen, die in ihrer Gesamtheit als *»Unternehmensethik«* Grundlage und Ausdruck gelungener Unternehmensführung im Sinne konfliktfreier, friedlicher Bedarfsdeckung sind. »Unternehmensethik« umfaßt dann – so gesehen – letztlich alle durch dialogische Verständigung mit den Betroffenen begründeten bzw. antizipativ begründbaren (materialen und prozessualen) Normen, die von einer Unternehmung zum Zwecke der Selbstbindung verbindlich in Kraft gesetzt werden, um die konfliktrelevanten Auswirkungen des Gewinnprinzips bei der Steuerung der konkreten Unternehmensaktivitäten zu begrenzen.[3]

Unternehmensethik in diesem Sinne ist also als eine situationsspezifisch notwendige *Ergänzung der Unternehmensverfassung* für solche Einzelfälle gedacht, in denen die allgemeine Richtigkeitsvermutung der Unternehmensführung auf verfassungskonformes Handeln wegen besonderer Umstände nicht aufrecht erhalten werden kann (Steinmann/Löhr 1987, S. 455f. und Gerum in diesem Band). Eine Unternehmensführung, die sich der Legitimität ihres Handelns versichern will, steht also auch bei Einhaltung aller Rahmenbedingungen der Wirtschafts- und Unternehmensordnung immer wieder vor der Aufgabe, die eigenen Handlungen und ihre Wirkungen auf Konsensfähigkeit hin einzuschätzen und erforderlichenfalls konsensermöglichende Schritte zu unternehmen.

Diese *duale* – sowohl auf die Unternehmensverfassung als auch auf die Unternehmensethik abstellende – Sichtweise des Legitimationsproblems wirft natürlich sofort die Frage auf, ob und inwieweit angesichts der systemspezifischen Spielregeln der Wirtschaftsordnung und ihrem Durchgriff in die Unternehmensverfassung und in die Organisationsstruktur die vorgeschlagene Unternehmensethik überhaupt noch eine eigene, ergänzende Wirkungsmächtigkeit entfalten kann. In Beantwortung dieser Frage werden zum einen Forderungen nach einer Stärkung der ethischen Urteilskraft von *Personen* in Unternehmungen erhoben. Zum anderen werden aber auch *institutionelle* Lösungen diskutiert – insbesondere sogenannte Ethik-Kommissionen.[4] Dieser spezifische Vorschlag gibt Veranlassung, in drei Schritten die mögliche Wirkungsmächtigkeit solcher Ethik-Kommissionen näher zu untersuchen.

Zum ersten wird gefragt, wann man einer verfassungsergänzenden Institution – wie der Ethik-Kommission – überhaupt eine legitimierende Kraft zusprechen kann. Zum zweiten – und dies soll den Kernbestandteil der Ausführungen ausmachen – werden die Funktionsbedingungen diskutiert, die Ethik-Kommissionen praktische Wirksamkeit verleihen können. Zum dritten soll schließlich in aller Kürze die allgemeine Legitimationsproblematik der Unternehmensführung insoweit wieder in den Blick genommen werden, als die isolierende Betrachtung der Kommissionslösung erweitert und unter den Bedingungen der verfaßten Geld- und Wettbewerbswirtschaft reflektiert wird.

II. Zum Legitimationspotential verfassungsergänzender Institutionen

Institutionelle Lösungen zum Umgang mit verschiedensten Interessengruppen, die als solche Ansprüche gegen die Unternehmensführung geltend machen, lassen sich – gleichsam als freiwillige Konnexinstitute zu Markt und Recht – in der Praxis des Wirtschaftslebens in vielfältigen Formen finden.

Ohne diese Erscheinungsformen abschließend systematisieren zu wollen, seien einige Beispiele für derartige institutionelle Lösungen genannt, die uns einerseits als organisatorische Einrichtungen und andererseits als ausformulierte Verhaltensregelungen begegnen. Einrichtungen zur Berücksichtigung der Interessen verschiedenster Bezugsgruppen sind z.B. *Beauftragte* für Konsumentenschutz, Sicherheits- und Umweltfragen; ferner *Abteilungen*, die sich mit Anliegen von Bezugsgruppen oder der Öffentlichkeitsarbeit im allgemeinen beschäftigen.[5] Schließlich wird in der Literatur über *Kommissionen* berichtet, die sich mit der Lösung von Interessenkonflikten im allgemeinen oder aus besonders gravierenden Anlässen befassen sollen (Gerum 1981, S. 144ff.; speziell zum Fall Nestlé Muskie/Greenwald III 1986 und Pagan 1986). Es finden sich sogar Vorschläge, derartigen Konstruktionen Verfassungsrang zu verleihen – etwa in Form eines »General Public Director« oder »Special Public Director« (Stone 1975, S. 152ff. und S. 174ff.).

Von der Unternehmung selbst in Kraft gesetzte Verhaltensregelungen begegnen uns insbesondere in Form von sogenannten *Kodizes* (vgl. etwa: Nestlé AG 1982), die bis hin zu festgelegten Berichtspflichten gegenüber bestimmten Interessengruppen (Sozialbilanzen) ausgestaltet sein können (Schredelseker/Kopetsch/Maybüchen 1986).

Nicht alle diese Institutionen sind nun allerdings unter dem Gesichtspunkt der »Legitimationsbeschaffung« für die Unternehmensführung als gleichrangig einzustufen. Soweit sie lediglich dazu dienen, durch kluge und geschickte Vorgehensweisen der Unternehmensführung Unterstützung für die gewählte Handlungsorientierung zu sichern oder zu verschaffen, muß man sie als *sozialtechnische Instrumente* betrachten. Sie sind dann Erscheinungsformen der sog. »technischen Vernunft«, bei der die inhaltlichen Zwecke der Unternehmensführung (Unternehmenspolitik) als solche nicht mehr in Frage gestellt werden. Um »Recht zu behalten«, sucht man nicht nach Legitimation des Handelns durch freien Konsens, sondern nach Mitteln zur Durchsetzung der eigenen Zwecke. Dazu betreibt man etwa gezielte Informationsarbeit gegenüber Bezugsgruppen der Unternehmung, leistet »Seitenzahlungen« zur Beschaffung diffuser Unterstützung für die Unternehmensführung oder trifft eigenmächtige Entscheidungen über die Berechtigung von Interessen möglicher Bezugsgruppen der Unternehmung (wie dies z.B. im »Davoser Manifest« vorgeschlagen wird[6]).

Offensichtlich kann ein derartiger »technischer« Umgang mit Menschen noch keine Legitimation für unternehmerisches Handeln verschaffen. Es wird nämlich dort kein friedlicher Konsens verbürgt, wo der andere Mensch prinzipiell nur als »Mittel zum Zweck« benutzt wird. Im Gegensatz zu dieser bloß »technischen Vernunft« geht es bei der Legitimationsfrage ja um die *ethisch-politische* Dimension von Konfliktlösungen durch *freien Konsens*. Nur soweit institutionelle Vorschläge zur Konfliktlösung auf dieses Kriterium der freien Zustimmung aller Betroffenen angelegt sind, transzendieren sie die sozialtechnische Mittel-Rationalität in Richtung auf das Vermögen, die Zwecke des unternehmerischen Handelns *begründet* zu bestimmen. Sie sind erst dann – philosophisch gesprochen – Ausdruck »praktischer Vernunft«, also auf die Erkenntnis dessen gerichtet, was legitimerweise sein oder geschehen soll (vgl. Apel 1984, S. 17). Worauf es bei der Legitimationsbeschaffung für die Unternehmensführung also im wesentlichen ankommt, ist eine *dialogische Verständigungsleistung* über (möglicherweise) konfliktäre Wirkungen des (intendierten) unternehmerischen Handelns.

Diese Sichtweise sollte mit dem von uns vorgeschlagenen Begriff von Unternehmensethik auf den Punkt gebracht werden. Ihre praktische Relevanz wird durch die Erfahrungen belegt, die die Firma Nestlé im Zuge der Beilegung des weltweiten Konfliktes um die Vermarktung von Muttermilch-Ersatzprodukten gemacht hat (Steinmann/Löhr 1988, S. 301 ff.). Der amerikanische Senator Edmund Muskie, der an der Beilegung des Konflikts maßgeblich beteiligt war, faßte diese Erfahrungen in dem Satz zusammen: »A company should not simply dismiss its critics, but should examine the legitimicy of their concerns« (Muskie/Greenwald III 1986, S. 22). In ähnlicher Weise formulierte Rafael D. Pagan, Leiter des von Nestlé zur Beilegung des Konflikts eingesetzten Krisenstabes die Bedingungen einer erfolgreichen Konfliktbewältigung: »Der ausschlaggebende erste Schritt der Nestlé zur Lösung der Problematik der Säuglingsernährung war die Einsicht, daß es sich ebensosehr um eine politische, wie um eine ernährungsphysiologische Frage handelt. Somit wird die Berechtigung der Anliegen gewisser Kritiker anerkannt, denen wir aufmerksam zuhören« (McComas/Fookes/Taucher 1985, S. 18). Die Bedeutung einer dialogischen Verständigung hebt die Firma Nestlé auch selbst hervor: »Wichtig war jedoch die Entstehung der Grundlage zu einem aufrichtigen und vertrauensvollen Dialog zwischen argwöhnischen und oft feindlich gesinnten Widersachern – was tatsächlich geschah« (ebd., S. 19). Im Ergebnis führte diese dialogische Verständigung zur allgemeinen Zustimmung zu einem umfangreichen Verhaltenskodex, der die Marketingmaßnahmen von Nestlé für Muttermilch-Ersatzprodukte in einer mittlerweile für alle Betroffenen zufriedenstellenden Weise normiert (Nestlé AG 1982).

Viele der in der betriebswirtschaftlichen Praxis vorgefundenen Institutionen, die vorgeblich die Legitimationsbasis der Unternehmensführung stärken sollen, dürften diesen Ansprüchen praktischer Vernunft nicht genügen; sie sind in der Regel als Versuche zu verstehen, den Zwängen der Geld- und Wettbewerbswirtschaft durch sozialtechnische Maßnahmen »gerecht zu werden«. Will man im Gegensatz dazu die im Ideal der Unternehmensethik angemahnte Aufforderung zum Dialog mit allen (potentiell) Betroffenen ernsthaft praktisch wirksam werden lassen, so ist man darauf verwiesen, ein Forum für die dialogische Verständigung zu schaffen. Dies kann eben insbesondere eine *Ethik-Kommission* sein (Steinmann/Oppenrieder 1985, S. 180), wie sie auch im Falle Nestlé zur Beilegung des Konflikts erfolgreich eingerichtet wurde.[7]

Man sollte allerdings beachten, daß die Ethik-Kommission eine sehr weitreichende, *»große Lösung«* zur Institutionalisierung des Dialogs darstellt und insofern – praktisch gesehen – nur bei einzelnen, besonders schwerwiegenden Interessenkonflikten etabliert werden kann. Denkbar sind durchaus auch situationsangemessene *»kleinere Lösungen«*, etwa wenn man den Konsumentenschutzbeauftragten oder die Verbraucherabteilung als Ansprechpartner zur Ingangsetzung eines Dialogs betrachtet (Schreyögg 1985, S. 202 ff.). Häufig muß sogar in Kauf genommen werden, daß der beabsichtigte Dialog gar nicht real geführt werden kann – etwa bei mangelnder Organisierbarkeit der Betroffenen, geringer Tragweite des Konflikts oder zeitlichen Restriktionen für einen Dialog. In solchen Situationen, in denen aus pragmatischen Gründen eine einsame Verantwortungsübernahme unumgänglich ist, handelt derjenige ethisch, der zumindest versucht, in einem fiktiven Dialog die Interessen der von einer Entscheidung Betroffenen mit zu berücksichtigen (Apel 1973, S. 435).

III. Ethik-Kommissionen als »Hüter des Dialogs«

Wenn sich – wie dargelegt – die Nestlé-Kommission als Ausprägung unternehmensethischer Bemühungen verstehen läßt, so liegt es nahe, die dort gewonnenen Erfahrungen auch bei der Beantwortung der Frage mit heranzuziehen, wie die praktische Gestaltung einer Kommissionslösung aussehen könnte.

Die Leitlinie für die praktische Ausgestaltung einer Ethik-Kommission ergibt sich aus ihrem spezifischen Sinn. Ganz allgemein läßt sich dieser Sinn mit der Formel vom *»Hüter des Dialogs«* umschreiben. Mit dieser Formel ist von vorneherein ein Rollenverständnis ausgeschlossen, das die Kommission schlicht als einen verlängerten Arm der Unternehmensführung begreift, um im Gespräch mit den Bezugsgruppen deren Interessen zur Geltung zu bringen. Das wäre ja nichts anderes als die Institutionalisierung von Parteilichkeit, bestenfalls für die im System angelegte ökonomische Rationalität; diese soll aber ja gerade durch eine ethische Bemühung transzendiert werden. Die Kommission ist insofern als ein »Anwalt der praktischen Vernunft« zu verstehen und soll als solcher dazu verhelfen, partikulare Standpunkte zu überwinden, so daß sich keine eigensinnigen Rationalitäten verselbständigen. Es ist genau diese Sinngebung, die im Erfahrungsbericht über die Nestlé-Kommission mit folgender Feststellung an gesprochen ist: »The Commission's role is to question both sides and compel each to provide information clarifying the allegations and responding substantively to the position of the other« (Muskie/Greenwald III 1986, S. 20).

Diese Überlegungen dürfen natürlich nicht so mißverstanden werden, als ob auf der *einen Seite* die auf ihre Subjektivität festgelegten Partner stünden und auf der *anderen Seite* die Ethik-Kommission als ausschließlicher Hort der Trans-Subjektivität. Vorausgesetzt werden muß vielmehr, daß alle Beteiligten immer schon in politischen Verbänden leben und deshalb aus ihrer Lebenspraxis selbst heraus wissen, was es heißt, politische Konflikte durch freien Konsens zu lösen (Lorenzen 1987, S. 18). Andernfalls wäre ja schon der erste Akt nicht zu erklären, nämlich die Konstitution und Aufrechterhaltung einer Kommission aus freien Stücken der Konfliktbeteiligten. Die Einrichtung einer Kommission ist also Ausdruck der Einsicht *aller*, daß die durch Konsens im politischen Raum legitimierte prinzipielle Freistellung des wirtschaftlichen Handelns in jedem Einzelfall problematisch werden kann und der resultierende Konflikt in dialogischer Verständigung auf Unternehmensebene zur Sprache gebracht und gelöst werden muß.

Damit diese Einsicht in einer konkreten Konfliktsituation praktisch wirksam werden kann, ist das *Vertrauen* zwischen den Gesprächspartnern empirische Erfolgsbedingung (vgl. auch Luhmann 1973b). Betrachtet man die Ethik-Kommission als Hüter des Dialogs, so läßt sich ihre Aufgabe dann auch dahingehend umschreiben, diese Vertrauensbasis mit herzustellen, dauerhaft zu sichern und sie immer dann zu aktivieren, wenn angesichts drohender oder aktueller Konflikte Verständigungsleistungen erforderlich sind. Diese *Katalysatorfunktion* ist um so wichtiger, als solche Verständigungsleistungen ja häufig in praktischen Situationen erbracht werden müssen, die durch die Routine des Wirtschaftsalltags, Zwänge und Motivationen zur Gewinnerzielung, emotionale Vorbehalte, etc. gekennzeichnet sind.

Dieses allgemeine Leitbild der Ethik-Kommission als Katalysator zur Beförderung von Verständigungsleistungen konkretisiert sich in verschiedenen Rollen. Im Anschluß an die Erfahrungen des Falles Nestlé kann man beispielsweise vier solcher Rollen unterscheiden (vgl. dazu und im folgenden Muskie/Greenwald III 1986, S. 23):

(1) Die Ethik-Kommission kann als Treuhänder der Öffentlichkeit die Einhaltung ethischer Standards seitens der Unternehmung überwachen, sie ist insoweit *»public auditor«*. Diese Rolle wird um so bedeutungsvoller, je mehr die Glaubwürdigkeit der Unternehmung in der Vergangenheit gelitten hat. Ein Akt (ethischer) Selbstverpflichtung der Unternehmung auf bestimmte Normen wird in einer solchen Situation nur dann Überzeugungskraft entfalten, wenn die Überwachung der Unternehmung hinsichtlich der Einhaltung dieser Normen zur »öffentlichen Angelegenheit« wird. Konkreter Ausfluß dieser Kommissionsrolle sind im Beispiel Nestlé die regelmäßig erscheinenden Tätigkeitsberichte der Ethik-Kommission.

(2) Die Ethik-Kommission wird mehr oder weniger zwangsläufig in eine Expertenrolle einrücken, sie wird zum *»expert body«*. Diese Funktion resultiert insbesondere aus der Notwendigkeit, für die Anwendung der Kodexregeln allseitig anerkannte Situationsbeschreibungen der realen Verhältnisse und Wirkungszusammenhänge zu entwickeln. Häufig gründen Dispute über ethische Fragen ja weniger in normativen Dissensen als in unterschiedlichen Auffassungen über relevante Tatbestände der Handlungssituation.

(3) Die Ethik-Kommission übernimmt ferner gewissermaßen eine Richterrolle, sie fungiert als *»quasi-judicial body«*, und zwar dann, wenn sie das Verhalten der Unternehmung daraufhin prüft, ob es den Regeln und dem »Geiste« des Verhaltenskodex entspricht. Diese Richterrolle erfordert unter Umständen auch eine Interpretation und Weiterentwicklung des Kodex. In der Praxis wird sie in der Regel an konkrete Beschwerdefälle anknüpfen.

(4) Der Ethik-Kommission kann schließlich die Rolle zukommen, die Implementation eines Ethik-Kodex in der Unternehmung zu befördern, sie wird insofern zu einer *»source of pressure«*. Im Beispiel Nestlé hatte die Kommission etwa die Aufgabe, in der weltweit verzweigten Organisation umfangreiche Überzeugungsarbeit zu leisten, um die Mitarbeiter zur Aufgabe bisher »erfolgreich« gepflegter und auch von Wettbewerbern angewendeter Marketingpraktiken zu veranlassen – und an deren Stelle den komplexen Verhaltenskodex in die Tat umzusetzen.

Zur erfolgreichen Wahrnehmung dieser (und möglicher weiterer) Rollen ist – insbesondere in organisatorischer Hinsicht – eine zweckmäßige Ausgestaltung der Ethik-Kommission notwendig. Anhand der Erfahrungen des Falles Nestlé muß man hierbei zumindest fünf Problemkreise berücksichtigen, die als *Erfolgsbedingungen* der Kommissionstätigkeit gelten können (vgl. dazu und im folgenden Muskie/Greenwald III 1986, S. 21f.):

(1) Eine erste Erfolgsbedingung bezieht sich auf die Regelung der *Mitgliedschaft* in der Kommission. Wie eine Ethik-Kommission im allgemeinen zusammengesetzt sein sollte, läßt sich nicht von vorneherein und allgemein bestimmen. Dies ergibt sich aus der prinzipiellen Unabschließbarkeit ethischer Konfliktfelder der Sache und der Zeit nach, so daß ein Kreis von Betroffenen nie ein für allemal festlegbar ist (dazu auch Ulrich 1986, S. 420ff.). Gleichwohl lassen sich einige pragmatische Hinweise zur Besetzung von Ethik-Kommissionen geben. Dazu gehört die hilfreiche Unterscheidung zwischen dialogführenden Konfliktparteien und dialogbegleitenden Experten. Die *dialogführenden Parteien* würden sich jeweils nach der Besonderheit des einzelnen Konflikts einfinden. Von seiten der Unternehmung mag es allerdings sein, daß ein stehender Ausschuß benannt wird, der als Ansprechpartner für alle auftauchenden ethischen Fragen dienen soll; ein Beispiel dafür ist etwa das »Corporate Ethics Committee« des Board of Directors, wie es von der US-amerikanischen Norton Company eingerichtet wurde (Purcell S.J./Weber S.J. 1984).

Was die *dialogbegleitenden Experten* betrifft, so sollen sie einerseits konfliktspezifische Sachfragen soweit transparent machen, daß von den betroffenen Konfliktparteien ein ethisches Urteil gefällt werden kann, das auf einer möglichst umfassenden Situationsaufklärung beruht. Diese Situationsaufklärung ist auch vonnöten, wenn es um die Kontrolle der Einhaltung des Kodex geht. Andererseits sind es Experten, die parteienunabhängige Garanten sowohl für eine faire Abwicklung des Konflikts im Sinne des Dialogprinzips als auch für die Überwachung einer gerechten Anwendung verabschiedeter Verhaltensnormen sind.
Darüber hinaus sind für alle Mitglieder der Ethik-Kommission, insbesondere aber für die Kerngruppe der Prozeß-Experten, gewisse persönliche Voraussetzungen erfolgsrelevant, wie z.B. Integrität, Sachlichkeit, moralische Urteilskraft und originäres Interesse an einer friedlichen Lösung des Konflikts.

(2) Eine zweite wichtige Erfolgsvoraussetzung betrifft die *Unabhängigkeit* der Kommission. Genauerhin ist hiermit nicht die (selbstverständliche) Unabhängigkeit gegenüber jeder Art von Weisungen gemeint; auch geht es nicht um das Ausschalten von Abhängigkeiten aufgrund faktischer Machtgrundlagen (etwa finanzieller Ressourcen, die die Unternehmung für eine Konstitution zur Verfügung stellen muß). Gemeint ist vielmehr eine Unabhängigkeit, wie sie aus den prinzipiellen Bedingungen der Möglichkeit von Argumentation überhaupt resultiert. Damit ist abgezielt auf den Dialog als unvoreingenommene, zwanglose, nicht-persuasive und sachliche Verständigung (Kambartel 1974, S. 66f.). Inwieweit diese Bedingungen im Einzelfall realisiert werden können, hängt neben der (notwendigen) Einsichtsfähigkeit der Dialogparteien selbst vor allem von der Autorität ab, die der Kommission durch ihre moralische Kompetenz zukommt bzw. im Laufe der Zeit durch die Qualität ihrer Arbeit zuwächst.

(3) Eine dritte Erfolgsbedingung bezieht sich auf die explizite Verpflichtung der Unternehmung zur *Unterstützung* der Kommissionsarbeit. Ohne eine solche Unterstützung, die letztlich Ausdruck der ethischen Einsichtsfähigkeit der Unternehmensführung selbst ist, könnten die Bemühungen der Kommission nicht ihren Niederschlag in der praktischen Unternehmenspolitik finden. Der Kommission würde dann nur eine Alibi- oder Feigenblattfunktion zukommen.

(4) Eine vierte Erfolgsvoraussetzung ist ein aktives Selbstverständnis der Ethik-Kommission. Sie muß sich als *Initiativzentrum* für die Generierung, Implementation und Weiterentwicklung der konfliktrelevanten Verhaltensnormen verstehen: »The Commission had to take a leadership role in establishing dialogues with interested (and critical) groups, the public and the press, in generating and compiling reliable information on the issues, and in resolving outstanding issues and disputes.« (Muskie/Greenwald III 1986, S. 22.) So gesehen kommt der Ethik-Kommission gleichsam die Funktion eines »Change agent« zu.

(5) Als fünfte Erfolgsbedingung ist es nach den Erfahrungen im Falle Nestlé wichtig, bei der Verständigung über aufgetretene ethische Probleme einen verabschiedeten Verhaltenskodex nicht nach Belieben beiseite zu schieben, sondern als Ausdruck eines gefundenen Konsenses zunächst einmal bei Konfliktlösungen zugrunde zu legen – und sich im übrigen auch an einschlägige Rechtsregeln zu halten. Bei der Betrachtung des Einzelfalles sollte also die *Bindung an Gesetz und Recht* – unabhängig von einer möglichen Revisionsbedürftigkeit – zunächst handlungsleitend sein (rule of law).

IV. Schlußbetrachtung: Zur Wirkungsmächtigkeit ethischer Orientierungen

Neben den erläuterten Funktionsbedingungen hängt die Wirkungsmächtigkeit einer Ethik-Kommission natürlich von weiteren Voraussetzungen ab, die das *Umfeld* betreffen, in das die Kommission eingebettet ist. Drei diesbezügliche Gesichtspunkte sollen hier abschließend angesprochen werden.

Erstens hängt die Wirkungsmächtigkeit ethischer Forderungen von der *Verankerung* der Ethik-Kommission in der Organisation ab. Im ungünstigsten Falle degeneriert eine Ethik-Kommission zu einem isolierten Gremium mit Feigenblatt-Funktion, das abseits der betriebswirtschaftlichen Entscheidungszentren ein bloß geduldetes Schattendasein fristet, und dessen Verlautbarungen nur dann akzeptiert werden, wenn sie für die Machtträger angenehm sind. Erforderlich ist demgegenüber eine *Einbindung* der Kommission in Informations- und Entscheidungsprozesse, die sicherstellt, daß ihre ethische Autorität bei der Steuerung der konkreten Unternehmensaktivitäten zum Tragen kommt. Neben dieser formalen Einbindung in die Entscheidungsprozesse der Organisationshierarchie ist eine *ethische Sensibilisierung* der Gesamtorganisation unerläßlich.[8] Sie befördert nicht nur die Akzeptanz ethischer Bemühungen der Kommission, sondern kann ihrerseits auch dazu beitragen, daß ethisch relevante Probleme in der verzweigten Organisation aufgedeckt und einer ethischen Reflexion zugänglich gemacht werden. Alles dies ist wiederum ohne nachhaltige Unterstützung durch das Top-Management nicht erreichbar, wie aus empirischen Untersuchungen zum organisatorischen Wandel hinreichend bekannt ist.

Ein zweiter Gesichtspunkt betrifft die Frage, ob angesichts der Systemzwänge einer dezentralisierten Geld- und Wettbewerbswirtschaft auf Unternehmensebene überhaupt ausreichend *Raum für eine Unternehmensethik* bleibt. Muß nicht zwangsläufig jede ethische Orientierung scheitern, weil der Systemimperativ der ökonomischen Rationalität sich den (guten) Handlungsintentionen der Entscheidungsträger zum Trotz übermächtig zur Geltung bringt? (Habermas 1986, S. 386ff.) In der Tat muß man bei einer Forderung nach ethischem Handeln schon voraussetzen, daß auf Unternehmensebene wesentliche *Handlungsspielräume* existieren, beziehungsweise geschaffen und dauerhaft aufrecht erhalten werden können. Hier geht es einerseits um die empirische Frage, wie groß diese Handlungsspielräume in Abhängigkeit von der Wettbewerbsintensität in den verschiedenen Branchen zu einem bestimmten Zeitpunkt sind. Damit ist letztlich die in der Literatur vieldiskutierte Frage um die Machtstellung der Großunternehmen angesprochen (vgl. dazu etwa Kaysen 1961). Andererseits geht es um die Konzeptionalisierung eines Wettbewerbsbegriffs, der die Idee der Handlungsspielräume mit der ordnungsstiftenden Funktion des Wettbewerbs verbindet. Hier muß eine Lehre von der Unternehmensethik Anschluß an die Wettbewerbstheorie finden (vgl. dazu exemplarisch die Ausführungen von Kötter in diesem Band).

Schließlich ist drittens zu beachten, daß eine Institution wie die Ethik-Kommission selbstverständlich immer auf *Personen* angewiesen ist, die bereit und fähig sind, der praktischen Vernunft im Wirtschaftsleben Geltung zu verschaffen. Unternehmensethik bleibt so gesehen immer auch eine Aufforderung an den einzelnen Menschen gemäß der Kästnerschen Weisheit: »Es gibt nichts Gutes außer: Man tut es.« (Kästner 1981, S. 508).

Anmerkungen

1 Vgl. dazu insbesondere die Debatte im Anschluß an Buchanan (1977). Für eine zusammenfassende Darstellung und Kritik der vertragstheoretischen Ansätze vgl. Ulrich (1986, S. 173 ff.).

2 Ausdruck derartiger Bestrebungen sind die in vielen Ländern in gewissen Zeitabständen erstellten offiziellen Untersuchungen von Regierungen bzw. Parlamenten zur Reform der Unternehmensverfassung. Für Deutschland vgl. etwa den vom Bundesministerium der Justiz (1980) herausgegebenen Bericht über die Verhandlungen der Unternehmensrechtskommission. Für England vgl. den sogenannten »Bullock-Report« (1977).

3 Zur ausführlichen Entwicklung und Erläuterung dieser Definition vgl. neben der Einleitung zu diesem Band insbesondere Steinmann/Oppenrieder (1985), Steinmann/Löhr (1988), sowie Löhr (1991).

4 Zur Bildung von Kommissionsmodellen allgemein vgl. Gerum (1981, S. 144 f.). Zu Ethik-Kommissionen im besonderen vgl. Muskie/Greenwald III (1986, S. 19 ff.) und Purcell S.J./Weber S.J. (1984, S. 165 ff.).

5 Zu einer Diskussion dieser Einrichtungen vgl. insbesondere den Sammelband von Hansen/Schoenheit (1985). Renoux (1985) spricht in seinem Beitrag von 1500 amerikanischen, 500 japanischen und einigen 100 europäischen Unternehmen, die bereits Verbraucherabteilungen gegründet haben. In der öffentlichen Diskussion bekannt geworden ist vor allem das Konsumentenschutzmodell von Migros; vgl. dazu Holliger (1985) und Berthoin Antal (1985).

6 Zur Darstellung und Kritik des Davoser Manifests vgl. Steinmann (1973).

7 Zur Arbeit dieser Kommission im allgemeinen vgl. insbesondere Muskie/Greenwald III (1986). Über die Arbeit der Kommission informieren im Detail die »Quarterly Reports« der Nestlé Infant Formula Audit Commission.

8 Vgl. dazu im allgemeinen Oppenrieder (1986).

James A. Waters

Catch 20.5: Corporate Morality as an Organizational Phenomenon*

On a snowy February day in 1960 in Philadelphia, seven electrical equipment manufacturing company executives received jail sentences for their part in a widespread price-fixing and bid-rigging conspiracy in the industry. In reference to one of the defendants, a *Fortune* magazine writer noted: »gray-haired Westinghouse Vice-President, J.H. Chiles, Jr., vestryman of St. John's Episcopal Church in Sharon, Pennsylvania, got thirty days in prison, a $ 2000 fine.«

The description is instructive. It is one thing to be caught with your hand in the till, but in our culture you're likely to receive a great deal more tongue clucking and scorn if you conspicuously represent a contrary set of values through some other activities, if, for example, you are a church elder, a political leader, a den mother, or a teacher. One suspects that the message of the clucking tongues was something like this: There goes Mr. Chiles. He was pretending to be an ethical, moral man, but he was really a crook. He was a hypocrite.

However, there might have been another response, reversed but equally valid, given the importance of situational determinants of behavior. People might have said: There goes Mr. Chiles. Really an ethical, moral man, he was pretending to be a crook. He was a pawn in the system.[1]

I. Individual Versus Organizational Focus

Over the past decade or so, corporate morality has been a subject of continual interest to managers, academics, social critics, and others. Much of this interest has focused on the ethical orientation or morality of corporate managers. However, there are hidden consequences to entering the topic from this perspective.

First, the approach leads to an individual level of analysis as distinguished from an organizational level of analysis. Both kinds of analysis are valid, but they lead to different ideas about action. Once started on an individual-level analysis, one is likely to end up with a kind of »moral exhortation« response to the issue – »What business needs are good people.« The exhortation is appropriate, but it may divert attention from other substantive issues.

Second, a person-centered approach flies in the face of what is a subtle but altogether reasonable assumption that the people employed in the business world *are* good people. That is, taken as a whole, they are probably not any different from people in general. There are some crooks and some saints, but most people fall somewhere in between. Moreover, excluding a few businesses in which questionable practices are common, it is not unreasonable to say that the employees of most companies are typically good people within the limits and distribution of people in business, which is the same as people anywhere else.

But if the employees of any given organization are »typically good«, why do various unsavory practices (graft, use of call girls, price fixing, and so on) keep reoccurring?

One answer is that sometimes the chief executive of an organization is directly involved. Most lower-level employees may not know what is going on or, if they do, they don't have anywhere within the organization to go with their concerns. A case in point would be the overseas bribery payments made by the Northrup Corporation. T.V. Jones, Northrup president, was central to the transactions in question. An assistant controller of the company was interviewed after the story broke. He noted that when he found out about the payments, he saw his choices as either to go along with them or to quit in protest.

However, another class of problem is probably more common and leaves us with more questions. That is when illegal or unethical activities take place in the organization *without* the knowledge and *against* the wishes of top management. What happens to the »typically good« employees then?

In a survey reported by Archie B. Carroll, 50 percent of the top-level managers who responded agreed to some degree with the statement that »Managers today feel under pressure to compromise personal standards to achieve company goals«. In contrast, 84 percent of lower-level managers felt that way. Commenting on the survey results and his own experience, Carroll suggests that top management can »be inadvertently insulated from organizational reality«. How can this happen?

II. Organizational Blocks

As noted by K.D. Walters, the political right of employees to blow the whistle on employer practices that offend their consciences has been fairly well established, especially when they have exhausted internal grievance procedures. However, the question of *why they don't always do so*, that is, why they don't take steps internally to respond to their own disapproval of and discomfort with certain practices, even when they have no reason to believe that top management supports those practices, may be a more important consideration in understanding why those practices continue.

In the discussion that follows, the term »organizational blocks« will be used to describe those aspects of organizations that may get in the way of the natural tendency of people to react against illegal and unethical practices. The approach puts a positive value on internal whistle blowing. Note also that this way of getting into the topic leads to a different question about the disclosure of such practices. Rather than ask »What was going on with those *people* to make them act that way?« we ask »What was going on in that *organization* that made people act that way?«

The discussion is based on exploratory research. Disclosures of illegal and unethical practices were examined in an attempt to construct a picture of the organizational dimensions that seemed to make it difficult for people to get themselves disentangled from practices that made them uncomfortable. The analysis was based primarily on a study of the transcripts of testimony before various U.S. congressional investigating committees. As will be seen, a particularly suggestive source of information was the inquiry led by Senator Estes Kefauver in 1961 into price-fixing practices in the electrical equipment industry. The richness of these data for gaining insight into organizational practices springs in large measure from the fact that the inquiry took place *after* criminal charges had been settled in the courts.

In addition, three confidential interviews were held with informants who had been personally involved in activities they considered unethical. These three were all middle managers in large industrial organizations. One of the cases is used here, but the other two respondents decided to draw back from their initial willingness to contribute to the research.

As a methodological note, we must mention the difficulty of doing research in this topic area. The same organizational blocks that prevent people from internal whistle blowing act to block inquiry. As is discussed later, the fact that nobody asks questions reinforces the strength of some of the blocks.

What follows is a list of seven organizational blocks that seemed to be operating, though in differing degrees and not all in the same case. The blocks are discussed in terms of organizational needs, that is, as practices that are quite legitimate and inevitable in any complex organization. The fact that they also function as blocks can be looked on as an unintended consequence of organizational operating and control systems.

The first two blocks deal with aspects of supervisor-subordinate relations that can be found in many organizations. The next four relate to more broadly based organizational phenomena: cohesiveness of work groups, ambiguity regarding organizational priorities, separation of strategic and operating decisions, and division of labor. The last block has to do with the relation of the organization to its environment. After a brief review of the nature and functioning of these seven blocks, we will turn to how the concerned manager might respond to the issues raised.

Block 1: Strong role models

One of the recurring tasks in organizations is teaching job incumbents the behavior that is required in their jobs. Written job descriptions and performance standards do part of the job, but a lot of teaching and training is accomplished less formally through the efforts of the jobholder's superior and more experienced peers.

Moving into a new job is a time of unusually high dependence on one's superior. To the extent that pressure, both internal and external, is exerted to »get on board and up to speed« quickly, the new jobholder must look to his or her superior for guidance and will attempt to imitate the superior's behavior.

When such socialization includes indoctrination into illegal and unethical practices, this same organizational dynamic makes it difficult for the executive to redefine the reality of his or her job so as to exclude such practices. He or she is led to conclude that nothing different can be done, that there is no way to disengage from such practices and still fulfill the requirements of the job.

Examples abound in the electrical equipment case. In describing how, as a proposition engineer-in-training for General Electric, he first became involved in meetings with competitors for purposes of price fixing, one man recalled that »I got into it in the beginning when I was young. I probably was impressed by the manager of marketing asking me to go to a meeting with him (where price-fixing discussions took place). I probably was naive« (16652). (In what follows, three- to five-digit references are to page numbers in testimony transcripts described in the selected bibliography.) Another felt that when he became a sales manager for Wagner Electric, he was simply »filling a spot in carrying out a pattern that had been in existence for some time« (17823).

A socialization takes place. To varying degrees, one begins to see and value reality the way one's mentor does. The transition period may be the most crucial, but the socialization process is a continuing one. As one Westinghouse executive noted, after »living with Mr. Fuller almost continuously day by day and working directly with him for the six years where I was his assistant manager, I think we got pretty near thinking alike« (17293).

Block 2: Strict line of command

One of the popular principles of formal organization is establishment of a chain of command. Each person has one boss, and authoritiy is vested in the office of that superior. It is a widespread belief that efficiency is best achieved through strict adherence to this approach, labeled the »one-over-one« in the General Electric vernacular of the 1950s.

Time and again, throughout the testimony, deeply ingrained respect for the line-of-command concept is evident. When asked directly why he did not report illegal activities to higher management, one witness simply replied: »I had no power to go higher. I do not report to anyone else except my superior« (16584).

Another consequence of the strict line of command is that assumptions are generated about where orders really come from:

> I had to assume that whatever he told me came from his superior, just as my subordinate would have to assume that what I told him came from my superior. *That is the way business is run* (16864).

The power of the line of command is not simply a social norm: Unethical executives often have the raw power at their disposal to enforce compliance without tipping off higher-ups. Threats of transfer to lesser positions, subtle character assassination on appraisal forms, manipulation of rewards, and the like are used to keep the more conscience-troubled employee in line.

Whether or not such coercive power and control are necessary tools in the modern management tool bag can be argued. However, their existence may be a natural outgrowth of other dimensions of organizational life, such as task specialization, delegation of authority, and supervisor responsibility for performance appraisal and implementation of reward systems. A major effort would probably be necessary to eliminate them.

In any event, in terms of speed and efficiency, the existence of a strict line of command in the hierarchy has obvious pay-offs. Similarly, the prevalence of a strong loyalty ethic allows an executive to deal more efficiently with the relations between his unit and the larger organization. Loyalty from the troops is a source of sustenance and power.

This same organizational dynamic becomes a block to the executive who wants to eliminate his involvement in illegal or unethical activities. Even if he gets past the on-going socialization by his boss (Block 1) he is still in a bind. If he defies orders, he is subject to manipulation by his boss. If he exposes the practice, he is defying the organizational chain-of-command ethos and is likely to be stigmatized as disloyal. Also, since there is a logical presumption that his boss is simply passing along orders, to whom does he report the illegal goings-on?

Block 3: Task group cohesiveness

A ubiquitous phenomenon of organizational life is the presence of groups. People work in groups, draw their social support from groups, and look to groups as referents to define reality in vague and ambiguous situations.

When people work interdependently on common tasks it is in the organization's best interest for them to be a cohesive group in order to facilitate communication and work. Investments are frequently made both formally (team-building programs) and informally (luncheons, travel together) to build group cohesion.

However, a possible consequence of increased intragroup cohesion is reduced intergroup cohesion. Communication and cooperation among groups in the same organization can become restricted and reduce the impact or influence of some organizational directives. At the time, conspirators at General Electric referred to themselves as »members of the club« (17040). There is repeated testimony about how the group functioned to exclude outsiders. For example:

> We were continually reminded that whenever we got instructions that we were going to start this contacting up again, be sure not to let the lawyers know anything about it, and do not keep any records so that they can find out anything about it (16737).
> You were never to let the manufacturing people, the engineers, and especially the lawyers, know anything about it (17040).

While there are organizational gains to be made from tightly cohesive work groups, these groups can also function as organizational blocks. The group provides social support for continued involvement in the illegal activity. More importantly, efforts to disengage from such practices will conflict with the executive's loyalty to the group, especially if there is no way to get out without exposing the other members. Last, external pressure to expose illegal goings-on are a threat to the group, which in turn may cause it to draw even tighter and inhibit the executive still more from withdrawing from those activities.

Block 4: Ambiguity about priorities
Richard Cyert and J. G. March have noted that organizations can often maintain mutually inconsistent or even conflicting objectives (for example, to increase market share *and* increase margin on sales) by devoting attention to them sequentially rather than simultaneously. When the directive to obey the law creates a tug-of-war with the general pressure for profits, *how* the organization presents these messages may be as important as *what* the messages contain. Subtle cues may determine the manner in which employees resolve perceived conflict among objectives and they may also determine the degree of uncertainty employees experience about how much social support they will receive if they expose some illegal practice. If I expose shady selling practices, will I be a hero or an outcast?

For example, General Electric had a very clearly written antitrust directive called »policy 20.5«. But the directive received a curious treatment in the organization; it was often dominated by line-of-command directions to the contrary.

One executive was adamant about the ambiguity of the message in 20.5:

> I feel that if the company really meant that all the employees should follow this 20.5, that the company and all the officers of the company should take the same interest in that, and talk just as much about the 20.5 at every meeting as they talk about engineering, marketing, finance, profits, labor relations, and everything else. They never did that (16829).

Another executive suggested there was some question in his mind as to whether the top line-of-command people were behind the policy:

At no time during this period did they use what we call the one-over-one system in the General Electric Company (concerning policy 20.5). That is the man over the other man, to sit down with that policy and say »You are to observe this policy and here, sign this«. All they did was to issue that policy, and send [it] to us through the mail from the legal side of it, which was an advisory side, not a line-of-command side, and ask us to sign it (16788).

Two factors interact to create and maintain this ambiguity. First, hard measurable performance criteria (for example, profitability, sales volume, costs) tend to drive out softer, less measurable criteria (for example, social responsiveness, ethical practices). Because the former are easier to discuss, agree on, and control for, they attract more executive time and energy than the latter. As Robert Ackerman points out, this is especially true for divisionalized structures, where the autonomy of operating divisions rests on their willingness to perform against hard, measurable financial targets, and communication with corporate management tends to be limited to those targets. It becomes easy to create the impression that the softer criteria are less important.

The general pressure within organizations to enhance profitability reinforces that impression. In GE at the time, there was considerable evidence that if a manager wanted to continue to have a profit-center responsibility, he would be well advised to keep achieving his profit budget.

Simply announcing that compliance with the law was a paramount value in the array of corporate objectives would have eliminated any ambiguity in the minds of employees about how they would be received if they blew the whistle. However, such a stance would have depressurized the forces exerted on employees for profits. The profit manager would have had an »out« about realized price levels. Thus the policy may have been perceived as being presented with an implicit message of »Do this, but make sure that doing it doesn't keep you from meeting your profit objectives«. It would be a »Catch 20.5«.

Block 5: Separation of decisions

Ideally, the experiences of operating-level people in attempting to implement organization strategy are used as data input for the constant revision of basic strategy. Sometimes strategic decisions are made by middle managers. However, in large, hierarchically structured organizations, lower-level people are usually expected to accept strategy as a given and to work to achieve the stated objectives. An executive might feel free to ask about objectives one or two levels up, but no avenues are available for routine questioning of more basic starting points in what amounts to a hierarchy of ends and means.

This organizational reality can function as a block when strategy constrains an executive to operate in a business or in a locale in which practices he perceives to be of questionable legality or ethicality are accepted as commonplace. The dilemmas faced by employees of multinational corporations with respect to payments that would be considered bribes (and illegal) in this country but are a way of life in others have been well publicized.

Analogies closer to home are available. One knowledgeable observer points out:

> ... that in New York City it is well known that graft and bribes are an integrated part of »doing business« in the construction industry. At the opposite end of the scale, no graft is paid in Atlanta, Georgia, where it is considered inappropriate (417).

The point to be emphasized is that the lower-level executive who finds himself in a »New York City type of business« is in a peculiar bind. Suppose, for example, that as part of a diversification program, your company has acquired a subsidiary with completely new marketing channels. As part of your plan to integrate that acquisition into the corporate fold, you transfer some mid-level managers from the main business area to the new acquisition.

One executive who made just such a move discovered that selling practices in the new business routinely involved kickbacks, graft, elaborate promotional considerations (for example, giving buyers automobiles), and other, similar practices. The old-timers in the company had become desensitized to the ethical issues implicit in these practices. Moreover, they believed (quite correctly) that avoiding these practices would cause a drastic reduction in market share.

What could this man do? It would be extremely costly for a single company to avoid such practices in this industry. The only realistic choices would be to stay in the business, to abandon it, or to sell the company to an unsuspecting buyer. This man's organization simply had no channels through which he could raise questions about the ethics of staying in this business.

Also, as James March and Herbert Simon point out, closely related to the idea of available channels is the issue of communication efficiency. Shared organizational vocabularies tend to develop such that large amounts of information can be communicated with relatively few words. For example, such short phrases as »ROI«, »payback period«, »he's a producer«, »she's on a fast track«, often convey a constellation of facts and jugdments far beyond the literal meaning of the words. In contrast, anything that doesn't fit the system is communicated only with great difficulty.

In the organizations being discussed, as in most organizations, a widely shared organizational vocabulary concerning issues of morality and ethics does not exist. Just as the presence of a shared vocabulary facilitates identification and discussion of topics like market share, inventory levels, capital budgets, competitors' actions, and the like, the absence of a richly elaborated common language for issues of morality acts to block discussion.

Conversations about moral and ethical issues are almost doomed to be awkward, halting, and time-consuming to the point of painfulness. If an organizational environment normally demands snappy and efficient presentations and discussions, such conversations are unlikely to take place.

Block 6: Division of work

The total work to be done in any organization must be subdivided. The most familiar division of work is horizontal in nature; this is the basis of task specialization. A consequence of rigid division is that things often get »left to channels«. Employees in one part of an organization can be aware of illegal activities in another part, yet believe that they are in no position to do anything about it or that it just isn't done. As one witness put it: »I happen to have a great distaste for tale-bearing and I simply did not do that kind of thing« (17228).

Channels can also be changed to isolate and neutralize an executive who might be critical of a corporate practice. For example, Dale Console, former medical director for E.R. Squibb and Company, reported the following incident:

> The real eruption occurred in about 1955 when, as I understood it, Parke-Davis had offered Squibb a license to market chloramphenicol in some of Squibb's South American markets.... I was presented with the prospect of marketing chloramphenicol under the Squibb label making all the excessive claims for the drug and excluding a warning statement since it was not required in the countries in which sale is proposed. I refused to approve the tentative copy and made it clear that I would tender my resignation before I would approve the copy. Apparently my colleagues thought I was sufficiently valuable and instead of making a confrontation out of the issue they decided to use an end play. The Overseas Division appointed its own Medical Director who was in no way responsible to me (4496).

Somewhat like the effect of a strict chain of command, exaggerated respect for channels could convince employees that they must *not* do what they're *not* told. A person who knows of or is associated with illegal or unethical practices may be blocked from reacting by the difficulty to working across channels and by the disfavor with which any such activity is viewed in a tight organization.

Vertical fractionation of work, also occurs. Different levels in the hierarchy may make qualitatively different contributions to the organization. For example, the same information may mean different things to people at succeeding levels in the hierarchy. People at each level may filter or use selectively the data provided by the previous level because, by virtue of their position, they have a more accurate sense of the purpose for which the information was collected and/or have different factual input that supports revisions.

A possible consequence is that lower-level employees may have uncomfortable suspicions that what they are doing is illegal or unethical, yet not have enough command of the facts to report their suspicions without fear of finding that they have completely misread the situation. In short, the absence of sufficient knowledge of the »big picture« acts to immobilize the employee at the same time that the knowledge he does have about certain practices is spurring him to take action. In large organizations very few people have the »big picture«. Each level tends to reserve a portion of the facts, perhaps in order to maintain differentiation of levels. Hence, the employee is afraid to act on what he knows.

In 1969, two former employees of the B.F. Goodrich wheel and brake plant in Troy, Ohio, told a congressional investigating committee a virtual horror story of changed test procedures, deliberate miscalculation of instruments, and changed data in test logs in connection with qualifying an experimental brake for test flights on the Air Force A-7D aircraft. Given the information they had, it clearly seemed appropriate for them to go to the FBI with their charges.

However, subsequent testimony by more senior officials of B.F. Goodrich suggested that the investigation was much ado about nothing. Changes in test procedures were routine in the business, and the ones in question were made with the approval of the prime contractor. Senior engineers had been working closely with this prime contractor and the test results had already been accepted. In addition, while the ex-employees were still at the plant, the company had begun testing an improved brake; the two simply were not privy to all the facts in the situation.

Given the conflicting testimony, the case remains ambiguous. Hierarchical control of information did not stop the two men from reporting their concerns. However, after considering the rebuttal testimony, it is suggested that such a control could certainly have deterred less intrepid souls.

Block 7: Protection from outside intervention

Any investigation into illegal and unethical practices by an organization only increases its risk of exposure to prosecution, damage claims, and soiled public image. Every pressure exists, even for the organization that wants to eliminate such practices, to avoid looking at what has happened in the past.

Thus the affidavit accompanying 20.5 in GE read in part as follows:

> I have received a copy of directive policy general no. 20.5 dated October 23, 1953. I have read and understood this policy. I am observing it and will observe it in the future (16737).

The focus of the affidavit is on the present and the future. It is certainly understandable that a sincere desire to obey the law would take its first form in a desire to clean things up from then on. It would take a qualitatively different type of motivation to engage in public confessions of past misdeeds, and that is probably what an organization would have to do if a full-scale investigation of past practices were launched.

One such case was that of the Northrup Corporation, which had been identified by the Watergate special prosecutor as having made illegal campaign contributions. The audit committee of the Northrup board of directors commissioned a study (by Ernst & Ernst) of how such transactions had taken place and been accounted for. By tracing the sources of funds and the »fundling« of cash back to the United States by foreign consultants, the investigation also spread to the bribing of foreign government officials.

At this point, the Multinational Subcommittee of the Senate Foreign Relations Committee subpoenaed Ernst & Ernst's carefully detailed notes and used them to expose Northrup's practices to the world. The chairman of the executive committee of Northrup's board of directors subsequently appeared before the subcommittee to »extend our public apologies to the government of Saudi Arabia for any embarrassment caused by this matter« (*The New York Times*, June 10, 1975). Thus Northrup Corporation officials were hardly rewarded for voluntarily undertaking an investigation of what had gone on. An unintended consequence of the Multinational Subcommittee's fine work might be to convince other executives that the last thing they should consider is a formal internal investigation of possible improprieties.

The way the organization is encouraged to exercise a tight control over its interface with the social system becomes an organizational block for the executive who wishes to stop illegal and unethical activities. To cease and desist, one must first clean house. Cleaning house could mean public exposure, which conflicts with reasonable organizational loyalty.

The tight organizations are forced to maintain also limits research into instances of unethical behavior in organizational settings. The resulting lack of published cases and analyses limits public discussion and appreciation of the conflicting pressures on an employee with respect to illegal or unethical practices.

In something of a vicious cycle, this lack of open discussion in schools and among managers makes employees more susceptible to the organizational blocks. Conversely, to the extent that business school graduates and young managers have been able to read about and discuss cases in which people like themselves got mired in some unsavory practice, they are more capable of resisting pressures from inappropriate role models and simplistic norms about the chain of command.

The lack of open discussion also deprives the organizational policy-formulation process of important input. If there can be no data-based analyses of the roots and flowering of past illegal and unethical practices, managerial attempts to eliminate such practices are forced to rely on vague and anecdotal feedback.

The development of policies and change strategies that could reduce or eliminate organizational blocks is thus impeded.

III. Response: Tightening Down or Loosening up?

As noted earlier, all these factors are natural concomitants of a complex organization. The extent to which they also act to block people from blowing the whistle on practices they find ethically objectionable might be described as an unintended consequence. In a few cases it might also be said that the same methods of control instituted by the leaders of an organization to achieve organizational objectives can be used by the occasional »bad apple« to block effective reaction by those who are offended by specific practices. How should the concerned manager react? Should he or she make the controls even more stringent?

Such an approach, however instinctive, can be seen to focus on the »bad guys« (assumed to be few in number) and to ignore the »good guys« (assumed to be most of the employees in the company). Based on a consideration of the notion of organizational blocks, I suggest that »battening down the hatches« can have exactly the opposite effect from the one intended. Increasing the clarity of control procedures may enable the few bad guys to navigate their way around the system more easily.

For example, establishing a »watchdog« position, perhaps in the legal department, with great fanfare may enable those who are so inclined to rope that person off from crucial information more easily. Focusing guardianship in this way may also diminish the felt responsibilities in others to detect and report unethical practices. A mechanistic approach – such as having everybody sign a standard affidavit like GE's »20.5« – can impersonalize and desensitize the issue. Such an approach can create the illusion that all is taken care of while the main effect may be to allow a few conspirators to lay low for a while or develop persuasive stories as to why this »routine staff request« should be treated lightly.

More importantly, such an approach doesn't tap into the tremendous reservoir of energy that exists among employees to root out such practices. By reversing the focus and thinking more about the »good guys«, it may be possible to unblock some of the natural forces that exist in the organization to raise questions about practices of uncertain ethicality.

In other words, instead of asking how to block people from engaging in unsavory practices, it might be better to ask how to unblock the natural ethical instincts of most of your employees.

1. Action planning

How can the concerned manager proactively approach the job of ensuring ethical business operations? A spirit of inquiry must be brought to a *preventive maintenance program*: just as you can do maintenance on a machine while it is running rather than wait for a possibly calamitous breakdown, you can work to reduce or eliminate the effects of organizational blocks before unethical practices take root or there is a costly scandal.

Any action programs of this kind must be tailored to the idiosyncracies of the particular organization. Such programs will flow from a diagnosis that starts with a question: Is it possible for unethical practices to go on in my organization (or division, or department) without my knowing about it? Ask yourself the following questions:

- Does a vocabulary exist in our organization for discussing issues of morality and ethicality? It is a topic that can come up for discussion, like market share or inventory levels?
- Just how rigid are our patterns of communication and norms against »nosiness«? Is it okay for me to ask questions or make comments about business areas other than my own?
- How much access is there to top management? When was the last time someone two or more levels down had the opportunity for a serious and open-ended dialog with me?
- How much information gets filtered in reporting up? Do I really have an appreciation of the practices of our field salesmen? Is it possible that we are operating in a business that condones unethical or illegal practices?
- How much do people depend on their boss for appraisals, promotions, salary increases? Do the people two levels down feel as if I know them well? Do I?
- How clear are our priorities? Do people really know where I stand, or might there be some »Catch 20.5« clauses connected with my general drive for performance?

Above all, to what extent are questioning, confrontation, and controversy valued in the organization? Although employees generally agree on what constitutes »pretty much OK« behavior, they are likely to be divided and to have different ideas of what the organizational stance should be on any specific issue. This is not a contradiction. Rather, it is a matter of fine tuning within a consensually determined range of acceptability. The manager who invites open discussion and challenge on what the acceptable range is almost certainly leaves himself open to a heated debate on very specific questions of morality. Before whistle blowers will feel welcome, that heat must be accepted as being constructive.

The challenge in all this for a concerned management is to integrate a healthy pressure for performance and profitability with a healthy respect for individual consciences and differences of opinion. If top management has been relatively more articulate about the former than about the latter, there may be no more potent way of signaling a more balanced interest than to invest time and energy in a collaborative program aimed at minimizing the impact of organizational blocks.

What might such a program look like? As suggested earlier, it would have to be shaped to fit the organization, and it would be best if both its design and execution were carried out by the key people in that organization. Nevertheless, most programs contain some common basic elements.

1. *Removing ambiguity concerning organizational priorities.* If top management really wants to obey the law and operate according to the general ethical standards of society, it must say so unambiguously. It should state clearly that such constraints come *before,* and in that sense have a *higher priority than,* such traditional objectives as sales volume, market share, and profits.

Going back to A.B. Carroll's survey, 78 percent of all the managers responding agreed to some extent with the following statement: »I can conceive of a situation where you have sound ethics running from top to bottom but, because of pressures from top to achieve results, the person down the line compromises.« To facilitate internal whistle blowing, everyone must be made acutely aware that organizational priorities will be maintained even when the pressure is on for profits and performance. This has to be a starting point.

2. *Moving from abstract generality to concrete example.* A presidential letter that stays at the »do good and avoid evil« level of abstraction can be a pretty ambiguous signal to people who are afraid to respond to their own distaste for certain practices. »I wonder if he means this« will be the most common reaction. Avoiding specific examples that would be obvious to anyone in the industry will create doubt about the seriousness of the message.

For instance, if your firm is involved in real estate transactions such as buying retail sites and working with zoning commissions, it is dysfunctional to pretend that bribery is not a frequent occurrence in this area and to avoid saying that you do not want your people to pay bribes of any sort, even if it hurts your business. If your firm is selling a relatively undifferentiated product to retail channels dominated by a few chains and their powerful buyers and buying/selling practices are notoriously corrupt, your field salespeople will feel uncertain about a message that does not acknowledge the existence of such practices and does not clearly state your views on how you want them to deal with the pressures they face.

Some brainstorming sessions with employees who have long and diverse experience in your industry can probably generate a lengthy list of examples. It can be done in a nonthreatening way by asking people what *could* be going on that shouldn't rather than what *is* going on. A corollary to Murphy's Law would be that illegal or unethical practices that could exist probably do.

3. *Providing concrete steps for internal whistle blowers.* If people are convinced of your position and want to take action on a questionable practice, what steps should they take? If you don't provide direction for them, they may still feel

blocked. Leaving communications to the regular chain of command is obviously inadequate.

Should they ask for a meeting with you? Write you a memo? Call you at home? Perhaps you will want to establish an ombudsman in the organization. Although ombudsmen traditionally respond to employee complaints about such matters as compensation inequities, job performance appraisals, and benefit programs, it is not difficult to imagine the position also serving as a receiving point for internal whistle blowing.

Perhaps those who want to report wrongdoing could be encouraged by assurances that *initial* explorations would take place under the security of guaranteed anonymity. Subsequent serious action and change, if any, would necessarily and appropriately involve open discussion between the whistle blower and those engaged in the practice in question.

A system of secret informers is unthinkable, since it would destroy the spirit of openness and questioning that is being sought. However, an initial ice-breaking confidential discussion with a manager tuned in to these kinds of questions may help the would-be whistle blower to think through whether the issue in question warrants open investigation and, if so, may help him to gather his courage to proceed.

The exact channel used may be less important than the clarity with which the proper procedure is spelled out. The person who wants to take action probably feels anxious and uncertain. Providing a reasonable procedure for reporting problems and a picture of what will happen to those reports will help to make the anxiety manageable and will facilitate action.

4. *Developing an appropriate organizational vocabulary.* As suggested earlier, one of the blocks to internal whistle blowing is the difficulty of discussing issues of morality and ethics in the absence of an appropriate organizational vocabulary. Training programs can be devised that focus directly on this problem. Peopled by employees from diagonal slices of the organization, so that different departments and hierarchical levels are involved, workshops can allow those attending to wrestle with cases that are directly pertinent to their own company and to see the issues from different perspectives.

Note that such programs would be organization-level interventions rather than attempts to change individuals. First, they would serve to legitimize the topic – ethical concerns or pangs of conscience would become proper subjects to bring up with one's boss or at a staff meeting.

Second, by being exposed to a common framework of cases and anecdotes, organization members would begin to develop a shared appreciation of ethical questions and dilemmas. Analogies could be drawn. »The situation we're in here seems just like that of the sales manager in that XYZ Pump Company case we discussed.« A crisper vocabulary could be used. »There appears to be a vast discrepancy between our intended values and our operational values in the case of this ad copy.« In short, the purpose of these programs would be to create a rich and differentiated vocabulary within the organization so that when the time came to discuss ethical questions, everyone would be speaking the same language. They would *not* be set up to make people more ethical.

There are specific reasons for the diagonal-slice approach to selecting people for such workshops. If someone feels blocked because of strong pressure from a group of conspirators, working intensively with people from other parts of the organization can give that person a chance to build the social support necessary to break away from the old group.

Furthermore, the workshops, instead of being based on a one-way communication model, could be designed as deep-sensing sessions. Additional insights could be gathered about what might be going on in the way of illegal and unethical practices. Since people from different departments would be joining together on this work, norms that exist against commenting on business areas other than one's own would be challenged and revised. The cross-level nature of the participation would signal the seriousness of the commitment at all levels of the organization.

By having all *new* management employees participate in such training programs, you could bring about an evolutionary change. If appropriate norms about dealing with questionable practices could be instilled early in people's organizational careers, they would be less blocked from acting on their own ethical concerns.

In a long-range effort to build appropriate vocabularies and prepare new employees for the pressures they will face on the job, top management can also influence the training they receive *before* they reach the organization. They can demand that business schools explicitly devote research and teaching time to questions of ethics and morality. They can offer to work with serious researchers and to give guest lectures on the topic. It is hard to picture a contemporary management school faculty that would not be responsive to such influence.

5. *Launching sensitive investigative efforts.* Several firms (Seagram, Northrup, Gulf, and so on) have employed audit committees to search out and report illegal campaign contributions or overseas bribery payments. These have generally had a financial accounting orientation, but it seems reasonable to think that the mission of such audit committees could be expanded so that moral and ethical questions outside the existing financial control procedures are also explored.

In some ways, this would convert the ombudsman role mentioned earlier to a more proactive posture. Rather than being simply a receiving post for whistle blowers, such a person could go out into the organization and actively seek to uncover unintended organizational blocks. However, it would be important for this searching activity to be perceived as facilitating the general opening up of communication in the organization. If it is not part of an overall change program, it might be seen as detective work, and skillful operators will devise ways to circumvent it and rope it off from pertinent information.

2. *Three dilemmas*

Let's say that a manager decides to start a program that builds on the elements described here. What pitfalls might he or she anticipate?

He or she may find some illegal practices already in existence in the organization. Price fixing, illegal rebates, unsafe products, grossly deceptive advertising, bribery, or a variety of other illegalities could be uncovered. A first response can be to take the steps necessary to stop whatever it is. But the manager is probably still faced with the need to report the violation and the violators to the appropriate law enforcement agency.

Undoubtedly, he or she will want to get legal counsel (which is well beyond the scope of this article). At the same time, the manager will probably find himself or herself smack up against Block 7, »protection from outside intervention«. There seems to be no alternative but to break through this block, report the problems, and suffer the consequences.

It does not seem unreasonable to expect legal authorities to take a more tolerant or lenient stance with respect to self-reported transgressions. In fact, it may be possible to discuss this topic beforehand with the appropriate agencies and negotiate specific arrangements in advance.

Given the understaffed and beleaguered state of most regulatory agencies, a case could be made that they would be better off encouraging a penalty-free collaborative policing than maintaining the current hunter-huntee relationship with business organizations. In any event, until changes in the larger social system are brought about, the dilemma represented by Block 7 remains.

The second problem was hinted at earlier and concerns the questioning, confrontation, and controversy that result when ethical issues are debated openly. Unblocking the natural ethical instincts of employees may unearth some black-and-white cases (conspiring to fix prices or bribing government officials, which are clearly illegal) but it will also bring a lot of gray cases up for consideration (what is excessive entertainment of a client or just how much emphasis should be given to explaining possible risks in promoting a new drug product?).

Who will be the final arbiter among competing definitions of what is ethical in a particular business setting? It is hard to avoid the conclusion that if debate on such questions is opened up, the chief executive officer is the one who will have to make the final decisions. Much has been written about how the CEO sets the moral tone of an organization, but if an organization truly sets out to unblock internal whistle blowing, he may have to do it at a much more visible and operational level.

More importantly, the dynamics of such open debate will engender a lot of feelings among the protagonists. Wishful thinking aside, there will be winners and losers. If the whistle blower is the loser, how can the act of blowing the whistle be rewarded at the same time that the substance of his allegation is denied?

It will be helpful if the fact that such debates will take place and such decisions will be made is made clear at the beginning of a change program. An analogy would be the notion of consensus in group decision making. Consensus doesn't mean that everybody agrees with a decision, only that everybody is satisfied that his or her arguments have been heard and understood by all members of the group, and that, on this basis, they are willing to support the group decision.

If the whistle blower wins the debate, and an organizationally more powerful person (such as his boss) loses, how will it be possible to protect the winner from retribution, however subtle (see Block 2)? Again, the ground rules must be made clear to all concerned before internal whistle blowing is opened up. In any event, it is obvious that sincere reporters of wrongdoing who are acting on their consciences must be rewarded and protected if a change program is to survive. This second dilemma may require a CEO with the wisdom of King Solomon, but it must be resolved if an open organization is to be achieved.

Last, despite the most open discussion and debate and the most Solomon-like decision making, some whistle blowers will not be satisfied. If they are still conscience stricken, they may opt to report the practice in question to the press or to external authorities. Thus, reducing the effect of organizational blocks may also produce some external whistle blowing.

The result may be something analogous to so-called »sunshine laws« in government, opening all actions and deliberations to public scrutiny. If top management is convinced that organizational practices are ethically sound, it may also have to defend them in public forums. However, by encouraging internal action first, it will be considerably better prepared to deal with more public discussion.

IV. Bounded Courage

Of course, some whistle blowing does go on now. A radical critic might say that after all, if an employee's conscience were really bothered enough by a specific illegal or unethical practice, he or she would do something about it; others have.

However, such a criticism ignores the significant psychological and material costs that have to be paid by those people. In the general context of decision making, March and Simon have developed the notion of »bounded rationality«, which directs attention to the fact that human beings are not omniscient creatures. They can't start from scratch on every problem, consider every alternative and possible contingency influence, and develop optimal solutions every time. As a result, organization design must respond to our limitations by developing set performance programs (for example, standard operating procedures for receiving customer orders or returned goods) and by limiting primary responsibilities (for example, you sell it, we'll make it).

In a similar way, human beings are not *always* universally capable of great acts of courage. The man or woman who has elderly parents and four children to support simply can't afford to be unemployed or underemployed, however heroic an act of disclosure may seem. Is it reasonable to ask such a person to put aside his or her survival needs in the service of a more just and moral society?

To greater or lesser degrees, we all have boundaries on our courage. From an institutional leadership perspective, the individual as citizen is a natural integrating link between the organization and the laws and ethical customs of the larger society. Practices that are badly out of synchronization with the prevailing moral sense of society won't take place if they are exposed to the light of reasonable debate among »good people«. The concerned manager might ask whether his or her organization makes it easy for employees to act on their consciences or whether it tests the boundaries of their courage.[2]

Notes

1 The author wishes to acknowledge the suggestions received from Suresh Srivastva, Paul Salipante, Miles Kennedy, and Nathan Grundstein regarding the original research on which this article is based and the very helpful comments on an earlier draft of this article received from Henry Mintzberg, Manfred Kets De Vries, Roger Bennett, and Stanley Shapiro.

2 For some after-the-fact accounts by actual whistle blowers, Ralph Nader, Peter Petkas, and Kate Blackwell's *Whistle Blowing* (Grossman Publishers, 1972) and Robert L. Heilbroner's *In the Name of Profit* (Doubleday, 1972) are interesting. The actual transcripts from congressional investigating committees provide perhaps the most engaging insight into organizational life with respect to illegal and unethical activities. The primary sources for this article were »Price Fixing and Bid Rigging in the Electrical Manufacturing Industry«, Hearings Before the Subcommittee on Antitrust and Monopoly of the Committee on the Judiciary, U.S. Senate, Parts 27–28, 1961; »Competitive Problems in the Drug Industry«, Hearings Before the Monopoly Subcommittee of the Select Committee on Small Business, U.S. Senate, 1969; and »Air Force A-7D Brake Problem«, Hearing Before the Subcommittee on Economy in Government of the Joint Economic Committee, U.S. Congress, 1969.
Additional examples of whistle blowing can be found in K.D. Walters' »Your Employee's Right to Blow the Whistle« (*Harvard Business Review*, July–August 1975), which discusses the political and legal rights of sincere whistle blowers. H. Gordon Fitch and Charles B. Saunders' »Blowing the Whistle: The Limits of Obedience to the Organization« (*Business and Society*, Fall 1976, Vol. 17, No. 1) provides an interesting counterperspective to the one presented here since they take the same cases and describe an individual level problem, that is, excessive obedience. In contrast, and more in parallel with the line of thinking presented here, Chapter 4 of Robert Ackerman's *The Social Challenge to Business* (Harvard University Press, 1975) discusses the impact of divisionalized organization structures on social criteria of performance.
For some insight into attitudes of managers toward ethical questions and into differing views by upper- and lower-level managers, see Archie B. Carroll's »Managerial Ethics: A Post Watergate View« (*Business Horizons*, April 1975) and Rama Krishnan's »Business Philosophy and Executive Responsibility« (*Academy of Management Journal*, December 1973).

Teil B: Manager und Mitarbeiter des Unternehmens

Walter Kerber S. J.

Zum Ethos von Führungskräften. Ergebnisse einer empirischen Untersuchung

I. Aufgabe einer Wirtschaftsethik

Begriff und Gegenstand der »Wirtschaftsethik«, von der dieser Sammelband handelt, sind nicht eindeutig definiert. Werden die für menschliches Handeln in der Wirtschaft wichtigen Tatbestände nicht schon alle durch das geltende Recht und Gesetz geregelt? Betont »Wirtschaftsethik« also nur den trivialen Gedanken, daß diese Gesetze in der Wirtschaft auch tatsächlich als moralisch verpflichtend beobachtet werden sollen, man ihnen also nicht nur aus dem Zwang bloßer »Legalität«, sondern aus echter »Moralität« (Kant 1908, S. 71) gehorchen solle? Das wäre zweifellos zu wenig.

Es geht bei der Wirtschaftsethik aber gar nicht in erster Linie um die Abgrenzung gegenüber dem Recht, sondern ganz allgemein um die Frage: Was sind überhaupt *richtige* sittliche Regeln für das Handeln – sowohl rechtlich als »nur« moralisch – im Bereich der Wirtschaft, »richtig« verstanden im Hinblick auf ein *menschenwürdiges* Zusammenleben? Welches sind die dem wirtschaftenden Menschen wirklich entsprechenden Inhalte der Gesetzgebung, Rechtsprechung und der persönlichen Lebensführung? Nicht alle zwischenmenschlichen Beziehungen lassen sich auf Rechtsregeln reduzieren. Wahrhaftigkeit zum Beispiel ist im zwischenmenschlichen Zusammenleben dringend erforderlich, läßt sich aber nicht durch Gesetz erzwingen – es sei denn in bestimmten kritischen Situationen wie etwa vor Gericht.

Die Wirtschaftsethik fragt also ganz allgemein nach den sittlichen Normen, nach denen wirtschaftliche Entscheidungen getroffen werden sollen, und nach der dahinter stehenden moralischen Einstellung. Wer ein allgemeingültiges Sittengesetz anerkennt, wird der Auffassung sein, daß dieses Sittengesetz selbstverständlich auch in der Wirtschaft beobachtet werden solle. Welche Forderungen stellt aber das Sittengesetz an die Menschen, die in der Wirtschaft Verantwortung tragen?

II. Unternehmensethik

Diese Frage hat vor allem deshalb an Bedeutung gewonnen, weil für viele in der Wirtschaft Tätigen die Verantwortung, in die sie für das große Ganze der Wirtschaft eingebunden sind, heute größer geworden ist als früher. Der ursprünglich hierarchisch und autoritär konzipierte Entscheidungsprozeß im Unternehmen und Betrieb hat sich in vielfältiger Weise ausdifferenziert; damit hat sich die Verantwortung nach unten verlagert. Aus dem »Untergebenen« von früher ist der »Mitarbeiter« geworden, kein passiver Befehlsempfänger mehr, aber immer noch in vielfältiger Weise gebunden an Vorgaben aller Art. Er verfügt über eine beschränkte, aber immerhin reale Entscheidungsfreiheit. Außerdem treten vielfach als Träger der Verantwortung mehr kollegial strukturierte Gremien an die Stelle des einsamen Mannes an der Spitze.

An welchen übergreifenden Zielen und Werten soll sich ihr Handeln orientieren? Wie läßt sich die Leitungsgewalt im Unternehmen menschlich sinnvoll und sittlich gerechtfertigt ausüben? Die Aufgabe, dieser Führungsverantwortung gerecht zu werden, in ständig wechselnden Situationen das Sachrichtige und dem Menschen Gemäße zu finden, stellt eine erhebliche Herausforderung an das sittliche Urteilsvermögen von Angestellten dar und beginnt schon auf der Ebene des mittleren Managements. Darin dürfte ein Grund dafür zu suchen sein, warum »Wirtschaftsethik« in der jüngsten Zeit immer mehr Aufmerksamkeit findet. So sind in nicht wenigen Unternehmen Bestrebungen zu beobachten, aus der Praxis heraus eigene wirtschaftsethische Richtlinien zu *formulieren*, sie in *Seminaren* zu vermitteln und ihre Einhaltung in eigenen *Kommissionen* zu überwachen. Darin wird ein lebendiges Bedürfnis spürbar, dem betrieblichen Handeln eine tiefere Sinndeutung zu geben.

Für die Ausarbeitung solcher wirtschaftsethischer Normen sind aber bloß theoretische Kenntnisse der Ethik und der Wirtschaftswissenschaften zwar unumgänglich notwendig, aber nicht ausreichend. Es ist vielmehr auch praktische Erfahrung erforderlich, um überhaupt zu wissen, welchen sittlichen Fragen sich Führungskräfte in der Wirtschaft im einzelnen gegenübergestellt sehen.[1]

Man kann nun davon ausgehen, daß Führungskräfte in der Wirtschaft selbst sich Gedanken über ihr Verhalten machen und deshalb auch bestimmte Wertvorstellungen darüber entwickeln, was wohl die richtigen Normen ihres Verhaltens sein könnten. Sie verstehen mehr vom tatsächlichen Wirtschaftsgeschehen als der Außenstehende. Darum wird der Wirtschaftsethiker in jedem Falle zunächst darauf eingehen müssen, wie die Leute der Wirtschaft selbst in wirtschaftsethischen Fragen denken, auch wenn ihr Urteil selbstverständlich nicht unbedingt richtig zu sein braucht.[2] Aber es gibt doch einen Hinweis darauf, wo die Probleme liegen und welche alternativen Problemlösungen sich anbieten.

Um darüber mehr Information zu gewinnen, hat der Münchener »Arbeitskreis für Führungskräfte«, ein Zusammenschluß von Leuten der Wirtschaft, die sich gemeinsam um die Lösung wirtschaftsethischer Fragen aus ihrer alltäglichen Berufspraxis bemühen, eine Studie über »Ethos und Religion bei Führungskräften« in Auftrag gegeben, d.h. darüber, wie Führungskräfte in sittlichen und religiösen Fragen denken. Von dieser Untersuchung soll hier berichtet werden (Kaufmann/Kerber/Zulehner 1986).

III. Methodenfragen

Bei Forschungen dieser Art besteht immer die Gefahr, daß die Formulierung der Fragen die Ergebnisse schon im voraus beeinflußt oder auch verfälscht.[3] Um einen möglichst unbeeinflußten Zugang zur Sprache und Denkweise von Führungskräften zu finden, wurde deshalb mit einer Reihe von Intensiv-Interviews begonnen: In einer nach außen hin zwanglosen Unterhaltung befragten ausgesuchte Fachleute anhand eines genau ausgearbeiteten Gesprächsleitfadens vierzig Führungskräfte zu fünf Themen:

- Verantwortung (im beruflichen, persönlichen, politischen Leben);
- Religiöse Biographie, Kirche;
- Werte, Überzeugungen, Konfliktlagen (und Kriterien der Konfliktlösung);
- Lebensheiligtümer (»darüber lasse ich nichts kommen«);
- Religion und Ethik im Beruf.

Diese Interviews wurden wörtlich vom Tonband abgeschrieben und geeignete Gesprächspassagen in ein Textverarbeitungssystem eingegeben, um so für die anschließende breitere Repräsentativumfrage Antwortvorgaben zu gewinnen.

Dabei fiel die große Bereitschaft der meisten Befragten auf, ihre Zeit (durchschnittlich weit über eine Stunde) für diese Interviews zur Verfügung zu stellen und sich auf zum Teil recht eindringliche Fragen nach ihren persönlichen Werthaltungen einzulassen. Manche Befragten schienen ausgesprochen dankbar zu sein für die Gelegenheit, sich einmal über die größeren Zusammenhänge und den Sinn ihres beruflichen Alltags Gedanken zu machen und mit jemandem auszusprechen. Wenn in diesen Interviews auch selbstverständlich nur zum Ausdruck kommt, was Führungskräfte über ihre religiösen und sittlichen Einstellungen *sagen*, so gewinnt man beim Lesen der Protokolle doch den Eindruck, daß darin mit großer Ehrlichkeit, ja einer erstaunlichen Offenheit persönliche Erfahrungen und Überzeugungen zur Sprache gebracht werden.[4]

Ähnliches gilt auch für die breitere *Repräsentativ-Erhebung*, in der 530 Führungskräfte im Großraum von München und von Nürnberg/Fürth/Erlangen interviewt wurden. Als »Führungskräfte« zählten dabei nach bestimmten Kriterien Selbständige und freiberuflich Tätige (23 Prozent), Angestellte in leitender Position (59 Prozent) und Beamte in leitender Position (18 Prozent). Das Repräsentativ-Interview dauerte in der Regel eine knappe Stunde. Die Aussagebereitschaft der Befragten wurde in 83 Prozent der Fälle als gut und nur in 3 Prozent als eher schlecht eingestuft.

IV. Themenkatalog unergiebig

Trotz dieser großen Kooperationsbereitschaft war die Umfrage zunächst wider Erwarten unergiebig im Hinblick auf das ursprünglich ins Auge gefaßte Erkenntnisziel, nämlich den *Inhalt* der für Führungskräfte spezifischen Gewissensprobleme. Der Versuch, aus dem Material der Repräsentativbefragung und vor allem der Intensiv-Interviews eine Art »Gewissensspiegel für Führungskräfte« zusammenzustellen, d.h. eine Standesethik der sittlichen Herausforderungen zu erarbeiten, denen sich Führungskräfte gegenübergestellt sehen, blieb ohne Erfolg. Das Material enthielt zu wenig Hinweise auf konkrete Aufgaben, spezifische Problemstellungen oder auch Konfliktsituationen.

Allerdings: Daß solche Konflikte immer wieder auftreten, in denen eine Führungskraft zwischen sittlichen Idealvorstellungen und Sachzwängen entscheiden muß, wird aus vielen Stellungnahmen deutlich. Etwa die Hälfte der Befragten gibt an, in ihrem Beruf häufig (6%) oder zumindest manchmal (42%) zu Handlungsweisen gedrängt zu werden, durch die sie mit ihrem Gewissen in Konflikt geraten (Kaufmann/Kerber/Zulehner 1986, S. 321). Ein klarer Überblick war aber nicht zu erreichen, in welchem Umfang Führungskräfte sich in der Lage sehen, eigene sittliche Grundsätze im Betrieb zu befolgen und durchzusetzen.

V. Maßstäbe sittlicher Entscheidung

Aufschlußreicher war die Untersuchung bezüglich der Maßstäbe sittlichen Handelns. Anhand welcher Kriterien treffen Führungskräfte ihre Entscheidungen, wenn eine Situation sie mit sittlichen Normen in Konflikt zu bringen droht? Die Antwort eines Wirtschaftsberaters zeichnet ein sehr pessimistisches Bild: »Manager lassen sich nur – das klingt jetzt sehr negativ – durch Bestrafungen davon abhalten, solche Normen zu überschreiten.« Er steht mit dieser seiner durchaus zynisch gemeinten Auffassung aber ziemlich allein.

In vielen Aussagen wird deutlich, daß das persönliche *Gewissen* als Maßstab für sittliche Entscheidungen einen hohen Stellenwert einnimmt. Trotz aller Verunsicherungen in Fragen der Moral scheint man sich darüber einig zu sein, daß jede sittliche Entscheidung, die diesen Namen wirklich verdient, vom persönlichen Gewissen getragen sein muß, ganz gleich, auf welche objektiven Gründe sie sich stützt.

An welchen *objektiven* Richtmaßen kann aber das Gewissen für seine Entscheidung erkennen, was gut und was böse ist? Hier wird an erster Stelle die Orientierung an der gültigen *Rechtsordnung* als das entscheidende Kriterium für die sittliche Richtigkeit einer Entscheidung genannt.[5] Auch die Rücksicht auf die *Folgen* der eigenen Handlung spielt in diesem Zusammenhang noch eine wichtige Rolle.[6] Immerhin vertrat etwa ein Viertel der Befragten aber auch einen ausgesprochenen *Wertrelativismus* und -skeptizismus; für sie ist die Erkenntnis von Gut und Böse eine Sache des bloßen Gefühls, etwas, für das es keine allgemeingültigen Maßstäbe gibt. Spezifisch christliche Kriterien zum Finden des sittlich Richtigen erscheinen als weniger hilfreich: die Bibel, das Gebet, die Lehre der eigenen Kirche stehen ganz unten auf der Liste der Prioritäten.

VI. Verbindliche Grundwerte

Was erscheint Führungskräften als besonders wichtig, welche Werte werden als verbindlich angesehen und anerkannt? Aus einer Liste von 15 Antwortvorgaben wird (nach »Rechtsstaat und Demokratie« und »Freiheits- und Menschenrechte«) die Erhaltenswürdigkeit der *Natur* bei 21 Möglichkeiten an dritter Stelle genannt. Der Umweltschutz hat also als gemeinsame Grundüberzeugung eine hohe Priorität, zu der man sich zumindest bekennen muß.

Umgekehrt werden bestimmte Werte als wenig bedeutend eingestuft, die man eigentlich für Männer der Wirtschaft als typisch ansehen würde: Anerkennung in den eigenen sozialen Kreisen, »anderen Menschen etwas bedeuten«, »um seiner selbst willen geliebt werden«. Daß die Firma gut dasteht ist kein entscheidendes Kriterium dafür, daß man in seinem Leben erfolgreich war.

In den Tiefeninterviews wurden die Führungskräfte mehrmals ausdrücklich auf Verantwortungsgebiete angesprochen, die über den Beruf hinausgehen. Eine Frage richtete sich speziell auf eine gemeinsame Verantwortung für das, was etwa in Politik und Wirtschaft geschieht, aber nicht von einem einzelnen kontrolliert werden kann, also auf eine spezifisch *politische Verantwortung*. Die Antworten blieben aber verhältnismäßig blaß und unbestimmt.

VII. Bedeutung der Familie

Bemerkenswert erscheint die hohe Wertschätzung der *Familie*, die mit fast stereotyper Regelmäßigkeit in den Antworten auf Fragen zum Ausdruck kam, die das Berufsleben übersteigen. Auch auf einer »Liste der Verantwortlichkeiten«, in der die Aufgabenfelder umschrieben werden, für die der einzelne sich praktisch einsetzt, steht an oberster Stelle der persönliche Lebenskreis der

Familie, der Freunde, der kommenden Generation. Auch hier führen Natur und Umwelt die Liste der sozialethischen Verpflichtungen an, noch vor der Verantwortung für die soziale Marktwirtschaft.

Aber auch in bezug auf die persönlichen Lebensziele entsprechen die Umfrageergebnisse überhaupt nicht dem gängigen Bild des Unternehmers. Manager stehen bekanntlich im Ruf, bereit zu sein, ihrem beruflichen Erfolg alle anderen Lebenswerte zu opfern, auch Familie und Gesundheit. Hier wurde nun gefragt: »Wann würden Sie von sich sagen, ich habe in meinem Leben Erfolg gehabt? Was ist Ihnen da wichtig?« In ihren Antworten geben die Führungskräfte Zielen aus dem mehr privaten, persönlichen Bereich viel höhere Priorität als dem unmittelbar beruflichen Erfolg. Der Verdacht drängt sich auf, daß hier auch ein Wunschdenken seinen Ausdruck finden könnte, eine Sehnsucht, die um so stärker wird, je weniger sie sich im betrieblichen Alltag erfüllen läßt.

VIII. Menschliche Härte als Tugend

Bemerkenswert ist aber ein seltsamer Vorwurf, den Führungskräfte in diesem Zusammenhang in mehreren Intensiv-Interviews ansprachen: Sie ließen es an Härte gegenüber ihren Mitarbeitern fehlen. Sie fühlen sich also gewissermaßen von ihrem Ethos als Unternehmer her dazu verpflichtet, als Führungskraft den anerzogenen Werten menschlicher Rücksichtnahme und christlicher Nächstenliebe zuwiderzuhandeln. Es herrscht also die Auffassung vor, in der heutigen Wirtschaftsgesellschaft sei es notwendig, auch über persönliche Rücksichten hinwegzugehen, wenn der Betriebserfolg auf dem Spiel steht – und das fällt vielen Führungskräften offensichtlich schwer und läßt ihnen ihren Beruf auch unbefriedigend erscheinen. Wie solche Gewissenskonflikte zwischen der Achtung vor der Personenwürde des Nächsten und betrieblichen Sachzwängen dann im einzelnen gelöst werden, darüber liegen keine klaren Aussagen vor, sondern man redet sich recht vage auf »Gewissensentscheidungen« hinaus.

IX. Opportunismus

Beim Durchrechnen der Antworten unter verschiedenen Rücksichten im Computer stellte sich aber ein anderes, zunächst völlig unerwartetes Ergebnis ein: Bei einer recht scharf abgegrenzten Zahl von Führungskräften zeigte sich eine bestimmte, in sich geschlossene moralische Einstellung, die sich signifikant vom bloßen Zufallsergebnis unterscheidet und die man schlagwortartig »Opportunismus«[7] nennen könnte. Die folgenden Kriterien sind dafür kennzeichnend:

- »Opportunisten« sind deutlich Ich-zentriert: »Jeder ist sich selbst der Nächste«, »eine Hand wäscht die andere«;
- gesucht wird der Erfolg um jeden Preis: »Um ein höheres Ziel zu erreichen, läßt sich manchmal Unrecht nicht umgehen«;
- kennzeichnend ist eine Hochschätzung materieller Genußwerte: »Freizeit, finanzieller Wohlstand, das Ziel, »sich das Leben so angenehm wie möglich zu machen«;
- die Moral wird abgewertet zur »reinen Gefühlssache«: »Es gibt keine allgemeingültigen Maßstäbe für Gut und Böse«;
- mit bestimmten konkreten moralischen Werten nimmt man es nicht so genau: Unwahrhaftigkeit gegenüber den Steuerbehörden, beim Zuspielen von Fehlinformationen an die Presse, bei irreführenden Angaben zur Erlangung von öffentlichen Leistungen.

Zwar findet sich diese Einstellung nicht bei allen oder auch nur einer Mehrzahl der Befragten, sondern klar ausgeprägt nur bei einer Minderheitengruppe. Entscheidend ist aber, daß diese Gruppe immer mehr zunimmt, je jünger die Befragten sind. Die »opportunistisch« Eingestellten sind häufiger in der Privatwirtschaft als im öffentlichen Sektor vertreten, sind religiös weniger ansprechbar, sind aber in ihrer Konfessionszugehörigkeit etwa gleich verteilt.

Ist diese Einstellung eines stärkeren »Opportunismus« typisch nur für ein bestimmtes *Lebensalter* und verschwindet vielleicht später wieder, oder deutet sich hier ein echter, bleibender Wertewandel an? Die Frage läßt sich aus den Daten dieser Untersuchung nicht mit völliger Schlüssigkeit beantworten. Vieles spricht aber dafür, daß es sich um eine langfristige, bleibende Veränderung des Wertebewußtseins handelt, so daß sich die heute von den jüngeren Jahrgängen vertretenen Einstellungsmuster in Zukunft eher noch verstärken werden.

Häufig wird behauptet, neue postmaterialistische Werte seien im Kommen, wobei mit »postmaterialistisch« gemeint wird: Mehr Sinn für zwischenmenschliche Beziehungen, Treue, Verläßlichkeit und Transzendenz, damit mehr Sinn für das Religiöse. Für Führungskräfte läßt sich in dieser Studie ein solcher Trend nicht feststellen, im Gegenteil: Im Kommen zu sein scheint eher eine stärkere Ich-Zentrierung und dabei verstärkte Aufmerksamkeit auf Erfolg, materielle Güter und Genuß. Dabei gilt: Je weniger religiös und je opportunistischer man ist, um so größere Bedeutung gewinnen individualistische Orientierungen, und um so weniger interessiert man sich für Orientierungen, die das Individuum transzendieren.

X. Säkularisierung

Wie sich der hier dargestellte Säkularisierungsprozeß auf die Zukunft unserer Kultur auswirken wird, darüber muß sich auch jener Gedanken machen, der sich nicht zum Christentum bekennt. Zwar ist der christliche Glaube keine notwendige Voraussetzung für sittliches Handeln, aber in unserer traditionell christlichen Kultur führt der Verlust oder die Aufgabe dieses Glaubens auch zu einem eindeutig beobachtbaren Rückgang einer sittlichen Handlungsmotivation. Welche Kräfte werden an die Stelle der religiösen Bindungen treten, wie sie bisher vom Christentum und von den Kirchen ausgeübt wurden? Wird sich eine Moral ohne transzendente Begründung auf Dauer und auch in Grenzsituationen den Belastungen gewachsen zeigen, die in Gegenwart und absehbarer Zukunft auf uns zukommen?

Andererseits dürfte eine einfache Rückkehr zu den Werten und Normen der Vergangenheit auch keinen Ausweg eröffnen. Es geht um neue wirtschaftsethische Fragen: Wie ist die auf viele Schultern verteilte Führungsverantwortung sittlich wahrzunehmen im Hinblick auf das Wohl aller davon betroffenen Menschen? Darauf gibt die traditionelle Moral wenig hilfreiche Antworten. Niemand wird zwar Führungskräften ihre persönliche Gewissensentscheidung abnehmen können oder wollen, wie auch in der Vergangenheit die Moraltheologie den Herrschenden einen breiten Ermessensspielraum für ihr sittliches Handeln einräumte. Trotzdem sollte es aber auch auf dieser Ebene wenigstens allgemein formulierte Kriterien für sittliches Handeln geben, anerkannte ethische Verhaltenscodices, an denen man sich orientieren kann, »Gewissensspiegel für Führungskräfte«, ähnlich wie es in der Vergangenheit »Fürstenspiegel« gab. Sonst steht zu befürchten, daß das opportunistische Verhalten sich immer mehr durchsetzt und das allgemeine Ethos allmählich absinkt. Ist nämlich von einem Verhalten an der untersten Grenze des gerade noch Erlaubten ein Gewinn an äußeren Erfolgschancen zu erwarten, wird daraus nach dem Gesetz der »Grenzmoral« (Briefs 1920) auf die Dauer ein Durchschnittsverhalten, und die Grenze des Erlaubten verschiebt sich nach unten. Oft kann sich dann der einzelne oder auch das einzelne Unternehmen eine höhere Ethosform gar nicht mehr leisten, wenn es überleben will.

Außerdem leben wir heute in einer geschichtlichen Situation, in der es dringend erforderlich wäre, zum Schutz der grundlegenden Werte neue verbindliche Normen zu entwickeln und gemeinsam durchzusetzen. Beispielhaft wird dies an den extremen Herausforderungen der Friedens- und Umweltproblematik deutlich: Wissenschaft und Technik haben die Verfügungsmacht der Menschheit über ihre natürlichen und kulturellen Lebensbedingungen in einem beängstigenden Maß gesteigert. Die Verfolgung von an sich legitimen Eigeninteressen kann heute kollektiv zu Katastrophen weltweiten Ausmaßes führen. Wird sich die Menschheit dieser Herausforderung gewachsen zeigen, indem sie rasch genug sittliche Normen entwickelt, ins allgemeine Bewußtsein hebt und dann auch einhält, die der möglichen Selbstvernichtung gegensteuern? Welche Rolle kommt in diesem Zusammenhang den Wirtschaftsunternehmen mit ihrem immer stärker werdenden Einfluß zu?

Die zunehmende Diskussion wirtschaftsethischer Fragen kann als gutes Zeichen angesehen werden, daß man sich dieser Verantwortung stärker bewußt wird. Die einzelne Führungskraft dürfte sich überfordert fühlen, wenn von ihr erwartet wird, im persönlichen *Alleingang* einen eigenen Führungsstil zu finden, der den Anforderungen unserer Zeit gerecht wird.

XI. Gesprächskreise über Wirtschaftsethik

Zur Stärkung der moralischen Widerstandskraft des einzelnen schlägt deshalb Michael Zulehner ein Modell von »Bewußtseinslaboratorien« vor, das heißt Gesprächskreise, in denen ethische Fragen gemeinsam erörtert werden können und so das Gewissen der einzelnen gebildet wird (Kaufmann/Kerber/Zulehner 1986, S. 244–256). In der Umfrage haben sich immerhin 44 Prozent der Befragten gegenüber der Möglichkeit solcher Gesprächskreise positiv geäußert. Nur 38 Prozent haben aus unterschiedlichen Gründen Ablehnung erkennen lassen. Die Konflikte zwischen den sogenannten »Sachzwängen« im Unternehmen und den Forderungen der Ethik lassen sich damit zwar nicht beseitigen, aber abklären und bearbeiten. Dies allein schon wäre ein wichtiger Schritt auf dem Weg zu mehr sittlicher Freiheit.

Wichtig wäre aber, schon in der Ausbildung jungen Betriebswirten die ethischen Einsichten zu vermitteln, an denen sie sich später im Berufsleben orientieren können. Dazu genügt nicht eine bloße Moral der guten Gesinnung und der Zuversicht, in der Praxis die rechten Antworten schon zu finden. Es sollten vielmehr die Ansatzpunkte deutlich gemacht werden, wo Führungskräfte über einen Freiheitsgrad verfügen, sich mehr oder weniger moralisch zu verhalten. Insbesondere kommt es darauf an, jene Vielzahl von Situationen herauszustellen, in denen zwischen Moral und wirtschaftlicher Rationalität nicht nur kein Gegensatz besteht, sondern beide sich sogar ergänzen, in denen »Moral sich auszahlt« – unbeschadet der ethischen Maxime, daß sittliche Werte Achtung um ihrer selbst willen auch dann beanspruchen, wenn sie im Einzelfall mit echten Kosten verbunden sind (Kerber 1988).

Anmerkungen

1 »Wenn die Probleme in der Praxis sehr komplex sind und sinnvollerweise nur interdisziplinär angegangen und gelöst werden können, bedeutet dies auch eine Herausforderung für das innerwissenschaftliche, interdisziplinäre Gespräch.... Wirtschaftsethik soll nicht als bloßes innerwissenschaftliches Glasperlenspiel verstanden und die ethischen Konflikte in der Praxis sollen nicht nur den Pragmatikern überlassen werden« (Enderle 1988, S. 34).

2 Dieses Urteil über das sittlich Richtige ist zweifellos beeinflußt von vielen Zufälligkeiten der Erziehung und Sozialisation, auch von Eigeninteressen und Ideologien. Der Mensch ist nun einmal geneigt, für sein eigenes Verhalten auch »Rationalisierungen« zu finden, d.h. sein Verhalten vor sich selbst zu rechtfertigen mit manchmal fragwürdigen Begründungen. Dies gilt noch um so mehr für ganze Berufsgruppen, Völker, Kulturen.

3 Aufschlußreiche Beispiele dafür finden sich in jüngeren Untersuchungen des Instituts von Allensbach, etwa der deutschen Bearbeitung der Untersuchung der European Value Systems Study Group: Elisabeth Noelle-Neumann (1987). Vgl. die vernichtende Besprechung von Wolf Sichler (1987). Die jüngste Umfrage von Allensbach zu einem derartigen Thema ist der Öffentlichkeit gar nicht mehr zur Überprüfung zugänglich gemacht, sondern nur als Zeitungsbericht verbreitet worden. Vgl. dazu Jeske (1988, S. 15).

4 Der Text der Intensiv-Interviews (insgesamt etwa 1600 Seiten) konnte wegen der zugesicherten Vertraulichkeit leider nur auszugsweise veröffentlicht werden.

5 Bei einer Gruppe von Studenten, der zum Vergleich derselbe Fragebogen vorgelegt wurde, rangierte die geltende Rechtsordnung ganz weit unten auf der Skala der Kriterien sittlicher Entscheidung.

6 Dies gilt weniger im Sinne eines »Regelutilitarismus« als vielmehr im Sinne eines »Handlungsutilitarismus«, soweit man das anhand der Antworten überhaupt unterscheiden kann. Vgl. dazu die Überlegungen bei Kaufmann/Kerber/Zulehner (1986, S. 188–190).

7 Diese Bezeichnung ist selbstverständlich vom Auswerter gewählt und sagt nichts darüber aus, wie man im allgemeinen eine »opportunistische« Einstellung beurteilt.

Richard P. Nielsen

Arendt's Action Philosophy and the Manager as Eichmann, Richard III, Faust, or Institution Citizen*

* Mit freundlicher Genehmigung: The Regents of the University of California.
Wiederabdruck aus: California Management Review, Vol. XXVI, No. 3, Spring 1984, S. 191–201.

Hannah Arendt was a respected and controversial philosopher and political theorist who died in 1975. Her most noted work was *Eichmann in Jerusalem: A Report On The Banality of Evil* (1963). Originally commissioned by and published in *The New Yorker*, it was later expanded into book form. It is considered something of a modern classic due to its thought provoking analytic power. Arendt's philosophy of action and her analysis of Eichmann as a person and of his organizational situation can be an important aid in helping us manage both effectively and morally under pressure in turbulent times.

Arendt was concerned with the relationship between thinking and acting, between philosophy and politics. Many managers know that conflicts can exist between institutional requirements to obey orders and individual conscience, that institutions can harm people, and the responsibility for institution behavior that harms people is shared at different organizational levels. While literally thousands of articles and books have been published about managing under stress from a psychological perspective, relatively little has been published from a philosophical perspective.

Before considering how Arendt's action philosophy can be useful for management, it is necessary to consider similarities between the conditions Arendt was addressing and modern institutional conditions.

I. Institutional Factors Related To Arendt's Action Philosophy

1. Institutional Requirements To Obey Orders vs. Individual Conscience

Part of Arendt's work is concerned with totalitarian environments where obeying orders is required. We might like to think that with respect to the importance and force of institutional requirements to obey orders versus individual conscience, things are very different in modern institutions. However, there are some similarities. As Robert E. Wood of Sears, Roebuck has observed:

> We stress the advantages of the free enterprise system, we complain about the totalitarian state, but in our individual organizations we have created more or less a totalitarian system in industry, particularly in large industry (Ewing 1977, p. 21).

Lawrence Blades has observed that, as far as legal protection of employees from arbitrary institutional power, the law states that for the most part employers

> may dismiss their employees at will ... for good cause, for no cause, or even for cause morally wrong, without being thereby guilty of legal wrong (Blades 1967, pp. 1405f.).

David W. Ewing, Managing Editor of the *Harvard Business Review*, concludes that

> there is very little protection in industry for employers who object to carrying out immoral, unethical or illegal orders from their superiors. If the employee doesn't like what he or she is asked to do, the remedy is to pack up and leave. This remedy seems to presuppose an ideal economy, where there is another company down the street with openings for jobs just like the one the employee left (Ewing 1977, pp. 8, 21).

Charles W. Summers in a *Harvard Business Review* article states that

> corporate executives may argue that ... they recognize and protect ... against arbitrary termination through their own internal procedures. The simple fact is that most companies have not recognized and protected that right (Summers 1980, pp. 132, 139).

What frequently results from the lack of protection for those who resist orders that are immoral and/or illegal is that they either have to leave their organization, accept punishment, or conform. Many others who see what happens to those who try to resist, conform without resisting. Ewing observes:

> It [pressure to obey immoral or illegal orders] is probably most dangerous, however, as a low-level infection. When it slowly bleeds the individual conscience dry and metastasizes insidiously, it is most difficult to defend against. There are no spectacular firings or purges in the ranks. There are no epic blunders. Under constant and insistent pressure, employees simply give in and conform. They become good »organization people« (Ewing 1977, pp. 216f.).

2. Institutional Harm

Do institutions harm people? One of the most important reasons for considering the conflict between pressures to obey immoral or illegal institutional orders versus individual conscience is the potential and actual harm institutions can inflict upon people.

According to the Consumer Product Safety Commission, 30 000 people in the United States received serious injuries from unsafe products in 1976. It is estimated that each year more than 20 million Americans are injured seriously enough in consumer product related incidents to require medical treatment, or to be absent from work a day or more.[1]

Employees also are harmed by unsafe working conditions. The Occupational Safety and Health Administration reports that in 1976, 4500 employees died and one out of 11 employees received serious injuries from work related causes in the United States. These large numbers do not include estimates for the number of people harmed in such areas as water and air pollution, or the long-term effects of such things as products and working conditions that cause cancer (Nielsen 1979 b).

There are also many problem-specific types of harm caused by institutions. For example, consider the multinational business manager who manages the movement of a manufacturing facility from one country to another because the first country's laws consider a particular manufacturing process to cause cancer among employees or people living around the plant. The plant is moved to another country where the employee safety and pollution control laws are not so rigorous and the country may think that it needs to be more concerned with economic development than with health and safety. Instead of people being harmed in one country, they are harmed in another country. This situation is not unusual today and many modern industrial countries are involved.

There are some factories operating in the United States today where Federal health analysts estimate that employees handling certain chemicals for more than five years have a higher than 80 percent probability of getting cancer. Consider the situation of a manager in a nuclear power plant who is required as a condition of employment not to release information about potential or actual dangers in a plant for fear of media and political distortion. These are examples of institutions that can and do harm employees, consumers, and the public (Nielsen 1979 b; see also Ewing 1977).

3. Managerial Distance from Physical Harm

Numbers and types of harm are only part of the picture. Another important factor is how close the manager is to an overt act that harms people. For example, Eichmann, the Nazi who helped organize the mass murder of civilians, was separated by a significant organizational distance from the point where the organization harmed people. In his own words, Eichmann was guilty only of »aiding and abetting« in the commission of crimes. According to Arendt (1963, pp. 214f.) and the Israeli Court, it was never proved that Eichmann ever committed an overt act.

So also in the modern institution, the degree of responsibility tends to increase as we draw further away from the worker or the foreman who has the closest contact with the citizen, consumer, or employee harmed by organization behavior. The inadequacy of a defense based solely on the distance from the interface between the organization and the harmed person was reaffirmed in the June 1975 landmark case of United States vs. Park, where the Supreme Court ruled 6 to 3 that John R. Park, the President of Acme Markets, was criminally liable for conduct far down in the corporate hierarchy (Nielsen 1976).

In principle, as in the Eichmann case, distance by itself is not an adequate defense in U.S. business. However, in practice, the greater distance of top managers relative to middle managers appears to protect them more than the middle distance of middle managers (Nielsen 1979b; Ewing 1977). Is this better than the Nuremberg situation where the reverse was the case with respect to convictions and penalties?

II. »Ideal Types« of Managerial Morality

The German sociologist Max Weber constructed »ideal types« (models) of human behavior that were designed to serve as characterizations that reveal essential features of human behavior. Weber's most well known »ideal type«, the protestant capitalist, was presented in his *Protestant Ethic and the Spirit of Capitalism* (1904, 1930). While Weber recognized that there were Catholic Florentines and Venetians who were capitalists long before there was such a thing as a Protestant, the »ideal type« Protestant Ethic was used to illuminate certain key aspects of capitalist behavior. The »ideal type« is used in the sense of illuminating a particularly important characteristic of a behavior rather than as mutually exclusive categories that all or even any people can be neatly placed into.

The »ideal types« of Eichmann, Richard III, Faust, and Institution Citizen are used in this Weberian sense to try to illuminate several different and key aspects of managerial morality under pressure as a basis for considering the appropriateness and usefulness of Arendt's action philosophy.

1. Eichmann as Manager

From Arendt we learn that Eichmann was an upper middle level manager in a Nazi institution engaged in, as Arendt phrased it, the »administrative massacre« of millions of people. Eichmann never belonged to the higher Party circles. He managed in an institutional environment where obeying orders was required. According to Arendt, Eichmann believed that he was practicing the virtue of obedience when he was aiding his institution. Hitler ordered Goering, Goering ordered Himmler, Himmler ordered Heydrich, Heydrich ordered Eichmann, and Eichmann carried out the orders. Arendt explains what she thinks Eichmann thought.

> His guilt came from his obedience, and obedience is praised as a virtue. His virtue had been abused by the Nazi leaders. But he was not one of the ruling clique, he was a victim, and only the leaders deserved punishment (Arendt 1963, p. 247).

Arendt concludes her analysis of Eichmann and his organizational situation with the judgment that Eichmann was guilty, but instead of being an insane or monstrously evil person, Eichmann was, perhaps more horribly, well within the range of sanity and normality – he was neither abnormal nor a monster. Eichmann was a »thoughtless« and »banal« man who did not understand what was right or wrong about his role as a manager in an organization that harmed people. He was not able to distinguish right from wrong in his organizational context because he did not think about what he was doing and cooperating with. Arendt explains:

> Despite all the efforts of the prosecution, everybody could see that this man was not a monster ... he certainly would never have murdered his superior in order to inherit his post. He merely, to put the matter colloquially, never realized what he was doing ... He was not stupid. It was sheer thoughtlessness – something by no means identical with stupidity (Arendt 1963, p. 287).

Eichmann was capable of being both a good technical manager and ignorant of the evil role he was playing as a manager in an institution. He was very narrow, and his narrowness contributed to his evil behavior. According to Arendt, Eichmann was »ignorant of everything that was not directly, technically and bureaucratically connected with his job.«

Despite the extreme evil his organization committed, Eichmann as a Weberian »ideal type«, as well as the individual person Eichmann, as a thoughtless man, brings into serious question the validity of assuming that all managers naturally understand what is right or wrong in organizational contexts where obeying orders is at a very high premium. As Arendt explains:

> The judges did not believe him, because they were ... perhaps too conscious of the very foundations of their profession to admit that an average, »normal« person neither feeble-minded nor indoctrinated nor cynical, could be perfectly incapable of telling right from wrong. They ... missed the greatest moral and even legal challenge of the whole case. Their case rested on the assumption that the defendant, like all »normal persons«, must have been aware of the criminal nature of his acts ... However, under the conditions of the Third Reich only »exceptions« could be expected to react normally (Arendt 1963, pp. 26f.).

Ewing's book describes several cases where managers were severely punished for not doing what was illegal or what they thought was morally wrong (Ewing 1977). Ewing also found such courageous managers to be exceptions. Not thinking about illegal or immoral behavior while working hard and creatively for organizational goals is frequently both encouraged and rewarded. The key »ideal type« characteristic illuminated by Eichmann and his organizational situation is thoughtlessness, and as Arendt phrased it, the banality of evil.

2. Richard III as Manager

In her analysis of Eichmann, Arendt recognized that in contrast to the Eichmann »ideal type«, people could act from base motives (Arendt 1963, p. 287; also Arendt 1978, pp. 3–9). She referred to »calculated wickedness« and distinguished it from banal or thoughtles evil. The »ideal type« she used to refer to »calculated wickedness« was Richard III, who in Shakespeare's play says to himself »Evil be thou my good« (Young-Bruehl 1982, p. 369). In contrast to the Eichmann »ideal type«, the Richard III »ideal type« can tell the difference between good and evil. The Richard III knows a behavior is evil and decides to do it for personal gain. Both the Eichmann and the Richard III types are guilty according to Arendt. The key difference is that the Richard III type knows exactly that what he is doing is evil.

As mentioned earlier, administrative harm – unsafe products, working conditions, environmental effects, etc. – is an example of how organizations can harm people. A Richard III type manager might intentionally produce and market products that he knows to be unsafe in order to increase sales and profits and advance in the institution. Similarly, such a manager might produce and market unsafe products so as not to oppose what he thinks is wrong in order to maintain his position and not »rock the boat.« Such cooperation with administrative harm can be done for greater personal gain or out of a desire not to lose what a manager already has in terms of employment, position, influence, benefits, etc.

3. Faust as Manager

In Goethe's *Faust*, Faust exchanges his soul for what he considers higher goods:

> *Faust:* I am too old to treat it as a jest.
> Too young to have given up the game
> What satisfaction can this world bestow? . . .
> Poor devil. What hath thou to give?
> *Mephistopheles:* . . . One day you'll want to sit
> O'er some good thing . . .
> *Faust:* If e'er I cry to the passing hour
> »Thou are so beautiful; Oh, linger yet« . . .
> Then I will go down gladly to the pit (Th. Mann 1948, pp. 69, 72).

The higher goods offered by Mephistopheles and accepted by Faust were knowledge and love of another person. Faust believed that to make a pact with a devil was wrong, however, he also believed that what he considered higher goods, knowledge and the love of another person, were worth doing wrong for.

Unlike the Richard III »ideal type« Faust's ends were not base. Knowledge and love are good for Faust and the world. For Faust, exchanging his soul was reasonable. The higher ends justified the bad means.

This is not an uncommon phenomenon. A manager may identify so closely with the mission of his institution that he is willing to act illegally and immorally for the higher good of the institution or the institution's mission. For example, a manager may decide that it is »worth it« to have a few employees die of cancer from working in a factory producing a chemical or drug that can improve the lives of thousands of people. A manager might allow a product to be manufactured and marketed that he knows will harm people because to recall the products, redesign them, and remarket them might be so expensive as to seriously damage the financial health of the institution. For this manager the higher good of the financial health or perhaps survivability of the institution might be more important than the lives or injuries of a few consumers.

Curiously, Arendt did not refer to this Faust »ideal type.« However, she did refer to a related phenomenon, the situation where a policy maker is willing to act a lesser evil rather than a greater evil. She found three problems with this approach. First, she found it morally wrong because the people hurt by the lesser evil behavior are not consulted and do not agree to be hurt. Second, she thought that those who use »lesser evil« means are slowly or quickly transformed into the »larger evil« they think they are fighting against or resisting. Third, she lacked confidence in our ability to correctly predict the actuality of greater future evils that we might exchange for present and certain lesser evils (Arendt 1978).

III. Arendt's Action Philosophy And The Manager As Institution Citizen

Arendt's use of the »ideal type« technique was learned from her teacher and friend Karl Jaspers, who in turn learned about it from his teacher and friend Max Weber (Young-Bruehl 1982, pp. 63–70). Jaspers used Weber's »ideal type« technique for his *Psychology of World Views.* Jaspers tried to distinguish basic types of »world views« and illuminate the consequences for human behavior. This work also marked Jaspers' change in work and career from psychology to philosophy (Young-Bruehl 1982, p. 63).

However, Jaspers found that in addition to understanding a »world view« it was also necessary to understand why a person adopts a »world view« and what causes people to think, act, and make concrete choices in relation to alternative »world views.« Jaspers was interested in how a person lives and acts his own »world view,« and philosophy, as is explained in his *Philosophy* (Jaspers 1948). Arendt continued and advanced this work.

Unlike most modern social and political philosophers since Marx, Arendt and Jaspers do not so much tell us what to believe or what specific actions to take, as they offer us an orientation and examples of how to think and act in difficult situations. Arendt's philosophical orientation integrates three key concepts:

- the importance of the habit of independent thinking and judgment;
- the need to understand and resist individual and organizational phenomena of the evil »ideal types«; and,
- the need to act civically, i.e. as a citizen, with others.

According to M. A. Hill:

> The ... paradigmatic quality of her thinking is rooted in the way she understood the task of the thinker ... She believed that it is up to the actors themselves to judge how to act, and to persuade each other on the best course to follow ... She did not believe there was any ... theory that could eliminate the need for judgment by offering in its place a certain knowledge of the consequences of different courses of action ... For Hannah Arendt, thinking was an ongoing activity ... an end in itself ...

> For her the justification for thinking was not the knowledge it confers, but the possibility of meaning that it holds out . . . She offered an understanding of what it means to act and what it means to think, as activities that are viewed without the help of prior assumptions, »without bannisters,« as she once put it (Hill 1979, p. X).

Arendt thought that we need to learn more about thinking, judging, and acting without historical theoretical or ideological bannisters. This was in large part because of the »ideal type« phenomena of totalitarianism, the Eichmann, Richard III, and Faust as reflected in both individual and organizational principles. Arendt felt that previous Western social and political philosophy did not adequately include these phenomena, and she also thought that the content of the traditional philosophies could not include the phenomena of totalitarianism and Eichmann (Arendt 1978).

Arendt explains how her action philosophy is related to the Eichmann »ideal type«:

> Factually, my preoccupation with mental activities has two rather different origins. The immediate impulse came from my attending the Eichmann trial in Jerusalem. In my report of it I spoke of »the banality of evil.« Behind that phrase, I held no thesis or doctrine, although I was dimly aware of the fact that it went counter to our tradition of thought – literary, theological, or philosophic – about the phenomenon of evil . . . The question that imposed itself was: Could the activity of thinking as such, the habit of examining whatever happens to come to pass or to attract attention, regardless of results and specific content, could this acitivity be among the conditions that make men abstain from evil-doing or even actually »condition« them against it? . . . Second, . . . I had been concerned with the problem of Action . . . If, as I suggested before, the ability to tell right from wrong should turn out to have anything to do with the ability to think, then we must be able to »demand« its exercise from every sane person, no matter how erudite or ignorant, intelligent or stupid, he may happen to be . . . absence of thought is not stupidity; it can be found in highly intelligent people, and a wicked heart is not its cause; it is probably the other way roung, that wickedness may be caused by absence of thought. In any event, the matter can no longer be left to »specialists« as though thinking, like higher mathematics, were the monopoly of a specialized discipline (Arendt 1978, pp. 3, 5, 13).

Arendt also believed that while thinking must be an individual and independent, habitual activity it was also necessary to understand important principles of institutional totalitarianism and act civically with others, i.e. as a citizen of a country or an institution, to resist immoral behavior and phenomena (Arendt 1951, 1958). Arendt's concerns were to be both with oneself, to which the activity of thinking corresponds, and to be together with others, from which flows action. She was concerned with the relationship between thinking and acting, between philosophy and politics. Arendt made a distinction between a »good man« and a »good citizen,« between a moral stance and a political action. This distinction was important because in order for action to be effective it generally has to come from people acting together.

Arendt argued that this acting with others was crucial for several key reasons (Arendt 1958, 1978). One reason revolved around the idea of a public space. That is, people need to be able to have a space to interact with others in order to discuss and persuade each other on important issues. People need to act with others so as not to be atomized and isolated from the institution they are trying to serve, otherwise there is a strong tendency to be concerned only with private security and private interests. This not only makes people ineffective as citizens but also makes them more susceptible to explicit and implicit coercion, immoral ideologies, and immoral »ideal type« behaviors. The act of working with others helps establish a place in the institution, a political space which makes opinions significant and actions effective.

Arendt also understood that institutional civil liberties could be important as encouragement and protection of responsible institutional citizenship.

> All other differences between the institutions of democratic and totalitarian countries can be shown to be secondary and side issues. This is not a conflict between socialism and capitalism, or state-capitalism and free enterprise, or a class-ridden and classless society. It is a conflict between... civil liberties and the... abolition of civil liberties (Young-Bruehl 1982, p. 206).

In her view, institutions without provisions for civil liberties were more totalitarian than not. In order for the manager to serve as a citizen in an institution it is important to have protected civil liberties. This is also the theme of David Ewing's book, *Freedom Inside the Organization: Bringing Civil Liberties to the Workplace* (1977), quoted earlier.

In summary, the manager as institution citizen cultivates the habit of thinking and judging independently as a basis for acting civically with others and resisting the immoral »ideal type« behaviors and phenomena of totalitarianism – the Eichmann, Richard III, and Faust which are not uncommon within countries, institutions, and individuals. In addition, Arendt believed that institutional systems with protected civil liberties and »citizen« actions were almost the antithesis of the totalitarian phenomenon. She also recognized that totalitarian systems are both evil and strong. Therefore, in order to effectively combat such systems as well as the cancerous growths of totalitarianism within countries, institutions, and individuals, very tough-minded habits of independent thinking and judging by managers as well as civic action protected by institutional civil liberties are necessary. A large part of manager civic responsibility is for the manager as a citizen of an institution to develop the habit of thinking and judging independently as a basis for discussing and acting with others to build and preserve the good characteristics and behaviors of institutions while resisting the immoral »ideal type« behaviors and characteristics.

IV. Arendt's Action Philosophy As An Aid To Managing Under Pressure

Many, but certainly not all and perhaps not even most, managers are familiar with how institutions can harm people, how there can be conflicts between organizational requirements to obey orders and individual conscience, and how responsibility for organization behavior that harms people is shared at different organizational levels. Arendt's action philosophy as illuminated in the »ideal type« of manager as Institution Citizen is useful to the manager for five main reasons.

First, Arendt's analysis and action philosophy can help us better understand the severe pressures managers sometimes encounter and that such pressures are not new. Second, it can help us better understand the range of »ideal type« responses that we can choose among as well as be on guard against. That there are alternative types of responses can help us think about and perhaps make better judgments and decisions about which type is better for us individually and collectively. Third, Arendt's action philosophy of the manager as Institution Citizen can provide an effective orientation and guide for dealing with pressures associated with moral issues. Fourth, Arendt's action philosophy is for the most part free of the political-economic, corporate, and even religious ideologies that so many managers have found inadequate for dealing with modern moral issues within institutional contexts. Fifth, philosophy can serve as a more powerful approach, or at least supplement to a psychological approach to stress management, which frequently ignores the more fundamental moral and philosophical issues.

As Goethe observed, »The world only goes forward because of those who oppose it.« The same is true of institutions and the managers who serve as loyal opposition and Institution Citizen (Nielsen 1979a, 1981, 1983a, 1983b, 1984).

Note

1 Data and quotations for this article were obtained through telephone interviews while the author was serving as free-lance reporter/researcher for *The New York Times*. The data and quotations are used with permission of *The New York Times*.

Georg Lind

Moralische Entwicklung in betrieblichen Organisationen

I. Einleitung

»Über den Markt lassen sich aus der großen Vielfalt der Interessen und Meinungen – als Summe der Einzelentscheidungen – am besten überpersonale Wertvorstellungen herauskristallisieren.«[1] Trifft das zu? Kann die Ökonomie wirklich die Ethik ersetzen? Es kann nicht bezweifelt werden, daß maximaler Gewinn und hohes Einkommen nur durch ökonomische Klugheit und freie Konkurrenzwirtschaft zu erreichen sind. Aber sind diese Mittel auch geeignet, ethische Probleme zu lösen, die einen Betrieb als Ganzes, Gruppen von Betriebsangehörigen oder den einzelnen betreffen?

Wenn man unsere durch Gewinnstreben und Konkurrenz geprägte Welt betrachtet, kann man diese Fragen kaum positiv beantworten. Die künstliche Figur des Homo Oeconomicus vermag nicht, das moralische Problem des gerechten Interessenausgleichs zu lösen. Seine Erfinder haben übersehen, daß selbst wirtschaftliche Entscheidungen nicht nur auf instrumentellen, sondern auch auf moralischen Überlegungen gründen. Um so mehr ist der am Wirtschaftsleben teilnehmende Mensch nicht bloß als ökonomischer Kalkulator, sondern auch – oder zuvorderst – als moralisches Wesen zu verstehen.[2]

Mit jedem Anwachsen unserer instrumentellen Vernunft, mit der Entwicklung von neuen Technologien und mächtigen Unternehmen wächst *objektiv* die Verantwortung für das, was durch diese geschaffen wird (Jonas 1984). Ob wir als einzelne und als Gesellschaft diese Verantwortung auch *subjektiv* erkennen und zu tragen vermögen, wird immer mehr zu einer Frage von existentieller Bedeutung. Die Frage ist, ob wir die dafür notwendigen moralischen Fähigkeiten entwickeln können und ob die Gesellschaft bereit und fähig ist, sie beim einzelnen zu fördern: Fähigkeiten wie Kooperationsvermögen und Toleranz, besonders aber der Mut, sich von eingefahrenen eigenen und fremden Zwängen, Meinungen und Begründungen distanzieren zu können und die richtig erkannte Einsicht auch gegen Widerstand zur Geltung zu bringen (Steinmann/Löhr 1987a, S. 32f.).

Dieser Beitrag widmet sich einem speziellen Aspekt dieser Frage. Inwieweit kann sich moralische Urteilsfähigkeit in betrieblichen Organisationen entwickeln und wie kann durch Änderung der moralischen Atmosphäre in Betrieben, durch die Gewährung von Autonomie und Mitbestimmung, und durch Ausbau des beruflichen Bildungswesens die Fähigkeit des einzelnen zur Übernahme von moralischer Verantwortung gefördert werden?

Ich stütze mich bei dieser Untersuchung vor allem auf die Ansätze und Forschungen von Lawrence Kohlberg und seinen Kollegen an der Harvard Universität (Kohlberg 1984; Higgins/Gordon 1986) und auf die Ergebnisse der Studien zur Förderung des sozial-moralischen Urteils in der beruflichen Ausbildung (HASMU-Projekt) von Fritz Oser und seinen Kollegen an der Universität Fribourg, Schweiz.[3]

II. Moral in betrieblichen Organisationen

Betriebliche Organisationen sind nach Max Weber eine besondere Form von Vergesellschaftung auf der Basis zweck- und wertrationalen Handelns. Ihr typisches Ziel ist die Maximierung von Gewinnen und Einkommen. Für die Tatsache, daß dieses präzise und gut quantifizierbare Ziel nicht sozialen Konsens und konfliktfreien Interessenausgleich garantiert, gibt es vielfältige Gründe:

- Gewinn- und Einkommensmaximierung sind aus der Sicht der an einem Unternehmen beteiligten und in ihm beschäftigten Menschen keine Endziele, sondern nur Teil einer umfassenderen Vorstellung vom guten, erfüllten Leben. Wie die dafür notwendige Arbeit kann »Geldmachen« Erfüllung und damit Selbstzweck sein. In der Regel aber wird es als Mittel und nicht als Zweck des Lebens angesehen. Insofern sind Gewinn- und Einkommensstreben rein instrumentell und ethisch-neutral. Dies bedeutet aber gleichzeitig, daß die Ökonomie, als Lehre von der optimalen Wahl der Mittel, auf die ethische Frage, wie Konflikte zwischen widerstreitenden Zielen zu regeln und wie Einzelinteressen und Einzelverantwortlichkeiten aufeinander abzustimmen sind, keine Antwort geben kann.[4]
- Das Hauptziel eines Betriebs wird typischerweise durch eine Vielzahl von Teilzielen und Einrichtungen zu erreichen versucht, denen auf Seite der Betriebsangehörigen vielfältige Erwartungen, Motivstrukturen und Werthaltungen entsprechen.[5] Unternehmensbezogene sozial-moralische Konflikte betreffen die komplexen Beziehungen zwischen institutionell (Aktionäre kontra Vorstand), positional (z.B. Direktor kontra Meister) und funktional (z.B. Entwicklungs- kontra Verkaufsabteilung) differenzierten Gruppen und Einzelpersonen im Betrieb (Lempert 1986, S. 226ff.).
- Die Auswirkungen des betrieblichen Handelns wirken unmittelbar und mittelbar auf das Unternehmen und seine Angehörigen zurück. Ungleiche Einkommens- und Gewinnverteilungen bewirken Unterschiede der sozialen Chancen.[6] Die Art und Komplexität der Arbeit haben Folgen für das Erziehungsklima in den Familien der Beschäftigten (Kohn 1977; Bertram 1987, S. 24f.; Bertram 1985). Die intendierten und noch mehr die nicht intendierten Waren- und Leistungsprodukte eines Unternehmens können Mensch- und Umweltzerstörungen mit unmittelbaren Folgen für den einzelnen, für den Betrieb und die Gesellschaft haben.[7]
- Unternehmen sind selbst eine moralische Idee. Sie beruhen auf der Achtung vor dem Eigentum und der rechtlichen Absicherung unternehmerischer Verträge durch die Gesellschaft. Insofern können Unternehmen zwar die sie beschränkenden moralischen Maximen beklagen und im einzelnen kritisieren. Sie können diese jedoch nicht grundsätzlich in Frage stellen, ohne sich ihrer eigenen moralischen Grundlage zu berauben.[8]

Zusammenfassend läßt sich also sagen, daß Betriebe und die darin beschäftigten Menschen ständig Entscheidungen zu treffen haben, die eine bestimmte moralische Grundlage voraussetzen und die neben wirtschaftlichen auch moralische Implikationen haben. Deshalb können neben ökonomisch-technisch zu lösenden Problemen immer auch sozial-moralische Probleme auftreten, die bei den Beteiligten besondere soziale und moralische Fähigkeiten voraussetzen.

III. Zu Begriff und Bedeutung der moralischen Urteilsfähigkeit

Für die Lösung sozial-moralischer Probleme spielen die »richtige« Einstellung und die Verfügbarkeit angemessener Verhaltensmuster eine wichtige Rolle. Insofern ist es auch berechtigt, Wert auf deren Erwerb im Prozeß der familialen und beruflichen Sozialisation zu legen (Brezinka 1988). Der Begriff der moralischen Urteilsfähigkeit kann jedoch nicht auf die Übernahme von Werten und Einstellungen und die Einübung bestimmter sozialer Fertigkeiten eingeengt werden. Was in einer konkreten Situation moralisch richtiges Verhalten ist, muß oft neu überlegt und entschieden werden. Dabei wird sich der einzelne oder die Gruppe auf soziale Konventionen und Regeln stützen. Aber es wird sich nicht vermeiden lassen, daß jene für die Entscheidung unzureichend, in sich widersprüchlich oder gar unmoralisch sind. Soziale Vorgaben können die moralische Verantwortung für das eigene Tun nicht ersetzen (Lind 1985a, S. 23ff.).

»Moralisch« in einem allgemeingültigen Sinn soll daher Verhalten nur dann heißen, wenn es sich an Prinzipien orientiert, und wenn diese Prinzipien universell und damit dem vernünftigen Gespräch zugänglich sind. Solche allgemeingültigen, von fast allen Menschen hoch eingeschätzten Prinzipien sind die Gerechtigkeit und die Achtung vor dem Leben und der Würde des Menschen. Entscheidungen, die nicht nach der Verwirklichung solcher Prinzipien streben und sich auch nicht hieran messen lassen wollen, sondern nur aufgrund eines sozialen Machtunterschieds durchgesetzt werden, fallen hingegen nicht in die Kategorie »moralisch«.[9]

Erst die Orientierung des Verhaltens an vernunftleitenden Prinzipien ermöglicht, um mit Max Weber zu sprechen, den rational motivierten Interessenausgleich, die rational motivierte Interessenverbindung und die friedliche Konkurrenz um Chancen statt Kampf und *Gewalt* (Weber 1966, S. 33). Moralische Vernunft bewirkt, wie Habermas in Anschluß an Kant und Weber ausführt,

> »die Tilgung jener Gewaltverhältnisse, die in die Kommunikationsstrukturen unauffällig eingelassen sind, und die bewußte Konfliktaustragung und konsensuelle Konfliktregulierung durch intrapsychische ebenso wie durch

personelle Sperren der Kommunikation verhindern« (Habermas 1976a, S. 34).

Daß wir hier nicht den Begriff »moralisches Verhalten«, sondern den des »moralischen Urteilens« gebrauchen, soll vor allem hervorheben, daß nicht ein beliebiges – physisches oder bloß sozial beurteiltes – Verhalten des Menschen von Interesse ist, sondern eines, das gemäß den eben aufgeführten Kriterien als »moralisches« kategorisiert und gemessen werden kann (Lind/Wakenhut 1985).

In bezug auf das Urteilsverhalten lassen sich psychologisch zwei Aspekte unterscheiden:

- Der *affektive* Aspekt des moralischen Urteils meint die Richtung und Intensität von moralischen Orientierungen und Einstellungen. Er ist eine bereits gut erforschte Komponente des moralischen Verhaltens.
- Der *kognitive* Aspekt des moralischen Urteilens meint die »Urteilskraft«, welcher nach Kant der einzelne bedarf,

»um teils zu unterscheiden, in welchen Fällen (die moralischen Regeln) ihre Anwendung haben, teils ihnen Eingang in den Willen des Menschen und Nachdruck zur Ausübung zu verschaffen, da dieser der Idee einer praktischen reinen Vernunft zwar fähig, aber nicht so leicht vermögend ist, sie in seinem Lebenswandel in concreto wirksam zu machen« (Kant 1969, S. 224).

Kohlberg definiert sie als

»das Vermögen, Entscheidungen und Urteile zu treffen, die moralisch sind, das heißt, auf inneren Prinzipien beruhen, und in Übereinstimmung mit diesen Urteilen zu handeln« (Kohlberg 1964, S. 425).

Moralische Urteilskraft oder Urteilsfähigkeit ist also nicht einfach die Übereinstimmung des Verhaltens mit gegebenen sozialen Normen und Konventionen, sondern bezeichnet die Art und den Grad, in dem eine Person die von ihr akzeptierten moralischen Maximen oder Prinzipien im Handeln selbst zur Geltung bringt. Mit »kognitiv« ist hier »stilles Wissen«, tacit knowledge, gemeint, d.h. Wissen, das sich im tatsächlichen (Urteils-)Verhalten zeigt, und nicht das Bild, das eine Person über sich hat.

Moralische Urteilsfähigkeit umfaßt gleichzeitig *Integriertheit* des Urteilsverhaltens in bezug auf eigene moralische Prinzipien und *Differenziertheit* in bezug auf situative Bedingungen. Im einfachsten Fall wird Urteilskompetenz an der

»Konsistenz« des Urteilsverhaltens abgelesen. Moralisches Urteilen meint aber nicht Rigidität, die ein starres Verhalten ohne situative Differenzierungen darstellt. In Übereinstimmung mit Moral und Vernunft handeln muß ebenso heißen, differenziert zu urteilen und sich situationsangemessen zu verhalten.

Andererseits kann Urteilskompetenz nicht moralische Flexibilität in dem Sinne bedeuten, daß, je nach Situation, beliebige Prinzipien angeführt werden, um das eigene Verhalten nachträglich zu rechtfertigen oder zu »rationalisieren«. Auch Ausnahmen bedürfen der Rechtfertigung durch allgemeine Prinzipien.

Von moralischer Urteilskompetenz läßt sich reden, wenn eine Person moralische Prinzipien auch dann anerkennt und in ihrem Urteilsverhalten berücksichtigt, wenn diese gegen die eigene, einmal gefaßte Meinung oder gegen das eigene Verhalten sprechen.

Der affektive und der kognitive Aspekt des moralischen Urteils sind Eigenschaften ein und desselben Verhaltens. Sie können nur analytisch unterschieden, aber nicht dinglich getrennt werden.[10] Die kognitive Struktur des Urteilsverhaltens kann immer nur in bezug auf moralische Affekte bestimmt werden. (»Kognitiv« darf nicht mit technisch-wissenschaftlichem Wissen gleichgesetzt werden. Der Bereich des Moralischen hat seine eigene kognitive Struktur.) Ebenso können die moralischen Affekte, die das Verhalten leiten, immer nur in bezug auf strukturelle Eigenschaften des individuellen Verhaltens verstanden werden. Die isolierte, aus dem Zusammenhang gerissene Betrachtung von Verhaltensweisen und Äußerungen eines Menschen läßt keine gültigen Schlüsse über seine moralischen Beweggründe zu.[11]

Gemäß der kognitiven Entwicklungstheorie entwickelt sich die moralische Urteilsfähigkeit in Stufen. Die moralisch-kognitive Entwicklung verläuft gerichtet von geringer zu großer Fähigkeit. Sie bedeutet nicht bloße Veränderung der Richtung und der Intensität moralischer Einstellungen, sondern die Transformation kognitiv-moralischer Strukturen. Das Kohlberg-Modell, von dem wir hier ausgehen, unterscheidet drei Ebenen der Moralentwicklung (präkonventionell, konventionell, postkonventionell), die durch drei »soziale Perspektiven« charakterisiert sind (Kohlberg 1984, S. 177; vgl. Abb. 1).[12]

	Moralisches Urteil	Soziale Perspektive
A.	Präkonventionell	Individuum gegen Andere
B.	Konventionell	Mitglied der konkreten Gesellschaft
C.	Postkonventionell	Mitglied einer idealen Gesellschaft

Abb. 1: Ebenen der moralisch-kognitiven Entwicklung

IV. Selbstbestimmung in der beruflichen Ausbildung und moralische Urteilskompetenz

In seiner Arbeit über die Entwicklung des moralischen Urteils beim Kinde hat Jean Piaget die These vertreten, daß die Gewährung von Autonomie für die Entwicklung eines autonomen moralischen Urteils unverzichtbar ist (Piaget 1973). Diese Hypothese hat Kohn im Bereich der beruflichen Sozialisation mehrfach untersucht, ohne allerdings eindeutige Befunde zu erhalten (Kohn 1977, 1981). Das mag nicht zuletzt an der von ihm verwendeten Operationalisierung der Konstrukte gelegen haben, die nicht klar zwischen der Gewährung von Selbstbestimmung durch den Betrieb und dem individuellen Anspruch auf Selbstbestimmung unterschied. Das Problem der operationalen Definition von gewährter Autonomie stellt sich schon bei Piaget, der sie in seinen Untersuchungen äußerlich, nämlich als Interaktion mit »peers« (Gleichaltrige) definiert hat. Döbert und Nunner-Winkler (1983) wenden gegen diese Definition zu Recht ein, daß Autonomie-Gewährung nicht an bestimmte soziale Rollen gebunden ist. Auch Gleichaltrige können anderen Autonomie verweigern. Es ist wohl eher so, daß in Institutionen, wie Piaget sagt, eine »Art Ideal oder ein nicht in Regeln faßbarer Geist« der sozialen Interaktion existiert (Piaget 1973, S. 76), die sich erst in der subjektiven Wahrnehmung der Beteiligten dingfest machen läßt.

Es ist daher notwendig, die Frage nach der Beziehung zwischen betrieblicher Autonomie-Gewährung und individueller Moralentwicklung differenzierter zu fassen:

- Trifft es zu, daß, wie Kohn annimmt, Personen in unteren Positionen in der Betriebshierarchie einen geringen Anspruch auf berufliche Selbstbestimmung erheben?
- Kann ein Zusammenhang zwischen (wahrgenommener) Gewährung von Selbstbestimmung und moralischer Urteilsfähigkeit nachgewiesen werden?
- Welcher Zusammenhang besteht zwischen dem Anspruch einer Person auf Autonomie und ihrem moralischen Urteilsverhalten?
- Steht eine Diskrepanz zwischen Anspruch und Gewährung von Autonomie mit dem moralischen Urteilsverhalten in Zusammenhang?

V. Empirische Studie

Zur Untersuchung dieser Fragen stützen wir uns, wie eingangs erwähnt, auf eine Befragung von 597 Schweizer Lehrlingen[13] aus unterschiedlichen Wirtschaftssparten im Rahmen des HASMU-Projekts (1980–1983). Als Erhebungsinstrument kam ein Fragebogen zum Einsatz, in dem Fragen zur beruflichen Autonomie und zum moralischen Urteil enthalten waren (Lind 1985b, Anhang).

Der »Berufliche-Autonomie-Fragebogen« (BAF) besteht aus zwei Teilen. Im ersten wird nach dem *Werte-Anspruch* gefragt, nämlich auf welche Ziele es nach der Meinung des Lehrlings in der beruflichen Ausbildung ankommen soll. Vier Einzelfragen richten sich auf Aspekte der Autonomie (Selbständigkeit, Fragen stellen können, Kritik äußern können, eigene Vorstellungen entwickeln können); vier auf andere, teilweise nichtautonome Werte (Pünktlichkeit, Ordentlichkeit, Zusammenarbeit, gute Leistungen).

Der zweite Teil des BAF richtet sich auf die *Werte-Wahrnehmung*. Er enthält dieselben Ziele, nun aber mit der Frage verbunden, welche Werte der Lehrling in seiner betrieblichen Umwelt antrifft (vgl. Abb. 2).[14]

Analog zu diesem Aufbau des Fragebogens wurden drei Skalen gebildet:

- Die Skala *»Autonomie-Anspruch«*, die sich aus dem Summenwert der Antworten auf die Autonomie-Items des ersten Teils des BAF ergibt; sie hat einen Wertebereich von 4 bis 24 (völlig unwichtig bis sehr wichtig).
- Die Skala *»Autonomie-Gewährung«*, die sich aus der Summation der Antworten auf die Autonomie-Items des zweiten Teils des BAF ergibt; der Wertebereich reicht ebenfalls von 4 bis 24.
- Die Skala *»Anspruch-Gewährung-Diskrepanz«*, die sich aus der Summe der Differenzwerte zwischen Anspruch und Gewährung errechnet; Wertebe-

	Anspruch	Gewährung
Autonomie-werte	- Selbständigkeit - Fragen können - Kritik äußern können - Eigene Vorstellungen entwickeln können	- Selbständigkeit - Fragen können - Kritik äußern können - Eigene Vorstellungen entwickeln können
Andere Werte	- Pünktlichkeit - Ordentlichkeit - Gute Leistungen - Gute Zusammenarbeit	- Pünktlichkeit - Ordentlichkeit - Gute Leistungen - Gute Zusammenarbeit

Abb. 2: Plan des »Berufliche-Autonomie-Fragebogens« (BAF)

reich: –20 bis +20. Ein positiver Wert signalisiert, daß der einzelne mehr Autonomie beansprucht als ihm in der beruflichen Lehre in seinen Augen gewährt wird (Anspruchsüberschuß). Ein negativer Wert zeigt eine größere Autonomie-Gewährung an als von einzelnen gefordert wird (Gewährungsüberschuß).

Die moralische Urteilsfähigkeit wurde mit dem »Moralisches-Urteil-Test« (MUT) erfaßt (Lind 1984; Lind/Wakenhut 1985). Im MUT werden zwei exemplarisch moralische Probleme dargelegt. Die befragte Person muß zunächst eine Entscheidung treffen, ob sie die geschilderte Lösung für richtig oder für falsch hält. Danach werden ihr mehrere Argumente zur Beurteilung vorgelegt. Ein Teil der Argumente stützt die geschilderte Lösung, ein Teil spricht dagegen. In jeder Gruppe von Argumenten sind die (sechs) Stufen des moralischen Urteils von Kohlberg vertreten.[15]

Moralische Urteilsfähigkeit ist im MUT operationalisiert als der Grad, mit dem die befragte Person sich in ihrem Urteilsverhalten an der moralischen Qualität der Argumente orientiert, und zwar trotz der Tatsache, daß ein Teil der Argumente der von ihr bevorzugten Lösung des Problems widerspricht. Die Orientierung an der eigenen Meinung wird nicht generell als Ausdruck geringer Urteilsfähigkeit gewertet (es wird also keine Meinungslosigkeit gefordert). Einen niedrigen Wert erhält aber, wer Argumente, die die eigene Meinung stützen, kritiklos akzeptiert, und Gegenargumente undifferenziert ablehnt.[16]

1. Autonomie: Gewährung, Anspruch und Diskrepanz

Bei allen vorgegebenen Zielen der beruflichen Ausbildung, den autonomen und den nichtautonomen, haben wir zumeist Antworten im positiven Bereich der Antwortskala bekommen (vgl. Abb. 3). Es ist offensichtlich leicht, zu allgemein formulierten Werten Zustimmung zu erhalten. Erst der Vergleich von Anspruch und Gewährung auf der Basis der individuellen Werte läßt einen wichtigen Unterschied zwischen den autonomen und den anderen Zielsetzungen erkennen. Bei den autonomen Zielen zeigte sich durchweg ein mehr oder weniger großer Anspruchs-Überhang. In der Wahrnehmung der Lehrlinge werden diese Zielsetzungen in den Betrieben weniger gewährt als sie es selbst für wünschbar halten. Bei den nicht-autonomen Bildungszielen der Lehre ist das Verhältnis mit Ausnahme des Ziels »gute Zusammenarbeit« (das man mit einigem Recht auch zu den autonomen Zielen rechnen könnte) genau umgekehrt. Pünktlichkeit, Ordentlichkeit und gute Leistungen werden zwar größtenteils akzeptiert, aber sie werden in der Sicht der Lehrlinge in den Betrieben stärker verlangt als man selbst für notwendig erachtet (vgl. Abb. 3).

In bezug auf unsere Frage kann man also einen bemerkenswert hohen Anspruch auf berufliche Selbstbestimmung bei Lehrlingen feststellen, der nicht in Einklang mit der Vermutung steht, daß von Angehörigen der unteren beruf-

	Anspruch	Gewährung	Diskrepanz
Autonomie			
Selbständigkeit	5,6	5,5	+0,10
Fragen stellen	5,8	5,8	+0,05
Kritik äußern	5,7	4,7	+0,50
Eigene Vorstellungen	4,9	4,2	+0,33
Andere Ziele			
Pünktlichkeit	4,9	5,5	−0,30
Ordentlichkeit	5,4	5,7	−0,16
Gute Leistungen	5,2	5,3	−0,25
Gute Zusammenarbeit	5,8	5,3	−0,30

Abb. 3: Autonomie und andere Ziele der beruflichen Lehre: Anspruch, Gewährung und Diskrepanz (Mediane)

lichen Positionen wenig Selbstbestimmung gewünscht wird. Daß dieser Anspruch sich auch aus einer allgemeinen Tendenz zur Zustimmung zu allgemein formulierten Zielen erklärt, kann nicht ausgeschlossen werden. Selbst in diesem Fall würde es ein soziales Faktum darstellen, auf das pädagogische Bemühungen im Betrieb Bezug nehmen können.

2. Autonomie und moralische Urteilsfähigkeit

Wir wollen nun näher untersuchen, in welcher Beziehung Gewährung von und Anspruch auf Autonomie auf der einen Seite und moralisch-kognitive Entwicklung auf der anderen Seite stehen. Vorweg ist festzustellen, daß es bezüglich des affektiven Aspekts des moralischen Urteilens bei den Lehrlingen wie auch bei anderen Befragten keine nennenswerten Unterschiede gab[17], so daß wir hier auf eine Analyse des Zusammenhangs zwischen diesem Aspekt des moralischen Urteilens und beruflicher Autonomie verzichten können. Dieser Befund ist jedoch bedeutsam für die Frage der moralischen Sozialisation, da er uns zeigt, daß über die Einstellung zu moralischen Prinzipien eine größere Übereinstimmung besteht, als oft angenommen wird.

Hinsichtlich des kognitiven Aspekts des moralischen Urteils unterschieden sich die Lehrlinge stark, so daß näher untersucht werden kann, in welcher Beziehung dieser Aspekt zur Autonomie im Betrieb steht. Zu bedenken ist jedoch, daß beide Sachverhalte nicht über die ganze Breite der vorgegebenen Skalen variieren und daher ein möglicher Zusammenhang sich nur unvollständig zeigen kann.

Nimmt die Entwicklung der moralischen Urteilsfähigkeit von Lehrlingen mit größerer Autonomie-Gewährung in den Betrieben zu? Wenn diese Annahme zuträfe, müßte sich das in einer positiven Korrelation zeigen. Die Daten der Studie bestätigen dies nicht. Lehrlinge, die eine hohe Gewährung von Selbständigkeit in ihrem Betrieb berichten, zeigen keine höhere moralische Urteilsfähigkeit als Lehrlinge, die von einer mittleren Autonomie-Gewährung berichten.

Autonomie-Gewährung steht bei den hier untersuchten Lehrlingen in keinem systematischen Zusammenhang mit der moralischen Urteilskompetenz. Die Urteilsmuster der Gruppen mit mittlerer und mit hoher Autonomie-Gewährung stehen nicht in dem erwarteten Verhältnis zueinander.[18]

Für diesen Befund sind mehrere Erklärungen möglich. Es kann sein, daß sich der Grad der objektiv vom Betrieb gewährten Selbständigkeit durch die subjektiven Wahrnehmungen der Lehrlinge nicht zuverlässig ermitteln läßt. Eine andere Erklärung wäre, daß die Betriebe, denen diese Lehrlinge angehörten, sich hinsichtlich der Autonomie-Gewährung nicht stark unterschieden haben und sie deshalb keinen wirklichen Testfall für unsere Hypothese darstellen.

Schließlich kann eingewendet werden, daß die Höhe der gewährten Autonomie nur im Zusammenhang mit dem individuellen Anspruch auf Autonomie aussagekräftig ist. Es wäre möglich, daß moralische Urteilskompetenz nur dann mit der Höhe der Gewährung von Autonomie korreliert, wenn man die Diskrepanz zwischen Anspruch und Gewährung als die entscheidende Größe ansieht.

Diese Hypothese kann durch unsere Daten deutlich bestätigt werden. Die Urteilsmuster von Lehrlingen mit und ohne Diskrepanz weichen in der erwarteten Weise voneinander ab.[19]

Es scheint also, daß es nicht ausreicht, daß die Betriebe Autonomie gewähren, damit individuelle Moralentwicklung stimuliert wird. Auch der einzelne muß autonome Werthaltungen, insbesondere den Anspruch auf Selbstbestimmung in den Betrieb einbringen.

Wenn man den Anspruch auf Selbstbestimmung für sich nimmt, zeigt sich ebenfalls ein systematischer Zusammenhang mit dem moralischen Urteilsverhalten. Der Zusammenhang ist weniger stark als bei der Diskrepanz zwischen Anspruch und Gewährung und bei genauer Hinsicht erweist er sich als anders geartet. Auszubildende mit mittlerem und hohem Anspruch auf Selbstbestimmung unterschieden sich am deutlichsten bezüglich ihrer Einstellung zu den beiden postkonventionellen Stufen (Lind 1985b, S. 75, Tabelle 27). Ein hoher Anspruch auf Autonomie ging mit einer deutlich höheren Präferenz für Argumente auf Stufe V und VI der Kohlberg-Skala (Perspektive der idealen Gesellschaft) einher, die ihrerseits per Definition einen Bezug zum Konzept der Selbstbestimmung aufweisen.

VI. Zusammenfassung

Wir sind von der Frage ausgegangen, welche Rolle die Moral in betrieblichen Organisationen spielt und welche Rolle betriebliche Organisationen für die individuelle Moralentwicklung spielen. In der hier vorgelegten empirischen Studie wurde neben dem Verhältnis von beruflicher Umwelt und moralisch-kognitiver Entwicklung noch die Frage untersucht, welche Bedeutung die berufliche Bildung insgesamt für die Förderung der moralischen Entwicklung hat (Lind 1985b, S. 61ff.). Diese Befunde sollen in die abschließende Betrachtung ebenfalls einbezogen werden.

Unsere Untersuchung hat zunächst ergeben, daß Unternehmen auch als »moralische Anstalten« zu betrachten sind und sich dort unzweifelhaft Probleme ergeben, die moralischer und nicht rein ökonomischer oder technischer Natur sind. Instrumentelle und moralische Vernunft können nicht gegeneinander ausgespielt werden, sie sind aufeinander angewiesen. Wo technische und ökonomische Entwicklungen neue Lebensbereiche und -chancen erschließen, entsteht – gewissermaßen in deren Rücken – auch neue Verantwortung, der wir uns stellen müssen.

Menschen können diese Verantwortung nur in dem Maß (im doppelten Sinne des Wortes) wahr-nehmen, wie sie durch Bildung und Erziehung hierfür sensibilisiert und fähig gemacht werden. Zur Stützung dieser These möchte ich auf vier Ergebnisse der Moralpsychologie verweisen:

Moralisches Urteilen ist nicht nur eine Frage der Zustimmung oder der Ablehnung von moralischen Prinzipien. Moralische Einstellungen und Absichten sind wichtige Voraussetzungen moralischen Verhaltens, aber sie allein setzen den Menschen nicht in die Lage, komplexe moralische Probleme in konkreten Situationen im Betrieb zu lösen. Diese erfordern ebenso moralisch-kognitive Kompetenzen. Als eine wichtige haben wir die Fähigkeit identifiziert, Situationen und Probleme auf der Grundlage moralischer Prinzipien zu beurteilen, und zwar auch in Situationen, in denen überkommene eigene oder fremde Meinungen einer gerechten und moralisch rechtfertigbaren Lösung entgegenstehen.

Wie unsere Befragung bei Lehrlingen in Übereinstimmung mit anderen Studien zeigt, differieren die Individuen kaum hinsichtlich ihrer affektiven Bindung an moralische Maximen. Es besteht eine erstaunlich große Übereinstimmung über die Bevorzugung der moralischen Perspektive vom Standpunkt einer idealen Gesellschaft. Konventionelle Moralregeln und präkonventionelle Orientierungen werden allgemein weniger akzeptiert bzw. ganz abgelehnt.[20] Große Unterschiede bestehen hingegen bezüglich der individuellen Urteilsfähigkeit. Während sich manche Lehrlinge bei der Beurteilung moralischer Dilemmata sehr deutlich an moralischen Prinzipien orientierten, hat die Mehrzahl der Befragten ihr Urteil über die Argumente an der eigenen Meinung ausgerichtet.

Moralische Urteilskompetenz ist nicht identisch mit der Gesamtpersönlichkeit, aber sie scheint einen bedeutsamen Platz darin einzunehmen. In weiteren, hier nicht referierten Analysen zeigte sich ein sehr deutlicher Bezug zu Merkmalen der Ich-Stärke (Ambiguitätstoleranz, Erfolgszuversicht), die eine wesentliche Bedingung der Handlungsfähigkeit ist, und zu sozialen Einstellungen wie Humanismus und sozialer Gerechtigkeit (Lind 1985b, S. 47–57). Es konnten keine Anhaltspunkte dafür gefunden werden, daß Abwehrmechanismen hemmend oder fördernd auf die moralische Entwicklung während der Lehrzeit einwirken. Möglicherweise ist Ich-Stärke nur die Kehrseite der Fähigkeit zum integrierten und differenzierten moralischen Urteilen.

Die Lehrzeit, d.h. das Gesamt der sozialen Erfahrungen, die durch die berufliche Ausbildung innerhalb und außerhalb der beruflichen Sphäre vermittelt werden, hat offenbar einen förderlichen Einfluß auf die moralisch-kognitive Entwicklung von Lehrlingen. Dennoch ist der Effekt gering im Vergleich zu der stimulierenden Wirkung der schulischen Allgemeinbildung. Der beobachtete Zuwachs an moralischer Urteilsfähigkeit lag unter den Werten für gleichaltrige Gymnasiasten. Zudem war der Effekt der Lehrjahre geringer als die Variationsbreite an Urteilsfähigkeit, die bereits zu Beginn der Lehre aufgrund unterschiedlicher Vorbildung bei den Lehrlingen festgestellt werden konnte (Lind 1985b, S. 62f.). Man kann wohl sagen: die berufliche Bildung nützt der moralisch-kognitiven Entwicklung, aber sie nutzt die individuellen Entwicklungspotentiale nicht in dem Maße aus, wie dies möglich erscheint.

Autonomie spielt für die moralische Entwicklung eine wichtige Rolle, aber möglicherweise nur im Zusammenspiel von Individuum und Umwelt. Die These, daß Entwicklung ein interaktiver Prozeß ist, wird durch die Daten der vorliegenden Untersuchung erneut bestätigt. Die Gewährung von Selbstbestimmung bewirkt allein offenbar keine Entwicklungsunterschiede. Hierfür scheint die Diskrepanz zwischen Gewährung und Anspruch wichtig zu sein. Wenn der einzelne keine oder wenig Selbständigkeit beansprucht, dann stellt die Gewährung derselben keine positive Herausforderung an die Entwicklung moralisch-kognitiver Strukturen dar. Insofern kann es als eine günstige Voraussetzung für pädagogische Maßnahmen angesehen werden, daß die untersuchten Lehrlinge durchweg einen mittleren bis hohen Anspruch auf Selbstbestimmung erheben.

Zusammengenommen ergeben diese Befunde u.E. wichtige Hinweise für die pädagogische Praxis in Betrieben. Der für die erzieherische Fragestellung wichtigste Befund ist, daß berufliche Ausbildung einen gewissen Fördereffekt für die moralisch-kognitive Entwicklung hat, daß aber dieser Effekt geringer ist, als aufgrund anderer Untersuchungen über den fördernden Einfluß von Bildungsinstitutionen zu erwarten wäre.[21] Es ist zu vermuten, daß dieser Befund mit der Tatsache korreliert, daß die berufliche Ausbildung in der Schweiz wie in der Bundesrepublik nur einen geringen Anteil allgemeinbildender Elemente enthält. Da die Lehrlingsausbildung ihren wesentlichen Zweck in der Übung praktisch-handwerklicher Fertigkeiten sieht, wird zur Förderung der sozialen Handlungskompetenz mehr noch als in der Schule die Intensivierung jener Ausbildungsangebote anzustreben sein, die demokratische Handlungskompetenz und Verantwortungsfähigkeit am ehesten zu stimulieren vermögen.

Als erfolgversprechend haben sich spezielle pädagogische Veranstaltungen erwiesen, die die Diskussion von und den Umgang mit moralisch-sozialen Problemen zum Gegenstand haben (Oser/Schläfli 1985, 1986; Lempert 1988b).

In wissenschaftlicher Hinsicht sind diese Ergebnisse ein erneuter Beleg für die empirische Validität der Kognitiven Entwicklungstheorie. Diese Theorie, die vor allem aus Untersuchungen in Schulen hervorgegangen ist, hat sich auch in dieser Untersuchung in betrieblichen Organisationen bewährt: Sie hat der Erforschung des moralischen Urteilsverhaltens neue, wesentliche Aspekte der Persönlichkeit methodisch-empirisch erschlossen; sie stellt ein moralphilosophisch ausgearbeitetes Stufenmodell bereit, mit dem sich moralische Orientierungen messen lassen, und sie belegt, daß der kognitive Aspekt ein wichtiger und unverzichtbarer Bestandteil des moralischen Urteilsverhaltens ist.

Die Implikationen dieser Befunde für eine Unternehmensethik in praktischer Absicht sollen in zwei Thesen zusammengefaßt werden.

- Es scheint so, daß das Ausmaß der von Menschen verursachten Probleme und Katastrophen (Störfaktor Mensch) in direktem Zusammenhang mit dem Auseinanderklaffen von technisch-ökonomischer Macht und moralischer Ohnmacht steht. Es ist daher unabdingbar, daß der technisch-ökonomische Fortschritt durch entsprechende Anstrengungen im Bereich der sogenannten Allgemeinbildung parallelisiert wird, um bei allen Teilnehmern am Wirtschaftsleben ein hohes Maß an moralischer Urteilsfähigkeit und sozialer Verantwortungsbereitschaft zu entwickeln. Dies bedeutet vor allem, daß Bildungsunterschiede verringert und bislang stark vernachlässigte Bevölkerungsgruppen durch mehr Allgemeinbildung befähigt werden, an gesellschaftlichen und betrieblichen Entscheidungen aktiv teilzuhaben.
- Teilhabe an Entscheidungen, die den eigenen Betrieb betreffen, sollten nicht nur als ein (Mitbestimmungs-)Recht angesehen werden, sondern auch als eine Möglichkeit, Moralentwicklung zu stimulieren. Es liegen bereits zahlreiche Erfahrungen zur Wirksamkeit der Veränderung des Organisationsklimas auf die Entwicklung von Gerechtigkeit und Verantwortung in Schulen vor (Lind/Raschert 1987), aber nur wenige, die sich mit der Veränderung der moralischen Atmosphäre in Betrieben befassen (Higgins/Gordon 19862; Emery/Thorsund 1982; Oser/Schläfli 1985; Lempert 1985, 1988b). Dennoch läßt sich feststellen, daß eine Unternehmensethik mit Aussicht auf Erfolg an der Tatsache anknüpfen kann, daß Konsens über die moralischen Grundprinzipien besteht (und somit die Begründungsproblematik geringer ist, als es sich Moralphilosophen darstellen mag). Die eigentlichen Probleme scheinen in der Schwierigkeit zu liegen, diese Prinzipien in komplexen beruflichen Entscheidungssituationen konsistent und differenziert anzuwenden. Hierfür ist moralische Urteilsfähigkeit notwendig, die in Elternhaus und Lehre entwickelt, aber nur im betrieblichen Alltag durch praktische Anwendung vervollkommnet werden kann.

Anmerkungen

1 »Marktwirtschaft und Ethik«, in: Informationsdienst des Instituts der deutschen Wirtschaft (IWD) vom 24. 9. 1987, S. 8.
2 Zur Wende von »logisch-empirischen« Entscheidungsmodellen zu »moralisch-affektiven« in der Betriebswirtschaftslehre vgl. Etzioni (1988).
3 Die Daten, über die hier berichtet wird, sind in diesem Projekt erhoben worden. An ihm waren außerdem Eugen Hinder, Guntram Kanig, André Schläfli und der Autor beteiligt (zum HASMU-Projekt vgl. Oser/Schläfli 1985, 1986; Lind 1985b).
4 Was Vertreter des ethischen Utilitarismus beanspruchen.
Zur Kritik der (unzulässigen) Ausweitung von Rationalitäts- und Marktmodellen auf Fragen der Ethik vgl. Höffe (1986, S. 73ff.), auch Etzioni (1988).
5 Diese Werte-Vielfalt wurde gerade in der Nachkriegszeit als wesentliche Grundlage des sozialen Friedens und der Toleranz gesehen. »Die kollektiven Wertungen können nicht den Anspruch erfüllen, die »wahren« Werte zu geben, nicht einmal innerhalb des eigenen nationalen oder Kulturkreises ... So gibt es doch auch grundsätzliche Wertungen, denen der einzelne widersprechen kann« (Kraft 1951).
Manche bedauern, daß moderne Industriegesellschaften »durch kulturellen, politischen und ideologischen Pluralismus differenziert sind« und fordern wieder »von allen geteilte Grundwerte, die eine gemeinsame Lebensordnung sicherstellen und vor den Kräften der Auflösung bewahren« sollen (Brezinka 1988, S. 95; meine Übersetzung).
6 Zur Frage der Entstehung und Legitimation sozialer Ungleichheit durch angehende Führungskräfte vgl. Sandberger (1983).
7 Nachhaltig wurde uns diese »Heterogonie der Zwecke« (Wundt 1907, S. 32) durch das Reaktorunglück in Tschernobyl vor Augen geführt. Neuere Statistiken weisen eine stetige Zunahme von Katastrophen aus (vgl. Weltwoche Nr. 32, vom 11. 8. 1988, S. 21).
8 Vgl. beispielsweise die massive Anzeigekampagne der deutschen Tabakwirtschaft 1987 gegen die staatlichen Maßnahmen zur Reduktion des Rauchgenusses mit dem Hinweis auf »wirtschaftliche Freiheit« (u.a. in: Erziehung und Wissenschaft 1979, Heft 9, S. 15).
9 Für eine ausführliche Diskussion des Begriffs des moralischen Verhaltens vgl. Lind (1985a), Lempert (1988b).
10 Zum »Nicht-Separierbarkeits-Axiom« und zur Parallelität des affektiven und kognitiven Aspekts des moralischen Urteils vgl. Lind (1986a).
11 Diese Tatsache hat weitreichende Konsequenzen für die psychologische Experimentalistik, die hier nur angedeutet werden können. Es wäre z.B. verfehlt, den kognitiven und den affektiven Aspekt mit verschiedenen Testinhalten zu erfassen. Wenn man dies tut, unterstellt man (zumindest implizit), daß sich beide Aspekte dinglich trennen lassen (Lind/Wakenhut 1985).
12 Kohlberg hat diese Einteilung in Ebenen weiter in zwei Stufen pro Ebene differenziert; für eine ausführliche Beschreibung seines Sechs-Stufen-Modells der Moralentwicklung vgl. Kohlberg (1984, S. 174f., Tabelle 2.1); dazu auch Lind (1985a) und den Beitrag von Osterloh in diesem Band.
13 Der bei uns offiziell nicht mehr benutzte Begriff »Lehrlinge« ist in der Schweiz, in der diese Untersuchung durchgeführt wurde, noch in Gebrauch (Lind 1985b, Anhang).
14 Der BAF wurde nach dem Konzept des Experimentellen Fragebogens entwickelt, das sich schon bei der Konstruktion des MUT bewährt hat (Lind 1984; Lind/Wakenhut 1985). Der BAF beinhaltet drei Design-Faktoren: 1. den Faktor *Autonomie*, der aus zwei Kategorien besteht (autonome gegen nichtautonome Aspekte der Subjekt-Umwelt-Beziehung), 2. den zweistufigen Faktor *Anspruch/Gewährung* und 3. den vierstufigen Faktor *Aspekte von Autonomie*.
15 Für die »Wiederkehr« der Stufe 6 der Moralentwicklung vgl. die Beiträge in Edelstein/Nunner-Winkler (1986).

16 Für technische Details zum Auswertungsalgorithmus mittels intra-individueller multivariater Varianzzerlegung vgl. Lind (1984), Lind/Wakenhut (1985).

17 Diese Übereinstimmung läßt sich auch über kulturelle und ideologische Schranken hinweg nachweisen (Lind 1986b).

18 Es ist daher von geringer Bedeutung, daß sich in der multivariaten Varianzanalyse eine geringe, signifikante Korrelation ($r = 0{,}10$; $p < 0{,}05$) finden ließ (Lind 1985b, S. 73, Tabelle 25).

19 Die Varianzanalyse ergibt, daß der lineare Anteil des Interaktionseffekts zwischen Moralstufe und Diskrepanz alle anderen, nicht-linearen Effekte überragt ($r = 0{,}20$, $p < 0{,}001$). Während die Determination des Urteilsverhaltens in der Gruppe der Lehrlinge ohne Diskrepanz-Erfahrung bei 21,3 liegt, liegt sie in der Gruppe mit der Erfahrung einer Anspruchs-Gewährungs-Diskrepanz bei 25,2 (Lind 1985b, S. 74, Tabelle 26).

20 Zu weiteren Studien, die diese Aussage prüfen, vgl. Lind (1985a; 1986b).

21 Dazu Rest (1986); Lind (1987); aber auch die skeptischen Anmerkungen von Edelstein (1986).

Hanns-Peter Ekardt/Reiner Löffler

Zur gesellschaftlichen Verantwortung der Bauingenieure

Sachlogische Strukturen der Ingenieurarbeit am Beispiel des Bauwesens und das Problem der Verantwortung

Arbeit und Ethik werden in der Regel nicht zusammen gedacht. Die praktische Philosophie hat – so scheint es fast – über dem Bereich des politischen und privaten Handelns die Arbeit vergessen. Stichworte wie »Zivilcourage« und neuerdings »Unternehmensethik« verweisen auf den vertrauten Gedanken, daß der Wunsch nach moralisch angemessenem Handeln mit sozialen Tatsachen wie Macht und Wettbewerb in Konflikt geraten kann. Eine Ethik der Unternehmung und des Arbeitens bleibt aber notwendig unvollständig, solange sie lediglich solche *systemischen*, aus dem politischen und ökonomischen System herrührenden Zwänge und Widrigkeiten thematisiert. Arbeit ist immer auch Auseinandersetzung mit der ersten und zweiten Natur, mit den je spezifischen Bedingungen einer Branche. Wie eine Ethik der Sexualität offenkundig auch auf der Grundlage objektiver, biologischer Gegebenheiten formuliert werden muß, bedürfen Aussagen über verantwortliches Arbeiten einer Vorstellung von der stofflichen Natur der jeweiligen Tätigkeit. Diese Stofflichkeit des Arbeitsprozesses ist nicht einfach eine weitere objektive Vorgabe, die zu den systemischen bloß hinzukäme. Vielmehr interferiert sie mit diesen. Macht oder vom gesellschaftlichen System induzierte Ziele wie Gewinnstreben werden von der Natur der Tätigkeit vermittelt; ihr sind alle Akteure gleichermaßen unterworfen. Die Natur der jeweiligen Arbeit begrenzt also ihre Verfügbarkeit für partikulare Interessen. Aufgabe der agierenden Subjekte bleibt es dabei, zwischen den Anforderungen der stofflichen und der systemischen Sphäre zu vermitteln.[1]

Der Grundgedanke unseres Beitrags lautet, daß Aussagen zur Berufsmoral z.B. der Ingenieure aus Analysen der Grundstrukturen ihrer Arbeit entwickelt werden müssen. Sie sollen nicht »von außen« an die Ingenieurarbeit und den praktisch tätigen Ingenieur herangetragen werden, etwa vom Standort allgemeiner Erwägungen zur Ethik in einer von Wissenschaft und Technik geprägten Gesellschaft. Sonst liefe man Gefahr, daß die Moralerwägungen ohne Belang für die Praxis bleiben. Wir werben dagegen für die Einsicht, daß es objektive, *arbeitsstoffliche* Handlungsvoraussetzungen für Moralität gibt, denen der praktisch Handelnde gerecht werden muß, sofern er der Idee der Sittlichkeit überhaupt verpflichtet ist. Und insofern es je nach Tätigkeitstyp und Funktionsbereich Variationen in diesen objektiven Strukturen und Voraussetzungen gibt, werben wir für die Einsicht, daß das Sittliche im Beruf sich in unterschiedlichen Formen wird zeigen müssen. Ohne diesen Realismus degeneriert eine Ethik der Arbeit leicht zur Sonntagsrede, die weder der Praxis noch den Praktikern gerecht wird. Die hier vorgeschlagene Perspektive verringert daher auch den Abstand derer, die über Verantwortung dozieren, zu denen, die sie zu tragen haben und denen sie im Arbeitsalltag angesonnen wird.

In den Begriffen von Steinmann und Löhr bewegen wir uns »unterhalb« der wirtschaftsethischen und der unternehmensethischen auf der arbeitsethischen Stufe. Diese verhält sich aber nicht additiv zur Wirtschafts- und Unternehmensethik. Arbeitsethik darf auch nicht als das untere Ende einer dreistufigen Kette der Rechtfertigung wirtschaftlich-politischen Handelns mißverstanden werden. Das Problem einer Wirtschafts-, Unternehmens- und Arbeitsethik ist überhaupt nicht bloß ein Problem der *Rechtfertigung* von Zielen, Mitteln und systemstrukturellen Voraussetzungen des Handelns, denn mit Rechtfertigungen holen wir das *Handeln* niemals ein. Vielmehr halten wir es neben der zweifellos zentralen Rechtfertigungsfrage für wichtig, das Zusammenspiel von moralischem Bewußtsein mit arbeits- und systemstrukturellen Voraussetzungen aufzuklären.

Wir werden im folgenden versuchen, diese Zusammenhänge zwischen Arbeitsstofflichkeit und Arbeitsethik exemplarisch an der Tätigkeit von Bauingenieuren zu illustrieren. Diese Präferenz verdankt sich allein der besonderen Kenntnis der Autoren, die beide hauptberuflich in der Ausbildung von Bauingenieuren arbeiten. Dem Anspruch nach gilt freilich die Moralrelevanz der Stofflichkeit für jedwede Arbeit.

I. Exemplarische Aufgabenbereiche von Bauingenieuren: Verkehrsplaner, Entwerfer und Firmenbauleiter

Unsere These von der Notwendigkeit, arbeitsstoffliche Aspekte in eine Unternehmensethik einzubringen, wollen wir zunächst durch die Skizzierung dreier Einsatzbereiche von Bauingenieuren untermauern.[2] Sie unterscheiden sich in einer Reihe moralrelevanter Punkte. Uns geht es dabei nicht allein um die – möglicherweise gravierenden – Handlungsfolgen, sondern um die *Bedingungen der Möglichkeit* verantwortungsvollen Arbeitens. Über die systemfunktionale Bestimmung des sozialen Interessenzusammenhangs hinaus kann nur so der Boden beschrieben werden, auf dem erst die verschiedenen Interessen sich entfalten und zusammenstoßen können.

(a) Dem *Verkehrsplaner*, zu dessen Hauptaufgaben es gehört, die Notwendigkeit neuer Verkehrswege zu bestimmen, prinzipielle Lösungsmöglichkeiten (Neubau vs. Ausbau; Bundesstraße vs. Autobahn) und Trassierungsalternativen zu erzeugen und zu untersuchen, steht kein Kanon sozial gültiger Richtigkeitsvorstellungen zur Verfügung, der diese Grundlagenplanung regulieren könnte. Da Richtigkeitskriterien erst in bezug auf frei entworfene zukünftige Zustände greifen, ist sein Aktionsfeld anfänglich weitgehend offen. Mit der überwältigenden Mehrheit der Betroffenen kann er nicht einmal einen virtuellen Diskurs führen, da diese zukünftigen Generationen angehören werden. Entsprechend braucht er in der Regel nicht für Handlungsfolgen einzustehen, denn diese treten zu einem erheblichen Teil erst auf, wenn er selbst nicht mehr lebt. Diese Sanktionsfreiheit verdankt sich aber auch der Unmöglichkeit, auftretende Effekte individuell zurechnen zu können. Themen einer Ethik des Planens müssen daher Verfahren der Prognosenerstellung, der wünschbare Reichtum an Prognosevarianten, der Umgang mit dem Risikobegriff, Verfahren der Beteiligung der Zeitgenossen an der Auseinandersetzung mit Prognosen und an der Übernahme von Verantwortung für die folgenden Generationen aufgebürdeten Folgen, sowie Kriterien flexibler Planungs- und Bauverfahren sein.

(b) Hauptaufgabe des *Entwerfers/»Statikers«* ist die Erzeugung von Bauwerks- und Tagwerksalternativen, um den Bauherrnwillen erst zur Entfaltung bringen zu können, von Standsicherheitsnachweisen für diese Tragwerke, von Unterlagen für Baugenehmigungen und zur Bauausführung (z.B. Schal- und Bewehrungspläne). Auch er ist gefordert, Konstruktions- und Produktionsalternativen zu entwerfen, also dem moralischen Urteil erst eine Vorgabe zu machen. Existiert diese Vorgabe dann, aktiviert sie eine Vielzahl positiver und prinzipiell befolgbarer Regeln (z.B. DIN-Normen). Sie bilden einen erheblichen Teil der geltenden Richtigkeitskriterien, denen das Konstruktions- und Entwurfshandeln unterliegt. Die Einhaltung dieser Normen wird kontrolliert, Handlungsfolgen sind zu einem großen Teil individuell zurechenbar, und ggf. betreten funktionierende privat- und strafrechtliche Sanktionsinstanzen die Arena und verleihen dem »Einstehen für eine Handlung« handfesten Sinn. An den Rändern vertrauter Problemstellungen und an der »Front« der technischen Entwicklung bedarf es jedoch einer prinzipiengesteuerten Moral, da die Normen aufgrund der erheblichen, inhaltlichen und zeitlichen Differenz zwischen der Durchsetzung zu »allgemein anerkannten Regeln der Technik« und dem fortlaufend sich weiterentwickelnden »Stand von Wissenschaft und Technik« dann nicht mehr greifen.[3] Außerdem kann in diesen Fällen verantwortliche Praxis nur darin bestehen, die jeweilige Angemessenheit vorgegebener Modelle (etwa der Berechnung) zu prüfen. Schließlich kann eine strikt an den Regeln orientierte Entwurfspraxis zu konservativen Entwurfsvorgaben und Problemlösungen verführen: so jedenfalls die wiederholte Klage führender und besonders innovativer Bauingenieure.

(c) Völlig konträre Prozeßstrukturen zu denen des Planers findet der *Firmenbauleiter*[4] vor. Der Bauleiter, in erster Linie zuständig für Organisation und Leitung der Bauausführung auf der Baustelle, ist umstellt von präzisen (legitimen) Erwartungen verschiedener Bezugsgruppen, die über ein relativ hohes Sanktionspotential verfügen. Seine Arbeit ist eng mit dem Bauprozeß selbst gekoppelt, so daß er besonders stark mit dessen technisch-natürlichen und ökonomischen Kontingenzen konfrontiert wird. Unter dem daraus resultierenden Handlungsdruck stellt die Verfügbarkeit operativ eindeutiger Normen und die Orientierung an diesen die Bedingung der Möglichkeit rationalen und moralischen Handelns überhaupt dar. Auf der anderen Seite verbieten die häufige Inkonsistenz und Widersprüchlichkeit der Rollenerwartungen ein bloßes Befolgen dieser Regeln. Chancen moralisch befriedigenderen Arbeitens eröffnen sich für Bauleiter in dem Maße, wie sie Praktiken und Einstellungen entwickeln, die den Handlungsdruck mindern. Beständig und weit vorauszusehen, Puffer- und

Ausweichstrategien verfügbar zu halten, wird insofern auch zu einer moralischen Pflicht. Moralische Qualität muß sicher auch einem Verhalten zugeschrieben werden, das nicht jeden Druck weitergibt, der sich weitergeben ließe und sich auf eine legitime Vorgabe stützen könnte (Vertrag, Gesetz, Vorschrift usf.). Handlungsfreiheit als Bedingung verantwortlichen Handelns ist weitgehend davon abhängig, wieweit es gelingt, konträre Erwartungen auszubalancieren, gleichermaßen legitime Erwartungen danach zu ordnen, in welchem Maße sie verallgemeinerungsfähige Interessen zum Ausdruck bringen (Sicherheitsanforderungen als Ausdruck eines hochgradig verallgemeinerungsfähigen Interesses) und Erwartungen eher partikularer Interessen (Verpflichtungen aus Verträgen) im Rahmen einer offensiven Handlungsstrategie und aufgrund angebotener Gegenleistungen verhandelbar zu machen.

Besonders an der Figur des Bauleiters wird der permanente Zwang deutlich, systemisch verselbständigte, ökonomische Ziele in die Welt der stofflich-operativen Problemlösungen hinein auszulegen. Aber auch Planer und Entwerfer werden allein aus ökonomischen Imperativen heraus keinen Handlungsplan entwickeln können. Dieser muß vielmehr zunächst in der stofflichen Sphäre als technisch machbar entworfen werden, um dann erst einem ökonomischen Kalkül unterworfen werden zu können.

II. Typen moralischen Bewußtseins

In der Soziologie, wie in der Pädagogik und Psychologie, kennt man seit Jahren verschiedene Stufenmodelle der moralischen Entwicklung, als deren Kronzeugen etwa J. Piaget (1954), L. Kohlberg (1971) oder J. Habermas (1976 a) gelten können. Wir greifen im folgenden auf eine Vereinfachung dieser Modelle zurück, um die moralische Beanspruchung durch unterschiedliche Arbeitsaufgaben prägnanter beschreiben zu können. Freilich geht es uns im Gegensatz zu den genannten Autoren nicht um eine Entwicklungs*logik*, sondern zunächst nur um den schwächeren Anspruch einer *Typologie* moralischen Handelns. Das schließt natürlich nicht die ethische Bewertung dieser Stufen aus.

(a) Auf einer *präkonventionellen* Stufe handelt derjenige, der sich vor allem an wahrgenommenen Sanktionsrisiken oder Gratifikationschancen orientiert, den also Furcht vor Strafe und Hoffen auf Belohnung motivieren. Nicht die überindividuelle, soziale Regel soll eingelöst, sondern (Un-)Lustgefühlen entsprochen werden. Für Erwachsene unserer Kultur wird man ein solches Verhalten daher als vormoralisch kennzeichnen dürfen.

(b) *Konventionalistisch* soll dagegen ein Handeln heißen, wenn im Vordergrund die Befolgung sozial geltender Regeln und die Aufrechterhaltung der mit diesen

Regeln gestützten Ordnung stehen. Nicht die unvermittelten Emotionen der präkonventionalistischen Phase bestimmen hier das Verhalten, sondern ein durch Internalisierung, Tradition usw. erworbener und mithin identitätsrelevanter Glaube, wie Situationen »gut« bewältigt werden. Regeln gelten als solche und nicht durch vernunftgemäße Begründung.

(c) Auf eine diskursive Begründung oder wenigstens Begründbarkeit setzt dagegen der *postkonventionalistische* Typus. Kraft Einsicht und orientiert an zentralen Wertprinzipien (z.B. Schutz der Nutzer von Bauwerken oder der Umwelt) werden Handlungsfolgen, geltende Normen und die Interessen Betroffener in der Reflexion flexibel aufeinander bezogen. Moralische Urteile müssen im Rückgriff auf diese Aspekte begründet werden können. Normen sind kein letzter Geltungsgrund, sie müssen hinterfragt werden. Und wenn es die Situation geboten erscheinen läßt, können sich »Buchstaben« der Norm und situativer Sinn sogar widersprechen. Freilich darf gerade das postkonventionalistische Bewußtsein sich nicht neutral gegenüber der Geltung von Regeln verhalten, denn soziale Ordnung erlaubt nicht allein schnelles Reagieren, sie hat immer auch einen sicherheitsstiftenden Eigenwert, der nicht ohne Not aufs Spiel gesetzt werden sollte. Daher ist es eine Vorbedingung vernünftigen Handelns, die Existenz geltender Regeln wenigstens zu beachten.

Die Stufen (b) und (c) lassen sich auch in der Gegenüberstellung von Pflicht und Verantwortung begreifen. Pflicht bezeichnet scharf konturierte Sollensvorstellungen, deren Geltung unbestritten ist. Ihre reflexive Hinterfragung ist also entweder unsinnig oder geradezu verboten; man hat ihnen schlicht nachzukommen.[5] Zentrale moralische Prinzipien (wie sie etwa in den ersten Artikeln des Grundgesetzes aufgeführt werden) mögen dagegen zwar nicht hinterfragbar sein; sie sind aber keinesfalls präzise; mit anderen Worten sind sie nicht unmittelbar handlungsinstruktiv, sondern stecken lediglich den Rahmen ab, innerhalb dessen einzelne Handlungsziele erst noch zu bestimmen sind. Pflichten »programmieren« das Handeln also in Wenn-Dann-Sätzen, während Wertprinzipien und Verantwortlichkeiten bloße Rahmenprogrammierungen darstellen. Pflicht paßt demnach zur konventionellen Moral, deren oberstes Gebot die Befolgung der geltenden Regeln ist, während Verantwortung der entwicklungstheoretisch höheren, postkonventionellen Stufe zuzurechen wäre, auf der mit Konventionen im Rückgriff auf zentrale Wertprinzipien flexibel umgegangen wird. Auf der postkonventionellen Stufe rechnet man also immer schon mit der Notwendigkeit einer situativen Modifikation geltender Regeln.

Verantwortung erfordert also größere Freiheit der Handelnden; sie läßt Interpretationsspielräume zu, ja verpflichtet die Betroffenen geradezu zu ihrer Nutzung, um auch in untypischen Situationen den zentralen Wertbezügen gegen vordergründige Normen zum Durchbruch zu verhelfen. Vermutlich ist damit auch schon die Überlegenheit von Verantwortung über Pflicht umrissen: sie verknüpft gestiegene Ansprüche an innere und äußere Freiheit mit funktionaler Flexibilität gegenüber der apriorisch nicht zu normierenden Vielfalt der Handlungssituationen – wenn auch um den Preis einer geringeren Festlegung des Handelns.

Ein »Konventionalist« läuft moralisch dort ins Leere, wo handlungsinstruktive Normen nicht vorliegen, nicht eindeutig oder nicht konsistent sind. Die beiden letztgenannten Sachverhalte sind aber im Bereich der Bauingenieurarbeit oft gegeben. Insbesondere das notwendig generative Moment der Ingenieurarbeit wird vom moralischen Konventionalismus nicht erfaßt. Andererseits scheitert der »Postkonventionalist« etwa in der Arbeitsrolle eines Bauleiters an dem für das Bauwesen typischen Zeitdruck, da dann die erforderlichen diskursiven Prozeduren oft nur unvollständig durchzuführen sind. Dieser Umstand scheint zumindest auf einen »moralischen Effektivitätsgewinn« von Pflichten hinzuweisen.

Nun besagt das Theorem moralischer Stufen keineswegs, daß das jeweils höchste Niveau ungebrochen gilt. Wir haben folglich mit »Inseln« legitimer Regression zu rechnen, d.h. mit Bereichen, in denen der Anspruch expliziter moralischer Begründbarkeit des Handelns bis auf weiteres suspendiert werden darf.[6] Konventionelle Regelbefolgung entlastet den Handelnden vom Zwang zur Dauerreflexion und schafft so erst die gedanklichen Freiräume zur Realisierung der gesetzten Ziele. So kann es sich etwa kein planender Ingenieur leisten, permanent an der globalen Richtigkeit seiner Einschätzung der Ausgangslage zu zweifeln. Und Bauleiter würden oft verantwortlungslos handeln, wenn sie reflektierten statt zu entscheiden. Allgemeiner: Ingenieure müssen sich wie alle Arbeitenden sowohl pflichtbewußt als auch verantwortungsvoll verhalten. Nicht immer können alle Konsequenzen und Wertbezüge des Tuns hinterfragt werden, es bedarf auch der – zeitweiligen – Entlastung durch scharf geschnittene Pflichten. Auch dadurch gewinnt man den zur Reflexion nötigen Freiraum.

III. Arbeit und Verantwortung – Stofflichkeit und Moral

Für unsere Darstellung des Zusammenhangs von Arbeitsstofflichkeit und Moral haben wir vier Komplexe arbeitsstofflich-sachlogischer Strukturen der Ingenieurarbeit im Bauwesen herausgegriffen, deren moralische Implikationen im folgenden expliziert werden.[7]

(1) Die unhintergehbare Notwendigkeit der *Erzeugung* von Problemen, Objekten und Situationen. Mit dieser Gestalterrolle des Ingenieurs, mit den ihm abgeforderten *generativen Leistungen* stellen sich besondere moralische Probleme im Unterschied etwa zu einer überwiegend analysierenden, urteilenden Tätigkeit.

(2) Die zeitliche und sachliche *Unabgestimmtheit* zwischen aktueller Projektentwicklung und der für dieses Projekt relevanten gesellschaftlichen Entwicklung. Diese Unabgestimmtheit unterminiert den notwendigen Konsens bzw. den hierfür erforderlichen Diskurs zwischen Öffentlichkeit und Ingenieur.
(3) Die *äußere und innere Komplexität* der Bauprojekte und -objekte, der Probleme der Arbeitsteilung und Technik-Bewertung korrespondieren, an denen die Idee der Verantwortung scheitern kann.
(4) Die Unterhintergehbarkeit der *Modellbildung* bei der Ingenieurarbeit und die mit der Modellbildung notwendig verbundenen Konventionen. Mit der Modellbildung und der an sie anschließenden *Konventionalisierung des Wirklichkeitsbezugs* verbindet sich eine Tendenz zu konventionalistischen Moralkonzepten. Je nach dem aktuellen Arbeitsproblem ist dies der Verantwortung förderlich oder hinderlich.

1. Notwendigkeit der Problemerzeugung und generativer Leistungen

Nur in den selteneren Fällen seiner Berufspraxis ist der Ingenieur gefordert, verantwortliche Urteile zu bereits bestehenden Sachverhalten, z.B. zu Schadensfällen, abzugeben. Der Regelfall besteht eher darin, etwas zu gestalten. Seiner Tätigkeit entspringt unablässig etwas Neues auch dort, wo er nicht die Rolle des »Neuerers«, des Erfinders für sich in Anspruch nimmt.

Für das Verständnis der Ingenieurpraxis, insbesondere für ihre *moralisch-praktische* Dimension, erscheint uns dieses zugleich alltägliche und umfassende Gestaltungserfordernis zentral. Mancher Leser mag, obwohl baufachlicher Laie, die Erfahrung des Häuschenbauens hinter sich haben, und zwar aus der Rolle des »Bauherren«, aus der er sich mit Architekt und/oder Bauingenieur auseinanderzusetzen hatte. Er wird erfahren haben, daß er dem Architekten/Bauingenieur seine Vorstellungen und Wünsche mitteilen sollte, von diesem aber erst im Zuge eines viele Schritte umfassenden Prozesses lernte, was er überhaupt wollen konnte. Problemstellung und Problemlösung kristallisierten sich in einem Wechselprozeß gemeinsam heraus. Zwischen Bauherr und Architekt fand eine wirkliche *Inter*aktion statt. Sie war nötig, um das arbeitslogisch zirkuläre Verhältnis zwischen Problemstellung und Problemlösung aufzubrechen und im gemeinsamen Arbeitsprozeß umzusetzen.

Ein derart zirkuläres Verhältnis besteht auch zwischen Architekt und Bauingenieur und ganz allgemein zwischen allen Kooperanden, die arbeitsteilig an komplexen Planungs- und Bauaufgaben tätig sind. Die arbeitslogische Zirkularität zwischen Problemstellung und -lösung und zwischen arbeitsteilig an der Problemlösung Beteiligten, die wir an dieser Stelle nicht differenzierter beschreiben können (vgl. dazu Ekardt 1977; Mühlschwein 1979; Schwarz 1979), veranlaßt uns zu zwei Feststellungen, die für das Verhältnis von Arbeit und Verantwortung bedeutsam sind:

(a) Handlungstheoretisch ist festzustellen, daß die Beteiligten – weil sachlich zur Interaktion genötigt – kommunikativ handeln müssen und sich nicht einfach strategisch aufeinander beziehen können, ganz zu schweigen von der sozialwissenschaftlichen Fiktion einer bloß instrumentellen Orientierung der Ingenieure auf gegebene Ziele und Objekte. Von Fall zu Fall mag die Behauptung zutreffen, Ingenieure seien in bloßer Zweckrationalität befangen und stellten Ziele und Zwecke ihres Handelns dem Auftraggeber anheim. Im Regelfall jedoch wäre eine solche Beschränkung der Handlungsorientierung sachlich nicht durchhaltbar. Eine Bedingung der Möglichkeit erfolgreichen Handelns ist die Auseinandersetzung mit dem Sinn des Arbeitsgegenstandes und eine Auseinandersetzung der Kooperanden untereinander. Es mag schmerzhaft sein, sich dies auch im Angesicht solcher Produkte der Ingenieurarbeit klarmachen zu müssen, die wir für moralisch nicht rechtfertigbar halten.

(b) Auch in der spezielleren arbeitslogischen Perspektive erweist sich die sachliche Notwendigkeit von Gestaltungshandlungen: das Vorgeben, Entwerfen, Gestalten, Postulieren von Funktionsprinzipien, technisch-konstruktiven, geometrisch-topologischen, physikalischen Lösungsalternativen, von Modellen und Verfahren für die Lösungsanalyse usf. Erst auf der Grundlage solcher Vorgaben kann das kritisch-analytische Ingenieururteil tätig werden. Wir hätten es mit einer ganz neuartigen »Halbierung der Vernunft« zu tun, beschränkten wir uns auf die analytisch-urteilenden Aspekte der Ingenieurpraxis.

Obwohl es also die Bauherrn, die Öffentlichkeit, die »Gesellschaft« sind, die ein Problem »haben«, zu dessen Lösung das technische Objekt, das Bauwerk beiträgt, kommt schon dieses Problem nicht ohne die aktiv-gestaltende Rolle des Ingenieurs zustande. Unangemessen ist daher das Bild von der »Ausführungsverantwortung« des Ingenieurs. Es schränkt die Verantwortung des Bauingenieurs gegenüber Bauherrn, Betroffenen und Öffentlichkeit viel zu sehr ein.

Handlungs- und Urteilsfähigkeit des Bauingenieurs kommen also nicht zum Zuge, ohne den technisch-praktischen und technisch-wissenschaftlichen Rahmen zu überschreiten. Der Ingenieur wird ganz unfreiwillig in die Praxis der Bauherren, der Besteller einer Leistung, in die Praxis betroffener Dritter hineingezogen. *Moralisch* bedeutet dies folgendes:

(1) Im Hinblick auf Geltungsansprüche an sein Handeln gilt, daß der Bauingenieur nicht nur für die sachliche Triftigkeit (Wahrheit) seiner Aussagen einzustehen hat. Vielmehr muß er sich auch der Frage stellen, ob die Probleme richtig gestellt sind, an deren Lösung er arbeitet, und schließlich, ob die Problemlösungen richtig sind.

(2) Für das entwicklungslogische Niveau moralischen Urteilens gilt, daß in der geschilderten Gestaltungssituation ein Sicherheit suchender Rückzug auf geltende Normen nicht möglich ist. Die moralisch verpflichtende Ordnung der Normen kommt ja erst zum Zuge, *nachdem* Probleme gestellt, Lösungen vorgeschlagen, technische Objekte entworfen und Umweltbeziehungen dieser Ob-

jekte postuliert worden sind. Die akzeptierte Verpflichtung auf Normen ist systematisch zweitrangig, weil sie praktische Bedeutung erst in bezug auf die vorgängig zu erzeugenden Problemstellungen und Lösungen erlangt. Dieser Erzeugungsprozeß ist aber selber nicht wesentlich durch geltende Normen gesteuert oder eingeschränkt. Zweitrangig ist die Normenbindung auch insofern, als es von der kognitiven Kompetenz und Wendigkeit, vom technischen Einfallsreichtum, von der Kreativität in der Alternativenproduktion abhängt, in welchem Maß der Verpflichtungscharakter der Normen überhaupt sichtbar wird. Der vom Ingenieur erarbeitete Reichtum an Lösungsalternativen, aber auch schon die Differenziertheit von Problemstellungen entscheiden über den Grad möglicher Rationalität von Problemlösungen.

Will also ein planender und konstruierender Ingenieur die Idee sittlicher Verbindlichkeit für sich in Anspruch nehmen, so wird er in aller Regel auf ein postkonventionelles Niveau moralischen Argumentierens gezwungen. Der rechtfertigende Rückzug auf Normen ist zwar in all jenen Fällen moralisch angemessen, in denen er es nicht mehr mit Problemen, sondern nur mit (eindeutig und vollständig definierten) Aufgaben zu tun hat, an deren Zustandekommen er nicht beteiligt gewesen ist. Hier allerdings kann er in die moralisch ausweglose Situation geraten, daß durch die Art der Aufgabenstellung Normen aktualisiert werden, die einander widersprechen. Er kann dann, um nicht schuldig zu werden, die Arbeit verweigern (die heroische Variante) oder zwischen den Alternativen des Schuldigwerdens wählen (die tragische Variante). Freilich kann dies bestenfalls die Karikatur einer verantwortlichen Praxis des Bauingenieurs sein. Eine kognitiv und moralisch reife Form der Praxis ist nur möglich, wenn die Gestaltungsmöglichkeiten des Planers und Konstrukteurs aktiv ergriffen und durchgesetzt werden und wenn Normen zwar beachtet, aber auch selber zum Gegenstand des Urteilens im Lichte zentraler Wertprinzipien werden.

2. Unabgestimmtheit zwischen Projekt- und Gesellschaftsentwicklung

Unter dem Gesichtspunkt der Verantwortlichkeit der Ingenieurarbeit kann es für Ingenieure nicht gleichgültig sein, ob und inwiefern sie mit ihrer Arbeit die artikulierten Interessen ihrer Zeitgenossen zum Ausdruck bringen. Ein Kompromiß oder sogar ein Konsens unter den enger Beteiligten ist zwar keine hinreichende Bedingung für die Vernünftigkeit einer Planung, aber die Klärung des Vernunftsanspruchs einer geplanten Baumaßnahme muß sich auf die unterschiedlichen Interessen der Zeitgenossen definitiv beziehen. Dies gilt schon für von Privaten finanzierte und verantwortete Bauvorhaben; es gilt aber insbesondere für öffentlich finanzierte Infrastrukturbauten wie Verkehrswege, Wasser-

und Energieversorgungsanlagen, Abwasser- und Müll-Entsorgungsanlagen, die ihrem Anspruch nach von vornherein auf das öffentliche Wohl bezogen sind. Im Vorfeld und zum Zeitpunkt der Erteilung der Baugenehmigung bzw. der Planfeststellung wird diese Frage am ausdrücklichsten gestellt und unter oft massiver Beteiligung der Öffentlichkeit behandelt. Die von vielen Bauingenieuren als lästig empfundene und tatsächlich Kraft kostende Politisierung des Bauens erreicht hier meist ihren Höhepunkt. Sollte es überhaupt zu einem Kompromiß zwischen widerstreitenden Interessen oder – unwahrscheinlich genug – zu einem öffentlichen Konsens über die Baumaßnahme kommen, so sind diese zu dem genannten Zeitpunkt fällig. Denn eine Mindestbedingung vernünftigen Bauens ist ja, daß Einverständnis über eine Baumaßnahme mindestens zu jenem Zeitpunkt erzielt wird, an dem diese begonnen wird, oder daß die Maßnahme noch unterbleiben kann, ohne erhebliche Fehlinvestitionen zu hinterlassen. Unterstellen wir nun den Idealfall eines Konsens zum genannten Zeitpunkt, so unterminiert die Unabgestimmtheit zwischen Projektablauf und Gesellschaftsentwicklung, zwischen Projekteigenzeit und gesellschaftlicher Zeit diesen Konsensus während der langandauernden Phasen der Baureifplanung und der Bauausführung. Dem Diskurs, der dem Konsens zugrunde liegt, werden lautlos die Geltungsgrundlagen entzogen.

Ein Beispiel hierfür bildet die Nahe-Überbauung Idar-Oberstein. Prognosebedürftig war zu Beginn der Planungsmaßnahmen das Verkehrsaufkommen auf der B 41 und das Hochwasseraufkommen der Nahe. Heute, da die Baumaßnahme heftig angefeindet wird, besteht dennoch keine Veranlassung, die seinerzeitigen Prognosen in Frage zu stellen. Nicht etwa falsifizierte Prognosen sind Anlaß der Kritik, sondern eine auf neuen Einsichten beruhende, veränderte Einstellung zu Fragen der Stadtökologie, zur Bedeutung der Stadt als Behausung des Menschen. Die Straßenplaner der Nahe-Überbauung brachten vor 25 Jahren den damals dominanten Willen der Gesellschaft zum Ausdruck, die eigentlichen Erbauer handelten schon gegen den Willen – wenn nicht der Mehrheit, so doch – der meinungsführenden Minderheiten. Obwohl sich die Frage der Vernunft des Bauens nicht einfach auf das Abzählen von Pro- und Kontra-Stimmen reduziert, ist doch für den verantwortungsbewußten Ingenieur eine zentrale Frage, inwiefern er artikulierte Interessen der Bevölkerung zum Ausdruck bringt. Ein sinnvolles Konzept von Ingenieurverantwortung muß den bei größeren Bauvorhaben stets gegebenen Widerspruch in sich aufnehmen und verarbeiten, daß die Profession der Ingenieure der Gesellschaft Rechenschaft schuldet für die verfügbar gemachte technische Infrastruktur, daß sich aber die sozial geltenden Kriterien der Rechenschaftslegung im Verlauf der Projektzeit wandeln.

Im Hinblick auf infrastrukturelle Großbauvorhaben wie den Rhein-Main-Donau-Kanal oder die Nahe-Überbauung Idar-Oberstein bildet die Baupraxis der 80er Jahre den Vollzug und die Konsequenzen des Planungshandelns der Jahre zwischen 1925 und 1965 ab. Die ökologische Dimension, heute ein etablierter gesellschaftlicher Wert, ist in der Baupraxis der 80er Jahre gar nicht

»aufgehoben«, denn sie bildete keine ausreichend akzentuierte Dimension praktisch-politischen Handelns in den genannten Referenzzeiträumen.

Moralisch bedeutet dies folgendes: Ingenieure können im Hinblick auf dieses lautlose Entschwinden der Geltungsgrundlagen ihrer Praxis den Anspruch auf Sittlichkeit ihres Handelns nur bewahren, indem sie neben ihrer Arbeit am Bauobjekt einen fortgesetzten Beitrag zur Verknüpfung zwischen dem sozialen Prozeß der Planung und Ausführung ihrer Bauwerke und dem allgemeinen Wandel der gesellschaftlichen Institutionen, Normen und Wertvorstellungen leisten. Das Ziel dieses Beitrags hat darin zu bestehen, jene kognitiven und sozialen Voraussetzungen immer wieder neu zu schaffen, die den praktischen Diskurs zwischen den Baubeteiligten überhaupt erst ermöglichen. Diese Aufgabe ist das Feld der Ingenieurverbände und der Ingenieurkammern. Für jeden Ingenieur erwächst hieraus die Pflicht zur Mitgliedschaft und Mitarbeit in den Verbänden und Kammern sowie die Pflicht dazu, Verbände und Kammern über ihre berufsständische Interessenwahrungsfunktion hinaus zu Trägern öffentlicher Verantwortung werden zu lassen.

Die Unabgestimmtheit zwischen der Eigenzeit der häufig langlaufenden Bauprojekte und der Entwicklung der für das Projekt relevanten Gesellschaft kann nicht in einer befriedigenden Weise auf dem Hintergrund der Unterscheidung von Stufen moralischen Bewußtseins diskutiert werden. Denn unbeschadet der jeweils als relevant anzusehenden Stufe ist doch die Idee sittlicher Verbindlichkeit gebunden an die Voraussetzung der Geltung sozialer Richtigkeitsvorstellungen, seien diese untereinander konsistent oder nicht, seien sie verträglich mit und operabel in bezug auf zentrale Werte der Gesellschaft oder nicht.

3. Äußere und innere Komplexität von Projekten und Objekten

In der öffentlichen Diskussion über Verantwortung ist die Einsicht verbreitet, daß die Idee der Verantwortung an der Komplexität arbeitsteiliger gesellschaftlicher Praxis scheitern kann. Einen problematischen, aber griffigen Ausdruck findet diese Einsicht in der Formel von der »*Taylorisierung* der Verantwortung«. Verantwortung kann durch die Maschen der Arbeitsteilung fallen. Für die Planung und Ausführung baulicher Anlagen ist diese Einsicht von besonderer Bedeutung. Diese Komplexität hat drei Aspekte:

(1) *Äußere Komplexität* eines Planungs- und Bauobjekts. Der mögliche Sinn und die Funktion eines Projekts sind nur in einem das Projekt weit überschreitenden sachlichen Systemzusammenhang zu bestimmen, den die Projektbeteiligten nicht ohne weiteres überblicken können. So sollte bei Wiesbaden eine Trinkwassertalsperre gebaut werden, die in einem Nutzungszusammenhang mit der Wasserentnahme im Hessischen Ried, im Vogelsberg, aus dem Grundwasserkörper unter dem Main und aus vielen lokalen Förderstellen stehen würde. Zur

Entscheidung über Vernunft und Unvernunft der schließlich nicht gebauten Staumauer hätte es eines Diskurses und einer Willensbildung unter unübersehbar vielen Beteiligten bedurft, für die es jedoch keine angemessenen institutionell-organisatorischen Voraussetzungen ab.

(2) Die *innere Komplexität* eines Projekts erfordert seine Zerlegung in viele Teilprojekte resp. Teilproblemlösungsprozesse. Die Zerlegung löst die Folgeprobleme der Verträglichkeitssicherung zwischen den Teilprojekten und der Gesamtoptimierung aus unteroptimalen Teilsystemen aus. Kein reales Bauobjekt, nicht einmal ein anspruchsloses Wohnhaus, läßt sich ohne vorherige Zerlegung in Komponenten bearbeiten. Während beim Wohnhaus der Systemzusammenhang kraft Überschaubarkeit und Vertrautheit gewährleistet werden kann, ist dies bei Infrastrukturbauten, bei Großkliniken, Kraftwerken, Flughäfen, Forschungslaborgebäuden schwierig bis unmöglich.

(3) *Komplexität der Bewertungsdimensionen* des Projekts. Zur Entscheidung über drei Trassenalternativen für die Autobahn A 49 bei Marburg, also für ein vergleichsweise wenig komplexes Bauvorhaben, wurde ein formales Verfahren des bewertenden Trassenvergleichs entwickelt, das aus den einschlägigen Elementen bestand, die der sorgfältige Autokäufer von seinen Vergleichen von Mittelklassewagen kennt: Bewertungsdimensionen finden (bei der A 49 immerhin 52 Dimensionen!), Gewichte für die Dimensionen wählen, Meßvorschriften für jede Dimension entwickeln (»Operationalisierung der Variablen«, z.B. was heißt eigentlich Erschließungsfunktion?) und schließlich die »Normalisierung« aller Dimensionen, das heißt ihre Abbildung auf eine gemeinsame Skala.

Dieses formale Verfahren schien zunächst einen Fortschritt in der Handhabung komplexer und konfliktträchtiger Entscheidungsprobleme darzustellen und Konflikte um Bauvorhaben rational entscheidbar zu machen. Diese Hoffnungen haben sich nicht erfüllt, das Verfahren ist inzwischen zurückgezogen worden, und der Konflikt wird wieder eher naturwüchsig ausgetragen. Der Zugewinn an Rationalität durch gestiegene Transparenz des Entscheidungsproblems wurde wohl wieder verspielt durch die unangemessene mathematisch-physikalische Reduktion vieler Problemqualitäten und durch die Vergeblichkeit des Versuchs, Interessen durch »Gewichte« auszudrücken.

Mit diesen Aspekten arbeitslogisch konstituierter Komplexität der Ingenieurarbeit ergeben sich folgende Perspektiven der Moral und Verantwortung: Wie im Falle des Zusammenhangs von zeitlich-sachlicher Unabgestimmtheit und Moral geht es auch hier in der Ingenieurpraxis darum, neben der eigenen Sacharbeit an der Schaffung von *Voraussetzungen* für mögliche projektbezogene Verantwortlichkeit zu arbeiten. Auch hier geht es also in moralphilosophischer Perspektive nicht primär um die Erörterung von Variationen prinzipiengeleiteten Umgangs mit Normen sozial richtigen Handelns, sondern darum, wie in der Ingenieurpraxis der Zusammenhang zwischen eigenem Handeln und dessen Wirkungen am Objekt und seinem Umfeld kognitiv und praktisch beherrschbar bleibt oder wird, so daß die latente Instanz des Gewissens überhaupt eine Chance erhält, aktiviert zu werden.

Die Instanz des Gewissens, die Fähigkeit der Auseinandersetzung mit (wie immer konsistenten oder konfligierenden) sozialen Verhaltenserwartungen, kann also auch im Falle gemeinsam geteilter Wertprinzipien nur operativ wirksam werden, wenn der komplexe Zusammenhang zwischen Handeln und Handlungsfolgen kognitiv und praktisch beherrscht wird, wenn Wertprinzipien und Normen in das Dickicht komplexer Handlungszusammenhänge wieder eingefädelt werden. Dies bildet aber nur die eine Seite des Zusammenhangs von Komplexität und Moral. Komplexität kennzeichnet nämlich nicht nur den arbeitsteiligen Handlungszusammenhang, sondern ebenso das ausdifferenzierte System von Wertbezügen des Planens und Bauens. Verantwortlichkeit wird zur hohlen Geste, wenn sie sich selbstvergessen an bloß einer der vielen praktisch bedeutsamen Wertgesichtspunkte der Ingenieurarbeit abarbeitet.

Das Bewußtwerden und Hervortreten der ökologischen Wertdimension, selber mannigfach differenziert, über die dem Bauingenieur vertrauten Wertgesichtspunkte (Sicherheit, Gebrauchsfähigkeit, Wirtschaftlichkeit) hinaus bedeutet zunächst eine Steigerung des Vernunftanspruchs des Bauens. Das technische und soziale Unvermögen jedoch, mit der inneren Komplexität des Vernunftanspruchs umzugehen, bedeutet einen Rückfall hinter schon erreichte Standards der Rationalität des Bauens. Daher müssen praktische Anstrengungen unternommen werden, die Komplexität des Handlungs- und Wirkungszusammenhangs und die Komplexität des Urteilszusammenhangs kognitiv und praktisch zu beherrschen. Ohne Erfüllung dieser Forderung bleibt das den Ingenieuren verfügbare Niveau moralischen Urteilens belanglos. Gleichwohl ist mit dem Hinweis auf die faktische Komplexität des Bauens das Erfordernis einer Prinzipienethik der Bauingenieure gesetzt, denn es ist völlig unwahrscheinlich, daß das Handeln der Bauingenieure sich an einem instruktiven Set gegebener konsistenter Normen orientieren könnte. Damit ist weiter gesetzt, daß entweder innerhalb des Systems der Arbeitsorganisation oder komplementär oder konkurrierend zu diesem separate Formen prinzipiengeleiteter Diskurse etabliert werden müssen. Infrastrukturplanung im Schoß staatlicher oder kommunaler Bauverwaltungen findet sicher günstigere Voraussetzungen für die Verknüpfung von Arbeit und Diskurs als Fertigungsplanung und Bauleitung im Schoß privater Wirtschaftsunternehmungen.

4. Unhintergehbarkeit von Modellbildung und Konventionalisierung des Wirklichkeitsbezugs

Das Erfordernis der Modellbildung kennzeichnet Ingenieurarbeit generell und so auch Ingenieurarbeit im Bauwesen. Bauobjekte als zu planende und zu entwerfende, Fertigungsprozesse als zu planende und zu organisierende werden in

Plänen, Berechnungen und Beschreibungen vorweggenommen. Pläne, Berechnungen und Beschreibungen sind vorwegnehmende Modelle der zu bauenden Wirklichkeit. Indem Ingenieure sich mit Hilfe dieser Pläne eine Wirklichkeit verfügbar machen, eine von ihnen zu verantwortende Wirklichkeit, arbeiten sie mit Modellen. Diese Pläne sind aber selber Gegenstände und Resultate von Arbeitsprozessen. Ingenieure arbeiten an diesen Gegenständen, erzeugen sie. In bezug auf diese Pläne, *Schattengestalten* der zu bauenden Wirklichkeit und der Wirklichkeit des Bauens, wiederholt sich die Modell-Abbildungs-Problematik in vielen Variationen. Beispielsweise ist das in Plangestalt vorliegende »Bauwerk« als Tragwerk abzubilden, zu modellieren. Hierfür gibt es viele Möglichkeiten, die entwerfend zu realisieren sind und unter pragmatischen Gesichtspunkten ergriffen oder verworfen werden müssen. Das Bauwerk als Tragwerk liegt dann als »statisches System« vor. Mit Hilfe des statischen Systems analysiert der Bauingenieur das Tragwerk (das selbst eine Abstraktion des Bauwerks ist) und bildet sich ein Urteil über die Standsicherheit und Gebrauchsfähigkeit eines zu bauenden Bauobjekts.

Nicht nur das Bauobjekt bedarf der Modellierung, auch die Wirklichkeit, in die das Bauwerk situiert wird. Zu denken ist an den Baugrund, an Nutzungen, um derentwillen das Bauwerk entstehen soll (»Verkehrslasten«), an inkaufzunehmende Einwirkungen (Wind, Erdbeben, Eigengewicht, Temperaturen, ungleichförmige Setzungen). Auch diese Wirklichkeitsaspekte macht sich der Ingenieur in Form von Modellen verfügbar. Schließlich sind die Baustoffe, aus denen das Bauobjekt errichtet werden wird, und ihr Verhalten ebenfalls modellmäßig abzubilden.

Für das Thema der Berufsmoral ist dieser Sachverhalt in zweifacher Weise bedeutsam. Einmal, weil die jeder Modellierung der Wirklichkeit inhärenten Unschärfen, Ungewißheiten, Selektivitäten, Verkürzungen für eine Praxis, die sich auf diese Modelle stützt, unvermeidliche Risiken für den Akteur selber und für Dritte enthält; die Inkaufnahme dieser Risiken muß verantwortet werden. Dem Modellbildungserfordernis kann sich kein Akteur entziehen: es ist der Gesellschaftlichkeit von Arbeit schon vorausgesetzt. Die aus dem Modellbildungserfordernis folgende Unvermeidlichkeit der Inkaufnahme von Risiken (auch für Dritte) verleiht jeder Tätigkeit eine gesellschaftliche und damit moralische Dimension, auch wenn sie sich ihrem Selbstverständnis nach nur instrumentell auf einen Gegenstand richten mag.

Für das Thema der Berufsmoral ist dies Modellbildungserfordernis aber noch unmittelbarer von Bedeutung. Modelle regulieren nämlich nicht nur den Zugang zur Wirklichkeit und tragen bei zur Erzeugung (und bilden selber einen Teil) einer zweiten Wirklichkeitsschicht, der Schattengestalt der ersten Wirklichkeit als Plan, als Berechnung, als Beschreibung. Modelle regulieren und koordinieren auch die Kooperation arbeitsteilig tätiger Akteure; sie bilden ein Medium der Vergesellschaftung von Arbeit und bieten in dieser Eigenschaft einen »natürlichen« Ansatzpunkt für soziale Konventionalisierungsprozesse, Normen, Konventionen über die Art und Weise der Wirklichkeitsauffassung, über die Erfassung der Wirklichkeit der Baustoffe, Bauwerke, Bauelemente, über das Verhalten von Stoffen und Bauwerken, bilden eine wesentliche Funktions- und Effizienzvoraussetzung gelingender arbeitsteiliger Praxis. Seit der zweiten Hälfte des 19. Jahrhunderts ist diese Konventionalisierung in Gestalt des technischen Normen- und Regelwerks einem massiven Positivierungsprozeß unterworfen. Und dieser Prozeß erstreckt sich über die Normierung technischer Gegenstände, Stoffe und technisch relevanter Naturtatsachen hinaus auch auf Prozesse der Herstellung und Planung, etwa indem Normen Berechnungs- und Fertigungsverfahren vorschreiben, Arbeitsungenauigkeiten oder -fehler in Rechnung stellen.

Für die Diskussion gesellschaftlicher Produktivität und Vernünftigkeit bestimmter Stufen moralischer Urteile, über bestimmte Formen beruflicher Ethik ist es ersichtlich von Bedeutung, daß in den arbeitslogischen Strukturen der Bauplanung und Bauausführung – vorsichtig ausgedrückt – Affinitäten zum ethisch-moralischen Konventionalismus angelegt sind. Auf dem beschriebenen Hintergrund ist es nicht zu rechtfertigen, Formen strikter Verpflichtung auf arbeitswichtige Wirklichkeitskonventionen und auf Konventionen der Annäherung an diese Wirklichkeit mit dem Verdikt moralischer Rückständigkeit zu belegen. Vielmehr gewährleistet die soziale Geltung des technischen Regelwerkes über weite Strecken die Sicherheit der Baubeteiligten und aller potentiell betroffenen Dritten. Sie ist auch eine Garantie der Gebrauchsfähigkeit technischer Objekte und auf diesem Umweg ein Faktor zur Sicherung wirtschaftlicher Bauinvestitionen, obwohl die unmittelbaren Baukosten keineswegs immer durch das technische Regelwerk in engen Grenzen gehalten werden.

Dennoch sind es gerade herausragende Vertreter der Ingenieurpraxis, die vor einer »sklavischen« Orientierung an den allgemein anerkannten Regeln der Bautechnik warnen. Diesen Warnungen mag im Einzelfall das sehr persönliche Motiv eines hochqualifizierten und entwicklungsorientierten Ingenieurs zugrundeliegen, nicht unnötigen Fesseln seiner technischen Kreativität unterworfen zu sein. In der Sprache der Normung kennt er die Differenzen zwischen dem »Stand von Wissenschaft und Technik« und den »Allgemein anerkannten Regeln der Technik«, und er wäre im Zweifelsfall durchaus in der Lage, auch dann verantwortungsvoll zu konstruieren, wenn er vom geltenden Regelwerk abwiche.

Ganz unabhängig von derartigen persönlichen Motiven sind Warnungen vor einer sklavischen Regelorientierung jedoch ein Ausdruck dreier objektiver, mit der Tatsache der sozialen Geltung von Normen generell verbundener Sachverhalte: Erstens die unvermeidliche *Inkonsistenz* oder sogar Widersprüchlichkeit gleichermaßen geltender Normen, die sich der Komplexität des Bauens und (sekundär) der Komplexität des Normungsprozesses verdankt. Zweitens die dank der unendlichen Mannigfaltigkeit von Anwendungssituationen gegebene *Unsicherheit* in der Normenanwendung. Und schließlich das notorische *Hinterherhinken* des Normgebungsprozesses hinter der Entwicklung der Bauverfahren und -stoffe sowie der Wissenschaften vom Bauen. Je klarer den Baubeteiligten diese Sachverhalte vor Augen stehen, um so eher werden sie die moralisch anspruchsvollere Haltung einnehmen wollen, den Geltungsanspruch der Technischen Normen zwar zu akzeptieren, zugleich aber dem Regelwerk gegenüber eine prinzipienorientierte Distanz zu wahren. Normeninkonsistenzen, Anwendungsunsicherheiten und fallweises Veralten einzelner Vorschriften erfordern vom kompetenten Praktiker im Einzelfall, die Vertretbarkeit der Anwendung einzelner Normen im Lichte zentraler Wertprinzipien, etwa des Sicherheitsgebots, zu beurteilen.

Die moralische Struktur baupraktischen Handelns unterscheidet sich von der der Alltagspraxis darin, daß das technische Regelwerk als der zentrale Kern der handlungsrelevanten Normen sich von den Normen des Alltags durch einen hohen Grad der Bestimmtheit, Detailliertheit und Schriftlichkeit auszeichnet, daß Abweichungen von der Norm vergleichsweise gut erfaßbar sind und daß diese Normverletzungen ein prompt reagierendes System privatrechtlicher und strafrechtlicher Sanktionen aktivieren. Die moralische Doppelstruktur der gleichzeitigen Verpflichtung auf eine stark positivierte, durchregulierte normative Ordnung und auf zentrale Wertprinzipien ist also von größeren Spannungen beherrscht, als dies für jede moralisch avancierte Alltagspraxis oder für die politische Praxis gilt.

IV. Schlußbemerkungen

Das Ziel unseres Beitrags lag in dem Aufweis des Zusammenhangs zwischen der stofflichen Struktur der (Ingenieur-)Arbeit und der Art und Weise, in der sich den Arbeitenden das moralische Problem ihrer Praxis überhaupt stellt. Wir haben nicht versucht, Ingenieurverantwortung inhaltlich zu beschreiben; ein solcher Versuch hätte auch einen Widerspruch zu unserem zentralen Gedanken gebildet. Dieser Gedanke besagt, daß Verantwortung sich in der Arbeitssituation ebenso erst konstituiert, wie wir dies für die Probleme und Problemlösungen beschrieben haben, die den Inhalt der Ingenieurarbeit ausmachen.

Wir setzen die Geltung des Prinzips sittlicher Verbindlichkeit bei Ingenieuren und Managern überhaupt voraus. Entgegen der verbreiteten Annahme einer fortgesetzten Erosion dieses Prinzips unter dem Druck ökonomischer Rationalisierung lehrt uns das Studium der Arbeit eher, daß deren stoffliche Natur das moralische Potential der Akteure ständig herausfordert. Dies ist aber nur eine notwendige, nicht schon eine hinreichende Voraussetzung dafür, daß die Akteure auch verantwortlich *handeln*. Das Prinzip sittlicher Verbindlichkeit hat, wie wir gezeigt haben, viele Formen des Ausdrucks (Typen moralischen Bewußtseins): die Verantwortlichkeit eines Handelns stellt sich erst heraus (oder wird verfehlt), wenn ein Akteur unter ganz bestimmten Strukturvorgaben zu handeln gezwungen ist.

In dem von den Herausgebern gesetzten Rahmen war uns nun der Hinweis wichtig, daß die den Handelnden vorgegebenen Strukturvorgaben auf *drei* Ebenen analysiert werden müssen. Nachdem die Herausgeber mit der Unterscheidung von Wirtschaftsethik und Unternehmensethik auf die Strukturebenen der Gesellschaft und der Organisation hingewiesen haben, zielte unser Beitrag auf die arbeitsstoffliche Struktur. Die Praxis eines Ingenieurs oder Managers findet ihre objektiven Rahmenbedingungen nicht nur in Markt, Konkurrenz und Organisation, sondern auch in der stofflichen Natur seiner Arbeit. Für die Verantwortlichkeit dieser Praxis ist es wesentlich, ob die Formen moralischen Bewußtseins den objektiven Bedingungen angemessen sind. Sie ergibt sich also nicht schon aus der Urteilsfähigkeit der Akteure. Dies gilt um so mehr, als das praktische Handeln niemals durch moralisches Urteilen einholbar ist.

Urteilen, Abwägen, Entscheiden, Begründen, Legitimieren, Diskurse führen, bilden nur die eine, die analytische Seite der Praxis. Das generative Moment des Handelns, das strukturgeführte Schaffen von Tatsachen, zu denen man sich erst nachträglich oder bestenfalls begleitend kritisch verhalten kann, bilden die für die Verantwortungsfrage nicht zu vernachlässigende zweite Seite. Unter zunehmend komplexen, dynamischen und kontingenten Rahmenbedingungen von Planung, Produktion und Verwaltung können Rationalität und Verantwortlichkeit einer Praxis nicht mehr im Modus der Legitimierung immer eingeschränkterer Einzelhandlungen gesichert werden. Die gegenwärtige Ökologie-Debatte ist hierfür ein Beleg. Die erfreulicherweise zunehmende Diskussion um die Verantwortung der Experten läßt uns darauf setzen, daß Ingenieure und Manager von ihrem moralischen Potential einen Gebrauch machen, der den jeweiligen arbeitsstofflichen Bedingungen Rechnung trägt.

Anmerkungen

1 An anderer Stelle haben wir die Notwendigkeit dieser Vermittlung ausführlich begründet (Ekardt/Hengstenberg/Löffler 1988).
2 Eine materialreichere Darstellung findet sich in Ekardt/Löffler (1988, 135 ff.).
3 Unser Fachgebiet führt derzeit ein Forschungsprojekt über die »Rolle Technischer Normen im Arbeitsprozeß von Ingenieuren« durch, dessen Arbeitspapieren Näheres entnommen werden kann.
4 Vgl. Ekardt/Hengstenberg/Löffler: Arbeitssituationen von Firmenbauleitern; Endbericht an die DFG (liegt voraussichtlich im April 1989 vor); vgl. auch Ekardt/Hengstenberg/Löffler (1986).
5 Nur wenn die beiden Merkmale der präzisen Normierung und der Nichthinterfragbarkeit zusammentreffen, reden wir von Pflicht. Gilt nur die erste Bestimmung, handelt es sich nur um strikte Vorschriften, die aber auch bloß singulärer Natur sein können.
6 Wir können hier leider nicht die Frage klären, unter welchen Bedingungen sich eine solche Suspendierung im einzelnen als vernünftig und ethisch vertretbar erweist.
7 Eine differenziertere Darstellung unserer Position findet sich in Ekardt/Löffler (1988, 140 ff.).

Hans Lenk/Matthias Maring

Der Ingenieur als Experte eines Freien Berufes und seine Verantwortung in der technisierten Gesellschaft

Die besonders exponierte Stellung vieler Ingenieure macht das Verantwortungsproblem zu einem äußerst dringlichen. Verantwortung für die Folgen technischer Entwicklungen kann weder von einem einzelnen Ingenieur allein getragen werden, noch ist dieser für alle Folgen verantwortlich. Modelle der Mit- und Gemeinschaftsverantwortung sind zu entwickeln. Als Angehöriger, als Experte eines Freien Berufs trägt der Ingenieur sowohl externe (gegenüber Betroffenen und der Gesellschaft) als auch interne Verantwortung (gegenüber seiner Zunft und seinen Kollegen). Die Ingenieurvereinigungen selbst sind gegenüber Öffentlichkeit und Gesellschaft verantwortlich.

I. Menschengemachte Krisen im systemtechnologischen Zeitalter

Wissenschaft und Technik prägen das Leben in der Gegenwart. Schlagworte wie »das technische Zeitalter«, »die technisch-wissenschaftliche Zivilisation« heben diese These hervor. In der Tat: während die Wissenschaft schon seit mehreren Jahrhunderten die abendländische Kultur bestimmte – wenigstens in deren geistigem Selbstverständnis –, nimmt der Einfluß von Technik und Industrie (und mittelbar der der angewandten Wissenschaften) im letzten Jahrhundert auffällig zu. Eine intellektuelle Auseinandersetzung, eine Kultur- und Sozialphilosophie der technisch-wissenschaftlichen Welt ist dringend nötig, um die Situation des Menschen in der modernen Gesellschaft überhaupt verstehen zu können. Dieses Verständnis wiederum dürfte eine unerläßliche Vorbedingung für die Bewältigung aller Probleme und Konflikte zwischen Technik, Natur und Gesellschaft darstellen. In der Tat scheint für die gegenwärtigen hochentwickelten Industriegesellschaften eine besonders innige Wirkungsverflechtung, eine Vermaschung dieser drei Bereiche charakteristisch zu sein: Technische Mittel und Verfahren werden in Bereichen angewendet – und zwar mit sprunghaft zunehmendem Erfolg –, die herkömmlicherweise dem Zugriff der Technik entzogen zu sein schienen. Kennzeichnend ist dabei besonders die ausgedehnte Anwendung von Informationsverarbeitungsverfahren und elektronischer Datenverarbeitung. Die Information und ihre Handhabung sind in den letzten Jahrzehnten in ausgedehntem Maße dem systematischen technischen Zugriff zugänglich geworden. Das technische Zeitalter hat sich zum informations- und systemtechnologischen Zeitalter, kurz: zum systemtechnologischen Zeitalter gewandelt.

Seveso, Bhopal, Harrisburg, Tschernobyl, Basel haben uns die Krisenmöglichkeiten der technischen Welt realistisch und z. T. hautnah vor Augen geführt.

Krisen, Krisenerscheinungen von akuter Brisanz sieht man heute überall in unserer industrialisierten Welt. Selbstgemachte, menschengemachte Krisen haben die Naturkrisen, denen vergangene Zeiten gegenüberstanden, abgelöst. Die Energiekrise, die Umweltkrise, die sich abzeichnende Rohstoffkrise, Wirtschaftskrisen, Arbeitslosigkeitsprobleme – ganz zu schweigen von der militärischen Krise des ständig eskalierenden Overkill-Patts – die Krisen sind heute menschengemachte Strukturprobleme, Systemprobleme und erzeugen Angst, Kritik und eingehende Fragen sozialer Akzeptanz. Sie entstehen im Wechselwirkungsgeflecht einer fortschrittsdynamischen Technisierung und der sich ständig ausbreitenden und immer rationelleren Industrialisierung. Und so sind auch Technik und Techniker ins gesellschaftskritische Gerede geraten. Wenn ein philosophischer Kollege (MacKeon) behauptete: »Die neuen Priester kommen vom Labor« – besonders vom technischen Entwicklungslabor –, so müssen sich auch die neuen Priester angesichts der erlebten Krisensymptome kritische Fragen gefallen lassen. Gilt eine neue These vom Priestertrug – nun der Technopriester? Muß die Ideologiekritik auf die technische Intelligenz ausgeweitet werden? Sind die Techniker und Ingenieure schuld oder gar alleinschuldig? Jedenfalls häuften sich in den letzten Jahrzehnten tragische Unfälle oder Fast-Unfälle, die in der Öffentlichkeit jeweils antitechnisches und zugleich antiwissenschaftliches Ressentiment entzündeten oder aufrührten: Tragische Flugzeug-Abstürze, besonders aber der Giftunfall von Seveso und die größte Chemie-Katastrophe überhaupt, das chemische Methylisocyanat-Inferno von Bhopal, sowie neuerdings der Super-GAU von Tschernobyl sind mehr als Katastrophen für die Betroffenen und Beteiligten; sie gelten als Technomenetekel, als publizistisch mit Recht besonders aufsehenerregende krisenhafte Ausnahmekatastrophen. (Doch sind sie wirklich nur noch Ausnahmen? Oder gibt es schon »normale Katastrophen« (Perrow 1987), denen Gewohnheitseffekte entsprechen? Kann man sich an Katastrophen gewöhnen? Perrows Originaltext sprach – anders als die deutsche Übersetzung – von »normal accidents«.) Jedenfalls wirkten solche Katastrophen als Zunder für eine neue Welle der Technikkritik und Anti-Wissenschaftsbewegung und für eine verbreitete Einstellung der Technikenttäuschung. Sie verweisen auf die krisenhafte Zuspitzung der Risiken; und häufiger auftretende Ausnahmen sind eben keine mehr. In einer immer enger werdenden Welt, bei drastischem Bevölkerungswachstum in Ländern der Dritten Welt und Ballungen in Industriezentren steigt sprunghaft die Zahl der Betroffenen, wächst dementsprechend das Ausmaß der Folgen, werden erst Unfälle zu wirklichen Katastrophen, die auch die Öffentlichkeit erregen und natürlich, verständlich, zu einseitigen Reaktionen herausfordern: Techniker, Ingenieure, Wissenschaftler werden zu leicht generell zu Sündenböcken des jeweiligen Technomenetekels abgestempelt.

Erst durch Schaden, scheint es, wird man klug. Der Mensch als Teil der Natur wird letztlich geschädigt, wenn diese Schaden nimmt. Was nützte es dem Menschen, wenn er technisch die Welt gewönne und die Natur beherrschte und sich selbst mit dieser zerstörte? »Kein Aspekt der Technik ist moralisch gesehen«

heute noch »neutral«, aber: »Es sind Menschen ..., die die volle Verantwortung für den Mißbrauch der Technik tragen« – und auch für deren Gebrauch. Dies stellte die Mount-Karmel-Erklärung über die »Technische und moralische Verantwortung« schon 1974 fest (vgl. in Lenk/Ropohl 1987, S. 282); viele weltbekannte Wissenschaftler unterzeichneten. Aber wird die Menschheit fähig sein, diese Verantwortung zu tragen, wirksam werden zu lassen? Die Schwierigkeiten scheinen kaum überwindlich. Sie *müssen* aber überwunden werden, soll die Technik nicht nur Berge versetzen, soll der Mensch nicht auch auf technische Weise seine eigenen Zukunftshoffnungen versetzen, wenigstens aufs Spiel setzen. Das Ende wäre Entsetzen. Der technische Aufbruch darf aber nicht im Entsetzen enden! Man vergißt im Gefolge einer Industriekatastrophe aber allzuleicht, welche positiven, humanisierenden Wirkungen von der Industrialisierung – einschließlich besonders der Medizintechnik – auf das Leben der gesamten Bevölkerung ausgingen. Krisenstimmung und Technikenttäuschung breiten sich aus.

Für die philosophische Diskussion der Technik heißt dies: Es kann für uns nicht darum gehen, auf Technik und technische Weiterentwicklung, ja, technischen Fortschritt zu verzichten: Die Folgen wären unmenschlich und unsozial – besonders die Wirkungen in der Dritten Welt, in der das Überleben immer stärker von einer freilich sinnvollen technischen Versorgung und Industrialisierung abhängig wird. Auch die schärfsten Kritiker der Technik wollten selbst wohl kaum auf die Lebenserleichterung und Lebensbereicherung verzichten, die ihnen die Technik erlaubt. Für eine radikal alternative Lebensweise gibt es einfach zu viele Menschen. Auch unsere demonstrativen Alternativen sind vom größeren Zusammenhang der Industriegesellschaft immer noch irgendwie abhängig. »Nichts im Übermaß!« Diese Weisheit der Alten gilt für beide Extreme und für beide Richtungen. Ein völliges Stillstellen der Technik und Industrialisierung, des technischen und ökonomischen Fortschritts wäre ebenso fatal wie eine völlig uneingeschränkte, sich selbst immer weiter aufschaukelnde Übertechnisierung, ein Sich-Überschlagen der technisch-industriellen Dynamik. Mehr Verantwortung, mehr Weisheit, weise Mäßigung im Umgang mit Technik, Umwelt, Erde, Leben, Natur und Gesellschaft tun uns freilich dringend not. Mehr Verantwortlichkeit für »das Ganze« – desto mehr, je mehr dieses von unserer technischen Macht abhängig wird. Macht verpflichtet, wie auch Können und wohl auch besonderes Wissen verpflichten. Wie verletzlich die natürliche Umwelt, die Natur und das Überleben der Arten in ihr geworden sind, zeigt sich in allen Erscheinungen der Umweltkrise – besonders in industriellen Ballungsgebieten. Die Forderung nach Weisheit zu stellen – in dieser globalen Form – ist relativ leicht. Ein anderes wäre es, praktikable Lösungen zu entwikkeln zwischen den Extremen einer utopischen Totalverantwortlichkeit jedes einzelnen für alles in der Welt (wie sie von dem Informatiker und Technikkritiker Joseph Weizenbaum einst, und neuerdings vom ehemaligen Hamburger Wissenschaftssenator Meyer-Abich formuliert wurde; »Jeder nimmt auf alles Rücksicht!«) und einem fatalistischen Hände-in-den-Schoß-Legen.

Die besonders exponierte Stellung vieler Ingenieure macht das Verantwortungsproblem zu einem äußerst dringlichen: Sicherheit und Leben vieler Menschen, das öffentliche Interesse und Gemeinwohl sind unter Umständen nachhaltig betroffen, wenn keine besondere Verantwortungsbereitschaft bei vielen Ingenieuren vorhanden ist. Werden sie aber für diese besondere Rolle überhaupt geschult? Gibt es Fallstudien, die sie während der Ausbildung diskutieren können? Werden sie überhaupt in Ingenieurethik unterwiesen? Viele amerikanische Technische Hochschulen haben ein Pflichtprogramm für Ingenieurethik eingerichtet, viele Kongresse über Ingenieurethik haben insbesondere im Gefolge der genannten Katastrophen stattgefunden, eine verzweigte Literatur ist erstellt worden. In Deutschland gibt es kaum Vergleichbares und bisher keine Ethikkodizes der Ingenieurvereinigungen.

II. Verantwortung und Mitverantwortung

Bevor wir uns den Problemen der Verantwortung des Ingenieurs eingehender zuwenden, soll noch auf die Leitidee dieses Begriffs *»Verantwortung«* ein wenig eingegangen werden, auch auf die des Begriffs *»Mitverantwortung«*.[1] Wir werden zur Verantwortung gezogen, wir tragen Verantwortung; und Verantwortung zu tragen heißt: bereit zu sein, oder genötigt werden zu können, zu antworten, etwas zu verantworten gegenüber jemandem, einem Betroffenen oder einem Adressaten. Wir sind nicht nur für etwas, für eine Handlung, Aufgabe, Betreuung beispielsweise usw. verantwortlich, sondern auch gegenüber jemandem und vor einer Instanz. Der religiöse Mensch, der an Gott glaubt, weiß sich vor diesem verantwortlich. In der Ethik wird gewöhnlich das Gewissen angeführt, vor dem man sich verantwortet. In der Tat ist das Gewissen auch die letzte und die entscheidende Instanz für die Verantwortung, meinte Hans Sachsse (1983) in einem Vortrag zur Verantwortung, und er lehnt daher jede kollektive Verantwortung als einen verschwommenen Begriff ab. Aber der private Charakter des Gewissens, sieht Sachsse selbst ein, erschwert seine intersubjektive Handhabung. Ist wirklich das Gewissen die letzte Instanz? Ist dies nicht eine zu individualistische Grundlage für öffentliche und kollektive Verantwortung? Und wer nun gerade gewissensblind ist, und das kommt ja vor, hat er oder haben die von seiner Tat, unter Umständen einer Wahnsinnstat, negativ Betroffenen eben einfach Pech gehabt? Ist das Gewissen nicht eher ein Medium, eine Stimme, die Verantwortlichkeit schätzt, mißt, ein Kriterium anwendet, setzt es nicht einen Maßstab, einen Standard, eine Instanz schon voraus? Ist die moralisch-praktische Vernunft diese Instanz, wie sie in der Tradition der Philosophie, insbesondere bei Immanuel Kant immer gesehen wurde? Oder die Idee der Selbstachtung des Menschen, die Idee der Menschheit oder der Gesellschaft? Sind wir der Menschheit oder der Gesellschaft oder dem Gesetz gegenüber ethisch verantwortlich? In gewissem Sinne durchaus. Aber dies alles sind auch abstrakte Begriffe, keine lebendigen persönlichen Instanzen, keine Partner, die jemanden direkt zur Verantwortung oder zur Rechenschaft ziehen könnten. Die Verantwortlichkeit gegenüber einem Abstraktum bleibt Metapher, mag sie auch noch so wirksam sein. Soziale Kontrollen oder gesetzliche Kontrollen konkretisieren diese allgemeine ethische Verantwortung, aber sie sind doch schon abkünftig im Verhältnis zur unmittelbaren persönlichen und auch zur allgemeinen ethischen Verantwortung. Insbesondere muß man sagen, daß ethische Verantwortung letztlich immer an eine Person gerichtet und ein Appell an eine Idee bleibt: an eine Idee des Moralischen, des Sittlichen, des Persönlichen, der persönlichen Verantwortung. Ethische Verantwortlichkeit ist mehr als die empirische Gewissensstimme. Wieder finden wir uns gleichsam auf Kants Ansatz in der Ethik zurückgewiesen. Zweifellos hat diese Idee des Sittlichen etwas mit der Idee der Menschenwürde zu tun. Zur Menschenwürde gehört es, Verantwortung zu übernehmen, sofern man ein handelndes und relativ wirkungsmächtiges freies Wesen ist. Handlungsfreiheit und Verantwortlichkeit bedingen einander. Zur Idee der Menschenwürde gehört die Achtung vor dem Mitmenschen und der eigenen Person, auch die Idee der Existenz und des menschenwürdigen Fortbestehens, der Fortentwicklung der Menschheit. Außerdem umfaßt diese Idee der Menschenwürde, daß wir als einsichtige Wesen, als diejenigen, die in der Natur dadurch ausgezeichnet sind, daß wir ihren Zusammenhang wenigstens zum Teil erkennen, entschlüsseln und lenken können, auch für andere Wesen und sogar für Natursysteme Mitverantwortung übernehmen können und sollen. Diese Verantwortung wächst mit unserer Einsichtsfähigkeit und unserer Eingriffsfähigkeit, zumal mit unserer Zerstörungsmacht. Wir können und sollen als einsichtige Wesen für andere Wesen repräsentativ mitdenken, uns auch für sie verantwortlich oder mitverantwortlich wissen, falls sie von uns abhängig sind. Der Mensch ist das der Verantwortung fähige Wesen. Erst als solches ist er eine ausgereifte moralische Person. Der Mensch ist *das* verantwortliche Wesen, und Ingenieure, Techniker und Wissenschaftler sind auch Menschen. Ergo sind sie verantwortliche Wesen, so einfach scheint der Schluß. Aber so einfach liegen die Verhältnisse natürlich nicht. Man hielt traditionellerweise Technik und Wissenschaft für moralisch neutral. Man konnte deren Resultate immer zum Guten wie zum Bösen verwenden, und oft war und ist nicht einmal zu bestimmen, was gut und was böse oder unethisch ist. Man hielt Ingenieure und Wissenschaftler herkömmlich also für nicht verantwortlich, für entschuldigt, schuldlos. Sie schienen nicht verantwortlich für ihre Entdeckungen, Entwicklungen und deren Verwendung. Und auch heute noch gibt es viele Wissenschaftspolitiker und Wissenschaftler, die eine solche moralische Neutralität der Wissenschaftler und Techniker vertreten. Daß Ergebnisse der Grundlagenforschung eine Ambiguität der Verwendung aufweisen, fast stets zum Positiven wie zum Negativen benutzt werden können, gilt ihnen als Begründung der Neutralitätsthese – und als bequeme Ausflucht vor der Verantwortungsfrage. Das Alles-oder-Nichts ist aber auch hier falsch. Die Probleme sind schwieriger, stellen sich komplexer, bedürfen einer differenzierteren Behandlung der Möglichkeiten der Verantwortungswahrnehmung und -verteilung.

III. Gruppen- und Gemeinschaftsverantwortung

Verantwortung für die Folgen von Entwicklungen in verwickelten Systemen kann nun natürlich weder ethisch noch rechtlich von einem einzelnen allein getragen werden. Sie kann aber auch nicht der Gattung Mensch oder dem technischen Menschen, dem Ingenieur, abstrakt zugewiesen werden. Mittlere Lösungen einer entsprechend der Zentralität und Wirkungsmöglichkeit abgestuften *Gruppenverantwortung* sind zu entwickeln. Brauchen wir eine sozial greifbare, zurechenbare Verantwortung der Institutionen von Wissenschaft und Technik und eine Art Technik- und Wissenschaftsrecht? Ist die bisherige individualistische Ethik den Folgen und Phänomenen des faustischen abendländischen Paktes, den die industrialisierte Gesellschaft mit Wissenschaft und Technik eingegangen ist, überhaupt noch angemessen? Heißt die Frage stellen, sie schon zu verneinen? Und wenn dieses so ist, bedeutet das, daß eine ganz neue, andere soziale Ethik kollektiv wie intellektuell entwickelt werden müßte? Es kann aber auch nicht jeder für alles verantwortlich sein. Bei einer solchen ins Folgenlose führenden utopischen Gleichverteilung der Verantwortlichkeit wäre in Wirklichkeit niemand mehr für etwas wirklich verantwortlich. Verantwortlichkeit kann nicht allumfassend sein. Ist sie aber stets allein einzelnen aufzubürden? Brauchen wir nicht im Zeitalter der vernetzten Systemzusammenhänge – besonders auch angesichts der schon synergetischen und kumulativen Effekte in komplexen Systemzusammenhängen – eine über die Verursacherverantwortung hinausgehende erweiterte Verantwortung und eine entsprechende Ethik der erweiterten Verantwortung und der greifbaren Mitverantwortung? Erweiterte Handlungs- und Einwirkungsmöglichkeiten erzeugen in der Tat erweiterte Erhaltungs- und Verhinderungsverantwortlichkeiten. Diese Arten der Verantwortung sind in ihrer Bedeutsamkeit proportional mit der angestiegenen technischen Macht des Menschen gewachsen. Im übrigen gründet sich die vergrößerte Eingriffsmacht auf das unermeßlich vergrößerte und technisch verfügbar gemachte Wissen, das auf wissenschaftlicher Erkenntnis beruht. Macht *und* Wissen erzeugen heute Verantwortung. Wenn kollektive Verantwortung, *Gemeinschaftsverantwortlichkeit* nötig ist, muß sie doch irgendwie zum Handeln des einzelnen in Beziehung gesetzt werden. Ein einzelner könnte jedoch nur pro forma, der Form nach öffentlich – gleichsam politisch – die Verantwortung für ein technisches Großprojekt tragen. Was nützt es aber, wenn der Leiter eines Kernkraftwerkes nach einem GAU, einem größten anzunehmenden Unfall – zurücktritt?

IV. Verantwortung der Ingenieure als Experten

Neben der Individualverantwortung und der Mitverantwortung unterschiedlicher Fachleute und Praktiker ist künftig auch die Verantwortung von technisch-wissenschaftlichen Verbänden und Berufsvereinigungen gezielter zu untersuchen und zu betonen. Diese stehen ja für die Qualität und Entwicklung der jeweiligen Berufsethik. Die Übersicht, Kontrolle und Verbesserung einer Ethik der Berufe ist in erster Linie Aufgabe dieser Vereinigungen. Wissenschaftler, Ingenieure und Techniker waren ursprünglich großenteils Selbständige, Unternehmer oder freie Berater – vergleichbar den Angehörigen anderer sogenannter Freier Berufe wie der Ärzte, Apotheker, Anwälte. Diese Freien Berufe sind gekennzeichnet dadurch, daß sie der Gesellschaft wichtige, für einzelne und die Gesellschaft manchmal gar überlebenswichtige Dienstleistungen anbieten, für die eine anspruchsvolle Expertenkompetenz und zumeist akademische Ausbildung erforderlich sind. Zum Angehörigen dieser Freien Berufe wird man zumeist aufgrund eines Bestallungs- oder Approbationsverfahrens ernannt. Solche Freiberufler besitzen nicht nur entsprechend der beruflichen Stellung Selbständigkeit, sondern gestalten auch ihre Experten- oder Beratungstätigkeit autonom, also selbständig und eigenverantwortlich. Oft gehören sie Kammern oder Berufsvereinigungen an, die halböffentliche Aufgaben in Selbstverwaltung wahrnehmen. Im Englischen gibt es den treffenden Ausdruck der »professions«, der sich im Deutschen nicht ganz bedeutungsgleich durch »Freie Berufe« wiedergeben läßt; denn neben dem selbständigen Experten gibt es natürlich und heute überwiegend unselbständige Angehörige der »professions«. Michael Bayles, der ein informatives Buch über »Professional Ethics« (1981) geschrieben hat, unterscheidet zu Recht zwischen »beratenden Experten« und »wissenschaftlichen Experten«. Die letzteren sind oft in nichtselbständiger Stellung tätig, nehmen aber auch z. T. nebenberuflich Expertenaufgaben wahr, indem sie Gutachten und Expertisen, Kontrollberichte, Planungen und Entwürfe, Empfehlungen und Beratungen durchführen. In der Berufsethik akademischer Experten (»professional ethics«) werden Pflichten und Verantwortlichkeiten der Mitglieder dieser Freien Berufe und der akademischen Experten in unterschiedlichen Bezügen untersucht. Im Vordergrund steht natürlich die Verantwortung gegenüber den Kunden und Klienten, gegenüber den Betroffenen, gegenüber der Gesellschaft, gegenüber den Kollegen. Doch es gibt auch Verpflichtungen und

Verantwortlichkeiten der Berufsgruppen als Ganzer, die weder mit den Verantwortlichkeiten der einzelnen Mitglieder zu verwechseln, noch auf diese zusammenzustreichen sind. So gehört es zur kollektiven (Selbst-)Verpflichtung der Berufsgruppen, denen die rechtliche Vertretung bzw. die medizinische Versorgung anvertraut ist, jedem entsprechend Bedürftigen Rechtsbeistand bzw. medizinische Hilfe zu gewähren, obwohl einzelne Rechtsanwälte bzw. Mediziner keine Verpflichtung haben, allen, die in Not sind, zu helfen. (Freilich entsteht eine solche Verpflichtung etwa beim Mediziner, der auf einen aktuellen Notfall stößt.) Berufsexperten werden also als Treuhänder tätig. Sie unterliegen Normen des Vertrauens von seiten der Klienten und der Vertraulichkeit gegenüber Öffentlichkeit und Dritten. Verantwortlichkeiten, Verpflichtungen und Tätigkeitsberechtigungen werden hieraus bereits deutlich. Angehörige der Expertenberufe haben besondere Pflichten, Rechte und Verantwortlichkeiten gegenüber Klienten, der Öffentlichkeit, Auftraggebern und Kollegen. Meist werden diese Rechte, Pflichten und Verantwortlichkeiten durch einen *Berufskodex*, ein Standesstatut oder Regelsystem für das Berufsverhalten umschrieben und von der entsprechenden Vereinigung überwacht. Man denke etwa an die Ethikkodizes der Amerikanischen Ingenieurvereinigungen, aber auch daran, daß in der Bundesrepublik (außer dem »Bekenntnis des Ingenieurs« von 1950) noch kein Berufskodex der Techniker und Ingenieure existiert.

V. Berufs- und Standeskodizes

Der älteste Berufs- und Standeskodex, jener der Mediziner, ist natürlich im Hippokratischen Eid ausgedrückt, in dem die Pflichten und Verantwortlichkeiten des Arztes gegenüber den Patienten, aber auch gegenüber dem Lehrer und anderen Berufsgruppen festgelegt waren. Der Arzt mußte versichern, »nach bestem Wissen und Können zum Heil der Kranken ... dagegen nie zu ihrem Sterben und Schaden« tätig zu werden und »niemandem eine Arznei (zu) geben, die den Tod herbeiführt« (Hippokrates). Der Arzt durfte gemäß dem Hippokratischen Eid keine Gallensteine schneiden; hierfür waren offenbar spezielle Steinschneider zuständig. Insbesondere hatte er aber seinen Lehrer zu ehren, für ihn im Alter und gar für dessen Nachkommen zu sorgen ...

Seit dem ersten Jahrzehnt dieses Jahrhunderts entwickeln sich in den Vereinigten Staaten die sogenannten Ethikkodizes der Ingenieurvereinigungen. Die amerikanischen Kodizes stellten in erster Linie Standeskodizes dar. So forderte beispielsweise der *Ethikkodex* der Amerikanischen Gesellschaft der Bauingenieure 1914 vom Bauingenieur nicht nur, daß er »in beruflichen Angelegenheiten gegenüber seinen Auftraggebern ... als loyaler Vertreter oder Sachwalter zu handeln« und keine andere Vergütung als das festgelegte Honorar annehmen dürfe, sondern darüber hinaus verbietet er, Ansehen, Berufschancen und Geschäft anderer Ingenieure zu schädigen, diese zu verdrängen, zu unterbieten oder deren Arbeit ohne ihr Wissen und ihre Zustimmung zu begutachten und für sich selbst »mit Ausdrücken des Eigenlobs oder auf andere der Würde des Berufsstandes abträgliche Weise zu werben« (vgl. in Lenk/Ropohl 1987, S. 279). Es ist deutlich, daß hier eine interne Berufs- und Standesregelung als Ethikkodex aufgefaßt wurde, obwohl von den Betroffenen und Klienten außer im ersten Satz nicht die Rede war. Die Auffassung des Standeskodex als einer ethischen Regelung führte etwa dazu, daß 1932 die Bauingenieure Bernhard F. Jakobsen und James H. Payne aus der Gesellschaft für Bauingenieure aus *ethischen* Gründen ausgestoßen wurden, weil sie völlig zu Recht auf Pfuscherei beim Bau eines Staudammes bei Los Angeles hingewiesen, den leitenden Ingenieur kritisiert und die Öffentlichkeit informiert hatten. Ein sogenannter Ethikkodex kann also benutzt werden, um das Gemeinwohl geradezu zu untergraben.

Deutlich wird in solchen Formulierungen und Beispielen, daß das Thema Pflichten und Verantwortung der Ingenieure und Techniker, allgemein: der Experten, mindestens zwei Teilaspekte aufweist, die sich je wieder untergliedern: Neben der Frage der *externen Verantwortung* der Ingenieure und Techniker, gegenüber Betroffenen und der Gesellschaft, dem Gemeinwohl, ist die *interne Verantwortung* des Experten gegenüber seinem Stand, seiner Zunft und seinen Kollegen zu nennen. Diese interne Verantwortung umfaßt nicht nur Regeln für das Verhalten gegenüber Mitarbeitern, sondern auch gegenüber konkurrierenden Kollegen. Auch die Erhaltung und Förderung des Ansehens der Berufsgruppe nach außen ist gefordert. Letztlich handelt es sich bei den Regeln des internen Umganges und der Sicherung des Standesprestiges eher um das *Standes-* oder *Zunftethos* als um Ethik im engeren Sinne. Der sogenannte Ethikkodex der amerikanischen Bauingenieure von 1914 war fast ausschließlich ein Kanon des Standesethos, war aber kein *Ethik*kodex im engeren Sinne. *Ethos* und *Ethik* werden leider oft verwechselt und vermischt. Unklarheiten, ja ideologische oder interessengelenkte Mißbräuche, der Ethikkodizes wurden und sind so immer noch möglich.

Natürlich gibt es eine Verantwortung des Ingenieurs gegenüber seinen Kollegen, sowohl gegenüber Mitarbeitern als auch Konkurrenten, als auch gegenüber dem eigenen Berufsstand. Wie bei den Medizinern und Juristen zeigt sich auch bei Ingenieuren und Technikern, daß die Berufsgruppe insgesamt – etwa vertreten durch die entsprechenden Standesorganisationen oder -vereinigungen, wie bei uns beispielsweise durch den Verein Deutscher Ingenieure und den Verband Deutscher Elektrotechniker – eine Verantwortung gegenüber der Öffentlichkeit, der Gesellschaft hat. Von größter Bedeutung ist freilich die Verantwortung des Experten gegenüber dem Klienten, dem Kunden oder Auftraggeber. Bayles arbeitet in seinem Buch »Professional Ethics« (1981, S. 24, S.68–86, S. 109–122) klar heraus, daß der technische Experte nicht nur als ausführendes Organ noch als ausschließlich durch Interessenverbindung bestimmter Vertragspartner noch als alleinbestimmender Oberzensor aufgefaßt werden kann, sondern daß im allgemeinen ein Treuhänderverhältnis zwischen dem Experten und dem Klienten besteht, das dem letzteren die Autorität, Autonomie und Verantwortlichkeit bei der Entscheidung beläßt, dem ersteren aber technisches Wissen und Kompetenz sowie bestimmte moralische Verpflichtungen gegenüber der Allgemeinheit und möglicherweise Dritten zuordnet. Bayles führt sechs oberste Normen der Vertrauenswürdigkeit an, denen der technische Experte wie jeder »Professional« genügen muß: Ein guter Experte hat nicht nur ehrlich und aufrichtig zu sein (er hat nicht nur dem Klienten wahrheitsgemäß zu berichten, sondern ihm auch alle Wahrheiten nach bestem Wissen und Gewissen zu offenbaren – es sei denn, ein übergreifender, vorrangiger moralischer Wert schließt das aus – wie etwa die mögliche Rückwirkung der Mitteilung einer tödlichen Krankheit auf den Betroffenen). Er hat vor allem sachkompetent und sorgfältig zu sein. Dem Klienten gegenüber muß er sich loyal und diskret verhalten. Diese Normen bzw. Verpflichtungen drücken sich mittelbar in Verantwortlichkeiten gegenüber dem Klienten aus.

Natürlich gibt es auch geradezu unvermeidliche Konflikte zwischen den Interessen des Klienten und des Experten: Der Kunde ist an bestmöglicher Dienstleistung interessiert, der Experte zugleich an möglichst hohem Einkommen und geringem Zeitaufwand für die erbrachte Dienstleistung. Die Standesregeln dienen unter anderem dazu, hohe Kompetenz des Experten, bestmögliche Qualität seiner Arbeit zu gewähren – gerade auch angesichts von möglichen Ausweich-, Mißbrauchs- oder Ausbeutungsversuchen, denen der einzelne unterliegen kann. Die Standesorganisation oder Vereinigung der Berufsgruppe trägt demgegenüber die Verantwortung, von vornherein solchen Versuchungen zu wehren – durch Androhung von Strafen bis hin zum Ausschluß oder bis zum Lizenzentzug oder Tätigkeitsverbot. Sie hat aber auch die Verpflichtung, die Ausbildungsstandards und Qualifikationsanforderungen möglichst hoch zu halten, dem jeweiligen Stand von Wissen und Technik entsprechend. Wissen und Können verpflichten nicht nur den einzelnen, sondern gerade auch die entsprechende Berufsorganisation und deren Amtsträger. Hier liegen Förderungs- und Überwachungsaufgaben, die oft nicht rechtlich bis ins einzelne konkretisiert werden können, aber einer gleichsam moralischen Verpflichtung ähneln können. Zwar ist eine Organisation, wie auch jede bloß juristische Person, keine moralische Person, doch gibt es moral-ähnliche Verpflichtungen.

Entsprechendes gilt für die Definition und die Wahrung des jeweiligen *»Standes der Technik«* in technischen Regelwerken. Diese übergreifenden Verpflichtungen für Vereinigungen haben natürlich individuelle Pflichten des einzelnen Technikers zur Folge: So ist jeder Techniker nach bestem Wissen und Gewissen verpflichtet, entsprechend dem (ihm) erreichbaren besten Stand der Technik zu arbeiten. Er ist aber beispielsweise als Individuum nicht verpflichtet, jedem Menschen oder auch nur jedem ihm Begegnenden technische Dienstleistungen anzutragen: Nur Not kennt hier Gebot: Einem in Lebensgefahr Geratenen muß der Ingenieur natürlich entsprechend seiner Fachkompetenz helfen, falls er das vermag.

Allgemein muß man sagen, daß Ingenieur- und Technikervereinigungen ihre Verantwortung gegenüber der Öffentlichkeit und Gesellschaft recht sorgfältig wahrgenommen haben, indem sie den jeweiligen »Stand der Technik« sorgsam bestimmten und überwachten, technische Regelwerke wie die Richtlinien des VDI, Prüfnormen des VDE und DIN-Normen schufen, die zum Teil trotz ihres Empfehlungscharakters Gesetzeskraft angenommen haben. Entsprechendes gilt für die Technischen Überwachungsvereine, Technischen Anweisungen und die Arbeit der Expertengremien, die Richt- und Grenzwerte festzusetzen haben. Obwohl die rechtliche Erfassung der relevanten technischen Normen und auch die Entwicklung der gesetzlichen Bestimmungen in technischen Bereichen meist hinter dem jeweiligen »Stand der Technik« hinterherhinkt, sind Niveau und die jeweilige Anpassung der technischen Regelwerke (der allgemein anerkannten Regeln der Technik) in der Bundesrepublik Deutschland als sehr gut – auch was den internationalen Vergleich betrifft – einzuschätzen. Was die ethischen Berufskodizes und die Orientierung an allgemeineren gesellschaftlichen Werten angeht, so ist freilich noch ein Defizit gegenüber manchen anderen Ländern, wie den Vereinigten Staaten von Amerika und neuerdings Japan in der Umweltethik, festzustellen. Freilich wird auch dort mit Wasser gekocht: Die Regelungen der Berufsethiken sind oft noch sehr pauschal und global und vielfach wenig geeignet, konkrete Einzelfälle zu erfassen. Jedoch haben sie zu erhöhter Bewußtheit geführt – und zu entsprechenden Konsequenzen für die Ausbildung. Es gibt kaum noch einen Bereich der Freien Berufe und der Expertenprofessionen, in denen nicht an der Entwicklung einer Berufsethik, an Entwürfen von Verhaltens- oder Ethikkodizes gearbeitet wird. Für die Techniker ist »Engineering Ethics« ein Thema geworden, dem sich kaum eine technische Fakultät oder Universität in den USA noch entziehen kann. An unseren Hochschulen geschieht bisher so gut wie nichts. Und auch unsere Verbände sind hier noch kaum initiativ geworden. Man arbeitet noch nicht oder allenfalls vereinzelt an ethischen Berufskodizes – aber praktisch gar nicht an der notwendigen institutionellen verfahrensmäßigen Abstützung, Einbettung und Operationalisierung der Kodizes. Ideale Forderungen ohne praktische Realisierung durch institutionalisierte Verfahren verbleiben aber nahezu wirkungslos. Appelle allein nützen nicht viel. Man muß auch operational greifbare Abläufe und Konsequenzen einführen (wie z.B. rechtliche oder verbandsinterne positive oder negative Sanktionen, Beurteilungsinstanzen usw.).

Sogar für die Vereinigten Staaten kommt Bayles (1981, S. 138–146) zu dem Urteil, daß Befolgung der ethischen Normen der Berufsvereinigungen zu wünschen übrig läßt. Die Ethikkodizes und die Selbstverwaltung der Berufsvereinigungen hätten sich nicht als sehr effektiv erwiesen, seien eher darauf ausgerichtet gewesen, den Mitgliedern Privilegien zu sichern, hätten Diskriminierungen nicht ausschließen können und häufig zu einer notorischen Inaktivität geführt, wenn es um einen Konflikt zwischen Standesprestige und Allgemeinwohl ging. Das gelte für die relativ erfolgreiche Regelung der Amerikanischen Vereinigung der Rechtsanwälte, wie viel mehr für Ingenieurvereinigungen! Bayles schlug vor, externe Laien viel stärker bei der Entwicklung von Berufskodizes zu beteiligen, Sanktionen und fachorientierte Maßnahmen zu erweitern und expliziter zu handhaben, Experten geradezu anzuhalten, unmoralisches Verhalten anderer Berufskollegen, insbesondere auch Vorgesetzter und Untergebener, sowie von Firmen offenzulegen. Die Firmen sollten Beschwerdekomitees mit Laienmitgliedern haben – ähnlich wie (medizinische) Ethikkommissionen heute Nicht-Fachleute und firmen- oder institutsexterne Mitglieder umfassen müssen. Nationale Approbationsordnungen und Zulassungsverfahren sowie entsprechende Aberkennungen sollten nach Bayles konsequenter gehandhabt werden. Ferner sollten Kurse in Berufsethik in allen berufsbildenden Schulen und Institutionen eingeführt und ethische Fragen nötigenfalls auch in anderen Ausbildungsveranstaltungen diskutiert werden. Letztlich aber hält Bayles das vorbildliche Verhalten, die kritische Beurteilung und die Unterstützung von Kollegen im Hinblick auf moralisches Verhalten für den wichtigsten Faktor für normgerechtes moralisches Handeln.

Ethik- und Standeskodizes können die Diskussion innerhalb der Ingenieurvereinigungen und in den Unternehmungen anregen und verbessern sowie die Sensibilität gegenüber Fragen der Verantwortung wesentlich erhöhen. Da Demokratie von der Diskussion lebt und die kritische Debatte – besonders auch die öffentliche – in einer Demokratie eine wichtige Kontrollfunktion ausübt, sollten sich gerade auch die Ingenieure und Ingenieurverbände dieses Mittels bedienen. Hatte das innerbetriebliche Vorschlagswesen sich bewährt, so sollte auch ein ethisches Vorschlagswesen oder ein diesbezügliches konstruktives Kritikwesen eine Chance erhalten. Es könnte eine wirkungsvolle Quelle für ethisches Denken und Handeln sein. Standeskodizes könnten so dazu beitragen, ethische Gesichtspunkte in die Überlegungen in Unternehmungen und in die reale Wirtschaftspraxis einzubringen. Die Kodizes könnten die einseitige Orientierung an technischer, ökonomischer und instrumenteller Rationalität, an den sog. Sachzwängen, hinter denen sich oft einseitige Interessen verbergen bzw. diese verschleiern sollen, aufbrechen und somit Möglichkeiten für ethische Reflektionen in den Unternehmungen eröffnen. Die Verantwortlichkeit der Ingenieure und Techniker läßt sich nicht auf die Verantwortung bzgl. technischer und ökonomischer Effizienz allein zusammenstreichen. Sinnvoll dürfte es auch sein, wenn die Kodizes die im engeren Sinne moralischen Gesichtspunkte klar von den bloßen standesorganisatorischen und interessen- sowie standpunktgebundenen (z.B. arbeitsorganisatorischen) trennen und wenn sie auch nicht isoliert bloß als rhetorische Aushängeschilder fungieren, sondern in institutionelle Gremienarbeit und Erörterungs-, Beurteilungs- sowie Entscheidungsverfahren eingebettet werden – wie seit längerem etwa beim amerikanischen Institute of Electrical and Electronics Engineers (Unger 1982, S. 164ff.).

Zusammenfassend muß man zum Thema Verantwortung der Experten der Freien Berufe wohl sagen, daß die Fachleute sich weder aus ihrer berufsbezogenen Sozialverantwortung noch aus einer moralischen Mitverantwortung stehlen können, daß man andererseits aber sie auch nicht für alles – und besonders auch nicht für die auf politischen Entscheidungen beruhenden Folgen ihrer Tätigkeit verantwortlich – oder gar alleinverantwortlich – machen kann. Freilich hat ein Experte die Beteiligung an einem einzelnen Projekt – z.B. ein an der Entwicklung einer schrecklichen Vernichtungswaffe wie Napalm beteiligter Chemieingenieur – persönlich moralisch zu verantworten. Die fachliche Mitverantwortung der Rollentätigkeiten aktiviert persönliche, nicht aufgebbare, nicht abschiebbare moralische (Mit-)Verantwortung.

Der Bezugspunkt der moralischen Verantwortung ist nach wie vor umstritten: Mangels besserer Vorschläge sollte man zunächst bei der Kantischen Idee einer Verantwortung gegenüber der Idee der Menschheit und der Menschenwürde bleiben, wobei jedoch Verantwortung gegenüber anderen natürlichen Mitlebewesen bzw. deren Arten gestaffelt einzubeziehen ist.

Die Verantwortungen sind zu differenzieren entsprechend (den genannten) speziellen berufsbezogenen Aspekten einerseits und den mehrstufigen moralischen Perspektiven andererseits. Die unterschiedlichen Verantwortungen können miteinander konfligieren oder einander überlappen.[2]

Das letzte Wort kann den Philosophen in diesen drängenden Weltproblemen sicher nicht zustehen, – sie haben lernen müssen, Bescheidenheit in der Praxis zu bewahren –, doch ihre Stimme in der Konfrontation der Meinungen sollten sie erheben, zumal sie wie eh und je als »Spezialisten für das Allgemeine« für umfassende Fragestellungen – und besonders auch für die Analyse normativer Probleme – zuständig sind. Die »Macher« freilich sollten in die Diskussion miteinbezogen werden. Schon Sokrates befragte die Fachleute auf dem Markt von Athen. Es gibt auch heute noch eine sokratische Aufgabe der Philosophie. Vielleicht kann eine diskussionsbereite, relativ undogmatische Philosophie eine Art Forum für die Debatte um die Technik bilden, wobei die »Diskutierer von Berufs wegen« die Rolle des ständigen Fragestellers oder des Vermittlers einnehmen sollten. Freilich könnten und sollten sie auch den Mut besitzen Reformvorschläge, Kritiken und Bewertungen zu vertreten, ohne etwa als Moraldiktator oder -prophet aufzutreten.

Vernunft und vernünftige Mäßigung gewinnen heute dramatisch Überlebensdringlichkeit. Gemeint ist die moralische Vernunft, nicht bloß technisch-instrumentelle Rationalität. Eine Vernunft, die Pascal »Logik des Herzens« nannte. Können wir hoffen, daß diese Vernunft sich durchsetzen kann – und sei es im Eigeninteresse aller Beteiligten, Betroffenen – einschließlich der Mächtigen selbst? Wir müssen es hoffen und dafür arbeiten – wenn auch der Wunsch der Vater des Gedankens zu sein scheint. Verbreitete Wünsche können aber auch Einfluß gewinnen ...

Anmerkungen

1 Vgl. ausführlicher zur Verantwortung Lenk (1987b, S. 115ff.) und zur Mitverantwortung Lenk (1985).

2 Vgl. Lenk (1987b, S. 116ff.). Zum Verhältnis von Engineering Ethics und Business Ethics vgl. Bowie (1985). Bowies Hauptthese ist, daß beide, Ingenieurethik wie Wirtschaftsethik, Unterarten der Ethik der Professions und insofern gleich sind.

Kapitel 5: Unternehmensethik in der betrieblichen Praxis – Bestandsaufnahmen

Edzard Reuter

Über Macht und Ohnmacht des Geistes

*Reflexionen zur Unternehmensführung**

* Mit freundlicher Genehmigung der Deutschen Verlags-Anstalt GmbH.
Wiederabdruck aus: Edzard Reuter, Vom Geist der Wirtschaft, Stuttgart 1986, S. 205–222.

Zuwachs an Kenntnis ist Zuwachs an Unruhe
(J.W. v. Goethe, Dichtung und Wahrheit)

I.

In deutschen Studierstuben hat die alte Philosophenfrage nach dem Verhältnis von Erkenntnis und Handeln eine eigenartige Tradition. Lange genug schien es schier selbstverständlich, das – angebliche oder wirkliche – Spannungsverhältnis zwischen Theorie und Praxis unter dem Rubrum »Geist und Macht« abzuhandeln. Nennenswert Fruchtbares ist daraus nicht entstanden.

In einem Land mit unserer Geschichte kann das wenig verwundern. Für das Bürgertum, soziales Substrat der Aufklärung, gab es nämlich kaum andere Verwirklichung als die ökonomische. Wem solcherart demokratische Teilhabe am Staatsleben verwehrt war, dem bot allenfalls noch die Literatur ein politisches Arkadien. Folglich ist jene Frage nach dem Verhältnis von Geist und Macht zumeist in Abhandlungen über Literatur und Politik gemündet. Keiner sollte übrigens dergleichen für abgesetzte Sinkstoffe halten, denn Literaten und Politiker erfahren sich offensichtlich bei uns bis heute – um mit Siegfried Lenz zu sprechen – eher als »intime Rivalen« (Lenz 1983, S. 9) und eben nicht, wie etwa in Frankreich, als Citoyens gemeinsamer Nation.

Die private Unternehmenswirtschaft hat solche Konflikte bisher allenfalls ausnahmsweise empfunden. Dafür gibt es Gründe. Natürlich ist sie, wie alle Teile der Gesellschaft, den Auswirkungen staatlicher Macht unterworfen und wirkt zugleich auf sie zurück. Aber die Sprache, das Medium der Literaten, ist ihr fremd. Zu den Zeitläufen nimmt sie durch jenes Handeln Stellung, das in Bilanzen und volkswirtschaftlichen Statistiken aufgezeichnet wird. Zugleich ist die Politik gezwungen, selbst verborgenen Hinweisen auf die ökonomische Entwicklung sehr hellhörig nachzugehen, denn sie hängt ganz unmittelbar davon ab. Deswegen wird es auch in Zukunft allemal schwerfallen, ökonomische Sachverhalte so wie die Kopfgeburten der Literatur einfach als ideologische Erfindungen zu brandmarken.

Es wäre also ein Mißverständnis, von mir Neues über das Verhältnis von staatlicher Macht und ökonomischem Verstand zu erwarten. Ich könnte statt dessen versuchen, an Gestalten wie Robert Bosch, Matthias Erzberger oder Walther Rathenau sinnende Betrachtungen zu knüpfen. Solche Männer waren in der Tat Ausnahmen von der Regel. Das in unternehmerischer Tätigkeit angelegte Spannungsverhältnis zum Denken haben sie öffentlich sichtbar werden lassen, und sie haben sich, aus dem Verantwortungsbewußtsein ihrer ökonomischen Erfahrung, politisch handelnd für die offene Gesellschaft eingesetzt.

Das wäre ein reizvolles Thema, zudem eines, das mit vielen deutschen Eigentümlichkeiten durchsetzt ist. Unternehmerpersönlichkeiten dieses Ranges verkörperten zu ihrer Zeit die Versöhnung von ökonomischer und politischer Macht, von Denken und Handeln, von Idealen und Realitäten. In ihrer Person schien als möglich und machbar, wovon das republikanische Deutschland träumte. Daß sie mit Mißtrauen belegte Außenseiter wurden, gestempelt von Verachtung und Haß, zwei von ihnen verfolgt von Mördern und ihren kaum heuchelnden Ziehvätern, läßt Kapitel ahnen, die wohl noch nicht geschrieben sind. Aber dieses glatte Parkett will ich hier nicht betreten, wenngleich ich die Hoffnung nicht verhehle, daß sich jene Verdrängungen nie ganz durchsetzen mögen, die Unvergeßliches, nicht zuletzt die zwölf braunen Jahre, einem scheinbar gnädigen Dunkel überantworten wollen.

Nein, die Frage, der ich nachgehen möchte, ist viel kleiner, eher handwerklicher Art: Welchen Platz muß geistige Leistung in der Unternehmensführung haben, sind Unternehmungen zugleich geistige Veranstaltungen und ist wirtschaftlicher Erfolg der Maßstab dafür?

II.

Folgte ich zeitgenössischen Stimmen und Stimmungen, so könnte ich mit wenigen Sätzen abschließende Klarheit zu Protokoll geben.

Den einen stellt sich die Frage überhaupt nicht: Sie halten den Markt für den zugewiesenen Platz, auf dem die Unternehmungen jene Leistung erbringen, die die Gesellschaft beanspruchen darf. Die Betätigung an sich ist Dienst am allgemeinen Wohl. Gefragt ist nur der reine Verstand, der Antwort darauf zu geben hat, welche Mittel akkumuliert und kombiniert werden müssen, um im Wettbewerb bestehen zu können. In diesem Verständnis ist Management sozusagen per definitionem geistig, allfällige Restfragen sind an den Staat zu richten, dem die postwendende Rücksendung an den Markt empfohlen wird. Mit einem Wort: die Unternehmung als Selbstläufer reiner Rationalität.

Diesen blauäugigen Anhängern eines zur Technokratie verkrüppelten Wirtschafts- und damit auch Kulturverständnisses setzen andere eine explosive Mischung aus rationaler Kritik an Mängeln und irrationaler Verallgemeinerung entgegen. Aus der Unvollkommenheit von Märkten, den niemals völlig aufhebbaren Nebenwirkungen marktwirtschaftlicher Allokation auf Verteilungsgerechtigkeit, Freiheit oder Umwelt leiten sie eine umfassende Kulturkritik ab: die Unternehmungen als Mitwirkende an menschlicher Selbstzerstörung.

Wir sollten einige Zeit darauf verwenden, über diese gegensätzlichen Positionen der jeweiligen Missionare reiner Wahrheiten nachzudenken.

In Politik und Ideengeschichte Europas findet man zahllose Beispiele für eine seiner grundlegenden Erfahrungen: Der Wechsel zwischen Perfektionierung des

Geschaffenen und umwälzender Erneuerung erscheint ebenso unausweichlich wie notwendig. Jede überkommene Praxis schlägt irgendwann in negative Utopie um, in ein Paradigma des Rückschritts. Auch heute sieht sich womöglich jegliche ernsthafte Anstrengung, die Aporie des Fortschritts aufzulösen, vor der Gewißheit, daß eine Verfeinerung üblicher Handlungsweisen nicht mehr ausreicht.

Furcht zu versagen, begleitet regelmäßig solche Rhythmenwechsel der geschichtlichen Entwicklung. Reflexe, oft nicht bewußte, auf das Erschrecken über die Krise der Gegenwart kommen hinzu. Versuche rationaler Diskussion laufen sich in den abgeschotteten Gängen traditioneller Arbeitsteilung wund. Spezialisierte Leistungen von Ingenieuren oder Ökonomen werden zu zäh verteidigten Besitzständen überkommenen Denkens.

Das ließe sich bis in die Zukunft der Betriebswirtschaft aufzeigen. Nach landläufigem Verständnis werden Führungsentscheidungen in Unternehmungen durch Tatsachen und Gesetzmäßigkeiten bestimmt, die wir mit wissenschaftlichen Methoden oder durch einfache Anschauung erkennen. Ganzen Generationen von Studenten – nicht nur an transatlantischen Business Schools – wurde der Glaube an den Determinismus klarer Zahlen und Indikatoren eingebleut. Nur was in Statistiken erfaßbar war, oder in mathematischen Modellen, galt als objektiver Beweis für zwingende Entscheidungen. Rationales Management jenseits aller Matrix-Tabellen und Portfolio-Tafeln erscheint diesem Denken unerreichbar.

In Wirklichkeit ist Vertrauen auf derartige Wirkungen analytischer Leistung nicht weniger als eine – ich zitiere George Gilder – »säkulare rationalistische Mythologie« (Peters/Waterman 1984, S. 57), ein gefährlicher Aberglaube. Unternehmungen können mit diesen Mitteln nur negative Entscheidungen treffen, nämlich Fehler vermeiden, während sich die eigentliche Herausforderung immer an die schöpferische Vorstellungskraft richtet. Was freilich nicht bedeutet, man dürfe unternehmerisches Entscheiden für eine Sache der intuitiven Ahnung halten, die willkürliche Zugriffe erlaubt: Auch dieser Aberglaube, ausgesprochen oder unausgesprochen weit populärer als man denkt, hat kräftig dazu beigetragen, das Vertrauen in den Fortschritt in eine tiefe Krise geraten zu lassen!

Wie schon oft in der Geschichte wird es auch jetzt nicht so sein, daß der Vorrat an richtigen Ideen erschöpft wäre. Dafür spricht die Zahl der Versuche, auf die veränderte Lage konstruktive Antworten zu geben. Aber nach meinem Eindruck verheddern sie sich alle in einem Pointillismus ohne Zusammenhang. Kampfansagen an den Fortschrittsgedanken der Aufklärung haben wohl deswegen so gute Konjunktur. Einer jener Missionare, die Karl Dietrich Bracher als »Meister der eklektischen Zusammenfügung widersprüchlicher Ideenfetzen zu allumfassenden Ideologien« (Bracher 1982, S. 148) gekennzeichnet hat, sei hier für alle genannt.

Bei einem Physiker von Profession wie Fritjof Capra ist es sicherlich keine besondere Überraschung, wenn er davon ausgeht, daß das alte – wie er es nennt

– kartesianische Paradigma, wonach je eine Ursache immer nur je eine Wirkung haben kann, in allen interaktiven Systemen, nicht nur im mikrokosmischen Bereich, keine Gültigkeit hat. In einem eher weitschweifigen als überzeugenden Sammelsurium von Fakten und Interpretationen versucht er dann abzuleiten, daß die darauf gründende Art menschlichen Denkens – immerhin einer der Eckpfeiler unserer naturwissenschaftlich-technischen Kultur – grundsätzlich nicht mehr ausreichen wird, um mit den Weltproblemen fertig zu werden. Wie zu erwarten, endet das Ganze in dem Postulat, »eine gründliche Neudefinition der menschlichen Natur« (Capra 1983, S. 470) zu unternehmen, die, wie heute fast schon üblich, mit der Empfehlung fernöstlicher Selbstversenkung verbunden wird.

Weltuntergang, wenn die Grundlagen der westlichen Kultur nicht endlich auf den Kehrichthaufen der Geschichte geworfen werden? Spätestens seit Planck und Heisenberg ist bekannt, daß die klassischen Fälle der Determinierung einer Wirkung durch eine Ursache zu Sonderfällen umfassenderer Erklärungsmuster geworden sind. Kaum weniger bekannt ist inzwischen, daß die Verhaltensweisen komplizierter interaktiver Systeme mit unseren heutigen Möglichkeiten nur dann rational gesteuert werden können, wenn wir in Regelkreisläufen und nicht mehr allein in Kausalitätsketten verstehen lernen.

Daraus folgt aber, wie mir scheint, gerade nicht, daß wir uns mit unserem immer noch und auf alle Zeit begrenzten Verständnis der Natur in das Schneckenhaus der Irrationalität zurückziehen und uns Heilslehren ausliefern müssen. Der »heilige Wahnsinn« des Dichters als Vehikel für die Lösung der Probleme, vor denen wir stehen: solches Schreckgespenst wird dann nicht mehr fern sein, wenn wir einen Weg einschlagen sollten, der bei Licht besehen auf die Verständigungsmöglichkeit der rational angelegten menschlichen Sprache verzichtet.

Schon das empirische Fundament von Untergangsvisionen darf man primitiv, nein: irrational nennen. Mittels linearer Extrapolation wird jede Dialektik aus der Zukunft vertrieben, bis historische Schicksalsmythen konstruiert sind. Die gegebene Realität, das ist nicht die von uns anzunehmende Herausforderung, in dem mühsamen Prozeß der Aufklärung unsere eigenen Ergebnisse immer wieder kritisch zu prüfen und Verbesserungen zu suchen, die gegebene Realität ist die Offenbarung eines Abgrunds an Unmenschlichkeit, geweiht einem verdienten Untergang. Neu ist das nicht: Wieder einmal stehen die Weltgeister Hegels und die Bestien Nietzsches auf, orgelt es Spenglerisches, wird das Heil aus dem dunklen Raunen der Wälder geboren oder, wie es Christian Graf von Krockow unlängst ausgedrückt hat, erfühlt »unter alten Eichen, im Mondenschein, am Mühlenrad, vor Ruinen des Mittelalters« (von Krockow 1984). Nein, neu ist das nicht, aber wer so denkt, muß sehr handfest an das maßlose Leid erinnert werden, zu dem daraus abgeleitetes Handeln bisher noch immer geführt hat.

Nun ist es aber wohl endlich an der Zeit, zu sagen, was ich eigentlich unter dem Begriff des Geistes verstehe, wenn ich von seiner Macht oder Ohnmacht im Kontext der Unternehmensführung spreche. Ich meine, die Antwort der

Aufklärung, die Antwort Kants strahlt auch heute noch unverändert: Es ist die Vernunft, die sich vor neuen Herausforderungen immer neu zu bewähren hat.

Dem liegt die Überzeugung zugrunde, daß die Normen des Handelns von Menschen gemacht sind und von Menschen verändert werden können, daß deshalb die Menschen auch für sie verantwortlich sind. Der Mensch ist ein Kind der Natur, aber er verfügt über die Werkzeuge, seinen Kosmos zu schaffen. Wohl können wir nicht so handeln, als gäbe es keine Schwerkraft oder die Erde stünde im Zentrum des Universums. Wir können auch nicht handeln, als ließe sich die Welt der von uns selbst geschaffenen Tatsachen übergehen. Aber wir sind frei, ob wir diese Welt hinnehmen oder sie verändern wollen. Andere Wahrheiten als die unsere sind uns dabei unzugänglich. Immer ist es seine Moral, die der Mensch setzt. Ihm ist die Verantwortung für unsere Welt auferlegt, niemandem sonst.

Auch die Formen des Wirtschaftens, die im Laufe der Jahrhunderte entstanden, sind Erfindungen der Menschen und nicht das Produkt irgendwelcher unbegriffener Sachzwänge. Nichts anderes gilt für die Unternehmungen der westlichen Industriegesellschaften bis hin zu den eine Zeitlang verrufenen weltweit agierenden Konzernen. Sie sind keine Wucherungen verselbständigter, vom Menschen gelöster Gesetzlichkeiten, vielmehr organisatorische Erfindungen, mittels derer wir – unter Beachtung der von uns entdeckten Naturgesetze – versuchen, das Geschick der Menschheit mit wirtschaftlichen Mitteln zu verbessern.

Mit anderen Worten: Wirtschaftsunternehmungen sind mehr als Instrumente einer partikularen Verstandesleistung von Technokraten. Der Zweck ihres Handelns muß moralisch verstanden und darf moralisch, nicht nur wirtschaftsstatistisch, bewertet werden. Ziel ist, um mit Kant zu sprechen, »der Ausgang des Menschen aus seiner selbstverschuldeten Unmündigkeit« (Kant 1964, S. 53). Deshalb dürften – wie ich meine – Unternehmungen nur durch diejenigen geführt werden, die in der Lage sind, sie als Instrumente aufklärerischer Vernunft zu verstehen.

Sapere aude! – die Maxime der Aufklärung verweist den Menschen auf seine Fähigkeit, die Benutzung seines Verstandes zu wagen. Viele haben dies als dürren Rationalismus kritisiert, als einen menschenfremden Glauben an unsere Fähigkeit, alle natürlichen Regungen, die nicht dem Verstand entspringen, zu unterdrücken. Der Homo oeconomicus erscheint dieser Kritik als Ungeheuer, das Machtmittel ansammelt, deren Wirkung ihn in seiner Ahnungslosigkeit nicht interessiert oder nicht interessieren kann, weil er nur seine materialistische Gier befriedigen will.

Aber die Philosophie der Aufklärung anerkennt gerade jenen anderen Teil der menschlichen Persönlichkeit, der nicht reiner Verstand ist. Sie macht uns klar, daß wir mit Hilfe des Verstandes unsere Instinkte, Gefühle und Leidenschaften erkennen können. Sie leugnet nicht, daß der Mensch zu schöpferischen Leistungen imstande ist, die aus der irrationalen Quelle der Vorstellungskraft entspringen. Aber sie stößt uns auch vor die Gewißheit, daß allein unsere

Vernunft, unser Gefühl für Wahrheit und Wahrhaftigkeit, Schönheit und Gerechtigkeit, für Freiheit und Würde dem Verstand Maßstäbe für gut oder schlecht, für falsch oder richtig zu geben vermag.

Seit dem frühen und bis heute schönsten Zeugnis dieser Philosophie, der Grabrede des Perikles, sind wir uns der moralischen Verantwortlichkeit bewußt geworden, daß wir die Folgen unseres Tuns mit zu denken haben. Dies verlangt uns keine unerfüllbaren Prognosekünste ab, wohl aber, unser Denken nur dann für verantwortlich zu halten, wenn es offenbleibt für jegliche kritische Überprüfung. Und für unser Handeln gebietet es, die erforderlichen institutionellen Vorkehrungen zu treffen, damit der Schaden, der aus Ausbrüchen des Irrationalen erwächst, möglichst geringgehalten werden kann. Nur so können wir uns dazu bringen, die destruktiven Züge unserer Natur zu beherrschen. Diese Einheit von Denken und Handeln ist die permanente Machtprobe für unsere geistige und moralische Existenz.

Ernst Reuter hat einmal davon gesprochen, daß Hermann Cohen, der Marburger Neukantianer, in sich ein Mann war, »dessen unwahrscheinlich großartige Verschmelzung jüdischen Geistes mit antikem Gedankengut und mit christlicher Gesinnung mich als jungen Menschen so tief beeindruckt und beeinflußt hat, daß ich glaube, die Spuren dieser Gedankenwelt in jedem meiner Gedanken noch heute wiederzufinden. Er war wirklich etwas wie ... eine lebendige persönliche Verkörperung von dem, was uns allen, die wir aus dem Dunkeln ins Licht streben, vorschwebt« (Reuter 1975, S. 420). Nichts anderes meine ich, wenn ich von Vernunft, wenn ich von Geist rede.

Mein Thema ist also die Behauptung der Vernunft gegen Technokraten wie gegen Mythokraten, jene beiden Extreme, zwischen denen die Welt – und auch Unternehmungen – bis ins letzte aufgeteilt, bis in den letzten Winkel von den schrecklichen Folgen derart geleiteten Denkens und Handelns vergiftet und zerfressen wären, hätten Menschen nicht die Fähigkeit, dagegen den Geist der Aufklärung einzusetzen.

III.

Nach so viel Sinistrem würde ich Ihnen nun gern Handgreiflicheres vortragen, zum Beispiel vorführen, wie sich Macht und Ohnmacht des Geistes auf konkrete Fragen der Unternehmensführung auswirken können. Dabei könnte ich es mir leichtmachen. Das deutsche Aktiengesetz geht, was die verbreiteten Apologeten des berühmten Chefs, der ganz allein die Last der Verantwortung trägt, zumeist übersehen, davon aus, daß der Vorstand einer Aktiengesellschaft gemeinsam für die Unternehmensführung verantwortlich ist. Leicht wäre es also, zu behaupten, die Macht des Geistes erweise sich immer dann, wenn meine

Kollegen sich meiner Meinung anschließen, die Ohnmacht, wenn das Gegenteil der Fall ist. Aber Erfahrung hat mich gelehrt, daß die Grenze zwischen Licht und Schatten, zwischen Erfolg und Versagen viel zu schmal ist, um solche Versuche ungestraft wagen zu dürfen. Daher beschränke ich mich auf einige beliebig herausgegriffene Hinweise darauf, woran sich geistige Führungsleistung womöglich bewähren könnte.

Mittlerweile erscheint es mir als einigermaßen gesicherte Erkenntnis, daß sich unsere westlichen Volkswirtschaften in einem doch wohl tiefgehenden Strukturwandel befinden. Stichworte genügen: Ressourcenkrise, Sättigungstendenzen, Arbeitslosigkeit, neue Schlüsseltechniken. Doch diese allgemeine Einsicht ersetzt noch nicht die Schlußfolgerungen für die eigene Unternehmung. Geistige Leistung ist zunächst gefragt, wenn es darum geht, zu erkennen, ob das Haus, für das man Verantwortung trägt, überhaupt von solchem Strukturwandel berührt wird.

Das wird vor allem dann schwierig genug sein, wenn sich eine Unternehmung in der Phase großer Marktreife befindet. Ein ganzes Verhau von Selbsttäuschungen und Ausflüchten ist zu erwarten. Diejenigen, die dazu raten, weiterzumachen wie bisher, notfalls mit der Parole des Sturmtruppführers: »Augen zu und durch!«, werden schnell zur Stelle sein. Andere werden empfehlen, auf den Zusammenbruch der Wettbewerber zu warten – eine besonders intelligente Rezeptur in der Welt der Großunternehmungen. Produkt gut, Unternehmen gut, alles andere kommt von selbst: Das ist wirklich nur ein törichter Spruch, aber er ist verbreitet.

Eine Unternehmung rechtzeitig, also bevor die Zeitungen dies als Entwicklungsmerkmal einer Branche verzeichnen, auf einen Strukturwandel am Gesamtmarkt einzustellen, wäre in der Tat Pionierarbeit im Schumpeterschen Sinne. Es scheint ja alles in bester Verfassung: Das Produkt ist erstklassig, die Vertriebsorganisation hervorragend, es gibt eine marktgängige Unternehmenstradition, die Finanzen glänzen in praller Schönheit. Was soll einem widerfahren? Warum denn nicht in Kapazitäten investieren, um Nachfragespitzen mitnehmen zu können? Warum denn nicht dem Betriebsrat endlich den uralten Wunsch nach einer Super-Kantine erfüllen? Warum sich denn nicht als generöser Unternehmungsführer in der Sonne der Macht baden, wo doch alle Erfolgsindikatoren der Öffentlichkeit den goldenen Schnitt vorführen?

Nur die Fähigkeit und der Wille zur Vernunft, auf der Grundlage des Mutes, sich den eigenen Kopf zu zerbrechen und mit Standhaftigkeit und Würde äußerem Druck zu widerstehen, kann solchem Eifer Einhalt gebieten und die Unternehmung rechtzeitig, ich sage rechtzeitig, auf neue Entwicklungen einstellen. Nicht anders ist nach meiner Erfahrung die geistige Leistung zu bewerten, die gefordert ist, um eine Großunternehmung aus akuten Schwierigkeiten herauszuführen.

Es scheint so einfach und ist natürlich auch völlig richtig: runter mit den Kosten, Schulden durch den Verkauf von Unternehmungsteilen abdecken, die nicht überlebensnotwendig sind! Aber abgesehen von den Haifischen, die mit guten Ratschlägen nicht geizen und doch nur den eigenen Appetit stillen wollen, ist es damit eben nicht getan. Ein Konzept ist gefragt, das alle Bestandteile unternehmerischer Verantwortung ernst nimmt, insbesondere die Treuhänderschaft für das anvertraute Kapital ebenso wie die Verpflichtung auf die legitimen Beschäftigungsinteresssen der Belegschaft. Viele Steine und Fallgruben liegen einer tragfähigen Vorstellung über die Zukunft einer solchen Unternehmung im Weg: mangelnde Einsicht von Gläubigern, gewerkschaftlicher Widerstand, ideologische Politiker. An ihnen kann sich in kristalliner Klarheit die Macht, aber auch die Ohnmacht geistiger Leistung erweisen. Denn in einer solchen Lage hat eine Unternehmensleitung nur noch die Kraft des Arguments und nichts anderes mehr auf ihrer Seite, sie kann nur noch dafür werben, daß in den Menschen, die mitmachen müssen, die Bereitschaft, ihrer Vernunft zu folgen, wirksam wird.

Strukturwandel, am Rande des Grabes oder rechtzeitig in scheinbar sorglosen Zeiten, zählt also zur Hohen Schule der Unternehmungsführung. An keinem anderen Beispiel wird so deutlich, wie stark geistige Leistung gefordert ist, wie nahe aber auch Macht und Ohnmacht des Geistes aneinanderliegen. Schauen wir im übrigen, ohne die vielen gelungenen zu übersehen, auf die Fälle verfehlter oder unterlassener Strukturanpassung: Darf man dann bei Unternehmensleitungen von Elite im üblichen Sprachgebrauch reden? Will man Führungsfehler nicht allesamt mit dem fatalistischen Walten tragischer Fügungen wegerklären, könnte vielleicht doch die Charakter- und Talentverteilung bei denjenigen, die für die Führung von Unternehmungen verantwortlich sind, ähnlich sein wie bei Facharbeitern, Lehrern oder Richtern. Wer wollte ernsthaft anderes erwarten? Aber weil zumindest die Mehrheit derjenigen, die sich berufen fühlen, das öffentliche Bild von Unternehmern zu prägen und vorzuführen, diese Banalität gern verdrängt, gehört Bemühung um Glaubwürdigkeit zu den wichtigsten geistigen Aufgaben für Unternehmer.

Ich behaupte, daß nicht die Probleme auf dem Arbeitsmarkt, in der Umwelt, in den Entwicklungsländern, daß nicht diese Probleme selbst, sondern im wesentlichen die offizielle Kunst des Verdrängens und Vertuschens, der falschen Erfolgsmeldungen und der geheuchelten Anteilnahme der eigentliche Auslöser unserer allgemeinen Glaubwürdigkeitskrise ist. Da ich lieber in eigener Sache rede als über andere, lasse ich die Künstler in Politik und Gewerkschaften beiseite, die mindestens in gleicher Weise auf die Verwaltung ihrer verrottenden Denkbesitzstände abonniert zu sein scheinen. Was jenen ihre Kaufkrafttheorie oder anderen ihre Sehnsucht nach dem Wachstum der fünfziger Jahre (übrigens beides Früchte vom gleichen Stamm), ist den Mythokraten des Unternehmertums die Utopie, sich endlich wieder aus den zahllosen Fesseln lösen zu können, die freies unternehmerisches Wirtschaften einbinden.

Ich bin auf der Seite derer, die mit Zähnen und Klauen dafür kämpfen, daß der Markt seine unersetzliche Wohlfahrts- und Wohlstandsfunktion wenigstens dort behalten kann, wo er noch besteht. Darüber hinaus halte ich die Probleme unserer Umwelt in vielen Bereichen überhaupt nur für lösbar, wenn wir den

Markt mobilisieren und uns von der Pest einzelinterventionistischer Hektik losreißen. Aber ich kann nicht verdrängen, daß es dazu staatlicher, also politisch zu wägender Rahmenvorgaben bedarf.

Ebensowenig kann ich verdrängen, daß vernunftgeleitetes Handeln eine Chance auf ökonomischen Erfolg nur hat, wenn die interaktiven Wechselwirkungen von eigenem Handeln und Umfeld erkannt und berücksichtigt werden. Hier fängt die gesellschaftspolitische Mitverantwortung eigenen Tuns an, von der sich faktisch niemand, mit Sicherheit aber keine Großunternehmung freisprechen kann. Dafür sind die Systemzusammenhänge viel zu dicht geworden. Und auch darum ist es eine Illusion, man könne anderen Menschen seine eigene Unfehlbarkeit vorgaukeln.

Herausragenden Repräsentanten fällt es offensichtlich manchmal schwer, zu begreifen, daß die Menschen von ihnen gar keine göttlichen Eigenschaften erwarten, vielmehr dagegen äußerst mißtrauisch, ja allergisch sind. Sicherlich kostet es Mut, Fehler einzugestehen. Doch muß das wirklich so sein? Wer kann, wer darf es denn für ein Naturgesetz halten, daß einer Unternehmensleitung immer das Richtige einfällt? Gewiß ist jenen mediencleveren Büßern durchaus zu mißtrauen, die bei jeder Gelegenheit in Sack und Asche gehen. Aber nur wer nicht prahlt, sondern auch Fehler eingesteht, kann Glaubwürdigkeiten schaffen. Unternehmensführung, die dem Geist Macht verschaffen will, muß gelegentlich den Vorwurf der Nestbeschmutzung riskieren, sie muß aussprechen, was ist. Dies kann sie nur, wenn sie sich vor Mythen in acht nimmt.

Wer nach der Virulenz von Mythen sucht, vor denen man auf der Hut sein muß, wird bald auch auf jene bereits erwähnte Stilisierung des Unternehmers stoßen, der in einsamer und für Normalmenschen unerreichbarer Durchsicht das Richtige erkennt, entsprechend handelt und damit sein Tun mit dem schönsten Glanz der Legitimation umkleidet. Einer der zur Zeit beliebtesten Gegenstände solcher neuen Götzenverehrung ist der Gründungsunternehmer, jener berühmte Schumpetersche Pionier, der die Quellen neuen Wachstums erschließt. Wir wissen doch aber, daß Genies relativ selten sind und daß Unternehmungen immer wieder auch Phasen durchlaufen, in denen gute Verwaltung entscheidend ist. Mag sein, die falsche Verehrung findet ihre simple Erklärung darin, daß nur verhältnismäßig wenige die heutigen Hochtechnologien, vor allem die Informationstechnik, beherrschen und verstehen, welche Produktchancen darin liegen.

Wir Älteren, die wir fast alle unsere Kenntnisse und unser Denkvermögen unter den Bedingungen des mechano-elektrischen Zeitalters erworben haben, können nur mühsam und, wie ich glaube, höchst unvollständig in die von viel Abstraktionen und Fachjargon verstellte Denkwelt der Mechatronik eindringen, sie gar uns zu eigen machen. Zu viel mehr als dem allgemeinen Bewußtsein, Zeuge von Umwälzungen zu sein, haben wir uns noch nicht vorgearbeitet. Um ein Beispiel zu nennen: Die bislang gängigen Vorstellungen von Produktivität, Wertschöpfung, Investition oder Kapital gehen allesamt von dem Sachverhalt aus, daß man mit mehr Kraft, mehr Temperatur, mehr Druck, also mehr Energieumwandlung und -verbrauch wirtschaftlichen Fortschritt bewerkstelligen kann. Heute ist das allenfalls noch die halbe Wahrheit. Inzwischen ist ein ganz anderes Kriterium, nämlich die Informationsverarbeitung, zum entscheidenden Prinzip für die Verbesserung zahlreicher Produkte und Verfahren geworden: Aus ihr, nicht mehr nur aus der Steigerung von Energieumwandlung und -verbrauch, fließen Wachstum und Einkommen, oder umfassender gesprochen, die Lösung der Probleme, die unser Leben bedrohen.

Die Nutzung dieser Technologien setzt neue, vielfach noch ungeklärte Arbeitsteilung voraus, in den Unternehmungen, zwischen Staat und Wirtschaft, natürlich auch international. Vielfach müssen gerade die Unternehmungen handeln, ohne mehr als die nächsten Wegmarkierungen zu kennen. Haben sie dennoch Erfolg, werden sie gerade dadurch zu Agenten eines Prozesses, demgegenüber etwa der europäische Nationalstaat als ein ebenso unbeholfener wie gutwilliger Moloch erscheinen muß, der hinter den veränderten Bedingungen einherstolpert. Wen kann da die neue Vergötterung des Unternehmers wundern?

Weil das Unverstandene seit jeher der beste Geburtshelfer neuer Mythologie gewesen ist, mag an dieser Stelle eine Abirrung in einen praktischen Hinweis erlaubt sein: Wir sollten in unserer Ausbildung noch mehr als bisher jene Quellen der Erkenntnis fördern, die solchen Idolatrien die Grundlage entziehen. Ich würde es für einen bedrückenden Mangel halten, sollte mein Eindruck zutreffen, daß an mancher deutschen Hochschule interdisziplinäres Forschen und Lernen noch arg in den Kinderschuhen steckt. Der Numerus clausus mag hier im Verein mit chronischer Überfüllung – oder unzureichenden Kapazitäten? – viel Unheil angerichtet haben. Aber das kann mich nicht von dem Verdacht ablenken, manche Hochschule suchte derzeit ihren zeitgemäßen Auftrag eher darin, zum Ingenieurbüro zu werden, zu einer Stätte, in der anwendungsgerichtete Selbstausbeutung statt Bildung und Ausbildung betrieben wird. Damit mögen die derzeit gängigen Vorstellungen zusammenhängen, die aus dem Irrtum, die deutsche Unternehmenswirtschaft sei nicht mehr innovativ, den fatalen Schluß ziehen, dann müsse man eben die Erfindungen in den Universitäten durchführen und für einen schnellen Transfer zu den Tölpeln in der Fabrik sorgen.

Wenn wir hingegen die »Selbstwidersprüche der Modernität«, von denen Carl-Friedrich von Weizsäcker (1984) gesprochen hat, auflösen wollen, müssen wir lernen, in neuen, fundamentalen Zusammenhängen zu denken. Die Macht unseres Geistes, noch nicht Dagewesenes, das Undenkbare zu erreichen, hat sich heute an den jetzt lebensentscheidenden Synergien zu bewähren. Dafür werden wir nicht eine andere Kultur, sicher aber eine ganze Welt neuer Paradigmen benötigen.

Unsere Vernunft, hat Manès Sperber einmal geschrieben, ist wie das Licht in den Bildern Rembrandts: es »scheint in die Finsternis, aber verjagt sie nicht, sondern begrenzt sie nur« (Sperber 1979, S. 19). Darum verurteilen wir uns zu neuem Dunkel, wenn wir aus rationalen Beweisen für das Ungenügen menschlicher Ordnungen den irrationalen Schluß ziehen, wir könnten durch den menschlichen Verstand keine entscheidenden Verbesserungen erreichen.

Allerdings gibt es kein intellektuelles Streben ohne Selbstgefährdung. Sein Sehnen wird sich darauf richten, die praktischen Grenzen, die rationaler Kritik gesetzt sind, endgültig zu überwinden. Wollte unser Geist aber dafür einen Kanon fester Wertehierarchien anstelle pluralistischer Vielfalt schaffen, würde er sich im Ergebnis selbst zur Ohnmacht verdammen, er würde so zum Wegbereiter für autoritäre oder populistische Herrschaftsstrukturen. Solche Herrscher entscheiden sich im Zweifel gegen jedes freie Wort. Bedeutende Unternehmungen, nicht nur Staaten, sind auf diese Weise ruiniert worden.

Umgekehrt kann ein Unternehmen zu ungewöhnlicher Leistung bringen, wer seine verborgenen Besonderheiten richtig erfaßt. Durch technokratische Analyse allein ist das ebensowenig zu schaffen wie durch jenes unternehmerische »Gespür«, das angeblich aus dem Magen kommt. Schöpferische Vorstellungskraft ist in der Tat unersetzlich, doch sie wird zu einem Lockruf der Sirenen, wenn kritische Vernunft nicht ihre Meßlatte bleibt. Das aber heißt: Wie in einer Gesellschaft oder einem Staat Vernunft nur um die Bedingung der Offenheit zu haben ist, so muß auch der Informations-, Analyse- und Denkapparat einer Unternehmung offen und genutzt sein, damit falsche Entscheidungen vermieden werden können.

Wer Unternehmungsleitung als Turnierplatz zur Ausübung persönlichen Machtstrebens mißbraucht, wird in seinem Ehrgeiz mit Gewißheit Unerreichbares anstreben. Er wird Reserven aufbrauchen und doch nicht mehr beweisen, als daß der Wille eben nicht Berge versetzt. Kann sich derartiges Streben lange genug behaupten, gar abgesichert durch eine Personalpolitik, die Gefolgschaft anstelle kritischen Denkens belohnt, werden korrigierende Eingriffe, etwa durch Aufsichtsräte, das Unheil kaum noch aufhalten können. Die Geschichte ist voll von Trümmern großer Reiche.

IV.

Wer Macht für das Geistige im Menschen will, kann – dies ist mein Credo – die Erkenntnisse der Aufklärung so wenig übergehen, wie Galilei oder Kopernikus besiegt werden konnten. Macht des Geistes bedeutet die schöpferische Erkundung einer Idee. Nichts davon wird jemals ungefährdet oder ohne Schattenseiten sein können. Immer ist uns die Versöhnung der Widersprüche auf einer höheren Stufe aufgegeben. Nichts entwickelte sich jemals linear, immer war die Krise der sichere Beweis dafür, daß Verfeinerung der gängigen Praxis oder sogar umwälzende Erneuerung die Bedingungen waren, um bereits Erreichtes bewahren zu können. Rückschläge, furchtbare Katastrophen, quälend lange Umwege waren die Regel. Das gilt auch für die Entwicklungsgeschichte von Unternehmungen.

Aufklärerische Philosophie und geschichtliche Erfahrung der modernen Gesellschaften des Westens, beides zusammen, beweisen, daß Karl Popper, zu dem ich meine Affinität nach dem Gesagten nicht mehr besonders betonen muß, recht hat mit seiner Behauptung, daß »der Konflikt zwischen dem Rationalismus und dem Irrationalismus der wichtigste intellektuelle und vielleicht sogar moralische Konflikt unserer Zeit ist«. Rationalismus »ist im Grunde eine Einstellung, die zugibt, daß ich mich irren kann, daß du recht haben kannst und daß wir zusammen vielleicht der Wahrheit auf die Spur kommen werden ... Das Argument, das die Kritik einschließt, und die Kunst, auf Kritik zu hören, sind die Grundlage der Vernünftigkeit« (Popper 1980, S. 275ff.).

»Bedenke, mein Sohn, mit wie wenig Weisheit die Welt regiert wird.« Dieser Ausspruch wird dem Grafen Axel Oxenstierna zugeschrieben. Wir alle sollten uns stets der klugen Erkenntnis des schwedischen Kanzlers während des Dreißigjährigen Krieges erinnern und die Sonde der Kritik schonungslos gegen uns und andere richten. Das angeborene Ungenügen unserer Vernunft, unseres Geistes läßt uns keine andere Wahl, aber wir haben die Chance, ihm durch nie nachlassende Anstrengung Geltung zu verschaffen. (1985)

Hermann J. Strenger

Unternehmensethische Grundsätze in der chemischen Industrie

I. Verantwortung für Technik und Produkte

II. Verantwortung für die Umwelt

III. Soziale Verantwortung

IV. Politische Verantwortung

In öffentlichen Diskussionen spielen Fragen der Ethik in letzter Zeit eine wachsende Rolle. Dabei wird häufig auch nach den ethischen Grundsätzen unternehmerischen Handelns gefragt. Als Vertreter eines großen Unternehmens der chemischen Industrie möchte ich versuchen, diese Fragen zu beantworten.

Unternehmensführung heißt, Entscheidungen zu fällen. Daraus entsteht Verantwortung. Entscheidung und Verantwortung sind daher unauflöslich miteinander verbunden. Diese Begriffe stehen im Mittelpunkt jeder Unternehmensethik.

Die Entscheidungsträger in einem Unternehmen handeln allerdings nicht in einem absoluten Freiraum. Gerade für die chemische Industrie gibt es eine Fülle von gesetzlichen Vorschriften, die einen großen Teil unserer Verantwortung festlegen. Es ist selbstverständlich, daß wir nach Recht und Gesetz handeln, aber unternehmerische Verantwortung und damit auch die ethische Begründung unseres Handelns gehen darüber hinaus.

Unternehmerisch tätig zu sein bedeutet vor allem, Innovationen durchzusetzen, also für die Zukunft zu arbeiten. Das Erreichte muß dabei immer wieder in Frage gestellt werden. Für neue Aufgaben kann es naturgemäß noch keine festgelegten Regeln und Normen geben. Sie bilden sich erst im Wechselspiel von Praxis und Recht heraus. Gerade wenn wir Neuland betreten, ist verantwortliches Handeln gefordert. Die chemische Industrie braucht daher ethische Grundsätze, an denen sie sich orientiert.

I. Verantwortung für Technik und Produkte

Chemische Verfahren und Produkte sind ein wesentlicher Bestandteil der modernen Industriewirtschaft. Sie dienen dazu, das Leben der Menschen zu sichern, zu erleichtern und den Lebensstandard zu erhöhen. Es ist eine historische Tatsache, daß ohne die Leistungen der Chemie Ernährung, Gesundheit und Wohlergehen der Menschen nicht in dem heutigen Umfang möglich wären. Auch in der Zukunft liegen hier noch gewaltige Aufgaben für die Chemie.

Diese Überzeugung ist die Grundlage unseres Handelns. Daraus dürfen wir jedoch keinen Freibrief für einen bedenkenlosen Umgang mit Verfahren und Produkten ableiten. Für die chemische Industrie verbindet sich mit dieser Auffassung die Verpflichtung, sichere Verfahren und Produkte bereitzustellen, und die Mitarbeiter, die mit der hochentwickelten Technik umgehen, umfassend auszubilden.

Die Bewältigung dieser Aufgaben ist aufwendig und nur im Rahmen gesunder wirtschaftlicher Strukturen möglich. Damit sind meist auch höhere Kosten verbunden, die über die Preise im Wettbewerb durchgesetzt werden müssen. Der ethische Grundsatz, nur verantwortbare Techniken einzusetzen, und die wirtschaftliche Herausforderung, im Wettbewerb zu bestehen, sind deshalb eng miteinander verknüpft. Sie sind nur gemeinsam erreichbar.

Wir sind davon überzeugt, daß die Umsetzung dieser Grundsätze auch Marktvorteile mit sich bringt. Kurzfristige wirtschaftliche Erfolge dürfen kein Grund dafür sein, vermeidbare Risiken in Kauf zu nehmen. Auf Dauer werden sich die Produkte durchsetzen, die sicher hergestellt und verbraucht werden können. Es ist eine unternehmerische Aufgabe, diese Entwicklung aktiv mitzugestalten.

Verantwortliches Handeln erfordert bisweilen auch Wertentscheidungen zwischen verschiedenen ethischen Ansprüchen. Dies zeigt das Beispiel der Arzneimittelsicherheit. Um die Unbedenklichkeit von Arzneimitteln nachzuweisen, sind Tierversuche gesetzlich vorgeschrieben. Unserer Überzeugung nach sind sie auch ethisch gerechtfertigt.

Es ist unerläßlich, alle möglichen Nebenwirkungen eines Medikaments abzuklären. Dafür sind Tierversuche notwendig. Bei allem Verständnis für die Gegner von Tierversuchen und ihre ethischen Vorstellungen halten wir solche Versuche für verantwortbar, weil davon wichtige Fortschritte in der Arzneimitteltherapie abhängen.

Diese Haltung bedeutet nicht Gleichgültigkeit gegenüber dem Leben von Tieren, sondern folgt einer ethischen Entscheidung für den Vorrang des menschlichen Lebens. Solange noch die meisten Krankheiten, unter denen die Menschen leiden, unbesiegt sind, ist Arzneimittelforschung als wichtiger Bestandteil des Kampfes gegen Krankheit und Leiden ethisch begründet.

Besonders umstritten ist in der jüngsten Zeit der Einsatz neuer Techniken, wie der Gen- und Biotechnik. Dabei berufen sich die Gegner auf ethische Prinzipien. Wir haben Respekt vor dieser Position, können sie, so rigoros wie sie häufig auftritt, jedoch nicht teilen.

Ein grundlegender Einwand gegen diese neuen Technologien lautet, daß ihr Einsatz Folgen haben könnte, die nicht verantwortbar seien. Er beruht auf der Annahme, die Gentechnik sei nicht zu beherrschen. Die Chancen dieser neuen Technik werden gering veranschlagt. Extreme Kritiker verlangen ein politisches Verbot.

Die chemische Industrie verkennt keineswegs, daß diese neuen Technologien, wie alle anderen auch, Risiken mit sich bringen können. Für die ethische Verantwortbarkeit kann aber nicht die wirklichkeitsfremde Forderung nach absoluter Risikofreiheit maßgeblich sein. Entscheidend ist vielmehr, ob die Risiken überschaubar und kontrollierbar sind. Dies zu klären ist Aufgabe sachlicher wissenschaftlicher Forschung, deren Ergebnisse auch in der politischen Debatte im Vordergrund stehen sollten.

Es geht nicht an, vielversprechende neue Techniken mit übertriebenen Zerrbildern möglicher Folgen und rein spekulativem Mißtrauen zu unterdrücken. Damit würden die unstrittigen Chancen der Gen- und Biotechnologie leichtfertig aufs Spiel gesetzt.

Ohne Gentechnologie wäre die erstaunlich rasche Aufklärung der Immunschwäche-Krankheit AIDS und ihrer Ursachen nicht möglich gewesen. Ohne Gentechnologie erscheint ihre Heilung schwerlich vorstellbar. Auch viele andere Krankheiten sind ohne gentechnische Methoden weder zu verstehen noch zu heilen.

Für die Produktion von Medikamenten, die dringend benötigt werden, bietet die Gentechnik schon heute Verfahren, die den herkömmlichen überlegen sind. So können zum Beispiel das Human-Insulin oder der Blutgerinnungsfaktor VIII mit Hilfe dieser modernen Technik gewonnen werden. Die Risiken sind sowohl zu überschauen als auch kontrollierbar.

Ähnliches gilt für den modernen Pflanzenschutz. Gentechnische Fortschritte weisen hier aussichtsreiche Wege zu neuen Pflanzenschutzsystemen, die umweltverträglicher und sicherer sind als manche alte Methode. Auch dort sind die Risiken beherrschbar. Ethische Einwände grundsätzlicher Art halten wir daher nicht für gerechtfertigt.

In anderen Bereichen gibt es dagegen ethische Grenzen, die auch die Industrie prinzipiell respektiert. Vor allem betrifft dies gentechnische Eingriffe in die menschliche Keimbahn. Hier schließen wir uns den Empfehlungen der Enquete-Kommission des Deutschen Bundestages an, die entsprechende Eingriffe ablehnt.

Verantwortliches Handeln im Umgang mit Technik und Produkten bezieht sich aber nicht nur auf die spektakulären Fälle neuer Techniken, die insgesamt gesehen recht selten auftreten. Für die chemische Industrie geht es darum, in der alltäglichen Praxis der Forschung, der Produktion, der Lagerung, des Vertriebs und der anwendungstechnischen Beratung der Kunden, immer nach dem bestmöglichen Stand zu arbeiten. Dieser Grundsatz folgt zweifellos dem Bestreben, im Wettbewerb vorne zu liegen. Er entspricht aber auch dem Wissen, daß nur so ein Höchstmaß an Verantwortbarkeit des eigenen Handelns zu erreichen ist.

II. Verantwortung für die Umwelt

In unserer Wertehierarchie steht der Mensch mit seinen Bedürfnissen an der Spitze. Das menschliche Leben ist jedoch ohne seine natürliche Umwelt nicht denkbar. Daraus ergibt sich, daß die Erhaltung der Umwelt selber aus ethischen Gründen für unser Handeln ein grundlegender Maßstab ist.

Ein schonender Umgang mit den natürlichen Ressourcen und eine möglichst geringe Belastung der Umwelt durch die Technik gehören zu den Prämissen der chemischen Industrie. Für die Produktion werden Energie und Rohstoffe gebraucht, die aus der Natur gewonnen werden. Da es hundertprozentige Umsetzungen in der chemischen Technik nicht gibt, entstehen bei ihren Verfahren Neben- und Abfallprodukte, die entsorgt werden, damit sie die Umwelt nicht belasten.

Unser ideales Ziel ist es, Verfahren zu entwickeln, die erst gar keine Belastungen hervorbringen. Da dieses Ziel nicht überall erreicht werden kann, ist ein umfangreicher Umweltschutz fester Bestandteil der Unternehmenspolitik.

Es ist eine Binsenweisheit, daß Menschen nur die Probleme angehen, die sie als solche auch erkennen. Wir wissen aus historischen Erfahrungen, daß lange Zeit Wirtschaftlichkeit den Vorrang hatte und Umweltschutz nur dort betrieben wurde, wo er unmittelbar »auf den Nägeln brannte«. Dahinter stand keine beabsichtigte Mißachtung der Umwelt, sondern ein anderes Bewußtsein, das den Umständen seiner Zeit entsprach. Nicht zuletzt spielte dabei eine wesentliche Rolle, daß die Versorgung mit preiswerten Gütern oberste Priorität besaß.

Andererseits darf nicht übersehen werden, daß die Entwicklung von leistungsfähigen Umwelttechniken ihre Zeit braucht und viel Geld kostet. Nicht zufällig haben in der Regel die Unternehmen den höchsten Standard im Umweltschutz, die auch wirtschaftlich und technisch an der Spitze stehen. Daran wird deutlich, daß die häufig zu hörende Behauptung, das Streben nach wirtschaftlichen Erfolgen und der Umweltschutz stünden im Gegensatz zueinander, nicht zutrifft.

Bei unseren Anstrengungen, den Umweltschutz auszubauen, ist ohne Zweifel in den letzten Jahren viel erreicht worden. Dennoch bleibt dieses Problem auch in Zukunft eine Herausforderung an unternehmerisches Handeln.

In der Chemie ist erkannt worden, daß verantwortungsbewußtes Handeln über Entsorgung hinausgeht. Umweltschutz wird als strategisches Ziel der Entwicklung der Unternehmen begriffen, dem man innovatives Potential beimißt. Dies zeigen zum Beispiel die Leitlinien für Umweltschutz und Sicherheit bei Bayer. Sie formulieren Umweltschutz und größtmögliche Sicherheit, hohe Qualität der Produkte und optimale Wirtschaftlichkeit als gleichrangige Unternehmensziele.

Dies ist einerseits Ausdruck eines Lernprozesses, andererseits die Basis für ein langfristig geplantes Vorgehen, das den Umweltschutz als integralen Bestandteil eines umfassenden Programms versteht. Daß dies keine folgenlosen Bekenntnisse sind, belegen die Zahlen. In den vergangenen zehn Jahren hat die Bayer AG 1,8 Mrd. DM im Bereich Umweltschutz und Produktsicherheit investiert. Die Gesamtkosten übersteigen 12 Mrd. DM. Für die nächsten Jahre sind allein weitere Investitionen von 2 Mrd. DM geplant.

Hinzu kommen umfangreiche Schulungsmaßnahmen für die Mitarbeiter, denn Umweltschutz als Unternehmensziel ist nur durchzusetzen, wenn allen Mitarbeitern bewußt wird, welchen Stellenwert er hat. Um das notwendige Engagement zu fördern, zahlt Bayer Mitarbeitern, die realisierbare Verbesserungen für den Umweltschutz vorschlagen, eine Umweltprämie. Ein neues Fortbildungskonzept mit zielgruppenorientierten Seminaren ist ab 1988 für alle Mitarbeiter in einschlägigen Bereichen des Unternehmens obligatorisch. Dies alles geschieht sicherlich auch, weil das Unternehmen sich davon eine Kompetenz verspricht, die sich auf den Märkten bewähren wird. Es entspricht aber auch der grundsätzlichen Einstellung, Verantwortung für die Umwelt als ethische Verpflichtung anzuerkennen.

III. Soziale Verantwortung

Die Unternehmen der chemischen Industrie sind nicht nur für ihre Technik, ihre Produkte und die Umwelt verantwortlich. Die deutsche chemische Industrie beschäftigte 1989 etwa 581000 Menschen und ist damit einer der größten Zweige der deutschen Wirtschaft. Für diese Beschäftigten und ihre Angehörigen hat die Industrie eine soziale Verantwortung. Im Mittelpunkt steht dabei die Sicherung der Arbeitsplätze, in einem Umfeld, das von einer verhältnismäßig hohen Arbeitslosigkeit bestimmt ist. Diese Verantwortung liegt allerdings nicht allein bei den Unternehmen, sondern entsprechend unserer Sozialverfassung auch bei den Vertretungen der Arbeitnehmer, in erster Linie den Gewerkschaften.

In der chemischen Industrie gehört es seit langem zur guten Tradition, daß Arbeitgeber und Arbeitnehmer miteinander kooperieren. Sie beruht auf der Fähigkeit beider Seiten, die Verantwortung der jeweils anderen Partei ernst zu nehmen. Beide wissen, daß wirtschaftliche Erfolge, die im internationalen Wettbewerb errungen werden müssen, Grundlage des hohen Standes der Sozialleistungen in der chemischen Industrie sind.

Die ethische Verpflichtung gegenüber den Mitarbeitern beschränkt sich nicht auf das Angebot sicherer, gutbezahlter Arbeitsplätze und hoher Sozialleistungen. Sie beinhaltet auch, den Menschen im Betrieb gerecht zu werden. Das bedeutet, Verhältnisse zu schaffen, in denen die Mitarbeiter ihr Leistungsvermögen und ihre Kreativität entfalten können, verbunden mit einem breiten Angebot an Fortbildung und Aufstiegsmöglichkeiten. Es muß jedoch dem einzelnen überlassen bleiben, was er aus seinen Chancen macht. Soziale Verantwortung mündet nicht in patriarchalische Bevormundung oder totale Fürsorge; sie ist die Basis für die Verwirklichung individueller Lebenspläne auch im Unternehmen.

IV. Politische Verantwortung

Unternehmen sind keine Institutionen des politischen Lebens. Sie sind in erster Linie verantwortlich für ihre Technik, ihre Produkte, ihre Mitarbeiter, Kunden und Aktionäre. Dennoch stellen sich für die Unternehmen auch der chemischen Industrie eine Vielzahl von politischen Anforderungen.

In einer demokratischen Gesellschaft entstehen politische Meinungen durch Auseinandersetzungen in der Öffentlichkeit. Sie führen zur politischen Willensbildung und letztlich zu Rechtsnormen, die für uns alle unmittelbare Auswirkungen haben. Aufgrund ihrer technischen und sozialen Verpflichtungen stehen die Unternehmen deshalb in der Verantwortung, ihre Standpunkte in der Öffentlichkeit und im Prozeß der politischen Willensbildung zu vertreten.

Gerade die Erfahrungen der deutschen Geschichte zeigen, daß Unternehmen gegenüber politischen Vorgängen nicht neutral bleiben können, ohne in die Gefahr zu geraten, in unverantwortbare Entwicklungen verstrickt zu werden. Ein mit wohlverstandener Zurückhaltung wahrgenommenes Engagement für die freiheitlich demokratische Grundordnung ist eine politische Verpflichtung, die in der chemischen Industrie gesehen wird.

Bisweilen ist von der Janusköpfigkeit der Chemie die Rede, als segensreich auf der einen und zerstörerisch auf der anderen Seite. Der Mißbrauch ist aber nicht in der Technik begründet, sondern Folge eines verantwortungslosen Umgangs mit ihr. Freiheitliche und demokratische Verhältnisse sind die beste Garantie dagegen. Die chemische Technik soll dem Menschen dienen und Nutzen bringen. Die deutsche chemische Industrie ist daher auch gegen den Einsatz der Chemie als Kriegswaffe und tritt für die Ächtung chemischer Kampfstoffe ein.

Aus ethischen Grundsätzen unternehmen wir auch alle Anstrengungen, um den Mißbrauch unserer Produkte zur Drogenherstellung zu verhindern.

Unser Heimatland, die Bundesrepublik Deutschland, ist eine gefestigte Demokratie mit hohem Lebensstandard. Die international tätigen Unternehmen der deutschen Chemie stehen aber nicht nur den politischen Problemen ihres eigenen Landes gegenüber. Sie sind in nahezu allen Ländern der Erde aktiv und daher mit den unterschiedlichsten sozialen und politischen Strukturen konfrontiert. Politische Freiheit im Sinn der westlichen Demokratie, Wohlstand und Sicherheit sind keineswegs überall die Norm.

Das wirft die Frage auf, ob es nach unseren ethischen Grundsätzen vertretbar ist, in Ländern zu arbeiten, die diesen Ansprüchen nicht genügen. Grundsätzlich wird diese Frage von der chemischen Industrie positiv beantwortet. Das bedeutet keine Aufgabe ethischer Prinzipien oder gar eine Unterstützung undemokratischer Zustände. Diese Einstellung folgt der Überzeugung, daß wirtschaftliche Sanktionen kein Ersatz für politisches Handeln sein können.

Die weltwirtschaftliche Verflechtung, die letztlich allen Beteiligten Vorteile bringt, kann keinen Bestand haben, wenn wir die Welt nach unseren politischen Überzeugungen in Gut und Böse aufteilen. Außerdem verfolgen die Unternehmen den Grundsatz, ihre Tätigkeit zwar unter strikter Beachtung der Rechtsnormen der jeweiligen Gastländer auszuüben, dabei jedoch nicht die eigenen Vorstellungen aufzugeben. Ohne als politische Schulmeister aufzutreten, ergibt sich daraus die Chance, für unsere Prinzipien durch vorbildliches Handeln zu werben.

Die Wahrnehmung einer politischen Verantwortung steht und fällt damit, daß sich Unternehmen an der öffentlichen Meinungs- und Willensbildung beteiligen. Nur so können sie einerseits ihre Grundsätze darlegen und verständlich machen und andererseits die Einstellung und Anforderungen der Öffentlichkeit angemessen kennenlernen. Wir wünschen uns, daß man unsere Standpunkte anhört und berücksichtigt. Dazu gehört die offene Information über Ziele und Politik unserer Unternehmen. Wir sind dazu bereit, Ansichten, Sorgen und Ängste, mit denen wir konfrontiert werden, ernst zu nehmen und darauf einzugehen, auch wenn dies nicht immer bequem ist.

Die chemische Industrie ist davon überzeugt, daß sie ihren Auftrag und ihre ethischen Grundsätze durch Offenheit und sachliche Auseinandersetzung vertreten und damit eine breite Zustimmung erreichen kann. Diese Erwartung gründet sich darauf, daß die dargelegten Prinzipien den Anforderungen entsprechen, die an eine verantwortliche Unternehmensführung gestellt werden.

Helmut Maucher

Ethik zwischen Gewinn und Wettbewerb

Jedes wirtschaftliche System, und sei es noch so gut, hat auch Schwächen und Möglichkeiten zu Mißbrauch, und es wird auch immer Mißbrauch geben, da Menschen am Werk sind. Hier muß man saldieren und darf nicht fundamental vorgehen (eine Tendenz der heutigen Zeit, einige Schwächen herausgreifen und dann das ganze System brandmarken). Es besteht aber kein Zweifel, daß die Ergebnisse eines Wirtschaftssystems für den Menschen durch entsprechend moralisch-ethisches Verhalten der Unternehmer verbessert werden kann.

Grundsätzlich sollte gelten, daß für hohe Führungspositionen nicht nur Fachkompetenz und Führungsfähigkeit gefordert werden, sondern auch ein entsprechend moralisch-ethisches Verantwortungsbewußtsein. Das gilt für Politik, Wirtschaft und andere Institutionen. Ist diese Verbindung nicht vorhanden, so wirkt sich dies sicherlich negativ, ja z.T. gefährlich auf unsere Gesellschaft aus. Wir kennen die extremen Beispiele von Leuten wie Hitler und Stalin, aber wir erinnern uns auch im Wirtschaftsleben an Fehlverhalten, Bankzusammenbrüche, Bestechungsskandale, Mißbrauch von Insider-Informationen. Auch der Spruch »eine Hand wäscht die andere« hat schon seine problematischen Seiten. Deswegen haben generell alle Personen und Stellen, die irgendwie Leute in Verantwortungspositionen wählen oder ernennen müssen – seien es die Bürger, die Parlamentarier, die Verwaltungsräte und Aktionäre, die Beiräte – die Pflicht, bei Auswahl der Personen auch auf deren Fähigkeit und Bereitschaft zu moralischer Verantwortung zu schauen. Ganz sicher haben auch hier die Medien und die Öffentlichkeit zusätzlich Kritik- und Überwachungsfunktion. Ich möchte bei dieser Überwachungsfunktion, die wir alle bejahen, trotzdem eine kleine Einschränkung machen. Wir müssen dabei doch etwas vorsichtig sein, ob nämlich hinter dem Purismus bloße Heuchelei steht, oder der Trieb, Geschäfte zu machen. Heute wird ja das, was man früher als Schlüsselloch-Journalist oder Schnüffler bezeichnet hat, mit einem viel vornehmeren Ausdruck bedacht: »investigative journalism«. Doch man bedenke: »Wer unter euch ohne Sünde ist, der werfe den ersten Stein auf sie«. Mit dieser Einschränkung muß anerkannt werden, daß die Öffentlichkeit und die Presse maßgeblich dazu beitragen können, diese moralischen Kategorien zu fördern. So weit sind wir sicher alle einig. Aber wir sollten nicht vergessen, daß das Gewinnmotiv das Steuerungselement in einer Marktwirtschaft ist. Ethik kann also nicht generell diese Triebfeder unseres Wirtschaftssystems verdammen, auch wenn es genau das ist, was so viele stört und was immer angegriffen wird.

Es stellt sich meines Erachtens also die Frage einer vernünftigen Abgrenzung. Wo hört der gesunde Egoismus auf, und wo fängt unethisches Verhalten an? Das sind die Gratwanderungen. Es gibt auch hier keine absoluten und ewig gültigen Kriterien ... auch nicht in der sozialen Marktwirtschaft oder sogar der ökologisch orientierten Marktwirtschaft. Heute wird viel über die Versöhnung von Ökonomie und Ökologie diskutiert. Generell ist zu bemerken, daß die Marktwirtschaft nichts Starres ist. Grenzen, Chancen und Schwerpunkte müssen immer wieder definiert werden. Aber dabei muß stets die Frage beantwortet werden, wieweit solche ethischen oder andere Forderungen gehen können, ohne das ganze System zu zerstören.

Wenn wir nun in konkrete Fragen eintreten, müssen wir sehen, welche Probleme in der Unternehmensführung und einer Wettbewerbswirtschaft im einzelnen auftreten können. Ich möchte die Sache einmal ein bißchen von einer Kosten/Nutzen-Analyse her sehen.

- Wenn die Wahrnehmung ethischer und moralischer Verantwortung nicht mit Kosten verbunden ist, dann sind sicher alle einverstanden, sich diesen Prinzipien entsprechend zu verhalten. Dies betrifft zum Beispiel den Bereich der zwischenmenschlichen Beziehungen, wo ohne Kosten viel verbessert werden kann.
- Wenn andererseits kurzfristig zusätzliche Kosten entstehen, langfristig jedoch Vorteile, liegt dies auch im Interesse des Unternehmens. Hier versöhnt sich ethisches Handeln mit langfristigem Geschäftsinteresse, und zwar besonders dann, wenn die laufenden Gewinne ein solches Verhalten gestatten. Da gibt es auch viele Beispiele im personal-politischen Bereich. Wir alle wissen, daß wir längerfristig viel mehr im gleichen Boot sitzen als die meisten glauben, und wir streiten uns immer um kurzfristige Probleme.
- Wenn mit einem gewissen ethischen und moralischen Verhalten oder mit entsprechenden Entscheidungen lediglich Kosten entstehen (kurz- oder langfristig) ohne zusätzliche Vorteile für das Unternehmen, wird die Entscheidung wesentlich schwieriger. Typisches Beispiel könnten freiwillige Umweltschutzmaßnahmen sein. Und hier ist zu unterscheiden: Ich kann mich als Staatsbürger für Umweltschutzmaßnahmen einsetzen, die weit über das hinausgehen, was wir heute in unseren Betrieben haben. Ich kann Gesetze unterstützen, die insgesamt zu einer wirksameren Umwelterhaltung führen unter Verzicht auf andere Dinge (man kann ja nicht alles gleichzeitig machen!). Ich kann als Mitglied eines Berufsverbandes, eines Fachverbandes für ein bestimmtes Verhalten dieser Branche eintreten, z.B. daß wir andere Kläranlagen schaffen, daß wir weniger Emissionen in die Luft bringen etc. Wenn wir das erreichen in einer Branche, in einem Verband, in einer internationalen Struktur, dann bleiben diese Einschränkungen wettbewerbsneutral. Dann nimmt auch das einzelne Unternehmen keinen Schaden, und wir können für solche Maßnahmen eintreten. Wenn ich mich aber als einzelne Firma für gewisse Verhaltensweisen entscheide mit der Gewißheit, daß meine Konkurrenten nicht mitmachen, dann sieht die Sache anders aus. Ich halte es trotzdem für große ertragstarke Unternehmen wie das unsrige für richtig, sich immer an die Spitze des Fortschritts und von verantwortlichen Maßnahmen zu stellen, dies als eine allgemeine Verpflichtung gegenüber der Öffentlichkeit.
- Wenn etwas mit zu hohen Kosten verbunden ist, dann kann natürlich die Gefahr bestehen, daß das Unternehmen nicht mehr wettbewerbsfähig und damit dem Untergang geweiht ist, auch mit den Konsequenzen für die Be-

schäftigten. Dann wird ein vordergründig moralisch-ethisches Verhalten am Schluß unmoralisch; mindestens entsteht eine Gewinnschmälerung. Ein solcher Entscheid liegt aber beim Eigentümer und nicht beim angestellten Manager. Der Eigentümer kann mit einer Gewinnschmälerung einverstanden sein, was in diesem Falle einer zusätzlichen Steuer gleichkommt, oder er ist nicht einverstanden, was ihm niemand übel nehmen kann. Auf jeden Fall hat hier der angestellte Manager eine besondere Verantwortung, denn es ist leicht, anderer Leute Geld auszugeben. Angestellte Manager haben hier oft andere Motivationen als die Eigentümer. Sie werden wegen solcher quasi betriebsfremder Ausgaben oft als gute Manager angesehen, pflegen aber letztlich ihre eigenen Eitelkeiten und Hobbies. Ich beziehe mich hierbei auch auf die ganze Problematik der Spenden, der Sponsorship und der kulturellen Unterstützungen etc. Wo bestehen allgemeine Verpflichtungen großer Unternehmen? Wo dienen derartige Ausgaben dem langfristigen Interesse, Goodwill und Ansehen des Unternehmens? Und wo wird die Sache im Hinblick auf die Zielsetzung des Unternehmens und die Interessen der Aktionäre problematisch? Das sind schwierige Entscheidungsfragen, mit denen wir jeden Tag in den Unternehmen konfrontiert sind.

Wenn wir also in vielen Fällen der Ansicht sind, daß moralisch-ethisches Verhalten der Unternehmensführung oft sogar im langfristigen Interesse des Unternehmens liegt, und der langfristigen Ertragssicherung, Imagepflege und Erhaltung des Unternehmens dient, dann ist es auch sinnvoll, dieses Verhalten, abgesehen von gesetzgeberischen Maßnahmen, zu fördern, sei es durch freiwillige Kodizes, durch entsprechende Bewußtseinsbildung und öffentliche Kontrolle des Verhaltens. Und hier, in dieser letzten Frage, kommen wiederum den Medien und den Diskussionen in Hochschulen und überall eine Bedeutung zu in dem Sinne, daß man das Bewußtsein, die Sensibilität für diese Verantwortung stärkt. Wenn dieses Bewußtsein zum Allgemeingut wird, dann ist auch wieder die Wettbewerbsneutralität hergestellt, und dann kann insgesamt für die Gemeinschaft ein besserer Beitrag geleistet werden.

Nun noch zu einzelnen sektoralen Problemen und Gebieten, wo ethisch-moralisches Verhalten gefordert sein kann:

(1) *Aktionäre*

Es ist zwar heute schick, die moralischen Pflichten und Verpflichtungen gegenüber dem Aktionär zu vergessen; doch auch er hat gewisse Rechte:
Sicherung seines Eigentums, Sicherung der Rentabilität unter Berücksichtigung des Risikofaktors, saubere Information, die ihn in die Lage versetzt, die ihm zustehenden Entscheidungen besser zu treffen. Aber auch hier entstehen Probleme: z. B. gibt es verschiedene Aktionärsinteressen. Wir haben solche, die sind langfristig am Unternehmen interessiert, und solche, die haben kurzfristige Gewinnmotive. Manche wollen mehr Ausschüttung, andere mehr Gewinnthesaurierung je nach steuerlicher Situation und laufendem Geldbedarf etc. Die Kurspflege spielt eine Rolle. Bedingungen für Kapitalemissionen, Nachweis von

mehrheitlich schweizerischem Eigentum durch registrierte Namensaktien unter Inkaufnahme von geringerer Marktfähigkeit des Papiers und geringerem Kurswert. Schon diese Fälle zeigen, daß es nicht immer einfach ist, *das* richtige moralisch-ethische Verhalten zu formulieren und allen Interessen zu dienen.

(2) *Personalpolitische Fragen*
Sozial verantwortliches Verhalten gegenüber dem Personal, sowie Förderung und Schulung dienen in der Regel auch dem langfristigen Interesse der Beschäftigten, und Konflikte entstehen in der Regel nur in den kurzfristigen Ansprüchen oder wenn sie mit Rationalisierungsmaßnahmen, Entlassungen oder Fabrikschließungen verbunden sind. Diese sind, das wissen wir alle, gesamtwirtschaftlich notwendig, weil nur so in den letzten 100 oder 200 Jahren Wohlstand und mehr Produktivität entstanden sind. Aber damit müssen großzügige flankierende soziale Maßnahmen, Sozialpläne, Versetzungen, Umschulungen, rechtzeitige Information und Fixierung von zeitlich vernünftigen Perioden verbunden sein. Da sind wir uns alle einig, daß dies Verantwortungen sind, die wir wahrnehmen müssen. Es ist aber auch hier manchmal schwierig, zu wissen, was richtig ist. Soll man zum Beispiel den jungen Mitarbeitern Chancen geben oder ältere Mitarbeiter schützen; soll man hohe Lohndifferenzen mit entsprechenden Leistungsanreizen zwischen einzelnen Gruppen schaffen oder eine weitgehende Nivellierung anstreben – Solidarität, Gerechtigkeit, Leistung? Priorität von Alterssicherung und Krankheit oder laufende höhere Lohnauszahlung verbunden mit mehr Risiken für den Arbeitnehmer; ist eine fürsorgliche patriarchalische Betriebsführung richtig oder nicht; ist eine strenge Unternehmenskultur, von der heute sicher mit Recht so viel gesprochen wird, richtig, oder ist es richtig, ein völlig pluralistisches, liberalistisches Verhalten zu akzeptieren?

(3) *Produkt- und Marketingpolitik*
Fragen des Konsumentenschutzes, der Qualitätspolitik, Art der Werbung, wieweit gilt allein die Entscheidung des Konsumenten, Zigarettenkonsum, Alkohol bis zu Diskussionen über den angeblich gesellschaftlich richtigen Konsum, den einige Leute anscheinend kennen, der aber oft nicht dem entspricht, was die Konsumenten wirklich wollen. Auf das bekannte Beispiel aus unserem Hause, auf die Diskussion und Kontroverse über den vernünftigen Gebrauch und die richtige Vermarktung von Säuglingsmilch, wird noch näher eingegangen werden.

(4) *Lieferanten*
Verhalten gegenüber Geschäftspartnern, insbesondere gegenüber den Lieferanten; dazu gehört auch die Diskussion über Handelskonzentrationen und damit verbundener Gebrauch oder auch Mißbrauch von Nachfragemacht. Kurzfristiges brutales Vorgehen ist nicht immer zum langfristigen Vorteil der Firma. Mehr partnerschaftliches, langfristiges und anständiges Verhalten, auch gegenüber unseren Partnern, den Werbeagenturen, den Banken, den Lieferanten, den Rohstoff-Lieferanten, zahlt sich oft auch für die Firma langfristig aus. »Behandle die

Lieferanten, wie du von deinen Kunden behandelt werden möchtest!«. Da liegt eben oft der Wert von langfristigen Beziehungen. Die werden manchmal von den nachgeordneten Stellen nicht so gut oder nicht so richtig gesehen, da sie kurzfristig optisch Erfolge zeigen wollen. Hier liegt eine Aufgabe für die Unternehmensführung, einen gewissen Ausgleich zu schaffen.

(5) *Akquisitionen*
Moralisch-ethisches Verhalten bei Akquisitionen, ein Thema, das gerade in den letzten Jahren sehr ausgiebig diskutiert wurde, fragwürdige Take-over-Praktiken, fragwürdige Finanzierungspraktiken usw. Es ist zu erwarten, daß auf Grund der jüngsten Erfahrungen auch einige Länder gesetzgeberisch tätig werden, um solchen Verhaltensweisen Einhalt zu gebieten.

(6) *Generelle Verhaltensmaßnahmen*
Informationsehrlichkeit nach innen und außen. Die Informationsfülle oder die Informationstransparenz ist aber in einem marktwirtschaftlichen Unternehmen da einzuschränken, wo der Wettbewerber dabei zu schlau gemacht wird und das eigene Unternehmen einen strategischen Nachteil erleiden würde. Es gilt, immer abzuwägen zwischen den Anforderungen der Öffentlichkeit und unseren eigenen Interessen in bezug auf Vertraulichkeit. Weitere Themen sind z.B. Bestechung, Nepotismus; wieweit soll sich ein multinationales Unternehmen an die lokalen Mentalitäten anpassen oder seine allgemeinen Geschäftsprinzipien durchsetzen?

Ein aktuelles Beispiel:

Die Vermarktung von Säuglingsmilchprodukten in der Dritten Welt

Wie man sich erinnert, wurde in den sechziger Jahren zuerst im Rahmen einer UNO-Sonderorganisation (Protein Advisory Group) die Frage der Kinderernährung in der Dritten Welt aufgeworfen. Eine Reihe von Wissenschaftlern äußerte Bedenken über den Rückgang des Stillens auf der ganzen Welt. Ohne über genaue Angaben zu verfügen, wurde vermutet, daß die Marketing-Aktivität der industriellen Hersteller von Muttermilch-Substituten zu diesem Trend beitrug. Die Kombination Säuglinge – Brusternährung – Dritte Welt mit der zu jener Zeit grassierenden Feindseligkeit gegenüber multinationalen Unternehmen ließ sich hervorragend emotional nutzen und ergab eine recht breit abgestützte Kampagne nicht nur von politisch motivierten Kreisen, sondern auch von all jenen, denen das Schicksal der Kinder in der 3. Welt ein echtes Anliegen ist. Diese Diskussion erfaßte die industrialisierten Länder, in welchen der angelsächsische Sprachraum, vor allem die USA, eine besonders aktive Rolle spielten.

Die ersten Reaktionen von Nestlé auf diese Angriffe zeugten wohl vom guten Gewissen in bezug auf seine Marketing-Politik und in bezug auf die übrigens auch von Kritikern nie in Frage gestellte Qualität seiner Produkte. Unbestritten ist die Muttermilch die beste Nahrung für den Säugling; ebenso unbestritten sind die industriellen Muttermilch-Ersatzprodukte die beste Alternative, wenn das Kind nicht oder nur ungenügend gestillt werden kann. Hingegen war Nestlé in keiner Weise darauf vorbereitet, den Fall in seiner politischen und öffentlichkeitsbezogenen Dimension zu erfassen und entsprechend zu handeln. Es wurde eine Reihe menschlich verständlicher, aber hastiger Entscheide gefällt, deren Tragweite damals nicht genügend bedacht wurde und die später zu total verhärteten Fronten auf beiden Seiten führten.

Das hinderte das Unternehmen aber keineswegs, schon frühzeitig intern eine Reihe von Maßnahmen zu ergreifen, um eine Wiederholung früher begangener Irrtümer in der Marketing-Politik zu verhindern – Irrtümer, die sich aus Fehlbeurteilungen, aber nicht aus unethischem Verhalten erklärten. Leider verstand es Nestlé nicht, diesen Wandel all jenen Gutgläubigen, beispielsweise kirchlichen Kreisen, begreiflich zu machen, die im Vertrauen auf einzelne Stimmen aus der Wissenschaft und auf die professionell aufgezogene Kampagne der Aktivisten sich bedingungslos hinter die Kritiker stellten. Das Unternehmen litt dabei unter einem schwer überwindbaren Handikap, der Tatsache nämlich, daß es sich bei den aufgeworfenen Fragen um komplexe, multifaktorielle Probleme handelte, deren Diskussion, entsprechend der wissenschaftlichen Vorbildung und Disziplin der Nestlé Sachverständigen, sich nicht für eine Schwarz-Weiß-Malerei eignete. Die Gegenseite hatte keinerlei Skrupel, mit den wildesten Behauptungen an die Öffentlichkeit zu treten, schob dem Unternehmen aus Prinzip schnöde Gewinnsucht zu Lasten der hungernden Kleinkinder in die Schuhe und ließ zu keinem Zeitpunkt vorgefaßte Meinungen durch Tatsachen erschüttern.

Angesichts dieser Ausgangslage ist es verständlich, daß einige Jahre vergingen, bis das Problem erfolgreich angepackt werden konnte. Eine erste wichtige Etappe auf diesem Wege war sicher die Verabschiedung des Marketing-Kodexes durch die Weltgesundheits-Organisation in Genf. Es ging darum, auf internationaler Ebene gewisse Richtlinien zu verabschieden, deren Einhaltung überprüfbar und nicht ständig wechselnden und sich steigernden Ansprüchen der kritischen Gruppierungen ausgesetzt war. Nach einigen Anlaufschwierigkeiten gelang dies auch, obwohl der Kodex, notgedrungenermaßen ein Dokument der Kompromisse, einige schwerwiegende Mängel aufweist. Dazu zählen vor allem die zahlreichen Ungenauigkeiten in den Definitionen sowie eine gewisse Starrheit, die es kaum gestattet, auf die unbestreitbaren sozio-ökonomischen Unterschiede zwischen den einzelnen Ländern einzugehen. Wir hatten und haben auch immer noch den Eindruck, daß das Mißtrauen vor Kontakten zwischen der Industrie und den Müttern die an sich wichtige Information durch die Hersteller unterbunden hat, statt sie zu kontrollieren. Wir glauben, daß unsere Mütterberatungsdienste in Ländern mit ungenügender medizinisch-sozialer Infrastruktur eine sehr nützliche Rolle gespielt hatten. Diese Auffassung fand keine Mehrheit und wir können das nur zur Kenntnis nehmen.

Staatliches Desinteresse?

Nach der Verabschiedung des Kodex durch die Weltgesundheitsversammlung im Mai 1981, und zwar mit einer überwältigenden Mehrheit, durfte man auf die Reaktionen der Staaten gespannt sein. Schließlich hatten sich ihre Vertreter in Genf enthusiastisch für den Kodex ausgesprochen, zumal er in der Form einer Empfehlung, d.h. ohne zwingende Aufforderung zum Handeln, angenommen worden war. Mit wenigen Ausnahmen zeigten aber gerade die Entwicklungsländer keine Eile, den Kodex in ihre nationale Gesetzgebung zu übernehmen. Damit war das Unternehmen weiterhin der Kritik einzelner Gruppen ausgesetzt, die den Kodex sofort als Minimalanforderung für die auf diesem Gebiet tätigen Gesellschaften interpretierten. Nestlé traf dann eine Reihe grundlegender Entscheide, die schließlich zur Beendigung der Kampagne führten.

Zunächst übernahm das Unternehmen unilateral die im Kodex enthaltenen Grundsätze in die eigenen Richtlinien. Sämtliche Tochtergesellschaften in den Entwicklungsländern und alle Agenten erhielten klare Anweisungen, welche Marketing-Techniken für Säuglingsmilch zulässig sind; sie wurden gleichzeitig darauf hingewiesen, daß ein Zuwiderhandeln nicht ohne Konsequenzen bleiben würde. Das Unternehmen nahm damit das offensichtliche Risiko in Kauf, Marktanteile zu verlieren, da bereits abzusehen war, daß seine Konkurrenten sich diesen Beschränkungen nicht mit der gleichen Konsequenz unterziehen würden.

Die Muskie-Kommission

Zur gleichen Zeit wurden in den USA, dem Land, in dem die Debatte die härteste Tonart angenommen hatte, die Initiative ergriffen, um den Dialog zwischen den Kirchen und dem Unternehmen wieder in Gang zu bringen. Die oberste Leitung der Gesellschaft traf mit führenden Vertretern der Kirchen zusammen; im Zentrum des Gespräches stand natürlich das Verhalten des Unternehmens beim Marketing von Säuglingsmilch. Man gab sich beiderseits Rechenschaft, daß eine Verhärtung der Fronten nicht im Interesse der Beteiligten war und daß es durchaus Möglichkeiten gab, um den Konflikt beizulegen. Als eines der wichtigsten Instrumente dieser Regelung erwies sich in der Folge die NIFAC, die Nestlé Infant Formula Audit Commission, die von Alt-Staatssekretär Edmund Muskie präsidiert wird und zur Aufgabe hat, das Verhalten der Gesellschaft im Lichte der abgegebenen Versprechen zu überprüfen und insbesondere möglichen Klagen über Zuwiderhandlungen gegen den Kodex und die gesellschaftsinternen Instruktionen nachzugehen. Mitglieder der Kommission sind Vertreter der Kirchen und der Wissenschaft. Nach einigen Jahren glaubwürdiger und konstruktiver Tätigkeit und als Bestandteil über die Vereinbarung über das Boykott-Ende delegierten sogar die Aktivisten zwei Mitglieder in die Kommission, nachdem sie vergeblich versucht hatten, diese als Werkzeug Nestlé's zu diskreditieren.

Es gelang in der Folge, die Kirchen und andere Organisationen davon zu überzeugen, daß das Verhalten von Nestlé in diesem Bereich zu keiner ernsthaften Kritik Anlaß gab. Damit sahen sich die aktivistischen Gruppierungen ihres logistischen und finanziellen Rückhaltes beraubt und setzten bald einmal den Boykottversuchen ein Ende.

Abschließende Wertung

Für das Unternehmen ging damit eine unersprießliche Kontroverse zu Ende. Zwar hatten die Boykottaktionen keine wirtschaftlichen Auswirkungen gezeitigt, doch ließ sich nicht bestreiten, daß dem Image der Gesellschaft in bestimmten Kreisen, vor allem Kirchen und Hochschulen, Schaden zugefügt worden war. Auf der positiven Seite ist zu verbuchen, daß das Unternehmen in seiner Öffentlichkeitsarbeit nun ungleich effizienter agierte, die nötigen Strukturen und Prozeduren schuf, um eine Wiederholung ähnlich langwieriger Auseinandersetzungen zu vermeiden. Es reicht nicht, Informationen über das Verhalten des Unternehmens post factum zu verbreiten. Aufgabe des Managements ist es, schon bei der Entscheidungsfindung die Meinung jener Spezialisten einzuholen, die dank ihrer Kontakte in verschiedenen Kreisen nötigenfalls auf anders geartete Reaktionen hinweisen können. Schließlich muß man sich mit der Tatsache abfinden, daß wir in einer Welt leben, die unseren Wünschen und Erwartungen nicht immer entspricht. Der Kodex, zu dessen Einhaltung wir uns verpflichtet haben, entspricht in vielen Aspekten durchaus unserer Haltung. In anderen Aspekten scheinen leider oft vorgefaßte Meinungen durch, die seine Anwendung eher behindern. Es ist erfreulich, daß sich heute mehr und mehr Unternehmen dazu bereitgefunden haben, auch ihrerseits diese Regeln anzuwenden. Hingegen schiene es mir vermessen, heute ein Urteil über seine Wirksamkeit insgesamt abgeben zu wollen: eines der grundlegenden Probleme der ganzen Kontroverse war schon immer das Fehlen bzw. die Zuverlässigkeit der statistischen Angaben. Stillen heute mehr Mütter? Sind Morbidität und Mortalität bei den Säuglingen der Dritten Welt zurückgegangen – und wenn ja, ist dies auf den Kodex zurückzuführen oder ist dies, wie ich vermute, einem ganzen Bündel von Faktoren zuzuschreiben?

Vor allem aber hat die Diskussion über das spezifische Problem der Brustmilchernährung die Aufmerksamkeit der Öffentlichkeit von anderen noch größeren Problemen abgelenkt: Wie soll ein Säugling ernährt werden, dessen Mutter kurz nach der Geburt wieder arbeiten gehen muß, um ihre Stelle nicht zu verlieren? Weiß die Mutter, wie ein Kleinkind nach dem Abstillen ernährt werden muß? usw. Es harrt noch eine große Aufklärungsarbeit, die nur gemeinsam durch Regierungen, Ärzteschaft und Industrie gelöst werden kann. Schließlich darf nicht übersehen werden, daß die Kindersterblichkeit lediglich ein Teilaspekt des weltweiten Problems der Armut ist.

Abschließend sei festgehalten, daß das marktwirtschaftliche System in seiner heutigen Ausgestaltung mit sozialer Verantwortung verknüpft ist. In dieser Form bringt die Marktwirtschaft bezüglich Freiheit und Wohlstand offensichtlich die besten Ergebnisse. Die offene Demokratie läßt zudem genügend Spielraum für Kritik, so daß es sich ein Unternehmen, vor allem ein Großunternehmen, langfristig gar nicht gestatten kann, sich unethisch zu verhalten.

Ludwig Reichart

Führungsethik in der Unternehmenskultur

I. Führungsleitsätze und Unternehmenskultur

Für BMW hat die Kultur-These von Anfang an etwas Faszinierendes gehabt. Genau betrachtet, hatten wir es auch gar nicht nötig, auf Bücher wie das von Peters/Waterman (1982) zu warten; die Idee, daß ein gewisses kulturelles Element ein wesentlicher Bestandteil unserer selbst und sogar unseres großen Erfolges in den letzten zwei Jahrzehnten ist, liegt nahe, wenn man über unser Produkt nachdenkt. Bestimmt leitet dieses Produkt seine große Attraktivität nicht allein aus der Tatsache ab, daß es ein ganz nützliches Fortbewegungsmittel ist. Es hat da immer – seit den späten 20er Jahren – dieses gewisse Etwas gegeben, das die Marketing-Experten recht ungenügend mit »Image« umschreiben: BMW, das war immer ein Stück *Lebensphilosophie*. BMW hat dem *Zeitgeist* z.B. der 20er/30er Jahre »in technischen Kunstwerken gültigen Ausdruck verliehen«.

Daß BMW eine besondere Werthaltung repräsentiert, galt wohl lange als Selbstverständlichkeit. Es bestand daher zuerst gar kein Bedürfnis, etwas Schriftliches festzuhalten. Erst das exzeptionelle Wachstum der 60er und 70er Jahre, das im Hinblick auf die personelle Substanz eine Identitätskrise auslöste – die »alten BMWler« gerieten mehr und mehr in die Minderheit –, konnte in dieser Frage zu einem Problembewußtsein führen.

BMW schloß sich in den 70er Jahren einer Bewegung an, die danach von vielen der namhaftesten Firmen getragen wurde, z.B. von SIEMENS, BAYER, MBB und anderen. Man versuchte demnach, die Firmenphilosophie in *Führungsleitsätzen* auszudrücken. De facto haben alle beteiligten Firmen versucht, die wesentlichen Grundsätze einer kooperativen, auf dem Prinzip der Delegation beruhenden Führungsethik festzuschreiben, ohne ihnen allerdings einen juristischen Status zu geben.

Auch, aber nicht nur, deshalb wird der Erfolg solcher Führungsleitsätze häufig skeptisch beurteilt. Der häufigste Vorwurf lautet, sie hätten nirgendwo Verhaltensänderungen hervorgerufen. Man kann sich freilich fragen, ob es gerade die Aufgabe von Grundsätzen sein muß, etwas zu verändern. Aber konkreter betrachtet, war der Vorwurf insofern verständlich, als die Führungswirklichkeit jener Tage – bis in unsere Zeit – dem kooperativen Ideal der Leitsätze recht wenig entsprach.

Nur wenige stellten sich die Frage, ob denn dieses Ideal ganz richtig war. Man muß wohl sagen, daß in der Beurteilung von Führungsleitsätzen inzwischen das kritische Element überwiegt, mit der achselzuckenden Klage, daß sie nicht viel bewirkt hätten. BMW macht da keine Ausnahme. Gerade die oberen Führungskräfte, die an der der Ausarbeitung der Leitsätze entscheidenden Anteil hatten, beurteilten sie wenige Monate später, wie eine wissenschaftliche Umfrage zeigte, sogar ungünstiger als ihre Mitarbeiter.

War und ist diese Kritik berechtigt? Wenn man die BMW-Führungsleitsätze beachtet, so mögen die »Prinzipien« ihres ersten Hauptteils, nämlich Zusammenarbeit, Loyalität, Delegation, Information, Motivation und Überwachen etwas blaß wirken und in den ausführenden Kommentaren unverbindlich erscheinen. Andererseits beschrieben sie in groben Umrissen einen in sich konsistenten Führungsstil, der nicht allein dadurch irrelevant wurde, daß er nicht ausreichend praktiziert wird. Heute, nach über zehn Jahren, läßt sich immerhin sagen, daß die in der Realität wirksamen Haupttendenzen jedenfalls in die Richtung gehen, in die auch die Führungsleitsätze weisen. Sie scheinen moderner und auch einflußreicher gewesen zu sein, als man ihnen nachsagt.

Die oft gehörte Behauptung, daß die Leitsätze wirkungslos geblieben seien, trifft aber für BMW keineswegs zu. Dazu muß man aber auch wieder eine einschränkende Bemerkung machen. Daß alle die genannten Führungsinstrumente bei BMW erst noch einzuführen waren, lag nicht zuletzt an dem Reifestadium, in dem sich unser Haus Anfang der 70er Jahre noch befand, nämlich am Ende der Pionierphase. Firmen wie SIEMENS konnten so einfache Erfolge ihrer Leitsätze nicht vorweisen, weil sie alle Instrumente längst besaßen. BMW ist ja, trotz einer 70jährigen Geschichte, die jüngste der größeren Automobilfirmen, weil nach dem Zweiten Weltkrieg ein völliger Neuanfang erfolgen mußte: Die eigentliche Automobilfabrik, die in Eisenach gestanden hatte, ging völlig verloren. Wir fingen wirklich bei Null an, und nach einer verzögerten Inkubationsperiode lag der wirkliche Beginn erst – um das Jahr 1960 – im unternehmerischen Engagement von Dr. Herbert Quandt.

Die weitere Erzählung läuft auf eine Bestätigung des biblischen Sprichworts hinaus, daß »die Letzten die Ersten sein« werden. Das gilt nicht nur für den wirtschaftlichen Erfolg, sondern auch für die Entwicklung der Führungsphilosophie unseres Hauses.

Entgegen den kritischen Stimmen, die den Erfolg der Leitsätze bezweifelten, entwickelte sich neben den anderen Führungsinstrumenten auch die Weiterbildung sehr kräftig.

Auch hier erwuchs – sozusagen – dem Letzten aus seinem Nachholbedarf die Kraft, einer der Ersten zu werden: Denn zum einen behielt der Aufbau eines Führungstrainings im klassischen Sinne mit hierarchiebezogenen Kollegs A–C und den dazugehörigen Spezialseminaren den ganzen Schwung einer Pionierleistung, als durch die eingangs angesprochenen Konzepte zur Führungskultur in der ersten Hälfte der 80er Jahre ein völlig neues Thema zur Debatte stand. Es fällt uns leichter, unsere Pionier-Energie auf die neuen Konzepte umzustellen, als anderen Firmen – auch in der Automobilindustrie –, bei denen das Führungstraining schon seit Jahren in einer recht trägen Routine erstarrt ist, weil man geglaubt hat, daß es auf diesem Gebiet nichts Neues mehr gebe.

Zum anderen haben wir in der offenen Situation des Aufbaus allgemein mehr Sensibilität für Neues gehabt und daher früher und energischer als andere ganz neue Konzepte und Methoden übernommen und weiterentwickelt – wie die Organisationsentwicklung – oder sogar selbst entwickelt – wie die Lernstatt, das deutsche Pendant zu den Quality Circles. Lassen Sie mich an dieser Stelle eine kleine Anmerkung machen. So ist es uns in der kurzen Zeit von einem halben Dutzend Jahren gelungen, in der deutschen Weiterbildung aus einem unbeachtetem Niemand zu einem der Wortführer zu werden, dessen Stimme gehört werden muß.

Hinter dem Bibelwort von den Letzten, die die Ersten sein werden, steckt eine geschichtliche Gesetzmäßigkeit, die der niederländische Historiker Jan Romein (1948) aufgezeigt hat. Und mir scheint, wir müssen dieser Gesetzmäßigkeit besondere Aufmerksamkeit schenken, wenn wir die Unternehmenskultur von BMW bestimmen wollen. Es gibt wohl kein zweites Unternehmen, das so oft – nach dem Ersten und Zweiten Weltkrieg, dann wieder 1960 – ganz von vorne anfangen mußte und aus der Überwindung dieser existentiellen Notlagen seine Kraft und Identität bezogen hat, wie das unsere.

Unser Wappentier könnte nie der bayerische Löwe sein; es ist der Phönix, der aus der Asche aufsteigt. Das können wir uns auch in guten Zeiten merken und vor allem dann, wenn hier oder dort wieder einmal kleinere – oder auch größere – Wölkchen aufsteigen.

Das heißt mit anderen Worten: Unsere Unternehmenskultur besitzt ganz besondere Dynamik, wie sie sich aus dem Auf und Ab einer wechselvollen Geschichte und insbesondere aus dem Wachstumsdruck der letzten Aufbauphase, in der wir immer noch stehen – vielleicht an ihrem Ende – ergibt. Die Illusion, die ursprünglich mit der Formulierung von Führungsleitsätzen verbunden gewesen war, konnte daher bei BMW noch weniger von Dauer sein als in anderen Unternehmen: Nämlich daß sie, einmal aufgestellt, gleichsam für ewige Zeiten gelten müßten. Wir wissen heute, daß solche Leitsätze nur vorübergehende Notierungen sein können, deren Bedeutung in dem *Prozeß* liegt, den sie anstoßen und kanalisieren. Wir haben dieser Erkenntnis früher und energischer Rechnung getragen als andere.

Die Führungsleitsätze wurden erarbeitet auf der »1. Ammerwald-Reihe« 1975, einer Serie von Workshops mit unseren oberen Führungskräften, und verkündet auf dem »1. BMW-Tag« 1976, einer Versammlung aller oberen Führungskräfte. Wir haben dann diese beiden Instrumente der Management-Entwicklung in jeweils zweijähriger Wiederholung zur Konkretisierung bestimmter Schwerpunktthemen eingesetzt, die direkt oder indirekt mit den Führungsleitsätzen zusammenhängen: z.B. Zusammenarbeit, Strukturorganisation, Qualität, Innovation.

Mit dem Innovationsthema, das wir 1982 zum Gegenstand eines BMW-Tages gemacht haben, haben wir das Gebiet relativer Allgemeinheit und damit Unverbindlichkeit, auf dem die Führungsleitsätze noch operierten – die Leitsätze anderer Firmen sehen ganz ähnlich aus – verlassen. Einerseits gehen wir mehr und mehr solche Fragestellungen an, die wir zumindest als erste aufgreifen, zum anderen stellen wir sie in einem sehr bestimmten übergreifenden Kontext. Wir suchen nicht mehr, wie es Leitsätze zwangsläufig tun, nach irgendwelchen Idealbildern menschlichen Verhaltens, sondern wir suchen Handlungskonzepte für eine ganz bestimmte historische Situation: Für die allumfassende, d. h. technologische, organisatorische und gesellschaftliche Transformationsperiode – die größte seit fast einem Jahrhundert –, in die unsere Industriegesellschaften geraten sind (Polanyi 1978).

Das Bewußtsein von dieser Transformation ist erst allmählich herangereift. Rückblickend läßt sich sagen, daß die Führungsleitsätze der 70er Jahre eine erste Ahnung, aber erst als Ahnung und in der verkehrten Form eines Ideals, enthalten haben.

Aber noch die technologische Revolution der 80er Jahre, die mit den Robotern begann und sich gerade mit der Bürotechnik fortsetzt, hat man noch für ein begrenztes und begrenzbares Phänomen gehalten. Heute wissen wir, daß wir uns in einem rapide ablaufenden Prozeß befinden, aus dem kein Unternehmen auch nur annähernd in der Gestalt herauskommen wird, mit der es hineingeriet. Dabei weiß niemand, wie diese Gestalt aussehen wird; wir wissen, daß alles in Frage gestellt wird: Jede Form von Technik und Technologie, die ganze innere Struktur, die Marktpositionen, selbst die Existenz.

Die Führungsleitsätze haben diese Situation nicht vorausgesehen; sie vermitteln noch einen fast idyllischen Eindruck von Statik. Aber sie haben in die richtige Richtung gewiesen. Trotz der gewaltigen Bedeutung, die der Technik in der gegenwärtigen Periode der Transformation zukommt, sind die zentralen Probleme, die wir zu lösen haben werden, nicht technischer Natur, sondern allenfalls solche des Umgangs mit der Technik. Es ist daher kein Zufall, daß mit dem Anfang der neuen Revolution die *Wiederentdeckung* des Menschen im Rahmen der Unternehmenskultur-Konzepte einhergeht.

Wenn man einmal davon ausgeht, daß ohnehin jedes Unternehmen nach den besten technischen Lösungen suchen muß, die vielfach untereinander immer ähnlicher werden, dann wird für die Positionierung eines Unternehmens am Ende der Transformationsperiode entscheidend sein, wie es mit dem *Faktor Mensch* umgegangen ist. Den Schlüssel dazu haben die Führungskräfte in der Hand.

Parallel zur technologischen Revolution erleben wir daher das – nur scheinbar paradoxe – Phänomen einer veritablen Renaissance des menschlichen Faktors. Während man in der Hochperiode einer mechanistischen Technik selbst das menschliche Verhalten den Systemen und Rezepten einer angeblichen »Führungstechnik« unterwerfen wollte, entdeckt man heute wieder den *Wert* als zentrale Kategorie des Menschlichen. Und es scheint mir durchaus BMW-typisch zu sein, daß wir nicht nur in Deutschland zu den allerersten gehörten, die sich dieses Themas annahmen, sondern daß wir auch im internationalen Rahmen nicht zu den Abschreibern der Peters/Waterman (1982), Deal/Kennedy (1982) usw. gehörten, sondern unsere Überlegungen parallel zu ihnen entwickelten und auch bereits in konkrete Aktionen umsetzten.

So haben wir schon in der Zeit vom Oktober 1983 bis zum April 1984 eine neue »Ammerwald-Reihe« zum Themenkreis Führungskultur/Werte/Führungsethik durchgeführt. Alle oberen Führungskräfte haben intensiv darüber diskutiert, welche Werte heute unser Handeln bestimmen, und welche es in Zukunft bestimmen sollen. Die Ergebnisse dieser Diskussion wurden von einer ausgewählten Gruppe von Führungskräften zu einem kurzen Text zusammengefaßt, in dem das neue BMW-Führungsmodell auf der Basis ethischer Werte beschrieben wird. Es ist das erste Modell, das nicht von irgendeiner Hochschule oder einem Institut eingekauft wurde, sondern im Haus selbst entwickelt worden ist. Auf die Einzelheiten dieses Modells will ich im folgenden Teil eingehen. Ich möchte nur jenen Punkt kurz berühren, der sich als der entscheidende herausgestellt hat und der es von den bekannten Modellen unterscheidet.

Es handelt sich um die Frage der Macht. In dieser Frage sind sich europäische politische Denker – ich nenne auf unserer Seite etwa den Philosophen Hegel – häufig einig gewesen, und man sollte nicht glauben, daß sich in dieser Hinsicht viel Neues sagen ließe. Und doch ist es so, daß praktisch alle Führungsmodelle der letzten Jahrzehnte, direkt oder indirekt von Amerika inspiriert, die Macht als eine zentrale Kategorie des Handelns nicht nur ausgeklammert, sondern verworfen, man möchte beinahe sagen: exorziert haben. Die Wirklichkeit heutiger Führungsseminare ist in der Regel von diesem Exorzismus geprägt, da die jetzige Generation von Trainern in seinem Geist erzogen worden ist.

In der Tat hatten wir bei BMW sehr lebhafte Diskussionen mit unseren auf Honorarbasis beschäftigten externen Trainern, gerade um diesen Punkt. Während unser Modell festsetzt, daß Macht als Führungsinstrument etwas Gutes ist, wenn sie für gute Ziele und nach gewissen Regeln eingesetzt wird, war ein bekannter deutscher Managementprofessor gerade noch bereit zuzugestehen, daß Macht notwendig ist; trotzdem hielt er sie für böse. Und die übrigen Trainer glauben ohnehin in der Regel, daß Macht nicht nur böse, sondern auch überflüssig sei; denn mit Überzeugung lasse sich alles ausrichten.

Dieser Auffassung liegen Illusionen zugrunde, mit denen wir brechen müssen, denn die Welt ist nicht mehr so, daß wir sie uns noch leisten könnten. Wir haben mit unserem Führungsmodell den Weg zu einem neuen Realismus beschritten, auf dem uns andere inzwischen folgen. Dennoch wollen wir keine »Machtpolitiker« werden. Es war lediglich erforderlich, mit einem Tabu zu brechen, das unsere Führungskräfte verunsichert und unsere Führungsleitsätze und Führungsseminare unglaubwürdig gemacht hat. Ein Führungsmodell muß so konzipiert sein, daß die Führungskräfte ihr tägliches Handeln darin wiedererkennen können. Und der Einsatz von Machtmitteln kennzeichnet nun einmal viele Führungssituationen; es kommt »nur« darauf an, ob sie richtig oder falsch eingesetzt werden.

Die »Befreiung der Macht« ist nur ein, wenn auch zentraler, Bestandteil einer umfassenden *Befreiung der Führungskräfte zur Selbstverantwortung*. Auch dazu will ich später mehr sagen. Hier nur soviel, daß unser *BMW-Konzept einer Führungskultur auf ethischer Grundlage*, das in der »Ammerwald-Reihe« 1983/84 erarbeitet wurde, im April 1985 Gegenstand des »5. BMW-Tages« war und dort zu *13 Handlungsmaximen* führte, die Herr v. Kuenheim zum Abschluß des »BMW-Tages« verkündete (Grundsätze 1985). Diese Handlungsmaximen sind alles andere als vollständig; sie definieren die gegenwärtige, transitorische Situation und die Rolle der BMW-Führungskraft in ihr, die dadurch gekennzeichnet ist, daß die Führungskraft im Rahmen gegebener Spielregeln in jeder Situation letzten Endes selbst entscheidet und für eine Entscheidung auch verantwortlich ist.

Inwiefern wir damit das für BMW typische Handlungsniveau erreicht zu haben glauben, will ich später ausführen. Entscheidend ist für die 13 Maximen, daß sie nicht auf die Illusion einer unvergänglichen Idealität basiert sind, sondern ganz bewußt als vorläufige, deswegen *hier und heute* aber um nichts weniger verbindliche Notierungen einer Situation gefaßt sind, die sich als vorübergehende Phase eines übergreifenden Prozesses versteht.

II. Führungskultur, Führungsethik und Handlungsmaximen

Als wir in der Ammerwald-Reihe von 1983/84 daran gingen, ein neues Handlungskonzept für unsere Führungskräfte zu formulieren, besaßen wir bereits einige konkretere Prämissen, als dies 1975, als die Führungsleitsätze entstanden, der Fall gewesen war.

Erstens wußten wir, daß wir *über die Leitsätze hinausgehen* mußten, und zwar sowohl was den Konkretisierungsgrad als auch die konzeptionelle Reife betraf. Das Führungsmodell mußte konkret erkennbar und handlungsrelevant sein.

Zweitens mußten wir *auf jede Art von Ideal verzichten.* Das vorgeschriebene Führungshandeln mußte so, wie es auf dem Papier stand, praktiziert werden können.

Das hieß zugleich, *drittens,* Abschied nehmen von der Vorstellung, als gäbe es »die« Führungskraft schlechthin, von der in Feiertagsreden immer gesprochen wird. Anzuerkennen war vielmehr eine gewisse *Pluralität möglicher Verhaltensweisen,* entsprechend den Unterschieden von Personen und Situationen, die jeweils aufeinandertreffen.

Anstelle des Festhaltens an einem abstrakten Ideal mußte, *viertens,* ein Schritt auf *ein BMW-spezifisches Modell* hin getan werden, d.h. eines, das die besonderen Umstände von BMW berücksichtigt und auch nach außen als etwas Besonderes erscheint; d.h. die marktgängigen Führungsmodelle durften nicht lediglich unter neuen Bezeichnungen kopiert werden.

Schließlich mußte jedoch, *fünftens,* dem tiefsitzenden Argwohn unserer Führungskräfte vorgebeugt werden, daß die Führungskonzepte ohnehin wechselten wie die Moden der Damen und schon deswegen nicht ernst zu nehmen seien. Dieser Eindruck war entstanden, weil man die wechselnden Konzepte, seien sie von Lewin (1951), Blake/Mouton (1969), Fiedler (1967), Reddin (1970), Hersey/Blanchard (1969, 1986) oder anderen, aufgegriffen hatte, ohne sie auf ihren wesentlichen Gehalt zu untersuchen. Wenn es gelang darzustellen, daß dieser wesentliche Gehalt eine zwar widerspruchsvolle, aber doch fortlaufende Weiterentwicklung gewisser zentraler Gedanken enthält, waren auch die skeptischsten Techniker – und schließlich gerade sie – zu überzeugen, daß Führen nichts ist, was auf bloßen Zufällen beruht, sondern eine demonstrierbare Kunst auf der Basis durchaus fundierter theoretischer Konzepte.

Das BMW-Führungsmodell beruht auf einer solchen Darstellung der tieferen Zusammenhänge zwischen scheinbar widersprüchlichen Führungskonzepten, deren Wiederholung hier zu weit führen würde. Wir haben den herkömmlichen Konzeptrahmen der Führungstheorien, der im wesentlichen auf die Forschungen Kurt Lewins (1939, 1958) und der Ohio State University zurückgeht, zugleich erweitert, indem wir andere sozialpsychologische Modelle, wie dasjenige des Fromm-Schülers Maccoby (1976), insbesondere aber soziologische Erklärungsmuster in den Kontext einführten. Wo möglich und erforderlich, haben wir den Horizont auch in philosophischer Richtung ausgeweitet, wobei Macchiavelli (1986) – aber der wirkliche Macchiavelli, nicht der verzerrte »Macchiavelli für Manager« – und Max Weber (1919) dominierende Rollen spielten.

Alle diese Namen und Hinweise hätten jedoch nur wieder zu einer unverbindlichen theoretischen Debatte geführt, wären sie nicht der Hintergrund zu einem sehr realen Problem gewesen. Wenn man versucht, das Handeln unserer Führungskräfte zu typologisieren, trifft man sehr bald auf die Dominanz eines einzigen Handlungstypus: Des *Fachmanns*, wie wir ihn mit Maccoby (1976) nennen. Ihnen gehören etwa sechzig Prozent unserer Führungskräfte an und die überwältigende Mehrzahl der Techniker darunter.

Diese Dominanz des Fachmanns, der überwiegend von technischen Verhaltensmustern geprägt ist, ist vielleicht kein spezifisches BMW- und nicht einmal ausschließlich ein deutsches Problem. Sie wird aber überlagert von einem anderen Phänomen, das sehr eng mit der Art verbunden ist, wie BMW als Unternehmen erst in jüngster Zeit aus den Eierschalen der Pioniersphase geschlüpft ist. Durch das Aufeinanderstoßen der typischen Verhaltensweisen der Pionierphase mit den zwangsläufigen bürokratisierenden Zügen der sogenannten Differenzierungsphase ist es zu einer ziemlich schroffen Gegenüberstellung einer »Macher-« und einer »Aufpasser-Kultur« gekommen, wie die Bezeichnungen häufig lauten. Das Problem besteht nun darin, daß die »Macher«, denen ja unsere ganze Sympathie gehören könnte, meistens die Merkmale des ziemlich eng gefaßten Handlungskonzepts des »Fachmanns« tragen. Auf der Basis rein technischer Handlungsmuster lassen sich aber keine Handlungsstrategien für ein Unternehmen wie BMW in seiner heutigen Größenordnung und in immer komplexeren, ja turbulenten Umwelten mehr entwerfen. Der ganze krasse Gegensatz zwischen »Machern« und »Aufpassern« entsteht nicht zuletzt durch die Weigerung der »Macher«, außerhalb des Technischen liegende Zusammenhänge und Kontrollmechanismen anzuerkennen. Durch eine solche Weigerung entsteht aber eine Folge sich wechselseitig verstärkender Reaktionen, die unserer Kultur einen guten Teil ihrer ursprünglichen Flexibilität nimmt.

Die konkrete Aufgabe bestand also darin, über den Graben zwischen den »Machern« und »Aufpassern« eine Brücke zu bauen. Dies haben wir getan, indem wir den »Macher« aus den zu engen Fesseln des »Fachmann«-Typus befreit und diesem im *»Spielmacher«* einen anderen Typ von »Macher« gegenüberstellten.

Während der »Fachmann« sein Handeln am Modell der Beziehung zwischen dem Menschen und der Sache orientiert und daher fassungslos wird, wenn sein Gegenüber nicht mehr festgelegten Gesetzen gehorcht, sondern einem eigenen Willen folgt, dessen Taten nicht mehr ohne weiteres voraussagbar sind, geht der »Spielmacher« gerade davon aus, daß er es mit einem »Gegenstand« zu tun hat, dessen Verhaltensweisen nur zum Teil und dann oft nur mit statistischer Wahrscheinlichkeit vorherzusagen sind. Mit anderen Worten, der »Spielmacher« ist gewohnt, unter einem permanenten Risiko zu handeln, das der »Fachmann« nicht kennt.

Damit wird der »Spielmacher« zum idealen Akteur in Situationen, die durch hohe Ungewißheit gekennzeichnet sind, wie es insbesondere auf das zwischenmenschliche Handeln – im Markt, in Organisationen, in der Politik usw. – zutrifft.

Ist der Handlungstypus des »Spielmachers«, einmal begriffen, so wird auch klar, daß die Kontrollmechanismen des »Aufpassers« nicht per se willkürliche Schikane sind, sondern daß sie gerade das System sind, mit dessen Hilfe der Spielmacher dem Fachmann ein Stück relativer Sicherheit in einer Welt an sich hoher Unsicherheit vermitteln will; man denke an das Controlling.

Die typologische *Differenzierung* des »Machers« in den »Fachmann« und den »Spielmacher« anstelle des *Gegensatzes* zwischen Macher/Aufpasser ist der erste konzeptionelle Schritt zu einer einheitlichen, aber vielgestaltigen BMW-Kultur. Es muß natürlich erst noch in der Erlebnissphäre nachvollzogen werden, was Jahre dauern kann. Aber erste Anzeichen einer erfolgreichen Verständigung sind überall dort zu sehen, wo typische »Fachleute« auch das Gepräge wirklicher »Macher«, und das heißt immer auch: ein Stück vom Spielmacher in sich haben.

Umgekehrt ist es nützlich für jene Inhaber planender und kontrollierender Funktionen, die den wenig ehrenvollen Titel »Aufpasser« nicht immer zu Unrecht erhalten haben, sich als Teil einer umfassenden Macher-Kultur verstehen zu lernen, in der sie als »Spielmacher« die genau definierte Rolle zu spielen haben, den eigentlichen Machern Rahmenbedingungen zu schaffen, innerhalb deren diese dann aber wirklich agieren dürfen.

Was unser neues Führungskonzept will, ist also nichts anderes als die Wiederbelebung der alten, BMW-typischen Macher-Kultur auf einem zwangsläufig höheren Niveau der Organisiertheit. In diesem Kampf um den Vorrang des Machens vor dem Analysieren und Systematisieren, der übrigens bei uns 1981 mit der Durchsetzung projektorientierter Teamarbeit begonnen hatte und ab

1982 mit dem Management-Entwicklungsprogramm zum Thema »Innovation« fortgesetzt wurde, fanden wir unverhoffte, aber höchst willkommene Bundesgenossen in der Autorengruppe um Peters/Waterman (1982), Deal/Kennedy (1982), Athos/Pascale (1981), Kanter (1983) und anderen. Es zeigte sich, daß BMW sich mitten auf dem Weg zur »Exzellenz« befindet, wenn wir auch den Anspruch, schon exzellent zu sein, keineswegs erheben; denn »Hochmut kommt vor dem Fall«, wie das Sprichwort sagt.

Jedoch stellten die »Aufpasser« nicht das einzige Problem der dominierenden »Fachmann«-Kultur dar, die sich bei BMW herausgebildet hatte. In dem raschen Wachstum der letzten beiden Jahrzehnte – von 29000 auf 45000 Mitarbeiter – waren die natürlichen Bindungen zwischen den Führungskräften und ihren Mitarbeitern oft verlorengegangen, zumal die Führungskräfte, die aus allen Richtungen zusammenkamen, weder mit dem bayerischen Mitarbeiterpotential noch gar – im Stammwerk München – mit den Tausenden von ausländischen Mitarbeitern etwas anfangen konnten. Die ursprüngliche emotionale Verbindung, die in der klassischen Pionierzeit nach dem Zweiten Weltkrieg bestanden und als Ausgleich für die sachorientierte fachmännische Orientierung gewirkt hatte, war verlorengegangen.

Wenn das »Spielmacher«-Konzept dem Macher die Welt nach »oben« öffnen soll, so ist es ebenso erforderlich, ihm nach »unten« integrative Fähigkeiten zu erschließen. Die Führungskraft ist auch für ein integratives Klima in ihrer Mannschaft voll verantwortlich. In einer einseitigen »Fachmann«-Kultur gleitet diese zentrale Aufgabe des Führens leicht in einen Bereich unerwünschter Nachgiebigkeit, im Grunde in den Verdacht der Führungsunfähigkeit ab. Es war daher zu zeigen, daß ein gesundes integratives Klima nicht nur lebenswichtig für das Unternehmen, sondern daß es zugleich ein *originäres Aktionsfeld* des Führens im Sinne einer *echten Macher-Kultur* ist.

Es erfordert ein hohes Können, um ein gesundes Leistungsklima zu erzeugen und aufrechtzuerhalten. Daß unsere Führungskräfte dies vergessen und glauben konnten, die integrative Aufgabe sei etwas Zweitrangiges und im Grunde Unerwünschtes, offenbart einen bedauerlichen Rückstand unserer Unternehmenskultur, den wir glücklicherweise bereits wieder aufzuholen begonnen haben.

Wenn wir das bisher Gesagte zusammenfassen, ergibt sich für BMW in der heutigen Situation eine Unternehmenskultur, die auf drei grundlegenden Handlungstypen beruht:

Insgesamt ergibt sich eine Macher-Kultur, in der jede Führungskraft alle drei Rollen – Handlungstypen – beherrschen sollte, aber sicherlich auf eine davon den Schwerpunkt setzen wird. Jeder Fachmann wäre demnach auch etwas Spielmacher und etwas Integrator und würde den Kollegen, der in erster Linie Spielmacher ist, daher auch verstehen können, so wie dieser wieder Verständnis für den Fachmann hätte, den er auch als einen Teil seiner selbst mit sich trüge. Etc. Über das ganze Unternehmen würde sich ferner jene Verteilung von Schwerpunkt-Typen, d.h. Persönlichkeits-Typen einstellen, die zum jeweiligen Zeitpunkt die beste wäre.

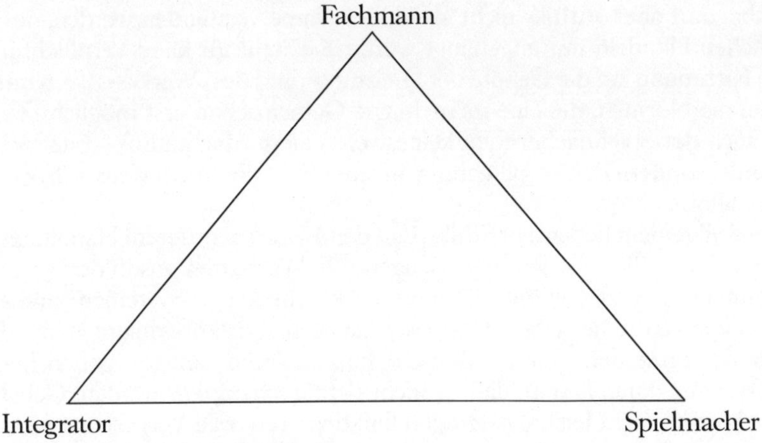

Es ist auch zu beachten, daß die unterschiedlichen Kombinationsmöglichkeiten den Grundtypen in den Persönlichkeitstypen eine größere Vielfalt ergibt, als hier ausgesprochen; schließlich sind auch weitere Schattierungen und Persönlichkeitstypen, die in den Grundtypen gar nicht angelegt sind, deswegen nicht ausgeschlossen. Wir haben es gerade als BMW-typisch empfunden, eine Macher-Kultur mit einer Vielfalt möglicher Differenzierungen zu konzipieren.

Dies ist der eine wichtige Unterschied zu den herkömmlichen normativen Leitbildern. Den anderen habe ich schon angesprochen: Im Gegensatz zu praktisch allen geläufigen Führungsmodellen akzeptieren wir bewußt, daß der *Spielmacher* zur Erreichung seiner Ziele *Macht* gebraucht. Voraussetzung ist, daß er sie für die richtigen Zwecke und mit Hilfe von Methoden einsetzt, die den inneren Sinn dieser Zwecke nicht entstellen. Wenn ein Vorgesetzter z.B. seine Mitarbeiter mit Machtmitteln zur Arbeit antreiben will, die in Wirklichkeit nur deren innere Kündigung auslösen, dann hat er nicht nur moralisch falsch gehandelt, sondern auch nichts gekonnt; er hat als Führungskraft versagt. Wo aber Macht das einzige – legitime – Mittel ist, um ein Ziel zu erreichen, ist die Führungskraft auch *verpflichtet*, sie zu gebrauchen.

Wir haben den normativen Kanon unserer Führungskultur *Führungsethik* genannt, aber ohne den Beigeschmack eines falschen Moralismus. Der Unterschied wird durch die Diskussion der Machtfrage bereits deutlich geworden sein. Wir halten die Verantwortung der Führungskraft für die Erreichung ihrer Ziele für so bedeutend, daß die moralische Verpflichtung innerhalb dieser Verantwortung nur eine bestimmte, begrenzte Rolle spielen kann. Als *ethischen* Auftrag verstehen wir aber die Führungsverantwortung in ihrer Gesamtheit. Wir lehnen einen Dualismus zwischen realen Notwendigkeiten einerseits, moralisch mißverstandener Ethik andererseits ab. Wir stellen uns damit bewußt in eine Tradition, für die nochmals auf Namen wie Macchiavelli oder auf die Deutschen Hegel und Max Weber hingewiesen sei.

Dabei darf aber »Ethik« nicht als bloßer Name verstanden werden, der dem wirklichen Handeln nur angehängt würde. Sie steht für klare Verpflichtungen: Beim Fachmann auf die Gebote der »Leistung« und des »Werkes«, beim Integrator auf die Normen, die eine menschliche Gemeinschaft erst möglich machen. Und auch der Spielmacher folgt keineswegs einem Machtethos – oder Schlimmerem –, sondern der Verpflichtung, in jeder Situation das jeweils richtige Maß zu bewahren.

Ganz allgemein bedeutet »Ethik«, daß der *Mensch* in unserem Handlungskonzept wieder größere Bedeutung erlangen soll. Wir hatten uns in den vergangenen Jahrzehnten angewöhnt, Führung mit »Techniken«, »Systemen« und anderen Rezepturen zu betreiben. Dabei war längst klar, daß überhaupt keines dieser »Systeme« ohne den »Faktor Mensch« funktionieren kann. So gehen Beurteilungssysteme daran kaputt, daß sie nicht richtig *angewendet* werden; Gehaltssysteme können nicht leistungsbezogen funktionieren, weil Vorgesetzte nicht den Mut haben, Leistungsfaktoren richtig einzuschätzen. Sie rufen nach immer neuen Formeln, die es aber nicht geben kann, weil jedes logische System irgendwo mit einer Setzung beginnen muß.

Wir wissen aus Untersuchungen, daß für den Erfolg eines Führungsstils weniger der Einsatz bestimmter Techniken entscheidet als das menschliche Potential, das hinter him steht. In einer Organisation, die so komplex wird, daß sich die Leistung des einzelnen der direkten Kontrolle entzieht, wird dieses menschliche Potential zum entscheidenden Faktor. Das Wort »Ethik« steht demnach für eine *neue Qualität der Zusammenarbeit* und für eine neue Qualität des Menschen.

Hier entsteht die Frage, wie diese schönen Grundsätze in die Praxis übertragen werden sollen. Nun, der erste Schritt dazu ist die Erkenntnis, daß sie gar nicht »umgesetzt« werden müssen, sondern daß sie *in der Praxis selbst bereits existieren.* Anders als die Leitsätze oder als viele Führungsmodelle bilden sie kein Ideal, das der Realität irgendwie gegenübersteht.

Sie sind vielmehr, wie die Diskussion der Machtfrage gezeigt hat, leitende Prinzipien der Praxis selbst. Die Aufgabe besteht darin, sie schärfer zu akzentuieren und situationsgerecht zu formieren, nicht sie in ein ihnen fremdes Milieu zu übertragen.

Natürlich müssen die Grundsätze der Führungskultur bekanntgemacht, muß ihre Anwendung erprobt werden. Nachdem der Vorstand sie Anfang letzten Jahres abschließend diskutiert hat, sind sie offiziell bekanntgegeben worden. Sie bilden seitdem die Richtschnur des Handelns für jeden Vorgesetzten und für jede betroffene Fachstelle.

Insbesondere sind das Personalwesen, die Weiterbildung, die Organisationsarbeit aufgerufen, die Grundsätze in ihrer täglichen Praxis zu verwirklichen und die Führungskräfte in ihrem Sinn anzuleiten. Um dies zu ermöglichen, haben Dutzende von Workshops stattgefunden, in denen auf der Basis der Grundsätze neue Bildungs- und Personalkonzepte erarbeitet wurden. Auch mit Vertriebsstellen hat es solche Workshops gegeben, denn auch der Verkauf hat eine besondere Verantwortung für die Vermittlung unserer Führungs- und Firmenkultur. Eine besondere, marken- und produktionstypische Formulierung unserer Führungskultur steht allerdings noch aus. Um ihnen näherzukommen, wurden Anfang diesen Jahres eine Serie von Workshops mit Führungskräften des Vertriebsressorts durchgeführt. Es gibt einige Punkte in unserem Markenprofil, die erst noch der Klärung bedürfen. Zu erwarten ist aber, daß das von den Führungskräften erstellte Macher-Konzept auch den Grundzügen unseres Produkts und unserer Marke entspricht.

Den bisherigen Höhepunkt in der Verstärkung unserer Führungskultur bildete der »5. BMW-Tag« im April 1985. In vorbereitenden Gruppen wurde das Grundkonzept auf den verschiedenen Aktionsfeldern – auch des Vertriebs – auf seine Stimmigkeit geprüft. Die Ergebnisse wurden in 13 »Handlungsmaximen« zusammengefaßt (Grundsätze 1985).

Diese dreizehn Maximen geben unserer »Führungsethik« eine prägnante Form für den Tagesgebrauch, ohne deshalb den Anspruch zu erheben, endgültig oder vollständig zu sein. Nicht jede der dreizehn Maximen ist auch von gleicher Bedeutung. Aber in den wichtigsten von ihnen wird das Grundanliegen unserer Führungskultur deutlich genug: Die freie Selbstverantwortung der Führungskraft im Rahmen geltender Spielregeln. Ich möchte sie daher wenigstens kurz streifen. So lautet die *vierte Maxime*:

> Entscheidungen oder Beschlüsse sind intelligent auszuführen, sie sind aber auszuführen.

Welchen Spielraum es für die »intelligente« Umsetzung eines Beschlusses gibt, muß natürlich die Praxis zeigen.

Die *fünfte Maxime* proklamiert ausdrücklich den kritischen – aber auch selbstkritischen – Mitarbeiter:

> Konstruktive Kritik zu üben und zu ertragen ist Pflicht jedes Mitarbeiters.

Die *sechste Maxime* erscheint manchen etwas banal:

> Probleme lösen – nicht Schuldige suchen.

Wer aber die wirklichen Schwierigkeiten in einem Unternehmen kennt, der weiß, daß hier der Schlüssel zu einer echten, konstruktiven Macher-Kultur liegt. Zu viel Zeit geht noch damit verloren, daß man sich untereinander – und vor allem die »Macher« den »Aufpassern« – Vorwürfe macht oder schon im Vorfeld von Entscheidungen nach Schuldigen sucht. Vor allem ist problematisch, daß der Schuldige einmal gefunden, die Anstrengungen zur Lösung des Problems abgebrochen werden. Damit ist niemandem geholfen.

Die *siebte Maxime* fordert daher konsequent:

> Jeder darf Fehler machen – nur nicht zu viele und vor allem nicht den Fehler, ihn zum Schaden des Unternehmens zu verschleiern.

Dazu bedarf es keiner weiteren Erläuterungen.

Dadurch wird auch die *neunte Maxime* möglich:

Beherrschbare Risiken eingehen.

Wobei der Akzent dieser Maxime, wie ich aus ihrer Entstehungsgeschichte verbindlich weiß, auf der Bereitschaft liegt, ein Risiko einzugehen; erst in zweiter Linie folgt die Forderung, es so beherrschbar wie möglich zu machen.

Ich hoffe, man erkennt aus dieser Kostprobe, daß ich nicht zuviel versprochen habe, als ich die Handlungsmaximen als die Grundregeln einer echten Macher-Kultur ankündigte.

Hans Merkle

Ökologische Lernprozesse in einem Markenartikelunternehmen

»Lieferanten von Fetten und Ölen können Schecks von den Herren Procter und Gamble annehmen und wie Bargeld weitergeben«, schrieb eine Zeitung kurz nachdem die beiden Männer, die miteinander verschwägert waren, sich in Cincinnati zusammengetan hatten, um Seifen und Kerzen herzustellen. Das wollte 1837 schon etwas heißen, denn die USA gingen damals durch eine Geld- und Bankenkrise.

Die fast sprichwörtliche Rechtschaffenheit der beiden Gründer der im Laufe der vergangenen Jahrzehnte zum globalen Unternehmen gewachsenen Procter & Gamble Company wurzelte in protestantischen Überzeugungen. Es war für sie selbstverständlich, daß sie nur einwandfreie Waren verkauften. Qualitätsdenken und Ehrlichkeit zeichneten William Procter, den Kaufmann, und James Gamble, den Handwerker, aus. Diese Eigenschaften haben diese Partnerschaft geprägt und sind heute ein Teil des Selbstverständnisses von Procter & Gamble.

Das Unternehmen verdankt seinen Gründern zwei weitere grundlegende Eigenschaften, die stilbildend waren, nämlich die Fähigkeit, zielgerichtet und langfristig zu planen, sowie die Bejahung des Wettbewerbs. Noch bevor 1837 der Partnerschaftsvertrag geschlossen wurde, erwarben die Firmengründer ein verkehrsgünstig gelegenes Gelände außerhalb der Stadt, das genügend Platz für die Produktion von mehr Ware bot, als ein Handwerksbetrieb an die damals vierzigtausend Einwohner von Cincinnati verkaufen konnte. Das war nicht ohne Risiko, denn in Cincinnati gab es damals nicht weniger als 18 Betriebe, die Seife und Kerzen herstellten. Aber die beiden Partner waren davon überzeugt, daß die Investition langfristig richtig war, denn die Bevölkerung würde rasch wachsen, und neue Märkte konnten erschlossen werden.

Die beiden Partner stellten sich dem Wettbewerb, der nicht nur um die Abnehmer ging, sondern auch um die Beschaffung der Rohstoffe, die teilweise auf dem Ohio per Schiff gebracht wurden. Ein Beobachter der Ankunft der Schiffe bemerkte damals, daß die Herren Procter und Gamble, wenn es »um ihr Recht ging, so laut schreien konnten wie jeder andere«.

Aus dem Familienbetrieb in einer aufstrebenden Stadt des Mittleren Westens wurde 1890 eine Aktiengesellschaft. Heute ist Procter & Gamble ein globales Unternehmen mit fast 90 000 Mitarbeitern und einem Jahresumsatz von über 24 Mrd. Dollar. Die Produktpalette besteht nahezu ausschließlich aus Markenartikeln für den täglichen Bedarf wie Seife, Waschmittel, Babywindeln, Körperpflegeprodukte, Kosmetik, Speisefette, Kaffee, Tee, Fruchtsäfte und Arzneimittel. Weltweit werden über 190 bekannte Markenartikel hergestellt und vertrieben. Dazu zählen in der Bundesrepublik Deutschland u.a. Ariel, Dash, Lenor, Pampers, Blend-a-med, Clearasil und Valensina. Die Aktien des Unternehmens sind im Besitz von über 100 000 Aktionären, darunter zahlreiche Mitarbeiter. Seit 1956 wird eine Jahr für Jahr steigende Dividende ausgeschüttet.

Die vier Grundprinzipien Ehrlichkeit, Qualität, langfristige Planung und Bejahung des Wettbewerbs haben den Charakter des Unternehmens geprägt. Sie bilden den Kern der Corporate Identity. In der über 150jährigen Geschichte von Procter & Gamble dienten sie dazu, die richtigen Entscheidungen zu treffen. Sie haben sich nicht nur im Tagesgeschäft bewährt, sondern auch in der Bewältigung von Entwicklungen mit historischen Dimensionen: Kriege, Wirtschaftskrisen und technologische Revolutionen.

Wie geht nun ein Unternehmen mit den Problemen um, die sich aus der Diskussion über den Schutz der Umwelt stellen?

Bei Procter & Gamble steht im Mittelpunkt aller Entscheidungen immer der Verbraucher. Alles dreht sich um das, was der Verbraucher will. Folgerichtig lautet der erste Satz der Unternehmensgrundsätze: »Es ist das Ziel des Unternehmens, Produkte von überlegener Qualität und hohem Nutzwert anzubieten, die den Verbraucherbedürfnissen in aller Welt gerecht werden.« Der Grund für diese starke Hervorhebung des Verbrauchers liegt in der totalen Abhängigkeit von den Kaufentscheidungen der Verbraucher. An jedem beliebigen Wochentag wird z.B. in der Bundesrepublik über eine Million mal irgendein Produkt des Unternehmens gekauft. Der durchschnittliche Auftragsbestand beträgt etwa $2\frac{1}{2}$ Tage. Jede Änderung des Verbraucherverhaltens bei der Wahl der Produkte im Laden schlägt sofort auf die Dispositionen durch.

Die Lernprozesse gehen daher über die Ladenkasse. Da dieser Zeitpunkt aber für viele Lerninhalte zu spät liegt, versuchen wir bei Procter & Gamble, Änderungen im Verbraucherverhalten frühzeitig zu erkennen.

Der gemeinsame Nenner für alle Maßnahmen zur Früherkennung heißt: Zuhören. Wir hören zu. Wir hören zu, wenn sich ein Verbraucher beschwert oder eine Anregung gibt; wir hören zu, wenn ein Filialleiter in einem Supermarkt uns eine Beobachtung mitteilt, die unsere Produkte betrifft; wir hören zu, wenn ein Wissenschaftler eine neue Erkenntnis gemacht hat; wir hören zu, wenn ein Journalist über ein Ereignis berichtet, das unser Produkt betreffen kann; wir hören zu, wenn ein Umweltschützer Bedenken gegen ein Produkt oder eine Verpackung äußert.

Wir hören zu, aber es gibt keine Zuhörabteilung. Zuhören ist eine Aufgabe für jeden im Unternehmen, der hören kann. Vor allem aber für die Abteilungen, die mit Kunden und Verbrauchern direkt in Kontakt stehen.

Zuhören ist normalerweise passiv, es wird aktiv, wenn man versucht, das Gehörte zu verstehen. Das ist ein schweres Geschäft, denn es verlangt, eigene Vorstellungen zunächst einmal beiseite zu legen und sich in die Welt des anderen zu versetzen. Da nicht jedem diese Gabe des Zuhörens in die Wiege gelegt ist, beschäftigen sich auch Fortbildungsveranstaltungen für Mitarbeiter mit diesem Thema.

Unsere Fähigkeit zuzuhören, ließ uns allerdings am Beginn der Umweltdiskussion in der Bundesrepublik im Stich. Wir nahmen damals einige kritische Stimmen nicht ernst genug. So geschah es, daß im Herbst 1984 ein neues Produkt, das wir auf den Markt gebracht hatten, in der Öffentlichkeit heftig kritisiert wurde. Es handelte sich um den Waschverstärker Top Job. Der Vorwurf lautete, daß Waschverstärker unnötig seien und die Gewässer belasten würden. Verzicht wurde empfohlen. Ganz eifrige Kritiker riefen sogar zu einem Boykott aller Procter & Gamble Produkte auf.

Da das Produkt nach unserer Auffassung unschädlich war und wir kein Gesetz übertreten hatten, war damals der Weg zum Gericht eigentlich vorgezeichnet. Man empfahl uns, uns zu wehren, Rückgrat zu zeigen, sich nicht alles gefallen zu lassen!

Procter & Gamble entschied aber anders. Wir haben kein Gericht angerufen. Wir haben statt dessen das Gespräch mit der anderen Seite gesucht.

Damit es überhaupt zustande kam, mußten wir uns etwas einfallen lassen.

Die Kritiker einfach einladen? Da wäre wahrscheinlich kaum einer gekommen, außer um zu demonstrieren.

Also versuchten wir alle, die etwas zum Thema zu sagen hatten, an einen Tisch zu bringen, auch unsere Kritiker, aber auch neutrale Stimmen und Vertreter der Industrie. Für die Gesprächsführung gewannen wir eine unabhängige Persönlichkeit, den Direktor des Europäischen Instituts für Umweltpolitik, Professor Ernst Ulrich von Weizsäcker. Wir sicherten ihm völlige Unabhängigkeit für die Gesprächsführung zu. Es sollte ein Dialog stattfinden. Procter & Gamble kam für die Kosten auf und stellte fünf Teilnehmer der Gesprächsrunde. Alles andere war Sache des Instituts.

Die Initiative fiel auf fruchtbaren Boden. Das Institut bürgte dafür, daß die Gespräche in einem neutralen Rahmen stattfinden konnten. Unter dem Namen Gesprächskreis »Waschen und Gewässerschutz« (Akronym »WAGE«) fanden in der Nähe von Bonn im Herbst 1985 und im Frühjahr 1986 zwei Gesprächsrunden statt. Über 50 Teilnehmer aus allen Bereichen und Gruppen, die zum Thema Waschen und Gewässerschutz beitragen konnten, nahmen teil. Umweltschützer, Industrie und Verbraucher, Wissenschaft und Staat, Gewerkschaften, Kirchen und Hausfrauen diskutierten insgesamt drei Tage lang über alle Aspekte von Waschen und Gewässerschutz. Die Gespräche fanden ohne Politiker und ohne Journalisten statt. Das war wichtig, um zu einem offenen Meinungsaustausch zu kommen, um Fensterreden zu vermeiden. Man kam allerdings überein, die Gespräche der Öffentlichkeit zugänglich zu machen. So erschien dann im C.F. Müller Verlag, Karlsruhe, in der Reihe »Umwelt aktuell« ein Buch mit dem Titel »Waschen und Gewässerschutz – ein Konflikt kommt zur Sprache«.

Nach diesem Konzept haben weitere Gespräche stattgefunden. In zwei Gesprächsrunden wurde der Konflikt um Wasserversorgung und Gewässerschutz behandelt und unter dem Titel »Gutes Trinkwasser – wie schützen?« ebenfalls in der Reihe »Umwelt aktuell« veröffentlicht. Gegenwärtig wird das aktuelle Thema der häuslichen Abfälle (»Weniger Abfall, gute Entsorgung«) diskutiert. Ein erstes Gespräch hat stattgefunden, ein zweites wurde im Herbst 1990 durchgeführt.

Diese Gesprächskreise haben dazu beigetragen, die Diskussionen zu versachlichen und die Suche nach Lösungen aufzunehmen. Für alle Beteiligten sind die

Begegnungen eine gute Gelegenheit zuzuhören und mehr über die Auffassungen der anderen Meinungsbildner zu erfahren.

Ebenfalls in den Bereich des Zuhörens gehört die Marktforschung. Auch sie lieferte mehr und mehr Hinweise auf die Bedeutung von Umweltthemen. So zum Beispiel zeigten die jährlichen Umfragen der GfK zu den Sorgen der Nation, daß der Umweltschutz von 1980 bis 1984 zur zweitwichtigsten Frage wurde, gleich nach der Arbeitslosigkeit. Inzwischen war der Umweltschutz bereits einmal Thema Nummer eins, wurde aber durch das Interesse an der deutschen Einheit auf den zweiten Platz verdrängt.

Ebenfalls zum Zuhören gehört die Beobachtung dessen, was sich auf den Märkten abspielt. Wettbewerber, die mit bestimmten Aussagen Erfolg haben, Handelsorganisationen, die Umweltthemen nutzen, um sich der Kundschaft gegenüber zu profilieren. Das sind naturgemäß starke Lernimpulse.

Umweltschutz war für Procter & Gamble in der Vergangenheit eine Aufgabe, die im Rahmen der geltenden Vorschriften und nach dem Stand der Technik erfüllt wurde. Das Unternehmen befolgte den Grundsatz, daß seine Produkte beim Gebrauch und bei vorhersehbarem Mißbrauch für die menschliche Gesundheit und die Umwelt unschädlich sein müssen. Eine eigene Abteilung innerhalb der Produktforschung befaßte sich mit diesen Sicherheitsfragen. Aufgrund jahrelanger Erfahrungen gingen wir davon aus, daß unsere Wissenschaftler die Umweltfragen, soweit sie unsere Produkte betrafen, im Griff hatten.

Daher konnten wir zunächst mit der öffentlichen Diskussion über Umweltthemen wenig anfangen. Wir waren aber unter den ersten in der Markenartikelindustrie, die die Brisanz des Themas erkannten, nachdem sich neue wissenschaftliche Erkenntnisse abzeichneten.

Neue Herausforderungen sind für jede große Organisation kritisch. Eine instinktive Reaktion besteht nämlich häufig darin, neue Ideen zurückzuweisen. Es besteht aber erst dann die Chance, Lösungen zu erarbeiten, wenn die neuen Themen verinnerlicht werden, wenn eine Verbindung hergestellt werden kann zu bereits vorhandenem Wissen. D.h., die Erkenntnisse der Umweltschützer müssen von den Wissenschaftlern im Unternehmen nachvollziehbar sein. Ohne gemeinsame Basis keine Verständigung. Wir glauben, gegenüber anderen Unternehmen im Vorteil gewesen zu sein, da wir nämlich, wie ich vorhin ausführte, zuhören können. Das Problem für uns war nur: wie sollen wir uns verhalten, nachdem wir glaubten, richtig zugehört und verstanden zu haben?

Grundsätzlich gibt es für ein Unternehmen vier Möglichkeiten des Verhaltens gegenüber neuen Entwicklungen: Die erste besteht darin, die Entwicklung zu ignorieren. Zu dieser Option gehört, sich zu ducken und zu hoffen, daß man durch Aussitzen überlebt. Das kam für uns nicht in Frage, weil der Verbraucher keine Geduld hat und weil das Thema zu umfassend und vielschichtig ist.

Die zweite Option besteht darin, die Entwicklung zu bekämpfen. Also Verteufelung der Gegner und weitermachen, als ob nichts geschehen wäre. Das kam für uns auch nicht in Frage, weil noch kein Hersteller eine Auseinandersetzung mit seiner Kundschaft gewonnen hat.

Die dritte Option besteht darin, auf die Entwicklung zu reagieren. Krisenmanagement wäre angesagt. Das nachmachen, was die Wettbewerber tun. Eine attraktive Option ist das aber nicht, wenn man wachsen oder Marktführer bleiben will.

Die vierte Option besteht darin, die Entwicklung in die Unternehmensstrategie zu integrieren. Wir haben uns dazu entschlossen, diese Option auszuüben und das Thema Umwelt in unsere Unternehmensstrategie zu integrieren. Der Schutz der Umwelt wurde Teil unseres Handelns. Für unsere Produkte bedeutet dies, daß wir Umweltschutz wie andere Verbraucherbedürfnisse behandeln, also wie beispielsweise die Waschleistung von Waschmitteln oder den Beinabschluß bei einer Babywindel. Es liegt in der Natur dieser Option, daß wir uns mit unseren Maßnahmen dem Wettbewerb stellen und das Ziel verfolgen, bessere Lösungen anzubieten als die Wettbewerber. Der Vorteil dieser Entscheidung liegt darin, daß wir uns in einem Rahmen bewegen, in dem wir uns auskennen, in einem Rahmen, der auch zu Innovationen zwingt.

Unsere Entscheidung, uns an die Spitze zu setzen, erforderte umfangreiche Maßnahmen im gesamten Unternehmen.

Als erste Maßnahme wurde damit begonnen, die gesamte Organisation, alle Mitarbeiter, auf dieses Ziel einzuschwören. Jeder muß wissen, um was es geht. Er muß es wichtig nehmen, sehr wichtig und sehr dringend. Das zu erreichen, ist eine Führungsaufgabe. Konsequenterweise hat der Chairman of the Board, der inzwischen in den Ruhestand getretene John Smale, die Erreichung von Umweltqualität aller Produkte zum Unternehmensziel erklärt. Das heißt

- Materialeinsatz verringern
- möglichst viel Material wiederzuverwenden
- Restmaterial in eine Form bringen, in der es in den Kreislauf der Natur zurückgegeben werden kann.

Als zweite Maßnahme wurde bei der Muttergesellschaft ein Umweltqualitäts-Team gebildet. Es hat die Aufgabe, weltweit allen Managementbereichen dabei zu helfen, die Umweltqualitätsziele zu erreichen. An der Spitze des Teams steht ein Senior Vice President, der direkt an den Chairman of the Board berichtet. Für Europa wurde ein Team von General Managern ernannt, die auf diesem wichtigen Markt die umweltpolitischen Weichen stellen sollen.

Als dritte Maßnahme untersuchen wir sämtliche Produkte und Produktionsverfahren speziell unter dem Gesichtspunkt der Umweltqualität. Allein in den Forschungs- und Entwicklungsabteilungen befassen sich mit dieser Aufgabe weltweit über 500 wissenschaftliche Mitarbeiter, das sind rund 10% der Mitarbeiter dieses Unternehmensbereichs. Zu den Untersuchungen gehört eine eingehende Prüfung der Meinungen von Verbrauchern und unserer Kunden im Handel. Auf diese Gruppen kommt es ganz entscheidend an. Diese Bestandsaufnahme wird schließlich zur Grundlage werden für die jeweiligen Strategien

Procter & Gamble ist dem Ziel verpflichtet, Produkte von überlegener Qualität und hohem Nutzwert anzubieten, die den Verbraucherbedürfnissen in aller Welt gerecht werden. Darin eingeschlossen ist das nachhaltige Bemühen, die Umweltauswirkungen der Produkte, Verpackungen und betrieblichen Tätigkeiten weltweit zu verbessern.

Zur Durchsetzung dieses Zieles gelten folgende Richtlinien:

- **Unsere Produkte, Verpackungen und betrieblichen Tätigkeiten sind für unsere Mitarbeiter, Verbraucher und für die Umwelt sicher.**

- **Negative Auswirkungen, die aus der Herstellung, der Verwendung oder der Entsorgung herrühren, müssen verhindert oder im größtmöglichen Umfang verringert werden.**

  Wir übernehmen eine führende Rolle in der Entwicklung innovativer und praktischer Lösungen für die Bewältigung von Umweltproblemen im Zusammenhang mit unseren Produkten, Verpackungen und Herstellungsprozessen. Wir unterstützen den sparsamen Einsatz von Rohstoffen und sind aktiv um die Wiederverwertung, das Recycling und die Kompostierung bemüht.

  Wir geben unsere Erfahrungen und unser Wissen weiter und bieten unsere Unterstützung anderen an, die in der Lage sind, zu Fortschritten bei der Erreichung von Umweltzielen beizutragen.

- **Wir erfüllen oder übertreffen die Anforderungen, die durch die Umweltgesetzgebung an uns gestellt werden.**

  Wir verhalten uns umweltgerecht auch dann, wenn gesetzliche Normen fehlen. Wir arbeiten mit den Behörden bei der Analyse von Umweltproblemen und bei der Entwicklung kostengünstiger, auf wissenschaftlichen Erkenntnissen beruhender Lösungen und Normen zusammen.

- **Wir bewerten laufend unsere Umwelttechnologien und Umweltprogramme und überprüfen unsere Fortschritte bei der Erreichung unserer umweltrelevanten Ziele.**

  Zur Bewertung der Umweltqualität entwickeln und nutzen wir den jeweils letzten Stand der Wissenschaft sowie das Instrument der Ökobilanzierung für Produkte unter Einschluß aller Lebensphasen des Produkts vom Rohstoffstadium bis zur Entsorgung.

- **Wir geben sinnvolle Sachinformationen über die Umweltqualität unserer Produkte, Verpackungen und betrieblichen Tätigkeiten an Verbraucher, Kunden, Mitarbeiter, Gemeinden, Interessengruppen und andere.**

  Wir sind bestrebt, eine offene, ehrliche und aktuelle Informationspolitik zu betreiben und allen Bedenken offen gegenüberzustehen.

- **Wir stellen sicher, daß jeder unserer Mitarbeiter diese Überlegungen zur Umweltqualität versteht, sich für die Einhaltung verantwortlich fühlt und sie in seine tägliche Arbeit einbezieht.**

  Wir fördern und würdigen Initiativen Einzelner und von Teams zur Verbesserung der Umweltqualität. Wir ermutigen unsere Mitarbeiter, ihrer Verantwortung für Umweltqualität auch außerhalb ihres beruflichen Tätigkeitsfeldes gerecht zu werden.

- **Wir sorgen dafür, daß Richtlinien, Programme und Mittel vorhanden sind, um unsere Grundsätze zur Umweltqualität durchzusetzen.**

Richtlinien zur Umweltqualität

für zukünftige Produktentwicklungen und das Marketing. Wir befinden uns mitten in dieser Phase.

Als vierte Maßnahme wurde beschlossen, umfassend zu informieren. Getreu dem Grundsatz »Public Relations begins at home« werden unsere Mitarbeiter weltweit über Umweltthemen informiert und über die Maßnahmen des Unternehmens in Kenntnis gesetzt. Zum Beispiel erschien im Januar 1990 erstmals eine weltweite Ausgabe unserer Werkszeitschrift, die sich zu rund 50% mit Umwelt befaßte. Auf der letzten Jahreskonferenz des Unternehmens erläuterten die Mitglieder unserer obersten Geschäftsleitung den Mitarbeitern die Ziele für die Umweltqualität. Im Mai 1990 wandte sich der Chairman of the Board, Edwin L. Artzt, an alle Mitarbeiter und legte ihnen unsere Umweltgrundsätze dar (siehe Kasten). Inzwischen arbeiten alle Abteilungen des Unternehmens mit Hochdruck an der Verbesserung der Umweltqualität unserer Produkte und Herstellverfahren. Umweltbilanzen werden erstellt und Forschungsaufträge vergeben.

Wir gehen mit unseren Informationen aber auch nach außen. Zu unserer Öffentlichkeitsarbeit gehört, daß wir über unsere Zahlen und Fakten zum Umweltverhalten unserer Produkte auch mit Umweltschützern diskutieren. Natürlich produzieren wir auch Gedrucktes. Darunter sind zahlreiche Broschüren, die über die Eigenschaften unserer Produkte informieren.

Inzwischen hat das Unternehmensziel Umweltqualität erste Ergebnisse hervorgebracht. Sie kann jeder Verbraucher in Deutschland kaufen:

- Kompaktwaschmittel (Ariel Ultra), die 30% Waschpulver und Verpackung sparen
- Babywindeln (Pampers, Luvs), die dünner sind und 25% Verpackungsmaterial sparen
- Nachfüllpackungen für alle flüssigen Wasch- und Reinigungsmittel, die bis zu 85% Verpackungsmaterial sparen
- Flaschen, die nahezu ausschließlich aus Polyäthylen bestehen
- Verpackungen, die überwiegend aus Karton gefertigt sind, der aus Altpapier gewonnen wurde
- Verwendung von sauerstoffgebleichtem Zellstoff bei Babywindeln.

Eine weitere wichtige Maßnahme für den Bereich Abfall stellen Unternehmensrichtlinien für die entsorgungsgerechte Gestaltung von Produkten und Verpackungen dar, die weltweit verbindlich sind. Sie verpflichten alle Bereiche des Unternehmens, den Einsatz von Verpackungsmaterial zu verringern und Verpackungen so zu gestalten, daß sie wiederverwendbar sind oder aus wiederaufbereitetem Material hergestellt werden können.

Gegenwärtig haben wir rund 100 Einzelprojekte in Arbeit, die allein zum Ziel haben, Abfall vermeiden oder verringern zu helfen. Darunter befinden sich Feldversuche, die nachweisen sollen, daß Babywindeln voll kompostierbar sind. Bereits erfolgreich ist der Versuch verlaufen, Polyäthylen wiederaufzubereiten und zusammen mit frischem Polyäthylen für die Herstellung von neuen Flaschen zu verwenden. Eine ganze Reihe unserer Lenor-Flaschen enthält eine Schicht Altplastik. Das sind übrigens alles bahnbrechende Entwicklungen. Da eine entsprechende Infrastruktur noch nicht existiert, versuchen wir, den Aufbau zu ermutigen und zu unterstützen. Wir gehen davon aus, daß das gute Beispiel eines großen Herstellers andere zum Mitmachen bringt.

Die Verbesserung der Umweltqualität unserer Produkte sehen wir als eine große Chance. Wir wollen den Wandel. Wir setzen darauf voll und ohne innere Vorbehalte.

Das letzte Wort bei allen produktbezogenen Maßnahmen hat aber der Verbraucher. Wir versuchen ihn durch Werbung von den Vorteilen von Produkten zu überzeugen, die über besondere Umweltqualität verfügen. Das ist nicht immer ein Selbstgänger. Denn entgegen der landläufigen Meinung sind viele Verbraucher, auch wenn es um die Umwelt geht, noch nicht bereit, eingefahrene Gewohnheiten in Frage zu stellen.

Beispiel: Unser Kompaktwaschmittel Ariel Ultra, das den bundesdeutschen Waschpulververbrauch um rund ⅓, das sind 200000 Tonnen pro Jahr, verringern kann, hat zwar beachtliche Anfangserfolge zu verzeichnen – aber das ist doch noch sehr bescheiden im Vergleich zu Japan, wo die Kompaktwaschmittel nach 6 Monaten 20% und nach 2 Jahren 70% des Marktes erringen konnten.

Wir müssen also noch mehr darüber lernen, wie man die Verbraucher überzeugen kann, wenn es darum geht, bessere Umwelteigenschaften eines Produktes nahezubringen. Wie wird das Umweltmarketing der Zukunft aussehen? Sollen Umweltargumente im Vordergrund stehen oder die Gebrauchsleistung eines Produktes nur unterstützen? Soll man mit Fakten werben oder mit Emotionen? Soll man die Umweltargumente nur im Packungstext liefern oder in der Fernsehwerbung? Für einen Markenartikler ist die Lösung dieser Fragen von größter Wichtigkeit. Die Lernprozesse gehen weiter.

Wir glauben, auf dem richtigen Weg zu sein und weitere Verbesserungen in der Umweltqualität unserer Produkte erreichen zu können. Alles in allem stehen wir aber erst am Anfang einer Entwicklung.

Ich schließe mit einem Zitat von Bert Brecht, das er Galilei in den Mund legt: »Ja, wir werden alles, alles noch einmal in Frage stellen. Und wir werden nicht mit Siebenmeilenstiefeln vorwärtsgehen, sondern im Schneckentempo. Und was wir heute finden, werden wir morgen von der Tafel streichen und es erst wieder anschreiben, wenn wir es noch einmal gefunden haben. Und was wir zu finden wünschen, das werden wir, gefunden, mit besonderem Mißtrauen ansehen ... Sollte uns dann aber jede andere Annahme als diese unter den Händen zerronnen sein, dann keine Gnade mehr mit denen, die nicht geforscht haben und doch reden.«

Klaus Günther

Neue Konzepte in der Industrie – Das future-Ökologiekonzept

I. Vorbemerkung

Jeden Tag werden wir mit Meldungen über Umweltkatastrophen, Umweltverschmutzungen, gefährliche Stoffe und vieles andere mehr konfrontiert. Die Abstände zwischen den Umweltkatastrophen scheinen immer kürzer zu werden. Die Dimension, die Auswirkung, die Bedrohung wird konkreter.

Immer mehr Menschen werden nachdenklich und fühlen sich verunsichert, schlecht informiert, ja sogar fehlgeleitet. Mit der Unsicherheit wächst die Angst, wächst auch die stille Wut.

Es ist der Industrie bisher offenbar nicht gelungen, der Öffentlichkeit glaubhaft nachzuweisen, daß in ihren Hochglanzbroschüren mehr als Lippenbekenntnisse zum Umweltschutz formuliert sind.

Einerseits Ratlosigkeit bei der Wirtschaft, andererseits eine hochsensibilisierte Öffentlichkeit. Reaktives Krisenmanagement und emotional gefärbte Auseinandersetzungen kennzeichnen die Situation.

War es zunächst die Marktsättigung, die in vielen Fällen aufzeigte, wo das strategische Management der Unternehmungen Schwächen hatte, so ist es jetzt die Querschnittsaufgabe der ökologieorientierten Ausrichtung aller Aktivitäten des Betriebes.

Sie wird strategischer Erfolgsfaktor der Zukunft werden und dies nicht nur einzelwirtschaftlich, sondern auch im Sinne einer Überlebensaufgabe der sozialen Marktwirtschaft und auch der Gesellschaft.

Die Umweltkrise wird, verstärkt durch die Öffnung des Ostblocks, zu größeren strukturellen Veränderungen in unserem Wirtschafts- und Gesellschaftsgefüge führen als die Energiekrise der 70er Jahre. Mehr noch, auch die Unternehmensführung, das Management, wird sich dramatisch verändern (müssen).

Die alten Organisationen haben Kredit verloren. Das gilt für Gewerkschaften wie für Kirchen, für die »alten« Parteien wie für die Arbeitgeberverbände, eigentlich für die überwiegende Zahl der großen Organisationen, die das politische System der Nachkriegszeit maßgeblich beeinflußt haben.

Den Trend bestimmen neue Initiativen, neue Bewegungen, Ideen von Leuten, die erkannt haben, daß es nicht mehr möglich ist, wie in den Zeiten des rein quantitativen Wachstums die Probleme unter den Teppich zu kehren, nach dem Motto: Das löst sich alles irgendwie von selbst.

Immer mehr Unternehmer erkennen, daß neue Wege für ein Wirtschaften im Einklang mit der Natur gefunden werden müssen. Sie begreifen diesen Veränderungsdruck als Chance, aktiv an der Entwicklung umweltbezogener Unternehmenskonzepte mitzuwirken, um so die Zukunft ihres Unternehmens und die der Umwelt langfristig zu sichern. Dieser Beitrag soll sich nicht nur damit beschäftigen, wie ein ganzheitliches ökologieorientiertes Unternehmensführungskonzept aussehen könnte, sondern soll auch darlegen, wie sich in future-Pilot-Unternehmen der Weg hin zur umfassenden Neuorientierung – zu einer ökologisch verantwortlichen Unternehmenspolitik – gestaltet, welche Erfahrungen bisher vorliegen und wie versucht wird, diese Erfahrungen mit ähnlich motivierten Unternehmen im Förderkreis Umwelt future e.V. zu multiplizieren. Einige Bausteine dieses Ökologie-Konzepts werden im Überblick beschrieben; anhand von Beispielen soll exemplarisch dargestellt werden, welche Rückschläge und Schwierigkeiten sich bei der Umsetzung ergeben können.

II. Auf dem Weg zur ökologisch verantwortlichen Unternehmenspolitik

Ein future-Pilot-Unternehmen, die Firma Bischof + Klein (B + K), wurde im Jahre 1892 als Buch- und Kunstdruckverlag in Lengerich gegründet.

1922 wurde die Produktion von Papiersäcken für einen ortsansässigen Zementhersteller aufgenommen. Diese Papiersäcke wurden zunächst im Handbetrieb hergestellt.

In den folgenden Jahren begann man dann mit der Produktion sog. Kleinverpackungen (Beutel für Zucker, Mehl usw.) und wurde später mit verschiedenen Zweigwerken und Beteiligungen in der gesamten Bundesrepublik präsent.

Ein wesentlicher Meilenstein der B + K-Entwicklung war der Beginn der Polyäthylenverarbeitung im Jahre 1963, die neue Problemlösungen ermöglichte und neue Märkte öffnete.

Das Unternehmen hat sich heute zu einem der bedeutenden Spezialisten für flexible Verpackungen in Europa entwickelt.

Betrachtet man den Ablauf vom Beginn der Umweltdiskussion bis hin zur Umsetzung des Ökologie-Konzepts, so kann man grob 4 Phasen differenzieren.

Phase 1: Verharmlosung

Diese Phase war gekennzeichnet durch Schlagworte wie:

- Das ist ein Modetrend, der geht bald vorüber.
- Die Grünen sind doch alle Spinner.
- Vielleicht sollten wir auch wieder mehr Papiertragetaschen herstellen.

Die Umweltproblematik rückte immer stärker in die öffentliche Diskussion. Obwohl in dieser Phase schon Mitarbeiter persönlich interessiert waren, gab es noch keine Ansatzpunkte dafür, den Umweltschutz auch als Aufgabe der Unternehmenspolitik zu verstehen. Das Unternehmen als soziales System hatte für diese neuartigen Probleme noch kein geeignetes Analyseraster. Die Reichweite und Bedeutung der Umweltkrise wurde nicht hinreichend erkannt – das Nachdenken über Problemlösungen dementsprechend vertagt.

Phase 2: Identifizierung

Der Problemlösungsdruck jedoch blieb bestehen bzw. verstärkte sich noch. Gleichzeitig wuchs im Unternehmen die Erkenntnis, daß auch die Wirtschaft für die Lösung der Umweltprobleme mit verantwortlich sei.
Diese Phase war verbunden mit:

- gestiegenem Umweltbewußtsein
- der Erkenntnis, daß Produkte und Produktionsverfahren auf ihre Umweltverträglichkeit überprüft werden müssen,
- der Mitarbeit eines Geschäftsführers in der Ökologie-Kommission des Bundesverbandes Junger Unternehmer,
- Kontakten zu Journalisten, Politikern u.a.
- und sicherlich ganz wichtig – dem konkret erfahrenen Ökoschock in Form einer Grundwasserverunreinigung in der Nähe eines Zweigwerkes.

Die vielfältigen Denkanstöße von außen und die selbst erlebte Situation, plötzlich als vermeintlicher Verursacher einer Grundwasserverschmutzung im Mittelpunkt der öffentlichen Kritik zu stehen, führten zu der Erkenntnis, daß das Unternehmen nur dann auch im Jahre 2000 noch zu den führenden Unternehmen der Branche gehören würde, wenn sich Produkte und Produktionsverfahren ökonomisch wie ökologisch vertreten lassen. Das Unternehmen hat sich mit der Umweltproblematik identifiziert und war nun in der Lage, aktiv einen Beitrag zur Lösung zu leisten.

Phase 3: Technokratische Umsetzung

Erster umfassender Ansatzpunkt zur Realisierung einer ökologieorientierten Unternehmensführung war im Jahre 1985 eine gründliche Analyse aller betrieblichen Aktivitäten, mittels der Öko-Checkliste des Bundesverbandes Junger Unternehmer (Winter 1987, S. 70ff.).

Einige wichtige Einzelbereiche dieser Ökocheckliste seien hier beispielhaft aufgezählt:

- Willensbildung im Führungsteam
- Unternehmensziele und Strategien
- betriebliche Umweltschutzinstitutionen
- Mitarbeitermotivation und Mitarbeiterausbildung
- Arbeitsbedingungen
- Energie- und Wassereinsparung
- Produktentwicklung
- Materialwirtschaft
- Fertigungstechnik
- Entsorgung und Recycling

Diese Analyse zeigte neben bereits ergriffenen Aktivitäten in Richtung Umweltschutz eine ganze Reihe von Ansatzpunkten für Verbesserungsmaßnahmen. Zur Umsetzung wurde ein Umweltausschuß gegründet, gleichzeitig ein Umweltbeauftragter im Betriebsrat benannt und freigestellt.

Parallel dazu wurde die Verantwortung für alle Fragen des Umweltschutzes in einer zentralen Abteilung zusammengefaßt, also gewissermaßen ein Umweltmanagement institutionalisiert.

Phase 4: Übernahme einer ökologisch-ethischen Verantwortung und Professionalisierung des betrieblichen Umweltschutzes

Es wurde schnell deutlich, daß sich Umweltschutz nicht einfach von oben verordnen läßt, sondern im Unternehmen auf allen Ebenen anerkannt und gelebt werden muß. Gerade in der Anfangsphase der Umweltorientierung eines Unternehmens zeigen sich bei den Mitarbeitern sehr starke Ressentiments gegen diese neue Unternehmenspolitik. Alte Handlungsweisen werden plötzlich hinterfragt. Das führt auch bei anderen organisatorischen Veränderungsprozessen im Unternehmen immer zu Ängsten und Unruhe.

Um den Mitarbeitern den Umweltschutzgedanken nahe zu bringen und sie zu entsprechendem Handeln zu motivieren, wurden seit Mitte 1985 eine Reihe von Aktionen durchgeführt, z.B.:

- Startaktion: Vorstellung des Slogans »Wir sind Umwelt-aktiv« und eines entsprechenden Stickers sowie der Erklärung der Selbstverpflichtung zum Umweltschutz (Abb. 1),
- die Einrichtung von Sammelstellen für Problemabfälle der Mitarbeiter,
- die Umstellung des gesamten Fuhrparks auf bleifreies Benzin (vor der Steuersenkung und verbunden mit der Schließung der Werkstankstelle),
- Teilnahme an öffentlichen Diskussionen, in Arbeitskreisen von Fachverbänden und bei befreundeten Unternehmen,
- Umgestaltung von Teilen eines Löschteiches zu einem Biotop durch und für die Mitarbeiter,
- Start einer Haushaltsberatung für die Mitarbeiter.

Mit Motivationsaktionen und -kampagnen allein ist betrieblicher Umweltschutz auf Dauer nicht realisierbar, obwohl sie sicher in der Anfangsphase besonders wichtig sind, um bei den Mitarbeitern Verständnis für ökologische Neuerungen zu wecken und ihre Kreativität gerade in diese Richtung zu lenken. Vielmehr kommt es darauf an, die neue ökologische Sicht in der Unternehmensführung zu verankern und professionell umzusetzen. Das bedeutet, eine tatsächliche und glaubhafte Umweltkompetenz in allen Unternehmensbereichen aufzubauen.

Zunächst wurde intern der Unternehmenszweck neu definiert. Für die »Verpackungswerke« ist das Herstellen von Verpackungen kein Selbstzweck. Vielmehr muß die Aufgabe darin bestehen, dem Kunden zu helfen, ein Produkt vom Herstellungsprozeß zum Verbraucher zu bringen:

Abb. 1: B + K-Slogan

- ohne daß es feucht oder zerkratzt wird,
- ohne daß es schädlichen UV-Strahlen ausgesetzt wird,
- hygienisch und steril,
- leicht zu lagern, einfach zu handhaben und zu transportieren,
- versehen mit gesetzlich vorgeschriebenen Hinweisen, Gebrauchsanleitung,
- ohne Gefahr für Menschen, Tiere oder Natur,
- mit möglichst wenig Verpackungsmaterialeinsatz,

- sparsamen Gebrauch von Konservierungsmitteln ermöglichend,
- hergestellt aus einem Material, das möglichst recyclingfähig ist,
- wo möglich und sinnvoll auch Spaß und Freude am Konsum vermittelnd,
- evtl. sogar völlig ohne Verpackung.

Diese Philosophie entspricht dem Grundsatz: Produkte kommen und gehen, Funktionen aber bleiben. Da ein Bild immer mehr sagt als 1000 Worte, wurde diese Philosophie in bezug auf die Verpackungsfunktion mit dem Bild der Banane visualisiert (Abb. 2):

Abb. 2: Flexible Verpackung als natürliche Funktion

- die Banane ist flexibel und natürlich verpackt – mit einer Schale
- die Schale hat eine attraktive Farbe
- sie ist stoßfest und gleichzeitig wasserdicht

- für die Verbraucher ist sie einfach zu handhaben durch ihre »Easy-Opening«-Struktur
- gleichzeitig ist sie eine »Convenience«-Verpackung – man braucht zum Essen weder Geschirr noch Besteck, noch macht man sich die Finger schmutzig
- im Sinne problemloser Entsorgung ist die Schale biologisch abbaubar
- allerdings ist auch hier sachgemäßes Vorgehen notwendig, damit niemand, der auf eine Bananenschale tritt, zu Schaden kommt
- schließlich ist die Bananenschale eine außerordentliche intelligente Verpackung, da man von der Farbe Rückschlüsse auf die Qualität des Produktes ziehen kann – sie ist damit den heute vielfach gebräuchlichen aufgedruckten Haltbarkeitsdaten um Lichtjahre überlegen.

Dieses Pflichtenheft für eine natürliche Verpackung kann auch für eine industriell hergestellte Verpackung gelten, wenn sie ihre Funktion unter Berücksichtigung ökologischer Prinzipien erfüllen will, wenn es also kein Gegeneinander zwischen Ökologie und Ökonomie, sondern ein gleichberechtigtes Miteinander zum beiderseitigen Nutzen (Symbiose) geben soll. Wirtschaftliches Handeln, das sich bewußt an seinem Einfluß auf ökologische Systeme orientiert und bereit ist, von biologischen Kreislaufsystemen zu lernen, sichert durch geringere Umweltbelastungen auch seine eigene Existenzgrundlage, ohne zwingend auf Wachstum verzichten zu müssen. Die Entwicklung einer ökologieorientierten Wirtschaft wird wiederum ökonomische Wachstumspotentiale erschließen.

Unternehmerischer Umweltschutz bedeutet für future-Unternehmen eine ganzheitliche Betrachtungsweise zu etablieren, die alles einschließt, was zur Produktion gehört. Von der Überprüfung der Stoffe, die eingesetzt werden, über die Sensibilisierung der Mitarbeiter bis hin zur vorsorglichen Planung späterer Entsorgungsmöglichkeiten für die Produkte.

Eine umweltorientierte Unternehmensführung ist daher zu definieren als:

- systematisch
- vorausschauend
- umfassend.

Systematisch bedeutet, daß auf der Grundlage eines Umweltkonzeptes für das Unternehmen Schritt für Schritt ein Maßnahmenbündel realisiert wird.

Vorausschauend heißt, daß der unternehmerische Umweltschutz nicht bloßes Reagieren auf äußere Zwänge sein darf, sondern daß durch die systematische Auseinandersetzung mit dem Thema mögliche äußere Einflüsse vorweggenommen werden.

Umfassend sagt schließlich, daß alle Funktionsbereiche des Unternehmens in die Umweltaktivitäten mit einbezogen werden.

Diese Gedanken liegen dem future-Ökologiekonzept zugrunde, das in Zusammenarbeit und mit Unterstützung einer Reihe von Mitgliedsunternehmen erarbeitet wurde.

III. Das future-Ökologiekonzept

Die praktischen Erfahrungen zeigen, daß sich ein betriebliches Umweltkonzept je nach Notwendigkeit, Betroffenheit oder Priorität aus verschiedenen Richtungen entwickeln kann. Ebenso konzentrieren sich die Maßnahmen z. T. auf sehr unterschiedliche Bereiche.

Die bisher vorliegenden Erfahrungen wurden zusammengefaßt in einen dualen Ansatz zur ökologisch/ökonomischen Unternehmenspolitik, der die Forderung nach integriertem Umweltschutz aufgreift und sich neben den »klassischen Bereichen« Technik und Betriebswirtschaft einerseits auch auf die Motivation der Mitarbeiter, die Institutionalisierung des Umweltschutzes im Unternehmen und die Entwicklung einer umweltorientierten Unternehmenskultur andererseits bezieht (Abb. 3).

Die »Hardfacts« wie auch die »Softfacts« sind bei der Umsetzung einer ökologisch orientierten Unternehmenspolitik in gleicher Intensität zu verfolgen. Dabei ist neben Glaubwürdigkeit die Motivation der Mitarbeiter wesentlicher Punkt des Konzepts. Nur überzeugte Mitarbeiter werden das Anliegen des Hauses mittragen und für die unabdingbare Vernetzung zwischen den konkreten, kurzfristig angelegten Notwendigkeiten des Tagesgeschäftes und einer langfristigen, ganzheitlichen Betrachtungsweise sorgen.

Mit dem dualen Ansatz wird versucht, die Entwicklung eines umweltorientierten Unternehmenskonzeptes zu strukturieren. Entscheidend ist nicht, *wo* begonnen wird, sondern *daß* ein ökologischer Organisationsentwicklungsprozeß in Gang gesetzt wird.

Beispiele und Erfahrungen aus future-Unternehmen verdeutlichen, wie das o. g. Konzept mit Leben gefüllt wird. Im folgenden wird aus jeder Säule des future-Konzepts ein praktischer Fall vorgestellt.

IV. Erfahrungen

1. Das Beispiel »Produktentwicklung«

Die Firma Alsecco in Richelsdorf produziert Beschichtungssysteme zum Schutz, zur Gestaltung und Instandsetzung von Bauwerksoberflächen. Hierzu gehören im wesentlichen Putze, Farben, Fugenmassen, Vollwärmeschutz, Betoninstandsetzungs- und Fußbodensysteme.

Für das Aufbringen von Putz hat dieses Unternehmen eine neue Maschinenförderarbeits- und Verpackungstechnik entwickelt, die den bisherigen Arbeitsaufwand entscheidend verringert und erleichtert. Dies hat aber auch zur Folge, daß das Abfallvolumen der Verpackungen um mehr als 90% vermindert wird.

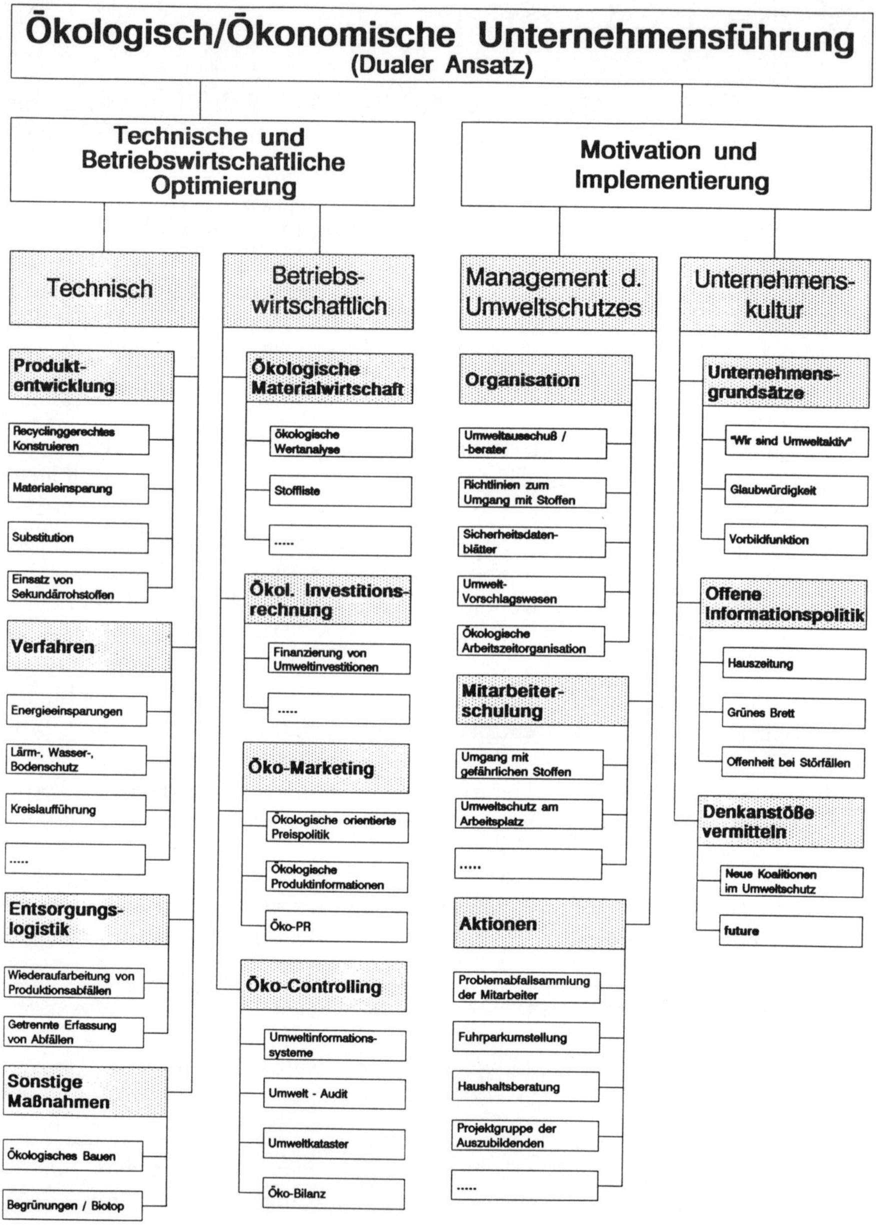

Abb. 3: Ökologisch/Ökonomische Unternehmensführung (Dualer Ansatz)

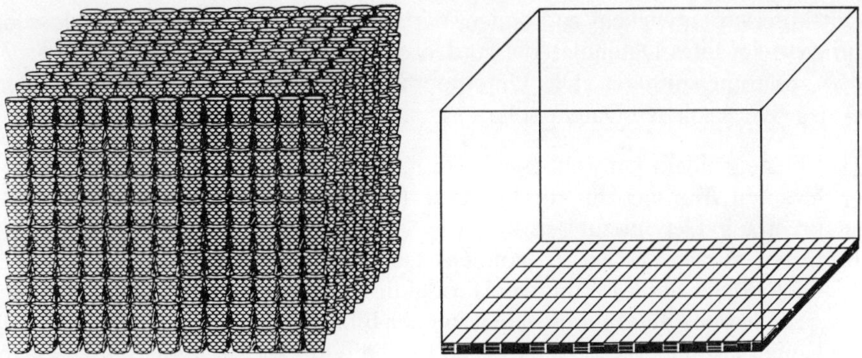

5 Millionen leere Eimer gestapelt ergäben einen Quader von 65 × 51 × 51 m Kantenlänge.
Gewicht: 4600 Tonnen Verpackungsmaterial

5 Millionen leere PE-Säcke bedeckten die gleiche Grundfläche von 65 × 51 m nur noch 76 cm hoch.
Gewichtsersparnis: 4056 Tonnen Material!

Abb. 4: Substitution durch ein neues Produkt

Problemlösung: Das Putzmaterial wird nicht mehr in Eimern, sondern verarbeitungsfertig in 25 Kg-Polyäthylensäcken angeliefert und durch eine spezielle Fördertechnik direkt auf die Wand aufgespritzt. Der neuartige Sack wiegt nur noch 108 g gegenüber 920 g des herkömmlichen Eimers. Das bedeutet eine gewichtsmäßige Verpackungsreduzierung auf ca. 10% (s. Abb. 4).

Noch deutlicher wird der Umweltvorteil beim Restvolumen des Verpackungsabfalls.

Für den Handwerker hat dieses neue Gebinde zusätzlich den Vorteil, daß erhebliche Kosteneinsparungen durch ein vereinfachtes Handling zu erzielen sind.

2. Das Beispiel »Stoffliste«

Grundlegende Bedeutung bei der Realisierung eines Ökologiekonzepts in einem Industrieunternehmen kommt der Materialwirtschaft zu. Die Materialwirtschaft als zentrale Aufgabe im Unternehmen wirkt auf nahezu alle Abteilungen im Produktions- und Verwaltungsbereich, aber auch nach außen, auf eine teilweise sehr große Anzahl von Zulieferfirmen. Durch eine umweltorientierte Materialwirtschaft können Unternehmen daher intern einen Motivationseffekt auslösen, extern über die Nutzung der jeweils vorhandenen »Einkaufsmacht« einen ökologischen Schneeballeffekt bewirken.

Um für den Bereich der Roh-, Hilfs- und Betriebsstoffe Umweltverträglichkeitskriterien entwickeln zu können, hat man sich in einem Fall entschlossen, umweltrelevantes Datenmaterial zu den eingesetzten Produkten in einer *Stoffliste* zusammenzutragen. Das Unternehmen verspricht sich sehr viel von der Anlage eines solchen Datenpools:

(1) Mit steigendem Umweltbewußtsein mehren sich Anfragen nach umweltrelevanten Aussagen für die Produkte (Inhaltsstoffe, Verhalten bei der Verbrennung/Deponierung usw.).
(2) Daten zur stofflichen Zusammensetzung der Rohstoffe ermöglichen die ökologische Verbesserung von Produktionsverfahren und Produkten durch gezielte Substitution umweltbelastender Inhaltsstoffe.
(3) Emissionsminderungstechnologien für die Bereiche Luft und Wasser lassen sich mit Hilfe entsprechenden Datenmaterials optimal auf die eingesetzten Materialien auslegen.
(4) Die Stoffliste kann Planungsgrundlagen für Recycling-Anlagen liefern.
(5) Es werden Basisinformationen für die Erarbeitung von Öko-Bilanzen bereitgestellt.
(6) Im Zusammenhang mit der Produkthaftung werden umweltrelevante Daten verfügbar.

Nach einer ABC-Analyse entschloß man sich im Pilotunternehmen B + K, sich zunächst auf die Materialien zu konzentrieren, die direkt als Rohstoffe in Produktion und Produkte einfließen.

Die Reaktion auf eine erste Lieferantenanfrage läßt sich wohl ohne Übertreibung als erschreckend beschreiben:

- lediglich 15% der eingegangenen Antworten waren einigermaßen brauchbar,
- 50% der Lieferanten zogen es vor, überhaupt nicht zu antworten,
- die übrigen Aussagen waren nicht zu verwerten.

Aus den Antwortschreiben der Lieferanten wurde deutlich, wie groß bei ihnen selbst die Unwissenheit über die Zusammensetzung der Produkte ist. Viele Firmen baten um Aufschub, um sich bei ihren Vorlieferanten entsprechende Informationen beschaffen zu können. Aus den Reaktionen war aber auch zu erkennen, daß die ersten Fragen zu allgemein und weitläufig formuliert worden waren.

In dieser Phase der Aktion wurden Fachleute eines großen Rohstoffproduzenten und gleichzeitig kompetenten Lieferanten und Kunden in die Planung mit einbezogen. Es wurde ein standardisierter Fragebogen erarbeitet, der einen Probelauf erfolgreich bestand und inzwischen an alle Lieferanten verschickt wird (Abb. 5.1 und 5.2).

Die Entwicklung der Stoffliste hat sich sowohl ökologisch wie ökonomisch gelohnt.

Ein Beispiel:

Material-Nr.	Material-bezeich-nung	Schwer-metalle (Art/Menge)	Halogene (Art/Menge)	P	N	S	weitere Elemente	Verbrennungsprodukte			
								Asche		Luft	
								<450°C	>450°C	<450°C	>450°C

Abb. 5.1: Stoffliste: Kopfzeile

1. Gehalt an Stickstoff, Schwefel und Phosphor

	Bei der Herstellung nicht zugesetzt	<100 ppm	<1000 ppm	>1000 ppm (Bitte mit Mengenang.)
Stickstoff				
Schwefel				
Phosphor				

2. Gehalt an Halogenen

	Bei der Herstellung nicht zugesetzt	<100 ppm	<1000 ppm	>1000 ppm (Bitte mit Mengenang.)
Brom				
Chlor				
Fluor				
Jod				

Abb. 5.2: Auszug aus dem Fragenkatalog zum Aufbau einer Stoffliste

Ein Beispiel:

Abwasseranalysen hatten ergeben, daß in bezug auf die flüchtigen Kohlenwasserstoffe die geltenden Maximalwerte nicht eingehalten wurden, so daß mit der Planung einer neuen Abwasserbehandlungsanlage begonnen wurde. Über die Stoffliste konnte man feststellen, daß bestimmte Kleber halogenisierte Kohlenwasserstoffe enthielten und konnte diese substituieren. Durch die Substitution war es möglich, eine Investition in Höhe von ca. 200 000 DM zu vermeiden.

Ähnliche Erfahrungen liegen vor für andere Komponenten des Ökologiekonzepts, wie z.B. das Recycling oder die Entwicklung umweltschonender Produkte.

3. Das Beispiel »Projektgruppenarbeit«

Ein anderes future-Unternehmen, die Carl Nolte GmbH in Greven, bietet u.a. textile Bauten wie Zelte und Produkte im technischen Großhandel an. Firmenziel ist es, die Bedürfnisse der Kunden optimal durch eine Kombination von Beratung, Betreuung und Produkt zu erfüllen.

Im Juli 1989 entwickelte eine Projektgruppe der Auszubildenden ein Abfallvermeidungskonzept. Diese Gruppe wurde von der Geschäftsführung unterstützt.

Im Unternehmen fallen etliche verschiedene Sorten von Kunststoffabfällen an, die bislang unsortiert zur Deponie gefahren wurden. In ihrer Aktion »Mülltrennung« führten die Auszubildenden die folgenden Neuerungen ein:

- Anschaffung von grünen Mülltonnen für die Büroräume zur Trennung von Papier und anderem Müll
- Aufstellung von Rohstoffbehältern in der Fertigung, die speziell gekennzeichnet sind.

Die Kennzeichnung von Sammelboxen wurde z.T. von den Auszubildenden selbst erledigt, z.T. wurden vom Entsorgungsunternehmen kostenlos entsprechende Schilder zur Verfügung gestellt.

Die Projektgruppe war verantwortlich für die Planung, Ausführung und Kontrolle. Ganz wichtig war es, den übrigen Mitarbeitern mit dem nötigen Fingerspitzengefühl die Neuerungen, die von ihnen z.T. auch Verhaltensänderungen forderten, nahe zu bringen. Die Auszubildenden hatten auch hiermit Erfolg. In den ersten Monaten waren kaum Fehler zu beanstanden.

Die Kosten-/Nutzenanalyse ergibt, daß den Anschaffungskosten für die Behälter interessante Einsparungen, z.B. durch geringere Deponiegebühren und geringere Transportkosten sowie Erlöse aus Abfallverkäufen gegenüberstehen.

Die Stellungnahmen der Auszubildenden verdeutlichen, daß dieses Projekt auch Spaß gemacht hat: »Wir haben gelernt, ein Projekt in eigener Verantwortung zu planen und umzusetzen – eine echte Bereicherung für die Ausbildung« oder »Wir sind absolute Vorreiter, in der Schule wurde unsere Aktion mit Erstaunen und auch ein wenig Neid aufgenommen«.

4. Das Beispiel »Neue Koalitionen im Umweltschutz«

»Es war an einem sonnigen Juniwochenende im Künstlerdorf Worpswede bei Bremen«, so schreibt der Wirtschaftsjournalist Andreas Oberholz in seinem Buch »Umweltorientierte Unternehmensführung« und weiter: »Unter den alten Bäumen im Garten des sogenannten kreativen Hauses saßen auf Einladung der Unternehmerinitiative future 43 Damen und Herren aus Wirtschaft, Politik, Umweltverbänden, Behörden, Banken, Wissenschaft und Medien an einem Tisch, vereint in friedlicher und konstruktiver Diskussion um konkrete Wege aus der Umweltkrise.«

Bei dieser Veranstaltung ging es aber nicht um eine kontroverse Bewertung der Lage, sondern um die Frage nach »neuen Koalitionen im Umweltschutz«. Es ging darum herauszufinden, welche wichtigsten Stärken und Defizite die beteiligten gesellschaftlichen Gruppen haben und wie man eine Kooperation im Sinne des gemeinsamen Zieles der Verbesserung der Umweltqualität erreichen kann.

Die Analyse zeigte sehr unterschiedliche Kompetenzen bei den einzelnen Gruppen. Eine sinnvolle Kombination zwischen den Gruppen könne dann funktionieren, wenn man gelernt hätte, ehrlich miteinander zu reden und gefundene Lösungen gemeinsam zu tragen. Trotz der unterschiedlichen Interessenlagen müsse es daher möglich sein, »gemeinsame Ziele in einem wechselseitigen Lernprozeß festzulegen und ihre Erreichung anzustreben«. Um dieses zu erreichen, sind klare Spielregeln notwendig, wie etwa Offenheit im Dialog, Vertrauensschutz und die Bereitschaft, eigene Positionen hinterfragen zu lassen.

Wenn auch das Resümee dieser future-Veranstaltung eher unverbindlich war, so wurde doch deutlich, daß die meisten gesellschaftlichen Gruppen sich durch eine eher geringe oder punktuelle Lösungskompetenz in Umweltfragen auszeichnen. Medien und Bürgerinitiativen können Druck machen, Politiker setzen die Rahmenbedingungen. Alle Bemühungen bleiben jedoch im Ansatz stecken, wenn die Wirtschaft, wenn die Unternehmen nicht mitziehen.

Die Realisierung eines umweltorientierten Unternehmenskonzeptes ist damit praktische und effiziente Umweltpolitik.

V. Orientierungen

Die Turbulenzen der derzeitigen Entwicklung betreffen eine große Zahl von Unternehmen. Die Umweltkrise und die Krise in vielen Bereichen unserer Gesellschaft werden dazu führen, daß sich Verkrustungen langsam auflösen und transformieren lassen. Der Weg aus der Krise ist aber immer auch nur ein Weg durch die Krise. Immer mehr Verantwortliche in der Wirtschaft erkennen die Notwendigkeit, aktiv auf die neuen Herausforderungen einzugehen. Eine besondere Chance liegt im Engagement beim Förderkreis Umwelt future e. V.

Der Förderkreis Umwelt future e. V. ist eine Initiative von Unternehmern, Führungskräften der deutschen Wirtschaft und Persönlichkeiten des öffentlichen Lebens. Sie haben den Umweltschutz zum festen Bestandteil ihrer Unternehmensphilosophie gemacht, gehen gezielt an die Umsetzung eigener Umweltmaßnahmen heran. Sie wollen einen breiten Kreis von Kollegen motivieren, die aktive betriebliche Umweltpolitik ebenfalls als strategische Zukunftsentscheidung zu begreifen.

future-Unternehmer setzen ihr Know-how und ihre Finanzkraft ein. Sie schulen und motivieren ihre Mitarbeiter, um in ihrem Verantwortungsbereich eine umweltverträgliche Umstrukturierung der Wirtschaft und damit eine Verbesserung der Umweltqualität zu erreichen. Sie zeigen öffentlich, daß umweltorientiertes Handeln und der Erfolg eines Unternehmens zusammengehören. Sie stellen ihre Positionen auch einer kritischen Öffentlichkeit zur Diskussion, um daraus neue Anstöße zu gewinnen.

Dabei geht es weniger um die Formulierung visionärer Projekte. Vielmehr werden auch kleine punktuelle, nichtsdestoweniger reale Beiträge geleistet, die schnelle Lern- und Erfahrungsfortschritte ermöglichen und die Beteiligten über Erfolgserlebnisse ermutigen. Mut ist notwendig, da die Schritte zur Realisierung einer ganzheitlichen Unternehmenspolitik auch Risiken beinhalten. Technische und wirtschaftliche, da häufig neue Techniken eingesetzt werden oder Pilotprojekte notwendig sind. Aber auch persönliche Risiken in Form von Widerständen gegen die neue Firmenpolitik, etwa von Geschäftspartnern, Kollegen oder von in überholten Kategorien denkenden Aufsichtsgremien und Gesellschaftern.

Ausgangspunkt des future-Konzepts ist, daß Umweltprobleme nicht durch zuviel, sondern durch zuwenig Ökonomie entstehen und entstanden sind. Zwar kostet Umweltschutz zunächst Geld – im Vergleich zeigt sich aber, daß unterlassener Umweltschutz noch mehr Kosten verursacht: nämlich die Folgekosten einer nicht-ökologischen Produktion. Die Kosten fallen über kurz oder lang auch auf die Unternehmen zurück. Einerseits in Form von steigenden Deponiegebühren, hohen Abwasserabgaben und teurer Energie, andererseits durch die grundsätzliche Verschlechterung der Standortvoraussetzungen für eine wirtschaftliche Produktion und deren Absatzmarkt. Häufig ist es nicht nur langfristig, sondern auch kurzfristig möglich, durch Umweltschutzmaßnahmen in der Produktion Geld und Ressourcen zu sparen.

Der Förderkreis Umwelt future ist als Umweltinitiative der deutschen Unternehmer eine Plattform, auf der Erfahrungen und Know-how ausgetauscht werden. Die Arbeitsschwerpunkte sind:

- *Umweltrelevante Informationen*
  - Zeitschrift »Unternehmen und Umwelt«
  - Veröffentlichungen
  - Aktuelle Info-Briefe

- *Hilfestellung bei der Umsetzung*
  - Einführungsgespräche
  - Leitfäden
  - Management-Workshops
  - Erfahrungsaustausch-Zirkel
  - Vermittlung von Beratern, wissenschaftlichen Arbeiten, Praktikanten

- *Veranstaltungen*
  - future-Foren
    1987: Umweltschutz = Gewinn für die Zukunft, in Münster
    1988: Von der Öko-Bilanz zum Öko-Controlling, in Düsseldorf
    1989: Europa '93 – Mehr Umsatz, weniger Umweltschutz?, in Wiesbaden
    1990: Neue Konzepte in der Abfallwirtschaft, Osnabrück
  - Seminare

- *wissenschaftliche Projekte*
  - Ökobilanz/Ökocontrolling
  - Forschungsprojekt umweltorientierte Unternehmensführung (FUUF)
  - betriebliche Umweltausbildung

Im Mittelpunkt der future-Arbeit 1990 stand der Aufbau eines Netzwerkes für den betrieblichen Umweltschutz in Ostdeutschland. Sehr frühzeitig wurden auch hier neue Koalitionen im Umweltschutz gebildet.

future will auch – soweit es möglich ist – Politikern den Rücken stärken, wenn es gilt, unpopuläre, aber notwendige Entscheidungen im Umweltschutz zu treffen.

Die Verbesserung der Qualität der Umwelt ist eines, wenn nicht gar das wichtigste Ziel unserer Gesellschaft. Unternehmer sind in der Verantwortung, sie kennen ihre Möglichkeiten und lernen ständig dazu, sie haben die Mittel, die Technologie und das Know-how. Da ökonomische und ökologische Systeme weitgehend nach marktwirtschaftlichen Prinzipien funktionieren, ist die Anwendung von ökonomischen Kriterien im Umweltschutz zu verstärken. Erfolgversprechend ist also eine Umweltpolitik, die eher auf Förderung der Wirtschaft zielt und nicht auf deren Bestrafung. Nicht repressive Verhinderungsstrategien, nicht Technikfeindlichkeit kann die Umwelt verbessern, sondern technische Innovation und High-tech-Ökologie sind notwendig für einen Fortschritt, der dann allerdings nicht nur primär materiell und quantitativ definiert werden kann.

Wohl zu keiner Zeit wurde der mutige, vorausschauende, aber auch ethisch motivierte Unternehmer und Manager so notwendig gebraucht wie heute.

Kapitel 6:
Länderberichte

Henk van Luijk

Business Ethics in The Netherlands and in Western Europe

In the following I first give a brief description of the relevant facts with regard to the state of the art of business ethics in The Netherlands. By way of analysis, I then present some reasons why the facts, positive and less positive, may be what they are. I then ask whether the Dutch situation is unique in Europe and, if not, to what extent it can help us to understand similar phenomena in other European countries, and I conclude by pointing to the intellectual and political efforts that, in my opinion, lie ahead of us.

I. Facts, almost without figures

Business ethics in The Netherlands, at one and the same time, is a very traditional *and* a recent phenomenon. It is traditional in so far as a general awareness of a moral bottom line has always been part of the Dutch business culture. It is recent because the item ›business ethics‹, since about eight or ten years, is present in a strikingly new way in business life, public opinion, and the public debate.

To restrict ourselves to the present century, the feeling that the sphere of business, production, and commerce should be regulated by moral as well as by economic constraints, has long been part and parcel of Dutch public conscience. There were differences, of course, related to the different subcultures people belonged to. In Protestant, more than in Catholic circles, for instance, the idea of »stewardship« was markedly present, the idea, that is, of the entrepreneur being in charge of goods that are not simply the results of his own efforts. In the area of the »old commerce«, such as the cereal, coffee, tea, and cotton business, over the years many »customs of trade« have developed that appear to be absent in the new and tougher business of, say, petrochemical products. Moreover, individuals have differed one from another. Many a Dutch father may have given to his son the notorious Rockefeller advice: »Make money, my son, honestly if you can – but make money«. But, by and large, in many people's perception Dutch business culture has long been characterized by a pattern of shared moral convictions and by reasonably predictable moral practices.

Recently this situations has changed. The situation, that is, not necessarily the people. There is no proof that, in recent years, Dutch businessmen have become greedier, sharper and less trustworthy than in the days of old. But there is a common experience that patterns of shared convictions and the predictability of practices have crumbled quite suddenly.

There are many reasons for this change. Secularization of consciences should be mentioned next to enlargements of scales, in production processes by new technologies and in organizational structures by mergers and take-overs, with subsequent or concomitant international interdependencies in finance and in labour relations. All this took place against the background of a growing pluriformity of social life in many Western countries, including The Netherlands. The pattern of causes is complex, the outcome is relatively clear. Business ethics as an integrative part of a rather homogenous culture has given way to business ethics as a multifarious, ambivalent and even slippery entity.

The least one can say is that there is a semantic uncertainty attached to the concept of ›business ethics‹ in the present day Dutch idiom. Using the term today some people may have in mind the rather isolated and free-floating activities of university scholars, lecturing and writing about ethical dilemmas in business relations and about ways to handle them. Others, when speaking of business ethics, may point to something often *lacking* in business practices, especially when insider trading, pollution of the environment, or the cheating of public instances by construction firms or shipbuilders is at stake. Others again may aim at a need that is felt by many participants in business transactions and by the general public, the need for generally supported moral guidelines applicable in specific problem situations, and the need for some generally acceptable methods to arrive at such moral action guides.

In line with this development one might list *activities* and *initiatives* which have been inaugurated during the last eight years, and give an idea of what today may be covered by the expression ›Business Ethics in The Netherlands‹.

At four Dutch universities chairs for Business Ethics have been founded: at Nijenrode, The Netherlands School of Business (1984), at the Business Administration Faculty of the University of Twente (1986), at the University of Limburg, Maastricht, and at the Faculty of Economics of the Free (= Protestant) University of Amsterdam. All appointments are on a part time basis. Courses in business ethics, mostly electives, are taught at the University of Groningen and at the Erasmus University of Rotterdam. A further extension to other universities, Eindhoven and Tilburg for instance, is to be expected.

At the level of schools of higher professional education in the field of economics and business administration (H.E.A.O.'s) the number of institutions offering a course in business ethics is growing.

Some Dutch universities offer Management Training Programmes for midcareer executives. Up to now only the Executive MBA-Programme of the Management Development Centre at the Nijenrode University has made business ethics one of the prescripted elements of the programme.

The aim of all these courses and programmes is largely similar: to raise the students' awareness of ethical implications in day to day business decisions, to provide them with the proper tools to analyse the issue at stake and take a personal standpoint, and to enable them to participate in an open moral discussion. Therefore it is *training of ethical competence*, more than character formation or the acquiring of certain virtues that is at the core of most university programmes. The case method is considered to be particularly suited to reach this goal, under the condition that it is backed by familiarity with fundamental ethical concepts and theories, and by reflection on their manageability in given circumstances. In all this the influence of American literature and teaching experiences is unmistakable.

With regard to research activities and publications, there is less to be reported. Up to now there is no research centre in the area of business ethics, let alone a centre for training or consultancy. Where research is done it is mainly of a theoretical nature and based on individual efforts. Articles on ethical issues in business have been published in various periodicals, and their number is increasing every year. The first original Dutch *book* on the subject appeared in 1989 (Brand et al. 1989).

To the domain of public and private initiatives belongs a project undertaken by the leading financial newspaper in Holland, *Het Financieele Dagblad.* In 1986 it published a series of twelve full-page interviews with leading figures in the field of industry, commerce, and banking who were asked to what extent they faced ethical dilemmas in their work and how they handled them. The series attracted a great deal of attention and was later made available as a booklet: *Ondernemen en Ethiek, Twaalf interviews met Nederlandse ondernemers* (o.J.) Comparable in nature but with less public effects has been an initiative of some scholars affiliated to church institutions. They too interviewed representatives from the business world notably from transnational corporations asking them for their opinion about their corporation's responsibility towards underdeveloped and oppressed countries. The project, resulting in a printed report *Over de grenzen* (TNO-Werkgroep 1984) probably has been less effective, because the interviewers gave the impression that they know the right answers to their questions before the discussion even started.

Quite often topics from »business ethics« are choosen for discussion at Annual Meetings or one day seminars, for instance, by the Society of Accountants, an individual accountance firm, or an insurance company. In 1989 the first National Conference on Business Ethics was held and attracted a fair attention.

II. Reasons behind the facts

Earlier I pointed to the semantic uncertainty surrounding the concept of ›business ethics‹, and to a possible cause of this uncertainty, namely the loss of well-founded ethical guidelines in business. The previous relatively stable pattern of moral norms and standards has crumbled or, at least, has proven inadequate, given the new problems faced by people in business. My subsequent thesis is:

In the present state of business relations explicit reflection and debate are needed concerning norms and values that are fit to serve as practical yardsticks and that are reasonably acceptable to people concerned. And, next to reflection and debate, what today we are urgently in need of is *the institutionalization of the corporate moral debate.*

As we saw, in the Netherlands some initiatives have been taken to start the debate. Yet two major problems remain: The first is of a methodological nature. As may be clear now, I am pleading for a communication-oriented concept of (corporate) ethics, the endeavour, that is, toward mutual understanding among all those concerned as generative of valid moral claims. In recent times the basic categories of a »Kommunikative Ethik« or »Diskurs-Ethik« have been elaborated by authors like Habermas, Apel and Lorenzen. A communication-oriented *corporate* ethics, however, has yet to be developed to a large extent. Who should be participant in a corporate moral debate? What are the rules of the discussion, and when can a result claim to be morally valid, and obligatory to all concerned? Those are serious questions that deserve our full attention, the more so because we hardly are accustomed to making the validity of moral standards dependent upon the process and the outcome of a domination-free dialogue. Fortunately, research in the field of *general* ethics regarding the nature and limits of communication-bounded normative discussions seems to yield results which are directly relevant to communication-oriented *corporate* ethics as well, as has been admirably demonstrated by Steinmann and Löhr (1988).

The second problem is of a more psychological, if not social nature. It concerns the question whom we mean when we point to ›all those concerned‹ or when we say that ›we‹ are in need of the institutionalization of the corporate moral debate. Who is willing to take part in such a debate? Can we simply assume that ›all those concerned‹ are willing?

Gradually, the rather one-sided *shareholder's* perspective in business relations is replaced by the broader *stakeholder's* perspective: when in business, one should take into account all those whose rights and interests are at stake (Freeman/Reed 1981). This shift in perspective has been brought about by a growing public awareness of the far reaching effects, the externalities, and the mutual interdependences of business decisions. More people are involved, and they are involved to a higher degree. Therefore it is a common moral duty to take care of everybody's relative interests. What these interests really are should be determined in an open moral discussion. Yet, and here the second problem arises, the more we approach the Executive's Suite, the more difficult it is to induce people to take part in such a moral debate. Why exactly?

There is no reason to assume that the moral quality of business people would be substantially lower than that of other people. The reluctance to get involved in moral discussions does not spring from callousness or greed. Referring to Dutch experiences I see three possible reasons why it is so hard to get business people involved in activities labelled »business ethics«.

First there is *the label itself.* In many people's opinion, ›business ethics« does not sound business-like. Business is about profit, continuity and growth, within the boundaries of law and decency, certainly, and maybe with the common good as a secondary goal, but is is not about ethics. For ›ethics‹, in their appreciation, stands for the realm where freely eligible and unmistakably laudable alternatives are turned into unconditional obligations. Ethics is the specialty of those who pretend to know what is the best thing to do in all circumstances and who, subsequently, impose it upon others. So to commit oneself to ›business ethics‹ while being in business is to commit oneself to the *supererogatory*, to what is »beyond the call of duty«, and accordingly, to make oneself liable to that extent. The error is understandable, but it is an error nonetheless. For a long time ›ethics‹ had an authoritative sound, standing for a system of unassailable constraints imposed by anonymous outsiders. That, however, is not what ethics can and should mean. ›Ethics‹, first and foremost, stands for the conscious promotion of cooperative ventures for mutual benefit, and for mutually agreed constraints that go with it. Once mutually advantageous cooperation is sufficiently protected by negotiated agreements, people can deliberate whether it is reasonable to expect from every single person or organisation an active contribution in the furthering of each other's specific rights and in the shaping of special social ideals: does every single executive have the moral obligation to foster women's rights to equal treatment by an active policy of affirmative action? Is every single corporation morally obliged to contribute actively to the reduction of the number of long time unemployed by a policy of preferential hiring? They may be praiseworthy if they do, but it is hard to prove that here lies a moral obligation. For, basically, ethics is not about what is praiseworthy but about the reasonable forms of social coordination and cooperation, to be decided upon in an open debate to the advantage of all.

Unfortunately, for many people it is yet a long way from the idea of ethics as the impersonal imposition of the highest and hardest action alternatives to ethics as the shared conscious effort to bring about a decent level of social coordination to the benefit of all.

Here not simply a change of opinion is needed but a shift of attitude. That probably explains part of the reserve to getting involved in something like business ethics.

The second reason resembles the first, but now the argument goes the other way around: the accent here is not on the suspicion with regard to the concept of ethics, but on the high esteem in which the concept of ›the market‹ and of ›market processes‹ is held. The old Smithean idea, that is, of the (perfect) market as morally neutral and fully capable of bringing about the common good. To object that in the present circumstances market conditions seldom are perfect and that, therefore, moral constraints have to supplement the market's moral deficits, is not conclusive, however, unless two elements are added to the argument: the elaboration of the *specific* moral constraints one has in mind, and the proof that market processes regulated by moral constraints should be morally preferred to the effects of market processes under normal, that is *imperfect*, conditions. Maybe that is why trust in the market itself, more than in moral regulations of the market, remains persistent.

The third reason is of another nature. What is brought forward here is not the reproach of ethics being overcharging, nor the optimistic faith in the self-regulating capacities of market mechanisms. Here the assumption is that, what people intend to achieve by means of promoting ethics in business, is, in fact, taken care of by a multitude of already existing legal prescriptions, regulations and settlements, either imposed by national and supranational authorities or agreed upon by participants in the ongoing processes of social exchange between employers and trade unions, consumer organizations and action groups. To restrict myself once more to the situation in The Netherlands: with regard to employee's rights concerning (minimum) wages, labour conditions and participation in decision processes, with regard to the protection of stock market funds against unfriendly take-overs, the quality and safety of products, the maintenance of the environment and the ways to dispose of toxic waste, and other subjects that are supposed to have a moral as well as an economic relevance, arrangements and regulations, of a legal or law-equalizing nature have been developed, that seem to render superfluous any additional ethical intervention in the field. To engage oneself in business ethics, under these cirumstances, often amounts to an expedition into occupied territory. The intruder is unwanted, the enterprise laborious, and the outcome seldom lasting. No wonder that few volunteers step forward.

To sum up: three reasons can be given why it often proves hard to get business people involved in activities labelled ›business ethics‹. The reasons present themselves in the form of three subsequent defense lines. First: »Ethics most of the time happens to be a cluster of exaggerated demands«. Second: »Even if there is an acceptable meaning of ›ethics‹, we still don't need it *in the market place*, for the market can take care of itself, also from the moral point of view«. And third: »And even if, sometimes, we seem to need some ethics in the market place, what it stands for is already very well taken care of by other regulations and institutions«.

This leaves us with two questions: to what extent this triple defense is specific to the present situation in The Netherlands, and, given that our analysis of the state of affairs is correct, what has to be done?

III. Typically Dutch or generally recognizable?

Widening the scope of our attention from the Dutch to the European scene, we find similar developments. More and more business schools and business administration faculties in Europe have set up courses in business ethics. A university chair has been founded in Sankt Gallen, Switzerland, and in Eichstätt,

Germany. Research centres have been opened, at King's College, London, at the University of Louvain, Belgium, and in Paris, France. Standing Seminars are held at different places, such as the »Seminario Permanente Empresa y Humanismo« which came about through collaboration of the Faculty of Philosophy and Letters of the University of Navarra and some Spanish companies. The first issue of the new Italian review »Etica degli Affari« has been published. Several books that offer an overview of the European field are in preparation. At the World Congress of Philosophy, held every five years, and 1988 in Brighton, England, for the first time business ethics was on the programme. In Milano, at the First National Conference on Business Ethics in Italy, in the spring of 1988, an Italian Business Ethics network was founded, and in November 1987, at The First European Conference on Business Ethics, the European Business Ethics Network (EBEN) was started.[1]

But what about the triple defense mechanism we noticed when speaking of the Dutch situation?

For an adequate answer to that question we should have empirical *data* at our disposal, such as concerning the willingness of business people in Europe to commit themselves to specific actions in the field of business ethics, or concerning their perception of business ethics in general. Up to now such data are not available.[2] The fact that not only in the Netherlands but also in Western Germany, for instance, the building of a local »business ethics network«, consisting of corporate representatives as well as academics, appears to be a very laborious affair, demonstrates that the quasi-natural reserve is not only a Dutch phenomenon. Whether the *reasons*, particularly the first and second, are the same in the rest of Europe as in The Netherlands, has yet to be subjected to further analysis.

We can be more specific with regard to the third defense line. For here resemblances as well as differences among different European countries obviously present themselves. Specific research is needed to find out *to what extent* and *in what way*, in a given country, morally relevant business relations and practices are covered by legal regulations and semi-legal arrangements. How strict and elaborated are, for instance, the Swiss regulations with regard to the protection of the environment, compared to the British? Is the impression correct that in Sweden, Western Germany, and The Netherlands the issue of participatory democracy within the corporation gets much more attention than in Spain or Italy? But however divergent in detail local arrangements may prove to be, it nevertheless seems unmistakable that, on a European scale, the resemblances outrange the differences in at least two respects.

First: almost all European countries are accustomed to a closely-knit system of regulations and prescriptions concerning business behaviour. As said before, the various patterns of regulations may differ, but the *general level* is high everywhere, compared, for instance, to the United States, let alone to non-Western countries.

Second: it is safe to assume that in the proximate future the overall level of business regulations in Europe will still increase, and tend to uniformity. Behind this process lies, of course, the growing unification of the European market, symbolized by the magic year 1992, when the existing inner obstacles should have been removed. Today already the different »Guidelines« issued by the European Commission result in the gradual reduction of local and national prescriptive arrangements in favour of an ever growing regulation on an European scale. The expedition that business ethics is takes place not only in an occupied but in an increasingly unified territory, and this, inevitably, raises the issue of the proper strategies.

IV. Strategies needed

Assuming that the state of the art of business ethics in The Netherlands is not restrictively Dutch, an inventory of strategies needed in the Dutch situation may, at the same time, have a wider impact.

The strategies needed, at present, are of an *intellectual* as well as of a *political* nature.

To give impulses to the rather dim complexion of business ethics, four strategies are needed on the intellectual level.

(1) *Insistence on the proper nature of business ethics*, against the persistent stereotype of ethics as the easy imposition, by outsiders in the field, of the noble and supererogatory as were it unresticted moral duties. Ethics in general, and business ethics in our case, is not primarily about remote ideals but about indispensable social coordination and constraining, to the benefit of all.

(2) *Fundamental research concerning the moral characteristics of market relations*, in view of the persistent idea of the market as a morally neutral and well equipped device to promote the common good. Here economists and ethicists should work together at the removal of mutual prejudices and at the articulation of a specific market morality. What may we, from a moral point of view, reasonably expect from participants in market exchanges, given the present structure of these exchanges and their impact on many people's lifes?[3]

(3) *The elaboration of European cases and central issues,* to replace the cases now in use taken from American handbooks and discussed in the light of American laws and customs. As long as the mere acquisition of a technique of analysis is the primary didactic objective, every well-written case will do. But to develop an ethical competence fit to be used in a specific area, the training conditions should well be adapted to the area, that is to specific (European) conditions and customs. Then Ivan Boesky may be replaced by the London »Big Bang« and Sandoz instead of Love Canal may become of interest to us.

Given the expectations connected to »Europe 1992«, a central issue in business ethics discussions will be how to achieve an economically unified Europe without »the dumping of acquired social rights«, – as Jacques Delors, Chairman of the European Commission, has repeatedly stated.

(4) *Empirical research concerning prevailing moral standards and practices in business.* Up to now our empirical knowledge with regard to factual convictions and behaviour of people in one way or another connected to business, is rather intuitive and impressionistic, and therefore open to stereotypes and simplifications. What we need, on the national and the European level, is serious empirical research concerning the patterns of values that people in business adhere to, verbally and practically, and on the ways of eventually inducing behavioral changes. Without a sound basis of factual knowledge moral opinions and decisions in business risk to be guided by mere incidents and hearsay (see Kaufmann/Kerber/Zulehner 1986).

Next to these intellectual endeavours *political* efforts are required, the building, namely, of local, national and transnational *networks.* The articulation of the moral elements in business practices is too important to leave either to the academics or to the practical decision makers alone. Where the inner shape of business life, the direction of its developments and the human quality of its effects are concerned, a concerted effort is required from all people in a position to contribute positively. In order to institutionalize the public debate on these matters, networks of communication, dispute and commitment have to be built on different levels. Such networks cannot replace the practical decisions that will have to be taken day by day, but they may be able to improve the conditions in which day to day decisions are made. A »business ethics network« is more than a regular meeting point of representatives of employers and employees. It is a permanent place of reflection, open to such representatives together with professional experts, politicians and people belonging to non-profit organizations, all of them committed to the strenghtening of present business conditions, to the benefit of all. Those in business who take part in a business ethics network do not hand over part of their control and power. They widen the scope of their control *and* take responsibility accordingly.

Earlier I mentioned three possible reasons why, up to now, progress made in the field of business ethics is not very impressive. How are these reasons related to the strategies mentioned? The first reason lies in misunderstandings caused by an onesided and narrow concept of ethics. Here the first intellectual strategy is necessary: insistence on the proper nature of business ethics. The second reason is connected to an equally narrow concept of market practices and their social impact. Here the second intellectual strategy appears on the scene: fundamental research concerning the moral characteristics of market relations. The third and probably most weighty reason has to do with the fact that, within Dutch and European circumstances, the territory within which ethical reflection and practice could operate seems largely covered by legal and semi-legal regulations and constraints. May this be as it is, we nevertheless should keep in mind that *legal* arrangements are primarily distinction-maintaining, aiming at the promotion of singular optima, whereas moral arrangements first and foremost have the common good in view. Therefore also the circle of those at the origin of *moral* arrangements is wider: not only those whose primary interests are at stake, but all those who are able and willing to contribute, by ideas, suggestions *and* concessions, to a common optimum.

Legal arrangements and fixed patterns of negotiation, however dense and influential, do not render moral interventions superfluous. To open the way to such interventions, a mere intellectual strategy is insufficient. Here a concerted policy is needed, the political strategy of building lasting business ethics networks. This is the case inside business relations in The Netherlands. There is no reason why it should be strikingly different elsewhere in Europe.

Notes

1 EBEN has organized the Second European Conference in 1989 in Barcelona, and will subsequently organise the third in 1990 in Milano and the fourth in London 1991. The address of EBEN is: c/o EFMD, 40 rue Washington, B – 1050 Brussels.

2 The results of a recent inquiry among several hundred Italian managers has been published in 1989; see Hinterhuber in the next article following on pp. 471.

3 Vgl. Buchanan (1985), Gauthier (1986), Hamlin (1986), van Luijk (1986), Okun (1975), Frankel-Paul et al. (1985), Sen (1987).

Hans H. Hinterhuber

Die Ethik in der Unternehmung: Probleme, Prinzipien und Einstellungen der italienischen Führungskräfte

I. Einleitung

Der Vorstandsvorsitzende von FIAT, Dr. Cesare Romiti, schreibt im Jahre 1989: »Wenn jemand die Verantwortung der Führung einer Unternehmung hat, muß er, so glaube ich, sich der Interessen der Unternehmung annehmen, und zwar *nur* dieser. Mit anderen Worten: er muß ein Ziel haben, das vor allen anderen kommt: die Unternehmung bestens funktionieren und sie den höchstmöglichen Gewinn erobern machen. Der Auswirkungen auf die Gesellschaft muß man sich vor allem an anderen Orten annehmen. Diese Aufgabe kommt zum Beispiel der Gewerkschaft zu. Die Gewerkschaft kann auch ins Feld gehen, um meine eventuellen »betriebswirtschaftlichen« Exzesse zu begrenzen, aber dies ist eine Aufgabe, die ihr zufällt, nicht mir: ich kann mich nicht selbst begrenzen, das wäre gegen meine Ethik als Führungskraft« (zitiert aus Vitale 1989, S. 72; Übersetzung durch den Verfasser).

Diese Aussage des Vertreters der größten italienischen Unternehmung prägt die Diskussion in Italien über die Unternehmungsethik; sie ist allerdings vor dem Hintergrund der italienischen industriellen Realität zu verstehen, in der gefälschte Ausschreibungen, Stellenbesetzungen nach politischen Kriterien, Machtkämpfe zwischen Vertretern der Politik, Großindustrie, Magistratur, der Gewerkschaften und Massenmedien, Korruption und Mafia zu den Erscheinungen des täglichen Lebens zählen. Das führt dazu, daß im Namen einer angeblichen gesellschaftlichen Verantwortung Forderungen an die Unternehmungen herangetragen werden, die sich häufig nur mit den Begriffen Konfusion und Verantwortungslosigkeit umschreiben lassen. Die nationalen ökologischen, sozialen und ökonomischen Probleme führen zu einem Überdenken der »Spielregeln« und haben in den letzten Jahren zu einer Intensivierung der Diskussion um die Unternehmungsethik geführt. Die von Professor Dr. M. Unnia gegründete Zeitschrift »Etica degli Affari« (»Ethik der Geschäfte«) und die vorwiegend von den privaten Universitäten in Mailand (Bocconi und Katholische Universität) sowie von der Universität Turin veranstalteten Tagungen über Fragen der Unternehmungsethik zeugen von der Wichtigkeit und Dringlichkeit, die in Italien der Klärung und Regelung der ethischen Probleme zugewiesen wird. Auch wenn es keine Lehrstühle für Unternehmungsethik gibt, ist Ethik oder Moral seit vielen Jahren in Seminaren und Vorträgen integrierender Bestandteil der Führungsausbildung (Coda 1989, Hinterhuber 1990).

Die im Jahre 1988 gegründete AIEDA (Associazione Italiana di Etica degli Affari) – die italienische Vereinigung für Geschäftsethik – ist Mitglied des European Business Ethic Network.

II. Mit welchen Problemen werden die Führungskräfte konfrontiert?

In einer empirischen Untersuchung (ASFOR 1989) ist der Verband für die Führungsausbildung (Associazione per la formazione alla direzione aziendale) der Frage nachgegangen, mit welchen konkreten ethischen Problemen Führungskräfte konfrontiert werden. Die über 400 Fälle wurden sechs Kategorien zugeordnet:

- die Mitarbeiter der Unternehmung, häufig unmittelbare Untergebene des Interviewten
- die Kollegen der interviewten Führungskraft (»dirigente d'azienda«)
- die Kunden
- die Lieferanten
- die »Stakeholders«, d.h. unterschiedliche Gruppen von Personen oder Einrichtungen außerhalb der Unternehmung, mit legitimen Interessen oder Rechten, die durch das Verhalten der Unternehmung geschädigt werden können
- die eigene Unternehmung als »kollektives Wirtschaftssubjekt«

Die Klassifizierung ist allerdings fließend, da die Interessen, Rechte oder Erwartungen mehrere Kategorien betreffen können; wenn z.B. ein Lieferant bevorzugt wird, aus welchen Gründen auch immer, so kann der Interviewte die Begünstigung als ungerecht den anderen Lieferanten gegenüber, als im Widerspruch zum Interesse der eigenen Unternehmung oder als gegen das allgemeine Interesse der Gemeinschaft beschreiben. Der Großteil (40%) der beschriebenen Fälle betrifft die Mitarbeiter, 20% die »Stakeholder«; am wenigsten oft erwähnt werden die Lieferanten (7%) und die eigene Unternehmung (9%). Die Antworten des privaten Sektors unterscheiden sich in einigen Punkten signifikant von denen des öffentlichen Sektors; die häufigste Klasse (47%) ist die der »Stakeholder«, auch die Bedeutung der Abnehmer wird höher eingeschätzt als in den privaten Unternehmungen.

Die Hauptprobleme, mit denen die italienischen Führungskräfte konfrontiert werden, sind in bezug auf die obigen Kategorien:

Mitarbeiter:
- politischer Druck in bezug auf die Entlassung oder Beförderung der Mitarbeiter (vor allem in den staatlichen Unternehmungen)
- Anwendung disziplinarischer Maßnahmen, z.B. Schließung eines Betriebes wegen Mafia-Infiltrierungen
- Handhabung des Belohnungssystems
- Personalabbau und Entlassungen, vor allem angesichts offensichtlichen Fehlverhaltens der Mitarbeiter wie Diebstahl, Betrug, Führungsfehler und dgl. mehr

- Verhalten in Sozialfällen gegenüber Alkoholikern, Drogenabhängigen, Frauen mit Kindern usw.
- Sicherheit und Gesundheit der Mitarbeiter

Stakeholder:
- Druck bei der Auswahl und Einstellung von Führungskräften und Mitarbeitern
- Einrichtung, Betrieb oder Schließung von Umweltschutzanlagen
- Nichtbeachtung gesetzlicher Vorschriften und des Allgemeinwohls
- Steuerevasion
- Verletzung der Interessen bestimmter Gruppen von Abnehmern und Lieferanten

Kollegen:
- Loyalität und Transparenz des Verhaltens
- Nutzung der Machtbefugnisse für persönliche Vorteile
- Einnahme begünstigter Positionen im Vergleich zu den Kollegen

Abnehmer:
- Unerlaubte Verkaufspraktiken
- Nicht wahrheitsgemäße Bestätigungen von verkauften Produkten und/oder bereitgestellten Dienstleistungen
- Bezahlung von Bestechungsgeldern

Lieferanten:
- Druck, um bestimmte Lieferanten anderen zu bevorzugen
- Annahme von »Geschenken«

Eigene Unternehmung:
nur im privaten Sektor wird die eigene Unternehmung als Subjekt eines ethischen Problems gesehen, das eigene Interessen verfolgt und schützt.

72% der interviewten Führungskräfte haben erklärt, a) persönlich in die erwähnten Probleme involviert gewesen zu sein und b) die entsprechenden Entscheidungen initiativ mitgetragen zu haben; über die Hälfte stand in einem Konflikt zu ihrem moralischen Urteil. Wie die Beispiele zeigen, wenden die Führungskräfte moralische Urteile auf eine Vielzahl von Situationen an; die italienischen Führungskräfte scheinen dabei Prinzipien allgemeiner Art – traditionelle Werte der Solidarität, die in einer Kultur kleiner Bezugsgruppen oder der Familie verwurzelt sind, emotionale Grundsätze, starke Berücksichtigung der Konsequenzen für das Individuum, in den großen geistigen Strömungen des Landes (Katholizismus und Marxismus) verwurzelte Prinzipien – auf die industrielle Realität zu projizieren; sie scheinen, vielleicht mehr als in anderen Staaten, universale moralische Prinzipien anzuwenden, die von den Interviewten als solche intuitiv anerkannt werden und sich weniger »spezialisierter« moralischer Prinzipien zu bedienen.

III. Die ethischen Einstellungen der Führungskräfte

Die normative Ethik beschäftigt sich mit der Frage: »Was muß ich tun?« Es gibt in erster Linie moralische Probleme, die aufgrund eines *Interessenkonfliktes* entstehen. Wenn es nicht möglich ist, ein Interesse oder einen Wert zu befriedigen, ohne andere Interessen oder Werte zu opfern, muß eine Wahl zwischen diesen Interessen oder Werten getroffen werden.

In zweiter Linie gibt es moralische Probleme, die auf einem *moralischen Dilemma* beruhen; es sind dies die *Pflichtenkonflikte*, wenn es in einer bestimmten Situation nicht möglich ist, einer Pflicht nachzukommen, ohne eine oder mehrere andere Pflichten zu vernachlässigen oder zu übergehen. Es geht hierbei um die Frage, welcher Pflicht prioritär nachzukommen ist, wenn nicht alle erfüllt werden können.

Schließlich gibt es moralische Probleme, die sich aus Konflikten zwischen *moralischen Pflichten und anderen, nicht moralischen (z. B. juridischen) Verpflichtungen* ergeben.

Interessant an der oben erwähnten Erhebung ist, daß 60% der italienischen Führungskräfte nicht in der Lage war, zu definieren, was sie unter einem ethischen Problem versteht. Dies weist auf ein schwerwiegendes Problem in der Führungsausbildung hin. Für die restlichen 40% der Führungskräfte bestand das moralische Problem vor allem in Interessenkonflikten (59%), dann in einem moralischen Dilemma (26%) und schließlich (15%) im Konflikt zwischen moralischen Pflichten und nicht-moralischen Verpflichtungen.

Die interviewten Führungskräfte haben sich in ihren Handlungen an eine Reihe von *ethischen Grundsätzen* (ASFOR 1989, S. 59ff.) gehalten, die wie folgt zusammengefaßt werden können:

(1) Unparteilichkeit
(2) Würde des Menschen
(3) Lohngerechtigkeit
(4) Ehrlichkeit
(6) Gerechtigkeit
(7) Loyalität
(8) Ziviles Zusammenleben
(9) Reziprozität: »Tu anderen nicht, was du nicht willst, daß man dir tut«
(10) »Der Zweck heiligt die Mittel«
(11) Das kleinere Übel
(12) Das Allgemeininteresse
(13) Das Wohl der Unternehmung

Das Prinzip der Unparteilichkeit ist ein formales oder methodologisches Prinzip, da es nicht den Inhalt, sondern die Form eines moralischen Urteils betrifft.

Die restlichen – substantiellen – Prinzipien lassen sich in teleologische und deontologische einteilen.

Teleologische Prinzipien (9, 11, 12, 13) sind solche, die vorzugsweise ein zu erreichendes oder zu maximierendes Ziel angeben (z.B. Tu das Gute); nach diesem Grundsatz ist eine Handlung moralisch richtig oder zwingend, wenn sie unter Beachtung ihrer Folgen das Ziel zu erreichen erlaubt.

Deontologische Prinzipien (2, 3, 4, 5, 6, 7, 8, 10) geben die moralischen Rechte oder Pflichten an, die beachtet oder erfüllt werden müssen, ohne zu berücksichtigen, ob dabei die bestmöglichen Konsequenzen bewirkt werden (z.B.: Sei gerecht); nach diesem Grundsatz ist eine Handlung moralisch richtig oder zwingend, nicht weil sie zu guten Konsequenzen führt, sondern aufgrund ihres intrinsischen Wertes.

Die Untersuchung (ASFOR 1989, S. 55) zeigt, daß sich die italienischen Führungskräfte vorzugsweise (63%) an deontologischen Grundsätzen orientieren; innerhalb dieses Prinzips werden in abnehmender Intensität die Ehrlichkeit, Würde des Menschen und Lohngerechtigkeit genannt; die am seltensten erwähnten Grundsätze sind ziviles Zusammenleben, Reziprozität und das »Ziel heiligt nicht die Mittel«. Bei den teleologischen Prinzipien steht das Wohl der Unternehmung, gefolgt vom Allgemeinwohl, an erster Stelle.

IV. Die moralischen Präferenzen der Führungskräfte

Es gibt kein einheitliches ethisches Prinzip, an dem sich die Führungskräfte orientieren; es scheint vielmehr ein Pluralismus von Werten oder eine Vielzahl von »moralischen Intuitionen« die Handlungen der Führungskräfte zu leiten. Aus der erwähnten Untersuchung (ASFOR 1989, S. 79ff.) ergibt sich jedoch ein relativ klares und kohärentes Schema der moralischen Präferenzen der italienischen Führungskräfte.

An erster Stelle steht mit 17,5% der Präferenzen die Achtung der grundlegenden Werte, die rationale Personen als Pflichten auffassen, gefolgt vom Wohl der Unternehmung mit 16,5% der Präferenzen. Es folgen: 3. Einhalten der frei eingegangenen Abkommen, Verträge und Versprechen (12,3%), 4. Achtung vor dem Bereich legitimer Handlungsfreiheiten des einzelnen (11,5%). Am unteren Ende der Skala finden sich Grundsätze wie: Belohnung nach Maßgabe der geleisteten Beiträge, Berücksichtigung der grundlegenden Bedürfnisse der von den Entscheidungen betroffenen Personen, Gleichheit der Behandlung bei Leistungen und Belohnungen, Suche nach den Auswirkungen, die die Vorteile aller Personen maximieren, die durch eine Entscheidung getroffen werden, Verminderung des Leides der durch eine Entscheidung getroffenen Personen.

Bei den Führungskräften privater Unternehmungen steht an erster Stelle der Präferenzenskala das Wohl der Unternehmung und an zweiter Stelle die Achtung der grundlegenden Werte des einzelnen; der zweite Grundsatz, der dem moralischen deontologischen Denken entspricht, weist darauf hin, daß die moralischen Werte kategorische Imperative sind. Bei den Führungskräften der staatlichen Unternehmungen ist die Reihenfolge umgekehrt.

Die Frage, die sich stellt, ist, ob das Wohl der Unternehmung wirklich ein ethisches Prinzip oder nicht ein praktisches Kriterium der Klugheit ist. Wird es wie ein ethisches Prinzip verstanden, dann wäre das Wohl der Unternehmung einem Ziel mit einem intrinsischen moralischen Wert gleichzusetzen, anderenfalls einem Ziel, das einen moralischen Wert durch die vertraglich fixierten Verpflichtungen erhält, die die Führungskräfte zur Verbesserung der langfristigen Gewinnaussichten der Unternehmung zwingen. Das Wohl der Unternehmung könnte aber auch als echtes Prinzip einer utilitaristischen Ethik aufgefaßt werden. Auf diese Fragen gibt die erwähnte Untersuchung keine Antwort.

Aus ethisch-normativer Sicht ergibt sich zusammenfassend, daß sich die moralischen Präferenzen der italienischen Führungskräfte an einer deontologischen, freiheitlichen Ethik zu orientieren scheinen, die vor allem Werte der negativen Freiheit bevorzugt; die Führungskräfte akzeptieren mit Insistenz die Existenz individueller, unverletzbarer Freiheits- und Handlungsräume, sie betonen das Einhalten von Abkommen und legen großen Wert auf Gerechtigkeit im Sinne von Unparteilichkeit in bezug auf die Mitarbeiter.

V. Das ethisch-normative Profil der Führungskräfte

Die italienischen Führungskräfte orientieren sich vorzugsweise an einer deontologischen Ethik; nur rund ein Drittel bevorzugt eine teleologische Ethik.

Die Führungskraft ist ein Individuum, das (ASFOR 1989, S. 99–100):

(1) unverletzbare Bereiche, Rechte und Freiheiten des einzelnen anerkennt, die dessen moralische Integrität schützen,
(2) auf die Einhaltung von Abkommen, Versprechen und Verträgen bedacht ist,
(3) großen Wert auf Unparteilichkeit in bezug auf die Mitarbeiter legt, dieses Gerechtigkeitsprinzip jedoch häufig formal interpretiert,
(4) die Unparteilichkeit in der Praxis wohl meritokratisch auslegt und verwirklicht, den Umverteilungsgesichtspunkten der sozialen Gerechtigkeit aber nicht abgeneigt ist,
(5) bewußt das Wohl der Unternehmung im Rahmen der erwähnten ethischen Prinzipien verfolgt und
(6) sich vorzugsweise der deontologischen Ethik bedient.

Dieses durchschnittliche ethisch-normative Profil der italienischen Führungskräfte wird auch durch die Arbeiten von Coda (1989), Corno (1989) und Vitale (1989) bestätigt.

VI. Die Institutionalisierung der ethischen Grundsätze

Der Prozeß der Institutionalisierung der ethischen Grundsätze in den Unternehmungen ist in Italien in der Anfangsphase. Nur 20% der Unternehmungen verfügen über schriftliche Normen; in rund 75% der Unternehmungen gibt es jedoch erklärte und akzeptierte ethische Grundsätze (ASFOR 1989, S. 103). Bei Verstößen gegen die schriftlich fixierten oder mündlich tradierten ethischen Grundsätze werden in der Regel keine disziplinarischen Maßnahmen angewandt. Die Gründe für diese geringe Institutionalisierung der ethischen Grundsätze sind:

- die erst in diesem Jahrhundert erfolgte Industrialisierung des Staates
- das Verhalten der Gewerkschaften
- die Überzahl und Komplexität der Normen und Vorschriften, mit denen die Arbeitsbeziehungen geregelt werden
- die Unmöglichkeit, geltende Vorschriften und erworbene Rechte zu ändern
- das fehlende Interesse der italienischen Führungskräfte, ihre Rechte und Pflichten gegenüber dem Arbeitgeber zu reglementieren.

Schriftliche Normen regeln im allgemeinen Teilbereiche der Unternehmungstätigkeit: die Beziehungen zu den Lieferanten, das Verhalten zu den Kunden, die Erhaltung der Umwelt, Teile der Personalpolitik, die Sicherheit am Arbeitsplatz und dgl. mehr.

Die Organisationen der italienischen Führungskräfte diskutieren seit Jahren die Notwendigkeit, einen deontologischen Kodex einzuführen; es ist ihnen jedoch bis heute nicht gelungen, konkrete Vorschläge auszuarbeiten. Auf der anderen Seite haben die Arbeitgeberverbände die Führungskräfte nie ermutigt, sich auf den Weg eines deontologischen Kodex zu begeben.

VII. Zusammenfassung

Der Vielfalt und Komplexität der Probleme, mit denen die Führungskräfte in Italien konfrontiert werden, entspricht eine Pluralität von ethischen Prinzipien, die undogmatisch, flexibel, differenziert und pragmatisch angewandt werden. Der Hauptteil der ethischen Prinzipien setzt sich aus Werten zusammen, die die Dimension einer Pflicht aufweisen; die Führungskräfte orientieren sich vorzugsweise an deontologischen Prinzipien, die der Rücksichtnahme auf die individuellen und unverletzbaren Handlungsspielräume der einzelnen, der Einhaltung der Abkommen und der Unparteilichkeit gegenüber den Mitarbeitern einen hohen Stellenwert einräumen. Im ethischen Handeln scheinen sich italienische Führungskräfte, mehr als ihre Kollegen in nordeuropäischen Staaten, von emotionalen und affektiven Einstellungen sowie von der Notwendigkeit, sich selbst in den Beziehungen mit anderen zu verwirklichen, leiten zu lassen; sie scheinen sich auch mehr der ethischen Auswirkungen ihrer Handlungen auf konkrete, identifizierbare, ihnen nahestehende Personen und Einrichtungen anzunehmen als auf kollektive, abstrakte oder als fernstehend angesehene Subjekte. Man könnte das als eine Art »Proportionalitätsprinzip der Distanzen« (ASFOR 1989, S. 111) bezeichnen, wonach die ethische Sorge um die Auswirkungen der zu ergreifenden Maßnahmen direkt proportional zur Nähe derer ist, die sie zu tragen haben. Diese Einstellung, die den gesellschaftlichen Bereich auf einen kleinen Radius um die Entscheidungsträger begrenzt, ist typisch für die italienische Kultur, in der der Begriff der Familie einen grundlegenden Wert darstellt und in der die Solidarität häufig als gegenseitige Hilfe verstanden wird, die in einem eng begrenzten Personenkreis ausgeübt wird.

Der ethische Grundsatz des Wohles der Unternehmung, der in den privaten Unternehmungen an erster und in den öffentlichen Unternehmungen an zweiter Stelle genannt wird, scheint in Italien mit dem Allgemeinwohl gleichgesetzt zu werden; Entscheidungen, die den Personalabbau, die Sicherheit am Arbeitsplatz oder den Umweltschutz betreffen, werden weniger im Hinblick auf kurzfristige Kostensenkungen als vielmehr zur Sicherung der Überlebensfähigkeit eines Systems getroffen, das langfristig dem Allgemeinwohl dient; dabei rechtfertigen die Führungskräfte zunehmend die Existenz der Unternehmung mit dem Hinweis, daß sie Entwicklung produziert und gesellschaftliche Prozesse regelt (Vitale 1989, S. 152). Beim ethischen Grundsatz des Wohles der Unternehmung kann es sich aber auch um ein praktisches Kriterium handeln, mit dem die Führungskräfte bestimmte Entscheidungen rechtfertigen. Wie dem auch sei, das Wohl der Unternehmung wird von den italienischen Führungskräften nicht einseitig und ausschließlich, sondern in einem ausgewogenen Verhältnis zu den Rechten und Freiheitsräumen des Einzelnen verfolgt. Die italienischen Führungskräfte scheinen in ihren Entscheidungen, die ethische Aspekte tangieren, genauso einsam zu sein wie ihre Kollegen in anderen kulturellen Kontexten; es ist, als ob die ethischen Auswirkungen der Unternehmungsentscheidungen rein persönliche Probleme der Entscheidungsträger wären.

Brian Harvey

Business Ethics in Great Britain

»Business ethics is a young discipline still struggling to weave together strands from moral philosophy, economics and social sciences. It is not going to provide a new set of moral values; it can be no more than a specific application of old-fashioned moral philosophy.« (The Economist, 9. 1. 88, p. 73 – o.V. 1988a).

That article in Britain's leading business magazine began with a question – »Is business ethics a real subject?« The aim of this article is to give an account of the subject of business ethics as it manifests itself specifically in Britain – in our political debate, the operation of our companies and the concerns of our managers. Contemporary British philosophers, in common with others, have written on the philosophy of politics, and on practical ethics – through issues like ›rights‹ and ›exploitation‹ – but not, as far as a non-philosopher is aware, on business ethics.

In an indirect sense, the subject of business ethics is receiving increased attention in Britain in the late 1980's. In practice, business ethics deals with the behaviour, responsibilities and motives of business organisations, and their effects on the »social partners« of firms – their empolyees, managers, shareholders, suppliers, customers, communities, and governments. These issues are currently being highlighted, but not necessarily under the label of »business ethics«.

A long period of radical Conservative government has seen the strong reassertion of the constructive social role of free enterprise. Within this, the job of the business firm can be regarded as one of providing »private«, free-market solutions to an increasing range of what were previously seen as »public« problems in the fields of public utilities, health, education and training, unemployment and urban decay. »On the ground« concern for business ethics against this background takes three forms:

- An exploration of the moral and philosophical under-pinnings of the free-enterprise systems; (I)
- The discussion of specific ethical/responsibility issues and the problems of managing them; (II)
- The growth of interest in business ethics as a business school topic. (III)

I. Philosophy

The ›market‹ for public speeches on political philosophy in Britain is not large, but it is noticeable that references to the moral basis of the market economy do now occur more frequently. In January 1988, for example, the Chancellor of the Exchequer was reported as saying that the principles and policies of his government represented a radical departure from post-war consensus, signalling an acceptance that prosperity and progress were best assured through choice and the market rather than through »big government«. The »New Britain« which had been created was based on the acceptance of the basic human instinct of self-interest. But, although the economic benefits of capitalism had long been accepted, many people recoiled from what they thought morally dubious. However, he asserted that a society based on freedom is inherently stronger and healthier than a society based on state coercion, and self-interest need not lead to selfishness. Finally, he saw that the challenge for his government was to take this change of philosophy into new areas. (Financial Times, 20. 1. 88 – o.V. 1988b).

Within this overall political context, business leaders, such as Sir John Hoskyns, Director-General of the Institute of Directors, occasionally refer to the leadership role of businessmen. At the 1987 Convention, for example, Sir John emphasised the crucial moral role which business leaders need to play, not only in bearing their responsibilities to shareholders, employees and customers, but also in upholding the future of the free-market economy – »When a business leader brings that free economy into disrepute, he is committing a kind of treason which, in the end, may not only destroy his own reputation but also damage the lives and prospects of millions of other people«. (Financial Times, 25. 2. 87 – o.V. 1987b).

II. Issues

Sir John Hoskyns was speaking about managers ›breaking rules‹ and ›cutting corners‹ in the wake of the major reorganisation of dealing on the London Stock Exchange, known popularly as »the Big Bang«. The day after the Big Bang the Institute of Business Ethics was launched in London. The initiative came from the long-estabilshed Christian Association of Business Executives and the aims of the Institute, with the support of other religious denominations, include promoting »the positive aspects of wealth-creation and the ethical principles which must underlie them«.

What British businessmen have in mind when they speak of the »positive aspects of wealth-creation« is illustrated by the statement of company philosophy published by a major industrial enterprise:

> »The prime social responsibility of business is the production of goods and services which we as a nation need in order to live and to export to pay for those raw materials and goods which we cannot produce for ourselves – and to do this in a socially responsible manner. There is no

greater social service in our society than the work of our industry, commerce and agriculture without which we could have no social services at all. In the Company's view, the actual existence of an efficient, well-run and profit-making organisation is a major contribution to the public good. It creates wealth for the Nation, especially through its sales abroad; it manufactures and sells at competitive prices products for the consumer; it provides opportunities for employment; ant it makes payments of tax to the Government for provision of various national services. Competence and skill, therefore, collectively on the part of the co-ordinated Company as a whole and individually on the part of every member of its management and staff in their several respective professional responsibilities, are of prime importance. There is no substitute for this. Sheer competence on the part of the whole company and of every individual member of its management and staff must be a major objective.

Profit (not to be confused with profiteering) is one important criterion of this efficiency. Only a profitable company can discharge its obligations to its staff, its pensioners, its shareholders and its customers.

Only a profitable company can plough back money into the business for investment in new plant and buildings. In the long run only a profitable company can obtain funds from the capital market. Moreover, as the Prime Minister has said, »Today's profits are tomorrow's jobs«. Profit is not, in the Company's view an end in itself but a means through which the Company can serve its customers, and society. It is a pre-requisite for the achievement of its wider aims.«

The first conference of the new Institute of Business Ethics was held in March 1987 on the subject of »Corporate Philosophy and Codes of Practice«. One of the keynote speakers, Sir Geoffrey Chandler, referred to the conflict of obligations that any manager or company has to confront. He argued that there was value in a company devising a code of practice in order to make explicit its obligations and the way they were to be carried out – this would serve to demonstrate the obligations of business and also set a standard, however generalised, against which the performance of the company could be judged, both by its own employees and the world outside. Otherwise, if »business and industry stay silent on these issues and fail to articulate their place and principles in this context, then they will continue to ... suffer from the low place they have so long held in the esteem of society«. (Webley 1987, S. 10).

Sir Geoffrey Chandler supported his argument for company Codes of Practice by mentioning their practical value in attracting the best managers and in preserving the reputation of a company. More generally, however, he maintained that »Business and industry are not automatically accorded the social relevance and value accorded to medicine, nursing and teaching. ...(And) to say what one is in business for and how one proposes to conduct it ... (is) an essential minimum to attaining equal moral ground with other activities ... (as well as) conducting a successful operation«. (Webley 1987, S. 9).

This contribution to the conference on codes of practice ended with a reference to the importance of the process of devising a code, as well as its content. Also, the code must be published, communicated, professionally managed and performance measured. The content of a code of practice and the way in which it might be managed and ›measured‹, can be illustrated by taking a specific example. A major British company issued for its staff a policy statement/code which focused on its social responsibilities to employees, the environment, the local community, customers, shareholders, suppliers and contractors. Taking employees as an example, it regarded a member of staff not purely as a means to an end, but an end in himself – to be considered as an individual. Associated with this were policies towards fairness, staff development, quality of working life, job security and participation.

The company did not regard the statement as a detailed guide to implementation, which was left primarily to line management. In this way they hoped to avoid rigidity and give flexibility for managers to use their initiative within the broad policy framework. The company also made it clear that it did not want to replace the obligations which managers had do their professional codes of practice. So, reliance was placed on staff to interpret and implement what is, effectively, a company code of practice. Review and evaluation was the function of a Board committee.

IBM was quoted as another example in a speech to the Royal Society of Arts, when the Chief Executive of IBM (UK) described that company's approach, which he labelled ›social responsibility‹. Associated policies such as sponsorship, charitable contributions, and a commitment to full-employment constitute enlightened self-interest; they must be managed as professionally as any other aspect of business, they must benefit the company, and those benefits should be measured (Skapinker 1987).

This account of the debate in Britain on company codes and social responsibility serves to illustrate the overall management context of business ethics in practice. Within this framework several examples might be given of specific issues of current concern.

The »City«, that is London's financial markets, has provided the major focus for the contemporary discussion of business ethics in Britain. Specifically, these are the issues of regulating the finance industry, insider-dealing, the conduct of takeovers and, less dramatically, the subject of ethical investment.

The Financial Services Act, which takes full effect in 1988, introduces a US-style regulatory agency (Securities and Investments Board) to supervise self-regulating bodies. One of the questions this poses is how effectively investors can be protected by ›rules‹ in a complex financial market, and where there are potential conflicts of interest within the multi-service firms which operate within it.

Speaking of the »Guinness affair«, a Financial Times leader-writer said »self-regulation can only work if the people being supervised have a sense of obligation towards the system ... The central issue raised by the Guinness affair concerns the conduct and ethics of the City of London.« (Financial Times, 15. 1. 87 – o.V. 1987a). In this case »on the evidence available so far, it appears that the take-over battle for Distillers last year was not decided simply by the informed decision of a free market. Instead, the share price of one of the rival bidders, Guinness, was manipulated by a group of interested parties, who received assurances that they would be compensated if the value of their shareholding declined. The effect of this support was to give shareholders in Distillers a misleading impression of the value of the Guinness offer.«

As in the USA with the Boesky case, there have also been well-publicised cases in London of ›insider-dealing‹ which illustrate the complexities of ethical standards and behaviour in finance industry companies. »Should corporate financiers consult their securities arms about an impending takeover bid? Should the companies involved in an impending bid be put on a ›restricted‹ list to stop the market-makers and fund managers delaing in the shares – or would the list merely alert miscreants? Is it legitimate to trade on rumour or partial inside information like seeing a company's finance director in a conference room with a mergers and acquisitions team.« (Charterhouse 1986).

The subject of ethical investment has received far less dramatic treatment, but there is increasing interest in the marketing of ethical investment trusts. A survey of company pension fund trustees, however, reported that fewer than one in three claim that there are investments they will not hold on moral or ethical grounds. (Financial Times, 9. 11. 87 – o.V. 1987c).

Specifically in the field of banking, other issues which have received attention are the sale by Barclays of its interests in South Africa; the need for a code of conduct arising from concern at the grwoth of consumer credit; and the possibility of including a clause in the Criminal Justice Bill to extend the duties of banks to make them responsible for preventing the ›laundering‹ of money originating from all types of serious crimes, not just drug trafficking.

Another arm of the financial services industry, accountancy, has also been undergoing structural change. The extension of the range of services offered by accountancy firms has caused concern, among institutional investors particularly, that conflicts of interest might arise where a firm is providing a client company with both an auditing and a management consultancy service.

In the specific area of accounting, an issue which continues to receive attention is the setting and enforcement of accounting standards. It has been said that »The creaking edifice of standards has been supported so far by a complex web of forces based mainly on the ethical rules of accountants and common consent. It needs reinforcing.« (Gray/Owen/Maunders 1987, p. 4).

The availability of accurate financial information is vital to the functioning of the capital market, which is itself central to the free-enterprise system. So inadequacies in accounting standards or their enforcement is most important. Perhaps just one example will serve to illustrate what are often highly technical cases – take »off balance sheet« finance. This technique can be used to remove liabilities artificially from a company's balance sheet. The figures for a subsidiary company might be left out of the parent's consolidated accounts, thus manipulating its own reported assets/liabilities, profits and ratios, by temporarily »selling« a major part of the subsidiary's shares to a co-operative third party. This could mean that the ›subsidiary‹ appears in the reported accounts neither of its new or former ›owners‹. The adequacy of accounting standards procedures is currently under review.

The accountability of companies in the broadest sense, and the related question of corporate social reporting – for example on a firm's contribution to the welfare of the wider community – has also been recently surveyed (Business in the Community Magazine 1987, S. 24). The law asks only that employee involvement, the employment and training of disabled workers, and charitable donations over £ 200 should be reported by firms employing more than 250 people. Very few firms go further than this, although the newly-privatised British Telecom included three pages in its annual report of its involvement in services for disabled customers, the development of materials for schools, and on the number of managers it has seconded to local »enterprise agencies«.

The main activity of an »enterprise agency« is to counsel new or existing small businesses. And what is the link with business ethics? In contemporary Britain, the enterprise agency phenomenon, concerned as it is to promote the concept of »Enterprise« and stimulate employment by the creation of small businesses, is central to business ethics as a practical business and political issue. The ascendant political philosophy links free enterprise, economic success and individual liberty. Large scale unemployment has posed a major political and practical challenge to this view. Individual enterprises, or firms, representing »Enterprise«, have reduced their labour forces. This has been especially painful where an area has been dominated by a single industry or firm. The enterprise agency approach offers a practical way in which firms, while reducing their own workforce, can make a positive contribution to stimulating alternative employment. At the same time, the role of »Enterprise« can continue to be asserted. An average agency carries out about 750 counselling sessions a year and two-thirds of these are for potential new start-ups. Around 90 will result in a new business which will employ one person in addition to the proprietor within the first year of operation. Each agency's counselling of existing firms will either create or safeguard an average of 180 jobs. Other agency activities in support of small businesses may include the provision of training courses, newsletters, property registers, trade directories and small business clubs, and the management of workshop space for small firms.

Most of the 250 local enterprise agencies are companies limited by guarantee. They are managed by a board with approximately 12 members, usually drawn from among their sponsors who may number between one and 75. Normally there are eight representatives of industry and commerce, two from local government and two from elsewhere. The Board raises the agency's funding in cash and kind and ensures that it is responsibly administered. Under the local enterprise agency grant scheme the government matches funds from the private sector up to a maximum of £ 20000 provided that the agency's cash income does not exceed £ 60000. In 1987 the average agency is receiving 60 per cent of its core funding from industry and commerce, 22 per cent from local authorities and 18 per cent from central government. The day-to-day running of agencies is in the hands of an executive director or manager; of these 62 per cent are employees and the remainder secondes. The mix of executive and secretarial/support staff varies from agency to agency but of over 900 people who work in agencies one in four are on secondment.

An organisation has been created – Business in the Community (BIC) – to involve business and industry more widely in their communities, and in society generally. BIC was formed out of a conference on corporate community involvement, and following the threat of spreading civil disobedience after rioting in Brixton and Toxteth in 1981. But the organisation sees its origins as being in the nineteenth century when a tradition of enlightened religious and ethical ideals emerged by which industrialists espoused philanthropy (Business in the Community Magazine 1987, S. 4). Member companies and organisations fund its operating costs through their subscriptions and special projects are funded by grants from Government and other sources. Companies are encouraged to adopt and publish a statement of corporate responsibility. Particular projects and principles within the suggested community involvement programme may include the adoption of a secondment policy, local purchasing initiatives, training programmes and an equal employment opportunities policy.

The creation of an organisation like Business in the Community symbolises the heightened political awareness of business ethics in the indirect, practically oriented, sense described at the beginning of this chapter. But the earlier association in Britain between corporate social responsibility and philanthropy continues. The level of charitable gifts and sponsorship has increased rapidly, and in 1987 reached an estimated £ 62m. This partly reflects levels of profitability, but is also to some extent a measure of companies' involvement in community/enterprise activities such as those just described. Another initiative which reflects interest in corporate philanthropy is the »Per Cent Club«, formed in December 1986. The name is derrived from an American model, but the organisation's target in Britain is to encourage member companies to devote at least a half-per cent of their pre-tax profits to the community, in cash or services.

A final development which should be highlighted in a review of business ethics in Britain is the current interest in the role of the non-executive director. The concept of the independent, non-executive director is attractive to many business leaders, given the practical complexities of the issues surrounding business ethics; the difficulty of formulating and enforcing effective legislation; and the preference of »the City« (and perhaps the British generally) for a voluntary approach. An organisation, PRONED (Promotion of Non-Executive Directors) has formulated a Code of Recommended Practice on Non-Executive

Directors. In order to prevent the abuse of power by chief executives, particularly where such a post is combined with Company Chairman, the code recommends that larger public companies should have at least three independent non-executive directors. There should also be an audit committee, through which these directors could monitor the company's financial control systems.

III. Business Ethics and the Business School

A survey is currently being undertaken (Spring 1988) on the teaching of business ethics in Britain by the Business Ethics Research Centre founded in October 1987 at King's College London. But two courses, at the London Business School and the City University Business School, will serve to illustrate the approach being taken in London.

At the London Business School, articles in the Journal of Business Ethics, and the Harvard and California Management Reviews provide the basis for an introduction to business ethics. The course then continues with the following topics:

Ethical Issues in Accounting.
Business Policy and Strategy – International and Multinational.
Ethical Issues in Human Resource Management.
Ethical Issues in Marketing and Advertising.
Ethical Codes: Individual, Professional and organisational.
Business Politics.
Business and Community: The Social Responsibility of Business.

At the City University Business School, a course is planned for Spring 1988 on »Morality and Conflicts of Interest in the City«. The topics to be covered are:

- Caveat emptor;
- Non-executive directors;
- Investing in South Africa and in Arms Companies (Church Commissioners);
- Conflicts of interest;
- Sponsorship and Charity donations. Support for political parties;
- Shareholders rights (pre-emptive rights);
- Asset-stripping. Buying a pension-fund and then taking out all its profits;
- Principal/agent problems – management v shareholders (poison pills);
- Self-regulation v statutory issues. Just a matter of efficiency?
- The letter or the spirit of the law; trust versus regulation? Creative accounting. Tax evasion and avoidance;

- Conflicts in the rights of shareholders versus depositors – the bulding societies.

IV. Conclusion

These two courses at London business schools are evidence of increased academic interest in the field. Their content also illustrates the essential character of the business ethics topic in Britain – with emphasis on specific ethical/corporate social responsibility issues, especially those which relate to accounting and finance. This growth of interest, and the formation of an Institute for Business Ethics, and the Business Ethics Research Centre, is strongly associated with the »Big Bang« changes in the City of London financial markets. But providing a general context there is, in addition, the re-exploration of the moral and philosophical under-pinnings of the market economy during a period of radical Conservative government.

Richard T. De George

The Status of Business Ethics: Past and Future*

I. The development of business ethics in the United States
   1. Prior to 1960: the »ethics in business« stage
   2. The 1960s: the rise of social issues in business
   3. The 1970s: the rise of business ethics as an emerging field
   4. The first half of the 1980s: the period of initial consolidation

II. 1985: Defining the field

III. The quality of past and current research in the field

IV. Beyond 1985: building the field

* Mit freundlicher Genehmigung der D. Reidel Publishing Company.
Wiederabdruck aus: Journal of Business Ethics 6 (1987), pp. 201–211.

ABSTRACT. Business ethics, which grew out of religion's interest in ethics in business and management education's concern with social issues, has become an interdisciplinary academic field. Thus far it has centered on teaching undergraduates. The easy work has now been done and the field has reached a plateau. To develop further it requires development on the MBA level, high quality research on new questions, positive models, better interdisciplinary integration, and attention to international business. Ultimately the field will stand or fall on the quality of research those in it produce.

The history of ethics in business is a long one, going back to the beginning of business. If it were written, it would be an enormous and complex work. John Noonan's recent book on the history of bribery[1] gives us a hint of what it would look like. The history of business ethics by contrast would be very brief. Business ethics is so recent a phenomenon that many might claim it is too young to have a history. Nonetheless, in contrast to the few abortive attempts at developing business ethics in the past, business ethics has within the last decade emerged as an interdisciplinary *field*. Previous decades from the 1920s to the late 1960s saw isolated texts and courses, but no concerted movement and nothing identifiable as a field. As late as the 1970s it was still possible to ask whether there was such a thing as business ethics. By the mid-1980s that question is no longer appropriate, even though it is not altogether clear just what business ethics is.

In this paper I shall first briefly review the development of what I shall call the field of business ethics. I shall then evaluate the present status of that field and outline what I believe are areas in need of development.

I. The development of business ethics in the United States

Business ethics developed in five stages: (1) prior to 1960; (2) 1960–1970; (3) the 1970s; (4) the first half of the 1980s; and (5) the 2nd half of the 1980s and beyond.

1. Prior to 1960: »ethics in business« stage

The principal activity during this long and indefinite period was primarily theological and religious. The social encyclicals of the popes, beginning in the 1870s, raised questions about just wages and the morality of capitalism.[2] These texts formed the basis for a Catholic social ethics that included concern for morality in business – for the rights of workers to decent conditions of employment and a living wage; for moral values as opposed to materialistic ones; and for improving the lot of the poor. Courses in social ethics developed in some Catholic colleges and universities, the most popular text in the 1950s being Messner's *Social Ethics*, which was translated from the German.[3]

In the Protestant tradition the work of Reinhold Niebuhr was the most important and influential.[4] His critique of capitalism was trenchant and provocative. It spawned courses in seminaries and schools of theology.

There was preaching from the pulpits about morality or ethics in business, as well as in allother areas of life – injunctions against lying, stealing, cheating, and so on – as well as exhortations to follow and develop what we call the Protestant work ethic.

This trend in religion and theology still continues, the most recent and striking example being the Pastoral Letter on the U.S. Economy written by the American bishops.[5]

During this period there were a few abortive attempts to introduce courses dealing with ethics in business. Similarly, there were a few isolated books.

Important though all this activity was, however, it can correctly be characterized as *ethics in business* and it in no way constituted a distinctive field. Ethics was applied to business as well as to government, politics, family and personal life, sex, the professions, and all other aspects of life.

2. The 1960s: the rise of social issues in business

The 1960s are known as a period of revolt against authority, of student unrest, and of the emergence of a counter-culture, partly as a result of the Viet Nam War. The youth of the United States turned to causes. A strong antibusiness attitude developed in many as they attacked the military-industrial establishment. The 1960s also saw the decay of the inner cities and, with the development of modern industries, the growth of ecological problems, of pollution, and of toxic and nuclear waste. This period also saw the rise of consumerism.

The schools of business responded to the challenges in a variety of ways. Most significant from our perspective is the rise of social issues courses. Professors of management taught them, and established such courses as a staple in schools of business across the country. They wrote the texts and treatises on corporate social responsibility. The works were mostly reactive rather than systematic. The point of view of the managers prevailed in the majority of the texts, although the perspective of workers, consumers and the general public were later incorporated as well.

An emphasis on law and what is legal dominated the texts and the courses, with no systematic attention to ethical theory, even when authors raised moral considerations or issued moral imperatives or exhortations.

3. The 1970s: the rise of business ethics as an emerging field

The development of the *field* of business ethics began in the 1970s. Theologians and religious thinkers had developed the area of ethics in business and continued to develop it. Professors of management continued writing and teaching on corporate social responsibility.[6] The new ingredient added to this setting was the entry – for a variety of reasons – into the area of a significant number of philosophers. They proved a catalyst for the jelling of previous work and by bringing ethical theory and philosophical analysis to bear, they helped form the structure of what developed into business ethics.

The way for their entry had been paved in part by the earlier development of bio-medical ethics. Rawls's *A Theory of Justice* legitimized philosophical concern with economic issues. The public reaction to Watergate, DC-10 scandals, bribery, kickbacks, and other news items raised the interest of students in the issues and provided a market for philosophy departments as student interest turned to practical issues.

The concern of the 1960s broadened in the 1970s from the student population to the general population. Many groups – some of them vested interest groups, some representative of large segments of the population – made social demands on business. The demands were often contradictory and incompatible. Business in turn became more concerned with its public image, and as social demands grew, many businesses realized they were not structured to cope with them.

Conferences on the social responsibilities of business and on moral issues in business mushroomed. The Better Business Bureau sponsored a national series on ethical issues in business, followed by regional and local conferences.[7] Centers dealing with business ethics issues began to emerge. Interdisciplinary meetings involving professors of business, theologians, philosphers, social scientists, and business men and women were numerous enough to attract the attention of the press and other media.

The activity was frenetic; but the results were far from clear. Much that was presented and published was polemical, ideological, shoddy, and ill-informed. Some professors of management questioned the role – if any – philosophers could play in an area with which philosophers were unacquainted and towards which many of them were hostile. Theologians felt philosophers were Johnny-come-latelies who grabbed attention. Many philosphers looked askance at their colleagues who turned to this suspect area.[8] Peter Drucker attacked much that deserved attacking in the area, even though he overgeneralized.[9]

Nonetheless, by the end of the decade some central issues had emerged and a variety of authors began to develop a systematic approach to them.

The moral status of the corporation is one central issue that the literature on ethics in business and on corporate responsibility had not raised. Various answers have since been given and are still given. Pursuit of the topic has helped clarify what is at issue and some of the major alternatives. This has led to the development of a study of role responsibility in business. A systematic approach to the area led to consideration not only of management's point of view, but also of the point of view of workers, of shareholders, and of people beyond the firm. Those in the area analyzed corporate disobedience on the model of civil disobedience, with a focus on whistleblowing. They analyzed issues in hiring, firing, discrimination and reverse discrimination. Berle and Means had noted the changing nature of the corporation as early as the 1930.[10] The changing ethical as well as social responsibility corresponding to this change opened up areas for systematic study of the changing values of American business and society. In all this work the lines between the academic fields of business and philosophy often blurred.

By the end of thc 1970s a number of major issues had emerged and enough work had been done for »business ethics« to have become a common expression. It no longer provoked the joke of whether it was an oxymoron. That question had been raised too often for it to get much reaction anymore. There was still debate, however, about whether business ethics was a passing fad or a true academic field.

4. The first half of the 1980s: the period of initial consolidation

By 1985 business ethics had become an academic *field*, albeit still in the process of definition. What differentiates the development of business ethics by this time, as opposed to abortive and isolated attempts at developing a field earlier, is the fact that business ethics became institutionalized. It has developed both the trappings of a field and a growing and varied group of institutions with vested interests in its continuance and blooming. A brief look at some figures confirms this. There are two book-length and many shorter bibliographies.[11] This in itself shows the volume of writing in the area. There are three societies,[12] with many hundreds of members. There are several journals.[13] Perhaps most significant, there are over 500 courses across the country at colleges, universities, and schools of business, with over 40 000 students getting academic credit for studying the field. This has provided a market in which there are now at least 20 textbooks[14] in business ethics and at least 10 casebooks.[15] Centers of various types provide publications, courses, conferences, and seminars.[16] Business has also joined the bandwagon. Allied and GE have in-house training in business ethics, and Chase Manhattan has recently followed suit. GM has sponsored conferences and competitions in the area. Atlantic Richfield has been in the forefront of developing a social audit and many firms have ethics committees and social policy committees which include concern for ethical issues. This institutionalization will continue for the foreseeable future, given the nature of bureaucracy.

There is no doubt that there is an area or field of business ethics. But what it is, how good is the work in it, and what are its prospects and needs for future development?

II. 1985: Defining the field

What is business ethics considered als a *field* and what is the difference between ethics in business and business ethics?

Business ethics is a field to the extent that it deals with a set of interrelated questions to be untangled and addressed within an overarching framework. The framework is not supplied by any ethical theory – Kantian, utilitarian, or theological – but by the systematic interdependence of the questions, which can be approached from various philosophical, theological, or other points of view. The theologian working in this field may be interested only in applications of religious ethics to business, professors of business may be interested only in developing cases or devising new managerial or organizational structures to preclude certain moral problems from arising, and philosophers may be interested only in theoretical questions of ethical foundations or in clarifying meanings. The field embraces all of these, while not being reducible to any of them.

As a field of academic investigation its aim is theoretical, even though the product has practical application. The field is defined by the interaction of ethics and business. From its largest perspective its object is the study of the morality and immorality as well as the possible justification of economic systems. Its focus on the macro-level is the economic system of free enterprise, and possible alternatives to it and modifications of it. Business ethics is as national, international, or global as business itself, and no arbitrary geographical boundaries limit it. A second level of analysis – and to date the level of greatest attention – is the study of business within the free enterprise system, especially in the United States. Since corporations are the dominant feature of this system, they have attracted the most concern. But unions, small businesses, consumerism, and the vast variety of business practices within the system are appropriate objects of moral investigation. Within the corporations and businesses are individuals who invest in, run, work for, and are affected by them. The morality of individuals in economic and business interactions and transactions forms a third level of investigation, and one that was the major focus of earlier writers and preachers of ethics in business.

The field of business ethics embraces these three levels in their interconnections, as well as taking them as discrete areas of investigation. To speak of the field in this way differentiates it both from ethics in business and from corporate social responsibility, while embracing both of them. In embracing them, it changes them. Ethics in business as part of the field is no longer simply moralizing or simply the application of general moral principles to particular instances of behavior. Corporate social responsibility as part of business ethics requires developing the systematic links of that responsibility to other aspects of the field.

As a field business ethics requires the concrete descriptive component supplied by economists and those who study business and corporations from sociological, psychological, and other social scientific perspectives; it requires the theory of organization, management and business activity provided by professors of business; and it requires the systematic development and application of moral norms and normative theory provided by philosophers and theologians.

The field is necessarily interdisciplinary because all of these are necessary and each discipline involved is to some extent changed by its union with the others. Philosophers interested only in ethical theory do not work in the field of business ethics even if some of their examples are from business. Professors of business do not engage in the field simply because they issue moral injunctions in their writings.

In general there are five kinds of activities that have predominated in the field of business ethics. The first and dominant activity has been the development and analysis of cases of immorality in business. Developing cases is first of all an empirical and descriptive task. Analysis then involves normative activity. Cases are important for sensitizing students to problems they may have to face, for teaching them how to solve similar cases, and for discussing alternative structures in the business world that will preclude the reoccurrence of similar cases. To some extent this activity involves ethics in business. It goes beyond it in seeking possible alternative structures and in looking at corporate and business practices and structures rather than simply at the proper actions of individuals. Philosophers, theologians, and professors of business all engage in this kind of activity, often each with a different interest and emphasis.

A second, closely related typed of activity involves the empirical study of business practices. This activity is part of business ethics even when it is purely descriptive, providing that either the object of investigation is a moral or immoral activity or the perspective and aim is from a moral point of view. Thus, a study of hiring or firing practices (as opposed to a particular case study) could be part of business ethics if the intent was to determine whether or not discrimination could be detected, or whether a practice designed to end discrimination was working successfully. Integrated into such studies, or growing from them, are often suggested alternative practices.

A third type of activity consists of clarifying basic terms and uncovering ethical presuppositions in business. This includes, for instance, a moral evaluation of private property and an articulation of its moral justification (if it is amenable to one); an analysis of the moral presuppositions of cost-benefit analyses, of accounting procedures, of the use of marginal utility calculations; and an analyses and moral evaluation of the meaning of exploitation, just wage, equal work, reverse discrimination, property, and the like. This analyis is not part of general ethics and falls under the domain of the field of business ethics because of its specialized nature. The result of the analysis may point up shortcomings of general ethical theory or of a particular practice. The approaches of philosophers and of those in business education to this work are different. Both are pertinent and can be mutually reinforcing.

Analysis often leads to a fourth kind of activity, namely, raising metaethical questions and possibly revising ethical theory. This is a task that philosophers have turned to; but the issues are teated as well by others. For instance, the moral status of corporations is a metaethical question not answered by general ethical theory. If corporations can be morally responsible for their actions, this will require a re-analysis of the concept of moral responsibility, which has traditionally been analyzed only in terms of human beings. Professors of management and organizational theorists have joined philosophers and theologians in this debate.

The fifth kind of activity involves the untangling of embedded problems. The question of the obligations of multinationals to the underdeveloped countries in which they operate, for instance, requires the sifting of a great many issues, some empirical and some normative. No easy answer is available to this question, which presupposes and involves many other questions about international structures, the relation of rich and poor countries, and so on.

These activities taken as an interrelated whole are central to the field. Research in the field consists of pursuing various aspects of these and related activities from a variety of points of view. Philosophers will approach issues from a different perspective than will professors of business. Yet ideally each should produce results that are useful to others. A field develops only if people working in the field are able to build on the work of others in the same field. My claim is that this is taking place and that progress has been made in clarifying problems and clarifying positions, even if only seldom has consensus developed on a specific solution to a particular problem.

Defining business ethics as a field helps distinguish it from the polemical writing in the area. It also helps emphasize the interrelatedness of the problems with which it deals and of the several levels of discourse which it embraces. Distinguishing it as a field does not deny its partial but significant overlap with its earlier antecedents – ethics in business and corporate social responsibility; nor does it deny its connections with general ethics, other areas of applied ethics, and the various fields of business education.

If the claim that business ethics is an academic field is defensible, then the question of whether the work thus far in business ethics has changed business practices is in part beside the point. Academic fields are not judged by their immediate, demonstrable effects in the business world. Clarity, the development of a problematic, and the articulation of alternative approaches to business practices that will enhance morality are worth while even if not directly and immediately adopted by business. The field as an academic field does not depend on producing moral business people, any more than the field of ethics depends on producing moral people. To the extent that knowledge is developed and tools produced for solving problems the field is academically defensible, even if businesses are reluctant to adopt the findings or change practices that are shown to be immoral.

The field, as I have defined it, is an interdisciplinary one. It is not defined by a single methodology. The methodologies of ethical and philosophical analysis, reasoning and argumentation are applicable, as are the methodologies of religious and theological thinking, and the methodologies of the various areas of business eduation. The field, as interdisciplinary, is comparable in this respect to other interdisciplinary fields: American Studies, African Studies, Women's Studies, and the like.

III. The quality of past and current research in the field

The development of business ethics in academia thus far has centered on teaching undergraduates. The aims of those teaching the courses vary. Some claim business ethics should sensitize students to moral issues they may have to face on the job. Others wish to motivate students to act morally in the workplace. Some attempt to teach moral reasoning. Some hope to chance business practices. In general theologians seem most interested in motivating students to act morally; philosophers are interested in moral reasoning and theoretical problems in the area; professors of business concentrate on case studies and concrete applications.

Business ethics as an academic field, however, depends not on the number of undergraduate courses taught in it or on its influence on business, but on the quality and quantity of research done in it. Some undergraduate teachers of business ethics tend to equate the field with the problems treated in the textbooks on business ethics, and fail to see business ethics as a field at all. They consider the set of topics dealt with as not necessarily related and as not requiring any expertise outside of their particular discipline. For teaching purposes not much harm is done by this failure, except for the fact that the students do not come to appreciate the interrelatedness of the issues or the interdisciplinary approach needed to solve many of them. When some of these teachers attempt to contribute to the field through publication, the result is less than happy. As a reviewer for the several journals in the field and for a number of societies and conferences, I am struck by how often contributors equate the literature on a topic to the selections in the anthology of business ethics from which they happen to teach.

To generalize, in the United States the easy work has already been done. The obvious problems have been raised and the obvious positions stated. Basic introductions have been written and anthologies assembled. The trappings of the field, as I mentioned, are present. The initial books and anthologies were produced by people writing in the field. Anthologies are now appearing edited by those whose contribution to the field consists not in their writing but in their editing. We are thus already in the second generation. Increasingly, the new works add nothing new to the field and are simply the restructuring of available material with slight variations in the material chosen. They are essentially repetitions produced so each of the publishers can get a portion of market share. Thus the field is presently at a plateau.

The need for more imagination in approaching topics in the field is crucial. Those who first entered the field rightly pursued the obvious topics that needed examination. The quality of the articles varied, of course. The best of them – those which have been repeatedly reprinted in the anthologies – were of good, some of excellent, quality. Most of the early anthologies also contained poorer articles which would not have been selected if more material of excellent quality had been available. From the point of view of a philosopher, since the field was new, there was ample room for analysis. The views of certain figures, such as Milton Friedman[17] and Albert Carr[18] became the targets of criticism against which alternative positions were developed. John Ladd's paper on formal organizations[19] started the debate on the moral status of the corporation. The literature on discrimination and reverse discrimination, which had developed in the philosophical literature independently of business ethics was incorporated into the field, as was the literature on a number of other topics. Philosophers drew on the writings of theologians and professors of religion who had written on ethics in business, as well as on the literature dealing with the social responsibility of corporations. Some new issues were raised in accounting, corporate disobedience, advertising, and workers' rights. But after the first dozen or so texts and the first few years of the journals, original articles became harder and harder to find.

New Ph. D.'s in philosophy who entered the field in the late seventies or early eighties often made the mistake of treating articles in business ethics as if they were equivalent to the classics of philosophy. The literature had not developed that far, and subtle philosophical tools were misused on subject matter that had not yet become sufficiently subtle or deep to warrant them.

Initially, there was so much new to do that not many people in any of the disciplines really built on the work of others. There were some debates (such as those on the moral status of the corporation) and some issues (such as reverse discrimination) that were better developed than others. Yet many of those now entering the field engage in rediscovering the wheel, confine themselves to the topics already discussed by others, and, failing to understand the sense in which business ethics is a field, do not advance it by raising new issues or striking out in new directions. Given how much there is still to do, this is surprising.

A glance at the recent journal literature and at the announcements of conferences and meetings shows a remarkable repetition of names. There are probably fewer than forty, certainly fewer than fifty people actually productive in the field. The same people are asked to speak over and over, and to contribute to the forthcoming collections and books. It is not surprising that we find writers pushing their positions on a topic slightly forward, but in the process repeating their main line of thought as previously developed in an earlier article or lecture.

A field should be judged by its best exemplars, not by the run-of-the-mill or the poorest. While much that is poor in the field still gets published, the quality of the best is academically respectable, and sometimes, given the short history of the field, remarkably good. Those in the field have come far enough to enjoy the luxury of walking on the plateau they have collectively reached after the mad scramble up a steep incline and over many obstacles to get here. However, since the field is new, they should not rest too long nor forget that there are many heights still to be scaled; there is drastic need for leadership in the continuing climb.

IV. Beyond 1985: building the field

If one grants there is a field of business ethics, what are the next steps in its development? Let me suggest seven.

(1) The teaching of undergraduate students will remain an important part of business ethics as a field. But with the texts becoming repetitious, the need for new cases and the development of many untapped issues becomes especially important. The question of fair wages has many dimensions – empirical, theoretical, and normative – that have not yet been raised. The moral issues involved in corporate takeovers have just begun to be studied. Even material already developed is not effectively integrated into courses and is frequently taught only in a separate course called business ethics. There has also been little communication among those teaching business ethics as to what innovative methods have been successful and which have been failures. While the field needs in one sense more of the same, undergraduate teaching of business ethics can be

enhanced by continuous development of material and the development of a better communications network among those engaged in the field.

(2) A major challenge will be the development of programs of business ethics on the MBA level. Harvard, Stanford, and Berkeley are exceptions, rather than the rule. Harvard has been leading the way in promoting the teaching of business ethics on the MBA level, both with published cases[20] and with the new casebook by Matthews, Goodpaster and Nash.[21] Yet even at Harvard true integration into a variety of courses has been slow in coming. Most MBA programs do not have room for a separate course in business ethics. Many business professors think it unnecessary to deal with ethical issues in their classes or think they do deal with ethics if they mention a moral issue now and then. The training of professors of business in ethical theory and in business ethics seems the preferable route to go. Most professors of philosophy are not competent to teach courses in business. The University of Kansas has attempted giving a crash course in ethical theory and business ethics to twelve professors of business. The results are not yet available.

(3) Research is the key to the development of the field as an academic area. Unless people in the field produce research of high quality, the field will not develop. This raises a number of issues.

There is a need for some consens in determining progress and success in the field. What measurements, if any, are appropriate? The measures, I suggest, are determined by the relevant disciplines. Those writing in business ethics must measure up to the standards of their disciplinary peers.

For philosophers there is still much theoretical work to be done. The presuppositions of many business practices remain hidden – those of finance, marketing, and management, to mention only a few. Although Rawls has given the philosophical community an ideal theory of justice, business operates in a non-ideal realm. What does morality demand when one operates in an immoral community or society, or when a competitive situation involves countering immoral practices? Are the demands of morality the same for a prosperous company as for a company operating at the margin?

Concern has focused primarily and appropriately on the U.S. scene. International issues, however, are becoming more pressing. There is a growing need for moral analysis of global systems, detailed analyses of multinationals and their changing role and status, closer attention to hi-tech issues, among which are the impact of computers on privacy, social dislocation, structural changes in management, product dumping, and international competition.

The interaction of ethics and business and the dynamics of value integration and change need close study. *In Search of Excellence* did not deal with moral excellence. A comparable work from a moral or ethical point of view would be a most welcome contribution to the field. The current interest in corporate culture opens up a variety of possibilities for case studies involving value and ethical dimensions.

Although philosophers have come forward with various analyses of discrimination and reverse discrimination generally speaking there has been little empirical research showing the results of various practices, or case studies evaluating how different mechanisms have fared in producing the hoped for results. To the extent that utilitarian arguments have been put forth for various programs they have relied on guesses and predictions. It is possible to determine whether the tests and predictions were correct and so whether more good than harm has been done by adopted practices. Joint research efforts by philosophers and professors of business might prove successful here.

Social and moral corporate responsibility are important topics. Kirk Hanson's work with Atlantic Richfield[22] is one example of such work and Alex Michalos' long range project is another. There is clearly room for the development of different scales and measures such that social and moral audits can be conducted by those firms wishing to do so.

(4) The emphasis in business ethics to a large extent has been on the negative – on the abuses by businesses, on lying, false reports, disasters, bribes and payoffs. There is need for the development of a positive side to business ethics. The rising interest in virtue ethics can be incorporated with profit in the field of business ethics. This could be related to the development of a corporate ethos with appropriate case studies demonstrating what is possible. Positive models should be made available in the literature for other firms or individuals to emulate. The relation of virtue to success is another possible fruitful avenue of research. Is there a correlation between ethical behavior and profits? Is long-range thinking enhanced by ethics, and does it pay off better in the end than short-range thinking?

(5) Although business ethics is an interdisciplinary field, there is too little real integration of work by philosophers theologians, and professors of business. There is a need for more integrated studies, and therefore a need for more philosophers and theologians with better training in and knowledge of business, als well as for more professors of business with better training in ethical theory and moral reasoning.

Since the field is new, those in it have been trained in their particular disciplines and have because of their personal interests learned something of the other fields they need to know to do their research or writing. Now that the field is recognizable and has become reasonably well established, programs should be developed that train people to do research in the field. Joint programs combining a Ph.D. in Philosophy (or a Th.D.) and an MBA, or a Ph.D. in economics and an M.A. in Ethics should be developed. Integrated area studies programs provide another model upon which graduate programs can be developed to produce researchers in the field.

(6) Although the field of business ethics is an academic field and should not be directed or its concerns determined by business, a closer relation between

researchers and business than is now the case would be useful. If researchers can show firms the relevance and usefulness of studies in business ethics, businesses may be more willing to respond than they presently are. Businesses have been most amenable to theologians and religious leaders because business men and women are familiar with them in dealing with moral issues; business men and women also feel comfortable with professors of business, whom they feel understand management's problems and are on its side. Businesses have been least receptive to philosophers, whom they do not understand, whom they mistrust, and whom they often assume to be anti-business. Since those in business schools have the best contacts and the readiest entree already, they can play a significant role in their relations with businesses.

To think that the development of business ethics as a field will make business more moral is probably unrealistic. But it is not unrealistic to aim simply at making it respectable to raise ethical issues within a firm; nor is it unrealistic to think that eventually more and more firms may develop the practice of automatically considering ethical dimensions of issues, practices, and decisions. The benefit of having an ethics committee on a board might be demonstrated. More in-house training sessions on business ethics might develop, with special sessions for board members who will be on the ethics committee.

Ethics will not solve business problems and will not replace management, accounting, and other areas of business education. Ethics raises another dimension, looks long-term and impartially at all the effects of one's actions, and helps one become more objective. It might help prevent disasters.

(7) Business ethics has developed with remarkable speed in the United States. Those in it have concentrated on American business. Most Americans in the field have not paid much attention to comparable – if less dramatic – developments in Europe.[23] The time is ripe for closer cooperation in the development of the field on an international level. Europe can learn from much that has happened in the field in the United States. Since many of the issues and problems are the same, those in the United States can also learn from practices and developments in Europe.

The growth of multinationals and the closer integration of U.S. and non-U.S. firms makes all the more necessary the development of business ethics on an international scale. There is need to establish an international association of business ethics, international bibliographies, translations of work into other languages, and the promotion and funding of joint and comparative research projects.

The UN and its specialized agencies have developed a variety of codes dealing with the sale of infant formulae and multinational activity. A developed international network of those working in business ethics could provide a resource that might be tapped to help serve the needs of both the UN (and other international and national agencies) and multinational firms seeking guidance. The line between providing useful material and selling morality is a narrow one. I am not advocating the latter. But the former seems to me a legitimate and important international acitivity yet to be pursued.

Business ethics has become an established field. The work already done shows only how much more there is to do. Yet the number of people doing original work in the field is still relatively small. The field will stand or fall on the quality of research done it. The higher the quality, the easier it will be to distinguish business ethics from the polemics, selfserving articles, and moralizing with which it is still too often confused.

Notes

1 John Noonan, *Bribes* New York: Macmillan, 1984. 864 pp.
2 See *The Papal Encyclicals* ed. Claudia Carlen, McGrath Publishing Co., Vol. II, 1981, for the encyclicals of Pope Leo XIII. For a summary, see Philip Hughes, *The Pope's New Order*, London: Burns, Oates & Washbourne Ltd., 1943.
3 Johannes Messner, *Social Ethics*, translated from the German by J.J. Doherty, St. Louis: B. Herder, 1952.
4 See especially, Reinhold Niebuhr, *Moral Man and Immoral Society*, New York: C. Scribner's 1932.
5 Other works from a theological or religious perspective include:
Benestad, J. Brian. *The Pursuit of a Just Social Order: Policy Statements of the U.S. Catholic Bishops, 1966–80.* Ethics and Public Policy Center, 1982.
Benne, Robert. *The Ethic of Democratic Capitalism: A Moral Reassesment.* Fortress Press, 1981.
Haughey, John C. *The Faith that Does Justice: Examining the Christian Sources for Social Change.* Paulist Press, 1977.
Houck, John W. and Oliver F. Williams. *Catholic Social Teaching and the U.S. Economy: Working Papers for a Bishop's Pastoral.* University Press of America, 1984.
Jones, Donald G. ed. *Business, Religion, and Ethics.* Oelgeschlager, Gunn & Hain, 1982.
Jones, Donald G., ed. *Doing Ethics in Business.* Oelgeschlager, Gunn & Hain, 1982.
Novak, Michael. *The Spirit of Democratic Capitalism.* Simon and Schuster, 1982.
6 Some representative works are:
Caroll, Archie B. *Business & Society: Managing Corporate Social Performance.* Little, Brown & Co., 1981.
Davis, Keith and William C. Frederick. *Business and Society: Management, Public Policy, Ethics.* 5th ed. McGraw-Hill, 1984.
Luthans, Fred, Richard M. Hodgetts and Kenneth R. Thompson. *Social Issues in Business.* 3rd ed. Macmillan, 1980. [Texts, readings, and cases.]
McGuire, Joseph W. *Business and Society.* McGraw-Hill, 1963.
Steiner, George A. *Business and Society.* 2nd ed. Random House, 1975, 611 pp.
Steiner, George A. and John F. Steiner, eds. *Issues in Business and Society.* 2nd ed. Random House, 1977. [An anthology.]
7 Five national panels were organized in 1978: 1. Responsibilities of Advertisers to Society; 2. Business Responsibilities in Product Design and Manufacture; 3. Disclosure Responsibilities for Business; 4. Guidelines for Business When Societal Demands Conflict; and 5. Responsibilities of Multinational Corporations. The Proceedings of each panel were published and served as the basis for meetings on the regional and local levels.

8 See, for example, Annette Baier, ›Dialogue on Applied Ethics‹, *Humanities,* April, 1981, p. 15.

9 Peter Drucker, ›What Is ›Business Ethics‹?‹, *The Public Interest,* No. 63 (Spring, 1981), pp. 8–36.

10 Adolf A. Berle and Gardiner C. Means, *The Modern Corporation and Private Property,* New York: The Macmillan Co., 1933.

11 Bibliographies of business ethics include:

Bond, Kenneth. *Bibliography of Business Ethics and Business Moral Values.* 1984. [Available from author, College of Business Administration, Creighton University, Omaha, NE 68178]

Center for Business Ethics. *A Selected Bibliography of Business Ethics Books.* (The Center for Business Ethics, Bentley College, Waltham, MA 02254.)

Center for Business Ethics. *A Selected Bibliography of Business Ethics Articles, 1982.* (The Center for Business Ethics, Bentley College, Waltham, MA 02254.)

Jones, Donald J. *A Bibliography of Business Ethics, 1976–1980.* University Press of Virginia, 1982.

Jones Donald J. *A Bibliography of Business Ethics, 1971–1975.* University Press of Virginia, 1977.

12 The Society for Business Ethics; The Society for Professional Ethics; and the Social Issues in Management Section of the Academy of Management.

13 Journals dealing with business ethics include:

Business and Professional Ethics Journal (Center for Applied Philosophy, University of Florida, Gainesville, FL 32611). (Vol. 1, no. 1, Fall, 1981).

Business and Society Review (870 Seventh Ave., NY, NY 10019). [Primarily anti-business; carries short articles on business scandals and abuses of social and ethical norms.]

Corporate Ethics Digest (P. O. Box 6, Old Westbury, NY 11568).

Journal of Business Ethics (Dalhousie University, Halifax, Nova Scotia, Candada B3H 3J5). (Vol. 1, no. 1, Feb. 1982.)

14 The textbooks on business ethics include:

Barry, Vincent, *Moral Issues in Business.* 3rd ed. Wadsworth, 1986.

Beauchamp, T. and N. Bowie, eds. *Ethical Theory and Business.* 2nd ed. Prentice-Hall, 1983. (Contains articles, commentaries and cases. Probably the most widely used text in business ethics courses.)

Bowie, Norman. *Business Ethics.* Prentice-Hall, 1982.

Braybrooke, David. *Ethics in the World of Business.* Rowman and Allanheld, 1983. (A mixture of text, commentar, reprinted material from a variety of sources.)

Chewning, Richard C. *Business Ethics in a Changing Culture.* Richmond, VA: Robert F. Dame, Inc., 1983. (One of the few such texts written by a professor of business.)

De George, Richard T. *Business Ethics.* 2nd ed. Macmillan, 1986.

De George, Richard, and Joseph Pichler, eds. *Ethics, Free Enterprise, and Public Policy.* Oxford University Press, 1978. (A collection of original essays.)

DesJardins J. and J. McCall. *Contemporary Issues in Business Ethics.* Wadsworth, 1985. (Readings and cases.)

Donaldson, Thomas. *Corporations and Morality.* Prentice-Hall, 1982. (Develops a social contract theory for corporations.)

Donaldson, T. and P. Werhane, eds. *Ethical Issues in Business.* 2nd ed. Prentice-Hall, 1983. (Contains some articles and excerpts from classical moral philosophers, as well as contemporary material and cases.)

Evans, William A. *Management Ethics: An Intercultural Perspective.* Martinus Nijhoff, 1981. (Written by a professor of business administration at the American College in Paris.)

Hoffmann, W.M., and J.M. Moore, eds. *Business Ethics.* McGraw Hill, 1984. (Readings and cases.)

LaCroix, W. *Principles for Ethics in Business.* University Press of America, 1976. (An application of Thomistic ethics to business.)

Missner, Marshall, ed. *Ethics of the Business System.* Alfred Publishing Co., 1980. (Selections dealing with profit, competition, justice, and advertising.)

Regan, Tom, ed. *Just Business: New Introductory Essays in Business Ethics.* Random House, 1984. (Each topic is dealt with by a different author in an essay.)

Snoeyenbos, Milton, Robert Almeder, and James Humber, eds. *Business Ethics: Corporate Values and Society.* Prometheus Books, 1983.

Solomon, Robert C. and Kristine R. Hanson. *Above the Botom Line: An Introduction to Business Ethics.* Harcourt, Brace, Jovanovich, 1983. (A text with some antologized material.)

Stevens, Edward. *Business Ethics.* Paulist Press, 1979.

Velasquez, M. *Business Ethics.* Prentice-Hall, 1982. (A singleauthor text, with cases.)

Werhane, Patricia. *Persons, Rights, & Corporations.* Prentice-Hall, 1985.

15 The case books on business ethics include:

Beauchamp, Tom. L. *Case Studies in Business, Society, and Ethics.* Prentice-Hall, 1983.

Case Narratives and *Case Narratives II* C. W. Post Center, Long Island University. 1980, 1981.

Donaldson, Thomas, ed. *Case Studies in Business Ethics.* Prentice-Hall, 1984.

Garrett, Thomas, et al. *Cases in Business Ethics.* Prentice-Hall 1968.

Hay, Robert D. and Edmund R. Gray, eds. *Business and Society: Cases and Text.* South-Western Publishing Co., 1981. (Edited by two professors of business administration.)

Matthews, John B., Kenneth E. Goodpaster, Laura L. Nash, eds. *Policies and Persons: A Casebook in Business Ethics.* New York: McGraw-Hill Book Co., 1985.

Molander, Earl A. *Responsive Capitalism: Case Studies in Corporate Social Conduct.* McGraw-Hill, 1980.

Partridge, Scott H. *Cases in Business and Society.* Prentice-Hall, 1982.

Steiner, George A. *Casebook in Business and Society.* Random House, 1975.

Williams, Oliver F. and John W. Houck. *Full Value: Cases in Christian Business Ethics.* Harper & Row, 1978.

16 Centers include:

Center for Business Ethics Bentley College, Waltham, MA 02254. Sponsers an annual conference on business ethics; publishes conference proceedings and bibliographies.

The Center for Business, Society, and Ethics. Carlow College, 3333 Fifth Ave., Pittsburgh, PA 15213. Publishes a Newsletter, Vol. 1, No. 1, January, 1985.

Center for Corporate Concern. Wright State University. Dayton, OH 45435. Publishes a Newsletter.

Center for Ethics and Corporate Policy. 637 South Dearborn St., Chicago, IL 60605. Consultation, seminars, forums, corporate ethics project.

Center for Ethics and Religious Values in Business. University of Notre Dame, Notre Dame, IN 46556. Sponsors conferences.

Center for Ethics and Social Policy. Graduate Theological Union. 2465 Le Conte Ave., Berkeley, CA 94709. Publishes a Newsletter.

The Center for Private and Public Sector Ethics. Arizona State University, Tempe; AZ 85287. Publishes a Newsletter, *Managing Ethics.*

Center for the Study of Applied Ethics. University of Virginia, Box 6550, Charlottesville, VA 22906. Publishes *Ethics Digest.*

Center for the Study of Values. University of Delaware, Newark. DE 19716. Sponsors meetings and reports on business ethics, as well as on other areas of applied ethics. Publishes a Newslatter.

Center for Values in Business. Loyola University, Chicago, IL 60626.

Ethics Resource Center, Inc. 1730 Rhode Island Ave., NW, Washington, DC 20036. Runs conferences, workshops, research; has an advisory service.

Forum for Corporate Responsibility. 593 Park Ave., NY, NY 10021. Sponsors public forums, small group sessions.

Institute for Business Ethics, 25 East Jackson Boulevard, Chicago, IL 60604. Sponsors conferences, workshops, lectures.

Manhattan College Center for Professional Ethics. Manhattan College, Riverdale, NY. Includes business ethics among its interests. Publishes *a Report.*

Program in Business Ethics. University of Southern California, THH 328, Los Angeles, CA 90089–0355. Sponsors workshops and research seminars for faculty, business firms, and business associations.

Trinity Center for Ethics and Corporate Policy. 74 Trinity Place, NY, NY 10006. Sponsors programs, workshops, luncheons, publications.

17 Milton Friedman, ›The Social Responsibility of Business‹, *Capitalism and Freedom,* Chicago: University of Chicago Press, 1962. ›The Social Responsibility of Business Is to Increase Its Profits‹. *The New York Magazine,* September 13, 1970. (Reprinted in the following above listed texts: Barry; Beauchamp & Bowie; Desjardins & McCall; Donaldson & Werhane; Hoffman & Moore; Snoeyenbos, Almeder, & Humber.)

18 Albert Carr, ›Is Business Bluffing Ethical?‹, *Harvard Business Review,* January/February, 1968. (Reprinted in the following above listed texts; Barry; Beauchamp & Bowie; Donaldson & Werhane; Hoffman & Moore; Missner.)

19 John Ladd, ›Morality and the Ideal of Rationality in Formal Organziations‹, *Monist* 54 (1970), No. 4 (Reprinted in the following above listed texts: Donaldson & Werhane; Snoeyenbos, Almeder, & Humber.)

20 Kenneth E. Goodpaster, *Ethics in Management,* Boston: Harvard Business School, 1984.

21 See Matthews, Goodpaster and Nash in Note 15.

22 Kirk O. Hanson, ›Social Performance at ARCO‹, *Participation III: Atlantic Richfield and Society.*

23 A meeting held at the European Foundation for Management Development in Brussels, September 26–27, 1985 discussed business ethics teaching and research at European business schools.

Literaturverzeichnis

Ackerman, R. [1975]: The Social Challenge to Business, Harvard 1975.

Adam, K. [1989]: Reduziert. Das Weltbild der Empiriker, in: Frankfurter Allgemeine Zeitung vom 21. 3. 1989, S. 31.

Albert, H. [1978]: Traktat über rationale Praxis, Tübingen 1978.

Allaire, Y./Firsirotu, M. [1984]: Theories of Organizational Culture, in: Organization Studies, Vol. 5 (1984), S. 193–226.

Altner, G. [1979]: Wahrnehmung der Interessen der Natur-Bestimmung des Eigenrechts der Natur und Möglichkeiten, dieses im Zivilisationsprozeß zur Geltung zu bringen, in: Meyer-Abich, K.M. (Hrsg.): Frieden mit der Natur, Freiburg u.a. 1979, S. 112–130.

Amery, C. [1972]: Das Ende der Vorsehung – Die gnadenlosen Folgen des Christentums, Reinbek 1972.

Apel, K.-O. [1973]: Das Apriori der Kommunikationsgemeinschaft und die Grundlagen der Ethik, in: ders.: Transformation der Philosophie II, Frankfurt/M. 1973, S. 358–435.

Apel, K.-O. [1984]: Weshalb benötigt der Mensch Ethik?, in: Apel, K.-O./Böhler, D./Rebel, K. (Hrsg.): Funkkolleg Praktische Philosophie/Ethik, Studientexte, Band 1, Weinheim/Basel 1984, S. 13–153.

Apel, K.-O. [1986]: Grenzen der Diskursethik? Versuch einer Zwischenbilanz, in: Zeitschrift für philosophische Forschung, Jg. 40 (1986), S. 3–31.

Apel, K.-O. [1988]: Diskurs und Verantwortung. Das Problem des Übergangs zur postkonventionellen Moral, Frankfurt/M. 1988.

Apitz, K. [1987]: Konflikte, Krisen, Katastrophen. Präventivmaßnahmen gegen Imageverlust, Frankfurt/M. 1987.

Arbeitsgemeinschaft Selbständiger Unternehmer (ASU) [1990]: Ethik und Marktwirtschaft. Positionen und Argumente, Bonn 1990.

Arbeitsgruppe Bielefelder Soziologen (Hrsg.) [1976]: Kommunikative Sozialforschung, München 1976.

Arbeitsgruppe Bielefelder Soziologen (Hrsg.) [1973]: Alltagswissen, Interaktion und gesellschaftliche Wirklichkeit, Reinbek 1973.

Arendt, H. [1951]: The Origins of Totalitarianism, New York 1951; 2nd enlarged ed., New York 1958; 3nd ed. with new prefaces, New York 1966.

Arendt, H. [1958]: The Human Condition, Chicago 1958.

Arendt, H. [1963]: Eichmann in Jerusalem. A Report on the Banality of Evil, New York 1963.

Arendt, H. [1978]: The Life of the Mind. Two Volumes of an Uncompleted Work, published posthumously, edited by Mary McCarthy, New York 1978, S. 3–9.

Argyris, C./Schön, D. [1978]: Organizational Learning: A Theory of Action Perspectives, Reading/Mass. 1978.

Arrow, K.J./Debreu, G. [1954]: Existence of an Equilibrium for a Competitive Economy, in: Econometrica, Vol. 22 (1954), S. 265–290.

Arrow, K.J./Hahn, F. [1971]: General Competitive Analysis, San Francisco 1971.

ASFOR (Hrsg.) [1989]: Il manager di fronte ai problemi etici, Mailand 1989.

Baier, A. [1981]: Dialogue on Applied Ethics, in: Humanities, April 1981, S. 15.

Bandura, A. [1979]: Sozial-kognitive Lerntheorie, Stuttgart 1979.

Barnet, R./Müller, R. [1975]: Die Krisenmacher. Die Multinationalen und die Verwandlung des Kapitalismus, Hamburg 1975.

Barry, V. [1986]: Moral Issues in Business, 3nd ed., Belmont 1986.

Baum, R.G. (Hrsg.) [1980]: Ethical Problems in Engineering, Vol. II, Cases, New York 1980.

Bayles, M. [1981]: Professional Ethics, Belmont/Cal. 1981.

Beauchamp, T.L. [1983]: Case Studies in Business, Society, and Ethics, Englewood Cliffs 1983.

Beauchamp, T./Bowie, N. (Hrsg.) [1983]: Ethical Theory and Business, 2nd ed., Englewood Cliffs 1983.

Beck, U. [1986]: Risikogesellschaft. Auf dem Weg in eine andere Moderne, Frankfurt/M. 1986.
Benestad, J.B. [1982]: The Pursuit of a Just Social Order. Policy Statements of The U.S. Catholic Bishops, 1966–1980, Washington D.C. 1982.
Benne, R. [1981]: The Ethic of Democratic Capitalism. A Moral Reassessment, Philadelphia 1981.
Berger, P.L./Luckmann, T. [1980]: Die gesellschaftliche Konstruktion der Wirklichkeit, Frankfurt/M. 1980.
Bericht [1985] der Expertenkommission des Eidgenössischen Volkswirtschaftsdepartements: Qualitatives Wachstum, Bern 1985.
Berle, A.A./Means, G.C. [1933]: The Modern Corporation and Private Property, New York 1933.
Berthoin Antal, A. [1985]: Institutionalizing Corporate Social Responsiveness: Lessons Learned From The Migros Experience, in: Research in Corporate Social Performance and Policy, Vol. 7 (1985), S. 229–249.
Bertram, H. [1980]: Moralische Sozialisation, in: Hurrelmann, K./Ulich, D. (Hrsg.), Handbuch der Sozialisationsforschung, Weinheim/Basel 1980, S. 717–743.
Bertram, H. [1985]: Social Inequality and Moral Development, in: Lind, G./Hartmann, H.A./ Wakenhut, R. (Hrsg.): Moral Development and Social Environment, Studies in the Psychology and Philosophy of Moral Judgement and Education, Chicago 1985, S. 109–124.
Bertram, H. [1987]: Jugend heute. Die Einstellungen der Jugend zu Familie, Beruf und Gesellschaft, München 1987.
Biervert, B./Held, M. (Hrsg.) [1987]: Ökonomische Theorie und Ethik, Frankfurt/New York 1987.
Bievert, B./Held, M. (Hrsg.) [1989]: Ethische Grundlagen der ökonomischen Theorie, Frankfurt/New York 1989.
Birkner, H.-J. [1964]: Schleiermachers christliche Sittenlehre im Zusammenhang seines philosophisch-theologischen Systems, Berlin 1964.
Birnbacher, D. (Hrsg.) [1980]: Ökologie und Ethik, Stuttgart 1980.
Blades, L.E. [1967]: Employment at Will vs. Individual Freedom: On Limiting the Abusive Exercise of Employer Power, in: Columbia Law Review, Vol. 67 (1967), S. 1405–1406.
Blake, R./Mouton, J. [1969]: Building a Dynamic Corporation Through GRID. Organization Development, Reading/Mass. 1969.
Blattner, N. [1977]: Volkswirtschaftliche Theorie der Firma, Berlin/Heidelberg/New York 1977.
Bleicher, K. [1983]: Organisationskulturen und Führungsphilosophien im Wettbewerb, in: Schmalenbachs Zeitschrift für betriebswirtschaftliche Forschung, Jg. 35 (1983), S. 135–146.
BMW AG [1985]: Grundsätze der BMW Führungskultur, Broschüre, April 1985.
Böckle, F. [1988]: Moraltheologie und Wirtschaftsethik. Versuch einer Verhältnisbestimmung, in: Hesse, H. (Hrsg.): Wirtschaftswissenschaft und Ethik, Berlin 1988, S. 35–45.
Bond, K. [1984]: Bibliography of Business Ethics and Business Moral Values, Creighton University 1984.
Bonus, H. [1985]: Umweltbewußtes Verhalten – ein komplexes Lernziel, in: Siemens-Zeitschrift, Jg. 59 (1985), Heft 4, S. 7–11.
Born, M. [1965]: Von der Verantwortung der Naturwissenschaften, München 1965.
Born, M. [1969]: Die Zerstörung der Ethik durch die Naturwissenschaften. Überlegungen eines Physikers, in: Kreuzer, H. (Hrsg.): Literarische und naturwissenschaftliche Intelligenz, Stuttgart 1969, S. 179–184.
Bouckaert, L. (Hrsg.) [1989]: Terugkeer van de Ethiek. Denken over economie en samenleving, Leuven/Amersfoort 1989.
Bower, J.L. [1970]: Managing the Resource Allocation Process. – A Study of Corporate Planning and Investment, Boston 1970.
Bowie, N. [1982]: Business Ethics, Englewood Cliffs 1982.
Bowie, N. [1985]: Are Business Ethics and Engineering Ethics Members of the Same Family?, in: Journal of Business Ethics, Vol. 4 (1985), S. 43–52.

Bowman, E.H. [1974]: Some Research on Corporate Social Responsibility in Management, Working Paper No. 74–29, Brüssel 1974.

Bracher, K.D. [1982]: Zeit der Ideologien. Eine Geschichte politischen Denkens im 20. Jahrhundert, Stuttgart 1982.

Brand, H.F./Kimman, E./van Luijk, H.J.E./Wempe, J.F. (Hrsg.) [1989]: Bedrijfsethiek in Nederland, Utrecht 1989.

Brantl, S. [1985]: Management und Ethik. Unternehmenspolitische Rahmenplanung und moralisch-praktische Rationalisierung der Unternehmensführung, München 1985.

Braybrooke, D. [1983]: Ethics in the World of Business, Totowa/N.J. 1983.

Brezinka, W. [1988]: Competence as an Aim of Education, in: Spieker, B./Straugham, R. (Hrsg.), Philosophical Issues in Moral Education and Development, Philadelphia 1988, S. 75–98.

Briefs, G. [1920]: Untergang des Abendlandes, Freiburg 1920.

Bruhn, M. [1987]: Produkt 2000. Produktpolitik im Spannungsfeld zwischen Technologie und Ökologie, in: Markenartikel, Jg. 49 (1987), S. 576–585.

Bubner, R. [1986]: Moralität und Sittlichkeit – die Herkunft eines Gegensatzes, in: Kuhlmann, W. (Hrsg.): Moralität und Sittlichkeit, Frankfurt/M. 1986, S. 64–84.

Buchanan, A. [1985]: Ethics, Efficiency and the Market, Oxford 1985.

Buchanan, J.M. [1977]: Freedom in Constitutional Contract. Perspectives of a Political Economist, College Station/London 1977.

Buchanan, J.M./Tullock, G. [1962]: The Calculus of Consent. Logical Foundation of Constitutional Democracy, Ann Arbor/Mich. 1962.

Buchholz, S. [1981]: Der Mensch lebt nicht vom Öl allein – Herausforderungen der Energiekrise, 2. A., Asslar 1981.

Budäus, D./Gerum, E./Zimmermann, G. (Hrsg.) [1988]: Betriebswirtschaftslehre und Theorie der Verfügungsrechte, Wiesbaden 1988.

Bürgerschaft der Freien und Hansestadt Hamburg (Hrsg.) [1985]: Bericht des Parlamentarischen Untersuchungsausschusses zur Überprüfung der Ablagerung von Industriemüll auf der Deponie Georgswerder und anderen Hamburger Deponien und zur Überprüfung der Frage, inwieweit der Senat der Freien und Hansestadt Hamburg dem Ersuchen der PUA vom 4. Juni 1983 nachgekommen ist, Bürgerschaftsdrucksache 11/3774, Hamburg 1985.

Bullock-Report [1977]: Report of the Committee of Inquiry on Industrial Democracy, London 1977.

Bundesministerium der Justiz (Hrsg.) [1980]: Bericht über die Verhandlung der Unternehmensrechtskommission, Köln 1980.

Bundesverband Junger Unternehmer (Hrsg.) [1989]: Umweltschutzberater. Handbuch für wirtschaftliches Umweltmanagement im Unternehmen, Köln 1989ff. (Loseblattsammlung).

Buono, A.F./Bowditch, J.L./Lewis III., J.W. [1985]: When Cultures Collide: The Anatomy of a Merger, in: Human Relations, Vol. 38 (1985), S. 477–500.

Business in the Community (BIC) [1987]: Business in the Community Magazine, Summer 1987.

Capra, F. [1983]: Wendezeit. Bausteine für ein neues Weltbild, Bern/München/Wien 1983.

Carlen, C. [1981]: The Papal Encyclicals, McGrath Publishing Co. 1981.

Carr, A. [1968]: Is Business Bluffing Ethical?, in: Harvard Business Review, Vol. 46 (1968), Nr. 1, S. 143–153.

Carroll, A.B. [1975]: Managerical Ethics: A Post Watergate View, in: Business Horizons, Vol. 18 (1975), Nr. 2, S. 75–80.

Carroll, A.B. [1981]: Business & Society. Managing Corporate Social Performance, Boston 1981.

Carroll, D.T. [1983]: A Disappointing Search for Excellence, in: Harvard Business Review, Vol. 61 (1983), Nr. 6, S. 78–88.

Carson, T.L./Wokutch, R.E. [1983]: The Moral Status of Bluffing and Deception in Business, in: Robinson, W.L./Pritchard, M.S./Ellin, J. (Hrsg.): Profits and Professions. Essays in business and professional ethics, Clifton 1983, S. 141–155.

Cavanagh, G.F. [1989]: Ethics. Experience at Harvard Business School, in: The Academy of Management News, March 1989, S. 3–4.
Center for Business Ethics [1982a]: A Selected Bibliography of Business Ethics Articles, Waltham/Mass. 1982.
Center for Business Ethics [1982b]: A Selected Bibliography of Business Ethics Books, Waltham/Mass. 1982.
Charterhouse [1986]: Investment Management Accounting Standards, November 1986.
Chewning, R. [1983]: Business Ethics in a Changing Culture, Richmond 1983.
Child, J. [1981]: Culture, Contingency and Capitalism in the Cross-Cultural Study of Organizations, in: Cummings, L./Staw, B. (Hrsg.): Research in Organizational Behavior, Vol. 3, Greenwich/Conn. 1981, S. 303–356.
Chmielewicz, K. [1978]: Anmerkungen zur konstruktiven Wissenschaftstheorie und Betriebswirtschaftslehre, in: Steinmann, H. (Hrsg.): Betriebswirtschaftslehre als normative Handlungswissenschaft, Wiesbaden 1978, S. 145–160.
Chomsky, N. [1974]: Aspekte der Syntax-Theorie, Frankfurt/M. 1974.
Cobb, J.B. [1972]: Der Preis des Fortschritts. Umweltschutz als Problem der Sozialethik, München 1972.
Coda, V. [1989]: L'orientamento strategico dell'impresa, Turin 1989.
Corno, F. (Hrsg.) [1989]: Etica e impresa, Padua 1989.
Cyert, R./March, J. [1963]: A Behavioral Theory of the Firm, New York 1963.
Dachler, H.-P. [1985]: Allgemeine Betriebswirtschafts- und Managementlehre im Kreuzfeuer verschiedener sozialwissenschaftlicher Perspektiven, in: Wunderer, R. (Hrsg.): Betriebswirtschaftslehre als Management und Führungslehre, Stuttgart 1985, S. 203–235.
Dahm, K.-W. [1989]: Unternehmensbezogene Ethikvermittlung. Literaturbericht: Zur neueren Entwicklung der Wirtschaftsethik, in: Zeitschrift für Evangelische Ethik, Jg. 33 (1989), S. 121–147.
Danley, J.R. [1988]: »Ought« Implies »Can«, or, the Moral Relevance of a Theory of the Firm, in: Journal of Business Ethics, Vol. 7 (1988), S. 23–28.
Davis, K./Frederick, W.C. [1984]: Business and Society. Management, Public Policy, Ethics, 5th ed., New York 1984.
Dawson, L.M. [1976]: Das Human-Konzept: Eine neue Unternehmensphilosophie, in: Fischer-Winkelmann, W.F./Rock, R. (Hrsg.): Zur Kritik der Markt- und Marketingtheorie, II. Teilband, Kritik der Marketing-Theorie, München 1976, S. 135–153.
Deal, T.I./Kennedy, A.A. [1987, 1982]: Unternehmenserfolg durch Unternehmenskultur, Bonn 1987. Original: Corporate Cultures. The Rites and Rituals of Corporate Life, Reading/Mass. 1982.
Debreu, G. [1959]: Theory of Value, New York 1959 [dt.: Werttheorie, Berlin/Heidelberg/New York 1976].
Debreu, G. [1982]: Existence of Competitive Equilibrium, in: Arrow, K.J./Intriligator, M.D. (Hrsg.): Handbook of Mathematical Economics, Vol. II, Amsterdam/New York/Oxford 1982, S. 697–743.
Defoe, D. [1727]: The Complete English Tradesman, London 1727.
De George, R.T. [1982]: Business Ethics, New York 1982. [2nd ed. New York 1986.]
De George, R.T. [1986]: Theological Ethics and Business Ethics, in: Journal of Business Ethics, Vol. 5 (1986), S. 421–432.
De George, R.T. [1987]: The Status of Business Ethics: Past and Future, in: Journal of Business Ethics, Vol. 6 (1987), S. 201–211.
De George, R.T./Pichler, J. (Hrsg.) [1978]: Ethics, Free Enterprise, and Public Policy, Oxford 1978.
DesJardins, J./McCall, J. [1985]: Contemporary Issues and Business Ethics, Belmont 1985.
Deutscher Evangelischer Kirchenausschuß (Hrsg.) [1930]: Bekenntnisschriften der Evangelisch-Lutherischen Kirche, Stuttgart 1930.
Dickmann, F. [1959]: Der westfälische Friede, Münster 1959.

Dill, P. [1986]: Unternehmenskultur. Grundlagen und Anknüpfungspunkte für ein Kulturmanagement, Bonn 1986.
Dilthey, W. [1970]: Der Aufbau der geschichtlichen Welt in den Geisteswissenschaften, Frankfurt/M. 1970.
Döbert, R./Nunner-Winkler, G. [1983]: Moralisches Urteilsniveau und Verläßlichkeit – die Familie als Lernumwelt für kognitive und motivationale Aspekte des moralischen Bewußtseins in der Adoleszenz, in: Lind, G./Hartmann, H. A./Wakenhut, R. (Hrsg.): Moralisches Urteilen und soziale Umwelt, Weinheim 1983, S. 95–122.
Donaldson, T. [1982]: Corporations and Morality, Englewood Cliffs 1982.
Donaldson, T. (Hrsg.) [1984]: Case Studies in Business Ethics, Englewood Cliffs 1984.
Donaldson, T./Werhane, P. (Hrsg.) [1983]: Ethical Issues in Business, 2nd ed., Englewood Cliffs 1983.
D'Orazio, E./Sacconi, L. [1989]: Le concrezioni etiche dei manager: un rapporto di ricerca, in: Etica degli affari, Jg. 2 (1989), Nr. 2, S. 63–106.
Dormayer, H.-J./Kettern, T. [1987]: Kulturkonzepte in der allgemeinen Kulturforschung – Grundlage konzeptioneller Überlegungen zur Unternehmenskultur, in: Heinen, E. (Hrsg.): Unternehmenskultur, München/Wien 1987, S. 49–66.
Drucker, P. [1981]: What Is »Business Ethics«?, in: The Public Interest, Nr. 63, Spring 1981, S. 8–36.
Dülfer, E. [1988 a]: Organisationskultur. Phänomen – Philosophie – Technologie, Stuttgart 1988.
Dülfer, E. [1988 b]: Organisationskultur. Phänomen – Philosophie – Technologie. Eine Einführung in die Diskussion, in: Dülfer, E. (Hrsg.): Organisationskultur. Phänomen – Philosophie – Technologie, Stuttgart 1988, S. 1–22.
Dunfee, T. W./Robertson, D. C. [1988]: Integrating Ethics into the Business School Curriculum, in: Journal of Business Ethics, Vol. 7 (1988), S. 847–859.
Dunning, J. [1988]: The Eclectic Paradigm of International Production: A Restatement and Some Possible Extensions, in: Journal of International Business Studies, Spring 1988, S. 1–31.
Durbin, P. T. [1987]: Technology and Responsibility. Dordrecht/Boston et al. 1987.
Ebers, M. [1985]: Organisationskultur. Ein neues Forschungsprogramm? Wiesbaden 1985.
Ebers, M. [1988]: Der Aufstieg des Themas »Organisationskultur« in problem- und disziplingeschichtlicher Perspektive, in: Dülfer, E. (Hrsg.): Organisationskultur. Phänomen – Philosophie – Technologie, Stuttgart 1988, S. 23–48.
Edelstein, W. [1986]: Moralische Intervention in der Schule, in: Oser, F./Fatke, R./Höffe, O. (Hrsg.): Transformation und Entwicklung, Frankfurt/M. 1986, S. 327–349.
Edelstein, W./Nunner-Winkler, G. (Hrsg.) [1986]: Zur Bestimmung der Moral, Frankfurt/M. 1986.
Eder, K. [1980]: Die Entstehung staatlich organisierter Gesellschaften. Ein Beitrag zu einer Theorie der Evolution, Frankfurt/M. 1980.
Egelhoff, W. [1982]: Strategies and Structures in the MNC: An Information Processing Approach, in: Administrative Science Quarterly, Vol. 27 (1982), S. 435–458.
Ekardt, H.-P. [1977]: Entwurfsarbeit. Organisations- und handlungstheoretische Ansätze zur Analyse der Arbeit von Bauingenieuren im Tragwerksentwurfsbereich, Diss., Darmstadt 1977.
Ekardt, H.-P./Hengstenberg, H./Löffler, R. (Hrsg.) [1986]: Der Bauleiter. Praktiker nehmen Stellung zu ihrer technischen, wirtschaftlichen und sozialen Verantwortung, Beiträge zum 5. Kasseler Kolloquium zu Problemen des Bauingenieurberufs vom 9./10. Oktober 1986, Kassel 1986.
Ekardt, H.-P./Hengstenberg, H./Löffler, R. [1988]: Subjektivität und die Stofflichkeit des Arbeitsprozesses, in: Schmiede, R. (Hrsg.): Arbeit und Subjektivität, Beiträge zu einer Tagung der Sektion Industrie- und Betriebssoziologie in der Deutschen Gesellschaft für Soziologie (Kassel 21.–23. 5. 1987), Bonn 1988, S. 101–141.
Ekardt, H.-P./Löffler, R. (Hrsg.) [1988]: Die gesellschaftliche Verantwortung der Bauingenieure, Beiträge zum 3. Kasseler Kolloquium zu Problemen des Bauingenieurberufs; Werk-

stattberichte des Wissenschaftlichen Zentrums für Berufs- und Hochschulforschung der Gesamthochschule Kassel, Band 19, Kassel 1988.
Emery, F./Thorsund, E. [1982]: Industrielle Demokratie, Mit einem Vorwort von E. Ulich, Stuttgart 1982.
Enderle, G. (Hrsg.) [1985]: Ethik und Wirtschaftswissenschaft, Berlin 1985.
Enderle, G. [1987a]: Wirtschaftsethik als »angewandte Ethik«, in: Wirtschaft und Recht 2/1987, S. 114–124.
Enderle, G. [1987b]: Some Perspectives of Managerial Ethical Leadership, in: Journal of Business Ethics, Vol. 6 (1987), S. 657–664.
Enderle, G. [1988]: Wirtschaftsethik im Werden, Stuttgart 1988.
Enderle, G./Almond, B./Argandona, A. (Hrsg.) [1990]: People in Corporations: Ethical Responsibilities and Corporate Effectiveness, Dordrecht/Boston/London 1990.
Endres, A. [1986]: Ökonomie und Ökologie, in: Wirtschaftswissenschaftliches Studium, Jg. 15 (1986), S. 379–384.
Endres, A. [1988]: Die Backstop-Technologie, in: Wirtschaftswissenschaftliches Studium, Jg. 17 (1988), S. 79–82.
Etzioni, A. [1988]: Normative-Affective Factors: Toward a New Decision-Making Model, unveröffentlichtes Manuskript, Harvard University Graduate School of Business Administration, 1988.
Evans, W.A. [1981]: Management Ethics. An Intercultural Perspective, Boston et al. 1981.
Ewing, D.W. [1977]: Freedom Inside the Organization. Bringing Civil Liberties to the Workplace, New York 1977.
Fayerweather, J. [1981]: A Conceptual Framework for the Multinational Corporation, in: Wakker, W./Haussmann, H./Kumar, B. (Hrsg.): Internationale Unternehmensführung, Berlin 1981, S. 17–31.
Ferrell, O.C. [1985]: Implementing and Monitoring Ethics in Advertising, in: Laczniak, G.R./Murphy, P.E. (Hrsg.): Marketing Ethics. Guidelines for Manager, Lexington/Massachusetts/Toronto 1985, S. 27–40.
Fezer, K.-H. [1988]: Nochmals Kritik an der ökonomischen Analyse des Rechts, in: Juristen-Zeitung, Jg. 43 (1988), S. 223–228.
Fiedler, F. [1967]: A Theory of Leadership Effectiveness, New York 1967.
Finney, M./Mitroff, I. [1986]: Strategic Plan Failures: The Organization as Its Own Worst Enemy, in: Sims, H./Giola, G. et al.: The Thinking Organization, San Francisco/London 1986, S. 317–337.
Fiol, C./Lyles, M. [1985]: Organizational Learning, in: Academy of Management Review, Vol. 10 (1985), S. 803–813.
Fitch, H.G./Saunders, C.B. [1976]: Blowing the Whistle: The Limits of Obedience to the Organization, in: Business and Society, Vol. 17 (1976), Nr. 1.
Flores, A. (Hrsg.) [1980]: Ethical Problems in Engineering, Bd. I, Readings, New York 1980.
Frankel-Paul, E./Miller, F.D. Jr./Paul, J. (Hrsg.) [1985]: Ethics and Economics, Oxford 1985.
Frankena, W.K. [1981]: Analytische Ethik, München 1981.
Freeman, R.E./Reed, D.L. [1981]: Stockholders & Stakeholders: A New Perspective on Corporate Governance, Philadelphia 1981. [Wharton ARC Publications No. 21681]
Friedman, M. [1962]: The Social Responsibility of Business, in: ders.: Capitalism and Freedom, Chicago 1962.
Friedman, M. [1970]: The Social Responsibility of Business is to Increase Its Profits, in: The New York Times Magazine vom 13. Sept. 1970, S. 32f. und S. 122–126.
Friedman, M. [1971]: Die soziale Verantwortung der Geschäftswelt, in: Schmölders, G. (Hrsg.): Der Unternehmer im Ansehen der Welt, Bergisch-Gladbach 1971, S. 198–206.
Fry, D. [1977]: Multinational Corporations – Host Government Relationships: An Empirical Study of Behavioral Expectations, Diss., Kent State University 1977.
Gadamer, H.G. [1965]: Wahrheit und Methode, Tübingen 1965.
Gadamer, H.G. [1967]: Rhetorik, Hermeneutik und Ideologiekritik, in: ders.: Kleine Schriften 1, Tübingen 1967, S. 113–130.

Gadamer, H.G. [1971]: Hermeneutik und Ideologiekritik, Frankfurt/M. 1971.
Gäfgen, G. [1988]: Der Wandel moralischer Normen in der Entwicklung der Wirtschaftsordnung. Positive Erklärung und ethische Folgerungen, in: Hesse, H. (Hrsg.): Wirtschaftswissenschaft und Ethik, Berlin 1988, S. 85–107.
Gallup, P. [1983]: Honesty and Ethical Standards, in: Report No. 214 (July 1983), zitiert nach: Laczniak, G.R./Murphy, P.E.: Incorporating Marketing Ethics into the Organization, in: ders.: Marketing Ethics, Guidelines for Manager, Lexington/Massachusetts/Toronto 1985.
Garfinkel, H. [1973]: Das Alltagswissen über soziale und innerhalb sozialer Strukturen, in: Arbeitsgruppe Bielefelder Soziologen (Hrsg.): Alltagswissen, Interaktion und gesellschaftliche Wirklichkeit, Reinbek 1973, S. 189–262.
Garrett, T. et al. [1968]: Cases in Business Ethics, Englewood Cliffs 1968.
Gauthier, D. [1986]: Morals by Agreement, Oxford 1986.
Gerum, E. [1981]: Grundfragen der Arbeitsgestaltungspolitik, Stuttgart 1981.
Gerum, E. [1989]: Neoinstitutionalismus, Unternehmensverfassung und Unternehmensethik, in: Biervert, B./Held, M. (Hrsg.): Ethische Grundlagen der ökonomischen Theorie, Frankfurt/New York 1989, S. 135–156.
Giddens, A. [1984]: Interpretative Soziologie. Eine kritische Einführung, Frankfurt/New York 1984.
Giddens, A. [1988]: Die Konstitution der Gesellschaft. Grundzüge einer Theorie der Strukturierung. Mit einer Einführung von Hans Joas, Frankfurt/New York 1988.
Goeudevert, D. [1988]: Raus aus der ethischen Sackgasse, in: Wirtschaftswoche, Jg. 42 (1988), Nr. 20, S. 48.
Goodpaster, K.E. [1984]: Ethics in Management, Boston 1984.
Goodpaster, K.E. [1985]: Ethical Frameworks for Management, in: Matthews, J./Goodpaster, K./Nash, L.: Policies and Persons. A Casebook in Business Ethics, New York 1985, S. 507–522.
Gray, R./Owen, D./Maunders, K. [1987]: Corporate Social Reporting. Accounting and Accountability, Englewood Cliffs 1987.
Greipel, P. [1988]: Strategie und Kultur. Grundlagen und mögliche Handlungsfelder kulturbewußten strategischen Managements, Bern/Stuttgart 1988.
Gripp, H. [1984]: Jürgen Habermas, Paderborn u.a. 1984.
Gröschner, R. [1982a]: Dialogik und Jurisprudenz, Tübingen 1982.
Gröschner, R. [1982b]: Das Hermeneutische der juristischen Hermeneutik, in: Juristen-Zeitung, Jg. 37 (1982), S. 622–626.
Gröschner, R. [1983]: Die richterliche Rechtsfindung: »Kunst« oder »Methode«?, in: Juristen-Zeitung, Jg. 38 (1983), S. 944–950.
Gröschner, R. [1985]: Theorie und Praxis der juristischen Argumentation, in: Juristen-Zeitung, Jg. 40 (1985), S. 170–174.
Gröschner, R. (1987a): Vorbehalte gegen systemtheoretische Rechtskonzeptionen, in: Der Staat, Jg. 26 (1987), Nr. 4, S. 12–17.
Gröschner, R. [1987b]: Judiz – was ist das und wie läßt es sich erlernen?, in: Juristen-Zeitung, Jg. 42 (1987), S. 903–908.
Gruhl, H. [1982]: Das irdische Gleichgewicht, Düsseldorf 1982.
Gutenberg, E. [1976]: Grundlagen der Betriebswirtschaftslehre, 1. Bd.: Die Produktion, 22. A., Berlin 1976.
Habermas, J. [1976a]: Zur Rekonstruktion des Historischen Materialismus, Frankfurt/M. 1976.
Habermas, J. [1976b]: Was heißt Universalpragmatik? in: Apel, K.-O. (Hrsg.): Sprachpragmatik und Philosophie, Frankfurt/M. 1976, S. 174–272.
Habermas, J. [1981a, b]: Theorie des kommunikativen Handelns, 2 Bd., Frankfurt/M. 1981.
Habermas, J. [1982]: Zur Logik der Sozialwissenschaften, Frankfurt/M. 1982.
Habermas, J. [1983a]: Moralbewußtsein und kommunikatives Handeln, Frankfurt/M. 1983.
Habermas, J. [1983b]: Rekonstruktive vs. verstehende Sozialwissenschaften, in: ders.: Moralbewußtsein und kommunikatives Handeln, Frankfurt/M., 1983, S. 29–52.

Habermas, J. (1983 c]: Diskursethik – Notizen zu einem Begründungsprogramm, in: ders.: Moralbewußtsein und kommunikatives Handeln, Frankfurt/M. 1983, S. 53–125.
Habermas, J. [1983 d]: Moralbewußtsein und kommunikatives Handeln, in: ders.: Moralbewußtsein und kommunikatives Handeln, Frankfurt/M. 1983, S. 127–206.
Habermas, J. [1984]: Vorstudien und Ergänzungen zur Theorie des kommunikativen Handelns, Frankfurt/M. 1984.
Habermas, J. [1986]: Entgegnung, in: Honneth, A./Joas, H. (Hrsg.): Kommunikatives Handeln. Beiträge zu Jürgen Habermas' »Theorie des kommunikativen Handelns«, Frankfurt/M. 1986, S. 327–405.
Habermas, J. [1988]: Nachmetaphysisches Denken. Philosophische Aufsätze, Frankfurt/M. 1988.
Hafemann, M. [1988]: Die Suche nach einer Umweltethik, in: Psychologie heute, Jg. 15 (1988), Nr. 2, S. 41–45.
Hamlin, A.P. [1986]: Ethics, Economics and the State, London 1986.
Hannaford, R.V. [1983]: The Theoretical Twist to Irresponsibility in Business, in: Robinson, W.L./Pritchard, M.S./Ellin, J. (Hrsg.): Profits and Professions. Essays in Business and Professional Ethics, Clifton 1983, S. 101–112.
Hansen, U./Raabe, T./Schoenheit, I. (Hrsg.) [1987]: Konsumentenbeteiligung an der Produktentwicklung, Frankfurt/New York 1987.
Hansen, U./Schoenheit, I. (Hrsg.) [1985]: Verbraucherabteilungen in privaten und öffentlichen Unternehmen, Frankfurt/New York 1985.
Hansen, U./Schoenheit, I. (Hrsg.) [1987]: Verbraucherzufriedenheit und Beschwerdeverhalten, Frankfurt/New York 1987.
Hansen, U./Stauss, B. [1983]: Marketing als marktorientierte Unternehmenspolitik oder als deren integrativer Bestandteil?, in: Marketing – Zeitschrift für Forschung und Praxis, Jg. 5 (1983), Nr. 2, S. 77–86.
Hanson, K.O.: Social Performance at ARCO, in: Participation III: Atlantic Richfield and Society.
Hansmann, F. [1982]: Grundbegriffe der Unternehmensplanung. Versuch einer Abgrenzung und systemaren Verknüpfung, in: Die Betriebswirtschaft, Jg. 42 (1982), S. 397–402.
Hart, H. [1968]: Punishment and Responsibility, Oxford 1968.
Hartfelder, D. [1984]: Management als Sinnvermittlung?, in: Die Unternehmung, Jg. 38 (1984), S. 373–395.
Haughey, J.C. [1977]: The Faith that Does Justice. Examining the Christian Sources for Social Change, New York 1977.
Hay, R.D./Gray, E.R. (Hrsg.) [1981]: Business and Society. Cases and Text, Cincinnati 1981.
Hedberg, B. [1981]: How Organizations Learn and Unlearn, in: Nystrom, P./Starbuck, W. (Hrsg.): Handbook of Organizational Design, Vol. 1, Oxford 1981, S. 3–27.
Heilbroner, R. [1972, 1973]: Im Namen des Profits oder Fahrlässigkeit als Unternehmensprinzip, Reinbek 1973. (Original: In the Name of Profit, New York 1972).
Heinen, E. [1985]: Entscheidungsorientierte Betriebswirtschaftslehre und Unternehmenskultur, in: Zeitschrift für Betriebswirtschaft, Jg. 55 (1985), S. 980–991.
Heinen, E. (Hrsg.) [1987 a]: Unternehmenskultur, München/Wien 1987.
Heinen, E. [1987 b]: Unternehmenskultur als Gegenstand der Betriebswirtschaftslehre, in: Heinen, E. (Hrsg.): Unternehmenskultur, München/Wien 1987, S. 1–48.
Henderson, V.E. [1982]: The Ethical Side of Enterprise, in: Sloan Management Review, Vol. 23 (1982), Nr. 3, S. 37–47.
Hensel, P.J./Dubinsky, A.J. [1986]: Ethical Dilemmas in Marketing: A Rationale, in: Journal of Business Ethics, Vol. 5 (1986), S. 63–67.
Herms, E. [1982]: Entscheidung, [Stichwort], in: Theologische Realenzyklopädie, Bd. 9, Berlin 1982, S. 690–705.
Herms, E. [1985 a]: Reich Gottes und menschliches Handeln, in: Lange, D. (Hrsg.): F.D.E. Schleiermacher 1768–1834. Theologe – Philosoph – Pädagoge, Göttingen 1985, S. 163–192.

Herms, E. [1985b]: Offenbarung, in: Fiedler, P. (Hrsg.), Funkkolleg Religion, Arbeitstexte Bd. 2, Gütersloh 1985, S. 7–31.
Herms, E. [1988]: Theoretische Voraussetzungen einer Ethik des wirtschaftlichen Handelns. F.A. von Hayeks Anthropologie und Evolutionslehre als Spielraum wirtschaftsethischer Aussagen, in: Hesse, H. (Hrsg.): Wirtschaftswissenschaft und Ethik, Berlin 1988, S. 131–193.
Herms, E. et al. [1986ff.]: Theologische Aspekte der Wirtschaftsethik I–VII, Kolloquienreihe der Wissenschaftlichen Gesellschaft für Theologie und der Evangelischen Akademie Loccum, Loccum 1986–1990.
Herrhausen, A. [1987]: Konzepte für die Zukunft. Wirtschafts- und ordnungspolitische Alternativen, Tübingen 1987.
Herrhausen, A. [1989]: Deutsche Bank – Aufbruch in eine neue Dimension. Ein Interview von Peter Morner mit Alfred Herrhausen, in: Die Welt vom 11. 3. 1989, S. 7.
Hersey, P./Blanchard, K.H. [1969]: Management of Organizational Behavior: Utilizing Human Resources, Englewood Cliffs 1969; 4th ed. 1982.
Hersey, P./Blanchard, K.H. [1986]: Organizational Change through Effective Leadership, 2nd ed., Englewood Cliffs 1986.
Hesse, H. (Hrsg.) [1988]: Wirtschaftswissenschaft und Ethik, Berlin 1988.
Higgins, A./Gordon, F.H. [1986]: Arbeitsklima und sozio-moralische Entwicklung in zwei arbeitereigenen und selbstverwalteten Betrieben, in: Oser, F./Fatke, R./Höffe, O. (Hrsg.): Transformation und Entwicklung, Frankfurt/M. 1986, S. 252–296.
Hill, M.A. [1979]: Hannah Arendt: The Recovery of the Public World, New York 1979.
Hinterhuber, G. [1990]: La direzione strategica dell'impresa industriale, 3. A., Turin 1990.
Hirshleifer, J. [1959]: Capitalist Ethics – Tough or Soft?, in: Journal of Law and Economics, Vol. 2 (1959), S. 114–119.
Hitt, M.A./Ireland, R.D. [1987]: Peters and Waterman Revisited: The Unended Quest for Excellence, in: Academy of Management Executive, Vol. 1 (1987), Nr. 2, S. 91–98.
Hodgkinson, C. [1983]: The Philosophy of Leadership, Oxford 1983.
Höffe, O. [1979]: Ethik und Politik. Grundmodelle und -probleme der praktischen Philosophie, Frankfurt/M. 1979.
Höffe, O. [1985]: Strategien der Humanität. Zur Ethik öffentlicher Entscheidungsprozesse, Frankfurt/M. 1985.
Höffe, O. [1986a]: Autonomie und Verallgemeinerung als Moralprinzipien, in: Oser, F./Fatke, R./Höffe, O. (Hrsg.): Transformation und Entwicklung, Frankfurt/M. 1986, S. 56–86.
Höffe, O. [1986b]: Ethik, Ethos, in: Görres-Gesellschaft (Hrsg.): Staatslexikon. Recht – Wirtschaft – Gesellschaft, Freiburg 1986, Band 2, S. 403–405 und S. 408–412.
Hoff, E.-H./Lappe, L./Lempert, W. (Hrsg.) [1985]: Arbeitsbiographie und Persönlichkeitsentwicklung, Bern/Stuttgart/Toronto 1985.
Hoffmann, W.M./Moore, J.M. (Hrsg.) [1984]: Business Ethics, New York 1984.
Hofstede, G. [1980a]: Kultur und Organisation, [Stichwort], in: Grochla, E. (Hrsg.): Handwörterbuch der Organisation, 2. A., Stuttgart 1980, Sp. 1168–1182.
Hofstede, G. [1980b]: Culture Consequences. International Differences in Work Related Values, Beverly Hills/London 1980.
Hofstede, G./Bond, M.H. [1988]: The Confucius Connection: From Cultural Roots to Economic Growth, in: Organizational Dynamics, Vol. 16 (1988), Spring 1988, S. 5–21.
Holleis, W. [1987]: Unternehmenskultur und moderne Psyche, Frankfurt/New York 1987.
Holliger, E. [1985]: Die Abteilung für Konsumentenfragen beim Migros-Genossenschafts-Bund, Zürich, in: Hansen, U./Schoenheit, I. (Hrsg.): Verbraucherabteilungen in privaten und öffentlichen Unternehmen, Frankfurt/M. 1985, S. 296–302.
Homann, K. [1988]: Rationalität und Demokratie, Tübingen 1988.
Homann, K./Hesse, H. u.a. [1988]: Wirtschaftswissenschaft und Ethik, in: Hesse, H. (Hrsg.): Wirtschaftswissenschaft und Ethik, Berlin 1988, S. 9–33.
Homann, K./Suchanek, A. [1987]: Wirtschaftsethik – Angewandte Ethik oder Beitrag zur Grundlagendiskussion?, in: Biervert, B./Held, M. (Hrsg.): Ökonomische Theorie und Ethik, Frankfurt/New York 1987, S. 101–121.

Honneth, A./Joas, H. (Hrsg.) [1986]: Kommunikatives Handeln. Beiträge zu Jürgen Habermas' »Theorie des kommunikativen Handelns«, Frankfurt/M. 1986.
Hosmer, L.T. [1987]: The Institutionalization of Unethical Behavior, in: Journal of Business Ethics, Vol. 6 (1987); S. 439–447.
Houck, J.W./Williams, O.F. [1984]: Catholic Social Teaching and the U.S. Economy. Working Papers for a Bishop's Pastoral, Washington D.C. 1984.
Hubig, C. (Hrsg.) [1982 a]: Ethik institutionellen Handelns, Frankfurt/New York 1982.
Hubig, C. [1982 b]: Die Unmöglichkeit der Übertragung individualistischer Handlungskonzepte auf institutionelles Handeln und ihre Konsequenzen für eine Ethik der Institution, in: Hubig, C. (Hrsg.): Ethik institutionellen Handelns, a.a.O., Frankfurt/New York 1982, S. 56–80.
Hügli, A. [1984]: Ethischer Naturalismus, [Stichwort], in: Ritter, J./Gründer, K. (Hrsg.), Historisches Wörterbuch der Philosophie, Bd. 6, Basel/Stuttgart 1984, S. 519–523.
Hughes, P. [1943]: The Pope's New Order, London 1943.
Hunt, S.D./Vitell, S. [1986]: A General Theory of Marketing Ethics, in: Journal of Macromarketing, Vol. 6 (1986), S. 5–16.
Hymer, S. [1979]: Multinational Corporation and the Law of Uneven Development, in: Radice, H. (Hrsg.): International Firms and Modern Imperialism, London 1979, S. 37–62.
Ineichen, H. [1981]: Wilhelm Dilthey (1833–1911), in: Höffe, O. (Hrsg.): Klassiker der Philosophie, Bd. II, München 1981, S. 187–202.
Informationsdienst [IWD 1987] des Instituts der deutschen Wirtschaft [IWD], vom 24. 9. 1987, Köln.
Inhetveen, R. [1983]: Konstruktive Geometrie. Eine formentheoretische Begründung der euklidischen Geometrie, Mannheim/Wien/Zürich 1983.
James, W. [1979]: Die Vielfalt religiöser Erfahrung, dt. Übersetzung von Eilert Herms, Zürich 1979 (Original 1902).
Jaspers, K. [1948]: Philosophy, Heidelberg–Berlin 1948.
Jens, U. [1980]: Alternativen zur Macht. Wege zu einer neuen Wirtschaftsordnung, Düsseldorf/Wien 1980.
Jeske, J. [1988]: Nicht nur für den Gewinn allein. Wertvorstellungen der Unternehmer im Spiegel einer Allensbach-Umfrage, in: Frankfurter Allgemeine Zeitung vom 21. 5. 1988, S. 15.
Joas, H. [1978]: George H. Mead, in: Käsler, D. (Hrsg.): Klassiker des soziologischen Denkens, Bd. 2, Von Weber bis Mannheim, München 1978, S. 7–39.
Jonas, H. [1979, 1986]: Das Prinzip Verantwortung – Versuch einer Ethik für die technologische Zivilisation, Frankfurt/M. 1979, 1986.
Jones, D.G. (Hrsg.) [1982 a]: Business, Religion, and Ethics, Cambridge/Mass. 1982.
Jones, D.G. (Hrsg.) [1982 b]: Doing Ethics in Business, Cambridge/Mass. 1982.
Jones, D.J. [1977]: A Bibliography of Business Ethics, 1971–1975, Charlottesville 1977.
Jones, D.J. [1982]: A Bibliography of Business Ethics, 1976–1980, Charlottesville 1982.
Jüngel, E. [1971]: Tod, Stuttgart 1971.
Kästner, E. [1981]: Gedichte, Frankfurt/M. 1981.
Kambartel, E. [1974]: Moralisches Argumentieren – Methodische Analysen zur Ethik, in: Kambartel, F. (Hrsg.): Praktische Philosophie und Konstruktive Wissenschaftstheorie, Frankfurt/M. 1974, S. 54–72.
Kamphaus, F. [1987]: Der Preis der Freiheit. Anstöße zur gesellschaftlichen Verantwortung der Christen, Mainz 1987.
Kant, I. [1908]: Kritik der praktischen Vernunft, Akademieausgabe, Band V, Berlin 1908.
Kant, I. [1964]: Beantwortung der Frage: Was ist Aufklärung?, in: Theorie-Werkausgabe, Frankfurt/M. 1964, Band XI, S. 53.
Kant, I. [1969]: Die drei Kritiken, Stuttgart 1969.
Kanter, R.M. [1983]: The Change Masters. Innovations for Productivity in the American Corporation, New York 1983.

Kappler, E. [1975]: Zielsetzungs- und Zieldurchsetzungsplanung in Betriebswirtschaften, in: Ulrich, H. (Hrsg.): Unternehmensplanung, Wiesbaden 1975, S. 83–102.

Kappler, E. [1980]: Brauchen wir eine neue Betriebswirtschaftslehre?, in: Koubek, N. u.a. (Hrsg.): Betriebswirtschaftliche Probleme der Mitbestimmung, 2., erw. A., Frankfurt/M. 1980, S. 177–201.

Kasper, H. [1987]: Organisationskultur. Über den Stand der Forschung, Wien 1987.

Kaufmann, F.-X./Kerber, W./Zulehner, P.M. [1986]: Ethos und Religion bei Führungskräften. Eine Studie im Auftrag des Arbeitskreises für Führungskräfte in der Wirtschaft, München 1986.

Kaysen, C. [1961]: The Corporation: How Much Power? What Scope?, in: Mason, E. (Hrsg.): The Corporation in Modern Society, 4. A., Cambridge/Mass. 1961, S. 85–105.

Kerber, W. [1988]: Sittlich Handeln unter dem Druck ökonomischer Sachzwänge, in: Hesse, H. (Hrsg.): Wirtschaftswissenschaft und Ethik, Berlin 1988, S. 241–258.

Kets de Vries, M./Miller, D. [1986]: Personality, Culture and Organization, in: Academy of Management Review, Vol. 11 (1986), S. 256–279.

Kieser, A. [1988]: Von der Morgensprache zum »Gemeinsamen HP-Frühstück«. Zur Funktion von Werten, Mythen, Ritualen und Symbolen – »Organisationskulturen« – in der Zunft und im modernen Unternehmen, in: Dülfer, E. (Hrsg.): Organisationskultur. Phänomen – Philosophie – Technologie, Stuttgart 1988, S. 207–226.

Kiessling, B. [1988]: Die »Theorie der Strukturierung« – Ein Interview mit Anthony Giddens, in: Zeitschrift für Soziologie, Jg. 17 (1988), S. 286–295.

Kilman, R./Saxton, M./Serpa, R. (Hrsg.) [1985]: Gaining Control of the Corporate Culture, San Francisco 1985.

Klose, A. [1988]: Unternehmerethik. Heute gefragt? Linz 1988.

Koch, H. [1977]: Aufbau der Unternehmensplanung, Wiesbaden 1977.

Koch, H. [1989]: Unternehmerische Entscheidungen und ethische Normen. Zur Theorie der Wertkonflikte, in: Schmalenbachs Zeitschrift für betriebswirtschaftliche Forschung, Jg. 41 (1989), S. 739–753.

Koehn, D.R. [1983]: A Laissez Faire Approach to Business Ethics, in: Robinson, W.L./Pritchard, M.S./Ellin, J. (Hrsg.): Profits and Professions. Essays in Business and Professional Ethics, Clifton 1983, S. 113–132.

Kötter, R. [1982]: General Equilibrium Theory – An Empirical Theory?, in: Stegmüller, W./Balzer, W./Spohn, W. (Hrsg.): Philosophy of Economics, Berlin/Heidelberg/New York 1982, S. 103–117.

Kötter, R. [1983]: Effizienz, Rationalität und Verteilungsgerechtigkeit – Zum normativen Hintergrund der Betriebswirtschaftslehre, in: Kappler, E. (Hrsg.): Rekonstruktion der Betriebswirtschaftslehre als ökonomische Theorie, Spardorf 1983, S. 277–302.

Kötter, R. [1986]: Modell und ökonomische Realität. Die Relevanz der Gleichgewichtstheorie als Grundlage der ordnungs- und wirtschaftspolitischen Diskussion, in: Hödl, E./Müller, G. (Hrsg.): Die Neoklassik und ihre Kritik, Frankfurt/M. 1986, S. 41–59.

Kohlberg, L. [1964]: Development of Moral Character and Moral Ideology, in: Hoffman, M.L./Hoffman, L.W. (Hrsg.): Review of Child Development Research, New York 1964, S. 383–431.

Kohlberg, L. [1971]: From is to Ought: How to Commit the Naturalistic Fallacy and Get Away With it in the Study of Moral Development, in: Mischel, T. (Hrsg.): Cognitive Development and Epistemology, New York 1971, S. 151–235.

Kohlberg, L. [1974]: Zur kognitiven Entwicklung des Kindes. Drei Aufsätze, Frankfurt/M. 1974.

Kohlberg, L. [1984]: The Psychology of Moral Development. Essays on Moral Development, Vol. II, San Francisco 1984.

Kohler, S./Leuchtner, J./Müschen, K. [1987]: Sonnenenergie-Wirtschaft. Für eine konsequente Nutzung von Sonnenenergie, Frankfurt/M. 1987.

Kohn, M. [1977]: Class and Conformity. A Study in Values, 2nd ed., Chicago 1977 (1st 1969).

Kohn, M. [1981]: Persönlichkeit, Beruf und soziale Schichtung, Stuttgart 1981.

Kolbeck, R. [1980]: Unternehmen I: Unternehmen und Betrieb, in: Albers, W. et al. (Hrsg.): Handwörterbuch der Wirtschaftswissenschaften, 8. Band, Stuttgart/New York/Göttingen/Zürich 1980, S. 65–71.
Kosiol, E. [1972]: Die Unternehmung als wirtschaftliches Aktionszentrum. Einführung in die Betriebswirtschaftslehre, neubearb. und erw. Ausgabe, Reinbek 1972.
Koslowski, P. [1984]: Ethik des Kapitalismus, 2. A., Stuttgart 1984.
Koslowski, P. [1988]: Prinzipien der Ethischen Ökonomie, Tübingen 1988.
Kraft, V. [1951]: Die Grundlagen der wissenschaftlichen Wertlehre, Wien 1951.
Kreikebaum, H. [1987]: Strategische Unternehmensplanung, 2. A., Stuttgart/Berlin/Köln/Main 1987.
Kreikebaum, H. [1988a]: Kehrtwende zur Zukunft, Neuhausen/Stuttgart 1988.
Kreikebaum, H. [1988b]: Unternehmenskultur und Unternehmensethik. Ein kritischer Vergleich in Res Oeconomica, Jg. 3 (1988), Nr. 1, S. 6–8.
Kreikebaum, H. (Hrsg.) [1990]: Integrierter Umweltschutz. Eine Herausforderung für das Innovationsmanagement, Wiesbaden 1990.
Krell, G. [1988]: Organisationskultur – Renaissance der Betriebsgemeinschaft?, in: Dülfer, E. (Hrsg.): Organisationskultur. Phänomen – Philosophie – Technologie, Stuttgart 1988, S. 113–126.
Krings, H. [1986]: Ethik, Ethos, in: Görres-Gesellschaft (Hrsg.): Staatslexikon. Recht – Wirtschaft – Gesellschaft, Band 2, Freiburg 1986, S. 397–403.
Krishnan, R. [1973]: Business Philosophy and Executive Responsibility, in: Academy of Management Journal, Vol. 16 (1973), S. 658–669.
Krockow, C. Graf von [1984]: Der Mut zum eigenen Denken. Aufklärung ist in Deutschland immer noch ein mühseliges Geschäft, in: Die Zeit vom 28. 12. 1984.
Krockow, C. Graf von [1987]: Politik und menschliche Natur, Stuttgart 1987.
Kroeber, A.L./Kluckhohn, L. [1952]: Culture, Cambridge/Mass. 1952.
Küpper, H.U. [1988]: Verantwortung in der Wirtschaftswissenschaft, in: Schmalenbachs Zeitschrift für betriebswirtschaftliche Forschung, Jg. 40 (1988), S. 318–339.
Kumar, B. [1975]: Führungsprobleme internationaler Gemeinschaftsunternehmen in den Entwicklungsländern, Meisenheim 1975.
Kumar, B. [1987]: Deutsche Unternehmen in den USA. Das Management in amerikanischen Niederlassungen deutscher Mittelbetriebe, Wiesbaden 1987.
Kumar, B. [1988]: Interkulturelle Managementforschung, in: Wirtschaftswissenschaftliches Studium, Jg. 17 (1988), S. 389–394.
LaCroix, W. [1976]: Principles for Ethics in Business, Washington/D.C. 1976.
Laczniak, G.R. [1985]: Frameworks for Analyzing Marketing Ethics, in: Laczniak, G.R./Murphy, P.E. (Hrsg.): Marketing Ethics. Guidelines for Manager, Lexington/Massachusetts/Toronto 1985, S. 9–26.
Laczniak, G.R./Murphy, P.E. (Hrsg.) [1985a]: Marketing Ethics. Guidelines for Managers, Lexington/Massachusetts/Toronto 1985.
Laczniak, G.R./Murphy, P.E. [1985b]: Incorporating Marketing Ethics into the Organization, in: Laczniak, G.R./Murphy, P.E. (Hrsg.): Marketing Ethics. Guidelines for Managers, Lexington/Massachusetts/Toronto 1985, S. 97–105.
Ladd, J. [1970]: Morality and the Ideal of Rationality in Formal Organization, in: The Monist, Vol. 54 (1970), Nr. 4, S. 488–516.
Ladd, J. [1982a]: Collective and Individual Moral Responsibility in Engineering. Some Questions, in: Society and Technology, Juni 1982, S. 3–10.
Ladd, J. [1982b]: Philosophical Remarks on Professional Responsibility in Organizations, in: Applied Philosophy 1/1982, S. 1–13.
Lattmann, C. (Hrsg.) [1987]: Ethik und Unternehmensführung, Heidelberg 1987.
Lay, R. [1989]: Ethik für Manager, Düsseldorf/Wien/New York 1989.
Lefringhausen, K. [1988]: Wirtschaftsethik im Dialog, Stuttgart 1988.
Lempert, W. [1985]: Grundlagen, Grundzüge und Grenzen der Ausbildung moralischer Ur-

teilsfähigkeit im beruflichen Unterricht, in: Zeitschrift für Berufs- und Wirtschaftspädagogik, Jg. 81 (1985), S. 387–406.

Lempert, W. [1986]: Moralische Entwicklung und berufliche Sozialisation, in: Bertram, H. (Hrsg.): Gesellschaftlicher Zwang und moralische Autonomie, Frankfurt/M. 1986, S. 224–257.

Lempert, W. [1988 a]: Soziographische Bedingungen der Entwicklung moralischer Urteilsfähigkeit, in: Kölner Zeitschrift für Soziologie und Sozialpsychologie, Jg. 40 (1988), S. 40–91.

Lempert, W. [1988 b]: Moralisches Denken. Seine Entwicklung jenseits von Kindheit und seine Beeinflußbarkeit in der Sekundarstufe II, Essen 1988.

Lenk, H. (Hrsg.) [1977–1984]: Handlungstheorien interdisziplinär, Bände I–IV, München 1977–1984.

Lenk, H. [1981]: Herausforderung der Ethik durch technologische Macht. Zur moralischen Problematik des technischen Fortschritts, in: Gesellschaft für Rechtspolitik Trier (Hrsg.): Bitburger Gespräche, Jahrbuch 1981, München 1981, S. 5–38.

Lenk, H. [1982]: Zur Sozialphilosophie der Technik, Frankfurt 1982.

Lenk, H. [1983]: Verantwortung für die Natur, in: Allgemeine Zeitschrift für Philosophie, Nr. 8/1983, S. 1–18.

Lenk, H. [1984]: Verantwortung in Wissenschaft und Technik, in: Wendt, H./Loacker, N. (Hrsg.): Kindlers Enzyklopädie Der Mensch, Bd. VII, Philosophie, Wissenschaft und Technik, Zürich/München 1984, S. 463–487.

Lenk, H. [1985]: Mitverantwortung ist anteilig zu tragen – auch in der Wissenschaft, in: Baumgartner, H. M./Staudinger, H. (Hrsg.): Entmoralisierung der Wissenschaften. Ethik der Wissenschaften, Bd. II, München–Paderborn 1985, S. 102–109.

Lenk, H. [1987 a]: Zwischen Sozialpsychologie und Sozialphilosophie, Frankfurt 1987.

Lenk, H. [1987 b]: Über Verantwortungsbegriffe und das Verantwortungsproblem in der Technik, in: Lenk, H./Ropohl, G. (Hrsg.): Technik und Ethik, Stuttgart 1987, S. 112–148, a. a. O.

Lenk, H./Ropohl, G. (Hrsg.) [1987]: Technik und Ethik, Stuttgart 1987.

Lenz, H./Zundel, S. [1989]: Zum Begriff der Unternehmensethik. Entgegnung zu einem Beitrag von H. Steinmann und A. Löhr, in: Zeitschrift für betriebswirtschaftliche Forschung Jg. 41 (1989), S. 318–324.

Lenz, S. [1983]: Schriftsteller zwischen Literatur und Politik, in: ders., Elfenbeinturm und Barrikade, Erfahrungen am Schreibtisch, Hamburg 1983.

Lewin, K. [1951]: Field Theory and Social Science. Selected Theoretical Papers, New York 1951.

Lewin, K. [1958]: Group Decision and Social Change, in: Maccoby, E. E./Newcomb, T. M./ Hartley, E. L. (Hrsg.): Readings in Social Psychology, 3. A., New York 1958, S. 197–211.

Lewin, K./Lippitt, R./White, K. [1939]: Patterns of Aggressive Behavior in Experimentally Created Social Climates, in: Journal of Social Psychology, Vol. 10 (1939), S. 271–299.

Lind, G. [1984]: Theorie und Validität des Moralisches-Urteil-Tests – Zur Erfassung kognitiv-struktureller Effekte der Sozialisation, in: Framhein, G./Langer, J. (Hrsg.): Student und Studium im internationalen Vergleich, Klagenfurt 1984, S. 166–187.

Lind, G. [1985 a]: The Theory of Moral-Cognitive Development: A Socio-Psychological Assessment, in: Lind, G./Hartmann, M. A./Wakenhut, R. (Hrsg.): Moral Development and the Social Environment. Studies in the Psychology and Philosophy of Moral Judgement and Education, Chicago 1985, S. 21–53.

Lind, G. [1985 b]: Moralische Urteilskompetenz und berufliche Ausbildung, Teilbericht, Forschungsprojekt »Humanisierung der Arbeitswelt durch Förderung der sozial-moralischen Entwicklung« (HASMU), 2. A., Konstanz 1985.

Lind, G. [1986 a]: Parallelität von Affekt und Kognition in der moralischen Entwicklung, in: Oser, F./Althoff, W./Garz, D. (Hrsg.): Entstehung moralischer Identität. Soziogenese, moralisches Handeln und Schuld, München 1986, S. 158–179.

Lind, G. [1986 b]: Cultural Differences in Moral Judgement Competence? A Study of West and East European University Students, in: Behavior Science Research, Vol. 20 (1986), S. 208–225.

Lind, G. [1987]: Moral Judgment Competence and Education in Democratic Society, in: Weingartner, P./Zecha, G. (Hrsg.): Conscience: An interdisciplinary approach, Dordrecht 1987, S. 91–122.
Lind, G./Hartmann, M.A./Wakenhut, R. (Hrsg.) [1985]: Moral Development and Social Environment. Studies in the Psychology and Philosophy of Moral Judgement and Education, Chicago 1985.
Lind, G./Raschert, J. (Hrsg.) [1987]: Moralische Urteilsfähigkeit. – Eine Auseinandersetzung mit Lawrence Kohlberg über Moral, Erziehung und Demokratie, Weinheim 1987.
Lind, G./Wakenhut, R. [1985]: Festing for Moral Judgement Competence, in: Lind, G./Hartmann, H.A./Wakenhut, R. (Hrsg.): Moral Development and Social Environment. Studies in the Psychology and Philosophy of Moral Judgement and Education, Chicago 1985. S. 79–105.
Löhr, A. [1991]: Unternehmensethik und Betriebswirtschaftslehre. Ein Versuch zur theoretischen Stützung der Unternehmenspraxis, erscheint 1991.
Long Island University, School of Business Administration (Hrsg.) [1980, 1981]: Case Narratives, Case Narratives II, Long Island 1980, 1981.
Lorenzen, P. [1984a]: Elementargeometrie. Das Fundament der Analytischen Geometrie, Mannheim/Wien/Zürich 1984.
Lorenzen, P. [1984b]: Normative Logic and Ethics, 2nd ed., Mannheim/Wien/Zürich 1984.
Lorenzen, P. [1987]: Lehrbuch der konstruktiven Wissenschaftstheorie, Mannheim/Wien/Zürich 1987.
Lorenzen, P. [1990]: Diesseits von Idealismus und Realismus, bislang unveröffentlichtes Vortragsmanuskript, Marburg 1990.
Lorsch, J.W. [1986]: Managing Culture: The Invisible Barrier of Strategic Change, in: California Management Review, Vol. 28 (1986), Nr. 2, S. 95–109.
Louis, M.R. [1981]: A Cultural Perspective on Organizations: The Need for and Consequences of Viewing Organizations as Culture-Bearing Milieux, in: Human Systems Management, Vol. 2 (1981), S. 246–258.
Luhmann, N. [1973a]: Zweckbegriff und Systemrationalität, Frankfurt/M. 1973.
Luhmann, N. [1973b]: Vertrauen. Ein Mechanismus der Reduktion sozialer Komplexität, Stuttgart 1973.
Luhmann, N. [1975]: Politische Planung, in: Luhmann, N. (Hrsg.): Politische Planung, 2. A., Opladen 1975, S. 66–89.
Luhmann, N. [1978]: Soziologie der Moral, in: Luhmann, N./Pfürtner, S. (Hrsg.): Theorietechnik und Moral, Frankfurt/M. 1978, S. 8–116.
Luhmann, N. [1984]: Soziale Systeme. Grundriß einer allgemeinen Theorie, Frankfurt/M. 1984.
Luhmann, N. [1986]: Ökologische Kommunikation, Opladen 1986.
Luhmann, N. [1988]: Die Wirtschaft der Gesellschaft, Frankfurt/M. 1988.
Luijk, H. van [1986]: When the Market Fails: The Morality of Economic Man, Forschungsstelle für Wirtschaftsethik an der Hochschule St. Gallen für Wirtschafts- und Sozialwissenschaften, Beiträge und Berichte, Nr. 13, 1986.
Luter, E. [1979]: The Tobago Syndrome: The Extraterritorial Application of U.S. Laws and its Impact on International Trade, in: Winchester, M. (Hrsg.): The International Essays for Business Decision Makers, New York 1979, S. 19–31.
Luthans, F./Hodgetts, R.M./Thompson, K.R. [1980]: Social Issues in Business, 3rd ed., New York 1980.
Lydenberg, S.D. et al. [1986]: Rating America's Corporate Conscience. A Provocative Guide to the Companies Behind the Products You Buy Every Day, Reading/Mass. et al. 1986.
Lyles, M.A. [1981]: Formulating Strategic Problems: Empirical Analysis and Model Development, in: Strategic Management Journal, Vol. 2 (1981), S. 105–118.
Macchiavelli, N. [1986, orig. 1769]: Il Principe: Der Fürst, Stuttgart 1986. [Original: Il Principe, Cosmopoli 1769]

Maccoby, M.I. [1976]: The Gamesman. The New Corporate Leaders, New York 1976. [deutsche Übersetzung: Gewinner um jeden Preis, Reinbek 1977.]
McComas, M./Fookes, G./Taucher, G. (Hrsg.) [1985]: Die Problematik der Säuglingsernährung in der Dritten Welt. Nestlé und die Rolle der Säuglingsmilchprodukte, Vevey 1985.
McGuire, J.W. [1963]: Business and Society, New York 1963.
MacIntyre, A. [1987]: Der Verlust der Tugend. Zur moralischen Krise der Gegenwart, Frankfurt/M. 1987.
Malinowski, B. [1944]: A Scientific Theory of Culture and Other Essays, New York 1944.
Mann, T. [1901]: Die Buddenbrooks, Berlin 1901.
Mann, T. (Hrsg.) [1948]: The Permanent Goethe, New York 1948.
Mas-Colell [1985]: The Theory of General Economic Equilibrium: A Differentiable Approach, Cambridge 1985.
Matthews, J./Goodpaster, K./Nash, L. [1985]: Policies and Persons. A Casebook in Business Ethics, New York 1985.
Mayntz, R. et al. [1978]: Vollzugsprobleme der Umweltpolitik, Wiesbaden 1978.
Mead, G.H. [1968]: Geist, Identität und Gesellschaft, Frankfurt/M. 1968.
Medawar, C./Freese, B. [1981]: Drug Multinationals in the Third World, in: Business and Society Review, Summer 1981, S. 22–24.
Meffert, H./Benkenstein, M./Schubert, F. [1987]: Umweltschutz und Unternehmensverhalten, in: Harvard Manager, Heft 2/1987, S. 32–39.
Meffert, H./Bruhn, M. [1978]: Die Beurteilung von Konsum- und Umweltproblemen durch Konsumenten, in: Die Betriebswirtschaft, Jg. 38 (1978), S. 371–382.
Meffert, H./Bruhn, M./Schubert, F./Walter, T. [1986]: Marketing und Ökologie – Chancen und Risiken umweltorientierter Absatzstrategien der Unternehmungen, in: Die Betriebswirtschaft, Jg. 46 (1986), S. 140–159.
Meggle, G./Beckermann, A. (Hrsg.) [1977]: Analytische Handlungstheorie, 2. Bd., Frankfurt/M. 1977.
Melz, T. [1987]: Wirtschaftstheorie und Ethik, Pfaffenweiler 1987.
Messner, J. [1955]: Ethik, Innsbruck/Wien/München 1955.
Mestmaecker, E.-J. [1987]: Die sichtbare Hand des Rechts. Über das Verhalten von Rechtsordnung und Wirtschaftssystem, 7. A., Baden-Baden 1987.
Meyer-Abich, K.-M. (Hrsg.) [1979a]: Frieden mit der Natur, Freiburg u.a. 1979.
Meyer-Abich, K.-M. [1979b]: Die Zukunft des Menschen in der Geschichte der Natur, in: Meyer-Abich, K.-M. (Hrsg.): Frieden mit der Natur, Freiburg u.a. 1979, S. 11–37.
Meyerson, D./Martin, J. [1987]: Cultural Change: An Integration of Three Different Views, in: Journal of Management Studies, Vol. 24 (1987), S. 633–647.
Mintzberg, H./Raisinghani, D./Théorêt, A. [1976]: The Structure of »Unstructured« Decision Processes, in: Administrative Science Quarterly, Vol. 21 (1976), S. 246–275.
Missner, M. (Hrsg.) [1980]: Ethics of the Business System, Shermann Oaks/CA 1980.
Mittelstraß, J. [1985]: Wirtschaftsethik als wissenschaftliche Disziplin?, in: Enderle, G. (Hrsg.): Ethik und Wirtschaftswissenschaft, Berlin 1985, S. 17–32.
Mittelstraß, J. [1989]: Der Flug der Eule. Von der Vernunft der Wissenschaft und der Aufgabe der Philosophie, Frankfurt/M. 1989.
Molander, E.A. [1980]: Responsive Capitalism. Case Studies in Corporate Social Conduct, New York 1980.
Morey, N./Luthans, F. [1985]: Refining the Displacement of Culture and the Use of Scenes and Themes in Organizational Studies, in: Academy of Management Review, Vol. 10 (1985), S. 219–229.
Morgan, G./Frost, P.J./Pondy, L.R. [1983]: Organizational Symbolism, in: Pondy, L.R. et al. (Hrsg.): Organizational Symbolism, Greenwich (Conn.)/London 1983, S. 3–35.
Mühlschwein, W. [1979]: Tragwerke als Arbeitsgegenstände von Bauingenieuren, Diss., Darmstadt 1979.
Müller-Merbach, H. [1988]: Ethik ökonomischen Verhaltens. Eine Lehre der verantwortungs-

bewußten Unternehmensführung in marktwirtschaftlichen Gesellschaftsordnungen, in: Hesse, H. (Hrsg.): Wirtschaftswissenschaft und Ethik, Berlin 1988, S. 305–323.
Muskie, E.S./Greenwald III, D.J. [1986]: The Nestlé Infant Formula Audit Commission as a Model, in: The Journal of Business Strategy, Vol. 6 (1986), Spring 1986, S. 19–23.
Mydral, G. [1933]: Das Zweck-Mittel-Denken in der Nationalökonomie, in: Zeitschrift für Nationalökonomie, Jg. 4 (1933), S. 305–329.
Mydral, G. [1976]: Das politische Element in der nationalökonomischen Doktrinbildung, Berlin 1932, Neuausgabe Bonn/Bad Godesberg 1976.
Nader, R./Petkas, P./Blackwell, K.: Whistle Blowing, New York 1972.
Negandhi, A. [1984]: Interaction Between Multinational Corporations and Host-Countries: Power, Conflict and Democratization in Decision-Making, in: Wilpert, B./Sorge, A. (Hrsg.): International Perspectives on Organizational Democracy, New York 1984, S. 87–113.
Negandhi, A. [1987]: International Management, Boston 1987.
Negandhi, A./Baliga, B. [1981]: Tables are turning: German and Japanese Multinational Companies in the United States, Königstein/Ts. 1981.
Negandhi, A./Welge, M. [1984]: Beyond Theory Z: Global Rationalization Strategies of American, German and Japanese Multinational Companies, Greenwich/Conn. 1984.
Neisser, U. [1979]: Kognition und Realität, Stuttgart 1979.
Nell-Breuning, O. von [1963]: Wirtschaftsethik, in: Görres-Gesellschaft (Hrsg.): Staatslexikon. Recht – Wirtschaft – Gesellschaft, 8. Band, Freiburg 1963, S. 772–781.
Nestlé AG [1982]: WHO International Code of Marketing of Breast-Milk Substitutes. Revised Instructions to companies of the Nestlé Group and to agents and distributors who market Infant Formula under Trade Marks owned by the Nestlé Group, October 1982.
Neuberger, O./Kompa, A. [1987]: Wir, die Firma. Der Kult um die Unternehmenskultur, Weinheim/Basel 1987.
Niebuhr, R. [1932]: Moral Man and Immoral Society, New York 1932.
Nielsen, R.P. [1976]: Criminal Executives, in: Business and Society Review, Nr. 20, Winter 76/77, S. 73.
Nielsen, R.P. [1979a]: Stages in Moving Toward Cooperative Problem Solving Employee Relation Projects, in: Human Resources Management, Vol. 18 (1979), S. 2–8.
Nielsen, R.P. [1979b]: Should Executives Be Jailed for Consumer and Employee. Health and Safety Violations?, in: The Journal of Consumer Affairs, Vol. 13 (1979), S. 128–134.
Nielsen, R.P. [1981]: Toward a Method for Building Consensus with Internal Constituencies During Strategic Planning, in: Sloan Management Review, Vol. 22 (1981), Nr. 4, S. 29–40.
Nielsen, R.P. [1983a]: Industrial Policy: Reviews and Historical Perspective, in: Public Administration Review, Vol. 43 (1983), S. 471–475.
Nielsen, R.P. [1983b]: Strategic Planning and Consensus Building for External Relations, in: Long Range Planning, Vol. 16 (1983), Nr. 6, S. 74–81.
Nielsen, R.P. [1984]: A Politics of Markets and a Market of Politics. [A Review of: Law and Markets in United States History: Different Modes of Bargaining among Interests, by James Willard Hurst, Madison 1982,], in: Journal of Marketing, Vol. 48 (1984), Nr. 2, S. 101–103.
Noelle-Neumann, E. [1987]: Die verletzte Nation. Über den Versuch der Deutschen, ihren Charakter zu ändern, Stuttgart 1987.
Noelle-Neumann, E./Strümpel, B. [1984]: Macht die Arbeit krank? Macht Arbeit glücklich? Eine aktuelle Kontroverse, München/Zürich 1984.
Noonan, J. [1984]: Bribes, New York 1984.
Novak, M. [1982]: The Spirit of Democratic Capitalism, New York 1982.
Okun, A.M. [1975]: Equality and Efficiency. The Big Tradeoff, Washington D.C. 1975.
Ondernemen en Ethiek [o.J.]: Twaalf interviews met Nederlandse ondernemers, Het Financieele Dagblad (o.J.).
Oppenrieder, B. [1986]: Implementationsprobleme einer Unternehmensethik, Arbeitspapier Nr. 34 des Lehrstuhls für Allgemeine Betriebswirtschaftslehre und Unternehmensführung der Universität Erlangen-Nürnberg, Nürnberg 1986.

Oser, F./Fatke, R./Höffe, O. (Hrsg.) [1986]: Transformation und Entwicklung, Frankfurt/M. 1986.

Oser, F./Schläfli, A. [1985]: The Thin Line Phenomenon: Helping Bank Trainees Form a Social and Moral Identity, in: Lind, G./Hartmann, H. A./Wakenhut, R. (Hrsg.): Moral Development and Social Environment. Studies in the Psychology and Philosophy of Moral Judgement and Education, Chicago 1985, S. 125–154.

Oser, F./Schläfli, A. [1986]: Und sie bewegt sich doch: Zur Schwierigkeit der stufenmäßigen Veränderung des moralischen Urteils am Beispiel von Schweizer Banklehrlingen, in: Oser, F./Fatke, R./Höffe, O. (Hrsg.): Transformation und Entwicklung, Frankfurt/M. 1986, S. 217–251.

Osgood, C. [1951]: Culture, its Empirical and Non-Empirical Character, in: Southwestern Journal of Anthropology, Vol. 7 (1951), S. 202–214.

Osterloh, M. [1983]: Handlungsspielräume und Informationsverarbeitung, Bern/Stuttgart/Wien 1983.

Osterloh, M. [1985]: Zum Begriff des Handlungsspielraums in der Organisations- und Führungstheorie, in: Schmalenbachs Zeitschrift für betriebswirtschaftliche Forschung, Jg. 37 (1985), S. 291–310.

Osterloh, M. [1986]: Industriesoziologische Vision ohne Bezug zur Managementlehre?, in: Die Betriebswirtschaft, Jg. 46 (1986), S. 610–624.

Osterloh, M. [1988a]: Management Between »Old« and »New« Production Concepts and Its Dependence on Factors in the System of Vocational Training and Employment, in: Dlugos, G./Dorow, W./Weiermair, K. (Hrsg.): Management Under Differing Labour Market and Employment Systems, Berlin/New York 1988, S. 193–206.

Osterloh, M. [1988b]: Methodische Probleme einer empirischen Erforschung von Organisationskulturen, in: Dülfer, E. (Hrsg.): Organisationskultur Phänomen – Philosophie – Technologie, Stuttgart 1988, S. 139–151.

Ott, C./Schäfer, H.-B. [1988]: Die ökonomische Analyse des Rechts – Irrweg oder Chance wissenschaftlicher Rechtserkenntnis?, in: Juristen-Zeitung, Jg. 43 (1988), S. 213–223.

Ouchi, W. G. [1981]: Theory Z. How American Business Can Meet the Japanese Challenge, Reading/Mass. 1981.

O. V. [1982]: Does Business Love Foreign Dictators?, in: Business and Society Review, Spring 1982, S. 4–11.

O. V. [1983]: Racism or Reason, The Corporation that Refuse to Sign the Sullivan Principles, in: Business and Society Review, Summer 1983, S. 42–46.

O. V. [1987a]: Why Guiness Matters, in: Financial Times vom 15. 1. 1987.

O. V. [1987b]: IOD Annual Convention, in: Financial Times vom 25. 2. 1987.

O. V. [1987c]: Investment Attitudes of Pension Trustees Surveyed, in: Financial Times vom 9. 11. 1987.

O. V. [1987d]: Who's Excellent Now?, in: Business Week vom 5. 11. 1987, S. 76–88.

O. V. [1988a]: Schools for Scandal, in: The Economist vom 9. 1. 1988, S. 73.

O. V. [1988 b]: Lawson Stresses Moral Basis for Tax Cuts, in: Financial Times vom 20. 1. 1988.

Pagan, R. D. Jr. [1986]: The Nestlé Boycott: Implications for Strategic Business Planning, in: The Journal of Business Strategy, Vol. 6 (1986), Spring 1986, S. 12–18.

Parfit, D. [1984]: Reasons and Persons, Oxford 1984.

Partridge, S. H. [1982]: Cases in Business and Society, Englewood Cliffs 1982.

Pascale, R. T./Atmos, A. G. [1981]: The Art of Japanese Management, New York 1981.

Patzig, G. [1983]: Ökologische Ethik – innerhalb der Grenzen bloßer Vernunft, Göttingen 1983.

Peltzer, U. [1987]: Mythos Moralpsychologie, in: Psychologie heute, Jg. 14 (1987), Nr. 6, S. 52–57.

Pennings, J. M./Gresov, C. G. [1986]: Technoeconomic and Structural Correlates of Organizational Culture: An Integrative Framework, in: Organization Studies, Vol. 7 (1986), S. 317–319.

Perrow, C. [1987]: Normale Katastrophen. Die unvermeidbaren Risiken der Großtechnik, Frankfurt/New York 1987 [Orig.: Normal Accidents, New York 1984].
Pestalozzi, H. A. [1982]: Konflikte in der Marketing-Managerrolle, in: Hansen, U./Stauss, B./ Riemer, H. (Hrsg.): Marketing und Verbraucherpolitik, Stuttgart 1982, S. 466–472.
Peters, T.J. [1978]: Symbols, Patterns and Settings. An Optimistic Case for Getting Things Done, in: Organizational Dynamics, Vol. 7, Autumn 1978, S. 3–23.
Peters, T.J./Waterman, R.H. jun. [1984, 1982]: Auf der Suche nach Spitzenleistungen. Was man von den bestgeführten US-Unternehmen lernen kann, Landsberg 1984, [Original: In Search of Excellence. Lessons from America's Best-Run Companies, New York 1982].
Pfeffer, J. [1981]: Management as Symbolic Action: The Creation and Maintenance of Organizational Paradigm, in: Research in Organizational Behavior, Vol. 3 (1981), S. 1–52.
Pfeifer, M. [1991]: Beteiligungsorientierte Technologiepolitik in Unternehmen, in: Wörz, M./ Dingwerth, P./Öhlschläger, R. (Hrsg.): Moral als Kapital II. Partizipation als Realisierungsform des Dialogs zwischen Wirtschaft und Ethik, Stuttgart 1991.
Pfriem, R. (Hrsg.) [1986]: Ökologische Unternehmenspolitik, Frankfurt/N.Y. 1986.
Piaget, J. [1932, 1954, 1972, 1973]: Das moralische Urteil beim Kinde, Zürich 1954 ([1]1932), Frankfurt/M. 1972, 1973.
Picht, G. [1969]: Wahrheit, Vernunft, Verantwortung. Philosophische Studien, Stuttgart 1969.
Picot, A. [1977]: Betriebswirtschaftliche Umweltbeziehungen und Umweltinformationen. Grundlagen einer erweiterten Erfolgsanalyse für Unternehmungen, Berlin 1977.
Picot, A. [1982]: Der Verbraucher in der sozialen Rechnungslegung, in: Hansen, U./Stauss, B./ Riemer, M. (Hrsg.): Marketing und Verbraucherpolitik, Stuttgart 1982, S. 509–528.
Polanyi, K. [1978]: The Great Transformation, Frankfurt/M. 1978.
Pondy, L.R./Frost, P.J./Morgan, G./Dandridge, T.C. (Hrsg.) [1983]: Organizational Symbolism, Greenwich/Conn. 1983.
Popper, K.R. [1980]: Die offene Gesellschaft und ihre Feinde, München 1980.
Portele, G. [1985]: How Scientists Think About Science and Morality, in: Lind, G./Hartmann, H.A./Wakenhut, R. (Hrsg.): Moral Development and Social Environment. Studies in the Psychology and Philosophy of Moral Judgement and Education, Chicago 1985, S. 193–204.
Porter, M.E. [1980]: Competitive Strategy, New York 1980.
Porter, M.E. [1985]: Competitive Advantage, New York 1985.
Pothast, U. (Hrsg.) [1978]: Freies Handeln und Determinismus, Frankfurt/M. 1978.
Prahalad, C./Doz, Y. [1987]: The Multinational Mission. Balancing Local Demands and Global Vision, New York 1987.
Purcell, T.V.S.J./Weber, J.S.J. [1984]: The Norton Company, in: Jauch, L.R./Townsend, J.B. (Hrsg.) Cases in Strategic Management and Business Policy, New York et al. (o.J. – 1984/85), S. 165–171.
Quinn, J.B. [1980]: Strategies for Change. Logical Incrementalism, Homewood/Ill. 1980.
Raelin, J.A. [1987]: The Professional as the Executive's Ethical Aide-De-Camp, in: The Academy of Management Executive, Vol. 1 (1987), S. 171–182.
Raffée, H. [1979]: Marketing und Umwelt, Stuttgart 1979.
Raffée, H. [1988]: Der Wertewandel als Herausforderung für Marketingforschung und Marketingpraxis, in: Markenartikel, Jg. 50 (1988), S. 210–212.
Rahmsdorf, D./Schäfer, H.-B. (Hrsg.) [1988]: Ethische Grundfragen der Wirtschafts- und Rechtsordnung, Berlin 1988.
Reddin, W.J. [1970]: Managerial Effectiveness, New York 1970.
Regan, T. (Hrsg.) [1984]: Just Business. New Introductory Essays in Business Ethics, New York 1984.
Renoux, Y. [1985]: Die Verbraucherabteilung. Instrument eines strategischen Dialogs, in: Hansen, U./Schoenheit, I. (Hrsg.): Verbraucherabteilungen in privaten und öffentlichen Unternehmen, Frankfurt/New York 1985, S. 132–145.
Rest, J. [1986]: Moral Development, New York 1986.
Reuter, E. [1975]: Schriften und Reden, Frankfurt/Berlin/Wien 1975.

Reuter, E. [1989]: Verantwortung im Dialog. Daimler-Chef Reuter vor der IHK über die Unternehmer und die Moral, in: Stuttgarter Nachrichten vom 21. 2. 1989.
Rich, A. [1980]: Wirtschaftsethik, in: Schober, T. et al. (Hrsg.): Evangelisches Soziallexikon, Stuttgart/Berlin 1980, S. 1446–1449.
Rich, A. [1984, 1985]: Wirtschaftsethik. Grundlagen in theologischer Perspektive, Gütersloh 1984, 2. A., Gütersloh 1985.
Riedel, M. [1984]: Was heißt »Handeln«?, in: Apel, K.-O./Böhler, D./Rebel, K. (Hrsg.): Funkkolleg Praktische Philosophie/Ethik, Studientexte 1, Weinheim/Basel 1984, S. 157–184.
Riklin, A. [1987]: Verantwortung des Akademikers, St. Gallen 1987.
Ritter, J./Gründer, K. (Hrsg.) [1971ff.]: Historisches Wörterbuch der Philosophie, Darmstadt 1971ff.
Robinson, W.L./Pritchard, M.S./Ellin, J. (Hrsg.) [1983]: Profits and Professions. Essays in Business and Professional Ethics, Clifton 1983.
Romein, J. [1948]: Die Biographie. Einführung in ihre Geschichte und ihre Problematik, Bern 1948.
Romiti, C. [1989]: Intervista con Cesare Romiti, Mailand 1989.
Ronen, S. [1986]: Comparative and Multinational Management, New York 1986.
Rossum, W. van [1990]: Maschinenmoral. Der blinde Fleck der Systemtheorie, in: Frankfurter Allgemeine Zeitung vom 13. 6. 1990, S. N3.
Sachsse, H. [1972]: Technik und Verantwortung, Freiburg 1972.
Sachsse, H. [1983]: Handeln im Spannungsfeld zwischen gesellschaftlicher Regelung und Eigenverantwortung, in: Kessler, H. (Hrsg.): Selbstfindung in einer Zeit der Selbstentfremdung, Mannheim 1983, S. 13–28.
Sandberger, J.-U. [1983]: Zwischen Legitimation und Kritik. Vorstellungen von Akademikern, Studenten und Bevölkerung zur sozialen Ungleichheit, in: Zeitschrift für Soziologie, Jg. 12 (1983), S. 181–202.
Sandner, K. [1987]: Das Unbehagen an der Organisationskultur, in: Die Betriebswirtschaft, Jg. 47 (1987), S. 242–244.
Sautter, H. [1988]: Weltsicht, Moral und wirtschaftliche Entwicklung, in: Hesse, H. (Hrsg.): Wirtschaftswissenschaft und Ethik, Berlin 1988, S. 339–365.
Scheer, H. (Hrsg.) [1987]: Die gespeicherte Sonne. Wasserstoff als Lösung des Energie- und Umweltproblems, 2. A., München/Zürich 1987.
Schein, E. [1984]: Coming to a New Awareness of Organizational Culture, in: Sloan Management Review, Vol. 25 (1984), Nr. 2, S. 3–16.
Schein, E. [1986]: Organizational Culture and Leadership. A Dynamic View, San Francisco/London 1986.
Schleiermacher, F.D.E. [1913]: Werke in Auswahl, Bd. 2, hrsg. von O. Braun und J. Bauer, Leipzig 1913.
Schmidt, R.H./Schor, G. [1987]: Modell und Erklärung in den Wirtschaftswissenschaften, in: Schmidt, R.H./Schor, G. (Hrsg.): Modelle in der Betriebswirtschaftslehre, Wiesbaden 1987, S. 9–36.
Schmidt, W. [1986]: Führungsethik als Grundlage betrieblichen Managements, Heidelberg 1986.
Schnädelbach, H. [1986]: Transformation der kritischen Theorie, in: Honneth, A./Joas, H. (Hrsg.): Kommunikatives Handeln. Beiträge zu Jürgen Habermas' »Theorie des kommunikativen Handelns«, Frankfurt/M. 1986, S. 15–34.
Schneider, D. [1978]: Ziele und Mittel in der Betriebswirtschaftslehre, Wiesbaden 1978.
Schneider, D. [1990]: Unternehmensethik und Gewinnprinzip in der Betriebswirtschaftslehre, in: Schmalenbachs Zeitschrift für betriebswirtschaftliche Forschung, Jg. 42 (1990), S. 869–891.
Schrader, D.E. [1987]: The Corporation and Profits, in: Journal of Business Ethics, Vol. 6 (1987), S. 589–601.
Schredelseker, K./Kopetsch, G./Maybüchen, B. [1986]: Publizität und Unternehmensverfassung. Das Beispiel der französischen Sozialbilanz, Frankfurt/New York 1986.

Schreyögg, G. [1981]: Zielsetzung und Planung – Normative Aspekte der Unternehmensplanung, in: Steinmann, H. (Hrsg.): Planung und Kontrolle, München 1981, S. 105–132.
Schreyögg, G. [1984a]: Unternehmensstrategie. Grundfragen einer Theorie strategischer Unternehmensführung, Berlin/New York 1984.
Schreyögg, G. [1984b]: Mythen und Magie in der Unternehmensführung, in: Management Forum, Jg. 4 (1984), S. 167–179.
Schreyögg, G. [1985]: Die Beteiligung von Verbraucherabteilungen am unternehmerischen Entscheidungsprozeß, in: Hansen, U./Schoenheit, I. (Hrsg.): Verbraucherabteilungen in privaten und öffentlichen Unternehmen, Frankfurt/New York 1985, S. 197–208.
Schreyögg, G. [1988]: Kann und darf man Unternehmenskulturen ändern?, in: Dülfer, E. (Hrsg.): Organisationskultur. Phänomen – Philosophie – Technologie, Stuttgart 1988, S. 155–168.
Schüller, A. (Hrsg.) [1983]: Property Rights und ökonomische Theorie, München 1983.
Schünemann, B. [1979]: Unternehmenskriminalität und Strafrecht, Köln/Berlin/Bonn/München 1979.
Schütz, A. [1971]: Gesammelte Aufsätze, Bd. 1: Das Problem der sozialen Wirklichkeit, Den Haag 1971.
Schütz, A. [1974]: Der sinnhafte Aufbau der sozialen Welt. Eine Einleitung in die verstehende Soziologie, Frankfurt/M. 1974.
Schütze, F./Meinefeld, W./Springer, W./Weymann, A. [1973]: Grundlagentheoretische Voraussetzungen methodisch kontrollierten Fremdverstehens, in: Arbeitsgruppe Bielefelder Soziologen (Hrsg.): Alltagswissen, Interaktion und gesellschaftliche Wirklichkeit, Reinbek 1973, S. 433–495.
Schwarz, Heinz et al. [1979]: Beiträge zur Theorie und Technik des Entscheidens bei Planungs- und Entwurfsaufgaben im Bauwesen, Forschungsbericht im Auftrag des BM Bau, TH Darmstadt, Institut für Baubetrieb und Informationsverarbeitung im Bauwesen, Darmstadt 1979.
Schwemmer, O. [1987]: Handlung und Struktur. Zur Wissenschaftstheorie der Kulturwissenschaften, Frankfurt/M. 1987.
Seidel, E./Menn, H. [1988]: Ökologisch orientierte Betriebswirtschaft, Stuttgart et al. 1988.
Seifert, E.K./Pfriem, R. (Hrsg.) [1989]: Wirtschaftsethik und ökologische Wirtschaftsforschung, Bern/Stuttgart 1989.
Sen, A. [1987]: On Ethics and Economics, Oxford 1987.
Shrivastava, P. [1985]: Integrating Strategy Formulation with Organizational Culture, in: The Journal of Business Strategy, Vol. 5 (1985), Nr. 3, S. 103–111.
Shrivastava, P. [1987]: Bhopal. Anatomy of a Crisis, Cambridge/Mass. 1987.
Sichler, W. [1987]: Besprechung zu Elisabeth Noelle-Neumann: Die verletzte Nation, in: Herder-Korrespondenz, Jg. 41 (1987), S. 383–391.
Simon, H.A. [1955]: A Behavioral Model of Rational Choice, in: Quarterly Journal of Economics, Vol. 59 (1955), S. 99–118.
Simon, J. (Hrsg.) [1977]: Freiheit. Theoretische und praktische Aspekte des Problems, Frankfurt/M. 1977.
Skapinker, M. [1987]: IBM's Social Responsibility: The Corporate and The Common Good, in: Financial Times vom 15. 4. 1987.
Sloterdijk, P. [1983]: Kritik der zynischen Vernunft, 2 Bd., Frankfurt/M. 1983.
Smircich, L. [1983]: Concepts of Culture and Organizational Analysis, in: Administrative Science Quarterly, Vol. 28 (1983), S. 339–358.
Smith, A. [1974, Original 1776]: Der Wohlstand der Nationen. Eine Untersuchung seiner Natur und seiner Ursachen, dt. Übersetzung mit einer Würdigung des Gesamtwerkes von H.C. Recktenwald, München 1974. [Original: An Inquiry into the Nature and Causes of the Wealth of Nations, London 1776.]
Snoeyenbos, M./Almeder, R./Humber, J. (Hrsg.) [1983]: Business Ethics. Corporate Values and Society, Buffalo 1983.

Solomon, R.C./Hanson, K.R. [1983]: Above the Bottom Line. An Introduction to Business Ethics, New York 1983.
Sperber, M. [1979]: Die vergebliche Warnung. All das Vergangene . . ., München 1979.
Stachowiak, H. (Hrsg.) [1986, 1987]: Pragmatik. Handbuch pragmatischen Denkens, Bände I und II, Hamburg 1986 und 1987.
Staehle, W.H. [1987]: Management: Eine verhaltenswissenschaftliche Einführung, 3. A., München 1987.
Staudinger, H. [1982]: Darf die Forschung alles tun, was sie kann?, in: Frankfurter Allgemeine Zeitung vom 12. 5. 1982, S. 10.
Steger, U. [1988a]: Umweltmanagement, Wiesbaden 1988.
Steger, U. [1988b]: Umweltschutz und Betriebswirtschaftslehre. Von der passiven zur aktiven Behandlung, in: Gablers Magazin, Jg. 2 (1988), Nr. 5, S. 20–24.
Steiner, G.A. [1975a]: Business and Society, 2nd ed., New York 1975.
Steiner, G.A. [1975b]: Casebook in Business and Society, New York 1975.
Steiner, G.A./Steiner, J.F. (Hrsg.) [1977]: Issues in Business and Society, 2nd ed., New York 1977.
Steinmann, H. [1969]: Das Großunternehmen im Interessenkonflikt, Stuttgart 1969.
Steinmann, H. [1973]: Zur Lehre von der »Gesellschaftlichen Verantwortung der Unternehmensführung« – zugleich eine Kritik des Davoser Manifests, in: Wirtschaftswissenschaftliches Studium, Jg. 2 (1973), S. 467–473.
Steinmann, H. [1978]: Die Betriebswirtschaftslehre als normative Handlungswissenschaft, in: ders. (Hrsg.): Betriebswirtschaftslehre als normative Handlungswissenschaft, Wiesbaden 1978, S. 73–102.
Steinmann, H. [1985]: The Enterprise as a Political System, in: Hopt, K./Teubner, G. (Hrsg.): Corporate Governance and Director's Liabilities, Berlin/New York 1985, S. 401–428.
Steinmann, H./Gerum, E. [1978a]: Die Koalitionstheorie als Paradigma für betriebswirtschaftliche und rechtliche Reformüberlegungen zur Unternehmensordnung?, in: Heigl, A./Uekker, P. (Hrsg.): Betriebswirtschaftslehre und Recht, Wiesbaden 1978, S. 195–217.
Steinmann, H./Gerum, E. [1978b]: Reform der Unternehmensverfassung. Methodische und ökonomische Grundüberlegungen, Köln et al. 1978.
Steinmann, H./Gerum, E. [1988]: Unternehmensordnung, in: Bea, F.X./Dichtl, E./Schweitzer, M. (Hrsg.): Allgemeine Betriebswirtschaftslehre, Band 1: Grundfragen, 4. A., Stuttgart/New York 1988, S. 179–267.
Steinmann, H./Kumar, B. [1984]: Personalpolitische Aspekte von im Ausland tätigen Unternehmen, in: Dichtl, E./Issing, D. (Hrsg.): Exporte als Herausforderung für die deutsche Wirtschaft, Köln 1984, S. 398–427.
Steinmann, H./Löhr, A. [1987a]: Unternehmensethik. Begriff, Problembestände und Begründungsleistungen, Diskussionsbeiträge, Heft 35 des Lehrstuhls für Allgemeine Betriebswirtschaftslehre und Unternehmensführung der Universität Erlangen-Nürnberg, Nürnberg 1987.
Steinmann, H./Löhr, A. [1987b]: Unternehmensverfassung und Unternehmensethik – Eine notwendige Abgrenzung, in: Die Unternehmung, Jg. 41 (1987), S. 451–457.
Steinmann, H./Löhr, A. [1988]: Unternehmensethik – eine »realistische Idee«, in: Schmalenbachs Zeitschrift für betriebswirtschaftliche Forschung, Jg. 40 (1988), S. 299–317.
Steinmann, H./Löhr, A. ([1988a]: Zur Kritik einer Marketingethik auf erfahrungswissenschaftlicher Grundlage, in: Die Betriebswirtschaft, 48. Jg. (1988), S. 810–812.
Steinmann, H./Oppenrieder, B. [1985]: Brauchen wir eine Unternehmensethik? Ein thesenartiger Aufriß einzulösender Argumentationspflichten, in: Die Betriebswirtschaft, Jg. 45 (1985), S. 170–183.
Steinmann, H./Schreyögg, G. [1982]: Großunternehmung und gesellschaftliche Verantwortung – Der Fall Cabora Bassa, in: Die Betriebswirtschaft, Jg. 42 (1982), S. 515–531.
Steinmann, H./Schreyögg, G. [1986]: Zur organisatorischen Umsetzung der strategischen Kontrolle, in: Schmalenbachs Zeitschrift für betriebswirtschaftliche Forschung, Jg. 38 (1986), S. 747–765.
Stevens, E. [1979]: Business Ethics, New York 1979.

Stone, C.D. [1975]: Where the Law Ends, New York et al. 1975.
Stopford, J./Wells, L. [1972]: Managing the Multinational Enterprise, London 1972.
Street, A. [1985]: Multinationals Square off Against Central American workers, in: Business and Society Review, Winter 1985, S. 45–49.
Summers, C.W. [1980]: Protecting all Employees Against Unjust Dismissial, in: Harvard Business Review, Vol. 58 (1980), Nr. 1, S. 132–139.
Surányi-Unger, T. [1965]: Wirtschaftsethik, in: von Beckerath, E. et al. (Hrsg.): Handwörterbuch der Sozialwissenschaften, 12. Band, Stuttgart/Tübingen/Göttingen 1965, S. 83–103.
Taylor, C. [1986]: Sprache und Gesellschaft, in: Honneth, A./Joas, H. (Hrsg.): Kommunikatives Handeln. Beiträge zu Jürgen Habermas' »Theorie des kommunikativen Handelns«, Frankfurt/M. 1986, S. 35–52.
Thomas, H. (Hrsg.) [1987]: Ethik der Leistung. Lindenthal-Institut Kolloquium Köln 1987, Herford 1988.
Thomas v. Aquin [1985]: Summe der Theologie, Bd. 2, Stuttgart 1985.
Thomas, W.I. [1932]: The Child in America, New York 1932.
Thompson, James, D. [1967]: Organizations in action, New York 1967.
Tichy, N. [1983]: Managing Strategic Change. Technical, Political and Cultural Dynamics, New York 1983.
Tillich, P. [1956ff.]: Systematische Theologie, 3 Bd., Stuttgart 1956ff.
TNO-Werkgroep [1984]: TNO-Werkgroep van de Raad van Kerken in Nederland: Over de Grenzen. De maatschappelijke verantwoordelijkheid van transnationale ondernemingen, 1984.
Töpfer, A. [1985]: Umwelt- und Benutzerfreundlichkeit von Produkten als strategische Unternehmungsziele, in: Marketing, Jg. 7 (1985), S. 241–251.
Türk, K. [1982]: System und Subjekt. Thesen zum organisationalen Bewußtseinssyndrom, in: Hubig, C. (Hrsg.): Ethik institutionellen Handelns, Frankfurt/New York 1982, S. 166–191.
Ulrich, H. [1970]: Die Unternehmung als produktives soziales System. Grundlagen der allgemeinen Unternehmungslehre, Bern/Stuttgart 1970.
Ulrich, P. [1977]: Die Großunternehmung als quasi-öffentliche Institution. Eine politische Theorie der Unternehmung, Stuttgart 1977.
Ulrich, P. [1980]: Plädoyer für unternehmungspolitische Vernunft – Was hat Unternehmungspolitik mit Politik zu tun?, in: Management-Zeitschrift io, Jg. 49 (1980), S. 32–38.
Ulrich, P. [1981]: Wirtschaftsethik und Unternehmungsverfassung: Das Prinzip des unternehmungspolitischen Dialogs, in: Ulrich, H. (Hrsg.): Management-Philosophie für die Zukunft, Bern/Stuttgart 1981, S. 57–75.
Ulrich, P. [1983]: Konsensus-Management: Die zweite Dimension rationaler Unternehmensführung, in: Betriebswirtschaftliche Forschung und Praxis, Jg. 35 (1983), S. 70–84.
Ulrich, P. [1984]: Systemsteuerung und Kulturentwicklung, in: Die Unternehmung, Jg. 38 (1984), S. 303–325.
Ulrich, P. [1986]: Transformation der ökonomischen Vernunft. Fortschrittsperspektiven der modernen Industriegesellschaft, Bern/Stuttgart 1986.
Ulrich, P. [1987a]: Die Weiterentwicklung der ökonomischen Rationalität – Zur Grundlegung der Ethik der Unternehmung, in: Biervert, B./Held, M. (Hrsg.): Ökonomische Theorie und Ethik, Frankfurt/New York 1987, S. 122–149.
Ulrich, P. [1987b]: Die neue Sachlichkeit – oder: Wie kann die Unternehmensethik betriebswirtschaftlich zur Sache kommen?, in: Die Unternehmung, Jg. 41 (1987), S. 409–424.
Ulrich, P. [1987c]: Unternehmensethik – diesseits oder jenseits der betriebswirtschaftlichen Vernunft?, in: Lattmann, C. (Hrsg.): Ethik und Unternehmensführung, Heidelberg 1987, S. 96–116.
Ulrich, P. [1987d]: Wissenschaftstheoretische Grundfragen der Führungsforschung – Kritische Theorie, in: Kieser, A./Reber, G./Wunderer, R. (Hrsg.): Handwörterbuch der Führung, Stuttgart 1987, Sp. 2047–2058.
Ulrich, P. [1988a]: Betriebswirtschaftslehre als praktische Sozialökonomie, in: Wunderer, R.

(Hrsg.): Betriebswirtschaftslehre als Management- und Führungslehre, 2. erg. A., Stuttgart 1988, S. 191–215.
Ulrich, P. [1988b]: Wirtschaftsethik als Wirtschaftswissenschaft. Standortbestimmungen im Verhältnis von Ethik und Ökonomie, Beiträge der Forschungsstelle für Wirtschaftsethik an der Hochschule St. Gallen, Nr. 23, St. Gallen 1988.
Ulrich, P. [1989a]: Diskursethik und Politische Ökonomie, in: Biervert, B./Held, M. (Hrsg.): Ethische Grundlagen der ökonomischen Theorie, Frankfurt/New York 1989, [im Erscheinen].
Ulrich, P. [1989b]: Der spezielle Blick der Allgemeinen Betriebswirtschaftslehre für die ökonomischen Dinge der Unternehmensführung, in: Kirsch, W./Picot, A. (Hrsg.): Betriebswirtschaftslehre im Spannungsfeld zwischen Generalisierung und Spezialisierung, Festschrift für E. Heinen, Wiesbaden 1989, [im Erscheinen].
Ulrich, P. (Hrsg.) [1990]: Auf der Suche nach einer modernen Wirtschaftsethik. Lernschritte zu einer reflexiven Ökonomie, Bern/Stuttgart 1990.
Ulrich, P./Fluri, E. [1988]: Management – Eine Konzentrierte Einführung, 5. A., Bern/Stuttgart 1988.
Unger, S.H. [1982]: Controlling Technology. Ethics and the Responsible Engineer, New York et al. 1982.
Unnia, M. [1988]: L'etica degli affari in Italia: colmare un ritardo e rispondere a una esigenza, in: Etica degli affari, Jg. 1 (1988), Nr. 2, S. 33–50.
U.S. Congress [1969]: Air Force A-7D Brake Problem. Hearing Before the Subcommittee on Economy in Government of the Joint Economic Committee, 1969.
U.S. Senate [1961]: Price Fixing and Bid Rigging in the Electrical Manufacturing Industry. Hearings Before the Subcommittee on Antitrust and Monopoly of the Committee on the Judicary, Parts 27–28, 1961.
U.S. Senate [1969]: Competitive Problems in the Drug Industry. Hearings Before the Monopoly Subcommittee of the Select Committee on Small Business, 1969.
Uttal, B. [1983]: The Corporate Culture Vultures, in: Fortune International vom 17. 10. 1983, S. 66–72.
Velasquez, M. [1982]: Business Ethics, Englewood Cliffs 1982.
Vitale, M. [1989]: La lunga marcia verso la democrazia industriale, Mailand 1989.
Wächter, H. [1985]: Zur Kritik an Peters und Waterman, in: Die Betriebswirtschaft, Jg. 45 (1985), S. 608–609.
Walters, K.D. [1975]: Your Employee's Right to Blow the Whistle, in: Harvard Business Review, Jg. 53 (1975), Jul./Aug. S. 26–34.
Waters, J.A. [1978]: Catch 20.5: Corporate Morality as an Organizational Phenomenon, in: Organizational Dynamics, Spring 1978, S. 3–19.
Weber, M. [1904, 1930]: The Protestant Ethic and the Spirit of Capitalism, translated by Talcott Parsons with Foreword by R.H. Tawney, New York 1904, 1930.
Weber, M. [1919]: Politik als Beruf, München 1919.
Weber, M. [1966]: Soziologische Grundbegriffe, 2. A., Tübingen 1966.
Weber, M. [1968a]: Wissenschaft als Beruf, in: Weber, M.: Gesammelte Aufsätze zur Wissenschaftslehre. Dritte erweiterte und verbesserte Auflage, hrsg. von Johannes Winckelmann, Tübingen 1968, S. 582–613.
Weber, M. [1968b]: Die »Objektivität« sozialwissenschaftlicher und sozialpolitischer Erkenntnis, in: Weber, M., Gesammelte Aufsätze zur Wissenschaftslehre, Dritte erweiterte und verbesserte Auflage, hrsg. von Johannes Winckelmann, Tübingen 1968, S. 146–214.
Webley, S. [1987]: Company Philosophies and Codes of Business Ethics. A Guide to Their Drafting and Use, London 1987. [Institute of Business Ethics].
Weedon, R. [1986]: The Evolution of Sullivan Principle Compliance, in: Business and Society Review, Spring 1986, S. 56–60.
Weick, K.E. [1985]: Der Prozeß des Organisierens, Frankfurt/M. 1985.
Weingarten, E. [1985]: Die Methoden der Konstruktion sozialer Wirklichkeit: Grundpositio-

nen der Ethnomethodologie, in: Jüttemann, G. (Hrsg.): Qualitative Forschung in der Psychologie, Weinheim/Basel 1985, S. 108–124.
Weisser, G. [1956]: Normative Sozialwissenschaft im Dienste der Gestaltung des sozialen Lebens, in: Soziale Welt, Jg. 7 (1956), S. 2–26.
Weizenbaum, J. [1979]: Die Macht des Computers und die Ohnmacht der Vernunft, Frankfurt 1979.
Weizsäcker, C. Chr. von [1984]: Was leistet die Property Rights Theorie für aktuelle wirtschaftspolitische Fragen?, in: Neumann, M. (Hrsg.): Ansprüche, Eigentums- und Verfügungsrechte, Berlin 1984, S. 123–152.
Weizsäcker, C.-F. von [1984]: Die Welt von morgen, in: Wirtschaftswoche vom 12. 10. 1984, S. 114–125.
Wellmer, A. [1986]: Ethik und Dialog, Frankfurt/M. 1986.
Werhane, P. [1985]: Persons, Rights & Corporations, Englewood Cliffs 1985.
White, L. [1970]: Die historischen Ursachen unserer ökologischen Krise, in: Lohmann, M. (Hrsg.): Gefährdete Zukunft – Prognosen anglo-amerikanischer Wissenschaftler. München 1970, S. 20–29.
Wicke, L. [1987]: Offensiver betrieblicher Umweltschutz, in: Harvard manager, Nr. 3/1987, S. 74–82.
Wicke, L. [1988]: Umweltschutz, gewinnorientiertes Umweltmanagement. Wer sich zuerst bewegt, gewinnt, in: Gablers Magazin, Jg. 2 (1988), Nr. 5, S. 14–19.
Wiemeyer, J. [1988]: Neuere Literatur zur Wirtschaftsethik, in: Jahrbuch für christliche Sozialwissenschaften, hrsg. von Franz Furger, 29. Bd., Münster 1988, S. 213–226.
Wild, J. [1974]: Grundlagen der Unternehmensplanung, Reinbek 1974.
Wild, W. [1984]: Das Not leidende Vertrauen in die Technik, in: Frankfurter Allgemeine Zeitung vom 10. 11. 1984.
Williams, O. F./Houck, J. W. [1978]: Full Value: Cases in Christian Business Ethics, New York 1978.
Winter, G. [1987]: Das umweltbewußte Unternehmen. Ein Handbuch der Betriebsökologie mit 22 Checklisten für die Praxis, München 1987.
Witte, E. [1968]: Phasen-Theorem und Organisation komplexer Entscheidungsverläufe, in: Schmalenbachs Zeitschrift für betriebswirtschaftliche Forschung, Jg. 20 (1968), S. 625–647.
Wittgenstein, L. [1960]: Philosophische Untersuchungen, in: Wittgenstein, L., Schriften I, Frankfurt/M. 1960.
Wörz, M./Dingwerth, P./Öhlschläger, R. (Hrsg.) [1990]: Moral als Kapital. Perspektiven des Dialogs zwischen Wirtschaft und Ethik, Stuttgart 1990.
Wörz, M./Dingwerth, P./Öhlschläger, R. (Hrsg.) [1991]: Moral als Kapital II. Partizipation als Realisierungsform des Dialogs zwischen Wirtschaft und Ethik, Stuttgart 1991.
Wolff, O. S. B. A. [1987]: Vom Umgang mit Menschen – Führungsstrukturen im Wandel der Zeiten, Vortrag auf dem Gruppentreffen der AGIV 1987 in Straßburg, Ms., Straßburg 1987.
Wollnik, M. [1988]: Das Verhältnis von Organisationsstruktur und Organisationskultur, in: Dülfer, E. (Hrsg.): Organisationskultur. Phänomen – Philosophie – Technologie, Stuttgart 1988, S. 49–76.
Wundt, W. [1907]: System der Philosophie, Bd. I, Leipzig 1907.
Young, Bruehl, E. [1982]: Hannah Arendt. For Love of the World, New Haven 1982.
Zacher, H. et al. [1984]: Verrechtlichung von Wirtschaft, Arbeit und sozialer Solidarität, Baden-Baden 1984.
Zürn, P. [1989]: Ethik im Management. Antworten auf Fragen der Zeit, Frankfurt/M. 1989.

Autoren

Prof. Dr. Richard T. De George, geb. 1933, lehrt Philosophie an der Universität in Kansas, dozierte auch über Unternehmensethik an der Santa Clara Universität und an der Hochschule St. Gallen, Schweiz; zahlreiche internationale Vorträge und Veröffentlichungen auf dem Gebiet der Unternehmensethik; De George ist Mitglied des »Editorial Boards« des »Business and Professional Ethics Journal« und des »Journal of Business Ethics« und war Präsident mehrerer akademischer Organisationen, insbesondere der »Society of Business Ethics«.

Prof. Dr. Hanns-Peter Ekardt, geb. 1934, ist seit 1980 Professor für Ingenieursoziologie an der Universität GH Kassel; vorher arbeitete er als wiss. Mitarbeiter am Institut für Soziologie und am Fachgebiet Informationsverarbeitung im Bauwesen der TH Darmstadt; Veröffentlichungen erfolgten zum Wandel der Ingenieurarbeit im Bauwesen.

PD Dr. Georges Enderle, geb. 1943, ist Privatdozent für Wirtschaftsethik an der Hochschule St. Gallen, wo er von 1983–1987 als Leiter der Forschungsstelle für Wirtschaftsethik tätig war; Studienreise zu Fragen der Wirtschaftsethik in den USA, Lehraufträge an mehreren Hochschulen; er ist Mitglied des »Executive Committee of European Business Ethics Network«, des International Board of Advisors des »Journal of Business Ethics« sowie »The International Journal of Applied Philosophy«; derzeitiges Forschungsprojekt sind Fragen der Führungsethik im Unternehmen; zahlreiche Veröffentlichungen zum Themenkreis Wirtschaftsethik.

Prof. Dr. Elmar Gerum, geb. 1946, lehrt seit 1990 Organisationslehre an der Universität Düsseldorf; nach juristischem und betriebswirtschaftlichem Studium Assistent am Seminar für Wirtschaftsrecht und am Lehrstuhl für Allg. Betriebswirtschaftslehre und Unternehmensführung an der Universität Erlangen-Nürnberg; 1982 Professor für Betriebswirtschaftslehre an der Hochschule für Wirtschaft und Politik in Hamburg; Arbeitsschwerpunkte sind Managementlehre, Organisationslehre, Unternehmensverfassung, industrielle Beziehungen und Personalwirtschaft.

PD Dr. Rolf Gröschner, geb. 1947, Studium der Wirtschaftswissenschaften und der Rechtswissenschaften, ist seit 1976 wiss. Mitarbeiter am Lehrstuhl für Öffentliches Recht der Wirtschafts- und Sozialwissenschaftlichen Fakultät der Universität Erlangen-Nürnberg; derzeit Privatdozent für Öffentliches Recht und Rechtsphilosophie in Erlangen; Forschungsschwerpunkte sind: Rechts- und Staatsphilosophie und öffentliches Recht der Wirtschaft.

Klaus Günther, geb. 1948, Dipl.-Kfm., von 1983–1989 Geschäftsführer der Fa.

Bischof + Klein, Verpackungswerke in Lengerich/Nds.; seit 1990 Vorstand der BFM Unternehmensbeteiligungsgesellschaft für den Mittelstand AG; seit 1986 Vorsitzender des Förderkreises Umwelt future e.V.; 1983 bis 1984 Vorsitzender des Bundesverbandes Junger Unternehmer (BJU); seit 1985 Mitglied des Präsidiums der Arbeitsgemeinschaft Selbständiger Unternehmer (ASU); zahlreiche Vorträge und Aktivitäten zu den Problemen ökologisch verträglicher Unternehmensführung.

Prof. Dr. Ursula Hansen, geb. 1939, studierte Betriebswirtschaftslehre in Göttingen, Kiel und Wien und war Stipendiatin der Deutschen Forschungsgemeinschaft; Promotion und Habilitation an der Universität Göttingen, diverse Forschungsaufenthalte in Japan und USA; seit 1975 ist sie Professorin für Markt und Konsum an der Universität Hannover; Forschungsgebiete sind: Handelsbetriebslehre, Produktpolitik und Design, Zufriedenheitsforschung und Nachkaufmarketing (insb. Beschwerdepolitik), Schnittstellen zwischen Marketing und Verbraucherpolitik.

Dr. Brian Harvey, geb. 1939, unterrichtet und forscht auf dem Gebiet der Wirtschafts- und Managementlehre an den Universitäten in Southampton, Nairobi und Nottingham; er ist Mitglied des »Executive Committee of European Business Ethics Network«; aktuelles Interessengebiet ist die Interaktion zwischen der Unternehmung und der Gesellschaft als Ganzes; geplant ist außerdem ein internationales Fallstudienprojekt zu Fragen der Unternehmensethik.

Prof. Dr. Eilert Herms, geb. 1940, Studium der Germanistik, Philosophie und Evangelischen Theologie in Berlin, Tübingen, Mainz und Göttingen; Ausbildungsdienst in der Evangelisch-Lutherischen Landeskirche Oldenburg, 1975 Habilitation für Systematische Theologie in Kiel; er ist derzeit ordentlicher Professor für Systematische Theologie an der Universität Mainz, vorher Evangelisch-Theologische Fakultät der Universität München (1979–1985); Arbeitsschwerpunkte sind Theologiegeschichte, Dogmatik, Dialog mit den Humanwissenschaften, Sozialethik.

Prof. Dipl.-Ing. Dr. Hans H. Hinterhuber, geb. 1938 in Bruneck/Südtirol, ist Vorstand des Instituts für Unternehmensführung der Universität Innsbruck; daneben ist er als Professor für Industriebetriebslehre an der Katholischen Universität in Mailand und an der Montan-Universität in Leoben tätig; Dipl.-Ing. (Erdölwesen) in Leoben 1960, Promotion in Venedig 1963; anschließend Tätigkeit in der italienischen Erdölindustrie; Habilitation 1967 in Rom; mehrere Aufsichtsratsmandate bei bedeutenden Unternehmungen; zahlreiche Veröffentlichungen im Bereich der Strategischen Unternehmensführung, des Innovationsmanagements, der Produktionswirtschaft und der industriellen Organisation.

Prof. Dr. Walter Kerber S.J., geb. 1926, studierte Philosophie, Theologie und

Nationalökonomie in Deutschland, Italien und den USA; Priesterweihe 1955, Promotion zum Dr. phil. und Dr. rer. pol.; seit 1971 lehrt er als Professor für Ethik und Sozialwissenschaften an der Hochschule für Philosophie, Philosophische Fakultät SJ., München; neben zahlreichen Beiträgen zu Fragen der kirchlichen Soziallehre, der Ethik und der Wirtschaft in Sammelwerken und Fachzeitschriften ist er Herausgeber verschiedener Werke zum Thema Normen und Werthaltungen in Gesellschaften und in der Arbeitswelt.

Dr. Rudolf Kötter, geb. 1947, Studium der Rechtswissenschaften, Volkswirtschaftslehre und Philosophie, ist seit 1983 als Akademischer Rat am Interdisziplinären Institut für Wissenschaftstheorie und Wissenschaftsgeschichte an der Universität Erlangen-Nürnberg tätig; Veröffentlichungen erfolgen zur Wissenschaftstheorie der Sozial- und Naturwissenschaften.

Prof. Dr. Hartmut Kreikebaum, geb. 1934, studierte Volks- und Betriebswirtschaftslehre an den Universitäten zu Köln und Freiburg sowie Verwaltungswissenschaften an der Harvard University, Cambridge/Mass.; nach mehrjähriger praktischer Tätigkeit erfolgte 1970 die Habilitation an der Universität zu Köln; seit 1971 ist er Professor für Industriebetriebslehre an der Johann-Wolfgang-Goethe-Universität in Frankfurt/M.

Prof. Dr. Brij N. Kumar, geb. 1938, lehrt seit 1989 Allg. Betriebswirtschaftslehre an der Universität der Bundeswehr Hamburg; Promotion 1973 und Habilitation 1983 an der Universität Erlangen-Nürnberg; seine Hauptarbeitsgebiete in Forschung und Lehre sind Internationales Management und Unternehmensführung; durch zahlreiche Publikationen auch in internationalen Fachkreisen bekannt; Gutachtertätigkeit für verschiedene Institutionen; Mitgliedschaft in mehreren internationalen Fachgremien.

Prof. Dr. Dr. h.c. Hans Lenk, geb. 1935, lehrt seit 1969 Philosophie an der Universität Karlsruhe (TH) und ist Professor für Wirtschaftswissenschaften und Planungswissenschaften der Faculté Européenne des Sciences du Foncier, Straßburg, daneben wirkt er als Vizepräsident der Europäischen Akademie der Wissenschaften und Philosophie des Rechts; Studium der Philosophie, Mathematik, Soziologie, Psychologie und Sportwissenschaft in Freiburg und Kiel, Habilitationen für Philosophie (1966) und Soziologie (1969).

Dr. Georg Lind, geb. 1947, war von 1973 bis 1986 wiss. Mitarbeiter bei der international vergleichenden Längsschnittuntersuchung zur Hochschulsozialisation an der Universität Konstanz; seit 1985 Mitglied im wiss. Beirat zum Projekt »Demokratie und Erziehung an der Schule« in Nordrhein-Westfalen; zwischen 1979 und 1987 Zusammenarbeit mit Lawrence Kohlberg (Harvard) über Moralerziehung; Mitherausgeber verschiedener Werke, u.a. zur Moralentwicklung.

Reiner Löffler, Dipl.-Sozw., geb. 1953, ist seit 1983 wiss. Mitarbeiter im Fachgebiet Ingenieursoziologie, Fachbereich Bauingenieurwesen der Universität GH Kassel, vorher am Soziologischen Seminar der Universität Göttingen; Veröffentlichungen erfolgten zur Humanen Arbeitssituation und zur Verantwortung der Technischen Intelligenz.

Albert Löhr, Dipl.-Kfm., Dipl.-Soz., geb. 1955, studierte Betriebswirtschaftslehre und Soziologie an den Universitäten Nürnberg und Bamberg; seit 1986 wissenschaftlicher Mitarbeiter am Lehrstuhl für Allgemeine Betriebswirtschaftslehre und Unternehmensführung der Universität Erlangen-Nürnberg; Arbeitsschwerpunkte sind Unternehmensverfassung und Unternehmensethik, Organisationstheorie, Wissenschaftstheorie der Betriebswirtschaftslehre.

Prof. Dr. Paul Lorenzen, geb. 1915, lehrte als Professor für Philosophie an der Universität Erlangen-Nürnberg, vorher Universität Kiel; Gastprofessuren an zahlreichen ausländischen, insbesondere amerikanischen Universitäten; er begründete zusammen mit Wilhelm Kamlah die sogenannte »Erlanger Schule« der konstruktiven Philosophie und Wissenschaftstheorie, zahlreiche Veröffentlichungen erfolgten im Bereich der Wissenschaftstheorie.

Prof. Dr. Henk van Luijk, geb. 1929, lehrt seit 1962 Philosophie an verschiedenen Universitäten; derzeit ist er Professor für Unternehmensethik u. a. an der Universität in Groningen, außerdem Vorsitzender des Executive Committee des »European Business Ethics Network«; das Thema Unternehmensethik ist auch sein aktuelles Forschungsgebiet; Veröffentlichungen erfolgten in Form mehrerer Bücher und zahlreicher Artikel in wissenschafts- und praxisorientierten Fachzeitschriften.

Dr. Matthias Maring, geb. 1950, studierte Volkswirtschaftslehre und Philosophie und ist derzeit wissenschaftlicher Mitarbeiter am Institut für Philosophie an der Universität Karlsruhe (TH).

Helmut Maucher, geb. 1927, studierte Betriebswirtschaftslehre an der Universität Frankfurt/M; seine seit 1951 eng mit der Firma Nestlé verbundene Karriere führte ihn 1980 in den Rang des Generaldirektors und 1981 zur Position des Delegierten des Verwaltungsrates der Nestlé AG; desweiteren bekleidet er zahlreiche verantwortungsvolle Positionen in verschiedenen Institutionen der Wirtschaft, u. a.: Mitglied des Verwaltungsrates der Schweizerischen Kreditanstalt, Mitglied des Aufsichtsrats der Henkel KGaA.

Hans Merkle, geb. 1939, studierte Sozialwissenschaften in Wilhelmshaven, Frankfurt/M. und Göttingen; seit 1963 Mitarbeiter in verschiedenen Positionen bei der Procter & Gamble GmbH, seit 1981 als Direktor für Öffentlichkeitsarbeit, nunmehr Kommunikation; daneben Mitarbeiter in zahlreichen nationalen und internationalen Werbe- und Industrieverbänden; Vorsitzender des Arbeitskreises Werbefernsehen der deutschen Wirtschaft.

Prof. Dr. Richard P. Nielsen, geb. 1946, ist Inhaber eines Lehrstuhls für Organisation und Management am Boston College, wo er seit 1980 Fakultätsmitglied ist; daneben vielfältige internationale Beratertätigkeit und Engagements als Seminarleiter für Management-Entwicklungsprogramme; Forschungs- und Beratungstätigkeit beziehen sich auf die Bereiche der ethischen Praxis und des »Cooperative Change Managements«; zahlreiche Veröffentlichungen in Fachzeitschriften, insb. im Journal of Business Ethics.

PD Dr. Margit Osterloh, geb. 1943, Studium des Wirtschaftsingenieurwesens an der TU Berlin, ist seit 1987 als Akademische Rätin am Lehrstuhl für Allgemeine Betriebswirtschaftslehre und Unternehmensführung der Universität Erlangen-Nürnberg tätig; 1990 Habilitation an der FAU Erlangen-Nürnberg über »Interpretative Organisations- und Mitbestimmungsforschung«; vorher Promotion am Max-Planck-Institut für Bildungsforschung in Berlin und mehrjährige Berufspraxis; von 1981–1986 Mitarbeiterin am DFG-Projekt zur empirischen Mitbestimmungsforschung an der Freien Universität Berlin; Forschungsschwerpunkte sind: Organisationstheorie, Personalwirtschaft, Industrielle Beziehungen.

Dr. Ludwig Reichart, geb. 1949, ist seit 1989 Personalleiter bei der BMW AG in Dingolfing, vorher seit 1985 verantwortlich für Personalentwicklung/Bildungsarbeit bei der BMW AG in München; Studium der Politik, Geschichte, Philosophie und Soziologie in München, London und Augsburg, Abschluß als M.A. (1975) und Dr. phil. (1979); Verbandsaktivitäten u.a. als Vorsitzender der Deutschen Quality Circle Gesellschaft, Düsseldorf; Unternehmenskultur, Quality Circle/Lernstatt, Organisationsentwicklung, Führungskonzepte.

Edzard Reuter, geb. 1928, studierte Mathematik, Physik und Rechtswissenschaften; von 1957 bis 1964 bekleidete er leitende Funktionen bei deutschen Wirtschaftsunternehmen, seit 1964 bei der Daimler-Benz AG; 1973 stellvertretendes, ab Frühjahr 1976 ordentliches Mitglied des Vorstandes; seit 1987 Vorstandsvorsitzender; Vorsitzender oder Mitglied einiger Aufsichtsräte; daneben Senator der Max-Planck-Gesellschaft, Ratsmitglied der Akademie der Wissenschaften zu Berlin sowie Vorstandsmitglied mehrerer kultureller Förderkreise.

Prof. Dr. Georg Schreyögg, geb. 1946, ist seit 1986 Inhaber des Lehrstuhls für Betriebswirtschaftslehre, insbesondere Organisation und Planung, an der Fernuniversität in Hagen; zahlreiche Veröffentlichungen in deutschen und internationalen Fachzeitschriften erfolgten auf dem Gebiet der Organisation und Planungstheorie; aktuelles Forschungsgebiet ist die Organisation strategischer Kontrollprozesse.

Prof. Dr. Horst Steinmann, geb. 1934, lehrt Allgemeine Betriebswirtschaftslehre und Unternehmensführung an der Universität Erlangen-Nürnberg; nach kaufmännischer Lehre und Studium der BWL in Göttingen erfolgte die Promotion 1962 an der TU Clausthal; Auslandsaufenthalte in London und Frankreich (INSEAD), Habilitation 1967; danach Rufe an die FU Berlin (1968) und an die Universität Erlangen-Nürnberg (1970); Mitglied im Executive Committee des »European Business Ethics Network« und im Editional Board des »Journal of Business Ethics«. Interessengebiete: Strategische Unternehmensführung, Organisationstheorie, Unternehmensverfassung und Unternehmensethik, Wissenschaftstheorie; zahlreiche Veröffentlichungen, in jüngster Zeit insbesondere zu Fragen der Unternehmensethik.

Hermann J. Strenger, geb. 1928, ist Vorsitzender des Vorstandes der Bayer AG, dem er seit 1972 angehört. Wichtige Funktionen Strengers, Unternehmensangehöriger seit über 40 Jahren, waren u.a.: Sprecher für die Sparten Farben und Polyurethane sowie für den Zentralbereich Beschaffung und die Region Lateinamerika, stellvertretender Vorstandsvorsitzender und Vorsitzender der Zentralkommission Vertrieb. Strenger, Mitglied in mehreren Aufsichtsräten anderer Unternehmen, ist seit 1. 1. 1990 Präsident des Verbandes der Chemischen Industrie (VCI).

Prof. Dr. Peter Ulrich, geb. 1948, war nach der Promotion 1976 bis 1984 in der Unternehmensberatung tätig und von 1979 bis 1982 Forschungsstipendiat des Schweizer Nationalfonds; Habilitation 1986 an der Universität Witten/Herdecke; ab 1983 Professor für Betriebswirtschaftslehre an der Bergischen Universität/Gesamthochschule Wuppertal; seit 1987 Ordinarius und Leiter des Instituts für Wirtschaftsethik an der Hochschule St. Gallen; Arbeitsschwerpunkte sind u.a.: Wirtschafts- und Unternehmensethik, normative Grundfragen der Ökonomie und der Betriebswirtschaftslehre, Unternehmenspolitik und Unternehmensverfassung; zu allen Forschungsgebieten erfolgten zahlreiche Veröffentlichungen.

Prof. Dr. James A. Waters lehrte von 1976–1989 an verschiedenen Hochschulen in den USA die Fächer Unternehmenspolitik und Organisation (McGill University, York University, zuletzt als Dekan am Boston College); vor seiner akademischen Karriere arbeitete er 14 Jahre in diversen Managementpositionen in der chemischen Industrie; eines seiner Hauptinteressengebiete war der Prozeß ethischer Entscheidungsfindung in Organisationen; James A. Waters verstarb unerwartet zu Beginn des Jahres 1989.